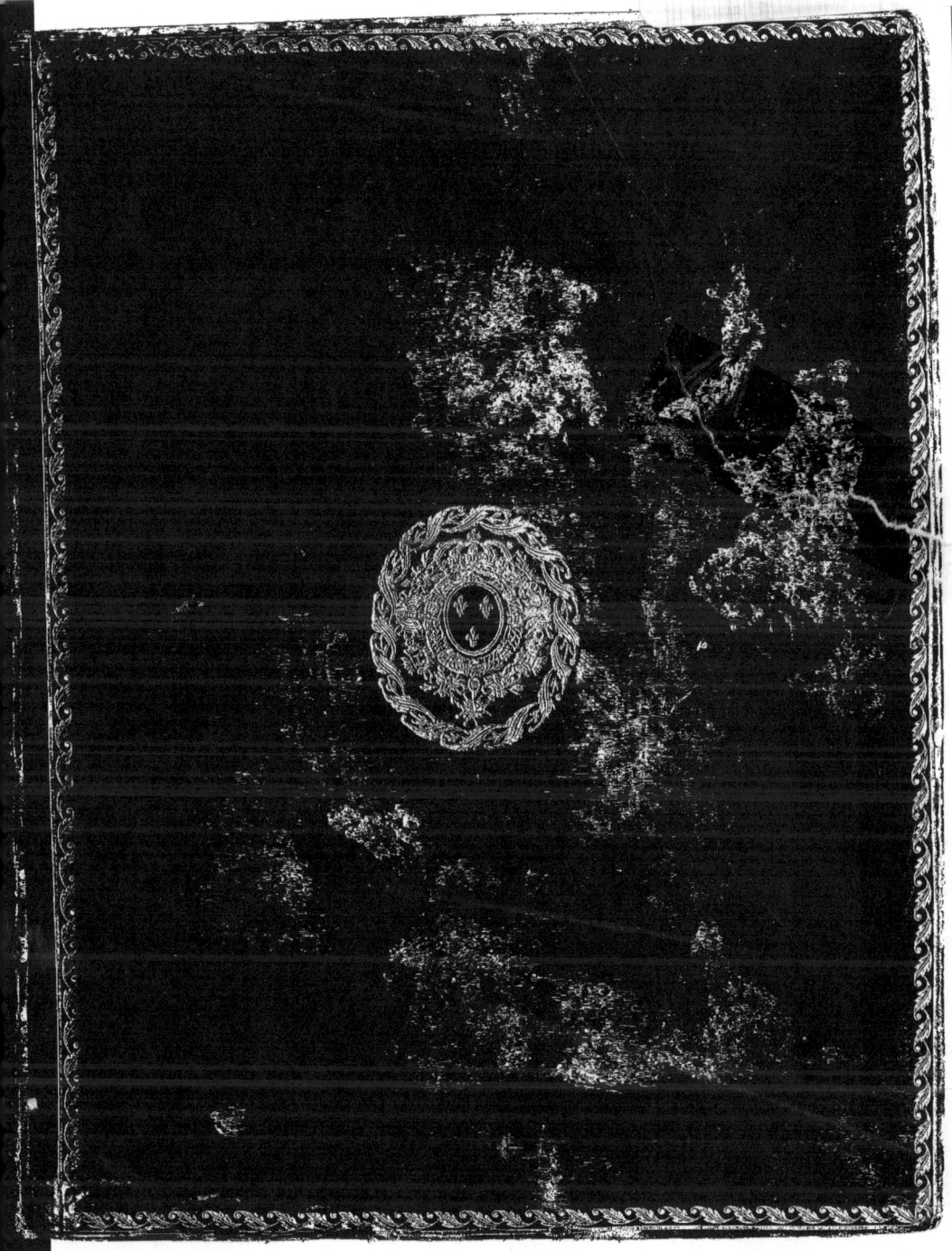

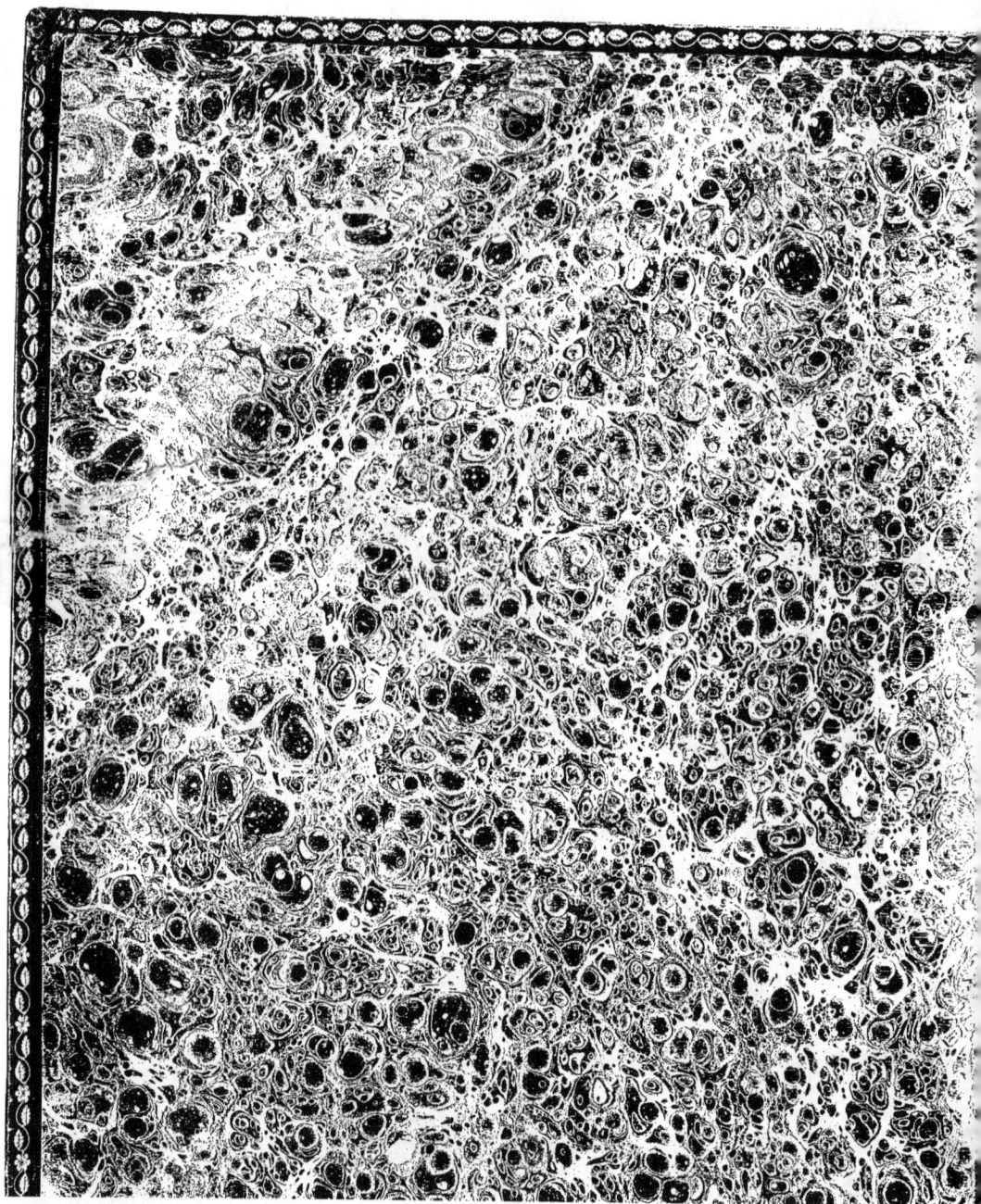

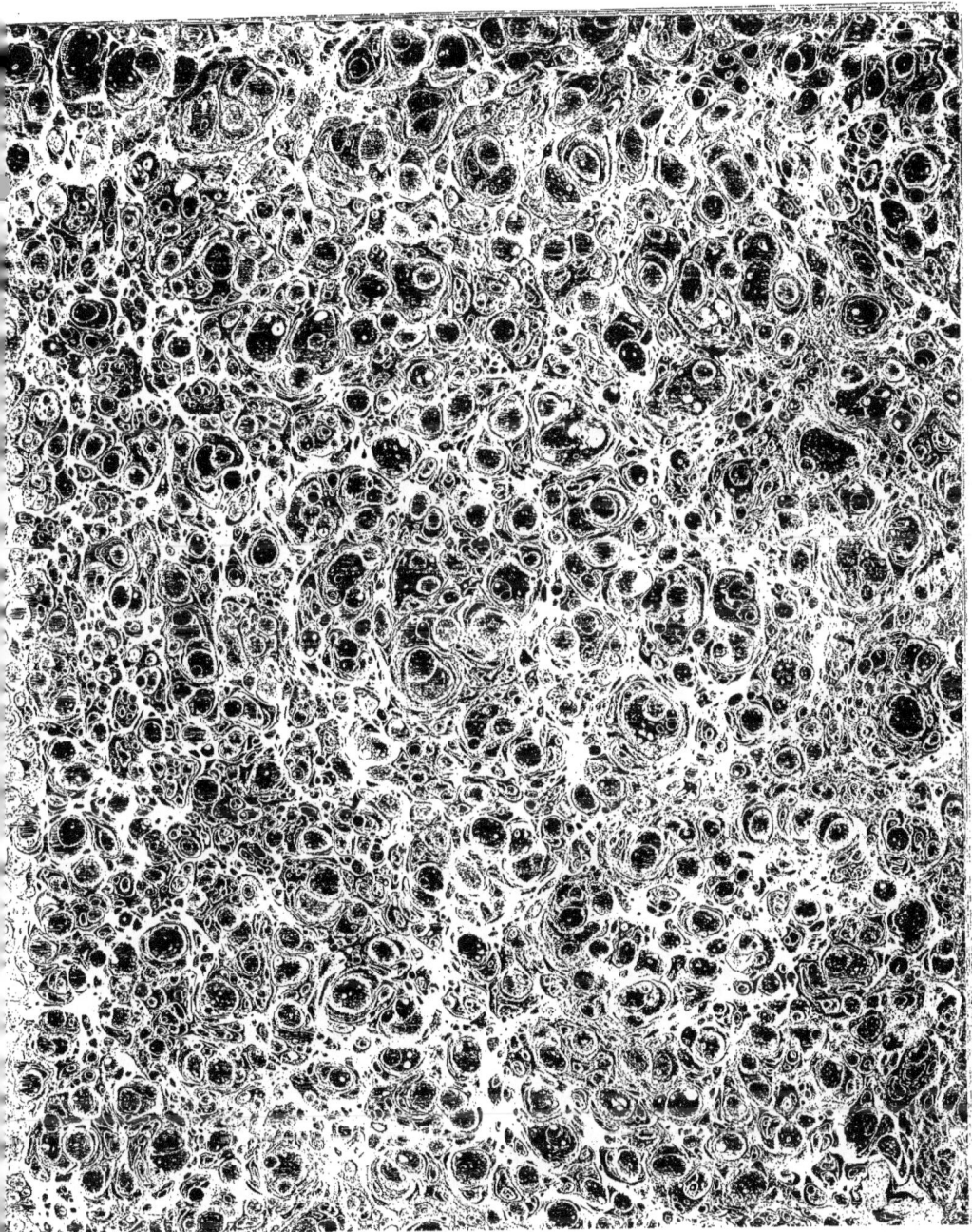

# TRAITÉ

## ET

# QUESTIONS

## DE

# PROCÉDURE CIVILE.

A Paris, chez Warée, oncle, Libraire, au Palais de Justice, chez
lequel se trouve également :

L'Analyse raisonnée et Conférences des opinions des Commentateurs,
et Arrêts des Cours sur la Procédure civile, 2 vol. in-4.°,

Ainsi que l'Ouvrage de M.ʳ Toullier, 8 vol. in-8.°.


Le Traité et Questions de procédure se trouve aussi à Paris,

Chez { Bechet, Libraire, quai des Augustins.

# TRAITÉ ET QUESTIONS

## DE

## PROCÉDURE CIVILE,

Par G. L. J. CARRÉ, Avocat à la Cour Royale de Rennes,
Professeur de Procédure civile et criminelle, et de Législation
criminelle de la Faculté de Droit de la même Ville, Auteur de
l'Introduction générale à l'Etude du Droit et de l'Analyse raisonnée
et Conférences des opinions des Commentateurs, et des Arrêts
des Cours sur le Code de Procédure civile, 2 vol. in-4.°.

## TOME PREMIER.

A RENNES,

Chez DUCHESNE, Libraire, au Palais de Justice, pour la Jurisprudence,
et rue Royale, n.° 2.

*On trouve chez le même,*

L'Introduction générale à l'Etude du Droit, 1 vol. in-8.°;
L'Analyse raisonnée, 2 vol. in-4.°;
Et le Droit Civil Français, par M.ʳ Toullier, 8 vol. in-8.°.

DE L'IMPRIMERIE DE J. M. VATAR. — 1818.

**AVIS.** L'introduction générale qui doit être placée en tête de ce volume, ne paraîtra qu'avec le second, attendu les renvois qu'elle doit contenir à un grand nombre de questions traitées dans le cours de l'ouvrage.

Nous donnerons en même tems un supplément contenant les corrections à faire dans les deux volumes. Mais il importe dès à présent de dire que l'on doit rapprocher des questions traitées n.os 913 et 914, un arrêt de la Cour de Cassation, du 10 novembre 1817, rapporté par M. Jalbert, dans son recueil de 1818, page première.

Au commencement de chaque année, nous nous proposons de publier un supplément contenant les questions nouvelles décidées par les arrêts, celles que nous aurons eu occasion d'examiner, et les changemens qu'il y aurait à faire dans le principal ouvrage. Les matières seront classées de manière que l'on puisse facilement les rattacher à cet ouvrage. A ce moyen l'on connaîtra, d'année en année, l'état de la Jurisprudence, et les opinions des Jurisconsultes sur le Code de procédure. Les personnes qui désireront ce supplément, dont le prix est fixé en proportion du nombre de pages que contient le présent, sont invitées à faire connaître leur intention aux Libraires indiqués de l'autre part, attendu que le nombre d'exemplaires n'excédera pas celui des souscripteurs.

# OBJET ET PLAN DE L'OUVRAGE.

L'ACCUEIL fait à mon premier ouvrage sur la Procédure Civile, en excitant ma vive reconnaissance, a dû m'engager à redoubler d'efforts pour justifier l'honorable suffrage du public.

L'*Analyse raisonnée* a paru en 1811; et pendant cette période de sept années, combien de questions alors douteuses ont été résolues par la Jurisprudence des arrêts ! Combien de questions nouvelles discutées soit au barreau, soit dans le cabinet du Jurisconsulte !

Habituellement consulté sur la matière que j'ai traitée, livré par état à l'instruction d'une jeunesse avide de profiter des leçons de l'expérience, j'ai dû recueillir et étudier avec soin les décisions nouvelles qui sont venues à ma connaissance, et c'est le résultat des méditations de plusieurs années que je m'enhardis à publier.

Mon plan n'est pas plus de donner une nouvelle édition de l'*Analyse raisonnée*, qu'un simple supplément de cet ouvrage.

Une nouvelle édition, devenue trop volumineuse, eût imposé aux possesseurs de la première un surcroît de dépenses que j'ai voulu leur éviter.

Un supplément présentait une foule de difficultés qu'il est inutile d'indiquer.

Le public, d'ailleurs, paraissait désirer quelques notions théoriques qui rendissent l'Ouvrage plus usuel pour les étudians, et plus complet, en même tems, pour les personnes qui aiment à retrouver les principes et les motifs de la loi auprès de son application.

L'omission du texte que des réglemens fiscaux, heureusement abrogés, m'avaient forcé de supprimer, était encore une lacune essentielle à réparer.

Enfin, je n'avais point parlé des règles de l'ancienne jurisprudence dans leurs rapports avec les nouvelles, et j'ai cru devoir m'occuper de les conférer ensemble.

Pour tout concilier, je me suis proposé de former un répertoire, aussi complet que possible, des maximes et des décisions sur la procédure, qui pouvaient la faire mieux connaître sous le double rapport de la théorie et de l'application.

Ainsi, 1.° je réunis dans une introduction générale les notions de doctrine qui embrassent l'ensemble du Code de procédure ;

2.° En tête de chaque livre et de chaque titre du Code, je place les observations générales qui s'appliquent plus particulièrement aux matières qui s'y trouvent traitées, espèces de sommaires, dont nous devons à DOMAT des modèles dont il est plus facile de sentir le mérite que d'atteindre l'étonnante perfection.

Vient ensuite le texte de chaque article ; je le fais précéder des dispositions concordantes de l'ancien Droit, et le lecteur arrive à l'examen des difficultés d'application.

Ces difficultés ayant été résolues par la Jurisprudence ou discutées par les Auteurs, je les reproduis en y ajoutant lès questions que mon expérience personnelle et mes propres études m'ont mis en état de prévoir et d'approfondir.

Dans cette partie de mon plan, viennent se replacer d'elles-mêmes les questions déjà traitées dans l'*Analyse raisonnée* ; mais je me borne alors à un simple renvoi précédé d'une proposition générale qui en indique la solution.

Quant aux questions nouvelles, j'y ai donné tous les développemens dont elles m'ont paru susceptibles. Je les soumets avec moins de défiance au public, parce qu'elles ont été souvent débattues avec plusieurs de mes Confrères, qui soutiennent si dignement l'honneur du Barreau Breton.

D'après l'idée que je viens de donner de mon plan, on voit qu'il peut servir de supplément à l'Analyse raisonnée, sans obliger absolument les personnes qui ne l'ont pas à en faire l'acquisition.

Puissent la justesse des principes et la sureté des décisions de ce nouvel Ouvrage prévenir les contestations dans lesquelles se jettent quelquefois les parties, par abus ou par ignorance des formalités judiciaires ! Ce serait la plus douce récompense de mon travail.

Si j'y réussis quelquefois, je ne me dissimule pas qu'une partie du succès appartient d'avance et aux savans Jurisconsultes qui ont traité la matière, et à mes Collègues des autres Facultés. Les Ouvrages des uns et des autres m'ont été d'un si grand secours, qu'il y aurait de l'injustice à ne pas le reconnaître. Je citerai en première ligne, parmi les Professeurs, M.ʳ PIGEAU, notre respectable maître, MM ʳˢ BERRIAT-SAINT-PRIX, PONCET, THOMINES-DES-MASURES.

Ce dernier, et M.ʳ Mettivier, Professeur de la Faculté de Poitiers, ont même eu la bonté de mettre en quelque sorte à ma disposition leurs cahiers manuscrits.

C'est ainsi qu'animés du désir de mériter la bienveillance de SA MAJESTÉ, sous la protection de laquelle nous exerçons nos fonctions, et de justifier la confiance des Savans distingués qu'elle a préposés à la direction de l'instruction publique, nous ne négligeons rien pour contribuer, autant qu'il est en nous, aux progrès de la science que nous professons, Heureux si le public continue d'encourager nos efforts !...

# QUESTIONS

SUR

# LE CODE

## DE PROCÉDURE CIVILE.

## PREMIÈRE PARTIE.

*Procédure devant les Tribunaux.*

## LIVRE I.er

*De la Justice de Paix.*

### CONFÉRENCE.

*Institution, Organisation.* — L. des 16-24 août 1790, sur l'organisation judiciaire, titre 3 ; en 13 articles. — SS. CC. des 29 vent. et 8 pluv. an 9. *Autre* du 16 therm. an 10, art. 9 et 10. *Autre* du 28 flor. an 10. — Avis du Cons. d'État, du 29 vend. an 11. — Charte Const., art. 61.

*Jurisdiction, Compétence, Procédure.* — L. des 14-18-26 octobre 1790. 10 titres. V. aussi loi des 6-27 mars 1791, contenant des dispositions supplémentaires à celles sur l'organisation judiciaire.

Il ne s'agit en ce Livre que de la procédure des justices de paix dans les matières civiles contentieuses.

Les dispositions relatives à l'organisation du tribunal de paix, à la nomination du juge et des officiers ministériels qui militent près de lui, aux qualités qu'ils doivent avoir, aux incompatibilités de leurs fonctions avec d'autres, se trouvent dans les lois de 1790, et dans une foule de décisions postérieures.

Il en est de même des dispositions concernant la compétence dont le principe est établi dans l'art. 9, titre 3, de la loi du 24 août.

Ces dispositions et les explications dont elles sont susceptibles, sont la matière de l'excellent Traité *de la compétence des juges de paix*, par M. Henrion de Pansey. (1)

On doit y joindre le Traité *des fonctions des juges de paix en matière civile non contentieuse*, par M. Bousquet. (2)

La procédure, en matière criminelle, est réglée par le Code d'instruction criminelle de 1808. On doit recourir pour son explication aux traités généraux publiés depuis cette époque sur le droit criminel, notamment aux ouvrages de MM. Bourguignon, Carnot et Legraverend.

Quant à la procédure en conciliation, elle est l'objet du titre 1.ᵉʳ du Livre suivant.

C'est en proposant la loi du 26 octobre 1790, concernant la procédure civile proprement dite, et à laquelle, après quinze ans d'expérience, les auteurs du code n'ont fait que de très-légers changemens, que le jurisconsulte Thouret disait, à la tribune de l'assemblée constituante :

« Il faut mettre les juges de paix en état de terminer les différens
» qui leur seront déférés par des formes expéditives, très-peu
» dispendieuses, et qui fassent arriver au jugement, sans que l'on
» se soit aperçu, pour ainsi dire, qu'on ait fait une procédure. »

Ainsi le livre de la procédure en justice de paix semble mis en tête du code pour offrir comme un abrégé de celle que l'on doit suivre dans les autres tribunaux, et faire distinguer ce qui tient à l'essence de toute procédure *à fin de jugement*, de ce qui n'est établi que pour les affaires plus importantes par leur objet et leurs difficultés.

Voici dans leur ordre naturel les diverses dispositions de ce Livre. Il traite :

---

(1) V. 4.ᵉ édition, Paris, 1816.
(2) Paris, 1812, 8.º 1 vol.

1.º De l'*ajournement* qu'on appelle *citation*, et des précautions prises pour qu'une partie ne soit jamais condamnée sans avoir été entendue ou légalement appelée. ( Art. 1, 4, 5, 7, 19, 20. )

2.º Des *délais* pour comparaître. ( Art. 5, 6. )

3.º Du *choix* du juge devant lequel la citation doit être donnée. ( Art. 2, 3. )

4.º De l'*audience*, de sa *publicité*, et du *respect dû à justice*. ( Art. 8, 10, 11, 12. )

5.º De la *comparution*, par conséquent de la non comparution ou du *défaut*. ( Art. 19, 20, 21, 22, 28. )

6.º De la *défense* et de l'*instruction*, ( art. 9, 13. ) à quoi se rapportent la manière de procéder aux *enquêtes*, aux *visites des lieux* qui ne sont pas des *descentes sur les lieux*, et aux *appréciations* qui ne sont pas des *rapports d'experts. V. Liv. II, tit. 13, art. 14.*

7.º Du *jugement* et de ses différentes espèces, *contradictoire* ou *par défaut*, *préparatoire*, *interlocutoire* ou *définitif.* ( Art. 13, 15, 18, 28, 29, 30, 31. )

8.º Du *pourvoi* contre le jugement : par *opposition*, s'il est par défaut; par *appel*, s'il est rendu en premier ressort. ( Art. 16, 15, 31. )

9.º Enfin des cas d'*exécution provisoire*, nonobstant appel ou opposition. ( Art. 12. 17. )

Telle est la marche naturelle de la procédure dans toute affaire, abstraction faite de son objet et des difficultés qui en peuvent résulter. Mais la nature de l'action ou de l'exception peut amener des cas à l'égard desquels les règles générales ne seraient pas suffisantes.

Ici la loi a prévu ceux qui suivent :

1.º *Les actions possessoires.* ( Art. 23, 27. ) Le juge de paix est seul compétent, en cette matière; c'était donc au livre de la procédure devant son tribunal, qu'il fallait poser les règles et les formalités de ces actions.

2.º *L'exception dilatoire de garantie.* ( Art. 33, 33. ) Elle est trop fréquente pour qu'on ne la soumît pas à une règle uniforme.

3.º La *récusation.* 44, 47.

4.° La *contestation d'écriture*, sur laquelle la loi n'établit qu'une règle de compétence. ( Art. 14. )

5.° La *péremption d'instance*. ( Art. 13, 15. )

On ne trouve aucune disposition sur l'exécution forcée des jugemens, parce qu'elle se fait conformément aux dispositions générales du Livre 4. Il n'y avait pas lieu d'ailleurs à tracer, à ce sujet, des règles particulières pour les juges de paix, puisqu'ils sont juges d'exception, et que par conséquent ils ne peuvent connaître de l'exécution de leurs jugemens. (1)

Leur procédure a donc pour limite la prononciation de leur décision définitive ; ce n'est, comme nous l'avons dit, qu'une procédure *à fin de jugement.*

Elle a pour caractères essentiels la *simplicité* et la *spécialité*, et de là les conséquences suivantes :

1.° La peine de nullité n'est pas prononcée une seule fois. Elle ne pourrait donc résulter que de cette absence des formes substantielles à tous actes, qui ne permet pas de les considérer comme ayant une existence légale. — A. 8. et *infra*, art. 8 et 1030.

Mais si la loi ne semble ici qu'un conseil et un guide pour le juge de paix, ce n'est pas qu'on ait entendu l'autoriser à s'écarter *arbitrairement et sans nécessité* de ces formes. Seulement leur inobservation ne sera qu'un moyen d'appel, et l'équité de la décision devra l'emporter sur le vice de la forme ; en un mot, il n'y aura pas nécessité d'annuler.

2.° Relativement aux cas qui ne seraient pas prévus par les dispositions concernant la procédure tracée pour la justice de paix, et qui peuvent s'y présenter, faudra-t-il appliquer les règles de la procédure des autres tribunaux ?

Il faut distinguer :

S'agit-il de simples formes d'instruction, d'actes conservatoires ou préparatoires qui peuvent rentrer dans ce qui appartient à l'office du juge, ou qui ne sont que des précautions qu'une partie prudente croirait nécessaire de prendre ? On ne peut mieux faire que

---

(1) V. Traité de Comp., de M. Henrion, p. 46.

d'appliquer par analogie les principes du droit commun ; on le doit même, et sur-tout dans le cas où la loi spéciale relative à la procédure des justices de paix, contiendrait une disposition dont les moyens d'exécution se trouveraient dans la partie du code qui règle la procédure à suivre devant les autres tribunaux. — A. 61 *in fine* 92 et 101, et *infra* art. 20 et 42.

Mais s'agit-il d'une disposition pénale quelconque, par exemple, de déchéance, péremption, nullité, exception, etc.? On ne peut, dans le silence de la loi spéciale, appliquer la loi générale, et causer ainsi un dommage auquel la première n'a pas entendu soumettre la partie. — A. 55, 460, 475, 562, et *infra* art. 19, 135, 141 et 162.

3.° Enfin, nous avons dit que le juge de paix était juge d'exception, mais il peut être délégué par un juge ordinaire ; et alors, quelle procédure devra-t-il suivre ?

Les avis sont partagés ; mais nous pensons qu'il est au moins prudent de suivre les règles auxquelles serait soumis le juge-commissaire pris dans le sein du tribunal qui aurait délégué. — A. 91, et *infra* art. 36.

# T I T R E I.er

## *Des Citations.*

La citation est l'assignation, l'ajournement, en un mot, l'exploit de demande formé en justice de paix ; c'est l'acte *notifié* par lequel on somme de comparaître devant un juge de paix, pour qu'il soit prononcé sur la demande exposée dans cet acte. (1)

La loi indique ce que la citation doit contenir ; comment et par qui s'en fait la *notification*, devant quel juge de paix il faut citer. ( Art. 2. 3. )

Quels *délais* il faut accorder pour comparaître. ( Art. 5 et 6. )
La citation ne sert qu'à prouver que la personne sommée de com-

---

(1) La loi se sert du mot *citation* pour les justices de paix, comme elle se sert pour les tribunaux civils, au Livre 2, titre 2 du mot *ajournement*, pour désigner l'exploit de demande ou l'assignation. Voyez pour ce qui concerne les assignations en général, nos questions sur ce titre.

paraître, a été avertie et mise à lieu de se défendre ; elle devient donc inutile, lorsque toutes les parties se présentent volontairement pour demander jugement ( Art. 7. )

Ce consentement dispense également de toutes les autres conditions rappelées dans ce titre sur le choix du juge de paix et sur les délais. ( *Idem.* )

### ARTICLE I.<sup>er</sup>

> Toute citation devant les juges de paix contiendra la date des jours, mois et an, les noms, profession et domicile du demandeur, les noms, demeure et immatricule de l'huissier, les noms et demeure du défendeur. Elle énoncera sommairement l'objet et les moyens de la demande, et indiquera le juge.

#### *Conférence.*

61, 64, 65, sur le contenu des ajournemens.
Loi du 26 octobre 1790, art. 1, 2, 3.

1. On doit énoncer les prénoms du défendeur. — A. 1. Berriat, p. 181, n. 20, et *infrà* art. 61.
2. Il suffit d'indiquer que le demandeur est propriétaire, quoiqu'il ait une profession. — Paris, 17 août 1810, journal des Avoués, t. 2, p. 219.
3. Il faut indiquer l'heure de la comparution. — A. 2.
4. Et la personne à laquelle la copie a été remise. — A. 3.
5. S'il y a omission des formalités, le juge de paix peut ordonner un réassigné dont l'huissier, s'il est l'auteur de cette omission, supporterait les frais. — Demiau, p. 16, et A. t. 1.<sup>er</sup>, p. 2.

#### ARTICLE 2.

> En matière purement personnelle ou mobilière, la citation sera donnée devant le juge du domicile du défendeur ; s'il n'a pas de domicile, devant le juge de sa résidence.

#### *Conférence.*

Art. 2. — CC. art. 102 et suiv. — Loi du 26 octobre 1790, tit. 1, art. 3.

6. *Qu'est-ce qu'on entend par matières purement personnelles ?*

Les matières personnelles sont celles dans lesquelles une partie agit contre une autre qui lui est personnellement obligée, soit en vertu d'un contrat ou d'un quasi-contrat, soit par suite d'un délit ou d'un quasi-délit. On nomme *pures personnelles* les demandes qui dérivent de ces mêmes causes, mais qui ne présentent rien qui puisse les faire participer, sous quelque rapport que ce soit, de la nature des actions réelles ; d'où il suit que les actions mixtes qui, sous un rapport, ont le caractère de l'action personnelle, et, sous un autre, celui de l'action réelle, ne peuvent être portées en justice de paix. Il faut en outre que le titre ne soit pas contesté ; car, dans le cas contraire, le juge de paix ne pourrait connaître de la demande, encore bien que la somme n'excédât pas le taux ordinaire de sa compétence. C'est ce qui résulte d'un arrêt de la cour de cassation, du 13 octobre 1813, qui a déclaré pure personnelle et mobilière, et par conséquent de la compétence du juge de paix, une demande d'arrérages de rente, *attendu que le titre n'était pas contesté.* — M. Henrion, p. 89, 336, 33-. Rodier, Jousse et Serpillon, sur l'art. 589, tit. 17 de l'ordonnance. Rép., au mot *juge de paix*, §. 2.

7. *Qu'exprime la loi par ces mots MATIÈRES MOBILIÈRES ?*

Elle indique les actions par lesquelles on révendique des meubles ou des choses mobilières ; mais le juge de paix n'en connaît qu'autant que la valeur est déterminée par la demande, au taux de sa compétence, en premier ou dernier ressort. — M. Henrion, pag. 113.

8. *Si la même action dérivant du même titre comprend, tout-à-la-fois, des chefs de la compétence du juge de paix, et des chefs réservés aux tribunaux ordinaires, où doit-on porter cette action ?*

On doit la porter devant le tribunal d'arrondissement qui ne peut scinder la demande, et doit prononcer sur tous les chefs. — Paris, 8 août 1807 ; Sirey, 1807, p. 109.

9. *Qu'entend-on par résidence ? Peut-on citer valablement devant le juge de paix du lieu de la résidence, lorsqu'on allègue l'ignorance du domicile, et que le défendeur ne prouve pas qu'il a domicile ?*

Le domicile étant, d'après l'art. 102 du code civil, le lieu dans lequel un individu a placé son principal établissement, on ne peut entendre par ce mot *résidence* qu'une habitation momentanée qu'une personne fait dans un lieu, soit pour son plaisir, soit par nécessité.

Dans le doute sur le domicile, dit M.ʳ Demiau, page 15, il y a moins d'inconvénient à assigner devant le juge de la résidence, parce que l'art. 2 permet de le faire, lorsqu'il n'y a pas de domicile. Or, c'est comme s'il n'y en avait pas, du moins à l'égard du demandeur, lorsque le domicile du défendeur lui est inconnu.

Telle est aussi notre opinion; mais il convient en ce cas que le demandeur déclare dans la citation qu'il assigne devant le juge de la résidence, parce qu'il ignore quel est le domicile de la partie adverse.

Sans doute le défendeur pourra sur cette citation, et en prouvant qu'il a un domicile dans un autre lieu que celui de sa résidence, requérir son renvoi devant le juge que la loi indique : sa demande sera nécessairement accueillie, car ce n'est qu'à défaut de domicile que la loi accorde juridiction au juge de la résidence. Mais la citation ne sera pas annulée, parce que la loi, à la différence de ce qu'elle prescrit pour les ajournemens, n'attache pas la nullité à la circonstance que la copie aurait été remise ailleurs qu'au domicile. La citation produira donc l'effet d'avoir interrompu la prescription, conformément à l'art. 2246 du code civil, et les frais en seront supportés par le défendeur, de même que ceux du déclinatoire, à moins qu'il ne prouve que l'ignorance du citant était volontaire, et qu'il n'aurait donné la citation devant le juge de la résidence, qu'afin de le distraire de son juge naturel.

10. Les actions pour salaires de gens de travail, gages de domestiques, dépenses faites par un voyageur dans une auberge, ne sont point exceptées de la disposition générale de l'article 2.

Il faut donc les porter devant le juge du domicile ou de la résidence du défendeur.

Mais l'action en réparation d'injures devrait être formée conformément à l'article 139 du code d'instruction criminelle, devant le juge du lieu où elles auraient été proférées, si le demandeur prenait la voie criminelle. — A. 4.

11. *Dans les lieux où il n'y a pas de tribunal de commerce, peut-on porter en justice de paix les actions commerciales de la valeur de 100 fr. ou au-dessous?*

Il n'y a point de loi prohibitive; et, d'un autre côté, celle du

24 août 1790 porte que le juge de paix connaîtra des actions personnelles ou mobilières qui n'excèdent pas 100 fr. Les actions commerciales sont purement personnelles et mobilières. Le juge de paix serait donc sans difficulté compétent pour connaître de ces actions, si la loi n'avait institué des tribunaux de commerce auxquels elle attribue privativement la connaissance des affaires commerciales dans toute l'étendue de l'arrondissement où ils sont établis. Mais la loi n'a point établi des tribunaux de commerce dans tous les arrondissemens; et puisqu'elle a dit ( art. 640 , C. com. ) que dans ceux où il n'en existe pas, le tribunal civil connaîtra des actions commerciales, et les jugera dans la même forme que les tribunaux de commerce, nous pensons qu'il doit en être ainsi pour les juges de paix, lorsqu'il n'y a point de juges de commerce dans le canton.

Telle était, en 1791, l'opinion de M.<sup>r</sup> Guichard, auteur du code de la justice de paix; et M.<sup>r</sup> Jourdain l'a adoptée dans son code de compétence, page 532, n.º 1458, en citant la loi du 13 août 1791 , qui autorise expressément les juges de paix des lieux où il n'y aura pas de tribunal de commerce , à connaître sans appel des demandes de salaires d'ouvriers et gens de mer, de la remise des marchandises, de l'exécution des lettres de voiture, des contrats d'affrétement et autres objets de commerce , pourvu que la demande n'excède pas leur compétence.

12. *Peut-on citer devant le juge de paix du domicile élu, conformément à l'art. 111 du code civil?*

L'art. 59 décide expressément qu'on peut assigner devant le juge de paix du domicile élu, conformément à l'art. 111 du code civil. Il est vrai que cette disposition se trouve placée sous le titre des tribunaux inférieurs; mais il faut toujours en revenir à cet article 111, dont elle est la conséquence : or, il ne distingue pas entre les justices de paix et les autres tribunaux.

M.<sup>r</sup> Guichard ( p. 30 ) donnait la même solution à une époque où notre législation ne présentait pas de dispositions aussi précises que celles des articles que nous venons de citer.

### ARTICLE 3.

Elle le sera devant le juge de la situation de l'objet litigieux, lorsqu'il s'agira,

1.° Des actions pour dommages aux champs, fruits et récoltes ;

2.° Des déplacemens de bornes, des usurpations de terres, arbres, haies, fossés et autres clôtures, commis dans l'année ; des entreprises sur les cours d'eau, commises pareillement dans l'année, et de toutes autres actions possessoires ;

3.° Des réparations locatives ;

4.° Des indemnités prétendues par le fermier ou locataire pour non-jouissance, lorsque le droit ne sera pas contesté ; et des dégradations alléguées par le propriétaire.

#### Conférence.

T. art. 21. — Loi du 26 octobre, tit. 1.er, art. 4.

Cet article ne présente à résoudre que des questions de compétence, déjà traitées par M. Henrion, dans les chapitres 21, 24, 25, 26, 29, 30 et 31. On doit y joindre le traité des servitudes de M. Pardessus, n.os 322 et suiv.

### ARTICLE 4.

La citation sera notifiée par l'huissier de la justice de paix du domicile du défendeur ; en cas d'empêchement, par celui qui sera commis par le juge : copie en sera laissée à la partie ; s'il ne se trouve personne en son domicile, la copie sera laissée au maire ou adjoint de la commune, qui visera l'original sans frais.

L'huissier de la justice de paix ne pourra instrumenter pour ses parens en ligne directe, ni pour ses frères, sœurs et alliés au même degré.

#### Conférence.

T. 21. — Loi du 26 octobre, titre 1.er, art. 5. art. 66.

13. *La citation signifiée par un autre huissier que celui qui est attaché à la justice de paix du défendeur, est-elle valable ?*

Nous avons dit, dans notre analyse raisonnée, que la cour royale de Rennes avait résolu négativement cette question par deux arrêts, l'un du 2 septembre 1808, l'autre du 16 août 1811, attendu qu'il est de principe que l'incompétence d'un officier ministériel emporte toujours la nullité de ses actes ; mais un troisième arrêt de la même cour, rendu le 14 juillet 1813, a décidé d'une manière toute opposée, par la raison que l'art. 1030 interdit au juge d'admettre une nullité que le code de procédure ne prononce pas. Ainsi pensent les auteurs du praticien français, tome 1.ᵉʳ, page 121. Ces trois arrêts ont été rendus au sujet d'une citation en conciliation ; mais l'art. 52 étant conçu dans les mêmes termes que l'art. 4, leur décision serait également applicable à la citation donnée en justice de paix à fin de jugement.

Nous tenons à celle qui a été donnée par les deux premiers arrêts, parce qu'il nous semble que, soit d'après l'art. 27 de la loi du 19 vendémiaire an 9, soit d'après l'art. 4 lui-même, que tout autre huissier que celui de la justice de paix du défendeur, est sans qualité pour notifier une citation.

Telle est aussi l'opinion de M. Merlin, dans ses questions de droit, au mot *huissier de justice de paix*, 2.ᵉ édition, §. 2, et dans son nouveau répertoire, au mot *huissier*, §. 8, t. 1, p. 766 ; de M.ᵣˢ Delaporte, dans son commentaire sur le code de procédure civile, t. 1, p. 16 ; Thomines-des-Mazures, dans son traité de la procédure civile, p. 35, et Levasseur, dans son manuel des justices de paix, p. 21, n.° 36. — A. 8.

Quoi qu'il en soit, un arrêt de la cour de cassation, du 6 juillet 1814, que nous rapporterons sur l'article 20, a implicitement décidé le contraire. ( V. Sirey, 1815, 1.ʳᵉ part., p. 41, et la question suivante. )

14. *La cédule, dans les cas où elle est requise, ne peut-elle pas être signifiée par tout huissier ?*

Par suite de l'opinion particulière que nous avons émise sur la précédente question, nous avions résolu négativement celle-ci. ( A. 6.) Mais l'arrêt du 6 juillet 1814 ayant décidé que l'article 20 ne prononçant pas la nullité en cas de contravention à leurs dispositions, cette peine ne peut être suppléée par les juges, il est probable que l'on appliquerait à l'art. 4 le même motif de décision.

15. *Le juge de paix pourrait-il commettre un huissier de première instance d'un autre arrondissement que celui duquel ressortit la justice de paix du défendeur ?*

Non, dit M. Démiau, p. 16 ; car il n'est pas au pouvoir du juge d'étendre le mandat des huissiers, qui est déterminé par la loi au territoire du tribunal pour lequel ils sont nommés.

16. Ce n'est pas le juge de paix compétent pour prononcer définitivement sur la contestation, mais celui dans le ressort duquel la citation sera donnée, qui doit commettre un huissier dans le cas prévu par l'art. 4. — A. 9.

17. *La commission de l'huissier doit-elle être donnée par écrit?*

M. Démiau, page 16, dit que si la citation est pour comparaître devant le même juge qui donne la commission, il suffit qu'elle soit verbale, parce qu'il lui est facile de se rappeler qu'il l'a donnée; mais que, s'il faut comparaître dans une autre juridiction, il faut que le juge soit assuré par l'acte même, que l'huissier qui a fait cette notification y a été autorisé; autrement on pourrait se jouer impunément de la prohibition de la loi. Nous verrions le même inconvénient dans le premier cas prévu par M. Démiau; car il dépendrait du juge de déclarer avoir donné commission, lorsqu'il ne l'aurait pas fait, et conséquemment de priver la partie du droit de contester la compétence de l'huissier. Nous concluons en conséquence qu'il est prudent de donner, en tous les cas, la commission par écrit. La citation signifiée doit en effet porter en elle-même la preuve qu'elle est faite par un officier compétent.

18. La citation peut être remise à la personne du défendeur trouvé hors du lieu de son domicile. — A. 7.

19. Si l'huissier ne trouve personne au domicile, il n'est pas obligé de présenter la copie à un voisin, avant de la remettre au maire, puisque l'art. 4 ne l'exige pas, comme le fait l'art. 68 à l'égard des ajournemens.

20. En cas d'absence du maire ou de l'adjoint, l'huissier doit remettre la copie au plus ancien membre du conseil municipal; et en cas de refus de leur part de viser l'original, au procureur du Roi. (Arg., art. 1039.) — A. 10.

### ARTICLE 5.

Il y aura un jour au moins entre celui de la citation et le jour indiqué pour la comparution, si la partie citée est domiciliée dans la distance de trois myriamètres.

Si elle est domiciliée au-delà de cette distance, il sera ajouté un jour par trois myriamètres.

Dans le cas où les délais n'auront point été observés, si le défendeur ne comparait pas, le juge ordonnera qu'il sera réassigné, et les frais de la première citation seront à la charge du demandeur.

*Conférence.*

Loi du 26 octobre 1790, tit. 1.ᵉʳ, art. 7.

21. Quoique la copie ait été remise au défendeur, en parlant à sa personne, dans le lieu même où siége le juge de paix, on doit cependant augmenter le délai ordinaire en raison de l'éloignement du domicile, conformément à l'article 1033. — A. 11.

22. La distance dont il s'agit en l'article 5, est toujours celle qui se trouve entre le domicile du défendeur et le lieu où il doit comparaître. — A. 13.

23. *Comment se règle l'augmentation de délai prescrite par l'art. 5, lorsque la distance est de quatre à cinq, ou de dix à onze myriamètres? Aura-t-on égard à la fraction, en sorte que l'on accorderait pour quatre à cinq myriamètres, deux jours, comme s'il y en avait six; pour dix à onze, quatre jours, comme s'il y en avait douze?*

Cette question est ainsi traitée dans l'analyse raisonnée. — A. 12.

« Non, disent M. Dumoulin, (bibliothèque du barreau, 1810, » 1,ʳᵉ partie, page 215), et les auteurs du praticien, (t. 1, p. 130); » car il faut qu'il y ait trois myriamètres de distance pour qu'il » se fasse une augmentation d'un jour; de sorte qu'il n'y aurait » lieu à aucune augmentation, si la distance était moindre de trois » myriamètres : or, il doit en être de même lorsqu'à une distance » de trois myriamètres se réunit une fraction plus ou moins forte. » Les fractions excédant trois myriamètres ne seraient ainsi d'au- » cune considération pour l'augmentation de délai. »

Nous ajouterons que M. Le Page, dans ses questions, pages 50 et 69; M. Pigeau, tome 2, page 55, sont d'un sentiment contraire; et, comme eux, nous pensons que la question doit être résolue pour l'affirmative. En effet, l'intention de la loi est évidemment de donner à la partie à laquelle un acte est signifié, tout le tems nécessaire pour parcourir la distance qui la sépare du lieu où elle doit comparaître. Or, dès que la loi a prononcé qu'il fallait à cette partie un jour pour parcourir trois myriamètres, elle présume, d'un autre côté, que celle-ci ne peut faire dans un jour plus de trois myriamètres, et par conséquent elle a entendu accorder cette augmentation de délai, même pour le cas où la distance n'est pas complète.

C'est en ce sens que M. Pigeau (t. 2, p. 55) a fait l'application de l'art. 1033, en accordant cinq jours pour quatorze myriamètres, comme s'il y en avait quinze.

Nous convenons que l'opinion contraire peut être fondée sur le texte de cet article pris dans la rigueur des termes, et que l'on peut argumenter d'un sénatus-consulte du 13 brumaire an 13 ( V. bulletin des lois, 4.<sup>e</sup> série, t. 1.<sup>er</sup>, p. 110 ), qui décide implicitement que les fractions de dix à vingt myriamètres, ou de vingt à trente, ne doivent pas être comptées dans la progression du délai à l'expiration duquel les lois sont exécutoires, conformément à l'art. 1.<sup>er</sup> du code civil; mais on remarquera que les termes de cet article diffèrent de ceux dans lesquels l'art. 1033 est conçu.

On lit dans le premier que le délai sera augmenté d'autant de jours qu'il y a de fois dix myriamètres; d'où l'on peut conclure qu'il faut nécessairement qu'il y ait un nombre complet de dix myriamètres, pour qu'il y ait lieu à l'augmentation.

L'article 1033 n'est pas aussi positif. Il porte seulement que le délai sera augmenté d'un jour *à raison* de trois myriamètres : c'est bien dire que ces trois myriamètres seront la base de l'augmentation ; mais ce n'est pas formellement exprimer qu'il faudra nécessairement trois myriamètres pour qu'elle ait lieu. Il suffit donc qu'une distance excède trois myriamètres, pour que l'on accorde un autre jour pour l'excédant.

### ARTICLE 6.

Dans les cas urgens, le juge donnera une cédule pour abréger les délais, et pourra permettre de citer, même dans le jour et à l'heure indiqués.

#### Conférence.

T. 7. -- Loi du 26 octobre 1790, tit. 1.<sup>er</sup>, art. 8.

24. La cédule pour abréger les délais est délivrée par le juge de paix compétent pour connaître de la contestation, et non par celui dans le ressort duquel la citation est donnée. — A. 14.

25. *Le juge de paix est-il obligé d'écrire lui-même les cédules en abréviation de délai ?*

Aucune loi ne lui impose cette obligation : il n'est astreint qu'à signer; et peu importe qu'une cédule soit écrite par lui, par le greffier, par la partie même, ou d'une main quelconque, pourvu qu'elle remplisse l'objet pour lequel la loi exige qu'elle soit donnée. — Guichard, p. 136, n.° 8.

26. *La cédule délivrée par le juge de paix pour appeler à bref délai un individu, alors existant, ou dont la survenance du décès n'est pas encore connue, est-elle valablement notifiée à ses héritiers ?*

Cette question s'est élevée dans l'espèce d'une cédule délivrée sous l'empire des lois intermédiaires pour appeler en conciliation.

Elle ne pourrait se présenter aujourd'hui dans le même cas, puisqu'il n'est plus besoin de cédule pour citer devant un juge de paix ; mais il ne serait pas impossible qu'il devînt nécessaire de la résoudre dans le cas prévu par l'art. 6, qui exige cédule, quand il y a lieu de citer à bref délai. Nous pensons qu'elle devrait être résolue pour l'affirmative, comme elle le fut par arrêt de la cour de Paris du 27 août 1807. ( Jur. des cours souv., t. 4, p. 205. ) La raison de décider, adoptée par cette cour, serait la même; c'est qu'*une permission de citer donnée par un juge compétent, et contre un individu présumé vivant, s'applique de droit à ses héritiers.*

### ARTICLE 7.

Les parties pourront toujours se présenter volontairement devant un juge de paix ; auquel cas il jugera leur différent, soit en dernier ressort, si les lois ou les parties l'y autorisent, soit à la charge de l'appel, encore qu'il ne fût le juge naturel des parties, ni à raison du domicile du défendeur, ni à raison de la situation de l'objet litigieux.

La déclaration des parties qui demanderont jugement, sera signée par elles, ou mention sera faite si elles ne peuvent signer.

#### Conférence.

T. 11. — Loi du 26 octobre 1790, tit. 1.°, art. 11.

27. Les parties peuvent soumettre à un juge de paix une action personnelle qui excéderait le taux de sa compétence, même en premier ressort. — A. 15.

28. Il résulte de là que le tribunal civil pourrait prononcer sur l'appel, dans le cas où la valeur de la demande excéderait sa propre compétence, comme juge de première instance. — A. 16.

29. Le tribunal d'appel est celui du juge de paix devant lequel les parties se sont présentées, et non celui du juge de leur domicile. — A. 17.

30. Si les parties comparaissent sur citation, et que l'exception d'incompétence ne soit pas opposée, elles ne sont pas réputées avoir donné un consentement tacite suffisant pour opérer la prorogation, ainsi que nous l'avons dit sur la 18.ᵉ question de l'analyse, et comme l'a formellement décidé un arrêt de la cour de cassation, du 27 juin 1808. ( V. commentaire sur le code de procédure, annales du notariat, t. 1.ᵉʳ, p. 38. )

31. Les parties ne peuvent s'adresser au suppléant de la justice de paix, pour en obtenir la décision de leur contestation, lorsque le juge n'est pas empêché. — A. 19.

32. Des tuteurs, des administrateurs peuvent bien, sans citation préalable, se présenter devant un juge de paix; mais ils ne peuvent proroger sa juridiction. — A. 20.

33. *Un fondé de pouvoir peut-il signer la déclaration exigée par l'art. 7 ?*

On ne saurait en douter, d'après le principe *per alium qui agit ipse agere videtur;* celui qui agit par le ministère d'autrui, est censé agir par lui-même. ( Code de comp., p. 518, n.° 1446. )

34. Le juge de paix ne peut refuser de juger les parties qui se présentent volontairement devant lui. — A. 21.

35. *Lorsqu'il y a eu prorogation de juridiction, le juge peut-il juger, quoique l'une des parties qui a donné son consentement oppose l'incompétence avant le jugement ?*

Résolu affirmativement par arrêt de la cour de cassation du 3 frimaire an 9. ( V. Sirey, t. 1, p. 641; Denevers, t. 1, p. 301.

36. *Lorsque les parties conviennent à l'audience de dispenser le juge d'observer une formalité d'instruction, est-il nécessaire que le procès-verbal soit signé des parties?*

Rés. nég. par arrêt de la cour de cass. du 3 octobre 1808. ( Sirey, t. 8, p. 538. )

# TITRE II.

*Des audiences du juge de paix et de la comparution des parties.*

---

*Conférence.*

V. infrà, livre 2, titre 5 , *des audiences , de leur publicité et de leur police.*

---

OUTRE les objets indiqués dans son intitulé , ce titre contient les règles particulières aux justices de paix, sur la péremption (15), l'appel (16), l'exécution provisoire (17) et les minutes des juge-mens (18.)

Les définitions et les notions générales de doctrine, relatives à ces divers objets, seront exposées au livre suivant.

Ici l'on se borne à noter les principales différences qui existent entre les dispositions concernant la jurisdiction du tribunal de paix , et celles qui régissent les autres tribunaux.

1.º Les juges de paix sont affranchis des règles ordinaires sur les jours fériés et la solemnité du lieu des audiences. (8.)

2.º Les parties se défendent en personne ou par un fondé de pouvoir , sans avoués ni écritures. (9.)

3.º Tout incident en vérification d'écriture ou inscription de faux, est renvoyé devant le tribunal d'arrondissement. (14.)

4.º La péremption d'instance , autrement l'extinction de l'instance par discontinuation de poursuites , a un délai beaucoup plus court , et s'acquiert de *plein droit.* (15.)

5.º Enfin, tout jugement au-dessous de 300 fr. est , *de droit,* exécutoire par provision ; et, dans tous les autres cas, le juge *peut* l'ordonner avec caution. (17.)

## ARTICLE 8.

Les juges de paix indiqueront au moins deux audiences par semaine : ils pourront juger tous les jours, même ceux de dimanches et fêtes, le matin et l'après midi.

Ils pourront donner audience chez eux, en tenant les portes ouvertes.

3

*Conférence.*

T. 9 et 27. — Loi du 26 octobre 1790, tit. 7, art. 1 et 2.

37. Le juge de paix ne peut indiquer un jour de dimanche ou de fête pour son audience ordinaire. — A. 24.

38. De ce que le juge de paix peut juger les dimanches et fêtes, on doit conclure que les heures du service divin ne lui sont pas absolument interdites; mais du moins ne doit-il agir ainsi qu'en cas d'urgence. — A 25.

39. Le code ne faisant aucune distinction entre les fêtes nationales et les fêtes religieuses, les juges de paix peuvent tenir leurs audiences les jours de fêtes nationales. — A. 26.

40. Le juge de paix ne peut indiquer sa demeure pour lieu de ses audiences ordinaires, si elle n'est pas située au chef-lieu du canton. — A. 22. Rouen, 18 janvier 1806. Décision ministérielle du 11 avril 1807.

41. Le juge de paix peut procéder chez lui à une enquête, dans le cas même où il tiendrait ordinairement ses séances en un autre lieu, et il n'est en aucun cas obligé d'énoncer qu'il ait tenu *les portes ouvertes*. — A. 23.

42. *Le juge de paix peut-il donner des audiences secrètes?*

Il le peut dans le cas de l'art. 87 du code de procédure, et de l'art. 64 de la charte. (Demiau, p. 19.)

Mais nous pensons qu'il doit l'ordonner par un jugement, et en rendre compte au procureur du Roi, ce magistrat étant chargé, relativement aux justices de paix, de la surveillance que le procureur général exerce à l'égard des tribunaux d'arrondissement.

### ARTICLE 9.

Au jour fixé par la citation, ou convenu entre les parties, elles comparaîtront en personne, ou par leurs fondés de pouvoir, sans qu'elles puissent faire signifier aucune défense.

*Conférence.*

Loi du 26 octobre 1790, tit. 3, art. 1.

43. De ce que les parties doivent comparaître au jour *convenu*, il ne s'ensuit pas absolument que le juge de paix doive donner défaut contre celle qui ne comparaîtrait pas.

44. Il ne le doit qu'autant que les parties se seraient déjà présentées

pour requérir jugement, et auraient fixé, pour s'expliquer, un jour auquel l'une d'elles ferait défaut. — A. 30.

45. La procuration pour comparaître en justice de paix doit être spéciale. — A. 27.

46. On peut la donner sous seing privé, et même par lettres missives, d'après l'art. 1985 du code civil; mais le plus prudent est de la faire dresser par devant notaire. — A 28. (1)

47. De ce que la loi défend de signifier des écrits de défense, il ne s'ensuit pas que les parties ne puissent lire de semblables écrits. — A. 29 et 284.

48. *Mais pourrait-on au moins signifier un acte, soit protestatoire, soit conservatoire?*

Le juge doit considérer quel est l'objet de cet acte, dans quelles circonstances se trouvait la partie qui a été obligée de le faire : il doit en apprécier le mérite. En un mot, la loi voulant prévenir des frais inutiles, l'acte dont il s'agit ne doit être pris en considération qu'autant que son utilité serait bien démontrée. — Demiau, p. 19.

### ARTICLE 10.

Les parties seront tenues de s'expliquer avec modération devant le juge, et de garder en tout le respect qui est dû à la justice : si elles y manquent, le juge les y rappellera d'abord par un avertissement; en cas de récidive, elles pourront être condamnées à une amende qui n'excédera pas la somme de dix francs, avec affiches du jugement, dont le nombre n'excédera pas celui des communes du canton.

#### *Conférence.*

Loi du 18 octobre 1790, tit. 7, art. 3.

49. De ce que le juge de paix peut ordonner l'affiche de son jugement à un nombre qui n'excède pas celui des communes du canton, on ne doit pas conclure qu'on doive nécessairement apposer une affiche dans chaque commune. — A. 31, et com. des annales du notariat, t. 1, p. 42.

---

(1) *Erratum à corriger dans l'analyse.* Quatrième ligne de cette question, après le mot *souscrit*, mettez *point et virgule.*

### ARTICLE 11.

Dans le cas d'insulte ou irrévérence grave envers le juge, il en dressera procès-verbal, et pourra condamner à un emprisonnement de trois jours au plus.

*Conférence.*

Loi du 18 octobre 1790, tit. 7, art. 4.

50. Le juge de paix qui a ordonné l'emprisonnement dans le cas de l'art. 11, sans dresser procès-verbal, ne peut être pris à partie qu'autant que l'omission est le résultat du dol. — A. 32.

### ARTICLE 12.

Les jugemens, dans les cas prévus par les précédens articles, seront exécutoires par provision.

51. L'exécution provisoire suppose que tous ces jugemens sont sujets à l'appel. — A. 33.

### ARTICLE 13.

Les parties ou leurs fondés de pouvoir seront entendus contradictoirement. La cause sera jugée sur-le-champ, ou à la première audience ; le juge, s'il le croit nécessaire, se fera remettre les pièces.

*Conférence.*

Loi du 18 octobre, tit. 3, art. 6.

52. Les causes qui ne peuvent être discutées à la première audience, sont, *de plein droit*, renvoyées à la suivante ; mais le juge doit prononcer le renvoi. — A. 34.

53. Le juge peut prononcer successivement plusieurs remises de la même cause d'une audience à l'autre. — A. 35.

54. *Le juge de paix est-il tenu de juger sur-le-champ la cause, lorsque les parties se présentent volontairement, ou que la citation a été donnée pour un jour qui n'est pas celui de l'audience ordinaire?*

Les auteurs des annales du notariat semblent adopter l'affirmative. ( Comm., t. 1, p. 43. ) Ils pensent que la faculté de ne juger *qu'à la première audience*, n'est que pour le cas où la citation a été donnée au jour de l'audience ordinaire.

Nous rejettons cette distinction, et nous pensons au contraire que le juge de paix peut, dans tous les cas, remettre le jugement *à la première audience*. L'article 7, relatif à la comparution volontaire, ne dit rien de contraire, et l'article 13 donne, sans exception, au juge de paix la faculté d'ordonner un délibéré.

Or, dans une affaire soumise au juge par le consentement des parties qui comparaissent volontairement, il peut être aussi nécessaire de délibérer que dans une affaire dont il aurait été saisi par citation. Lui imposer l'obligation de juger sur-le-champ la première, ce serait souvent exiger l'impossible.

55. *Lorsque le juge de paix se fait remettre les pièces, ou, ce qui est la même chose, quand il ordonne un délibéré, peut-il prononcer le jugement hors la présence des parties?*

On ne voit aucune raison de décider que la présence des parties soit nécessaire. — Annales du notariat, t. 1, p. 44.

### ARTICLE 14.

Lorsqu'une des parties déclarera vouloir s'inscrire en faux, déniera l'écriture, ou déclarera ne pas la reconnaître, le juge lui en donnera acte: il paraphera la pièce et renverra la cause devant les juges qui doivent en connaître.

#### Conférence.

T. 7. -- Déclaration du 15 mai 1703; ordonnance de 1670, tit. 1.<sup>er</sup>, art. 20; code de proc., art. 427.

56. Le renvoi au tribunal civil de l'incident de vérification d'écriture ou de faux, ne saisit point ce tribunal de la connaissance du fond. — A. 3.

57. *Si le juge de paix croit que la pièce arguée de faux ou méconnue n'est pas nécessaire à la décision de la cause, doit-il cependant se conformer aux dispositions de l'art. 14?*

Il est incontestable ( rép., *inscription de faux*, p. 137. — A. 747. ) que l'inscription de faux n'est admissible qu'autant que le sort de la contestation principale dépend de la vérité ou de la fausseté de l'acte. Il en est de même, à notre avis, de la vérification d'écriture. Il serait évidemment inutile de vérifier une pièce qui ne pourrait avoir aucune influence sur le jugement du fond.

Mais ces décisions n'ont été jusqu'ici appliquées qu'à des tribunaux de première instance; doivent-elles l'être également aux affaires qui sont de la compétence du juge de paix?

C'est l'opinion des auteurs des annales, ( t. 1, p. 45. ) Si, disent-ils, la pièce arguée de faux ou méconnue n'est pas d'une

nécessité absolue pour la décision de la cause, le juge de paix
devra, sans s'y arrêter, rendre son jugement, sauf aux parties à
faire ce qu'elles jugeront convenable pour faire prononcer sur
cette pièce.

On objecte que si le tribunal de première instance peut juger
le fond, sans s'arrêter à la demande en vérification ou en inscription de faux, c'est parce qu'il lui appartient de statuer sur cette
demande, comme sur le fond ; qu'il n'en est pas ainsi du juge de
paix qui doit renvoyer les parties devant le tribunal, dès qu'une
pièce est méconnue ou arguée de faux, puisque l'art. 14 ne fait
aucune distinction.

Nous trouvons la réponse à cette objection dans la maxime,
*frustrà probatur quod probatum non relevat.*

Il serait inutile que le juge de paix renvoyât au tribunal de
première instance, pour procéder à une vérification ou à une
inscription de faux qui, en définitive, ne devrait avoir aucune
influence sur la décision du fond.

Il pourrait d'ailleurs arriver que le tribunal refusât d'admettre
les parties à poursuivre sur de tels incidens, parce qu'il penserait
lui-même que cette poursuite serait inutile, et il résulterait de là
qu'il prononcerait sur une question qui n'appartient évidemment
qu'au juge du fond, c'est-à-dire, au juge de paix.

L'article 14 ne contient rien de contraire à cette décision : le
législateur a voulu seulement que le juge de paix, lorsqu'il croirait
indispensable qu'il fût préalablement statué sur la contestation
d'écriture, ne pût procéder ou statuer lui-même sur cet incident.

L'article 427 le prouve, puisqu'il autorise évidemment les tribunaux de commerce à prononcer sur le fond, sans avoir égard à la
dénégation d'écriture ou à l'inscription de faux, s'ils ne pensent
pas que la pièce soit utile pour la décision. — A. 1391.

### ARTICLE 15.

Dans les cas où un interlocutoire aurait été ordonné,
la cause sera jugée définitivement, au plus tard dans
le délai de quatre mois du jour du jugement interlocutoire : après ce délai, l'instance sera périmée de

droit ; le jugement qui serait rendu sur le fond sera sujet à l'appel, même dans les matières dont le juge de paix connaît en dernier ressort, et sera annulé, sur la réquisition de la partie intéressée.

Si l'instance est périmée par la faute du juge, il sera passible des dommages et intérêts.

*Conférence.*

Loi du 26 octobre, titre 7, art. 7; cod. de proc., art. 397.

58. *L'art. 15 est-il applicable en matière de douanes?*

Si dans ces matières le juge de paix ne rend pas son jugement dans les trois jours qui suivent celui que l'on aurait indiqué pour la comparution, la demande de l'administration serait périmée, et même l'action serait prescrite par application de l'art. 13, titre 14 de la loi du 9 floréal an 7. — Cass., 3 prairial an 11. Sirey, t. 3, p. 299.

59. La péremption n'est pas acquise à partir du jour de la citation, lorsque le juge n'a pas prononcé d'interlocutoire. — A. 37. Rép., *péremption*, §. 3, n.° 2. Cassation, 31 août 1813. Sirey, t. 14, pag. 61.

60. Il faut, pour faire courir le délai de la péremption, que l'interlocutoire ait été rendu relativement à l'instruction du fond du procès, et non sur un incident. — Cass., 31 août 1813. Sirey, t. 14, pag. 61.

61. Puisque la loi ne s'explique qu'à l'égard de l'interlocutoire, le jugement seulement préparatoire ne serait d'aucune considération. — A. 38.

62. Après le renvoi pour vérification d'écriture, ou pour inscription de faux, l'instance ne tombe pas en péremption par défaut de jugement définitif dans les quatre mois. — A. 39.

63. Lorsque le juge de paix ordonne successivement plusieurs interlocutoires, les quatre mois courent du jour du premier interlocutoire. — A. 40.

64. L'instance étant suspendue par le décès d'une partie, la péremption continue, à partir de la reprise d'instance ou après le délai de six mois, à dater du jour du décès. — A. 41.

65. La péremption n'a pas lieu s'il n'a pas dépendu du demandeur d'obtenir jugement dans les quatre mois. — A. 42.

66. Lorsque le délai de quatre mois est expiré, le juge peut encore se déclarer incompétent. — A. 43.

67. *L'action est-elle éteinte par la péremption?*

Non. — A. 44. Cependant M. Hautefeuille est d'une opinion contraire. L'instance, dit-il, est périmée de droit, *c'est-à-dire, que l'action et la demande n'existent plus.* Mais nous observerons que ces mots *l'instance est périmée* ne supposent que la péremption de la demande et des actes qui en ont été la suite, et non la péremption de l'action considérée comme droit d'agir en justice. M. Hautefeuille a ici confondu l'action prise en ce sens, avec la demande qui n'est que l'exercice de l'action.

Nous persistons en conséquence dans l'opinion que l'art. 15 du code ne portant point, comme la loi de 1790, que la péremption de l'instance emporte la péremption de l'action, on doit, par argument de l'art. 401, décider que l'on peut, de nouveau, former demande. — Répertoire, au mot *péremption*, t. 9, pag. 219.

### ARTICLE 16.

L'appel des jugemens de la justice de paix ne sera pas recevable après les trois mois, à dater du jour de la signification faite par l'huissier de la justice de paix, ou tel autre, commis par le juge.

#### *Conférence.*

T. 21 et 27. — Loi du 24 août 1790, tit. 5, art. 12 et 14. V. les questions sur le livre unique de l'appel, notamment art. 443, 454, 456.

68. L'appel n'est pas la seule voie ouverte contre un jugement rendu par un juge de paix : on admet aussi l'opposition (art. 20), la tierce-opposition (art. 474); mais la requête civile est interdite. — A. 49.

69. Les jugemens des juges de paix ne sont point sujets à cassation pour simples contraventions à la loi, mais seulement pour incompétence ou excès de pouvoir. — Cassation, 5 février 1810; Denevers, 1810, p. 162.

70. La signification faite par un autre huissier ne fait pas courir le délai fatal. — A. 46.

71. On peut mettre à exécution le jugement, quoiqu'il n'ait pas été signifié par l'huissier du juge de paix qui l'a rendu. — A. 47.

72. En disant que le jugement sera signifié par l'huissier de la justice de paix, la loi semble indiquer l'huissier du juge qui a prononcé, si toutefois la partie a son domicile dans le canton. Dans le cas contraire, c'est au juge à déléguer le juge de paix du domicile pour commettre l'huissier. — A. 48.

73. Au reste, il n'y aurait pas nullité de la signification, si l'on ne se conformait pas à cette distinction. — Cass., 6 juillet 1814; Sirey, t. 15, p. 41. V. *infrà* art. 20.

74. *Le jugement rendu par un juge de paix sur une demande en renvoi, est-il toujours susceptible d'appel, lorsque le juge pouvait prononcer en dernier ressort sur le fond?*

Oui, sans doute, d'après la disposition de l'article 454, qui est générale, et qui, se trouvant au titre unique de l'appel, s'applique aux appels des jugemens des justices de paix, comme à ceux des tribunaux inférieurs.

Cette opinion n'est contrariée, d'ailleurs, par aucune disposition des divers titres du livre 1.<sup>er</sup>, qui concerne l'instruction devant les justices de paix. — Cass., 22 avril 1811; journal des avoués, t. 3, p. 273.

75. *Peut-on se pourvoir par appel contre un jugement rendu en dernier ressort, dans lequel un juge de paix a excédé ses pouvoirs?*

On ne peut se pourvoir qu'en cassation contre un semblable jugement, d'après l'article 77 de la loi du 27 ventôse an 8, qui dispose que les jugemens émanés des justices de paix sont sujets à cassation, pour incompétence ou excès de pouvoir.

Mais s'il n'y avait qu'erreur dans la qualification du jugement, c'est-à-dire, si le juge de paix avait déclaré prononcer en dernier ressort, quoique l'affaire ne fût susceptible d'être jugée qu'en premier, il est certain que l'appel serait recevable, conformément à l'art. 453. — Coffinières, jurisp. des cours souv., t. 4, p. 193; cass., 5 février 1810, journal des avoués, t. 1.<sup>er</sup>, p. 226.

76. *L'acte d'appel doit-il contenir assignation, à peine de nullité?*

Oui, parce que les dispositions du livre 3, titre unique de l'appel, s'appliquent aux appels de toutes les jurisdictions. Or,

4

l'article 456 exige, à peine de nullité, que l'exploit d'appel contienne assignation.

Il en était de même avant la publication du code de procédure, d'après l'article 12, titre 3 de la loi du 24 août 1790. Cassation, 6 septembre 1814 ; Sirey, t. 15, p. 40.

### ARTICLE 17.

Les jugemens des justices de paix, jusqu'à concurrence de trois cents francs, seront exécutoires par provision, nonobstant l'appel, et sans qu'il soit besoin de fournir caution : les juges de paix pourront, dans les autres cas, ordonner l'exécution provisoire de leurs jugemens, mais à la charge de donner caution.

*Conférence.*

T. art. 21. -- Loi du 24 août 1790, tit. 3 , art. 9.

77. *Les jugemens des justices de paix sont-ils exécutoires par provision, nonobstant opposition ?*

Puisque l'article 17 les déclare tels, nonobstant l'appel seulement, il s'ensuit que l'opposition en suspend toujours l'exécution, suivant la règle générale que l'opposition est suspensive pour tous les cas où la loi ne fait pas d'exception.

Or, elle n'en a fait aucune pour les justices de paix ; et l'on ne pense pas que l'on puisse y appliquer la disposition de l'article 155, d'après lequel les juges peuvent, en certain cas, ordonner l'exécution provisoire, nonobstant opposition.

La raison en est, que la loi spéciale n'ayant statué qu'à l'égard de l'appel, n'a pas entendu modifier, relativement à l'opposition, la règle que nous venons de rappeler.

On sent, d'ailleurs, que les délais pour former et juger l'opposition étant extrêmement abrégés en justices de paix, on n'a pas à craindre que la suspension de l'exécution porte préjudice aux parties.

78. Les cas dans lesquels un juge de paix peut ordonner l'exécution provisoire de ses jugemens, lorsqu'ils porteraient une condamnation au-dessus de 300 fr. , sont ceux mentionnés aux six premiers paragraphes de l'art. 10 de la loi du 24 août 1790. — A. 52.

79. Un jugement portant condamnation pour une somme de 300 fr. ou au-dessous, doit être exécuté par provision, quoique le juge ne l'ait pas ordonné. — A. 50.

80. Un juge de paix délégué par un tribunal de première instance peut ordonner l'exécution provisoire de ses ordonnances dans les cas où le juge de première instance, commis par son tribunal, serait autorisé à procéder ainsi. — **A. 51.**

### ARTICLE 18.

Les minutes de tout jugement seront portées par le greffier sur la feuille d'audience, et signées par le juge qui aura tenu l'audience et par le greffier.

#### Conférence.

Loi du 26 octobre 1790, titre 8, art. 7 ; cod. de proc., art. 138.

81. Si l'audience a été tenue par un suppléant, c'est celui-ci et non le juge de paix qui doit signer la feuille d'audience. — **A. 53.**

82. La minute pourrait être écrite par un commis-greffier assermenté, puisqu'une décision ministérielle du 24 pluviôse an 12, porte que les greffiers des juges de paix peuvent avoir un commis assermenté qui les remplace dans leurs fonctions. — Sirey, t. 7, p. 993.

83. Le greffier qui délivrerait une expédition d'une minute qui n'aurait pas été signée par le juge, encourrait la peine de faux, conformément à l'art. 139, dont les motifs s'appliquent évidemment à tout greffier sans distinction. — **A. 54.**

# TITRE III.

*Des jugemens par défaut, et des oppositions à ces jugemens.*

#### Conférence.

V. *infrà*, livre 2, titre 8, *des jugemens par défaut et oppositions.*

On doit juger *par défaut* la partie qui ne comparaît pas pour présenter ses moyens.

Mais, à cet égard, il faut faire une distinction importante entre le demandeur et le défendeur ; distinction prescrite par les anciennes ordonnances, rappelée par le code aux art. 150 et 434, et de laquelle résulte une règle générale applicable dans les justices de paix, malgré le silence des lois spéciales qui les régissent :

« Si le demandeur ne comparaît pas, le juge accorde, sans
» examen, défaut et congé de la demande.

» Si, au contraire, c'est le défendeur qui laisse défaut, le juge
» ne peut prononcer qu'après vérification de la demande. »

Nous donnerons les motifs de cette règle dans nos préliminaires
sur le titre 8 du livre 2, où nous exposerons les définitions et les
notions générales qui conviennent à toute espèce de défaut, dans
quelque tribunal que ce soit. Ici nous nous bornerons à faire remarquer ce qui, dans les justices de paix, s'écarte des régles ordinaires.

Prémièrement, il ne peut y avoir qu'un seul défaut, celui *faute
de comparaître.*

Secondement, l'opposition, c'est-à-dire le pourvoi devant le
même juge, doit *toujours* contenir citation. — Art. 20.

Troisièmement, le délai de ce pourvoi est plus court (20),
mais aussi le juge peut suspendre la prononciation du défaut, et
ordonner la réassignation. (19.)

Quatrièmement, il peut même, en adjugeant défaut, fixer un
plus long délai pour l'opposition. (21.)

Cinquièmement, l'opposant en retard peut quelquefois se faire
relever de la rigueur du délai légal. (21.)

En général, on doit regarder, comme étant sans application dans
les justices de paix, les dispositions légales établies pour les autres
tribunaux, lorsqu'elles ne tiennent pas directement à la nature
même du défaut. Cette règle sera principalement développée par
les questions particulières que nous allons examiner.

### ARTICLE 19.

Si, au jour indiqué par la citation, l'une des parties
ne comparaît pas, la cause sera jugée par défaut, sauf
la réassignation dans le cas prévu dans le dernier alinéa
de l'art. 5.

#### Conférence.

T. art. 21. — Loi du 26 octobre 1790, tit. 3, art. 2.

84. Lorsque de deux parties citées l'une comparaît et l'autre fait
défaut, le juge de paix ne doit pas appliquer l'art. 153 du C.
de procéd. — A. 55. (1)

(1) *Er.* Dernière ligne de cette question, au lieu de 13 septembre 1807,
lisez 13 septembre 1809.

85. Si l'on admettait que l'art. 153 fût applicable, ce ne serait pas du moins dans le cas où un garant assigné ne comparaîtrait pas. — A. 56.

86. Si le défendeur étant présent refuse de se défendre, ou se borne à dire qu'il n'entend ni avouer ni contester, le jugement ne doit pas être rendu par défaut. — A. 57.

### ARTICLE 20.

La partie condamnée par défaut pourra former opposition, dans les trois jours de la signification faite par l'huissier du juge de paix, ou autre qu'il aura commis.

L'opposition contiendra sommairement les moyens de la partie, et assignation au prochain jour d'audience, en observant toutefois les délais prescrits pour les citations : elle indiquera les jour et heure de la comparution, et sera notifiée ainsi qu'il est dit ci-dessus.

### Conférence.

T. 21. — Loi du 26 octobre, tit. 3, art. 3 ; ordonn. de 1667, titre 16, art. 4 et 6.

87. Les trois jours donnés pour former opposition ne sont pas francs. — A. 58.

88. Mais ce délai ne doit pas être augmenté d'un jour par trois myriamètres, conformément à l'art. 1033. — A. 59.

89. Si le dernier jour est un jour de fête légale, l'opposition ne serait pas valablement formée le lendemain. — A. 60.

90. L'art. 156 n'est pas applicable en justice de paix. — A. 61, 91 et 92, et *suprà* page 15.

91. *La partie contre laquelle on a obtenu défaut peut-elle se pourvoir par opposition avant la notification* ?

M. Guichard, page 137, n.º 14, examine cette question relativement au demandeur qui fait défaut sur sa propre citation, et contre lequel le défendeur a obtenu *congé*. Il répond que tant que le jugement de congé n'est pas notifié, le demandeur est censé l'ignorer, ou, du moins, est censé présumer que son adversaire n'entend point s'en servir. Il n'est dans le cas de l'attaquer, par opposition, qu'*après la notification ;* mais s'il veut aller en avant sur la demande, il peut citer de nouveau, en déclarant qu'il est, en tant que besoin, opposant à tout jugement que le défendeur

aurait obtenu par défaut contre lui, sauf à réitérer l'opposition
après la signification du jugement.

Nous ne croyons pas qu'il soit exact de dire que la partie défaillante ne peut attaquer le jugement par opposition qu'après la
notification.

La notification d'un jugement n'a pour but, en général, que
de le faire connaître à la partie condamnée, afin de la constituer
en demeure d'acquiescer ou de se pourvoir contre; et, enfin, de
mettre la partie qui a obtenu gain de cause à lieu d'exécuter par
les voies de droit. — A. 1418. Cass., 1.er août 1808. Berriat, pag.
369, n.° 41.

Aussi a-t-il été jugé, relativement à l'appel, qu'on pouvait se
pourvoir avant la notification. — Cass., 17 mars 1806, bulletin
officiel; 4 mars 1812. Sirey, 1812, p. 194.

Il serait difficile de trouver des raisons de différence entre l'opposition et l'appel.

Il y a plus, nous regardons comme frustratoire la notification
qui serait faite du jugement après l'opposition, puisque l'opposition est toujours suspensive. — A. 553, et *supra* n.° 77.

Concluons de ces observations que la partie contre laquelle un
défaut a été prononcé, peut former opposition avant la notification,
en se conformant aux formalités prescrites par l'art. 20.

92. *L'opposition au jugement par défaut d'un juge de paix peut-
elle, si elle contient citation, être faite, sans commission
spéciale, par l'huissier du domicile du défendeur, au lieu de
l'être par l'huissier du juge de paix qui a rendu le jugement?*

L'arrêt de la cour de cassation, du 6 juillet 1814, déjà cité n.os
13, 14 et 73, décide affirmativement cette question, par le motif que
l'article 20, d'après lequel l'opposition à un jugement par défaut doit
être notifiée par l'huissier de la justice de paix, ne prononce pas
la peine de nullité en cas de contravention à cette disposition.

### ARTICLE 21.

Si le juge de paix sait par lui-même, ou par les représentations qui lui seraient faites à l'audience par les proches,
voisins ou amis du défendeur, que celui-ci n'a pu être
instruit de la procédure, il pourra, en adjugeant le

défaut, fixer pour le délai de l'opposition le tems qui lui paraîtra convenable; et, dans le cas où la prorogation n'aurait été ni accordée d'office ni demandée, le défaillant pourra être relevé de la rigueur du délai, et admis à opposition, en justifiant qu'en raison d'absence ou de maladie grave, il n'a pu être instruit de la procédure.

*Conférence.*

‹ Loi du 26 octobre 1790, titre 3, art. 5.

93. Le juge qui proroge le délai n'est pas obligé d'exprimer ses motifs. — A. 62.

94. Les représentations dont il s'agit en l'art. 21 ne peuvent être faites confidentiellement au juge. — A. 63.

95. Dans les cas où la prorogation n'a été ni accordée d'office ni demandée, la partie condamnée par défaut n'a pas besoin de présenter une requête au juge afin d'être autorisée à s'opposer après le délai; elle peut se borner à signifier une opposition motivée que le juge admet ou rejette. — A. 64.

96. L'art. 21 autorisant le juge de paix à relever de la rigueur du délai en cas d'absence ou de maladie, n'est pas limitatif, mais seulement démonstratif. — A. 65.

ARTICLE 22.

La partie opposante qui se laisserait juger une seconde fois par défaut, ne sera plus reçue à former une nouvelle opposition.

*Conférence.*

Loi du 26 octobre 1790, tit. 3, art. 4.

97. Le jugement par défaut contre lequel il n'y a pas d'opposition, et celui rendu sur l'opposition, sont également susceptibles d'appel. — A. 66, et depuis cass., 8 août 1815; Sirey, t. 15, p. 306.

Ainsi M. Paillet, p. 540 de son manuel, s'est trompé, lorsqu'il a dit le contraire, en se fondant sur un arrêt de cassation du 9 ventôse an 5.

# TITRE IV.

## Des jugemens sur les actions possessoires.

C'est par la possession que les choses sont en notre puissance, et que nous en usons. La possession établit donc une présomption légale de leur propriété. Le maître étant le seul qui doive posséder, il était naturel de présumer que l'ancien propriétaire ne s'était pas laissé dépouiller de sa possession sans de justes motifs, et par conséquent de considérer comme maître le possesseur actuel, au moins jusqu'au moment où un autre viendrait prouver que c'est lui qui est propriétaire. La possession est donc un moyen d'acquérir, qui, comme tous les autres, peut fournir matière à des contestations.

Ces contestations, toujours relatives au maintien ou au rétablissement d'une partie dans une possession acquise, sont l'objet des actions que l'on nomme *possessoires.* Ainsi, toutes les réclamations qui peuvent s'élever en justice à l'occasion d'un simple dommage, d'une voie de fait, d'un enlèvement de fruits ou récoltes, ne sont point des actions possessoires, si, d'ailleurs, il n'est pas question entre les parties du droit de possession.

La possession, dont il s'agit ici, ne consiste pas dans la simple occupation d'une chose; elle doit avoir, non seulement le caractère de la possession décrite dans l'art. 2229 du c. civ., mais il faut encore qu'elle ait été continuée pendant un an au moins; c'est ce qu'on appellait autrefois *saisine.* Par conséquent elle ne peut fonder une action possessoire, si elle a été troublée, contestée, interrompue civilement; si elle résulte d'un titre précaire, c'est-à-dire, si le possesseur n'a joui que comme *usufruitier, mandataire, sequestre,* etc.; ( v. *infrà,* art. 23. ) il faut pouvoir maintenir qu'on possède la chose à titre de maître, *non tanquam alienam, sed animo domini.* ( C. c., art. 2228 et 2229; C. proc., art. 23. ) Il faut aussi que la chose possédée soit susceptible d'être acquise par la prescription, c'est-à-dire par la continuation de la possession durant le laps de tems fixé par la loi. ( C. c., art. 2219 et 2229. ) En effet, l'action possessoire ayant pour objet de constater une présomption légale de propriété fondée sur la possession, il serait contradictoire que l'on admît cette présomption en faveur du possesseur d'une chose ou d'un droit dont la propriété ne peut résulter d'un titre exprès.

Les immeubles et les droits réels qui y sont attachés sont les seuls biens sujets à cette action, *puisqu'en fait de meubles, la possession vaut titre :* ( C. c., art. 2279. ) la propriété se confond alors presque toujours avec la possession.

Il suit de ces observations que l'action possessoire est une action compétant à celui qui possède à titre non précaire, et depuis un an, un héritage ou un droit réel s'acquérant par prescription, à l'effet d'être maintenu ou réintégré dans sa possession.

Dans le premier cas, l'action prend le nom de *complainte ;*

Dans le second, on l'appelle *réintégrande.*

Mais il est à remarquer que cette distinction, que l'ordonnance de 1667 avait établie en termes formels, n'a point été rappelée par le code de procédure, sans doute parce qu'elle devenait inutile, puisqu'il ne fait aucune différence entre la *complainte* et la *réintégrande*, soit quant aux règles de la compétence, soit quant aux formalités de la procédure. Quoi qu'il en soit, l'art. 2060 du code civil disposant que la partie condamnée sur une instance en *réintégrande* est sujette à la contrainte par corps, si elle ne délaisse pas l'héritage, il en résulte que la distinction dont il s'agit produit encore quelques effets légaux ; et, par conséquent, on doit la conserver dans la doctrine.

Nous avons dit que la présomption de propriété, attachée à la possession, cède à la preuve du droit de propriété revendiqué contre le possesseur : c'est cette revendication qui constitue l'action *pétitoire*, par laquelle le propriétaire d'un fond ou d'un droit réel attaché au fond, agit contre celui qui possède l'un ou l'autre, à l'effet d'en être déclaré propriétaire.

Toutes les règles de notre législation actuelle sur les actions possessoires ont été puisées dans l'ordonnance de 1667, dont les dispositions étaient, en grande partie, tirées du droit romain sur

les interdits. ( V. Instit. *de interdictis*, et les titres correspondans
du digeste. ) Mais il faut remarquer que des trois interdits possessoires des romains , *adipiscendæ*, *retinendæ* et *recuperandæ
possessionis*, nous n'avons admis que les deux derniers.

Parmi ces règles, il en est deux qu'il importe particulièrement
de connaître, attendu que toutes les autres en découlent d'une
manière plus ou moins directe.

1.° *La cause du possesseur est toujours la meilleure.* (1) Ainsi,
lorsqu'il possède de bonne foi, il gagne les fruits, ( C. c., art. 549 )
tant qu'il n'est pas attaqué. Soit qu'il possède de bonne foi ou
non, c'est à celui qui l'attaque de justifier son droit. S'il y a
concours de titres, ce qu'ils offrent de douteux s'explique en
faveur du possesseur, et celui-ci reste en possession, tant que le
titre contraire n'est pas irrévocablement jugé préférable.

2.° *Le possesseur dépouillé doit, avant tout, étre rétabli dans
sa possession.* (2) Ainsi le possessoire doit toujours être jugé avant
le pétitoire, et l'on ne peut les cumuler. ( Art. 25 et loi 25, ff.
*de acq. vel am. posses.* ) Si la possession est méconnue, le juge
de paix, juge du possessoire, doit ordonner l'enquête sur la possession annale seulement, sans examiner les titres en ce qui concerne
la propriété, sans rechercher si la possession est juste ou non.
( Art. 24. ) Le défendeur condamné au possessoire ne peut intenter
l'action pétitoire, qu'après avoir complètement rétabli le possesseur,
et payé les dommages et les dépens. ( Art. 27. )

Cependant, si le possesseur intente d'abord l'action pétitoire, il
perd tous ces avantages, en engageant la discussion sur la propriété ;
car il est censé y avoir renoncé, et le retour au possessoire devient
impossible. ( Art. 26. )

Il ne doit pas non plus abuser de son privilége. Si donc après
avoir réussi sur le possessoire, il ne faisait pas, dans la vue de
retenir plus long-tems la possession, liquider les dommages qui

_____

(1) *Possidentis melior est conditio.... etiam in pari causa.* L. 128, ff.
de reg. jur. L. 10, *Si debitor*, ff. de pignorib. etc.

(2) *Spoliatus antè omnia restituendus.*

lui auraient été adjugés, sa partie adverse s'adresserait au juge du pétitoire pour faire fixer un délai, après lequel, quoique la condamnation n'eût pas été acquittée, l'action pétitoire devrait être admise. ( Art. 27. )

### ARTICLE 23.

Les actions possessoires ne seront recevables qu'autant qu'elles auront été formées dans l'année du trouble, par ceux qui, depuis une année au moins, étaient en posses- sion paisible par eux ou les leurs, à titre non précaire.

*Conférence.*

Ordonnance de 1667, titre 18. art. 1.ᵉʳ

98. *L'action possessoire peut-elle avoir lieu pour une universalité de meubles ?*

Conformément au sentiment de M. Henrion de Pansey et de l'auteur du nouveau répertoire, nous avons résolu cette question pour l'affirmative, (A. 70) en observant que cette décision ne pouvait s'appliquer que dans le cas où il s'agirait d'obstacles apportés à l'appréhension d'une hérédité qui ne serait composée que d'effets mobiliers.

Quoi qu'il en soit, le code de procédure n'ayant point à cet égard répété la disposition de l'art. 1.ᵉʳ du titre 8 de l'ordonnance, nous doutons que l'on puisse agir pour se faire maintenir ou réin- tégrer *dans la possession* d'une universalité de meubles.

Le principe posé dans l'art. 2279 du code civil, *qu'en fait de meubles la possession vaut titre*, nous semble d'ailleurs également applicable à un ou plusieurs meubles isolés, et à ce que l'on appelle *universalité* de meubles.

Or, si la possession vaut titre en ce dernier cas aussi bien que dans le premier, il ne peut y avoir lieu, en cas de trouble ou de privation de cette possession, qu'à une action en revendication, et non pas à une action possessoire.

99. *Une action possessoire serait-elle recevable, si l'autorité administrative a autorisé ou déclaré légitime le fait dont se plaint le demandeur ?*

Non, parce qu'il résulte évidemment des dispositions combinées de la loi du 24 août 1790 ( art. 13, t. 2 ) et de la loi du 16 fructidor an 8, que, quand une administration a prononcé, les tribunaux ne peuvent juger dans un sens contraire.

Il n'existe, d'ailleurs, pour celui qui croit avoir à se plaindre de cette décision administrative, que le recours à l'autorité compétente : ainsi, par exemple, une partie ne pourrait former une action possessoire à raison de ce qu'un voisin aurait exhaussé, etc., si ce dernier y avait été autorisé par l'administration.

En ce cas et autres semblables, le juge de paix doit se déclarer incompétent, ou, au moins, maintenir les choses dant l'état où elles se trouvent ; autrement, il commettrait un excès de pouvoir.

100. *L'action possessoire peut-elle avoir lieu pour le trouble combiné et non exécuté ?*

L'art. 103 de la coutume de Bretagne accordait, dans ce cas, l'action possessoire, en sorte (dit Duparc-Poullain, t. 10, p. 709) qu'elle compétait pour la simple menace, quoiqu'il n'y eût aucun trouble de fait ni de droit.

Il est évident que cet usage particulier à la Bretagne n'existe plus : il faut, d'après le code, comme il l'a toujours fallu dans le reste de la France, que le trouble ait été réel.

101. *L'action de complainte est-elle admise en matière de servitudes imprescriptibles ?*

La négative résulte nécessairement de la disposition de l'article 691 du code civil, qui, abrogeant en cela l'ancienne jurisprudence de certaines provinces, celle de Bretagne, par exemple, dispose que les servitudes continues non apparentes, et les servitudes discontinues apparentes ou non apparentes, ne peuvent s'établir par la possession même immémoriale, mais seulement par titres.

Ainsi la cour de cassation a déclaré que l'action possessoire n'était pas recevable,

1.° En matière de droit de passage, ( C. de cass., 13 août 1810 ; Sirey, t. 10, p. 333 ; mais pour le cas où le passage est nécessaire à cause d'enclave. Voyez n.°..., p.  )

2.° En matière de droit de puisage ; ( *idem*, 23 novembre 1808 ; Sirey, t. 9, p. 35. )

3.° En matière de servitude consistant à jouir sur le terrain d'autrui d'escaliers et lavoirs, encore que l'on eût la faculté d'en jouir à chaque instant, et qu'il s'agit d'escaliers placés d'une manière très - apparente ; ( *idem*, 21 octobre 1807 ; Sirey, t. 8, p. 37, et quest. de droit, v.° servit., §. 8. )

4.° En matière de servitude négative, par exemple, du droit d'empêcher le voisin de bâtir, parce que cette servitude est non apparente. ( *Idem*, 28 février 1814 ; Sirey, t. 14, page 124 ; Denevers, t. 12, p. 186. )

102. *Mais si la servitude était sujette à prescription avant le code, et que le demandeur excipât d'une possession annale commencée avant le code et continuée depuis, l'action possessoire serait-elle recevable ?*

Non, parce que la possession des servitudes dont il s'agit ne peut plus faire présumer ni faire naître le droit, sauf le cas de l'art. 691 du C. civ. Or, dans ce cas, il ne s'agit plus de la possession, mais de la propriété déjà acquise par une possession alors suffisante avant l'introduction du code civil. A la seule exception de ce cas, la prétendue possession de servitudes discontinues ne pouvant jamais être utile, ne peut donc fonder l'action possessoire. ( C. de cass., 10 février 1812 ; Sirey, t. 13, p. 3. )

103. *En serait - il de même si la possession antérieure au code avait été suffisante pour acquérir la prescription du droit de servitude ?*

Cette question s'est présentée devant la cour de cassation, mais elle n'a pas été expressément résolue par l'arrêt intervenu le 3 octobre 1814, ( v. Sirey, t. 15, page 145 ) attendu qu'il n'était qu'allégué et non prouvé que la prescription eût été acquise. Nous pensons que l'action possessoire ne serait admise qu'autant qu'il eût été préalablement jugé au pétitoire que le demandeur eût, avant la publication du code, acquis la servitude par prescription : ce qui serait le cas de l'article 691. Mais s'il se bornait à maintenir ce fait, en concluant à être admis à le prouver devant le juge de paix, celui-ci ne pourrait ordonner cette preuve sans cumuler le pétitoire avec le possessoire ; il devrait renvoyer devant le tribunal de première instance pour être prononcé sur cette question, et rejeter l'action possessoire.

104. *La solution donnée sur ces diverses questions relatives aux servitudes imprescriptibles, s'appliquent-elles au cas où il y a un titre ?*

Non, parce qu'alors la possession ne peut plus être l'effet d'une simple tolérance, ni considérée comme précaire. En ce cas, le juge de paix, s'il s'élève des contestations sur le titre, peut et doit en examiner la régularité et l'étendue pour déterminer la nature de la possession ; par exemple, le trouble dans l'exercice d'un droit de passage autorise l'action possessoire, quoique ce droit soit imprescriptible, si le demandeur se prévaut à la fois de la possession annale et d'un titre qui en soit le fondement. (Arrêt de la cour de cass., 24 juillet 1810 ; Sirey, t. 10, p. 334 ; Denevers, 1813, p. 287.)

105. *Peut-on former complainte pour trouble à la possession et jouissance d'un sentier d'exploitation ?*

Oui, parce que c'est moins une servitude discontinue que l'exécution d'une convention supposée entre les propriétaires voisins, pour la *desserte* de leurs fonds respectifs. ( C. de cass., 29 nov. 1816 ; Sirey, t. 16, p. 226. )

L'arrêtiste remarque que cette doctrine était reçue sous les coutumes qui n'admettaient pas de servitude sans titres. Il cite Lalaure, livre 3, chap. 7, p. 233, qui regarde les sentiers d'exploitation de terres, de vignobles, de prairies, comme des *sentiers communs*. C'est ainsi qu'entre parens on présume qu'un partage a établi la servitude. ( V. Duparc, pp., t. 3, p. 306. )

106. *Si les servitudes discontinues et non apparentes ne donnent point ouverture à l'action possessoire, celui sur le terrain duquel on exercerait une semblable servitude aurait-il du moins cette action pour se faire maintenir dans la libre possession de son héritage ?*

Tout héritage, jusqu'à la preuve contraire, est présumé libre de toute charge et de toute servitude. Les modifications que le droit de propriété peut subir doivent être établies par la loi ou par la convention des parties.

Ainsi, tout fait qui annonce, de la part de son auteur, la prétention d'un droit quelconque sur la chose d'autrui, est un trouble apporté à cette libre possession essentiellement inhérente au droit de propriété.

Il y a lieu dans ce cas à la complainte en faveur du propriétaire troublé par ce fait dans la possession dont il jouit à ce titre.

Si le trouble résulte d'un fait qui constituerait un acte d'exercice d'une servitude discontinue et non apparente, qui ne donne point lieu à l'action possessoire en faveur de l'auteur du trouble, celui-ci ne pourrait prétendre que le propriétaire troublé ne peut exercer cette action.

En effet, la voie de complainte est refusée à celui qui prétend droit à une servitude discontinue et non apparente, parce que cette servitude, comme nous l'avons dit d'après l'art. 691 du code civil, ne peut s'acquérir que par titres; d'où suit qu'il ne peut avoir en sa faveur la présomption de propriété que la loi attache à la possession d'une chose de nature à être acquise par prescription.

Au contraire, le propriétaire troublé dans sa possession par l'exercice d'un droit qui ne peut s'acquérir par prescription, a pour lui cette présomption de propriété qui donne lieu à l'action possessoire de sa part.

Et comme cette présomption est nécessairement celle d'un droit de propriété pleine, entière, libre de toute charge, il s'ensuit que l'on ne peut lui contester le droit de se faire maintenir dans sa possession libre comme le droit de propriété qu'elle suppose.

107. *La dénonciation de nouvel œuvre est-elle encore admise dans notre droit? Constitue-t-elle une action possessoire de la compétence du juge de paix?*

Ou plutôt, *la dénonciation de nouvel œuvre ne se confond-t-elle pas aujourd'hui avec toute opposition qui ne peut produire d'effets qu'en vertu de jugement sur le fond du droit qui y donne lieu, sauf au juge à statuer provisoirement ce qu'il jugerait appartenir, suivant les circonstances?*

La dénonciation de nouvel œuvre est un acte par lequel une partie s'oppose à la continuation d'ouvrages qu'elle prétend lui être préjudiciables.

L'effet de cette opposition notifiée *au lieu de la construction*, soit au propriétaire, soit aux ouvriers employés par lui, était de suspendre de plein droit les travaux, ou du moins, suivant quelques auteurs, d'en faire ordonner la suspension par le juge, jusqu'à ce qu'il eût été prononcé sur le fond du droit.

La question de savoir si la continuation pouvait être ordonnée, sous caution de réparer le dommage, était controversée ; mais on admettait assez généralement la caution, dans le cas où la dénonciation n'avait été faite qu'à une époque rapprochée de la perfection des travaux.

S'il arrivait qu'ils fussent continués nonobstant la dénonciation ou la sentence par laquelle le juge eût ordonné la suspension, toute audience sur le fond du droit était déniée à l'auteur du nouvel œuvre, jusqu'à ce qu'il rétablît préalablement les choses en l'état où elles étaient au moment de la dénonciation.

Le délai pour signifier cet acte était d'an et jour.

Tels étaient les principes puisés dans le droit romain, et généralement admis dans la jurisprudence française, ainsi qu'on peut le vérifier au nouveau répertoire, dans l'ouvrage de M. Henrion, et principalement dans le traité du voisinage de M. Fournel, v.º *dénonciation de nouvel œuvre*.

La coutume de Bretagne ( art. 392 ) contenait à ce sujet une disposition expresse. Elle obligeait celui auquel un édifice entrepris pouvait porter préjudice, à s'opposer avant qu'il eût été achevé ; mais elle accordait, en outre, le délai d'an et jour, après la construction de l'édifice, pour en demander la démolition, en remboursant les frais et coûtages de cette construction.

Enfin, si la partie intéressée laissait écouler ce second délai, elle ne pouvait plus faire ordonner la démolition, et n'avait qu'une action en dommages-intérêts du préjudice qu'elle éprouvait ; encore n'était-elle plus recevable à la former après six années, à compter de la perfection de l'édifice.

Cependant la coutume accordait quinze ans pour demander la démolition des colombiers et moulins.

La jurisprudence bretonne admettait ainsi la dénonciation de nouvel œuvre, qui n'est en effet qu'une inhibition de construire, mais avec cette différence notable : 1.° que, suivant le droit commun, aucun délai particulier ne paraissait accordé, soit pour demander, soit pour obtenir la démolition du nouvel œuvre;

2.° Que, par suite, l'action en démolition était toujours admise, du moins jusqu'à l'expiration du délai ordinaire fixé pour intenter une action.

Nonobstant ces différences, il s'agit d'examiner si la dénonciation de nouvel œuvre est encore admise dans notre droit, et si elle est de la compétence du juge de paix.

M. Henrion de Pansey décide formellement l'affirmative, « attendu, dit-il, que ces actions appartiennent à la classe des actions possessoires; et qu'en conséquence, d'après l'art. 10, n.° 2, du titre 3 de la loi du 24 août 1790, elles doivent être portées en première instance devant le juge de paix, sauf l'appel aux tribunaux d'arrondissement.

» En effet, la loi 20, §. 6 et 7 *de operis novi nunciatione,* qualifie expressément cette action d'*interdit*, terme qui, dans le droit romain, correspond exactement à ce que nous appelons action possessoire. *Hoc interdictum,* dit-elle, *perpetuò datur; et heredi cæterisque successoribus competit. Adversùs ipsum quoque qui opus fecit vel factum ratum habuit, interdicto locus erit.* »

Tel est aussi le sentiment de M. Berriat-Saint-Prix, page 108, n.° 31. « La dénonciation de nouvel œuvre, dit-il, est une des plus importantes des actions possessoires. »

Mais puisque ni le code civil ni le code de procédure ne contiennent de règles spéciales sur cette matière, ne doit-on pas en conclure que les anciennes sont abrogées, et que la dénonciation de nouvel œuvre ne peut être aujourd'hui considérée que comme toute autre opposition fondée sur un droit allégué par une partie, et qui ne peut produire d'effets qu'après jugement intervenu sur ce droit, à moins que, suivant les circonstances et l'apparence du droit de l'opposant, le juge ne statue par provision?

Telle est notre opinion fondée sur le silence de nos codes, et sur

6

l'abrogation prononcée par l'article 1041 de celui de procédure ,
de toutes lois , usages, etc. , relatifs à la procédure.

Ainsi , lorsqu'un voisin construit sur son fonds un ouvrage quelconque , que l'autre voisin croit porter préjudice à ses droits, et que
celui-ci s'oppose à sa continuation , il n'y aura point lieu à former ,
comme autrefois , une action particulière devant le juge , afin de suspendre les travaux ; mais on devra former avant tout la demande
sur le fond du droit, et demander ensuite *provisoirement* la suspension du nouvel ouvrage jusqu'à la décision sur le fond, sauf au juge à
statuer suivant les circonstances. Or, ce second chef de demande ne
forme point une action possessoire, mais une de ces demandes *provisoires* ou *incidentes*, dont parlent les art. 134, 337 et suiv., qui appartiennent au juge saisi de l'action principale. Il ne faut pas confondre le
possessoire et le provisoire : toute action possessoire est, de sa nature,
provisoire relativement au pétitoire ; mais tout provisoire n'est pas possessoire. De même qu'en droit romain, tous les interdits avaient quelque chose de provisoire, et tous cependant ne peuvent être comparés
à nos *actions possessoires.*

Mais le fond du droit, c'est-à-dire, le point de savoir si l'une
des parties était autorisée ou non à construire, ne constitue-t-il
pas, au moins, une action possessoire ?

Il faut distinguer : si le propriétaire qui s'oppose à la construction
peut être considéré comme en possession *non précaire* de jouir de
la chose dans l'état où elle était avant le nouvel œuvre commencé,
l'action possessoire est admissible. Dans le cas contraire, il faut se
pourvoir devant le juge du pétitoire, qui alors pourra seul prononcer
provisoirement sur la suspension des travaux. Par exemple, on lit
dans un arrêt de la cour de cassation, du 28 févr. 1814, ( Denevers,
1814, p. 186 ) où cependant on paraît considérer la dénonciation de
nouvel œuvre comme étant possessoire de sa nature , *que la prétention
d'empêcher quelqu'un de bâtir sur son propre terrain est toujours ,
sous quelque forme qu'on puisse la présenter , celle d'une servitude
non apparente qui , suivant l'article 691 du code civil , ne peut
s'acquérir par prescription : d'où suit que la possession ne donne
aucun droit , et qu'elle ne peut fonder une action possessoire ;
qu'elle est conséquemment hors de la compétence du juge de
paix.*

De toutes ces observations nous concluons, contre le sentiment de M. Henrion, 1.º que la dénonciation de nouvel œuvre n'est plus admise aujourd'hui, en ce sens qu'elle donnait lieu à une action particulière, soumise à des règles spéciales, et produisant des effets qui lui étaient propres; 2.º qu'encore bien que l'opposition à des constructions nouvelles est quelque chose de possessoire, en ce qu'elle suppose un ancien état de chose, elle ne peut plus cependant constituer qu'une demande provisoire, incidente à une action principale qui peut être ou possessoire ou pétitoire.

108. La jouissance d'un cours d'eau peut être l'objet d'une action possessoire. — Arrêt de cass., 24 février 1808. Sirey, 1818, p. 493 ; autre arrêt, 19 juin 1810 ; Sirey, 1811, p. 164.

109. Mais la compétence du juge de paix ne dépend pas de la question de savoir si les eaux sont vives ou mortes. — Arrêt de cass., 4 mai 1813. Sirey, t. 13, p. 337.

110. La possession ou l'usage d'un cours d'eau pendant un an et jour autorise l'action possessoire, si la possession n'est pas précaire. Or, quand elle est fondée sur la loi ou le droit commun, il n'y a pas plus de raison de la considérer comme précaire, qu'il n'y en aurait si elle avait pour titre un contrat d'acquêt ou d'échange. — Arrêt de cass., 1.ᵉʳ mars 1815. Sirey, t. 15, p. 120.

111. Le trouble dans la possession d'un cours d'eaux pluviales autorise l'action possessoire, puisque c'est une servitude fondée en titre ( arrêt de cass., 13 juin 1814. Sirey, t. 15, p. 239), et ce titre est la disposition même de la loi. — Cod. civ., art. 640, 688.

112. Une personne qui jouit à titre de fermier, de sequestre, et non à titre de maître, ne pourrait former l'action possessoire à raison d'un trouble apporté à sa jouissance. — A. 67.

113. Mais on ne doit pas conclure de là qu'un fermier ou toute autre personne qui ne posséderait pas à titre de maître, ne pût se plaindre des torts qu'on lui causerait en le troublant dans sa jouissance. La loi ouvre en ce cas l'action civile ou criminelle en réparation du dommage, mais elle interdit l'action possessoire dont les règles et les formalités sont établies par les dispositions du présent titre. — A. 68, cass., 7 sept. 1808. Sirey, t. 8, p. 555.

114. *Cette action n'appartient-elle pas du moins à l'usufruitier ?*

Des développemens donnés sur la soixante-neuvième question de l'analyse, il résulte que l'usufruitier, jouissant à titre de propriétaire de son usufruit, peut former l'action possessoire contre toute personne

qui le trouble dans sa jouissance ; mais cette action lui est interdite
contre le propriétaire , s'il la formait à un autre titre que celui d'usufruitier , puisqu'il ne peut prescrire contre le premier la *propriété*
de la chose. — A. 69.

115. Celui qui a coupé des herbes sur le terrain d'un étang découvert par la baisse des eaux , ne peut former l'action possessoire ,
attendu que sa possession n'est que précaire.

En effet , on ne peut acquérir aucune possession au préjudice du
propriétaire d'un étang sur le terrain couvert par les eaux , quand
elles sont à la hauteur du déversoir ; la loi conserve toujours ce
terrain au propriétaire, nonobstant toute diminution des eaux.—Arrêt
de cass., 23 avril 1811. Sirey, t. 11, p. 312 ; cod. civ., art 558.

116. Celui qui , après avoir été condamné au pétitoire par jugement passé en force de chose jugée , a continué de posséder pendant
an et jour , ne peut former l'action possessoire , parce qu'il n'a
qu'une possession précaire. Le jugement rendu au pétitoire imprime
à la possession le caractère d'un acte de tolérance , auquel l'art.
2232 du code civil refuse l'effet de produire la prescription , et ,
par suite , l'action possessoire. — Arrêt de cass., 12 juin 1809.
Sirey , t. 14 , p. 89.

117. Lorsqu'un fermier dont le titre est résolu , prétend se maintenir
en jouissance contre le gré du propriétaire , celui-ci peut exercer
contre lui l'action possessoire. — Arrêt de cass. , 6 frimaire an 14.
Sirey , t. 7, 2.e part. , p. 772.

118. Lorsqu'un nouvel acquéreur conteste , en vertu de son titre ,
le droit de jouissance du fermier qu'il trouve en possession du bien
vendu , le juge de paix ne peut maintenir le fermier dans sa
possession , en donnant la préférence au bail sur l'acte de vente.
La raison est que la possession du vendeur se continue dans l'acquéreur , en sorte que l'action intentée par celui-ci , et tendant à
faire cesser un trouble qu'il éprouvait , est une action possessoire.
—Arrêt de cass. du 5 pluviose an 11. Sirey, addition au t. 3, p. 275.

119. Un fermier de l'état peut être sujet à l'action possessoire de
l'objet qui a été donné à ferme , si cet objet est prescriptible ,
l'action possessoire étant recevable contre l'état lui-même. La circonstance que le fermier tient son titre de l'autorité administrative, ne peut le soustraire à cette action , parce qu'un bail est
un acte de régie et non pas un fait de jurisdiction administrative.
— Décret du 9 septembre 1806.

120. Une action possessoire formée par un acquéreur contre un autre
acquéreur de bien national , peut être portée devant le juge de

paix, parce que le jugement à rendre sur le possessoire ne préjuge rien sur le fond du droit de propriété. — Décrets des 24
mars 1806 et 28 avril 1808.

121. *Si une action possessoire était formée par un propriétaire
contre un prétendu acquéreur qui se mettrait en possession en
vertu d'un acte de vente infecté de nullité apparente et visible ;
le juge de paix devrait-il accueillir cette action ?*

Oui, parce que le juge de paix ne peut ni avoir égard à un
pareil acte, ni en prononcer la nullité : il doit l'écarter et prononcer sans y avoir égard, comme aussi sans préjudicier aux
droits du soi-disant acquéreur. Ainsi le propriétaire demandeur au
possessoire serait maintenu dans sa possession, avec défense à la
partie adverse de l'y troubler, sauf à elle à se pourvoir comme
elle l'entendra pour faire valoir son titre. — Toullier, traité du
droit civil français, t. 7, p. 689.

122. *Mais si le prétendu acquéreur était entré en possession, et
eût continué de posséder pendant plus d'un an, pourrait-il
être maintenu sur la demande en complainte qu'il intenterait
contre le propriétaire qui l'aurait troublé ?*

Oui, s'il ne fonde son action que sur sa possession, sans représenter son titre ; mais s'il en argumente pour fonder sa possession,
sa demande serait rejetée, parce que le titre n'ayant pu lui transférer
la propriété, sa possession ne peut le faire réputer propriétaire :
elle est vicieuse. Ici le juge ne prononce point encore sur la validité ou l'invalidité du titre ; il s'en sert uniquement pour caractériser la possession à laquelle les parties conviennent qu'il sert de
fondement. — Ibid., p. 690 et 691.

123. *Si, dans l'espèce de la question ci-dessus, le prétendu
acquéreur ne représentait pas le titre, et fondait son action
possessoire uniquement sur la possession annale, le défendeur
ne pourrait-il pas représenter le titre, afin de prouver le vice
de la possession ?*

Oui, car il est permis de prouver, par tous les genres de
preuves, le vice d'une possession. C'est ainsi que dans les cas où
un ancien fermier se serait indûment perpétué sur la détention de
l'héritage, et prétendrait exercer une action possessoire, le propriétaire

le repousserait en présentant le bail qui prouve que sa possession
n'était qu'à titre précaire. — Ibid., p. 692.

124. *Les trois questions ci-dessus recevraient-elles la même solu-*
*tion si le titre n'était pas nul de plein droit, mais seulement*
*susceptible de rescision, ou si la nullité n'en était pas appa-*
*rente ?*

Non, parce qu'en ce cas l'acquéreur présente l'apparence d'un
titre légal qui doit être exécuté provisoirement, jusqu'au moment
où la justice en aura prononcé la nullité. Donc, la provision lui
est due. — Ibid., p. 693 et 694.

125. *Un passage nécessaire peut-il donner lieu à l'action posses-*
*soire ?*

La règle développée sur la question 104 semblerait devoir résoudre également celle-ci. Dès qu'il y a titre, la possession ne peut
plus être regardée comme précaire. Ici le titre est dans la loi,
( C. C., art. 682 ) qui oblige les fonds voisins à souffrir le passage
nécessaire à l'exploitation des fonds enclavés. Ce passage fondé sur
la nécessité et sur la loi ne peut, ainsi que le remarquent M.ᵉˢ
Toullier et Pardessus, être réputé précaire et de simple tolérance.
Il s'agit donc d'une véritable possession qui ne fait pas acquérir le
droit de passer, parce qu'il est déjà acquis, mais qui, du moins,
fait acquérir la prescription de l'indemnité, ( art. 685 ) et sert à
déterminer sur quel fonds ou sur quelle partie du fonds le passage
doit être exercé.

Nous croirions donc que si l'enclave n'est pas contestée, le propriétaire du fonds enclavé peut former complainte, lorsqu'il est
troublé dans son droit de passage ; qu'enfin s'il arrivait que, sans
lui refuser tout passage, on voulût le forcer de se servir d'un autre
que de celui qui serait accoutumé, il pourrait également se pourvoir au possessoire, du moins jusqu'à ce que le juge du pétitoire
n'eût prononcé sur le changement qui serait demandé en vertu des
articles 683 et 684 du Code civil.

De même aussi le propriétaire du fonds grevé, ou bien encore
celui d'un fonds voisin sur lequel le passage nécessaire ne s'exerçait
pas auparavant, pourrait, suivant nous, se servir de l'action pos-

sessoire, pour que les choses restassent dans l'état déterminé par la possession annale.

Quoi qu'il en soit, nous ne devons pas dissimuler que l'opinion que nous émettons ici est contredite par un arrêt de rejet de la cour de cassation, rendu le 8 juillet 1812. ( V. Sirey, 1812, p. 298. ) Mais voyez ceux cités sur les qq. 104, 105 et 111.

126. *A qui appartient-il de statuer sur la nécessité du passage, dans l'hypothèse où l'on admettrait, nonobstant l'arrêt cité sur la question précédente, la solution que l'on vient de donner?*

Le juge du pétitoire peut seul statuer *définitivement* sur la nécessité du passage ; néanmoins, si, comme nous le pensons, le juge de paix peut connaître de l'action possessoire, il aura à examiner ici, comme lorsqu'il s'agit de caractériser la possession par le titre, si la possession de passage est dégagée de ce qu'elle a naturellement de précaire.

Il ne serait donc pas tenu de renvoyer cette question pour être décidée préalablement ; mais ce qu'il jugerait sur le possessoire ne préjugerait rien sur les questions du pétitoire, c'est-à-dire, sur celles de savoir si, en effet, la servitude de passage est nécessaire; par où et comment elle devra être définitivement exercée ; et s'il est dû une indemnité.

127. *Pour former l'action possessoire, faut - il absolument avoir possédé pendant une année, ou bien la possession la plus courte avant le trouble peut-elle suffire ?*

« Il faut distinguer, dit Duparc-Poullain, t. 10, p. 705, si le
» trouble a été fait par un tiers qui n'avait dans la chose ni droit
» ni possession : le possesseur qui a été troublé n'est point obligé
» de prouver sa possession annale avant le trouble ; il suffit de
» prouver qu'il possédait, et qu'il a été troublé.

» Mais si c'est le propriétaire ou le précédent possesseur qui est
» rentré dans la possession, le demandeur est obligé de prouver
» la possession annale avant le trouble, sans quoi son action ne
» peut pas être reçue, puisque, jusqu'au moment du trouble dont
» il se plaint, l'action de réintégrande compétait au précédent
» possesseur. »

Cette distinction est admise au nouveau répertoire. ( *Voie de fait*, t. 13 , §. 10 , art. 2. ) Mais Duparc-Poullain et M. Lanjuinais, auteur de cet article du répert., écrivaient sous l'empire de l'ordonnance de 1667 , qui ne portait point, comme l'art. 23 du code , que l'action possessoire ne serait recevable que de la part de ceux qui , *depuis une année au moins* , auraient été en possession paisible, etc.

L'art. 1.<sup>er</sup> du titre 18 de l'ordonnance se bornait à indiquer le délai dans lequel il fallait intenter cette action.

Du texte de l'art. 23 on pourrait donc conclure que le législateur n'a pas entendu conserver la distinction dont il s'agit, et qu'il faut admettre que l'on n'a l'action possessoire contre un tiers , de même que contre le propriétaire ou le précédent possesseur , qu'autant que l'on prouve la possession annale.

Voici cependant une considération qui nous semble devoir faire rejeter cette conséquence ; c'est que la possession annale vaut titre , comme le dit Rodier sur l'art. 1.<sup>er</sup> du titre 18 de l'ordonnance , jusqu'à ce que le droit du propriétaire soit prouvé. Or , si l'on admettait que le possesseur troublé par un tiers ne peut exercer l'action possessoire qu'en prouvant qu'il a possédé pendant un an , il en résulterait qu'on laisserait dans la possession une personne qui ne l'aurait que depuis quelques jours ou quelques mois, et qu'on lui donnerait ainsi un titre qui ne peut résulter que de la possession annale. Or , entre deux possesseurs dont aucun n'a acquis la possession annale , n'est-il pas naturel de prononcer en faveur de celui qui a possédé le premier , et par conséquent depuis un plus long espace de tems ?

128. *L'action possessoire peut-elle être formée sinon devant le juge de paix , du moins devant le tribunal de première instance , si le trouble remonte au-delà de l'année dans laquelle on se proposerait de l'intenter ?*

« Pour que les actions possessoires , dit M. Hautefeuille, p. 64, » *soit de la compétence* du juge de paix , il faut que l'action » soit intentée dans l'année que le délit ou le dommage a été », causé, autrement le juge de paix n'est plus compétent pour en » connaître ; elle doit être portée, en ce cas, devant les juges » ordinaires. »

L'auteur fonde son opinion sur la disposition du n.° 2, art. 10 de la loi du 24 août 1790, qui porte que le juge de paix connaîtra des usurpations, etc., *commises dans l'année.*

Mais c'est une erreur évidente sur le sens de cet article, car il est de l'essence de l'action possessoire d'être formée dans l'an; et, par conséquent, elle ne peut l'être après l'année devant les juges ordinaires, puisqu'après ce délai l'auteur du trouble qui a acquis la possession, est le seul auquel l'action dont il s'agit puisse appartenir désormais.

129. *L'action possessoire en réintégrande peut-elle être portée devant les juges criminels?*

Cette question a été résolue négativement dans notre analyse ( quest. 71. ) Nous persistons, par suite des motifs qui s'y trouvent développés, à penser que les tribunaux criminels sont radicalement incompétens pour prononcer sur le possessoire; ils ne peuvent qu'appliquer la disposition pénale à la voie de fait.

130. *Mais du moins ne pourrait-on pas poursuivre, par la voie criminelle, celui qui, après avoir été condamné au possessoire à délaisser un fonds, et après avoir exécuté le jugement, exercerait sur ce fonds des actes de propriété?*

Oui, si l'on admettait, comme l'a décidé la cour de cassation, par arrêt du 7 juin 1811, (Sirey, t. 11, p. 325) que le nouveau code pénal n'a pas abrogé la loi du 22 floréal an 2, qui punit d'une peine afflictive et infamante les attentats commis par voie de fait contre l'autorité de la chose jugée. Mais on doit résoudre négativement cette question, d'après l'avis du conseil d'état, du 8 février 1812, B. 421.

131. Le délai d'un an pour intenter l'action possessoire court du jour même du trouble, et non pas du jour où le trouble a été connu, encore bien qu'il s'agisse d'un trouble de *droit* plutôt que d'un trouble de *fait*, et que le trouble ait eu lieu, non contre le propriétaire, mais contre un fermier de qui le propriétaire n'en a pas reçu avis. Les motifs de cette décision sont que l'art. 23 du code de procédure fait courir le délai du jour du trouble, et que le fermier est d'ailleurs seul responsable de sa négligence, aux termes de l'art. 1768 du code civil. — Cass., 12 octobre 1814. Sirey, t. 15, p. 124.

7

ARTICLE 24.

Si la possession ou le trouble sont déniés, l'enquête
qui sera ordonnée ne pourra porter sur le fond du
droit.

*Conférence.*

Ordonnance de 1667, tit. 18, art. 3, et *infrà* n.° 146.

132. Le juge de paix ne peut appointer à informer, lorsque l'une
des parties laisse défaut. — A. 72.

133. *Si les preuves sont égales de part et d'autre, le juge de
paix peut-il ordonner le sequestre, jusqu'à ce qu'il ait été
prononcé au pétitoire?*

Il le peut, ( A. 73, et arrêt. de la cour de Poitiers, du 29 janv.
1813 ) mais il n'y est pas obligé; d'où suit qu'en maintenant, par
exemple, deux parties dans la possession respective du terrain
contentieux, parce que, d'après les enquêtes, chacune d'elles
aurait exercé cumulativement et sans trouble des actes de possession sur ce terrain, on ne violerait point l'article 1961 du code
civil, sur lequel nous avons fondé la solution de la question 73
de l'analyse.

Nous pensons aussi que le juge pourrait accorder en définitive la
possession à celui des intéressés qui lui paraîtrait le mieux fondé,
soit par la nature des actes possessoires, soit par l'ancienneté de la
possession, soit même par les titres. Il ne ferait en cela qu'appliquer cette maxime de Dumoulin sur l'art. 441 de la coutume du
Maine : *In conflictu probationum titulata vel antiquior possessio
vincit.* M. Paillet, dans son manuel, page 553, appuie cette opinion
d'un arrêt de cassation du 12 fructidor an 10.

134. Les juges peuvent, en prononçant sur le possessoire, avoir
quelqu'égard aux titres de propriété produits par l'une des parties.
— A. 74, et *suprà* n.°s 104, 105, et 121 à 125. Cette proposition
établie sur la 74.° question de notre analyse, se trouve confirmée
par la solution ci-dessus.

Mais dans le cas où une partie se bornerait à ne fournir qu'un
titre afin de prouver sa possession, le juge ne pourrait admettre
l'action possessoire, puisque la cause prendrait en ce cas le caractère pétitoire. — Arrêt de cass., 12 avril 1813; journal des avoués,
t. 7, p. 336.

ARTICLE 25.

**Le possessoire et le pétitoire ne seront jamais cumulés.**

*Conférence.*

Ordonn. do 1667, tit. 18, art. 5.

135. Les jugemens rendus au possessoire ne peuvent avoir autorité sur la chose à juger au pétitoire. Ainsi des faits peuvent être déclarés faux par le juge du pétitoire, quoiqu'ils aient été déclarés vrais par le juge du possessoire. — Cass., 17 février 1809. Sirey, t. 9, p. 316.

136. Le juge qui déclare une action possessoire non recevable, ne cumule pas le possessoire et le pétitoire; car c'est prononcer uniquement sur la première action que de la déclarer non recevable, et de renvoyer en conséquence les parties se pourvoir au pétitoire. — Cass., 23 avril 1811; Sirey, t. 11, p. 312.

137. L'art. 25 ne se borne pas seulement à interdire au juge de joindre le possessoire et le pétitoire; il défend en outre d'intenter séparément, mais en même tems, l'une ou l'autre de ces deux actions devant chacun des juges auxquels la loi en attribue la connaissance. — A. 75.

138. Le principe qu'on ne peut cumuler n'admet aucune des distinctions établies par les auteurs sur l'art. 5 du tit. 18 de l'ordonn. de 1667. — A. 76.

139. Si le juge de paix s'occupait du pétitoire dans les motifs de son jugement, en ne statuant néanmoins que sur le possessoire, ce cumul ne vicierait pas sa décision. — Cass., 18 mai 1813. Sirey, t. 13, p. 335.

Mais il résulte des considérans de cet arrêt, que cette proposition ne serait fondée qu'autant que le juge ne se serait déterminé que par le fait de la possession.

140. Un juge de paix ne cumule pas le possessoire et le pétitoire, en ordonnant, à l'occasion et par suite de la première action, que des bornes seront placées pour déterminer la ligne qui séparera deux héritages. — Cass., 27 avril 1814. Sirey, t. 14, p. 294.

141. Lorsqu'il s'élève une question de propriété, le juge de paix n'est point empêché de prononcer au possessoire, pourvu qu'il ne s'immisce en rien dans la décision de cette question de propriété. — Cass., 23 février 1814. Sirey, t. 14, p. 199.

142. *Le recours en garantie a-t-il lieu dans les matières posses-*
     *soires ?*

A cet égard, la loi générale est qu'en complainte possessoire, il
n'y a point de recours en garantie, parce qu'il ne s'agit point du
fond du droit, mais d'un fait dont la garantie ne peut être due
même par celui qui serait garant du fond du droit. Mais, dit M.
Henrion de Pansey, p. 401, deux exceptions modifient cette règle;
l'une en faveur du fermier, qui non seulement peut, mais doit
mettre en cause le propriétaire, et l'autre en faveur de l'acquéreur.

Duparc-Poullain, t. 8, p. 91, établit aussi deux cas; le premier,
lorsque l'acquéreur, formant l'action possessoire, le défendeur
oppose le vice de la possession commencée par le vendeur, ou le
peu de durée de sa possession. L'acquéreur, ajoute l'auteur, est
présumé avoir compté sur la possession de son vendeur, sauf la
preuve contraire. Le second, lorsque l'action possessoire est formée
contre l'acquéreur, pour le trouble ou la voie de fait du vendeur.

Ces décisions doivent encore être suivies aujourd'hui, d'après un
arrêt de cassation du 11 janvier 1809, qui admet l'action en garantie
dans une instance de réintégrande, et qui déclare le juge de paix
compétent pour en connaître. — Sirey, t. 9, p. 95.

143. *Le juge de paix cumule-t-il le possessoire et le pétitoire,*
     *lorsqu'il décide dans un jugement sur une action possessoire,*
     *que le demandeur est en possession de tems immémorial?*

M. Paillet, dans son manuel, p. 142, cite un arrêt de cassation
du 12 février 1812, qui décide l'affirmative. En effet, déclarer
que les demandeurs sont en possession de la chose de tems immé-
morial, c'est implicitement décider qu'ils sont propriétaires, puisqu'une possession de cette nature opère la prescription de la
propriété en leur faveur.

144. *Existe-t-il cumul du possessoire et du pétitoire dans un*
     *jugement possessoire qui fait défense à l'auteur du trouble*
     *d'exercer à l'avenir des actes semblables à ceux qui ont donné*
     *lieu contre lui à la complainte ?*

Nous ne le pensons pas : la défense dont il s'agit est une condamnation essentiellement provisoire ; conséquence immédiate de la décision qui maintient le demandeur en possession ; et puisqu'elle ne peut être opposée sur l'action que le défendeur pourrait former ensuite au pétitoire, sur lequel elle ne préjuge rien, on ne peut reprocher au jugement une contravention à la disposition de l'article 25.

145. *S'il arrivait qu'un propriétaire établît une clôture sur son terrain, et que le voisin l'abattît, prétendant avoir sur ce terrain un droit de servitude discontinue et non apparente, le juge de paix pourrait-il tarder à faire droit sur l'action en complainte du premier, jusqu'à ce que le tribunal compétent eût prononcé sur les prétentions du voisin à l'exercice de la servitude ?*

Dans cette espèce, de même que dans l'hypothèse posée *suprà*, n.º 106, la voie de fait résultant de la destruction de la clôture est évidemment un trouble apporté à la possession du voisin, qui, ayant pour lui une présomption de propriété libre et entière, a été le maître de faire sur son terrain tout ce qu'il a jugé convenable.

La complainte formée par lui, à l'effet d'être maintenu dans cette libre possession, est donc bien fondée, et le juge de paix, en prononçant sur cette action possessoire, doit ordonner, comme un accessoire naturel et nécessaire, que la voie de fait sera réparée, au moyen du rétablissement des choses dans l'état où elles étaient.

Si par application de la maxime, *nul n'attente qui use de son droit*, il juge que la voie de fait ne peut être réparée qu'autant qu'il serait déclaré par le tribunal compétent que l'auteur du trouble n'a aucun droit à la servitude qu'il se prétend fondé à exercer ; si, en conséquence, il renvoie devant ce tribunal afin de prononcer sur ce point, et qu'il tarde ainsi de faire droit sur la complainte jusqu'au jugement à intervenir, il commet évidemment deux erreurs.

La première, en ce qu'il envisage la réparation de la voie de fait comme action unique et principale, tandis qu'elle n'est que l'accessoire de la complainte qu'il doit admettre ou rejeter, pour ordonner, dans le premier cas, le rétablissement des choses dans l'état où elles étaient avant la voie de fait ; et, dans le second, leur maintien dans celui où le défendeur les avait placées en abattant les clôtures.

La seconde, en faisant dépendre la décision à rendre sur l'action possessoire qui doit être jugée définitivement avant tout, d'un jugement à intervenir sur le pétitoire.

En effet, aucune question qui puisse avoir trait au pétitoire ou au fond du droit de propriété, ne peut être préjudicielle à la décision d'une question purement possessoire, qui, on le répète, doit être jugée préalablement et indépendamment du pétitoire.

Si la loi défend de cumuler le possessoire et le pétitoire, de joindre l'une et l'autre action, à plus forte raison défend-elle de subordonner une décision à rendre au possessoire à une décision sur le pétitoire.

146. En matière d'action possessoire, l'enquête ne peut porter que sur les faits de possession ou de trouble ; ordonner qu'avant faire droit il sera prouvé, par le défendeur, que le demandeur n'est pas propriétaire, et qu'il n'exerce qu'un droit d'usage, c'est donc tout-à-la-fois violer l'article 24, qui veut que l'enquête ne puisse porter que sur le fond du droit, et cumuler le possessoire et le pétitoire. — Cass., 18 juin 1816 ; Sirey, 1817, p. 11.

### ARTICLE 26.

Le demandeur au pétitoire ne sera plus recevable à
agir au possessoire.

147. Le demandeur au pétitoire ne peut, en se désistant de sa demande, poursuivre au possessoire, lors même que le défendeur n'a pas acquiescé à la demande, ou qu'il n'est pas intervenu de jugement de condamnation : on ne peut appliquer ici la dernière disposition de l'art. 1211 du code civil. — A. 77. (1)

148. Le défendeur au pétitoire est recevable à agir au possessoire. —A. 78.

_____

(1) *Er*, Ligne 10 du dernier alinéa, *effacez* ne.

### ARTICLE 27.

Le défendeur au possessoire ne pourra se pourvoir au pétitoire qu'après que l'instance sur le possessoire aura été terminée : il ne pourra, s'il a succombé, se pourvoir qu'après qu'il aura pleinement satisfait aux condamnations prononcées contre lui.

Si néanmoins la partie qui les a obtenues, était en retard de les faire liquider, le juge du pétitoire pourra fixer, pour cette liquidation, un délai, après lequel l'action au pétitoire sera reçue.

#### *Conférence.*

Ordonn. de 1667, tit. 18, art. 4.

149. Le demandeur au possessoire peut agir au pétitoire avant que l'instance au possessoire soit terminée. — A. 79.

150. Celui qui aurait défendu au possessoire formé et jugé pendant qu'un ancien procès au pétitoire était resté sans poursuite, peut reprendre ce procès sans être tenu de satisfaire préalablement aux conditions possessoires. Le motif de cette décision est que la défense de se pourvoir au pétitoire n'est pas la défense de reprendre les suites d'un procès déjà pendant au pétitoire. — Riom, 29 juin 1809; Sirey, t. 15, 2.ᵉ part., p. 147.

151. Si le demandeur qui a obtenu les condamnations au possessoire négligeait de les faire liquider, le défendeur ne pourrait pas, *en fournissant caution* de les acquitter, former et poursuivre son action au pétitoire, sans faire fixer un délai par le juge. — A. 80.

152. La contrainte par corps peut être prononcée pour assurer l'exécution d'un jugement possessoire, mais dans le cas d'une réintégrande seulement. — A. 81. Cod. civ., art. 2060, 2061.

153. *Si le demandeur avait conclu à des dommages-intérêts au-dessous de 50 fr., le jugement n'en serait-il pas moins susceptible d'appel, en raison de ce qu'au lieu de conclure simplement à la maintenue en possession, le demandeur aurait en outre conclu à la démolition du nouvel œuvre?*

Oui, attendu qu'il existe alors deux chefs de demande, dont l'un, celui en démolition du nouvel œuvre, est indéterminé. — Cass., 2 avril 1811 ; Sirey, t. 12, p. 149.

154. Le jugement est en dernier ressort, lorsque le demandeur ayant fixé ses dommages-intérêts à 5o fr. seulement, le défendeur a conclu reconventionnellement à 3o fr. à son profit. — Cass., 13 novembre 1811 ; Sirey, t. 12, p. 148.

155. *En général, quand les jugemens possessoires peuvent-ils être rendus en dernier ressort ?*

Nous avons dit dans notre analyse raisonnée, question 82 : « Ces jugemens sont presque toujours sujets à l'appel ; ils ne sont » en dernier ressort, ainsi qu'il résulte de la jurisprudence de cas-» sation, que dans le cas où les dommages-intérêts n'excèdent pas » la somme de 5o fr. ; alors on considère le montant de ces dom-» mages-intérêts comme l'évaluation de l'action. » Voyez entre » autres l'arrêt du 6 juillet 1812 ; Denevers, 1813, p. 287.

Nous ajouterons ici qu'encore bien que le juge de paix ait entendu ne rendre qu'un jugement en premier ressort, et qu'il ait ainsi qualifié sa décision, il suffit que la demande en dommages-intérêts n'excède pas 5o fr. pour que l'appel ne soit pas recevable. — Arg., C. proc., art. 453.

156. *Le juge de paix aurait-il pu statuer en dernier ressort, si les parties s'en étant rapportées à sa prudence pour la fixation des dommages-intérêts, il les eût portés à une somme moindre de 5o francs ?*

Oui, parce que les parties n'ayant conclu qu'en des dommages-intérêts à fixer par le juge de paix qui les évalue à une somme inférieure au taux du premier ressort, il s'ensuit qu'il peut juger en ce point souverainement et sans appel. — Cass., 6 octobre 1807 ; jurisprud. des cours souveraines sur la procédure, t. 4., p. 209.

157. A plus forte raison le jugement serait-il en dernier ressort, si des dommages-intérêts, qui n'avaient pas été originairement déterminés, avaient été fixés, dans le cours de l'instance, à 5o francs. — Cass., 1.er juillet 1812 ; Sirey, t. 12, p. 351.

158. Mais il y a lieu à l'appel toutes les fois que le juge de paix prononce des condamnations d'une valeur indéterminée, par exemple, ordonne des ouvrages pour faire rétablir les choses dans l'état où elles étaient avant le trouble. (Arr. cass. cité *suprà* n.° 146.

# TITRE V.

*Des jugemens qui ne sont pas définitifs, et de leur exécution.*

### Conférence.

Sur les jugemens en général et leurs diverses espèces, voyez *infra* nos préliminaires sur le titre 7, livre 2, et les questions sur les articles 551 et 552.

On a dit (p. 4) que les juges de paix ne connaissaient pas de l'exécution de leurs jugemens. Cette observation générale est confirmée par l'ensemble de ce titre qui ne traite, en effet, que de *l'exécution des jugemens qui ne sont pas définitifs*, c'est-à-dire, des jugemens *préparatoires* et *interlocutoires*, qui, de leur nature, ne peuvent être exécutés que par le juge même qui les a prononcés.

Ici la loi trace le mode d'exécution le plus simple et le moins coûteux, en épargnant aux parties les *notifications* et les *citations* qui ne sont pas absolument nécessaires. (28, 29.)

Elle va même jusqu'à déterminer le cas où il n'y a pas lieu à *expédier* le jugement. (28, 30, 31.)

Enfin elle indique quels jugemens non définitifs on peut exécuter sans se priver du droit d'appel, et quels sont ceux dont on peut appeler avant le jugement définitif. (31.)

### ARTICLE 28.

Les jugemens qui ne seront pas définitifs, ne seront point expédiés, quand ils auront été rendus contradictoirement et prononcés en présence des parties. Dans le cas où le jugement ordonnerait une opération à laquelle les parties devraient assister, il indiquera le lieu, le jour et l'heure; et la prononciation vaudra citation.

### Conférence.

Loi du 26 octobre, art. 1.ᵉʳ, titre 6.

159. Le fait que la décision a été prononcée en présence des parties, doit être constaté dans l'énoncé du jugement. — A. 83.

160. *Quand la partie doit-elle lever expédition d'un jugement interlocutoire, et que doit-elle faire pour l'obtenir?*

Puisque l'art. 28 défend de délivrer l'expédition d'un pareil jugement, la partie qui veut en appeler doit former son pourvoi avant que l'opération ordonnée par le jugement soit commencée, et justifier de cet appel au greffier pour pouvoir obtenir une expédition, conformément à l'art. 31. — Ann. du not. com., p. 65.

### ARTICLE 29.

Si le jugement ordonne une opération par des gens de l'art, le juge délivrera à la partie requérante, cédule de citation pour appeler les experts; elle fera mention du lieu, du jour, de l'heure, et contiendra le fait, les motifs et la disposition du jugement relative à l'opération ordonnée.

Si le jugement ordonne une enquête, la cédule de citation fera mention de la date du jugement, du lieu, du jour et de l'heure.

*Conférence.*

Tarif, art. 7, 24, 25. -- Loi du 26 oct., tit. 6, art. 3 et 4.

### ARTICLE 30.

Toutes les fois que le juge de paix se transportera sur le lieu contentieux, soit pour en faire la visite, soit pour entendre les témoins, il sera accompagné du greffier, qui apportera la minute du jugement préparatoire.

*Conférence.*

T. art. 12. Loi du 26 oct., tit. 6, art. 6.

161. De ce que l'art. 30 appelle jugement *préparatoire* la décision qui ordonne une enquête ou une visite des lieux, cette décision n'en est pas moins interlocutoire, lorsqu'elle préjuge le fond. — A. 84, et ann. du not. com., t. 1.er, p. 65; *infrà* art. 452.

### ARTICLE 31.

Il n'y aura lieu à l'appel des jugemens préparatoires qu'après le jugement définitif et conjointement avec l'appel de ce jugement; mais l'exécution des jugemens préparatoires ne portera aucun préjudice aux droits des parties sur l'appel, sans qu'elles soient obligées de faire à cet égard aucune protestation ni réserve.

L'appel des jugemens interlocutoires est permis avant
que le jugement définitif ait été rendu.

Dans ce cas, il sera donné expédition du jugement
interlocutoire.

### Conférence.

Loi du 26 oct., tit. 6, art. 7, 1.ᵉʳ disposit. Loi du 24 août 1790, tit. 3, art. 12; *infrà*
art. 443, 451, 452, 454, 456.

162. *L'appel du jugement interlocutoire suspend-il l'instruction ?*

Non, car les jugemens définitifs sont exécutoires par provision
et même sans caution, au moins jusqu'à concurrence de 300 fr.;
( art. 17 ) à plus forte raison les jugemens interlocutoires doivent-
ils être exécutés par provision. ( Arg. de l'art. 457. )

# TITRE VI.

## De la mise en cause des garans.

Les deux articles qui composent ce titre indiquent comment les
garans sont mis en cause en justice de paix, et prescrivent de
passer outre au jugement de l'action principale, si l'exception de
garantie n'est pas formée lors de la première comparution, ou si
la citation n'a pas été faite dans le délai fixé. ( Art. 31 et 32. )

Mettre un garant en cause, c'est appeler pour être partie dans
une instance celui qui doit garantie de la chose ou du droit qui
fait l'objet du procès.

La garantie est l'obligation légale ou conventionnelle de faire
jouir quelqu'un d'une chose ou d'un droit, ou de l'acquitter ou
indemniser, soit en cas de trouble dans la jouissance, soit en cas
d'éviction, soit en cas de perte de cette chose ou de ce droit, soit
enfin en cas de condamnations quelconques en raison de l'une ou
de l'autre.

On distingue deux espèces de garanties : la garantie *formelle*,
qui a lieu dans les matières *réelles ;* et la garantie *simple,* qui a
lieu dans les matières *personnelles.* Mais cette distinction n'est utile

qu'à raison de la différence dans la manière de procéder sur l'action
en garantie devant les tribunaux d'arrondissement. ( V. art. 182 et
183. ) En effet, on ne peut guère prononcer, en justice de paix,
que sur des garanties simples, puisqu'elles ne connaissent d'aucune
action réelle, si ce n'est des actions possessoires, dans lesquelles le
recours en garantie est rarement admis.

( V. infrà, nos préliminaires sur le titre 9, et nos questions sur les art. 175 — 185. )

### ARTICLE 32.

> Si, au jour de la première comparution, le défendeur
> demande à mettre garant en cause, le juge accordera
> délai suffisant en raison de la distance du domicile
> du garant : la citation donnée au garant sera libellée,
> sans qu'il soit besoin de lui notifier le jugement qui or-
> donne sa mise en cause.

#### Conférence.

Art. 21. — Loi du 26 octobre, tit. 1.er, art. 9.

163. On ne peut interjeter appel du jugement qui accorde délai
pour citer garant. — A. 85.

164. Le défendeur peut citer son garant avant sa comparution.
— A. 86.

165. L'art. 32 s'applique au garant qui aurait à en appeler un
autre en sous-garantie. — A. 87. Arg.[1], C. de pr., art. 176.

### ARTICLE 33.

> Si la mise en cause n'a pas été demandée à la
> première comparution, ou si la citation n'a pas été
> faite dans le délai fixé, il sera procédé, sans délai,
> au jugement de l'action principale, sauf à statuer sépa-
> rément sur la demande en garantie.

#### Conférence.

Loi du 26 octobre, tit. 1.er, art. 10.

166. *Si la demande pour appeler garant n'a pas été formée,
ou si elle n'a pas été suivie de citation en tems utile, l'action
pourrait-elle être portée devant le juge qui serait encore saisi
de la demande originaire, ou qui l'aurait jugée ?*

Nous avons résolu cette question négativement, — A. 88, et telle
est aussi l'opinion des rédacteurs des annales du notariat, ( comm.re,
t. 1.er, p. 68. )

Mais serait-on fondé à opposer qu'il n'y a aucun inconvénient à ce que le juge de paix prononce sur l'action en garantie, quoique tardivement formée, s'il n'avait pas encore été statué sur la demande principale, et si la demande en garantie se trouvait en état ? Dire que la demande en garantie sera jugée par le juge de paix, *séparément*, *dans le cas même où l'instance sur la demande originaire ne serait pas encore terminée*, n'est-ce pas se rendre plus rigoureux que le législateur n'a voulu l'être dans la rédaction de l'art. 33 ?

Nous convenons ici qu'il semble que le législateur n'a voulu, par la disposition de l'art. 33, qu'accélérer la mise en cause du garant, pour ne pas retarder le jugement de l'action principale ; mais que s'il arrive que, par d'autres causes, ce jugement se trouve retardé, il n'y a plus de motifs pour ne pas terminer tout-à-la-fois l'instance principale et l'instance en garantie ; c'est d'ailleurs la disposition formelle de la première partie de l'art. 184.

Au reste, nous persistons à croire, contre le sentiment de M. Hautefeuille, p. 58, que le juge de paix cesse d'être compétent dès que l'instance principale est jugée, puisque l'action en garantie n'est plus accessoire.

# TITRE VII.

## *Des Enquêtes.*

L'ENQUÊTE est l'information par témoins de la vérité d'un fait.

En toute jurisdiction le juge l'ordonne, soit sur la demande des parties, soit d'office, lorsqu'il la croit nécessaire pour la décision de la cause. ( *Infrà*, art. 34. )

Nous exposerons dans les préliminaires du titre 12, livre suivant, les notions générales relatives à cette voie d'instruction.

En justice de paix, elle diffère essentiellement, quant à la simplicité et à la rapidité de ses formes, de l'enquête qui se fait dans les autres tribunaux, soit en matière ordinaire, soit même en matière sommaire.

Elle n'admet aucune des formalités de la première, pas même celles que l'article 413 prescrit de suivre dans les matières sommaires auxquelles l'article 125 assimile les causes commerciales.

Elle n'a de commun avec ces matières que l'audition des témoins à l'audience ( 36, 407. ); la dispense d'un procès-verbal dans les causes non sujettes à l'appel ( 40, 410 ); l'obligation d'en dresser un lorsque la cause ne doit être jugée qu'en premier ressort. ( 35, 411, 425. )

Ainsi, tout se borne à l'exécution des dispositions du présent titre sur les circonstances où la preuve par témoins est ordonnée ( 34 ); la déclaration qu'ils doivent faire de leur qualité et la prestation de leur serment ( 35 ); la forme de leur audition, soit à l'audience, soit sur les lieux, et des reproches que l'on peut proposer ( 36 et 38 ); les interpellations que les parties et le juge même peuvent leur faire ( 37 ); la forme et le contenu du procès-verbal d'enquête dans les causes sujettes à l'appel ( 39 ); enfin les énonciations que le jugement doit contenir dans les causes qui n'y sont pas soumises. ( 40. )

### ARTICLE 34.

Si les parties sont contraires en faits de nature à être constatés par témoins, et dont le juge de paix trouve la vérification utile et admissible, il ordonnera la preuve et en fixera précisément l'objet.

#### *Conférence.*

T., art. 21 et 24. — Loi du 26 octobre, tit. 4, art. 1 et 2. *infrà*, art. 253, 254.

167. *Quels sont les cas où la vérification des faits est UTILE et ADMISSIBLE?*

La vérification n'est *utile* qu'autant qu'elle est indispensable pour la décision de la cause ; autrement elle ne doit pas être ordonnée, suivant la maxime *frustra probatur quod probatum non relevat.*

Elle n'est admissible qu'autant que les faits étant par eux-mêmes susceptibles d'être prouvés par témoins, ce genre de preuve ne se trouverait pas, dans l'espèce de la cause, prohibé par la disposition de l'art. 1341 du code civil.

168. *La preuve par témoins est-elle toujours admissible en justice de paix?*

En toute matière de la compétence des juges de paix, la preuve testimoniale est admissible, pourvu toutefois qu'elle ne tende pas à prouver contre et outre le contenu aux actes.

La raison en est que les actions personnelles dont le juge de paix connaît ne peuvent excéder 100 fr., et que l'article 1341 du code civil ne prohibe la preuve par témoins qu'au-dessus de 150 fr.; tandis que, d'un autre côté, l'article 23 du code de procédure lui prescrit d'ordonner enquête dans les matières possessoires.

169. *Mais en est-il de même dans le cas où, d'après l'art. 7, le juge de paix serait saisi, par suite du consentement des parties, d'une demande excédant 150 fr.?*

La prorogation de juridiction n'emporte point, de la part des parties, le droit de renoncer à l'application des dispositions de la loi relative au fond du droit et aux diverses manières de le prouver. Ce n'est point à la nature de la juridiction du juge de paix qu'est attachée la faculté d'ordonner la preuve testimoniale, mais, comme nous l'avons dit, à la circonstance que les affaires qui lui sont attribuées, se trouvent dans la classe de celles qui admettent cette preuve. Le juge de paix ne peut donc pas ordonner d'enquête, lors même que les parties sont convenues de s'en rapporter à sa décision, dans une affaire personnelle, si la valeur en excède 150 fr.

170. *Le juge de paix ne peut-il ordonner l'enquête qu'autant que les parties sont contraires en faits?*

On pourrait, en s'attachant rigoureusement aux termes de l'article, croire que le juge de paix n'aurait pas cette faculté; mais le contraire semble résulter de la discussion au conseil d'état, et du rapport fait au tribunat. (V. Locré, t. 1.<sup>er</sup>, p. 81.) En effet, il est possible que les parties n'aient pas cru nécessaire de demander l'apurement de certains faits, et que le juge l'estime utile pour la décision; or, s'il est de son devoir, pour nous servir de l'expression de l'orateur du tribunat, d'ordonner tout ce qui peut éclaircir sa conscience, il a nécessairement le droit de prescrire aux parties d'informer par témoins.

171. *Lorsqu'une enquête est ordonnée en justice de paix, le défendeur a-t-il de plein droit la faculté de faire contre-enquête?*

Oui, car le principe consacré par l'article 256, pour les enquêtes qui se font dans les tribunaux d'arrondissement, est évidemment applicable en justice de paix. Il serait, en effet, contraire à la justice qu'une partie contre laquelle on permet la preuve testimoniale d'un fait, n'eût pas le droit de faire également la preuve par témoins du contraire.

Si donc les deux parties veulent faire entendre des témoins, le juge de paix doit, aux termes de l'article 29, délivrer une cédule à chacune d'elles.

### ARTICLE 35.

Au jour indiqué, les témoins, après avoir dit leurs noms, profession, âge et demeure, feront le serment de dire la vérité, et déclareront s'ils sont parens ou alliés des parties, et à quel degré, et s'ils sont leurs serviteurs ou domestiques.

*Conférence.*

Ordonn. de 1667, tit. 22, art. 14.

172. *Les juges de paix peuvent-ils accorder un sauf - conduit au témoin appelé devant eux, qui se trouverait sous le coup d'une contrainte par corps?*

Non, d'après la circulaire du ministre de la justice, en date du 8 septembre 1807, et l'avis du conseil d'état du 30 avril de la même année. ( V. A. 2445. )

173. *Les parens, alliés, serviteurs ou domestiques des parties, peuvent-ils être entendus par le juge de paix?*

Les auteurs des annales du notariat (comm., t. 1.er, p. 71) remarquent que l'article 35 ne dit pas qu'on ne pourra recevoir les dépositions de ceux des témoins qui seraient parens, alliés ou serviteurs des parties. Ils en concluent qu'ils doivent être entendus, sauf à avoir à leurs dépositions tel égard que de raison.

Nous n'entendons point contester cette opinion; mais nous pensons qu'il n'y a lieu d'entendre ces témoins qu'autant que l'une des parties ne les a pas reprochés à raison de leur qualité. En effet, la décision sur les reproches doit toujours précéder l'audition; c'est pour cela que l'art 36 veut qu'ils soient fournis avant la déposition : et nous avons dit, dans notre analyse, questions 91 et 92, que l'on devait admettre en justice de paix les causes de reproches mentionnées dans l'article 283, et qu'il était inutile, dans ces justices, d'entendre les témoins reprochés. Il n'y a donc lieu à l'audition qu'autant que les reproches ont été fournis et jugés mal fondés.

174. *Y aurait-il lieu à réformation d'un jugement sujet à l'appel, si le juge de paix avait omis de faire déclarer aux témoins s'ils sont parens ou alliés, et à quel degré, ou serviteurs ou domestiques ?*

Oui, puisque la négligence du juge à faire l'interpellation prescrite, aurait empêché la partie d'user de la faculté de reprocher les témoins. (Demiau, p. 40.)

175. Si, au jour indiqué pour l'enquête, aucune des parties ne se présente, le juge de paix peut néanmoins procéder à l'audition des témoins. — A. 89.

176. Si les témoins, au lieu de prêter serment, ont fait une simple promesse de dire la vérité, ce n'est pas un motif pour annuler l'enquête, puisque le code de procédure n'a pas attaché la peine de nullité à la disposition de l'art. 35. — Cass., 19 avril 1810. Sirey, t. 10, p. 228.

### ARTICLE 36.

Ils seront entendus séparément, en présence des parties, si elles comparaissent ; elles seront tenues de fournir leurs reproches avant la déposition, et de les signer : si elles ne le savent ou ne le peuvent, il en sera fait mention : les reproches ne pourront être reçus, après la déposition commencée, qu'autant qu'ils seront justifiés par écrit.

#### Conférence.

T. art. 24. -- Loi du 26 octobre, tit. 4, art. 3 ; ordonn. de 1667, tit. 17, art. 9, et tit. 12, art. 15 et 16 combinés. -- Code de procédure, art. 40 et 283.

Pour l'audition des témoins constitués en dignité. -- Code d'instruction, art. 510 ; décret du 4 mai 1813.

177. Il n'y a pas de nullité à entendre les témoins les uns en présence des autres, d'après ce que nous avons dit *suprà* n.° 176.

178. Les reproches proposés contre les témoins dans une affaire susceptible d'être jugée en dernier ressort, n'ont pas besoin d'être signés par les parties. — A. 90.

179. Il n'y a pas lieu à appliquer, en justice de paix, l'art. 284, qui veut que les témoins reprochés soient entendus. — A. 91, et Locré, t. 1.ᵉʳ, p. 86.

180. Les causes pour lesquelles un témoin peut être reproché en justice de paix, sont les mêmes que celles qui sont mentionnées dans l'art. 283. — A. 92, et Locré, t. 1.ᵉʳ, p. 84.

181. *La partie qui ne s'est pas présentée à l'enquête peut-elle proposer des moyens de reproches dans l'intervalle qui s'écoulerait entre cette enquête et le jugement ?*

La négative de cette question ne peut souffrir aucune difficulté, dans le cas où l'enquête a été ordonnée contradictoirement et en présence des parties ; elles sont réputées savoir le jour auquel il doit être procédé à l'enquête. Si l'une d'elles ne se présente pas, c'est sa faute, l'enquête n'est pas moins censée contradictoire ; son absence fait présumer qu'elle n'avait aucun reproche à proposer, ou qu'elle a renoncé à cette faculté : dès-lors, aux termes de l'article, il ne lui reste plus que la ressource des reproches justifiés par écrit.

Si le jugement, bien que contradictoire, n'a pas été rendu en présence des parties, il doit leur être signifié, puisque l'article 28 n'exclut la signification des jugemens non définitifs que pour le cas où ils ont été tout-à-la-fois rendus en contradictoire défense, et *prononcés* en présence des parties. Or, la signification du jugement avertit la partie de se présenter à la confection de l'enquête : on peut donc appliquer à ce cas ce que l'on vient de dire pour celui où le jugement contradictoire aurait été rendu en sa présence.

De même, si le jugement interlocutoire a été rendu par défaut, comme l'opposition suspend l'exécution, comme nous l'avons dit *suprà* n.ᵒˢ 77 et 91, il est évident que la partie qui laisse exécuter le jugement sans formaliser son opposition, doit s'imputer la faute de ne pas comparaître, puisque ce jugement devant lui être signifié, aux termes de l'article 20, elle a été avertie du jour de son exécution. Ainsi, dans ce dernier cas encore, elle ne peut proposer, après la confection de l'enquête, que les seuls moyens de reproches qu'elle justifierait par écrit. Au surplus, nous ne supposerons pas que l'enquête ait eu lieu pendant les délais de l'opposition, parce qu'il est du devoir du juge de paix de ne délivrer cédule pour entendre les témoins, qu'après l'expiration de ce délai. ( Arg.' de l'article 55. )

182. On doit porter en taxe l'indemnité réclamée par un témoin qui dépose en justice de paix. — A. 94.

183. *Le juge de paix commis doit-il procéder à l'enquête suivant les formes de la procédure ou suivant celles de la procédure ordinaire?*

Nous avons annoncé page 5, que le juge de paix nous semblait devoir suivre les formalités des enquêtes prescrites au juge qui l'a commis. Les motifs de notre opinion sont développés sur les questions 93 et 864 de notre analyse raisonnée.

Nous ajouterons que M. Demiau, page 206, partage entièrement notre opinion, en ajoutant que l'enquête faite par un juge de paix est nulle, s'il a procédé suivant les simples formalités prescrites pour sa jurisdiction.

Il donne pour motif cette considération vraiment importante, que les parties se trouveraient privées des avantages que peuvent leur offrir les formalités prescrites pour le tribunal devant lequel elles ont plaidé, si le juge de paix n'était obligé, comme juge commis, qu'à suivre celles auxquelles il serait assujetti dans les affaires qui lui sont soumises en sa qualité de juge de paix.

Aucun arrêt de la cour de cassation n'ayant encore décidé cette question controversée, sur laquelle la cour de Rennes et celle de Montpellier ( v. A. 864 ) ont prononcé en sens inverse, nous persisterons dans l'opinion que nous avons précédemment adoptée ; mais nous observerons qu'en attendant que la jurisprudence soit définitivement fixée sur ce point, la prudence exige, afin de prévenir les contestations ultérieures, que les cours et les tribunaux qui commettent un juge de paix, lui prescrivent de se conformer aux dispositions du titre 12 du livre 2 de la 1.re partie du code.

Tel est l'usage adopté par la cour royale de Rennes, comme on peut le voir par plusieurs arrêts, et notamment par celui de la 2.ᵉ chambre, du 19 juillet 1811.

### ARTICLE 37.

Les parties n'interrompront point les témoins : après la déposition, le juge pourra, sur la réquisition des parties, et même d'office, faire aux témoins les interpellations convenables.

*Conférence.*

C. de procédure, 273, 276.

### ARTICLE 38.

Dans tous les cas où la vue du lieu peut être utile pour l'intelligence des dépositions, et spécialement dans les actions pour déplacement de bornes, usurpations de terres, arbres, haies, fossés ou autres clôtures, et pour entreprises sur les cours d'eau, le juge de paix se transportera, s'il le croit nécessaire, sur le lieu, et ordonnera que les témoins y seront entendus.

*Conférence.*

T. art. 8.-- Loi du 26 octobre, titre 4, art. 5.

### ARTICLE 39.

Dans les causes sujettes à l'appel, le greffier dressera procès-verbal de l'audition des témoins : cet acte contiendra leurs noms, âge, profession et demeure, leur serment de dire vérité, leur déclaration s'ils sont parens, alliés, serviteurs ou domestiques des parties, et les reproches qui auraient été fournis contre eux. Lecture de ce procès-verbal sera faite à chaque témoin pour la partie qui le concerne; il signera sa déposition, ou mention sera faite qu'il ne sait ou ne peut signer. Le procès-verbal sera, en outre, signé par le juge et le greffier. Il sera procédé immédiatement au jugement, ou au plus tard à la première audience.

*Conférence.*

Loi du 26 octobre, titre 4, art. 4. C. procéd., 411.

184. *Si la cause est sujette à appel, et qu'il soit interjetté après le jugement, doit-on délivrer le procès-verbal de l'enquête à l'appelant?*

Oui., car il est juste qu'il puisse en faire, devant le juge supérieur, l'usage qu'il croira convenable à ses intérêts. ( Ann. du not. comm., t. 1.ᵉʳ, p. 73 et 74.

185. La mention qu'un témoin ne sait pas écrire équivaut à la mention qu'il ne sait pas signer. — A. 95.

186. La disposition de l'art. 39, d'après laquelle le juge de paix doit prononcer le jugement immédiatement après l'enquête, ou au plus tard à la première audience, s'étend aux causes à juger en dernier ressort. — A. 97.

### ARTICLE 40.

Dans les causes de nature à être jugées en dernier ressort, il ne sera point dressé de procès-verbal; mais le jugement énoncera les noms, âge, profession et demeure des témoins, leur serment, leur déclaration s'ils sont parens, alliés, serviteurs ou domestiques des parties, les reproches, et le résultat des dépositions.

*Conférence.*

Art. 410 et 432.

187. Lorsque la cause est de nature à être jugée en dernier ressort, le jugement ne doit contenir que le résultat des dépositions prises en masse. — A. 96. Ann. du not. comm., t. 1.ᵉʳ, p. 74. V. aussi les formules données par M. Levasseur, p. 214.

# TITRE VIII.

*Des visites des lieux et des appréciations.*

DANS ce titre se trouvent les dispositions relatives au transport du juge de paix seul, ou accompagné d'experts qu'il s'est adjoint.

Ainsi la descente sur les lieux et les rapports d'experts, dont les titres 13 et 14 du livre suivant font, pour les tribunaux ordinaires, deux voies d'instruction absolument distinctes, se trouvent, en justice de paix, confondues dans une seule.

C'est cette présence nécessaire du juge aux opérations des experts, et la part qu'il prend à leur rapport, qui la distingue particulièrement des deux autres.

En renvoyant, pour les notions générales de doctrine, aux préliminaires des titres 13 et 14, nous nous bornerons à remarquer ici que le juge de paix doit se contenter d'ordonner son transport, tant qu'il ne s'agit que de constater ou apprécier des dommages aux champs, fruits ou récoltes, des anticipations ou entreprises, des réparations locatives, des non jouissances. Mais s'il s'agit de dégradations ou dommages faits à des ouvrages d'art qui exigent des connaissances particulières, il est de son devoir d'appeler des gens de cet art pour faire la visite avec lui, et lui donner leur avis. ( Instr.<sup>on</sup> du 18 novembre 1790. )

Le législateur, toujours guidé par l'esprit d'économie et de simplicité, a écarté des justices de paix les formalités multipliées et dispendieuses des descentes et expertises, et s'est borné à un petit nombre de dispositions concernant, 1.° les cas où il y a lieu d'ordonner soit une simple visite ( 41 ), soit la visite avec l'expertise ( 42 ); 2.° la forme du procès-verbal à dresser dans les causes sujettes à l'appel ( même article ); 3.° ce que le jugement doit contenir dans celles qui doivent être jugées en premier ressort. ( 43. )

### ARTICLE 41.

Lorsqu'il s'agira, soit de constater l'état des lieux, soit d'apprécier la valeur des indemnités et dédommagemens demandés, le juge de paix ordonnera que le lieu contentieux sera visité par lui, en présence des parties.

#### Conférence.

Loi du 26 octobre, titre 5, art. 1.<sup>er</sup>

188. L'art. 41 ne déroge point au principe que les parties peuvent toujours se faire représenter par un fondé de pouvoir. — A. 98.

### ARTICLE 42.

Si l'objet de la visite ou de l'appréciation exige des connaissances qui soient étrangères au juge, il ordonnera que les gens de l'art, qu'il nommera par le même jugement, feront la visite avec lui, et donneront leur avis : il pourra juger sur le lieu même, sans désemparer. Dans les causes sujettes à l'appel, le procès-verbal de la visite sera dressé par le greffier, qui constatera le serment prêté par les experts. Le procès-verbal sera signé par le juge, par le greffier et par les experts ; et si les experts ne savent ou ne peuvent signer, il en sera fait mention.

T. art. 21, 25. — Loi du 26 octobre, tit. 5, art. 2.

189. *L'article 322 est-il applicable en justice de paix ?*

Cet article ayant pour objet de donner au juge un moyen d'éclairer sa religion, on ne saurait assigner de raison pour interdire au juge de paix la faculté qu'il accorde à ceux des tribunaux civils d'arrondissement.

En effet, le magistrat ne peut être contraint à juger nonobstant l'incertitude où le laisserait le procès-verbal des experts ; de l'autre, les parties seraient privées des avantages que leur eût offert l'expertise, puisqu'un procès-verbal insuffisant est comme non avenu. ( V. le principe posé page 4. )

190. Il ne résulte pas des termes de l'art. 42 que la nomination des gens de l'art doive être faite d'office par le juge ; il pourrait nommer ceux que les parties auraient désignés, si elles s'accordaient à cet égard. — A. 99.

191. De l'esprit général du code ( art. 303 ) il résulte que l'on doit nommer un ou trois experts, afin d'éviter un partage d'avis qui pourrait embarrasser le juge dans sa décision. — A. 100.

192. Il n'est pas douteux que des experts convenus entre les parties ne peuvent être récusés par elles ; mais on convient généralement que des experts nommés d'office peuvent être récusés pour causes graves. — A. 101.

193. *Le juge de paix est-il tenu de suivre l'avis des experts ?*

L'avis des experts n'est qu'une opinion et non pas une décision ; on ne peut conséquemment lui assigner d'autres caractères que celui d'une simple instruction, d'un simple renseignement donné au juge de paix par les experts. Il n'est donc point pour lui une règle absolue qu'il doive suivre, et il peut s'en écarter suivant les circonstances et sa propre conviction.

Tel est le principe consacré par l'article 322, d'après la maxime *dictum expertorum nunquam transit in rem judicatam.* Ce principe est d'autant plus applicable en justice de paix, que la loi permet au juge d'y remplir, en certains cas, les fonctions d'experts ; ce qui est interdit aux juges des tribunaux d'arrondissement.

194. *Le juge de paix pourrait - il refuser l'insertion au procès-verbal de toutes les déclarations ou observations que les parties, ou leurs fondés de pouvoir, pourraient faire sur les opérations des experts ?*

Nous pensons, avec les auteurs des annales du notariat ( comm. sur le C. de P., t. 1.er, p. 75 ), que la loi ne contenant aucune prohibition à ce sujet, le juge de paix ne pourrait se refuser à insérer les dires et observations dont il s'agit, attendu qu'il peut être utile de les constater, pour l'instruction de la cause, devant le juge d'appel. ( Arg., art. 317. ) Mais il devient nécsssaire alors que les parties, ou leurs fondés de pouvoir, signent le procès-verbal, ou, s'ils ne savent signer, que le juge mentionne l'interpellation qui leur en a été faite, et leur déclaration d'approuver les dires et observations consignés à leur requête.

### ARTICLE 43.

Dans les causes non sujettes à l'appel, il ne sera point dressé de procès-verbal ; mais le jugement énoncera les noms des experts, la prestation de leur serment, et le résultat de leur avis.

#### Conférence.

Loi du 26 octobre, titre 5, art. 4.

195. *Q'est - ce que l'on entend par RÉSULTAT de l'avis des experts ?*

On entend l'énoncé pur et simple de leur avis, c'est-à-dire, l'appurement qu'ils ont donné sans aucune mention des motifs qui l'ont déterminé.

196. *Le tribunal saisi de l'appel d'un jugement par lequel le juge de paix a fait une appréciation, peut-il décider si ce juge a ou n'a pas les connaissances nécessaires pour cette appréciation, et ordonner une expertise ?*

Les auteurs des annales du notariat ( comm., t. 1.er, p. 76 et 77) s'expriment ainsi sur cette question :

« Nous croyons que la loi s'en est rapportée à la prudence et à
» la conscience du juge de paix. Cependant, s'il n'avait pas une
» parfaite conviction qu'il pût seul faire la visite ou estimation,
» notre avis est qu'il doit nommer des experts. Nous fondons cette
» opinion sur un arrêt de la cour d'appel de Bordeaux, du 15
» mars 1809, confirmatif d'un jugement du tribunal civil de Lespare,
» lequel a annulé un procès-verbal du juge de paix de Pauliac,
» relatif à l'estimation des dégradations commises par un fermier
» dans la culture d'une vigne, et cela parce que ce juge avait pro-
» cédé seul à cette visite et estimation, et qu'il fut jugé qu'il n'avait
» pas les connaissances suffisantes sur cette matière. » Nous reviendrons
sur cette question, art. 322.

197. *Si le tribunal d'appel, réformant le jugement du juge de
paix, ordonne une expertise, doit-il être procédé suivant les formalités prescrites par le titre 14 du livre 2 ?*

Les appels des juges de paix sont réputés matières sommaires
par l'article 404; et aucune des dispositions du titre 14, qui règle
la procédure à suivre sur ces matières, ne fait exception aux règles
prescrites pour les expertises dans le titre 14.

# TITRE IX.

## *De la récusation des Juges de paix.*

( V. les préliminaires du titre 21, livre suivant. )

La récusation est une exception par laquelle une partie refuse
d'avoir pour juge d'une contestation celui auquel la loi en attribue
la connaissance.

Dans tous les tribunaux cette exception n'est admise qu'autant
qu'elle est fondée sur des causes exprimées par la loi. ( 44 et 378. )
On a proscrit, comme injurieuses à la magistrature, les récusations
non motivées que l'on nommait *péremptoires.*

L'importance des affaires est la mesure des causes qui rendent
un juge récusable; aussi le code de procédure réduit à cinq, pour
les justices de paix, le nombre de celles qu'il admet dans les
autres tribunaux. ( 44 et 378. )

10

D'un autre côté, il étend celui que la loi du 26 octobre avait fixé, et qu'elle limitait à l'intérêt personnel du juge dans la contestation et à la parenté ou alliance avec l'une des parties. ( Titre 2 , art. 1.er )

On remarque en outre que cette dernière cause est elle-même restreinte au dégré de cousin-germain, tandis que la loi de 90 l'étendait jusqu'à celui de cousin issu de germain. « On a craint, » a dit l'orateur du gouvernement, de préparer trop d'entraves » dans les lieux où le commerce est peu actif, où il s'établit peu » de familles étrangères, où, par conséquent, les habitans sont » presque tous parens ou alliés à des dégrés plus ou moins » éloignés. »

Du reste, la récusation n'étant autorisée qu'afin de donner au plaideur une garantie d'avoir pour juge un magistrat à l'abri de tout soupçon de partialité, le législateur a fondé toutes les causes pour lesquelles on peut le récuser sur l'intérêt personnel du juge de paix ou de ses proches à la contestation, sur l'inimitié qui peut naître de procès existans ou qui auraient existé entre lui, ses parens, et l'une des parties; enfin, sur la prévention dont il serait présumable qu'il lui fût difficile de se défendre, s'il avait donné un avis dans l'affaire. ( 44. )

Après avoir ainsi déterminé les causes de la récusation, la loi établit les formes suivant lesquelles elle doit être formée, ( 45 ) et prescrit les règles à suivre pour l'instruction et le jugement de cet incident. ( 46, 47. )

### ARTICLE 44.

Les juges de paix pourront être récusés, 1.° quand ils auront intérêt personnel à la contestation ; 2.° quand ils seront parens ou alliés d'une des parties, jusqu'au dégré de cousin-germain inclusivement ; 3.° si, dans l'année qui a précédé la récusation, il y a eu procès criminel entre eux et l'une des parties, ou son conjoint, ou ses parens et alliés en ligne directe; 4.° s'il y a procès civil existant entre eux et l'une des parties, ou son conjoint ; 5.° s'ils ont donné un avis écrit dans l'affaire.

*Conférence.*

Loi du 26 octobre, tit. 2, art. 1; *infrà*, art. 378, 382.

198. *Le juge de paix n'est-il récusable que dans les affaires contentieuses., c'est-à-dire, dans celles où il doit prononcer jugement ?*

Nous pensons que dans les actes de jurisdiction non contentieuse, le juge de paix, lorsqu'il n'a qu'à constater des faits, ne peut être récusé. Tel est le cas d'une apposition de scellé, etc. Mais comme le code civil lui accorde non seulement droit de suffrage, mais voix prépondérante dans les assemblées de famille, nous serions portés à croire qu'il peut être récusé. On ne peut aujourd'hui dire, comme M. Guichard en 1791, qu'il ne fait que recevoir la délibération de la famille.

199. De ce que le juge de paix est président d'un bureau de bienfaisance, il ne s'ensuit pas qu'il soit *personnellement* intéressé au succès d'une cause portée devant lui par ce bureau, et qu'il y ait lieu à le récuser par ce motif. — C. de cass., 21 avril 1812; Sirey, 1812, p. 341.

200. On entend par procès criminel, tout procès qui a eu lieu entre le juge de paix et l'une des parties, etc., soit devant une cour criminelle, soit même devant un tribunal de police simple ou correctionnelle. — A. 1253.

201. Le juge de paix n'est pas récusable pour avoir donné un avis verbal. — A. 102.

202. Mais les expressions générales de la loi conduisent nécessairement à décider que le juge de paix serait récusable toutes les fois qu'il aurait donné son avis, soit par lettres missives, soit autrement, encore bien qu'il n'eût pas écrit en forme de consultation. — A 103.

203. On peut, pour récuser un juge de paix, prouver par témoins l'existence d'un écrit dans lequel il aurait donné son avis. Mais d'après les dispositions de l'art. 389 que nous appliquons ici, il est laissé à la prudence du tribunal de rejeter la récusation sur la simple déclaration du juge, ou d'ordonner la preuve testimoniale. — A. 104.

204. *Le juge de paix est-il récusable, s'il est maître de l'une des parties ?*

Non, puisque cette cause de récusation proposée par le tribunat fût rejetée, lors de la dernière discussion au conseil d'état. ( Locré; t. 1.<sup>er</sup>, p. 96. ) Au reste, on doit s'en tenir strictement à celles que la loi exprime. ( V. *suprà*, p .73 .)

## ARTICLE 45.

> La partie qui voudra récuser un juge de paix, sera
> tenue de former la récusation, et d'en exposer les motifs
> par un acte qu'elle fera signifier, par le premier huissier
> requis, au greffier de la justice de paix, qui visera
> l'original. L'exploit sera signé, sur l'original et la copie,
> par la partie ou son fondé de pouvoir spécial. La copie
> sera déposée au greffe, et communiquée immédiatement
> au juge par le greffier.

### Conférence.

Loi du 26 octobre, tit. 2, art. 2. T. art. 14 et 30.

205. *Le juge de paix qui sait cause de récusation en sa personne, est-il tenu de s'abstenir?*

C'est un devoir que la délicatesse lui impose; mais comme le disait M. Guichard, dans son code de la justice de paix, quest. 11, il faut faire attention qu'une récusation est une exception, et que tant qu'elle n'est pas prononcée, le juge n'est pas obligé de s'abstenir.

206. Si le greffier de la justice de paix, auquel doit être signifié l'acte d'accusation, refusait de donner le visa exigé par l'art. 45, l'huissier devrait faire mention du refus du greffier, et présenter l'original au procureur du roi qui le viserait. — A. 105.

207. Si le récusant ne sait ou ne peut signer, l'huissier ne peut suppléer à ce défaut, le récusant devrait alors donner, à l'effet de former la récusation, un pouvoir spécial à une personne qui sût signer. — A. 106.

208. *Peut-on récuser le juge de paix de toute autre manière que celle qu'indique l'article 45?*

En prescrivant ce mode, la loi a voulu prévenir le scandale d'une récusation faite à la face du juge, audience tenante : ainsi toute récusation ne peut être valablement formée que de la manière prescrite par le code. ( Guichard. )

209. *Lorsqu'une partie a une fois comparu devant le juge, et qu'elle a proposé sa défense au fond, est-elle encore recevable à former sa récusation?*

M. Guichard, en 1791, décidait cette question pour la négative; et son opinion est incontestable aujourd'hui, d'après l'art. 382 du code actuel.

### ARTICLE 46.

> Le juge sera tenu de donner au bas de cet acte, dans
> le délai de deux jours, sa déclaration par écrit, por-
> tant, ou son acquiescement à la récusation, ou son refus
> de s'abstenir, avec ses réponses aux moyens de récu-
> sation.

*Conférence.*

Loi du 26 octobre, tit. 2, art. 3.

210. Une fois l'acquiescement donné, il n'est pas permis au juge de le rétracter, et il ne serait pas besoin de le constater une seconde fois, quelque laps de tems qui se fût écoulé depuis, à moins que ce laps de tems ou les événemens n'eussent réellement fait cesser le motif. — A. 107.

211. Dans le cas où le juge de paix acquiesce à la récusation, le renvoi devant le juge qui devra connaître de la contestation doit être prononcé par le tribunal de première instance, dans l'arrondissement duquel est située la justice de paix. — A. 108.

### ARTICLE 47.

> Dans les trois jours de la réponse du juge qui refuse
> de s'abstenir, ou faute par lui de répondre, expédition de
> l'acte de récusation et de la déclaration du juge, s'il y
> en a, sera envoyée par le greffier, sur la réquisition de
> la partie la plus diligente, au procureur du Roi près le
> tribunal de première instance dans le ressort duquel la
> justice de paix est située : la récusation y sera jugée en
> dernier ressort dans la huitaine, sur les conclusions du
> procureur du Roi, sans qu'il soit besoin d'appeler les
> parties.

*Conférence.*

Loi du 26 octobre, titre 2, art. 6, t. art. 14.

212. L'envoi au tribunal civil de la récusation et de la réponse

du juge ne doit pas être fait d'office, s'il n'est pas requis dans les trois jours. — A. 109.

213. La partie adverse du récusant ne pourrait s'opposer à l'acquiescement du juge de paix, et demander, nonobstant son consentement, l'envoi de l'acte de récusation et le jugement définitif. — A. 110.

214. Rien ne paraît s'opposer à ce que les parties puissent plaider sur la récusation devant le tribunal civil. — A. 111.

215. La marche à suivre pour le jugement de récusation et le renvoi des pièces, paraît devoir être celle que tracent les articles 394 et 395. — A. 112.

216. Il résulte de l'article 47 que le juge de paix, contre lequel il a été formé une récusation, doit s'abstenir de juger jusqu'à ce que le tribunal de première instance ait statué sur le mérite de cette récusation. La circonstance que le procureur du Roi lui eût renvoyé les pièces, en lui déclarant qu'il ne doit pas y avoir égard, n'empêcherait pas la contravention à la loi. (C. de cass., 15 février 1811. Sirey, 1811, p. 355. )

217. La procédure antérieure à la récusation est valable; celle postérieure à la récusation est nulle, et le juge de paix doit en supporter les frais : il peut même être condamné aux dommages-intérêts envers les parties. Si, au contraire, la récusation est rejetée, la procédure postérieure est également susceptible d'annulation, parce que la récusation a suspendu les pouvoirs du juge jusqu'à la décision définitive du tribunal. — A. 113. C'est aussi ce qui a été jugé par arrêt de la cour de cass., du 15 février 1811. (Sirey, 1811, p. 253. )

218. La loi n'ayant fixé aucun délai, le récusant qui n'a pas encore comparu à l'audience nous paraît recevable à opposer la récusation en tous tems, même au jour indiqué pour la comparution des parties ; mais nous ne croyons pas qu'il le fût après une première comparution, à moins que les causes qui rendent le juge récusable ne soient survenues depuis cette comparution. — A. 114.

# LIVRE II.

## Des Tribunaux inférieurs.

### CONFÉRENCE.

MATIÈRES ORDINAIRES. Ordonn. de 1667. -- Procès-verbal des conférences. -- Loi des 3 brum. an 2 et 27 vend. an 8. -- Décret du 18 fructidor de la même année.

MATIÈRES SPÉCIALES. Ordonn. de 1737, sur le faux.

MATIÈRES COMMERCIALES. Ordonn. de 1673.

Sous cette expression *tribunaux inférieurs*, le code, par opposition aux cours royales auxquelles ils sont subordonnés, désigne tous les tribunaux civils, c'est-à-dire, les tribunaux de première instance ou d'arrondissement, et les tribunaux de commerce.

Les dispositions qui règlent la procédure à suivre dans ces tribunaux, indiquent les voies et moyens de procéder en toute affaire, depuis et compris l'essai de conciliation jusqu'au jugement inclusivement.

Cette procédure, objet des vingt-cinq titres qui composent le livre 2, peut être envisagée sous six rapports :

1.° *Procédure préparatoire.* C'est celle de l'essai de conciliation ( tit. 1.er )

2.° *Procédure simple ou ordinaire.* C'est celle que l'on suit en toutes affaires, et qui suffit pour l'instruction, depuis l'ajournement jusqu'au jugement, dans un procès dégagé d'exceptions et de toutes espèces d'incidens ( tit. 2. )

3.° *Procédure incidente.* C'est celle qui, en outre des formalités de la procédure ordinaire, en prescrit de particulières concernant les exceptions ( tit. 9 ), les preuves ( tit. 10-15 ), les demandes incidentes ( tit. 16 ), les reprises d'instance et constitutions de nouvel avoué ( tit. 17 ), le désaveu ( tit. 18 ), les récusations, soit du tribunal entier, soit d'un juge en particulier ( tit. 19-21. )

4.° *Procédure relative à l'anéantissement de l'instance*, par péremption ( tit. 22 ) et par désistement ( tit. 23. )

5.° *Procédure sommaire*, pour certaines matières civiles en faveur desquelles la loi abroge les procédures ordinaires ou incidentes ( tit. 24. )

6.° *Procédure commerciale.* C'est la procédure sommaire particulière aux affaires de commerce.

Ces différens points de vue sous lesquels nous envisageons, d'après M. Berriat-Saint-Prix, la procédure à suivre dans les tribunaux inférieurs, présentent une division naturelle du Livre 1.er en six parties, et facilitent l'intelligence de son plan et de ses différens objets.

## PREMIÈRE DIVISION.

### TITRE 1.er du Livre 2 du Code. (1)

*De la procédure préparatoire, ou de l'essai en conciliation.*

#### Conférence.

Loi du 24 août 1790, titre 10. -- 27 mars 1791. -- 21 germinal an 2. -- 26 ventôse an 4. -- Instruction du comité de constitution, du 18 novembre 1790, chap. 1.er -- Esprit du code de procédure civile, par Locré, t. 1.er, p. 105-139.

LE préliminaire de la conciliation est une tentative que fait le juge de paix, à l'effet de concilier, sur un procès prêt à naître, les parties qui se présentent devant lui volontairement ou en vertu de citation.

La loi du 24 août 1790 créa cette formalité que le code a

_____

(1) Nous suivrons pour le numérotage des titres de chaque division la série du Livre 2 du Code. Ainsi le numéro de chacun des titres d'une division, est le même que celui qu'il se trouve avoir dans cette série. Par exemple , le premier titre de la seconde division ci-après portera le numéro 2, parce que c'est le numéro sous lequel il est placé dans le Livre 2 du code.

conservée, mais seulement pour les cas où elle peut évidemment être utile, et où les frais et les retards qu'elle occasionne ne doivent pas entraîner des inconvéniens plus certains que les avantages qu'elle fait espérer. ( V. Locré, t. 1.<sup>er</sup>, p. 106-113. )

Les dispositions que le code renferme à ce sujet établissent cette procédure que nous appellons *préparatoire*, attendu que l'essai de conciliation n'est point un acte *introductif* d'instance, mais un *préliminaire* indispensable pour qu'une instance soit introduite, si toutefois l'action n'est pas formellement prononcée. ( V. art. 50. )

La loi y assujettit toute action *principale* et *introductive* d'instance susceptible de transaction à raison de son objet et de la qualité des personnes, dirigée contre moins de trois parties, et de nature enfin à devoir être nécessairement portée devant un tribunal de première instance. ( Art. 48 et 49. )

Mais elle fait en même tems plusieurs exceptions à cette règle générale. Les unes sont détaillées dans l'article 49 ( v. les quest. sur cet article ); les autres sont spécialement désignées dans les articles 320, 345, 566, 570, 718, 839, 856, 871, 878, 883.

Compétence du juge (50.) — Délai de la citation (51.) — La forme (52.) — Comparution des parties (53.) — Ce qu'elles peuvent respectivement demander. — Formes et effets du procès-verbal (54, 55.) — Peine de la non comparution, et mode de la constater ( 56 et 58.) — Effets de la citation relativement à la prescription et aux intérêts. (57.)

Tels sont les objets des diverses dispositions de ce titre.

### ARTICLE 48.

Aucune demande principale introductive d'instance entre parties capables de transiger, et sur des objets qui peuvent être la matière d'une transaction, ne sera reçue dans les tribunaux de première instance, que le défendeur n'ait été préalablement appelé en conciliation devant le juge de paix, ou que les parties n'y aient volontairement comparu.

#### *Conférence.*

Loi des 16 et 24 août 1790, tit. 10, art. 2.

11

219. *Qu'est-ce que l'on entend, en général, par demande principale et introductive d'instance?*

Suivant tous les auteurs ( v. notamment nouv. répertoire, v.º *demande;* Berriat, p. 163, 171, 233; Pigeau, t. 1.ᵉʳ, p. 34 ), une demande principale est celle par laquelle on commence une contestation ; c'est la première réclamation judiciaire que fait une partie, et qui constitue ce qu'on nomme le *fond* ou le principal du procès, par opposition aux demandes que l'on appelle *incidentes,* parce qu'elles ne sont survenues que pendant l'instruction de la première.

L'article 48 exige, pour que la demande principale soit sujette à l'essai de conciliation, qu'elle soit en même tems *introductive d'instance.*

Mais une demande introductive est aussi celle qui commence le procès. Ainsi, comme le remarque M. Pigeau, « ces deux » conditions paraissent, au premier coup d'œil, se confondre. » Cependant, avec un peu d'attention, dit-il, on sentira aisément » qu'elles diffèrent. Toute demande principale n'est pas introduc- » tive d'instance : l'intervention, par exemple, qui est bien demande » principale contre l'intervenant, la garantie qui l'est aussi, quant » au garanti, ne sont pas introductives d'instance, quoique demandes » principales ; il n'est donc pas nécessaire qu'elles soient précédées » de la tentative de conciliation. »

Cette explication est parfaitement juste ; mais elle exige, pour l'intelligence de l'article 48, une autre définition que celle que les auteurs ont donnée.

Nous dirons en conséquence que la demande principale est celle que l'on forme pour la première fois contre une partie, et qui ne se rattache, ni quant à son objet, ni quant à ses motifs, à aucune autre demande déjà formée, soit contre elle, soit contre une autre partie. Ainsi, pour ne pas nous écarter des exemples donnés par M. Pigeau, la garantie est demande principale, parce qu'elle est pour la première fois formée contre le garanti, et ne se rattache à aucune demande déjà dirigée contre lui ; mais elle ne sera pas introductive d'instance, si elle est formée sous le cours d'une contestation pendante entre le garanti et un tiers.

De même l'intervention est demande principale, puisque l'intervenant n'a encore formé aucune demande contre les parties litigantes ; mais elle ne sera pas introductive d'instance, puisqu'il existe procès entre ces dernières.

Au contraire, la garantie sera demande tout-à-la-fois principale et introductive, si elle n'est pas formée sous le cours d'une instance dans laquelle le garanti se trouverait déjà partie.

220. Il y a demande principale, et par conséquent sujette au préliminaire de conciliation, lorsque celui qui n'a conclu, en première instance, qu'à la rescision d'un contrat de vente pour lésion, substitue une demande en nullité. ( Cass., 22 févr. 1809. Sirey, 1809, p. 551. )

D'où l'on peut conclure, en général, que si, dans une instance déjà engagée entre deux parties, l'une se désiste de sa demande introductive, pour en former une autre qui, bien qu'elle tende au même but que la première, est appuyée sur un motif absolument distinct, cette dernière demande est sujette à l'essai de conciliation. En effet, les deux demandes diffèrent quant à leur objet et leurs motifs, encore bien qu'elles puissent conduire au même but.

221. Lorsque la cour de cassation, en annulant un jugement, a renvoyé la cause devant un autre tribunal, le demandeur originaire n'est pas tenu, pour exercer de nouvelles poursuites, de citer préalablement sa partie adverse au bureau de paix. ( Arrêt de cass. du 26 pluv. an 11, quest. de droit, v.° *rentes foncières*, §. 11, tom. 4, p. 381, 2.° édit. )

222. Une demande tendante à ce que l'adversaire soit obligé de se désister d'une instance pendante devant d'autres juges, est en soi une demande principale. ( Cass., 11 décembre 1809. Sirey, 1810, p. 241. )

223. Une demande formée par plusieurs cohéritiers est recevable, quoique la conciliation n'ait été tentée que par l'un d'eux. (Paris, 2 mars 1814. Sirey, 1814, 2.° part., p. 367.)

224. Lorsqu'un tribunal civil annule par incompétence le jugement rendu par un juge de paix, il ne peut ordonner que les parties procéderont devant lui, sans essai préalable de conciliation, si la demande n'est pas d'ailleurs du nombre de celles que la loi dispense de ce préliminaire. ( Cass., 6 germinal an 2; jurispr. des cours souv., t. 2, p. 400.)

Il est évident que cette décision doit être suivie sous l'empire du code, autrement il y aurait violation de l'article 48.

225. Lorsque sur une action possessoire, portée au bureau de paix, le juge renvoie les parties à se pourvoir au pétitoire, cette dernière action n'est point dispensée du préliminaire de conciliation, par cela seul que les demandeurs et le défendeur ont déjà comparu en justice de paix. (Bruxelles, 27 floréal an 9. Sirey, t. 4, 2.° p., p. 510.

226. *Une demande en interprétation de jugement ou d'arrêt doit-elle être portée directement devant le tribunal ou la cour qui a rendu la décision?*

Oui, parce qu'elle est une suite du jugement ou de l'arrêt qu'elle tend à faire expliquer.

227. Une femme mariée, autorisée à ester en justice, peut être citée en bureau de paix, et s'y présenter pour répondre à la tentative de conciliation; mais si cette tentative opérait une transaction, il faudrait que la femme eût une autorisation spéciale. — A 115. (1)

M. Coffinières émet la même opinion dans sa jurisprudence des cours souveraines, ( t. 2, p. 423. )

228. Lorsque le mari comparaît pour sa femme, et se porte fort pour elle, il n'est pas nécessaire, l'action fût elle immobilière, qu'il eût mandat spécial pour transiger, si le défendeur se borne à déclarer qu'il ne peut se concilier, et ne requiert ni la présence de la femme, ni l'exhibition du mandat de celle-ci. ( C. de cass., 10 mars 1814. Sirey, 1815, p. 16. )

229. La femme qui, après avoir obtenu séparation, poursuit le paiement des sommes que son mari lui doit, n'est pas tenue de le citer à cet effet en bureau de paix, sur-tout si elle a formé sa demande pendant l'instance de séparation. Elle peut la former par acte d'avoué à avoué, parce qu'elle n'est qu'une suite, qu'une exécution du jugement de séparation. ( V. art. 337. Cass., 14 août 1811. Sirey, 1811, p. 353. )

230. Lorsqu'une partie a été autorisée à citer au civil un fonctionnaire public, à raison de ses fonctions, l'autorisation du gouvernement ne dispense point le demandeur de l'appeler en bureau de paix, puisque l'action le concerne personnellement, et qu'il peut transiger sur l'affaire qu'elle concerne. ( Cass., 27 floréal an 5. B.in off., t. 10, p. 184. )

## ARTICLE 49.

Sont dispensées des préliminaires de la conciliation,

1.° Les demandes qui intéressent l'état et le domaine, les communes, les établissemens publics, les mineurs, les interdits, les curateurs aux successions vacantes;

2.° Les demandes qui requièrent célérité;

3.° Les demandes en intervention ou en garantie;

4.° Les demandes en matière de commerce;

(1) *Er.* A la fin de cette quest., au lieu de *ces préliminaires*, lisez *ce préliminaire*.

5.° Les demandes de mise en liberté; celles en main-
levée de saisie ou opposition, en paiement de loyers,
fermages ou arrérages de rentes ou pensions; celles
des avoués en paiement de frais;

6.° Les demandes formées entre plus de deux parties,
encore qu'elles aient le même intérêt;

7.° Les demandes en vérification d'écritures, en désaveu, en *réglement de juges*, en renvoi, en prise à
partie; les demandes contre un tiers saisi, et en général
sur les saisies, sur les offres réelles, sur la remise des
titres, sur leur communication, sur les séparations de
biens, sur les tutelles et curatelles; et enfin toutes
les causes exceptées par les lois.

*Conférence.*

Loi du 27 mars 1791, art. 18. — Loi du 11 brumaire, art. 27. C. p. 320, 343, 566,
570, 718, 839, 856, 871, 883.

231. Une demande en garantie, qui n'est point formée sous le
cours d'une instance principale, mais après condamnation prononcée par suite de cette instance contre celui qui veut appeler
garant, est sujette au préliminaire de conciliation. — A. 116.

232. *La demande en paiement d'un billet à ordre doit-elle,
dans le cas où le signataire n'est point négociant* ( C. du C.,
art. 636 ), *être précédée de l'essai de conciliation?*

Nous estimons que le porteur peut se pourvoir directement.

En effet, les billets à ordre et leur négociation rentrent dans
la classe des matières de commerce; aussi leur forme et les poursuites auxquelles ils donnent lieu sont-elles réglées par le code de
commerce. ( V. art. 187, 636, 637. )

Les tribunaux de commerce ne sont point *absolument* incompétens pour connaître des demandes en paiement de billets à ordre
qui ne seraient pas souscrits par des négocians, ou qui n'auraient
pas pour cause des opérations de commerce, puisqu'ils ne sont
tenus de renvoyer devant le tribunal civil, qu'autant que le défendeur requière ce renvoi.

Les billets à ordre sont donc par leur nature des effets de commerce, puisqu'ils sont destinés à être mis en circulation.

Remarquons en outre que l'art. 165 du code de commerce,
rendu applicable aux billets à ordre par l'article 187, veut que le
porteur qui exerce le recours individuellement contre son cédant,
lui fasse notifier le protêt, et à défaut de remboursement, le *cite
en jugement* dans les quinze jours qui suivent la date de cet acte.

Le porteur, dans le cas de négociation d'un billet à ordre, ne paraît donc obligé à autre chose qu'à notifier le protèt, et à citer, non *en conciliation,* mais *en jugement,* dans le délai déterminé par la loi.

Telles sont les raisons qui nous portent à croire que, dans le cas même où l'on poursuit le paiement par voie civile ordinaire, à cause de la qualité des signataires non négocians, on est dispensé du préliminaire de conciliation. ( V. n.° 4, art. 49. C. P. ) Nous pourrions argumenter encore de ce qu'observe Pigeau, t. 1.ᵉʳ, p. 36, n.° 10, et de ce que la demande requière *célérité.* ( Même article, n.° 2. ) Quoi qu'il en soit, la question souffre difficulté, et nous ne dissimulons pas que, dans la pratique, on a coutume de citer en bureau de paix, quand il n'y a que deux parties, le souscripteur, par exemple, et un endosseur. Mais nous persistons à croire qu'il n'est pas indispensable de suivre cet usage.

Observons toutefois que si l'on admet l'opinion contraire, les intérèts du billet à ordre n'en doivent pas moins courir du *jour du protèt* ( C. de C., 184-187 ), et non pas seulement, comme dans les cas ordinaires, du jour de la citation en conciliation. ( C. P., art. 57, et nouv. répert., 4.ᵉ édit., v.° *ordre.*

233. *Une demande additionnelle doit-elle être soumise à la conciliation, et en est-il de même d'une demande réduite dans le cours de l'instance ?*

La demande additionnelle est sujette à la conciliation, parce qu'au fond elle est principale et introductive d'instance pour le point sur lequel on n'a pas tenté la conciliation.

Mais on n'y est pas tenu pour une demande réduite, puisqu'elle a été implicitement comprise dans la conciliation primitive. ( V. quest. de droit, v.° *bureau de paix,* §. 4, et les autorités citées par Berriat-Saint-Prix, p. 171, notamment l'arrêt de cass. du 8 messidor an 11. Sirey, 1807, 2.ᵉ p., p. 847.

234. Les officiers ministériels, autres que les avoués, sont comme ceux-ci dispensés du préliminaire de conciliation. ( Décret du 16 février 1807, art. 9. )

235. Pour savoir si l'on a pu se dispenser de l'essai de conciliation, lorsque la demande a été formée contre plus de deux parties, on doit compter les parties réellement assignées, sans examiner si le demandeur a eu tort ou raison de les comprendre dans l'assignation. — A. 117.

( Mais voyez ce que nous dirons sur l'article 99, à l'occasion de la question 156 de notre analyse raisonnée. )

236. La dispense du préliminaire de conciliation, lorsqu'il y a plus de deux défendeurs, s'applique même aux demandes formées contre plusieurs personnes qui ne forment ensemble qu'un seul être moral, comme des associés ou des créanciers unis, ou encoré des héritiers. — A. 118.

237. Mais il ne suffit pas, pour être dispensé de la conciliation, de former la demande contre plusieurs, si, dans la réalité, on n'assigne qu'une partie; rien n'empêche alors de citer cette partie en conciliation. — A. 119.

238. Lorsqu'une demande *divisible* de sa nature est formée par plusieurs, et qu'entre les demandeurs est un mineur que la loi dispense de la tentative de conciliation, les majeurs ne profitent pas de la dispense établie pour le mineur; la demande est donc nulle à leur égard, si elle n'est précédée de la tentative de conciliation : ils n'agissent que dans leur intérêt personnel distinct de celui du mineur, et sur lequel ils peuvent transiger; ils doivent par conséquent essayer la conciliation. ( C. de cass. Sirey, 1814, p. 201. )

239. Une femme séparée de biens, qui, en réclamant les arrérages des rentes convenancières, (1) demande en même tems que celui qui a acquis de son mari la tenue qui lui appartient, la reconnaisse pour propriétaire, attendu la nullité de cette vente, n'est pas obligée d'essayer la conciliation.

La raison est que la demande principale consiste ici dans celle des arrérages. ( Rennes, 3.e chambre, 20 juin 1812; journal de cette cour, t. 3, p. 555. ) On sent qu'il en serait de même de l'action en paiement de revenus ordinaires.

Cet arrêt répète, au reste, le principe déjà consacré par un autre du 31 juillet 1810, que le §. 5 de l'article 49 s'applique aux arrérages d'une rente convenancière. ( V. journal de Rennes, t. 1.er, p. 344. ) (2)

(1) *Er.* A la première ligne de cette question, au lieu de l'*affirmative*, lisez la négative.

(1) Nous devons remarquer ici que les rentes convenancières sont le prix d'une concession particulière à la Bretagne, et que l'on appelle bail à domaine congéable ou à convenant. C'est un contrat synallagmatique par lequel le propriétaire d'un héritage, en retenant la propriété du fonds, transporte et aliène les édifices et superfices, moyennant une certaine redevance, avec faculté perpétuelle de congédier le preneur, en lui remboursant ses améliorations.

C'est de cette faculté que vient la qualification de domaine congéable donnée à la tenue convenancière ou à convenant. Cette espèce de bail est régi par certaines dispositions non abrogées d'usemens locaux, par la loi du 6 août 1791, et les dispositions du droit commun concernant les baux à ferme.

240. Le mineur devenu majeur, qui intente l'action en rejet d'un compte qui lui a été rendu pendant sa minorité, n'est pas obligé d'appeler en conciliation le tuteur ou curateur qui a rendu compte.

Mais si le mineur devenu majeur a reçu son compte de tutelle, et transigé sur ce compte, si le mineur émancipé et assisté de son curateur a reçu son compte en justice, il n'est plus question de rejet ou d'annulation de ce compte; il n'y aurait lieu qu'à une action principale introductive d'instance, en réparation d'erreurs de calculs, omissions ou faux emplois; action qui ne saurait être dispensée de l'essai de conciliation. — A. 120.

241. Les exceptions portées en l'art. 49 ne sont pas des prohibitions, mais seulement des dispenses; et, par conséquent, il n'y aurait pas matière à nullité, si l'on avait essayé la conciliation dans une affaire pour laquelle la loi ne l'exige pas. (Montpellier, 3 août 1807; jur., cod. de pr., t. 1.er, p. 143.)

242. *Le mineur peut-il être appelé en conciliation lorsqu'il est émancipé, et que l'objet n'excède pas les bornes de sa capacité?*

La négative pourrait résulter des expressions générales de l'art. 49 : *Les causes qui intéressent les mineurs.*

M. Delvincourt ( t. 1.er, p. 500 ) fait néanmoins une distinction, pour ce qui concerne le mineur non émancipé. « Il n'y a pas, » dit-il, de difficulté pour le mineur non émancipé; le tuteur ne » peut transiger, le préliminaire est inutile. Mais si le mineur » est émancipé, et que l'objet n'excède pas les bornes de sa capa- » cité, par exemple, s'il s'agit de fermages échus, comme il peut » en disposer, et par conséquent transiger sur le prix qui y est » relatif ( art. 2045 ), je ne vois pas, ajoute cet auteur, pourquoi » il serait dispensé du préliminaire de conciliation. »

Tel est aussi l'avis de M. Pigeau, t. 1.er, p. 35.

243. *Le préliminaire de conciliation est-il nécessaire quand la demande en validité n'est que la conséquence d'une demande principale, dans le cas, par exemple, où l'on demande condamnation pour un billet et pour en faciliter le paiement, la validité d'une saisie-arrêt?*

La demande en validité n'est que la suite de celle en condamnation, et ne peut être jugée que comme conséquence, puisque si la demande en condamnation doit être rejetée, celle en validité le sera nécessairement. Mais l'essai de conciliation n'est point nécessaire dans ce cas là même, la disposition de l'art. 566 du code de procéd. étant générale : *en aucun cas*, porte-t-il, *il ne sera nécessaire de faire précéder la demande en validité par une citation en conciliation.* ( V. Pigeau, t. 2, p. 56. )

244. *Dans le doute sur la question de savoir si une demande est sujette au préliminaire de la conciliation, doit-on décider pour le préliminaire ?*

Les termes de l'article 48 sont tellement impératifs : *Aucune demande ne sera reçue*, qu'il nous semble, comme le dit M. Berriat-Saint-Prix, p. 170, note 5, qu'on pourrait établir cette règle générale : *Dans le doute, il faut décider pour la conciliation.* A la vérité, il existe des exceptions; mais, comme l'observe le même auteur, les motifs qui les ont fait établir prouvent que cette règle générale est conforme à l'intention du législateur.

### ARTICLE 50.

Le défendeur sera cité en conciliation,

1.º En matière personnelle et réelle, devant le juge de paix de son domicile; s'il y a deux défendeurs, devant le juge de l'un d'eux, au choix du demandeur;

2.º En matière de société, autre que celle de commerce, tant qu'elle existe, devant le juge du lieu où elle est établie;

3.º En matière de succession, sur les demandes entre héritiers, jusqu'au partage inclusivement; sur les demandes qui seraient intentées par les créanciers du défunt avant le partage; sur les demandes relatives à l'exécution des dispositions à cause de mort, jusqu'au jugement définitif, devant le juge de paix du lieu où la succession est ouverte.

#### Conférence.

Lois du 26 octobre 1790, titre 1.ᵉ, art. 3, et 26 ventôse an 4, art. 1, 2, 3. V. *infrà*, art. 59.

245. *Une action judiciaire est-elle formée par la citation en conciliation, indépendamment de l'action devant le tribunal ?*

Cette question, d'autant plus importante qu'elle peut se présenter pour tous les cas où la loi détermine les délais dans lesquels l'action doit être formée, a été résolue pour la négative par arrêt de la cour de cassation du 20 mai 1806, rapporté par M. Coffinières dans la jurisprudence des cours souveraines, t. 1.ᵉ, p. 66.

« Mais, dit cet arrêtiste, il semble qu'on pourrait aujourd'hui motiver une solution contraire sur la combinaison de quelques articles des nouveaux codes.

» L'art. 2245 du code civil veut que la citation en conciliation interrompe la prescription du jour de sa date, lorsqu'elle est suivie

12

d'une assignation donnée en justice dans les délais de droit; et l'art. 57 du code de procédure dispose aussi que la citation en conciliation interrompt la prescription, pourvu que la demande soit formée dans le mois.

» Ainsi, d'après cet article, il suffit que la citation devant le bureau de paix soit donnée avant l'expiration du délai nécessaire pour prescrire, quoique l'assignation elle-même soit postérieure à ce délai; et puisqu'une action judiciaire est nécessaire pour interrompre la prescription, il s'ensuit qu'une telle action est intentée par la seule citation devant le bureau de paix. »

Il est facile de sentir le vice d'un tel raisonnement. Nulle part on ne trouve écrit dans la loi qu'il soit nécessaire de former une action en justice pour interrompre le cours de la prescription; au contraire, un acte même extrajudiciaire suffit pour cela ( art. 2244 du code civil ); et loin de consacrer en principe que l'action est intentée par la seule citation devant le juge de paix, l'art. 57 du code de procédure parle de la demande à former postérieurement à cette citation. Or, comme on ne peut concevoir une action judiciaire sans une demande qui en soit l'objet, on ne peut aussi concevoir l'existence d'une action sans assignation devant le tribunal. A ces motifs on peut ajouter la remarque faite par M. Berriat-Saint-Prix, p. 170, n.° 2; il rapporte les termes de l'art. 48. « *Aucune demande ne sera reçue que le défendeur* » *n'ait préalablement été appelé en conciliation.* » Ainsi, dit-il, comme la demande est nécessairement le premier acte d'une instance, il paraît clair que la loi ne considère pas la conciliation comme faisant partie d'une instance, et telle paraît être aussi la doctrine de M. Merlin ( questions de droit, v.° *domicile*, §. 4, et v.° *pignoratif.* Voyez aussi le nouveau répert., v.° *déclinatoire*, et *suprà*, pag. 181.)

246. La citation en bureau de paix, donnée par un huissier de première instance qui n'est pas attaché à la justice paix, est nulle, s'il n'a pas été commis par le juge. — A. 121.

Mais nous rappellons sur cette question l'arrêt de la cour de cassation, cité n.° 13, 14 et 92, et d'après lequel la question pourrait être différemment jugée.

ARTICLE 51.

Le délai de la citation sera de trois jours au moins.

*Conférence.*

Loi du 26 ventôse an 4, art. 6.

ARTICLE 52.

La citation sera donnée par un huissier de la justice de paix du défendeur; elle énoncera sommairement l'objet de la conciliation.

*Conférence.*

T. 21 , loi des 21 septembre et 13 novembre 1791.

247. Une citation qui ne contiendrait pas les moyens de la demande, ne serait pas nulle. — A. 122.

### ARTICLE 53.

Les parties comparaîtront en personne ; en cas d'empêchement, par un fondé de pouvoir.

*Conférence.*

T. art. 69. Loi du 27 mars, art. 16. A., q. 27 et 28.

248. Il ne résulte pas de ces mots : *en cas d'empêchement,* que l'on doive justifier au juge de paix des causes de cet empêchement. — A. 123.

249. En aucun cas le juge de paix n'a le droit d'ordonner la comparution personnelle d'une partie ; par là il s'érigerait en juge, lorsqu'il n'est qu'un simple médiateur. — A. 124.

Aux motifs que nous avons donné de cette solution, nous ajoutons que la raison décisive est que le juge de paix n'ayant aucune compétence sur le fond de la demande, il ne peut contraindre une des parties à comparaître en personne : il n'a de pouvoir que pour les concilier, et ce pouvoir est exclusif du pouvoir de coaction.

250. Les personnes attachées, par quelque titre que ce soit, à l'ordre judiciaire, peuvent représenter les parties au bureau de paix, en qualité de mandataires. — A. 125, et Locré, t. 1.$^{er}$, p. 128-130.

La cour de Rennes, par arrêt de la 3.$^e$ chambre du 16 août 1817, a jugé conformément à ces principes, que le greffier de la justice de paix avait pu représenter valablement une partie en conciliation, le commis-juré tenant la plume.

Elle a considéré qu'encore bien qu'il paraisse peu convenable qu'un greffier s'abstienne de ses fonctions pour remplir celle de mandataire d'une partie quelconque près du tribunal auquel il est attaché, aucune loi cependant ne prononce la nullité d'un pareil mandat.

251. La qualité du mandataire pour représenter la partie ne peut être contestée, lorsqu'on a procédé volontairement contre lui en bureau de paix. ( Même arrêt. )

252. La procuration peut être donnée sous seing privé, et, dans ce cas, elle doit rester attachée au procès-verbal ou à la transaction dressée par le juge de paix ; mais il serait plus sûr qu'elle fût authentique, parce que la partie qui agit contre le mandataire

peut refuser de le reconnaître pour tel, si ses pouvoirs sont sous seing privé. — A. 126.

Il n'est pas nécessaire que la procuration contienne pouvoir spécial à l'effet de transiger. —A. 127.

Nous ajouterons que des jurisconsultes sont allés jusqu'à prétendre que la défense de transiger serait une clause vicieuse qui anéantirait la procuration, et devrait faire considérer le mandant comme non représenté et laissant défaut.

Quoi qu'il en soit, nous sommes portés à croire, d'après la discussion qui a eu lieu au conseil d'état, que l'on doit décider tout autrement que nous ne l'avions fait dans notre analyse. Nous lisons, en effet, dans l'esprit du code de procéd. de Locré, t. 1.ᵉʳ, p. 128;

« La section du tribunat a dit :

» On a pensé que l'intention des auteurs du projet n'était pas
» que ce *fût un pouvoir à l'effet de transiger*, mais seulement à
» l'effet de comparaître. Si la section s'était trompée sur leur inten-
» tion, elle déclare que *son vœu bien formel* est en effet que les
» parties ne soient pas tenues de donner *des pouvoirs illimités.*
» Que la loi force les parties à se présenter devant le juge de paix,
» à peine d'une amende, cela se peut ; mais lorsqu'une partie est
» empêchée de comparaître elle-même, vouloir exiger qu'elle
» remette entre les mains d'un tiers la disposition de sa fortune,
» c'est ce que la raison et la justice ne peuvent admettre. Il ne
» faut pas, d'ailleurs, perdre de vue que ce ne sera plus que dans
» les affaires de grand intérêt que la tentative de conciliation sera
» prescrite. Au reste, *les parties ne seront pas empêchées de*
» *donner des pouvoirs à l'effet de transiger*, mais du moins il
» n'y aura pas de nullité. »

Puisque telle est la raison pour laquelle on n'a pas répété dans l'article 53 la disposition de la loi de 1791, à plus forte raison ne peut-on maintenir que le simple pouvoir de comparaître contienne virtuellement le pouvoir de transiger.

253. Il n'est pas indispensable que la comparution en conciliation publique. — A. 128.

### ARTICLE 54.

Lors de la comparution, le demandeur pourra expliquer, même augmenter sa demande, et le défendeur former celles qu'il jugera convenables : le procès-verbal qui en sera dressé contiendra les conditions de l'arrangement, s'il y en a ; dans le cas contraire, il fera sommairement mention que les parties n'ont pu s'accorder. Les conventions des parties, insérées au procès-verbal, ont force d'obligationprivée.

*Conférence.*

Loi du 16 août 1790 , titre 10 , art. 2 et 5. T. art. 10 et 20.

254. Le juge de paix n'a pas le droit d'interroger et d'interpeller les parties. — A. 129.

255. Le juge de paix ne doit point insérer au procès-verbal les dires respectifs des parties, les interpellations qu'elles se seraient faites, et leurs réponses. — A. 130.

256. Il y a plus; si le juge de paix était requis par l'une des parties de consigner ses dires et interpellations, les dires de sa partie adverse, ses aveux ou dénégations, il ne devrait déférer à ce réquisitoire qu'autant que cette dernière déclarerait y consentir. — A. 131.

257. Les aveux consignés au procès-verbal sur le réquisitoire des parties peuvent être opposés à la partie qui les a faits; mais, pour cela, il est nécessaire que l'aveu soit souscrit, soit par la partie, soit par un porteur de procuration spéciale, ou au moins qu'il soit fait mention que l'une ou l'autre ne sait ou n'a pu signer; du reste, ces aveux ne peuvent être considérés comme aveux judiciaires. — A. 132. (1)

Cependant la cour de Turin, par arrêt du 9 décembre 1808 , ( Sirey , 1814, 2.ᵉ part. , p. 113 ) a décidé que l'aveu fait en bureau de paix était *judiciaire*, et a conséquemment appliqué l'art. 1356 du code civil, portant qu'un tel aveu fait pleine foi contre celui qui l'a fait, et ne peut être révoqué, à moins que l'on ne prouve qu'il a été la suite d'une erreur de fait.

Nous n'en persistons pas moins dans l'opinion que nous avons précédemment émise, parce que l'essai de conciliation n'est point un acte d'instance. ( V. Pigeau et Berriat-Saint-Prix, p. 170, note 2, 173; note 24, n.° 2. ) Il faut donc, pour que l'aveu fait en bureau de paix puisse être opposé à la partie, qu'il soit signé d'elle, ou que mention soit faite qu'elle n'a pu signer.

258. *Lorsque les conditions de l'arrangement dont les parties conviennent au bureau de paix sont telles qu'elles constituent des ventes , des baux à ferme et à loyer, des partages et autres actes qui peuvent être faits sous seing privé, ou par le ministère des notaires , les conventions sont-elles valablement constatées par le juge de paix , de manière à produire tous les effets d'un acte sous seing privé, ou dressé par un notaire?*

La solution de cette importante question dépend du sens qu'il convient d'attribuer aux dispositions de l'art. 54, d'après lequel le procès-

(1) *Er.* 10.ᵉ ligne de cette question, au lieu de *c'est ce qui est*, lisez *c'est ce qui était autrefois.*

verbal de conciliation doit *contenir les conditions de l'arrangement,* s'il y en a, *et les conventions faites à cet égard avoir force d'obligations privées.*

Or, un acte de vente, un partage, un bail à ferme sous seing privé sont valables, lorsque les parties sont majeures, ou ont droit de faire en privé nom, ou comme administrateurs d'autrui, des actes de cette espèce.

On doit donc admettre que, si les conditions de l'arrangement convenu entre les parties consistent dans une vente, dans un louage, dans un partage, le juge de paix doit les insérer dans son procès-verbal, et que son procès-verbal tient lieu, sous ce rapport, d'un acte sous seing privé.

Tel est le raisonnement d'après lequel les juges de paix se sont crus autorisés à insérer dans leurs procès-verbaux des conventions qui présentent des contrats de vente et de louage, des actes de partage ; en un mot, tous les actes qui peuvent être faits sous signatures privées, et qui ne sont pas spécialement et exclusivement placés dans les attributions des notaires.

Il faut convenir que l'art. 54 est conçu de manière à faire penser que la compétence des juges de paix peut s'étendre jusque là ; si, en effet, les conventions des parties insérées au bureau de paix ont force d'obligation privée, tout acte qui peut être fait sous seing privé peut être dressé dans le procès-verbal de conciliation.

On a cependant induit le contraire d'une note de M. Berriat-Saint-Prix, p. 174 de son cours de procéd. civ., dans laquelle il s'exprime ainsi : « Quoique le juge de paix qui préside en bureau de paix y » soit un officier public, il n'y a pas caractère pour recevoir des » *actes volontaires,* ainsi que le remarque M. Merlin, ( nouveau » répert., t. 5, p. 847. V. un arrêt de cassation du 22 décembre » 1806 ), et que le donnent à entendre MM. Treilhard et Faure, » qui déclarent l'un et l'autre que lorsque la conciliation est opérée, » et qu'on passe aux conditions de l'arrangement, la compétence » et la jurisdiction de ce magistrat cessent. »

Il est à observer, 1.° que M. Merlin se borne à dire que le procès-verbal du juge de paix ne peut produire hypothèque, parce qu'il ne peut avoir d'autre effet qu'un acte sous seing privé ; 2.° que MM. Treilhard et Faure se bornent également à dire, savoir, le premier, « qu'on n'aurait pu attribuer aux conventions des parties le carac- » tère d'un acte public, sans porter une atteinte grave aux fonc- » tions de notaires établis pour donner l'authenticité aux actes. »

Le second, « que le procès-verbal ne peut avoir ni le caractère » d'un jugement ni celui d'un acte notarié. »

Mais tous les deux disent, de la manière la plus formelle, que les conventions insérées en ce procès-verbal ont toute la force d'obligations privées. M. Treilhard s'en explique particulièrement en ces termes : « On a pensé que ces conventions devaient avoir force d'obli-
» gation privée : on ne pourrait pas évidemment leur refuser cet
» effet, puisque deux hommes jouissant de leurs droits, pouvant
» terminer entre eux leurs différens par un écrit privé, ne doivent
» pas être moins libres, parce qu'ils sont devant le juge. »

Il résulte de là que bien loin de contester au juge de paix, comme M. Berriat-Saint-Prix semble le faire, compétence pour insérer des conventions de vente, de louage, de partage, avec les conditions qu'elles comportent, les orateurs du gouvernement et du tribunat la reconnaissent d'une manière assez positive.

Il faut cependant convenir que cette latitude donnée aux juges de paix, comme conciliateurs, peut apporter le plus grand préjudice aux notaires, qui, à raison de leur cautionnement, méritent toute la faveur de la loi. D'un autre côté se présente cet inconvénient majeur que les parties peuvent être induites en erreur en pensant que leurs conventions étant contenues dans un acte rédigé par un magistrat, auraient le privilège de l'exécution parée, ou tous autres avantages d'un acte authentique ; ce qui n'est pas, ainsi que nous l'avons dit. — A. 133. Mais, en attendant que la loi remédie à ces inconvéniens, nous croyons les conventions valables.

259. Les conventions insérées au procès-verbal de conciliation n'ayant que force *d'obligations privées*, il ne s'ensuit pas que ce procès-verbal ne puisse, sous aucun rapport, être considéré comme un acte authentique ; il produit au contraire tous les effets des actes notariés, si ce n'est qu'il ne jouit pas du privilège de l'exécution parée, et qu'il peut conférer hypothèque. — A. 133.

M. Berriat-Saint-Prix, p. 174, note 25, ne pense pas, comme M. Pigeau, que le procès-verbal du juge de paix soit vraiment un acte authentique, et doive faire pleine foi jusqu'à inscription de faux ; mais comme la loi ne considère le procès-verbal comme acte sous seing privé, que relativement aux effets des conventions qu'il renferme, nous persistons à croire qu'il fait foi de son contenu.

260. La partie au profit de laquelle les conventions insérées dans le procès-verbal auraient été consenties, ne serait pas recevable à demander en justice qu'il en fût dressé acte par devant notaire, avec assignation d'hypothèque. Elle ne pourrait faire procéder à l'exécution forcée des conventions arrêtées en bureau de paix, ou obtenir hypothèque pour la sûreté des droits qui en résultent, qu'en vertu d'un jugement rendu contre la partie qui résiste à les exécuter volontairement. — A. 134, et Locré, t. 1.er, p. 131.

261. Il n'est pas nécessaire de citer de nouveau en conciliation la partie contre laquelle on se propose de former une demande en justice, en vertu des conventions arrêtées en bureau de paix. — A. 135.

Un jurisconsulte estimable, M. Sirey, dans une dissertation insérée au tome 2 de son recueil, p. 275, a émis le vœu que le président du tribunal civil fût autorisé à rendre exécutoires, comme les décisions arbitrales, ces transactions volontaires qui peuvent être la suite de l'esssai de conciliation. Mais, en attendant une loi à ce sujet, on devra se conformer à ce que nous venons de dire, d'après une jurisprudence certaine et fondée sur l'état actuel de la législation.

262. *La partie qui a volontairement comparu en conciliation devant un juge de paix qui n'est pas celui de son domicile, peut-elle ensuite, devant le tribunal, demander, pour cause d'incompétence, l'annulation du procès-verbal dressé par le juge ?*

Cette question a été jugée pour la négative sous l'empire des lois intermédiaires, par arrêt de la cour de Turin du 29 octobre au 13, Sirey, 1804, 2.ᵉ part., p. 616 ; mais elle peut, comme le remarque M. Coffinières, se reproduire encore aujourd'hui, et sa solution serait la même, les motifs de décision pouvant être pris dans l'art. 7 du code de procédure, qui répète presque littéralement les dispositions de l'art. 11 de la loi du 26 octobre 1790.

En effet, il est conforme à l'esprit de la loi de considérer la disposition de l'art. 7 comme applicable à la comparution volontaire, pour objet de conciliation, par devant un juge de paix qui, d'ailleurs, ne serait pas compétent.

Proroger la juridiction pour juger, c'est en effet plus faire encore que de s'adresser à un juge de paix afin de conciliation.

Ainsi, de même que l'on ne peut se pourvoir pour incompétence contre la décision d'un juge dont on proroge la jurisdiction, de même, et à plus forte raison, l'essai de conciliation doit-il être considéré comme rempli, lorsque les parties se sont volontairement présentées devant un juge incompétent.

C'est aussi ce que la cour de Rennes a décidé par arrêt de la 2.ᵉ chambre, du 9 février 1813.

ARTICLE 55.

Si l'une des parties défère le serment à l'autre, le juge de paix le recevra ou fera mention du refus de le prêter.

*Conférence.*

Loi du 27 mars 1791, art. 25.

263. Le juge de paix ne peut déférer le serment d'office. — A. 136 et 124.

Nous ajouterons à la raison que nous avions donnée de cette proposition, et que nous fondions uniquement sur le texte de l'article, que déférer le serment, c'est tout au moins prononcer un interlocutoire. Or, le juge de paix qui n'est compétent que pour la conciliation, ne peut rien ordonner qui se rattache au fond.

264. La partie à qui le serment est déféré peut le référer à l'autre. — A. 137.

265. Si le serment est déféré ou référé à une partie qui comparaît par un fondé de pouvoirs, le juge de paix ne peut ordonner que cette partie comparaîtra personnellement pour prêter ou refuser ce serment. — A. 138.

266. Celui qui, en bureau de paix, a déféré le serment sur l'objet de la contestation, peut s'en rétracter devant le tribunal civil; réciproquement il ne peut se prévaloir du refus que sa partie adverse aurait faite de le prêter, pour obtenir contre elle les condamnations qu'entraînerait un semblable refus, s'il avait été fait devant le juge compétent pour prononcer sur le différent.

Mais il n'en est pas ainsi quand le serment a été prêté: celui qui l'a déféré, s'il est défendeur, ne peut regarder ce serment comme non avenu, si son intérêt l'exige; et réciproquement le demandeur ne peut, à son tour, renouveler, devant le tribunal, une demande qu'il aurait affirmée n'être pas fondée. — A. 139. (1)

### ARTICLE 56.

Celle des parties qui ne comparaîtra pas, sera condamnée à une amende de dix francs; et toute audience lui sera refusée, jusqu'à ce qu'elle ait justifié de la quittance.

#### Conférence.

Loi du 27 mars 1791, art. 22, et loi du 26 ventôse an 4, art. 8 et 9; *infrà*, n.° 281.

267. Il résulte de ces expressions, *celle des parties*, que le défaillant en bureau de paix doit payer l'amende, soit qu'il se rende demandeur, soit qu'il ne soit que défendeur en première instance. — A. 140 (2), et Locré, t. 1.ᵉʳ, p. 235.

(1) *Er.* Pag. 76, avant-dernier alinéa, au lieu de 27 *juillet 1810*, lisez 17 *juillet 1810*. — Pag. 77, ligne 32, fin du 3.ᵉ alinéa, après les mots *dans sa propre cause*, ajoutez; ( v. rapport du *tribun Jaubert; édit. de Didot, p.* 204.)

(2) *Er.* Avant-dernière ligne de cette question, lisez au commencement *ces expressions.*

13

268. *Un certificat d'indigence peut-il opérer dispense de l'amende?*
Non, d'après la discussion au conseil d'état. ( V. Locré, *ibidem.* )

269. L'amende n'est point encourue de plein droit, par le fait même de la non comparution. — A. 141.

270. Le demandeur qui, sur sa propre citation, n'a pas comparu en bureau de paix, peut, en payant l'amende, assigner le défendeur au tribunal de première instance. — A. 142.

271. Lorsque les parties n'ont point tenté la conciliation, le tribunal de première instance ne doit pas les renvoyer d'office en ce bureau. — A. 143, et en outre C. de cass., 11 fructidor an 11. Quest. de droit, 2.ᵉ édit., p. 326. Rennes, 22 mai 1809, 8 janvier 1812 et 22 avril 1813.

272. *Y a-t-il lieu à prononcer l'amende, si la partie assignée en première instance prouve l'irrégularité de la citation qui lui aurait été donnée pour comparaître en bureau de paix?*

L'irrégularité de la citation ne dispense pas le défendeur de comparaître pour en opposer les vices et demander qu'elle soit annulée, si ces vices tiennent à la substance de l'acte ou qu'il y ait réassigné. ( V. *suprà*, p. 2 et p. 6, n.º 5. ) Ainsi nous pensons que l'art. 56 doit recevoir son application, même en ce cas.

273. Mais s'il n'y a point eu de citation en bureau de paix, le tribunal ne doit pas condamner à l'amende. — A. 143.

274. La partie qui prouve au tribunal de première instance l'impossibilité physique où elle a été de comparaître en bureau de paix, peut obtenir remise de l'amende, et conséquemment des peines qui sont attachées au défaut de paiement. — A. 145.

275. Les amendes adjugées pour défaut de comparution en bureau paix ne se prescrivent que par 30 ans; on ne peut étendre à ce cas la prescription de deux ans, établie par l'art. 61 de la loi du 22 frimaire an 7. ( C. de cass., 11 novembre 1806. Sircy, 1807, 2.ᵉ p., p. 1009. )

### ARTICLE 57.

La citation en conciliation interrompra la prescription, et fera courir les intérêts, le tout pourvu que la demande soit formée dans le mois, à dater du jour de la comparution ou de la non comparution

*Conférence.*

Loi du 24 août 1790, titre 10, art. 6; C. C., art. 2245.

276. Le délai d'un mois, dans lequel la demande doit être formée pour que la citation interrompe la prescription, n'est pas susceptible

de l'augmentation d'un jour par trois myriamètres de distance. —
A. 146.

En effet, l'augmentation de délai n'est établie qu'en faveur du
défendeur qui doit comparaître. Le délai donné pour former la demande demeure toujours invariable, dès que la loi l'a fixé. ( jurisp.
des C. souv., t. p. 432. Traité des nullités de M. Perrin, p. 255.

277. La comparution volontaire en bureau de paix n'interrompt
pas la prescription; il faut une citation pour opérer cette interruption.
— A. 147. (1)

On a opposé contre cette opinion, 1.° qu'on peut essayer la
conciliation sans citation préalable ( v. pag. 80 ), puisque les parties
peuvent comparaître volontairement devant le juge de paix ; 2.° que
le défaut de citation n'a d'autre inconvénient que de retarder
l'interruption qui eut lieu plutôt, puisque la citation doit précéder
la comparution de trois jours au moins; mais qu'il n'est pas possible
d'admettre que le défendeur qui comparaît volontairement n'interrompe la prescription.

Nous répondons que l'arrêt de Colmar, du 15 juillet 1809, que
nous avions cité, et que l'on trouve au journal des avoués, tome
1.ᵉʳ, p. 44, et au recueil de Sirey, 1814, 2.ᵉ partie, p. 89, nous
semblait avoir tranché la difficulté. Mais en même tems nous convenons que si la partie comparaissant en bureau de paix, y donne
une reconnaissance de la dette constatée par procès-verbal, il y
aura interruption, non en vertu de l'art. 57, puisqu'il exige *citation*,
mais d'après l'art. 2248 du code civil. C'est ce qui résulte implicitement du même arrêt de Colmar, et ce que nous croyons fondé
en principe.

278. La durée du procès-verbal de non conciliation ou du certificat
de non comparution est de 30 ans, pendant lesquels on peut, en
général, donner l'assignation ; mais, dès qu'elle a été notifiée, les deux
actes dont il s'agit suivent le sort de l'instance introduite, et s'éteignent
avec elles. — A. 148, et arrêt de la cour d'Agen du 7 mars 1808,
jurisp. des C. souv., t. 4, p. 507.

279. Mais il importe de remarquer que la citation en conciliation
ne saurait étendre le délai fixé au-dessous de 30 ans pour former certaines actions.

Par exemple, dans le cas d'une action annale par sa nature, cette
action serait prescrite, s'il s'était écoulé un an entre la citation en
bureau de paix et l'assignation en justice réglée.

Il en serait de même de l'action en nullité que l'art. 1304 du code
civil limite à 10 ans. ( C. de cass., 22 messidor an 11. Sirey, 1813,
2.ᵉ p.°, p. 467.

Eɪ. 4.ᵉ ligne de cette question, au lieu de l'art. 244, lisez l'art. 2244 du code civil.

280. L'effet que la loi accorde à la citation en bureau de paix d'interrompre la prescription, a lieu même dans le cas où l'action à intenter ne serait pas soumise au préliminaire de conciliation, et notamment au cas d'une action en désaveu de paternité. (C. de cass., 9 novembre 1809; Sirey, 1810, p. 77.

281. La citation en conciliation fait courir les fruits civils, de même e les intérêts. — A. 149.

### ARTICLE 58.

En cas de non comparution de l'une des parties, il en sera fait mention sur le registre du greffe de la justice de paix, et sur l'original ou la copie de la citation, sans qu'il soit besoin de dresser procès-verbal.

*Conférence.*

Loi du 24 août 1790, titre 10, art. 2, T. art. 13.

282. La mention de la non comparution est dispensée de tout droit d'enregistrement. (Déc. du min. des fin. du 7 juin 1808.)

283. *Le juge de paix pourrait-il donner défaut contre la partie qui ne comparaît pas, et la condamner à l'amende?*

Il est évident que le juge de paix n'a pas cette faculté, puisque l'art. 58 ne l'investit que du droit de faire mention de la non comparution sur l'original, ou sur la copie, ou sur le registre.

Ainsi, les juges de première instance devant lesquels l'affaire serait portée dénieraient mal-à-propos l'audience au défendeur, sous prétexte que l'acte du juge de paix contenait condamnation à une amende que le défendeur n'aurait pas payée. (Rennes, ch. des vac., 2 sept. 1808.)

## DEUXIÈME DIVISION.

### De la procédure simple ou ordinaire.

LES dispositions comprises dans le titre 2 et suivants, jusqu'au 8.ᵉ inclus, établissent cette procédure simple et rapide qui a nécessairement lieu dans toutes les affaires civiles, et qui suffit à celles d'entre elles qui sont dégagées d'incidens, dont l'instruction et le jugement exigeraient d'autres formalités. (V. *suprà*, p. 79.)

« Le législateur suppose une action à intenter. Devant quel juge » sera-t-elle portée? Quelle en sera la forme, et dans quel délai » le défendeur sera-t-il appelé? » (V. titre 2.)

Comment constatera-t-il sa comparution, comment proposera-t-il sa défense, comment sera-t-elle contredite, combien d'écrits pourront être signifiés ? ( Tit. 3. )

« Quelles causes exigeront l'intervention du ministère public ? ( Tit. 4. )

» Lorsque les parties seront présentes à l'audience, quelle con-
» duite devront-elles y tenir, ainsi que les officiers ministériels et
» le public lui-même ? Quels moyens seront donnés au juge pour
» les empêcher de s'en écarter ? ( Art. 5. )

» Soit que les parties aient été entendues en contradictoire
» défense, soit que l'une d'elles eût négligé de comparaître, le
» juge doit prononcer sur la demande. Dans les deux cas, si la
» décision dépend de l'examen réfléchi, ou de l'application combinée
» de titres ou d'opération de calcul ; si encore l'instruction qui a
» précédé la plaidoirie n'est pas complette, comment devra-t-on
» procéder pour que le juge délibère avec une entière connaissance
» de cause et dans le silence de la chambre du conseil ? ( Tit. 6. )

» Enfin, comment se formera sa décision, dans quelle forme
sera-t-elle rédigée ? ( Art. 7. )

» Quelles seront les règles particulières à appliquer en cas de
» défaut, dans quel délai et suivant quelle forme pourra-t-on se
» pourvoir pour la faire rétracter ? ( Tit. 8. )

» Tels sont les objets de cette procédure simple et rapide, qui,
» sans entraves, conduit le plaideur depuis la demande jusqu'au
» jugement. » ( Observations préliminaires du projet de code, par la
commission nommée en 1804. V. *suprà* introduction générale. )

Elle offre, dans un cadre très-rapproché, les moyens et la fin
de toute procédure judiciaire. Quelque compliquée que l'on puisse,
en effet, supposer une affaire, quelque nombreuses que soient,
par conséquent, les formalités qu'elle exige, toutes ces formalités,
toutes les règles à suivre en procédant se rapporteront toujours à
ces quatre points essentiels, la *demande*, l'*instruction* et le *jugement*.

# TITRE II.

## *De l'ajournement.*

**Conférence.**

Ordonnance de 1667, titre 2.

Nous avons dit page 5, aux notes, que l'on appellait *ajournement* l'assignation donnée devant un tribunal civil.

C'est donc l'acte par lequel un huissier dénonce à une ou plusieurs personnes une demande qu'une autre forme contre elles, avec sommation de comparaître à certain délai devant le tribunal compétent.

Pour que l'ajournement remplisse l'objet indiqué par cette définition, la loi l'assujettit à diverses formalités dont les unes sont *intrinsèques*, les autres *extrinsèques*.

Les formalités *intrinsèques* sont celles qui tiennent à la substance de l'acte, parce qu'elles en sont comme les parties intégrantes, de sorte qu'il ne serait plus considéré comme un exploit de demande, comme un *ajournement*, et qu'il serait conséquemment réputé non avenu, si une seule d'entre elles était omise, ou, du moins, si l'huissier ne l'avait pas remplie d'une manière rigoureusement équivalente.

Les articles 61, 64 et 68 indiquent ces formalités essentielles.

Elles ont pour objet de faire connaître, par l'exploit même, 1.º la partie à la requête de laquelle la demande est formée, celle contre qui elle est dirigée ; 2.º quand et par quel huissier elle est notifiée ; 3.º quel est l'avoué qui sera chargé de la poursuivre ; 4.º pour quel objet elle a lieu et sur quel moyen elle est fondée ( 61 et 64 ) ; 5.º devant quel tribunal et dans quel délai le défendeur devra comparaître ( 59, 61, 72, 73 et 74 ) ; 6.º enfin, à qui et à quel domicile elle a été signifiée. ( 68, 69 et 70. )

Les formalités *extrinsèques* sont, au contraire, celles qui ne font pas partie intégrante de l'acte, parce qu'elles ne sont prescrites qu'accessoirement ; telles sont entre autres, 1.º l'enregistrement de l'exploit ( *loi du 22 frimaire an 7, art. 21* ) ; 2.º la copie du procès-verbal de non conciliation, ou la mention de la non comparution ( 65, 1.$^{re}$ disposition ); 3.$^{o}$ la copie des titres sur lesquels la demande est fondée ( 65, 2.$^{e}$ disposition ); 4.$^{o}$ la mention du coût de l'exploit. ( 67. )

Quoique seulement accessoires, ces formalités n'en sont pas moins quelquefois exigées, à peine de nullité. ( 65, 1.$^{re}$ disposition. ) Mais le plus souvent leur omission ne donne lieu qu'à des amendes ou à la perte des frais qui, en plusieurs cas, tombent à la charge de l'huissier. ( 71. )

Cette obligation que la loi impose aux huissiers de remplir exactement les formalités qu'elle a prescrites, n'est pas la seule précaution qu'elle ait prise dans l'intérêt des parties concernant ces officiers ministériels. Elle leur défend, en outre, à peine de nullité, d'instrumenter pour leurs parens et alliés ( 66 ), et de signifier les exploits un jour de fête légale. ( 63. ) Elle déclare enfin que dans le cas de déplacement du lieu de leur résidence, il ne leur sera payé qu'une journée au plus. ( Art. 62. )

L'ajournement a sept effets principaux :

1.$^{o}$ Il oblige les deux parties à comparaître, sous les peines du défaut. ( V. tit. 8. )

2.$^{o}$ Il suspend les poursuites du demandeur, jusqu'à l'expiration du délai fixé pour la comparution, et retient les deux parties en instance jusqu'au jugement définitif. ( Nouv. répertoire, au mot *compte*, §. 2.

3.$^{e}$ Il saisit le juge de la cause, c'est-à-dire, qu'il lui impose le devoir de la juger, s'il reconnaît qu'il est compétent à cet effet.

4.$^{o}$ Il détermine la valeur de la demande principale, d'après laquelle le jugement doit être rendu en premier ou dernier ressort, c'est-à-dire, à charge d'appel ou sans appel.

5.$_{o}$ Il interrompt la prescription même, lorsqu'il est donné devant un juge incompétent, mais non pas lorsqu'il est nul, périmé ou abandonné. ( C. C., 2244, 2250. )

6.$_{o}$ Il fait courir les intérêts. ( C. C., art. 1153, 1155, 1207, 1479, 1682, 1904. )

7.º Enfin il constitue en mauvaise foi le possesseur de l'objet qui serait revendiqué. ( C. C., 549 et 550. )

( Berriat, p. 188 et 189. )

### ARTICLE 59.

En matière personnelle, le défendeur sera assigné devant le tribunal de son domicile ; s'il n'a pas de domicile, devant le tribunal de sa résidence. ( V. *infrà*, § 1.er, *actions personnelles.* )

S'il y a plusieurs défendeurs, devant le domicile de l'un d'eux, au choix du demandeur. ( V. §. 2, *actions personnelles contre plusieurs défendeurs.*)

En matière réelle, devant le tribunal de la situation de l'objet litigieux. ( V. §. 3, *actions réelles.*)

En matière mixte, devant le juge de la situation, ou devant le juge du domicile du défendeur. (V. §. 4, *actions mixtes.*

En matière de société, tant qu'elle existe, devant le juge du lieu où elle est établie. ( V. §. 5, *actions en matière de société.* )

En matière de succession, 1.º sur les demandes entre héritiers, jusqu'au partage inclusivement ; 2.º sur les demandes qui seraient intentées par des créanciers du défunt avant le partage; 3.º sur les demandes relatives à l'exécution des dispositions à cause de mort, jusqu'au jugement définitif, devant le tribunal du lieu où la succession est ouverte. ( V. §. 6, *actions en matière de succession.* )

En matière de faillite, devant le juge du domicile du failli. ( V. §. 7, *actions en matière de faillite.*)

En matière de garantie, devant le juge où la demande originaire sera pendante. ( V. §. 8, *actions en garantie.*

Enfin, en cas d'élection de domicile pour l'exécution d'un acte, devant le tribunal du domicile élu, ou devant le tribunal du domicile réel du défendeur, conformément à l'article 111 du code civil. ( V. §. 9, *assignation en cas de domicile élu.*

#### Conférence.

Voyez la conférence sur l'art. 50.

## §. I.<sup>er</sup>

### *Actions personnelles.*

Voyez pour leur définition , n.° 6. V. aussi *infrà*, n.<sup>os</sup> 276 et 281.

284. L'action en nullité d'un contrat de vente d'une chose immobilière est personnelle. — A. 150.

285. Mais celle en résiliation de vente d'immeubles pour cause de lésion est mixte. — A. 151. Néanmoins, et nonobstant l'arrêt de cassation sur lequel nous avions établi cette proposition, la cour de Riom a déclaré cette action *personnelle*, par arrêt du 1.<sup>er</sup> décembre 1808. (Sirey, 1812, 2.<sup>e</sup> part., p. 197.) Belordeau ( quest. *forenses*, lettre R, n.° 24), la soutenait *réelle.*

286. L'action en exhibition de titres que l'on prétend avoir personnellement remis à la personne de laquelle on en réclame la restitution est personnelle, alors même que cette action serait formée comme base d'une demande en révendication d'immeubles dont cette personne est en possession. ( Cass. Sirey, 1806, 2.<sup>e</sup> p., p. 705.)

Le changement du domicile du défendeur pendant l'instance n'entraînerait pas le renvoi de la cause devant le juge du nouveau domicile. — A. 153, et cass., 14 août 1811. Sirey, 1811, p. 353.

## §. I I.

### *Actions personnelles contre plusieurs défendeurs.*

La 2.<sup>e</sup> disposition de l'article 159 n'est applicable qu'au cas où tous les défendeurs sont obligés d'une manière égale. — A. 154.

Mais il y a lieu à la faculté accordée par cette disposition, si plusieurs personnes ont contracté en commun, même sans solidarité, une obligation divisible, comme si elles ont emprunté ensemble. — A. 155.

Lorsque le véritable intérêt de la cause est tout entier entre deux individus, le demandeur ne peut se donner plusieurs adversaires pour avoir l'occasion de distraire le défendeur principal de ses juges naturels. — A. 156. ( V. cependant *suprà*, n.° 235.)

Le porteur d'un billet de commerce, assignant simultanément l'endosseur et le tireur, a le choix du domicile de l'un d'eux. — A. 157.

## §. I I I.

### *Actions réelles.*

287. Qu'entend-on par actions réelles?

On nomme actions réelles toutes celles par lesquelles on révendique comme nous appartenant une chose certaine et déterminée,

14

ou un droit attaché à cette chose. ( Obs. de la C. de cass. sur le code de proc. civ. )

Cette action naît du droit que quelqu'un a dans la chose; elle la suit conséquemment et s'exerce contre tous ceux qui la possèdent.

( Voyez, sur ces différentes espèces, Pothier, introduct. gén. aux cout., chap. 4, §. 1, et Henrion de Pansey. V. aussi *infrà*, n.° 287.

## §. IV.

### *Actions mixtes.*

288. *Qu'est-ce que l'action mixte?*

C'est celle qui est tout-à-la-fois réelle et personnelle, parce qu'outre la révendication d'une chose, elles embrassent presque toujours des prestations résultant de l'obligation légale ou conventionnelle de celui contre qui la chose est révendiquée. (Obs. de la C. de cass., *ubi suprà*.)

Les Romains qualifiaient ainsi l'action de bornage entre voisins, celle de partage d'une succession entre cohéritiers, ou de quelque autre chose que ce fût.

En droit français l'on considère comme mixtes toutes les actions qui, étant principalement et par leur nature actions personnelles, tiennent néanmoins à la nature de l'action réelle, par rapport à quelque chose qui leur est accessoire.

Telles sont les actions qu'on appelle personnelles réelles ou personnelles *in rem scriptæ*, qui naissent d'une obligation personnelle à l'exécution de laquelle la chose qui en fait l'objet est affectée.

On range aussi dans la même classe les actions qui, étant principalement réelles, ont quelquefois des conditions accessoires qui leur sont personnelles. ( V. Pothier, *ubi suprà*. )

C'est en général d'après cette doctrine que l'on a jugées mixtes les actions mentionnées au numéro suivant :

289. *Quelles sont les actions réputées mixtes par la jurisprudence?*

La jurisprudence des cours nous fournit pour exemple d'actions qu'elle a réputées mixtes,

La demande en résiliation de vente d'immeubles pour cause de lésion, que Belordeau regardait comme réelle, et que, nonobstant l'arrêt de la cour de cassation cité A. 151, la cour de Riom a persisté à considérer comme personnelle. (Sirey, 1812, 2.° p., p. 197.)

L'action en exécution de vente d'une chose immobilière, A. 152 (1), par exemple, en délivrance de l'immeuble vendu.

L'action en résiliation de bail. ( Paris, 16 février 1808. Sirey, 1807, 2.ᵉ part., p. 771. )

La demande formée contre un cohéritier en paiement de sa part et portion d'une dette héréditaire, comme héritier et de la totalité de la créance par action hypothécaire, comme détenteur de l'immeuble affecté à cette créance. — A. 158. (2)

290. *L'action qui a tout-à-la-fois pour objet la nullité d'un contrat et la radiation des inscriptions hypothécaires prises par suite, peut-elle être portée devant le tribunal du domicile?*

Oui, d'après deux arrêts de la cour de cassation des 1.ᵉʳ floréal an 11 et 29 brumaire an 13. ( V. Denevers, an 12, p. 421, et Sirey, 1807, p. 1001. )

Quoi qu'il en soit, la cour de Paris a jugé par arrêt du 9 mars 1813, ( Sirey, 1814, p. 136 ), qu'une semblable demande était formée en matière réelle, et que, suivant l'article 59, elle devait être portée devant le tribunal de la situation de l'immeuble.

La raison de s'en tenir à l'arrêt de la cour de cassation est, selon nous, que la demande en nullité est l'action *principale*, puisque le titre subsistant, les inscriptions ne pourraient être radiées. Or, il est de principe que l'on peut porter devant le même tribunal deux demandes évidemment connexes, encore bien qu'il ne fût pas compétent pour connaître de l'une d'elles, si la connexité n'existait pas.

Et puisque l'action en nullité est personnelle, comme nous l'avons dit *suprà*, n.° 273, il s'ensuit que celle qui fait l'objet de notre question peut être portée devant le juge du domicile.

## §. V.

*Actions en matière de société.* ( V. infrà, §. 7, p. 110.)

291. La disposition de l'art. 59 n'est pas applicable à une société en *participation*, qui est réputée n'avoir pas d'assiette ou d'établissement. Le défendeur doit donc être assigné, en ce cas, devant le tribunal de son domicile, conformément au 2.ᵉ §. de l'art. 59. — A. 159.

(1) *Er.* 5.ᵉ ligne de cette question, au lieu de *la partie contractante*, lisez *l'autre partie.*

(2) *Er.* 5.ᵉ ligne de cette question, au lieu de page *480*, lisez page *475*.

292. Lorsque les membres d'une société ont été condamnés au paiement d'une somme comptée pour leur société, et qu'il y a lieu de poursuivre un particulier en déclaration de jugement commun, comme étant associé, il doit être assigné devant les juges du lieu où est établie la société dont le demandeur soutient l'existence. — A. 160.

293. Les actions relatives à la liquidation d'une société doivent s'intenter devant le tribunal du lieu où la société a été contractée, encore qu'elles soient dirigées contre l'associé gérant qui a perdu la qualité de français par sa naturalisation en pays étranger. — Paris, 13 février 1808. ( Sirey, 1807, 2.ᵉ part., p. 1203. )

294. L'individu assigné comme associé par les créanciers d'une société, devant le tribunal où siégeait l'établissement social, ne peut obtenir son renvoi devant le tribunal de son domicile, en alléguant que la société avait été dissoute, à son égard, antérieurement aux titres de créance sur lesquels sont fondées les poursuites dont il est l'objet. — Le moyen ne peut être le fondement d'un déclinatoire : il constitue une *exception* contre la demande ; et comme le juge de l'action est le juge de l'exception, il s'ensuit que le défendeur est bien assigné devant le tribunal du lieu de l'établissement. ( Cass., 10 septembre 1806 ; Sirey, 1806, p. 561. )

295. Les demandes en rescision de partage et en garantie des lots entre associés, doivent être soumises au tribunal du lieu où la société a existé. — A. 161.

296. L'action pour l'accomplissement d'un bail à cheptel peut être portée devant le tribunal du lieu où le cheptel a été établi. — A. 162.

297. Si l'on ne connaissait point de lieu où existât l'établissement social, l'action se porterait devant le tribunal compétent en raison de la nature de l'action. — A. 163.

298. Lorsqu'une société a plusieurs maisons de commerce, on doit assigner au lieu où est établi le principal siège du commerce. ( Cass., 18 pluviôse an 12. Sirey, t. 4, p. 103 ; et Pardessus, inst. comm., n.ᵒˢ 1094 et 1365.

## §. 6.

### *Actions en matière de succession.*

V. *infrà*, n.ᵒˢ 306 et 307.

299. Lorsqu'une demande en partage a été portée devant un tribunal autre que celui de l'ouverture de la succession, l'incompétence n'est pas absolue et à raison de la matière. Ainsi le renvoi doit être

demandé, sous peine de déchéance, avant toute exception ou défense au fond. ( Florence, 9 mai 1810.; Sirey, 1812, 2.ᵉ partie, p. 415. V. *infrà*, art. 168 et 169. )

300. S'il y a eu partage des biens de la succession, en sorte qu'il soit resté quelques biens indivis, la demande en partage des portions restées indivises doit être portée, et donne action réelle devant le juge de la situation de ces biens, à moins qu'on n'y joigne une demande en restitution de fruits; car alors elle pourrait, comme action mixte, être portée devant le tribunal du domicile du défendeur. — A. 164.

301. Une décision arbitrale qui se borne à régler les droits de chaque cohéritier, mais sans *allotissement*, ne peut être considérée comme un partage, en ce sens qu'une contestation relative à la succession ne puisse plus être portée devant le tribunal où elle s'est ouverte.

Ainsi la demande en validité d'une saisie-arrêt, faite en vertu d'une semblable décision, doit être portée devant le tribunal du lieu de l'ouverture de la succession. ( Rennes, 3.ᵉ chambre, 10 janvier 1812 ; journal, t. 3, p. 349. ). ( V. art. 567. )

302. Le tribunal du lieu de l'ouverture de la succession est le seul qui doit connaître du réglement de tous les frais, comptes et dépenses qui concernent la liquidation de cette succession : ce principe s'applique également au cas d'une succession vacante. C'est donc dans le même tribunal que doivent se rapporter, être jugés et réglés toutes les demandes, créances, ordres, contributions, frais, dépenses, etc. ( Rennes, 1.ʳᵉ chambre, 30 novembre 1812 ; journal, t. 3, p. 654. )

303. Cependant la cour de cassation, par arrêt du 8 avril 1809, ( v. Sirey, 1809, p. 226 ), a considéré qu'il ne résultait pas de ce principe d'après lequel les contestations relatives à une succession non partagée doivent être portées devant le tribunal de l'ouverture, que la demande à fin d'ordre et contribution des biens vendus de cette succession doive être soumise au même tribunal; il a été décidé en conséquence que cette demande devait être portée comme action réelle devant le juge de la situation des biens. — A. 168.

304. La sixième disposition de l'article 59 ne s'applique pas au cas d'une succession acceptée par un héritier unique. — A. 165.

305. Les contestations entre deux créanciers d'une succession vacante, dont l'un est poursuivi en restitution de sommes qu'il a touchées au-delà de ce qui lui était réellement dû, doivent être portées devant le juge de l'ouverture de la succession, plutôt que devant le tribunal du lieu du domicile du défendeur. ( Paris, 20 pluviôse an 11. Sirey, 1807, p. 1287. )

3o6. L'action des créanciers d'une succession contre un légataire universel, ne doit pas être portée devant le tribunal du lieu où la succession s'est ouverte. — A. 166.

3o7. Au contraire, la demande en délivrance d'un legs ne peut être formée contre l'héritier universel, que devant le tribunal. ( Turin, 18 avril 1810. Sirey, 1810, 2.ᵉ part., p. 33o. ) — A. 167.

Cet arrêt ne présente aucune contradiction avec celui qui précède. Dans l'espèce du premier, on devait décider que l'action ne devait pas être portée devant le juge du lieu de l'ouverture de la succession, parce qu'un légataire universel n'a à procéder à aucun partage. Dans l'espèce du second, au contraire, il y avait lieu à l'application de la troisième disposition du §. 6 de l'article 59, par laquelle la connaissance de toute demande relative à l'exécution des dispositions à cause de mort, est attribuée, sans distinction ni limitation, au tribunal du lieu de l'ouverture de la succession.

3o8. C'est devant le juge de la situation des biens, et non pas devant celui de l'ouverture de la succession, que l'on doit porter l'action en revendication d'un immeuble formée contre la succession. — A. 167.

## §. VII.

### *Actions en matière de faillite.*

3o9. *De ce que la septième disposition de l'article 59 porte qu'en matière de faillite, on assignera devant le juge du domicile du failli, doit-on conclure que le failli ou les syndics puissent en demandant assigner devant le juge du propre domicile du failli?*

Les dispositions de l'article 59 n'ont évidemment été établies que dans l'intérêt du défendeur. Or, l'intérêt d'un cohéritier est d'être assigné devant le juge du lieu où la succession s'est ouverte, parce qu'il est plus facile au défendeur de fournir à ce juge les instructions nécessaires : il en est de même de l'associé qui a, sous ce rapport, plus d'avantages à plaider devant le juge du lieu où la société a son établissement; on peut dire la même chose du failli. Mais la partie contre laquelle un héritier, un associé, un failli ou ses syndics forment une demande, a réciproquement plus d'avantage à plaider devant son juge naturel. Elle n'a pu être distraite de sa juridiction sans une disposition expresse de la loi; et il suffit que la décision de la question que nous avons posée paraît douteuse, pour qu'à défaut d'un texte formel, on décidât que les quatrième, cinquième et sixième dispositions de l'art. 59, ne s'entendent que du cas où l'héritier, l'associé ou le failli sont défendeurs.

Cependant, par arrêt de la cour de Paris du 8 mai 1811, ( v. Sirey, 1814, 2.ᵉ part., p. 160 ), il a été jugé qu'en matière de faillite, la demande en main-levée de scellés, dirigée contre ceux qui les avaient fait apposer, devait être portée devant le juge du lieu, et non devant celui du domicile des assignés.

Mais cette décision n'est point opposée à celle qui précède ; elle est fondée sur une raison particulière tirée de l'article 554 du code de commerce, qui accorde au juge du lieu, dans les cas qui requièrent célérité, le droit de statuer provisoirement sur tout acte d'exécution fait dans son ressort.

310. Quand un débiteur meurt en état de faillite, toutes les contestations relatives à sa succession doivent être portées devant les juges de son domicile. ( Cass., 21 vendémiaire an 12. Sirey, 1804, 2.ᵉ part., p. 30. )

311. Lorsqu'un négociant a deux maisons de commerce dont chacune est établie dans deux villes différentes, et que la faillite a éclaté dans une d'elles seulement, la loi n'ayant fait aucune distinction, la connaissance est dévolue au tribunal du domicile, encore bien que la faillite ait été déclarée en premier lieu par un autre tribunal. — A. 170.

312. Mais lorsqu'une société a deux maisons de commerce qui existent sous des *raisons distinctes* dans deux villes différentes, et que des associés demeurent dans une de ces villes, tandis que plusieurs demeurent dans l'autre ; en ce cas, si la société fait faillite, les actions des créanciers doivent être dirigées contre chacune des maisons devant le tribunal dans le ressort duquel elles se trouvent respectivement. ( Cass., 23 mars 1809. Sirey, 1810, p. 276. )

On sent la différence qui existe entre cette espèce et celle du numéro précédent ; dans la première, il y a *unité* d'administration, puisqu'il n'y a qu'un seul négociant failli ; dans la seconde, il n'y a pas *unité* de société ; chacune des deux sociétés formait un établissement distinct, tant par les individus qui la composaient, que par l'objet et la situation des sociétés dans le ressort de deux tribunaux. La décision ne devait donc pas être la même dans les deux cas.

313. Lorsque les syndics d'une faillite sont assignés pour des dettes résultant de leur fait personnel, ils ne peuvent se prévaloir de ce qu'ils ont agi en leur qualité de syndics pour demander leur renvoi devant le tribunal de l'ouverture de la faillite. ( Bruxelles, 31 décembre 1807. Sirey, 1807, 2.ᵉ part., p. 283. )

314. Les oppositions à une contrainte décernée par le ministre du trésor public contre un comptable en faillite, ou les difficultés nées

de l'exécution de cette contrainte, ne peuvent être portées devant le tribunal de commerce auquel est dévolue la connaissance de la faillite : elles doivent l'être, au contraire, devant le tribunal civil du domicile du failli.

La raison de cette exception à la septième disposition de l'art. 59 est, suivant un arrêt du 9 mars 1808, ( Sirey, 1808, p. 266 ), que le trésor public serait sans défenseur devant le tribunal de commerce, qui, d'ailleurs, ne peut connaître de l'exécution de ses jugemens.

## §. VIII.

### *Actions en garantie.*

( V. art. 181. )

Nous rappellerons ici la remarque faite t. 1.er, p. 90 de notre analyse, (1) que la huitième disposition de l'art. 59 ne reçoit son application qu'autant que la demande en garantie est formée accessoirement à une demande principale. C'est ce que prouve le texte même de la disposition, et c'est ainsi que l'on entendait l'article 8 du titre 8 de l'ordonnance. Ainsi, disait Rodier ( quest. 1.re ), lorsque le principal est déjà jugé, on ne peut assigner le garant que devant son juge naturel. ( V. aussi *suprà*, n.os 166 et 231.

315. *N'appartient-il qu'au défendeur originaire de profiter du bénéfice accordé par la huitième disposition de l'article 59 ?*

Puisque la loi ne fait aucune distinction entre le demandeur et le défendeur, il paraît certain que la faculté accordée par cette disposition appartient à l'un et à l'autre.

C'est encore ce que disait Rodier sur l'article 1.er du titre 8 de l'ordonnance ( quest. 1.re ), en citant pour exemple du cas où le demandeur peut appeler garant, celui d'un cessionnaire qui agit contre le débiteur délégué. Si, dit-il, celui-ci conteste la dette, le cessionnaire qui est le demandeur appellera le cédant en garantie pour faire valoir la cession ou la dette, ou pour l'indemniser.

316. *Mais le demandeur peut-il mettre en cause le garant du défendeur ?*

Nous pensons qu'il faut distinguer : ou le garant est absolument étranger au demandeur, et ne doit garantie qu'au défendeur, en cas de condamnation contre ce dernier ; ou le garant est obligé à la garantie envers le demandeur lui-même.

---

(1) *Er.* Première ligne de cette remarque, au lieu de 115.e quest., lisez 116.e quest.

Dans le premier cas, comme la loi dispose en général qu'*en matière de garantie, le défendeur peut être assigné devant le juge où la demande originaire est pendante*, nous ne doutons pas que le demandeur puisse user de cette faculté.

Dans le second cas, le demandeur n'ayant aucun intérêt à mettre en cause un garant qui n'est obligé qu'envers le défendeur, il ne serait pas juste qu'il puisse l'assigner et le distraire ainsi de ses juges naturels, malgré le défendeur originaire qui n'use pas de la faculté que la loi lui donne.

Sur le premier point, nous croyons notre opinion justifiée par l'arrêt dont nous allons rapporter la décision dans le numéro suivant ;

Sur le second, nous nous appuyons sur le principe que l'*intérêt est la mesure des actions :* or, le demandeur originaire n'en a aucun pour assigner une personne contre laquelle il ne pourrait obtenir une condamnation directe.

317. *Une caution solidaire assignée avec le débiteur principal et devant le juge du domicile de ce dernier, peut-elle se plaindre de ce que celui-ci n'a pas été traduit devant les juges de son propre domicile ?*

Non, parce que cette partie est *garant* du débiteur principal envers le demandeur originaire. Tel est du moins le sens dans lequel on doit expliquer un arrêt de cassation du 26 juillet 1809 (Sirey, 1810, p. 412), afin de trouver matière à l'application qu'il a faite de l'art. 59.

318. *L'accepteur d'une lettre de change peut-il être traduit à fin de condamnation au paiement de cette lettre devant le tribunal du domicile de l'endosseur, encore que ce ne soit pas celui du sien ?*

Cette question a été jugée pour l'affirmative, par un arrêt de la cour de Paris du 14 septembre 1808, attendu que l'accepteur et l'endosseur d'une lettre de change étant solidairement obligés, peuvent être assignés indistinctement devant le tribunal de l'un ou de l'autre. ( Sirey, 1814, 2.ᵉ part., p. 177. )

L'arrêtiste présente cette décision comme ayant été rendue par application de la huitième disposition de l'article 59. Mais nous remarquerons que l'arrêt que nous venons de transcrire ne cite point cette disposition ; il se fonde uniquement sur la solidarité d'où semble que, par extension du principe consacré par l'article 1203 du code civil, la cour a pensé que cet article donnant au créancier d'une obligation solidaire la faculté de s'adresser à celui des débiteurs qu'il veut choisir, il pouvait assigner celui-ci devant le juge du domicile de l'un d'eux.

Nous ne saurions admettre ce motif de décider, 1.° parce qu'on ne peut, dans notre opinion, distraire une partie de ses juges naturels, s'il n'existe un texte précis qui fasse exception aux règles du droit commun ; 2.° parce que la 8.ᵉ disposition de l'art. 59 s'oppose à l'induction que l'on tirerait, dans le cas présent, de l'art. 1203 du code civil, puisque, comme nous l'avons dit *suprà*, pag. 112, cette disposition ne permet d'assigner le garant devant le juge du domicile du garanti, qu'autant qu'une action principale est introduite.

Ainsi, un débiteur solidaire ne nous semble pouvoir être distrait de sa jurisdiction naturelle, qu'autant qu'un de ses codébiteurs a été assigné avant lui, ou conjointement.

En ce cas, le débiteur solidaire n'a aucune exception à opposer, parce qu'il est légalement traduit, soit d'après la 1.ʳᵉ disposition de l'art. 59, qui donne au demandeur le choix du tribunal du domicile de l'un de plusieurs défendeurs qu'il assigne, soit d'après la 8.ᵉ disposition, puisque chaque débiteur solidaire est garant l'un de l'autre envers le demandeur, ainsi que nous l'avons dit au n.° précédent.

319. *Si le garant est Français, et que la demande originaire soit pendante dans une jurisdiction étrangère, y aurait-il lieu à l'application de l'art. 59, et vice versá?*

Le Français ne peut être traduit devant cette jurisdiction étrangère ; on doit donc, dit Rodier ( tit. 8, art. 8, quest. 1.ʳᵉ ), se contenter d'exercer contre lui, en France, l'action en garantie, et demander qu'il soit condamné à *relever et indemniser* le défendeur qui aura succombé dans la jurisdiction étrangère.

Papon, liv. 2, tit. 4, n.° 6, rapporte un arrêt qui le juge ainsi.

Il en serait de même, ajoute Rodier, si le garant était étranger, et que la demande principale fut pendante devant un tribunal français.

## §. IX.

### Assignation en cas de domicile élu.

V. nos questions sur l'article 68.

320. L'art. 111 du code civil, qui déclare toute élection de domicile attributive de jurisdiction, a effet même relativement aux élections faites antérieurement à la publication de ce code. ( Paris, 27 juillet 1809. Sirey, 1814, 2.ᵉ part., p. 130.

321. Lorsqu'il résulte de la convention que l'élection de domicile a eu lieu dans l'intérêt même du défendeur qui l'a faite, le demandeur n'a plus le choix entre le tribunal du domicile réel et celui du domicile élu. — A. 171.

322. Le principe qui déclare régulières les poursuites faites au domi-

cile élu, pour l'exécution d'un contrat, ne s'applique pas aux poursuites faites en vertu d'un jugement qui est la suite de ce contrat.
(Agen, 6 février 1810; Sirey, 1814, 2.ᵉ part., p. 193.)

323. Si le demandeur avait assigné le défendeur devant le juge
du domicile élu, il pourrait, en se désistant de cette assignation,
l'assigner devant le juge du domicile réel, et *vice versâ*, tant que
celui-ci n'aurait pas constitué d'avoué. — A. 173.

324. Chacune des parties peut se désister de l'élection de domicile avant d'avoir intenté l'action, pourvu toutefois qu'elle ne soit
pas une condition essentielle et rigoureuse du contrat, auquel cas
elle ne pourrait être révoquée que du consentement des deux parties. — A. 173.

325. *Lorsqu'une partie fait élection de domicile dans sa demeure,*
*cette élection doit-elle toujours produire son effet, en sorte que*
*les significations soient valablement faites en ce domicile, et l'ac-*
*tion valablement portée devant le juge du lieu, quoique la partie*
*ait depuis choisi un autre domicile?*

Nous pensons, en thèse générale, que lorsqu'une partie a fait ainsi
élection de domicile en sa demeure, le domicile élu change en même
tems que le domicile réel. Cependant un arrêt de la cour de Colmar,
du 5 août 1809 (v. journ. des avoués, t. 1.ᵉʳ, p. 195), a résolu
différemment cette question. Mais il est à remarquer, comme l'a
fait M. Coffinières, que la cour s'est déterminée par des circonstances particulières dans lesquelles se trouvaient les parties, et qui
faisaient présumer qu'elles avaient entendu être toujours réputées
présentes, relativement à l'exécution de l'acte, au lieu qu'elles occupaient lors de sa passation.

326. L'élection du domicile produit ces effets contre les héritiers
du défendeur. — A. 174. Nouv. répert., t. 2, p. 342, 3ᵉ. édit., et
Delvincourt, t. 1.ᵉʳ, p. 339 des notes.

327. Si la personne chez laquelle le domicile est élu décède ou
transporte ailleurs sa demeure, il faut, si l'instance est engagée,
élire un nouveau domicile dans le même lieu; dans le cas contraire,
l'action devient nulle, à moins qu'elle n'ait été stipulée comme condition du contrat. — A. 175 (1), et Delvincourt, *ubi suprà*.

328. La demande en rescision de l'acte qui contient l'élection de
domicile, ne peut pas être portée devant le juge de ce domicile.
— A. 176.

Nous avions établi cette proposition en nous fondant sur plusieurs
arrêts cités par Duparc-Poullain, et motivés sur ce que l'élection de

_____

(1) Deuxième ligne de cette question, au lieu de ces mots *devant le domicile*, lisez *devant*
*le juge du domicile.*

domicile n'ayant lieu que pour l'exécution de l'acte, on ne pouvait former que devant le juge du domicile réel l'action en rescision, qui avait précisément pour objet d'empêcher cette *exécution.*

Nous avons remarqué depuis que l'art. 111 du code civil, auquel se rattache l'art. 59 de celui de procédure, ne parle pas seulement des significations, demandes ou promesses tendantes à l'*exécution* de l'acte, mais de celles *relatives à cet acte.* Or, l'action en rescision est une demande *relative à l'acte*; on ne peut donc raisonner aujourd'hui comme si l'on se trouvait dans l'hypothèse des arrêts cités par Duparc-Poullain, laquelle suppose que l'élection n'avait d'effet que pour l'exécution.

D'un autre côté, l'arrêt de Colmar, cité au n.° précédent, a décidé que l'élection de domicile profite aux tiers, représentant l'une des parties qui actionne l'autre en *nullité de l'acte;* que, par conséquent, ils peuvent faire au domicile élu les significations nécessaires, et poursuivre cette action en nulité devant le tribunal de ce domicile.

D'après l'observation précédemment faite, et cette décision, nous croyons devoir revenir sur la solution précédemment donnée dans notre analyse.

On remarquera que cet arrêt, qui reconnaît aux créanciers le droit de poursuivre devant le tribunal du domicile élu les actions de leur débiteur relatives à cet acte, est fondé sur l'article 1166 du code civil, qui veut que les créanciers puissent excercer tous les droits et actions de leur débiteur, *excepté ceux qui sont attachés à la personne :* or, on ne pourrait comprendre, dans cette exception, comme le remarque M. Coffinières, le droit de faire au domicile élu, les significations relatives à l'acte qui contient cette élection.

329. Stipuler dans un effet *non commercial*, qu'il sera payable en tel lieu, ce n'est point faire dans ce lieu une élection de domicile attributive de jurisdiction. La faculté accordée en matière de commerce, d'assigner un débiteur au lieu où le paiement a dû être fait, ne s'étend point aux matières civiles. — A. 177.

### ARTICLE 60.

Les demandes formées pour frais par les officiers ministériels seront portées au tribunal où les frais ont été faits.

##### *Conférence.*

Décret du 29 janvier 1791, sur la suppression des anciens procureurs et l'établissement des avoués.

330. Les frais qui peuvent être demandés par les officiers ministériels, devant le tribunal *où* ils ont été faits, sont ceux des greffiers,

avoués et huissiers pour les actes de leur ministère dans les affaires en instance à leur tribunal. — A. 178.

Nous avions cru, dans notre analyse, devoir exclure du bénéfice de l'article 60 les notaires dont les actes ne sont point judiciaires, et les huissiers en ce qui concernait les frais des actes qui ne tiennent à aucune contestation. Telle est aussi l'opinion de M. le Page, dans ses questions, p. 107.

Les auteurs des annales du notariat (comm., t. 1.er, p. 90 et 116), ne pensent pas que cette exclusion résulte positivement des termes dans lesquels l'art. 60 est conçu. Les motifs sur lesquels ils s'appuyent nous paraissent d'un grand poids, et nous sommes portés à croire qu'ils pourraient prévaloir sur l'induction peut-être trop rigoureuse que nous avions tirée du texte de la loi.

En effet, si la raison de l'attribution donnée, sur ce point, au tribunal où les frais ont été faits, est qu'il peut les liquider avec plus de justice, de connaissance de cause et de célérité; si le législateur a voulu, d'un autre côté, éviter le déplacement d'un officier ministériel du lieu de l'excercice de ses fonctions; s'il a considéré qu'il était juste que le juge d'une demande de frais fût celui sous la jurisdiction duquel le contrat s'est passé entre la partie et l'officier ministériel, tout cela peut s'appliquer au *notaire* et à l'*huissier*, comme à l'avoué et au greffier.

Les premiers sont soumis, comme ceux-ci, à la taxe du président du tribunal de leur arrondissement, pour toutes leurs vacations, si les parties le requièrent, en conformité du décret du 16 février 1807.

Il est à remarquer, en outre, que l'article 9 de ce décret porte que « les demandes des avoués et *autres officiers ministériels*, en » paiement de frais contre les parties pour lesquelles ils auront » occupé ou *instrumenté*, seront portées à l'audience sans qu'il » soit besoin de citer en conciliation, et qu'il sera donné, en tête » des assignations, copie ou mémoire des frais réclamés. »

Comment ces assignations pourraient-elles être données devant un autre tribunal que celui dont le président a le pouvoir de liquider ces frais? Comment pourrait-on supposer que le législateur a voulu restreindre aux avoués seulement le privilège de plaider devant leurs juges pour les frais qui leur sont dus, et forcer, soit un huissier, soit un notaire, à aller à des distances souvent très-éloignées poursuivre le paiement de leurs vacations, par exemple, pour une saisie faite en exécution d'un acte authentique, qui, par cela même, ne sera susceptible d'aucune contestation judiciaire devant le tribunal de l'arrondissement?.....

Et, quant aux notaires, on ne peut contester que, pour procéder au réglement de leurs frais et honoraires, il n'est pas sans exemple que le juge demande la représentation des minutes qui en sont l'objet. Or, prétendra-t-on que le notaire devra porter lui-même ou envoyer les minutes à des distances quelquefois fort éloignées ? Les frais et les dangers d'un pareil déplacement sont trop visibles pour que l'on puisse croire que le législateur ait eu cette intention.

Par toutes ces considérations, nous nous rangeons à l'opinion de ceux qui croyent devoir appliquer l'art. 60, sans distinction des frais judiciaires ou extrajudiciaires, à tout officier ministériel.

331. Un agréé près un tribunal de commerce n'est pas un *officier ministériel* dans le sens de l'art. 60. Il ne peut donc porter au tribunal de commerce, près lequel il postule, les demandes formées pour frais contre ses cliens; il n'a contre eux qu'une action ordinaire. ( Cass., 5 septembre 1814. Sirey, 1814, p. 266. )

332. Nous avons dit encore, A. 178, que les frais faits par un huissier à l'occasion d'une contestation soumise à un tribunal de commerce, ne pourraient être réclamés devant ce tribunal, attendu que sa jurisdiction ne peut s'étendre à une contestation non commerciale, et qu'il ne connaît point de l'exécution de ses jugemens, à laquelle la demande de l'huissier se rattache au moins indiréctement.

On a opposé contre cette opinion la généralité des termes de l'article 60 ; mais nous répondrons qu'il n'est applicable qu'aux officiers ministériels attachés aux tribunaux civils, puisque le titre 25 du livre 2, qui contient les règles spéciales relatives aux tribunaux de commerce, n'en rappelle point la disposition. Nous trouvons d'ailleurs un appui à notre opinion dans l'arrêt cité au numéro précédent, et par lequel la cour suprème déclare que les tribunaux de commerce étant des tribunaux d'exception, ne peuvent connaître que des objets qui leur sont nommément attribués par les articles 631, 632 et 633 du code de commerce : or, dans ces articles, il n'est pas question des demandes de frais que formeraient des officiers ministériels.

333. *Mais un juge de paix pourrait-il connaître d'une action relative au paiement des vacations d'un notaire, si le montant de ces vacations rentrait dans les limites de la compétence de ce juge ?*

Cette question fût présentée au comité de constitution de l'assemblée constituante, relativement à un ancien procureur. Le comité répondit, le 21 décembre 1790, que l'usage d'après lequel les anciens procureurs avaient le droit de faire assigner leurs cliens par devant le tribunal qui avait connu de l'instance, devait être suivi, nonobstant l'institution des juges de paix.

Les avoués ont conservé ce droit, d'après les dispositions de l'article 60 ; et puisque nous leur avons assimilé les notaires ( v. *suprà*, n.º 325 ), on doit en dire autant de ceux-ci, et avec d'autant plus de raison, que, suivant les articles 51 de la loi du 25 ventôse an 11 et 173 du tarif, c'est au président du tribunal civil qu'il appartient de taxer, sur l'avis de la chambre, les salaires et vacations des notaires.

334. L'exemption portée en l'article 50, s'applique même au cas où les frais n'auraient pas encore été taxés. — A. 179.

335. Un ex-avoué peut poursuivre le paiement des frais qui lui sont dus devant le tribunal près lequel il postulait. — A. 180. (1)

336. Un avoué ne peut faire prononcer, suivant l'article 60, que sur ce qui lui est dû par suite d'emploi de son ministère, et non pour des peines, soins et agissemens, à un autre titre que celui d'avoué, par exemple, à titre de mandataire. Il doit représenter le registre prescrit par l'article 151 du tarif, et être renvoyé se pourvoir, devant les juges qu'il appartient, pour tout ce qui est étranger aux actes de son ministère d'avoué. ( Rennes, première chambre, 24 juillet 1813. )

337. L'article 60 étant impératif et porté dans l'intérêt de la partie autant que dans celui de l'officier ministériel, la première serait fondée à décliner le tribunal de son domicile réel, si elle y était assignée. — A. 181.

338. Un avoué qui n'a pas été payé de ses avances peut retenir les pièces de la procédure qu'il a faite pour les parties, mais non pas leurs titres et pièces. A 182. A moins, comme le dit M. Berriat, p. 68, note 3, que l'avoué ait fait des déboursés *relatifs à ces titres même*, auquel cas il pourrait les retenir jusqu'au remboursement.

339. Mais ce droit de retenir les pièces de procédure cesse, lorsqu'il est reconnu que l'avoué a laissé périmer l'instance. — A. 183.

### ARTICLE 61.

L'exploit d'ajournement contiendra, 1.º la date des jour, mois et an ( v. §. 1, *mention de la date* ), les noms, profession et domicile du demandeur ( v. même §, *mention relative au demandeur* ), la constitution de l'avoué qui occupera pour lui, et chez lequel l'élection

de domicile sera de droit , à moins d'une élection
contraire par le même exploit ( *mention de la constitution d'avoué, même §* );

2.° Les noms, demeure et immatricule de l'huissier
( *§. 2, mention relative à l'huissier* ), les noms et
demeure du défendeur ( v. même §, *mention relative
au défendeur* ), et mention de la personne à laquelle
copie de l'exploit sera laissée ( même §, *mention de
la remise de la copie* );

3.° L'objet de la demande, l'exposé sommaire des
moyens ( *§. 3, mention de l'objet et des moyens de la
demande* );

4.° L'indication du tribunal qui doit connaitre de la
demande ( *§. 4, mention du tribunal compétent* ), et du
délai pour comparaitre ( même §, *mention du délai* ):
le tout à peine de nullité. ( *§ 5, application générale
de la disposition de l'article 61, relative à la nullité de
l'ajournement.* )

*Conférence.*

Art. 1, 2, 3 et 16. Ordonn. de 1667, tit. 2. T. art. 27 et 68.

340. *Tout exploit est-il soumis aux formalités prescrites par
l'article 61 ?*

Non, et la preuve s'en tire de l'article 68 , en ce qu'il porte
que tous exploits seront faits à personne ou domicile; et, en effet,
puisqu'il dispose pour tous les exploits en général, il s'ensuit que
les formalités exigées par l'article 61, ne concernent que les ajournemens; autrement le législateur se fût exprimé comme dans l'art.
68, et n'eût pas dit : *L'exploit d'ajournement contiendra,* mais
*tous exploits contiendront,* ou *tout exploit contiendra.*

341. *Quelles sont donc les formalités générales de l'exploit?*

Ces formalités sont celles qui sont *essentielles* à tout acte notifié
par un huissier, et qui consistent dans les noms, demeure et immatricule de cet officier; dans la date des jour, mois et an ; dans la
désignation de la personne à la requête de laquelle l'exploit est notifié,
de celle qu'il concerne, de celle à qui la copie est remise, du domicile de chacune d'elles, et enfin dans la mention du lieu où l'exploit
est fait. ( Berriat , p. 75; Merlin , quest. de droit, v.° *triage,* §. 3.)

342. *Mais les actes d'avoué à avoué étant des exploits, s'en-
suit-il qu'ils soient soumis à ces formalités?*

L'objection tirée contre l'affirmative de cette question de ce que
ces actes sont des *exploits,* paraît sérieuse au premier aspect, mais

on sait que les huissiers se sont, de tous les tems, bornés dans ces actes au simple rapport de ce qu'ils ont à notifier. Ils n'y mentionnent point leur immatricule, qui ne peut être réputée inconnue de l'avoué auquel ils font une notification, puisqu'il milite près le tribunal même où ils exercent respectivement leurs fonctions, et que, d'ailleurs, il n'y a que les *huissiers audienciers* qui aient qualité pour signifier ces sortes d'actes... On ne pourrait même exiger rigoureusement le nom de l'avoué à requête duquel on notifie, puisqu'il signe *pour ordre;* et ne l'eût-il pas fait, les avoués adverses ne peuvent ignorer que la notification est à requête du confrère qui occupe ou qui a occupé contre eux.

Au reste, l'article 61 ne prononçant la nullité que pour les ajourne-mens, on ne peut l'étendre aux autres exploits. ( Art. 1030.)

Quoique cette décision soit justifiée et par l'usage constamment suivi, et par les argumens que fournit le texte même de la loi, elle admet néanmoins, dans notre opinion, une exception pour les circonstances particulières où l'acte d'avoué à avoué tiendrait lieu d'un exploit à personne ou domicile de la partie, et ferait courir un délai.

( Voyez l'analyse raisonnée, question 2371, et ce que nous disons sur l'art. 763.)

## §. I.er

### Mention de la date.

343. Le calendrier grégorien doit être suivi, à peine de nullité, dans la date d'un exploit. (Aix, 9 mai 1810; Sirey, 1810, 2.ᵉ part., p. 257.)

344. Il n'est pas *nécessaire*, dans des exploits d'ajournement, d'indiquer l'heure, ainsi qu'on y est obligé pour les jour, mois et an; mais il est prudent de prendre cette précaution. — A. 184.

345. L'exploit ne peut être déclaré nul que dans le cas où l'huissier aurait *complétement* omis la date, soit de l'an, soit du mois, soit du jour; mais une simple erreur qui la rendrait imparfaite, sans empêcher de la reconnaître, ne serait pas une cause de nullité.

Telle est la distinction que nous avons adoptée, A. 185, (1) en nous fondant sur plusieurs arrêts, auxquels nous ajoutons, 1.° arrêt de la cour de Paris du 24 août 1810; Sirey, 1814, 2.ᵉ part., p. 129; il a jugé qu'il est permis de ne pas s'arrêter à la date de la copie, si les parties n'ont pu méconnaître que cette date était fausse, au

---

(1) *Er.* Au lieu de nivôse an 11, *lisez* nivôse an 8.

moyen des actes signifiés ou des énonciations renfermées dans l'exploit même. Par exemple, d'après cet arrêt, la date d'un exploit d'ajournement, signifié le 29, suivant l'original, et le 19, suivant la copie, doit être fixée au 29, s'il fait mention d'un procès-verbal de non conciliation dressé le 24, et dont il a été laissé copie;

2.° Arrêt de Rennes, 3.ᵉ chambre, 29 janvier 1817, qui, d'après les mêmes motifs, déclare valable un exploit où on lisait : *Appelant du jugement du, signifié le 9 novembre présent mois*, sans indication du mois de la notification de cet exploit; la cour a considéré que les mots *présent mois* suppléaient à cette omission, en faisant connaître que l'exploit avait été notifié *en novembre*.

Il suit de cette jurisprudence que l'on ne doit pas tenir à la décision d'un arrêt de la cour de Lyon du 28 décembre 1810 ( v. Sirey, 1814, p.ᵉ 2, p. 136 ), qui déclara nul un exploit dont la copie était datée de l'an *dix-huit huit*, au lieu de *dix-huit cent huit*. Décider en thèse générale, comme cet arrêt paraît le faire, que la date d'un exploit doit être tellement claire et précise qu'on n'ait pas besoin, pour la connaître, de recourir à des conjectures, c'est trop accorder à la rigueur des formes, et c'est s'exposer à favoriser la chicane. Le défendeur, dans l'espèce ci-dessus, ne pouvait avec bonne foi douter que l'exploit lui avait été notifié en *mil huit* CENT huit.

346. Un exploit est nul, encore que l'original soit régulier, si la copie est mal datée ou si la date est omise. V. *infrà* §. nullité de l'exploit, cass., 21 floréal an 10. Bruxelles, 30 avril 1807. Sirey, t. 2, pag. 286, et 1807, 2.ᵉ partie, p. 284.

347. Un exploit qui porte une date antérieure à l'enregistrement du jugement dont il contient la signification est nul, encore bien, comme il est dit ci-dessus, que cette fausse date ne soit que dans la copie. Cass., 8 février 1809. Sirey, 1809, p. 160.

348. Aucun délai fatal ne peut courir contre celui qui reçoit la copie d'un exploit de signification de jugement, si cette copie porte une date antérieure à l'époque de la prononciation du jugement. Cass., 5 août 1807. Sirey, 1807, 2.ᵉ partie, p. 127.

## §. I I.

### *Mention relative au demandeur.*

349. En exigeant la mention des noms, la loi ne se borne pas à prescrire la mention des noms de famille; elle comprend dans sa disposition les *prénoms* et *surnoms*. — A. 186.

Cependant nous ne pensons pas que l'on dût prononcer la nullité pour l'omission, si, par ailleurs, le demandeur était désigné de manière à ce qu'on ne pût le confondre avec une autre personne

350. Quand un exploit est signifié à requête d'un préfet, d'un maire, d'un procureur du Roi, il n'est pas nécessaire de relater leurs noms et leur domicile. — A. 187, et nouv. répert., v.° ajournement, n.° 5, t. 1.ᵉʳ, p. 153.

351. Lorsqu'il y a plusieurs demandeurs, l'assignation donnée à requête de l'un d'eux est nulle, s'il est seul nommé avec l'addition de ces expressions, *et consorts.* — A. 188. ( Pour les assignations à plusieurs défendeurs, v. *infrà*, art. 68. )

Mais elle n'est pas nulle à l'égard du demandeur dénommé, si celui-ci pouvait être mis seul en cause. — A. 189.

Ainsi la cour de Rennes a jugé, par arrêt du 17 juillet 1816 ( 3.ᵉ ch. ), qu'un exploit donné par une partie, pour elle et son frère, n'était nul qu'à l'égard de ce dernier.

352. *Le consignataire d'un bâtiment ou de sa cargaison peut-il assigner en son propre nom, dans l'intérêt de ses commettans, et sans faire connaître leurs noms ?*

Ce *consignataire* est un véritable *commissionnaire* de commerce, ainsi qu'il résulte de plusieurs dispositions du code de commerce, et notamment de l'art. 285, où ces deux qualifications sont assimilées et prises dans la même acception.

Or, suivant l'art. 91 du même code, le commissionnaire de commerce est celui qui agit en *son propre nom* ou sous un *nom social* pour le compte d'un commettant; d'où suit que non seulement il a le droit d'exercer toutes actions dans l'intérêt et pour la conservation des objets confiés à ses soins, mais encore, *qu'à la différence du mandataire ordinaire*, il peut le faire *en son nom*, et, à plus forte raison, en exprimant seulement sa qualité de consignataire, sans être obligé de faire connaître les noms de ses commettans, parce qu'alors il s'oblige personnellement envers les tierces-personnes, sauf recours vers ses commettans, s'il a agi dans les bornes de son mandat.

Ainsi, dans cette espèce, il n'y aurait pas lieu d'appliquer l'ancienne maxime, que *nul en France ne plaide par procureur, si ce n'est le Roi.*

Tels sont les motifs d'après lesquels la cour de Rennes, par arrêt du 9 juin 1817, 1.ʳᵉ ch., a décidé pour l'affirmative la question ci-dessus posée. Elle a en conséquence réformé un jugement du tribunal de Brest, qui avait annulé l'exploit donné au nom du consignataire, en se fondant sur la maxime *nul en France*, etc. : moyen de nullité que ce tribunal avait suppléé d'office comme tenant au droit public. On a vu que la cour ne s'est pas décidée d'après ce moyen; mais on pourrait croire qu'elle l'aurait préjugé fondé, en disant d'abord que le consignataire, à la *différence du mandataire ordinaire*, pouvait assigner *en son nom*, ensuite qu'il n'y avait *pas lieu, dans l'espèce, à l'application de l'ancienne maxime.*

353. Quoi qu'il en soit, nous avons dit, A. 190, que l'exploit donné à requête de tel procurateur de tel, n'était pas nul, dès que le mandant était nommé.

Nous pourrions ajouter à l'appui de cette opinion un arrêt de la cour de Rennes du 17 décembre 1812. Cet arrêt décide que l'on ne peut arguer de nullité des jugemens rendus dans une instance suivie par un fondé de pouvoirs, lorsqu'en tête des actes signifiés à sa requête, son nom et sa qualité de procurateur précèdent l'énonciation des noms et qualités de ceux qu'il a représenté, et qui ne l'ont point désavoué. La cour a considéré que la règle, *nul ne plaide par procureur*, bien entendue, ne pouvait s'appliquer dans ce cas, et qu'il n'y avait aucune importance à faire suivre ou précéder le *nom des parties* du nom de celui qu'elles ont réellement chargé de les représenter en justice.

Mais cet arrêt et celui de la cour de cassation, que nous avons cité dans notre analyse, doivent-ils faire jurisprudence? Un magistrat, aussi distingué par ses lumières qu'il est chéri des justiciables, a soutenu l'opinion contraire; il a prouvé que la cour de cassation avait commis une erreur en déclarant que la maxime n'était fondée sur aucun texte de loi. Et en effet, comme l'ont aussi remarqué MM. Bavoux et Loiseau (diction. des arrêts modernes, v.° *procureur*), elle n'est pas seulement attestée par l'auteur du grand coutumier (liv. 3, ch. 6, p. 336), et par Loisel (liv. 3, tit. 2, reg. 4), elle est aussi consacrée par une loi formelle, par la déclaration de Henri II du 30 novembre 1549.

Cette maxime, dit-on, établissant une prérogative du Roi, et tenant essentiellement à l'ordre public, ne peut être comprise dans l'abrogation que l'art. 1041 prononce des lois antérieures concernant la procédure civile; car cet article ne se rapporte qu'à des règles de forme qui ne tiennent qu'aux intérêts privés des plaideurs. Voilà le plus fort argument que l'on puisse opposer contre l'opinion que nous avons émise.

Nous répondons que la maxime, même considérée comme principe de droit politique, ne signifie autre chose, si ce n'est que le Roi seul peut agir en justice, par son procureur, sans que celui-ci soit tenu à déclarer qu'il procède au nom de SA MAJESTÉ, et sans qu'il ait besoin de justifier d'autres pouvoirs que ceux qu'il tient de son titre même de PROCUREUR DU ROI.

La maxime est donc respectée toutes les fois que le procureur d'un particulier déclare agir pour son mandant qu'il nomme, et dont il indique la profession et le domicile. Ainsi, nous croyons pouvoir persister dans notre premier avis, en conseillant néanmoins de suivre, pour éviter toute contestation, la formule usitée; c'est-à-dire, d'assigner au nom du mandant, *suites et diligences* du procurateur.

Au surplus, comme la question est en ce moment même soumise derechef à la décision de la cour royale de Rennes, nous nous réservons, s'il y a lieu, de reprendre cette discussion dans nos questions sur l'article 456. ( V. *infrà*, n.° 364. )

354. L'assignation donnée au nom d'une personne après son décès, mais en vertu de son mandat exécuté de bonne foi, est valable. — A. 191.

355. *L'assignation serait-elle nulle par cela même que la partie, à la requête de laquelle elle a été signifiée, serait décédée le jour même de sa notification?*

Elle est valable d'après un arrêt de la cour de Rennes du 27 février 1811, attendu qu'il n'est pas impossible, quoique cela soit peu probable, que la signification ait précédé la mort.

356. Lorsque la demande est formée par une partie qui n'a pas le libre exercice de ses droits, il ne suffit pas de désigner celui qui agit pour elle; il faut désigner cette partie et son administrateur. — A. 192.

357. On n'est pas obligé, mais il est prudent de mentionner dans l'exploit que le demandeur n'a pas de profession. — A. 193.

358. Au reste, quoique le demandeur ait une profession, le vœu de la loi est suffisamment rempli, alors même que l'on ne mentionne que la seule qualité de propriétaire. ( Paris, 17 août 1810. Sirey, 1814, 2.ᵉ part., p. 128. )

- 359. L'exploit d'ajournement qui ne désigne ni la profession ni le domicile du demandeur, est néanmoins valable, s'il est donné, *en tête de cet exploit*, copie d'un procès-verbal de non conciliation qui contient ces énonciations. ( Nîmes, 5 août 1812. Sirey, 1814, 2.° part., p. 133. V. *suprà*, n.° 345.)

Mais il est entendu que si la copie du procès-verbal était donnée par acte séparé, la décision serait contraire.

360. *L'exploit est-il valable à requête d'UN TEL et compagnie, sans l'indication de l'objet du commerce?*

Cette question s'est présentée à la cour royale de Rennes, au sujet d'un exploit conçu à requête de *tel et compagnie*, et elle a considéré ( v. arrêt du 29 janvier 1817, 3.° chambre ) que ces expressions indiquaient à suffire la profession actuelle ou ancienne de banquier ou de négociant, lors de l'origine du procès. Mais nous remarquerons que la considération qui a particulièrement influé sur sa décision, c'est que la mention exigée par l'article 61 de la pro-

fession du demandeur, n'était pas aussi indispensable relativement
à la partie qui appelle d'un jugement contradictoire rendu après
de longues procédures qui ne permettent pas à la partie adverse
d'ignorer les noms, la qualité ou la profession du demandeur.
Néanmoins nous pensons que ces mots, *tel et compagnie*, sont
suffisans pour remplir le vœu de l'article 61, comme l'a décidé la
cour de Rennes, parce qu'il est impossible au défendeur de douter
qu'il est assigné par des négocians ou banquiers, et que, par conséquent, il connaît la profession de ceux à la requête desquels il
est appelé.

361. Lorsque la demande est relative au commerce, à la profession ou à l'industrie du demandeur, il n'est pas obligé, à peine
de nullité, d'ajouter à sa profession la mention de sa patente. —
A. 194.

362. Il ne suffirait pas, pour la validité de l'exploit, que l'on
mentionnât l'élection de domicile que ferait le demandeur ; il faut
nécessairement indiquer le domicile réel. — A. 195. (1)

363. On doit désigner le domicile réel du militaire demandeur.
La mention de sa présence à l'armée ne saurait suppléer au défaut
de cette indication. — A. 195.

364. Si l'assignation est donnée *aux suites et diligences d'un
procurateur*, il n'en faut pas moins, à peine de nullité, mentionner
le domicile de la partie. — A. 196, et *suprà*, n.os 352 et 353.

365. Le domicile est suffisamment désigné par le nom de la ville
ou de la commune, sans addition de ceux de l'arrondissement et
du département. — A. 197.

366. Il en serait autrement de celui qui serait donné à requête
de *tel*, de *telle commune*, sans exprimer qu'il y est *domicilié*. Ces
expressions indiqueraient plutôt le lieu de naissance que celui du
domicile. ( Turin, 24 avril 1810. Sirey, 1814, p. 190. Journ. des
av., t. 2, p. 241. )

367. *L'exploit est-il valable, s'il est donné à requête de tel
vivant, négociant* ( ou exerçant toute autre profession ) *en telle
ville* ?

Nous estimons que l'on trouve dans l'énonciation de l'exploit une
mention suffisante du domicile. On ne peut, en effet, supposer
qu'un individu que l'on dit vivre et exercer sa profession dans une
ville, ait son domicile dans une autre. Le domicile, d'après l'art.
102 du code civil, est le lieu où la personne a son principal
établissement, sa famille ; et, certes, on a l'un et l'autre, là où
l'on exerce sa profession, son commerce.

_____

[1] *Er.* 23.e ligne de cette quest., au lieu de *et ne peut*, lisez *et peut.*

368. Lorsque le demandeur a pris la qualité de juge de tel tribunal qu'il désigne, il a fait connaître suffisamment son domicile, puisque tout juge est domicilié de droit dans le lieu où il exerce ses fonctions. ( Gênes, 8 juillet 1809. Sirey, 1812, p. 265.)

369. Dans les assignations qu'une femme ferait donner à son mari, à fin de séparation de corps, l'énonciation de sa résidence de fait équivaut à celle du domicile. ( Paris, 6 germinal an 10. Sirey, t. 2, 2.ᵉ part., p. 285.)

370. La mention de la demeure n'équivaut à celle du domicile, qu'autant qu'il serait prouvé que le demandeur n'aurait pas son domicile au lieu où la demeure serait indiquée. — A. 198.

M. Berriat-Saint-Prix n'admet pas ce tempérament à la rigueur des termes de l'art. 61 ; il pense que l'exploit est nul toutes les fois que l'on mentionne la *demeure* et non le *domicile.* Voici ses raisons : 1.° La demeure n'est point la même chose que le domicile ; on peut en avoir plusieurs, et en changer, quand on veut, dans un seul instant, et sans formalités : on n'a, au contraire, qu'un seul domicile, et le changement en est assujetti à des formes, où résulte de diverses circonstances, par fois très-compliquées. 2.° Il est des actes tels que les offres réelles (C. C., 1258, §. 6 ) qu'il faut notifier au domicile de la partie, et dont le défendeur serait frustré, ou qu'il serait exposé à faire irrégulièrement, si le demandeur n'indiquait que sa demeure... 3.° Le code se servant du mot *demeure* pour le défendeur, après avoir employé le mot *domicile* pour le demandeur, annonce évidemment qu'il n'attache pas le même sens à ces deux mots. 4.° Enfin, c'est ce qui a été jugé par plusieurs arrêts, et consacré par la doctrine des arrêts. ( V. *la citation qu'en fait M. Berriat.* )

Quoi qu'il en soit, nous persistons dans l'opinion que nous avons précédemment émise, et qui, loin d'avoir été contrariée par la jurisprudence postérieure, a été formellement adoptée par la cour de Rennes, notamment par arrêt du 1.ᵉʳ juin 1811, qui a déclaré valide un exploit d'appel, attendu que *demeure* et *domicile* sont synonymes, même dans le langage de la loi, ainsi qu'il résulte nécessairement de la série des articles du code de procédure, au titre des ajournemens, où le législateur se sert indifféremment des mots domicile et demeure.

371. *Si le demandeur qui indique sa demeure se trompe dans l'indication du n.° de sa maison, l'exploit sera-t-il nul?*

Non, parce que le numérotage de la maison n'est qu'un acte de police qui ne peut opérer une nullité, puisque l'article 61 ne le prononce pas. ( Rennes, 1.ʳᵉ ch., 5 avril 1811.)

372. L'exploit n'est pas nul, lorsque la constitution d'avoué porte par erreur sur un avoué qui aurait cessé de l'être par décès, destitution ou acceptation de fonctions incompatibles, si toutefois, dans un tems très-rapproché, le demandeur a, par acte séparé, fait une nouvelle constitution. — A. 199. (1)

373. Mais l'exploit serait nul s'il ne contenait pas la constitution d'avoué, mais seulement une réserve d'en constituer un par acte séparé. — A. 201.

374. Il y aurait nullité, si l'on constituait un avoué qui n'existerait plus depuis long-tems. (Rennes, 21 octobre 1816.)

375. La constitution d'un avoué, désigné seulement par le titre de doyen des avoués, est valable. — A. 200.

376. L'indication qu'un *tel*, avocat, occupera pour le demandeur, est valable comme constitution d'avoué, si la personne désignée comme *avocat* remplit en effet les fonctions d'avoué. (Limoges, 30 décembre 1812; Sirey, 1814, p. 126.)

377. *Un exploit serait-il nul, dans le cas où un avoué, étant lui-même demandeur en privé nom, ne faisait pas constitution d'avoué, mais déclarerait s'expédier par lui-même ?*

Il est certain qu'autrefois les procureurs *ad lites* pouvaient, devant le tribunal auquel ils étaient attachés, exercer leur ministère pour eux-mêmes, leurs femmes, leurs enfans, leurs parens, à la différence des huissiers et autres officiers de justice. M. Pigeau, dans son traité de la procédure civile du châtelet (t. 1.ᵉʳ, p. 145), atteste que tel était l'usage à Paris. Cet usage était suivi en Bretagne, et, sans doute, dans les autres provinces.

Les attributions des avoués ne sont pas moins étendues que celles des anciens procureurs, qu'ils remplacent. *Les avoués*, dit l'article 94 de la loi du 27 ventôse an 8, sur l'organisation des tribunaux, *auront exclusivement le droit de postuler et de prendre des conclusions dans le tribunal pour lequel ils seront établis ; néanmoins les parties pourront se défendre elles-mêmes verbalement ou par écrit, ou faire proposer leur défense par qui elles jugeront à propos.* Nous croyons pouvoir conclure de là que les avoués peuvent aujourd'hui *s'expédier par eux-mêmes*, comme les anciens procureurs en avaient la faculté.

378. L'élection de domicile chez un avoué militant près le tribunal ou l'exploit ajourne le défendeur, ne supplée pas à la constitution de cet avoué. — A. 202. Voir art. 456.

---

[1] *Er.* 2.ᵉ ligne, au lieu de *6 décembre*, lisez *4 décembre.*

## §. II.

### *Mention relative à l'huissier.* (1)

379. L'obligation imposée à l'huissier d'énoncer ses noms dans l'exploit, est suffisamment remplie par sa signature au bas de l'acte. — A. 203.

380. L'énonciation de la qualité d'huissier fait partie essentielle de l'immatricule que l'exploit doit référer, à peine de nullité. Ainsi l'on annulerait celui qui serait notifié par un individu désigné, mais sans énonciation de la qualité d'huissier, encore bien qu'il fût reconnu qu'il en est revêtu. — A. 204

381. *En serait-il de même si l'huissier se bornait à se dire audiencier?*

Oui, dans notre opinion, car cette qualification suppose nécessairement celle d'huissier.

382. Un huissier ferait une mention suffisante de son immatricule en indiquant le tribunal près duquel il exerce, sans dire qu'il y est immatriculé; il suffit qu'il déclare exercer près ce tribunal : l'expression de la loi n'est pas sacramentelle. (Cass., 12 mai 1813; Denevers, 1813, p. 300.

383. L'huissier n'est pas, à peine de nullité, obligé de mentionner sa patente. ( Cass., 2 nivôse an 9; Sirey, t. 1.er, 2.e part., p. 476.)

384. Il y a plus; l'exploit ne serait pas nul s'il était signifié par un huissier non patenté; il n'y aurait lieu qu'à une amende. ( Cass., 28 mars 1808; Sirey, 1808, p. 225. )

385. L'huissier devant faire connaître sa demeure, agit prudemment en indiquant, en même tems, la rue et le n.º de sa maison; mais il n'y est pas obligé à peine de nullité. — A. 205.

386. En tous cas, l'exploit est nul, s'il y a fausse énonciation dans l'immatricule. — A. 206.

387. Les énonciations relatives à la qualité et à l'immatricule de l'huissier lui deviennent propres par sa signature, quoiqu'elles ne soient pas entièrement écrites de sa main. ( Rennes, 1.re chamb., 13 mai 1813.)

### *Mention relative au défendeur.*

388. Il n'est pas rigoureusement nécessaire d'indiquer les prénoms et la profession du défendeur. — A. 207.

---

(1) Voyez sur la compétence des huissiers, le code de procédure annoté par Sirey, art. 6, n.os 27, 28, 29. Nouv. répert., et quest. de droit, v.º *huissier*.

389. De ce que la loi exige que l'huissier indique la demeure du défendeur, il ne s'ensuit pas qu'il y eût nullité de l'exploit qui, au lieu du mot *demeure*, contiendrait le mot *domicile*. — A. 208.

Cette décision est une conséquence de celle que nous avons donnée *suprà*, n.° 370.

### Mention de la remise de la copie.

( Voyez les questions sur l'article 68. )

390. Les précautions que doit prendre un huissier, relativement à la remise de la copie, consistent en général à indiquer par son nom, par ses qualités, par ses rapports avec la partie assignée, la personne à qui la copie est laissée, ou à faire mention de l'interpellation qu'il lui a faite de se nommer, de ses réponses, de son refus; en un mot, l'huissier doit fournir dans son exploit même la preuve que la copie a été remise à une personne ayant, d'après l'article 68, qualité pour la recevoir. — A. 209. (1)

Sur cette question de notre analyse, nous avons prouvé, par plusieurs arrêts, la proposition générale que nous posons ici; mais les espèces de ces arrêts trouveront mieux leur place sous l'art. 68.

391. Si la personne trouvée au domicile refusait de donner à l'huissier les renseignemens qui lui sont nécessaires pour faire la mention des rapports qu'elle aurait avec l'assigné, cet officier ne pourrait suppléer à cette mention par celle de l'interpellation qu'il lui aurait faite, et laisser la copie à cette personne. — A. 210.

392. Il importe peu de placer la mention de la remise de la copie au commencement ou à la fin de l'exploit; mais il est essentiel que le nom de la personne à laquelle l'huissier laisse la copie suive immédiatement ces mots *parlant à*, et ne soient pas intercallés dans une autre partie de l'acte. — A. 211.

393. L'exploit dont le *parlant à* n'est rempli qu'au crayon, est nul. — A. 212.

394. Lorsque l'huissier a rempli le *parlant à* conformément à la loi, on ne pourrait arguer l'exploit de nullité, sous prétexte qu'il eût laissé la copie sans que la personne à laquelle il dit avoir parlé s'en fût aperçue. — A. 213.

395. Si l'huissier n'a pas fait mention qu'il a laissé la copie, on ne peut être reçu à prouver par témoins la vérité de ce fait. — A. 216.

[1] *Er.* 25.° de cette question, p. 112, au lieu de *1810*, p. 117, lisez *1810*, p. 206; et 27.° ligne, après *fut à son service*, ajoutez *Denevers*, *1810*, p. 113 et 476.

## §. III.

### *Mention de l'objet et des moyens de la demande.*

396. Si l'objet de la demande et l'exposé des moyens se trouvaient dans le procès-verbal de non conciliation, dont copie serait donnée en tête de l'exploit, cet exploit ne serait pas nul, en ce qu'il ne les répéterait pas. — A. 214.

397. L'exploit par lequel on demande à un colon paiement des arrérages d'une rente convenancière (v. p. 87, aux notes) assise sur la tenue, est suffisamment libellé par l'énonciation de cette demande et la désignation de la rente. ( Rennes, 2.ᵉ ch., 27 et 31 juillet 1810. )

398. Il en est ainsi de l'ajournement donné pour *voir adjuger les fins d'une requête* dont on a donné copie en tête de l'assignation, quoiqu'on n'ait pas autrement mentionné l'objet de la demande et les moyens. ( Nîmes, 23 avril 1812, jur. du code civ., t. 19, p. 261.)

399. L'assignation donnée devant un tribunal, aux fins de plaider sur la compétence, n'est pas suffisamment libellée, si elle ne contient l'exposé sommaire des moyens au fond. ( Cass., 27 fructidor an 11 ; Sirey, t. 4, 2.ᵉ part., p. 53. )

## §. IV.

### 1.° *Mention du tribunal compétent.*

400. Un exploit ne semble pas devoir être annulé en ce qu'il aurait cité à comparaître devant le tribunal de telle ville, sans indiquer si ce tribunal est un tribunal de première instance ou de commerce. — A. 215.

401. La nullité résultant de ce que l'on n'aurait pas indiqué le tribunal qui doit connaître de la demande est couverte, si le défendeur, assignant le demandeur pour constituer nouvel avoué à la place de celui qu'il aurait nommé dans l'ajournement, et qui serait décédé, gardait le silence sur le défaut de l'indication du tribunal. ( Rennes, 3.ᵉ ch., 17 février 1809. )

402. Il en serait de même de l'exploit qui n'indiquerait pas le local où le tribunal tient ses audiences. — A. 217. (1)

### *Mention du délai.*

403. L'assignation donnée à comparaître dans le délai de la loi, sans autre indication, n'en est pas moins valable. — A. 218.

---

*Err.* 4.ᵉ ligne de cette question, au lieu de *tout-à-fait différente*, lisez *tout-à-fait indifférente*.

Cette proposition controversée dans les premiers tems de la mise en activité du code, est désormais certaine. Il serait superflu de rappeler les nombreux arrêts sur lesquels elle est fondée, et dont le dernier est celui de la cour de cassation du 20 avril 1814. Sirey, 1815, p. 401.

404. Par conséquent un exploit donné pour comparaître *à terme compétent*, ou dans le délai fixé par le code de procédure, serait valable. — A. 219. Cass., 27 avril 1813. Sirey, 1813, p. 387.

405. A plus forte raison celui qui porterait assignation pour comparaître le huitième jour après la date de l'exploit, avec augmentation d'un jour par trois myriamètres de distance, puisqu'il n'est pas nécessaire d'indiquer littéralement le jour préfix de l'échéance. ( Cass., 7 janvier 1812. Sirey, 1812, p. 169. )

406. Mais on demande si *ces expressions*, DÉLAI DE LA LOI, *seraient suffisantes quand l'exploit concerne un défendeur étranger ?*

On a dit, pour la négative, que les motifs de décision fournis sur la 218.ᵉ question de notre analyse, et consistant en ce que nul n'est réputé ignorer la loi qui indique le délai de la comparution, ne peuvent s'appliquer à un étranger.

Nous répondons qu'un étranger ne peut être cité devant les tribunaux français que dans les cas prévus par l'article 14 du code civil, c'est-à-dire, pour l'exécution des obligations par lui contractées en pays étranger avec des français : or, l'étranger qui a contracté avec un français, et qui par là s'est soumis à la juridiction de nos tribunaux, doit être justement présumé avoir connu les dispositions des lois françaises et tous leurs effets relativement aux actions qui seraient la suite de ses obligations.

407. Mais l'exploit donné à comparaître après le délai expiré serait nul. — A. 220.

408. QUID de *l'ajournement donné à comparaître à la première audience utile ?*

Nous pensons que l'exploit serait sujet à annulation par les mêmes motifs sur lesquels nous avons fondé la solution de la 220.ᵉ question de notre analyse.

409. Ces expressions, DÉLAI DE LA LOI, ou autres termes généraux, comme ceux qui ont donné lieu aux propositions et questions ci-dessus, suffisent pour la validité de l'ajournement, lors même qu'il y a lieu à l'augmentation à raison des distances. Il ne serait donc pas rigoureusement nécessaire d'ajouter à ces mots, *délais de la loi*, ceux-ci : *Outre un jour par trois myriamètres à raison des distances.* — A. 221.

410. Si, au lieu de ces mêmes mots, *délais de la loi*, on donnait assignation à comparaître à *huitaine* franche, l'exploit serait valable. — A. 222.

411. Lorsque la loi a indiqué un délai particulier pour comparaître ( v. par ex. art. 193 ), l'assignation donnée *dans le délai de la loi*, remplit également son vœu. — A. 223.

412. Nonobstant les solutions ci-dessus, la prudence commande aux huissiers d'indiquer précisément le délai, sur-tout dans les cas particuliers où il serait ou plus long ou plus bref que le délai ordinaire de huitaine. — A. 224.

413. L'exploit qui indique un délai moins long que celui que la loi détermine, n'est pas nul ; mais la partie ne peut valablement obtenir jugement qu'à l'expiration de ce dernier. — A. 225. Au surplus, on trouve au journal de Sirey ( 1813, *sup.* p. 187 et suiv. ), les raisons des systèmes opposés que l'on peut former sur cette question, et les décisions qui l'ont résolue en sens contraire. Le plus grand nombre des arrêts cités consacrent notre proposition.

414. *Si la partie assignée à un délai trop bref faisait défaut, le jugement serait-il nul, quoiqu'il n'eût été rendu qu'à l'expiration du délai légal ?*

Cette question a été décidée pour la négative, par arrêt de la cour royale de Rennes, du 14 avril 1813, 3.ᵉ chambre.

415. Si l'assignation indique un délai trop long, l'exploit n'est pas nul. — A. 226.

416. Mais, dans ce cas, le demandeur ne pourrait obtenir défaut qu'à l'expiration de ce délai qu'il aurait fixé. — A. 227. (1)

417. Il ne pourrait même anticiper le délai légal en réassignant le défendeur à comparaître à l'échéance de ce délai, à partir de la première assignation. En d'autres termes, le demandeur qui a excédé le délai légal ne peut anticiper celui qu'il a donné que par une nouvelle assignation à comparaître dans le délai de la loi, à partir de sa notification. — A. 228.

418. Au contraire, le défendeur qui aurait été assigné à trop long délai ne serait pas obligé d'en attendre l'échéance ; il pourrait anticiper en sommant d'audience à l'expiration du délai de la loi. — A. 229. (2)

419. Quand l'assignation est donnée à un domicile élu, le délai doit être calculé d'après la distance de ce domicile au lieu où siège le tribunal, et non d'après celle du domicile réel. — A. 230. (3)

---

[1] *Er.* 2.ᵉ ligne de cette question, au lieu de *défendeur*, lisez *demandeur*.

[2] *Er.* dernier alinéa de cette question, au lieu de *sur l'article 75*, lisez *sur l'article 80*, question 283.

[3] Ajoutez à cette question : Voyez nos questions sur l'article 420.

## §. V.

*Application de la disposition générale de l'article 61, relative à la nullité de l'ajournement.*

420. On ne peut se dispenser de prononcer la nullité d'un exploit sur le motif que le demandeur a eu l'intention de procéder régulièrement. ( Cass. , 4 septembre 1809 ; Sirey, 1809, p. 421.)

421. La copie de l'exploit tient lieu d'original à la partie ; ainsi la régularité de l'original ne couvre point les nullités de la copie. — A. 270, (1) et *suprà* §. 1.er, date n.o 345.

422. Mais lorsqu'il s'agit non de la régularité d'un exploit, mais de la foi que peuvent mériter les énonciations qu'il renferme, s'il se trouve des différences entre l'original et la copie, les énonciations contraires se détruisent mutuellement, et les tribunaux ne peuvent donner effet à celles qui se rencontrent dans l'original, sans qu'il y ait lieu, par cela seul, de casser leurs jugemens. ( Cass., 7 vendémiaire an 7 ; Sirey, t. 1, 2.e part., p. 947.)

423. Lorsque l'imperfection d'un acte dérive d'une simple erreur de copiste, cette imperfection n'opère pas nullité de l'acte, encore qu'elle soit l'inobservation d'une formalité prescrite à peine de nullité. ( Cass. , 2 nivôse an 9 ; Sirey, t. 1, 2.e part., p. 476.)

424. L'existence légale d'un exploit ne peut être établie que par la représentation de l'acte même ; elle ne peut l'être ni par un extrait des registres de l'enregistrement, A. 271, ni par la mention qui en serait faite dans des jugemens, jointe à un extrait de ce registre. ( Cass., 6 thermidor an 11 et 7 brumaire an 13 ; Sirey, t. 3, 2.e part., p. 538, et t. 5, p. 31.)

Cependant la cour de Riom, par arrêt du 28 décembre 1808, a décidé le contraire. ( Sirey, 1812, p. 201.) Mais ce qui nous paraît devoir déterminer en faveur de la jurisprudence de la cour de cassation, c'est que l'exploit peut seul prouver si la signification a été *régulière*. ( V. *suprà*, p. 102.)

425. Celui qui, pour éviter la nullité de l'exploit, en signifie un second, n'est pas censé par là avoir révoqué le premier ou renoncé à son bénéfice. ( Cass., 27 avril 1813 ; Sirey, 1813, p. 387.)

426. Mais si l'on signifiait un deuxième exploit par suite d'un jugement qui aurait prononcé la nullité du premier, il y aurait acquiesce-

---

[1] *Er.* 1.er alinéa de cette question, entre les deux parenthèses, au lieu de *Merlin, t.* 1.er, p. 428, lisez *questions de droit. v.o assignation*, p. 180, 2.e *édition.* -- 2.e alinéa, 3.e ligne, au lieu de *3 février*, lisez *8 février.*

ment à ce jugement, et par conséquent on ne pourrait, en aucun cas, se prévaloir de celui-ci. (Rennes, 3.ᵉ ch., 14 décembre 1810.)

427. *Si un premier exploit est nul, et que le demandeur en signifie un second, les omissions faites dans ce dernier peuvent-elles être suppléées par les énonciations que le premier contiendrait?*

Cette question a été résolue négativement par un arrêt de la cour de Rennes du 1.ᵉʳ avril 1809. En effet, un premier exploit étant nul, ne doit être d'aucune considération ; il est réputé non avenu, et par conséquent il ne peut servir à valider un second qui serait également nul.

### ARTICLE 62.

Dans le cas du transport d'un huissier, il ne lui sera payé pour tous frais de déplacement qu'une journée au plus.

#### *Conférence.*

T. art. 62 et 66; ordonnance de 1667, titre 11, art. 5.

428. Puisqu'il ne peut être alloué à la partie qui gagnerait sa cause que les frais d'une journée, il s'ensuit que ce qui excéderait serait à la charge personnelle de cette partie. Dès-lors, si elle a une signification à faire dans un lieu quelconque, elle doit, à tout événement, avoir soin de n'en charger qu'un huissier de ce lieu, ou d'une résidence voisine; c'est évidemment le but de l'article. ( Ann. du not. com., t. 1.ᵉʳ, p. 137. )

### ARTICLE 63.

Aucun exploit ne sera donné un jour de fête légale, si ce n'est en vertu de permission du président du tribunal.

#### *Conférence.*

Article 7, titre 3, ordonn. de 1667, et *infrà* art. 711 et 1037.

429. C'est au président du tribunal qui doit connaître de la cause qu'il faut s'adresser à l'effet d'obtenir la permission nécessaire pour signifier l'exploit un jour de fête légale. — A. 231. (1)

430. *L'exploit signifié un jour de fête légale est-il nul?*

L'article 67 ne prononçant point la *peine de nullité,* on pourrait croire, d'après la disposition générale de l'article 1030, que l'exploit pourrait être déclaré valable; mais il est à considérer que l'article 63 est, comme le dit M. Perrin (traité des null., p. 209, ) une loi

[1] *Er.* Retranchez tout ce qui est entre deux parenthèses à la fin de cette question, et à la place lisez : *Voyez questions 14 et 3114.*

supérieure tenant au culte et à l'ordre public; ce qui suffit pour que
l'exploit soit annulé : la question se trouve d'ailleurs implicitement
décidée de la sorte par avis du conseil d'état du 20 mars 1810.

### ARTICLE 64.

En matière réelle ou mixte, les exploits énonceront
la nature de l'héritage, la commune, et, autant qu'il est
possible, la partie de la commune où il est situé, et
deux au moins des tenans et aboutissans. S'il s'agit d'un
domaine, corps de ferme ou métairie, il suffira d'en désigner le nom et la situation : le tout à peine de nullité.

*Conférence.*

Ordonnance de 1667, titre 9, articles 3 et 4.

431. Un exploit est valable, quoiqu'il ne contienne pas les énonciations prescrites à peine de nullité par l'article 64, si, d'ailleurs,
l'héritage est désigné de manière qu'il ne soit pas présumable que
le défendeur puisse ignorer de quel héritage il s'agit. — A. 232. (1)

432. La disposition de l'article 64 ne s'applique pas au cas d'une
demande à fin de partage d'une succession. (Limoges, 24 décembre
1811; Sirey, 1814, p. 61.)

433. On ne pourrait réparer la nullité de l'exploit qui ne contiendrait pas les énonciations exigées par l'article 64, en les signifiant par un acte postérieur, soit à la partie, soit à son avoué. —
A. 233.

### ARTICLE 65.

Il sera donné avec l'exploit copie du procès-verbal de
non conciliation, ou copie de la mention de non comparution, à peine de nullité ; sera aussi donnée copie des
pièces ou de la partie des pièces sur lesquelles la demande
est fondée : à défaut de ces copies, celles que le demandeur sera tenu de donner, dans le cours de l'instance,
n'entreront point en taxe.

*Conférence.*

T. 28 ; loi du 24 août 1790, titre 10, article 5 ; ordonn. de 1667, titre 2, article 6.

434. La copie du procès-verbal de non conciliation ne doit pas
*être séparée* de l'exploit; mais elle peut y être insérée au commencement ou à la fin. — A. 234.

_____

(1) *Er.* au lieu de *pag.* 480, dernière ligne de la page 123, lisez *pag.* 475.

Nous remarquerons que M. Berriat-Saint-Prix, p. 183, dit, d'après Jousse et M. Merlin, dans ses questions de droit, au mot *action*, qu'il n'y aurait pas nullité à donner séparément la copie du procès-verbal. Nous persistons néanmoins dans les raisons qui nous ont porté à donner une décision contraire.

435. Il ne suffit pas même que la copie du procès-verbal de non conciliation ait été donnée avec l'exploit, c'est-à-dire, au commencement ou à la fin de cet, acte; il faut encore, pour que l'exploit soit déclaré valable, qu'il contienne la mention que cette copie a été fournie. — A. 235.

436. Il ne suffirait pas encore de donner extrait du procès-verbal du bureau de paix. — A. 236.

437. Mais il n'y aurait pas nullité si la date du procès-verbal était omise dans la copie. (Rennes, 27 février 1811.)

438. La nullité résultant du défaut de copie du procès-verbal ne peut être proposée pour la première fois en cause d'appel. (Paris, 29 pluviose an 10; Sirey, t. 3, 2.ᵉ part., p. 209. V. art. 464.)

439. Lorsqu'il est trop difficile de faire un extrait des pièces, on peut en offrir communication par la voie du greffe, ou au lieu que le juge assignerait. — A. 237.

440. *Comment les extraits abrégés doivent-ils être conçus?* ( Voyez A. 238. )

441. Lorsque plusieurs personnes sont assignées sur la même demande, tous ceux qui doivent avoir copie de l'exploit, doivent avoir aussi copie des pièces; et il ne suffirait pas de la fournir à un seul, en sommant les autres d'en prendre communication par ses mains. — A. 239, et questions sur l'article 68, n.ᵒˢ 488—491.

ARTICLE 66.

L'huissier ne pourra instrumenter pour ses parens et alliés, et ceux de sa femme, en ligne directe à l'infini, ni pour ses parens et alliés collatéraux, jusqu'au degré de cousin issu de germain inclusivement; le tout à peine de nullité.

*Conférence.*

Ordonn., art. 2, tit. 2; art. 11, tit. 22, *suprà*, art. 4.

442. La prohibition portée en l'art. 66 n'est point applicable aux exploits que les huissiers pourraient être chargés de faire *contre* leurs parens. — A. 240. (1) V. en outre Demiau, p. 17, et comm.

(1) Ligne première, au lieu de *avec M.ʳ Delaporte*, lisez *avec M.ʳ Delaporte*, etc. ; M.ʳ Demiau, p. 17, et les auteurs des ann. du not. [ tom. 1, p. 145. ]

des ann. du not., t. 1.<sup>er</sup>, p. 145; enfin Liège, 10 juillet 1811. Sirey, 1812, p. 289.

443. La nullité de l'exploit signifié par l'huissier pour son parent ne peut être opposée par ce parent lui-même, sous prétexte de la parenté. — A. 241.

444. L'huissier peut instrumenter pour sa femme divorcée, et les parens et alliés de celle-ci. — A. 242. (1) Mais il ne peut instrumenter pour les parens et alliés da sa femme décédée, s'il existe des enfans de son mariage. — A. 243. (2)

445. *La défense faite à l'huissier d'instrumenter pour les parens et alliés collatéraux, etc., doit-elle s'entendre des parens et alliés de la femme, aussi bien que des parens et alliés de l'huissier lui-même?*

Les auteurs des annales du notariat ( comm., t. 1.<sup>er</sup>, p. 144 ) décident affirmativement cette question par argument des articles 283 et 398, qui étendent les prohibitions qu'ils prononcent aux parens ou alliés de la femme en ligne collatérale. Nous pensons que les principes de la législation, en matière de parenté, autorisent à interpréter l'article 66 dans le sens adopté par ces auteurs, quoique la construction grammaticale de cet article paraisse exprimer le contraire.

446. L'alliance et ses effets, dans le cas de l'article 66, cessent pour l'huissier par le décès de sa femme sans enfans, de même que pour les témoins, les experts et les juges, dans ceux des articles 283, 310 et 378. — A 244.

447. *L'article 66 ne s'entend-il que de la parenté ou de l'alliance légitime?*

Les enfans naturels n'ont, aux yeux de la loi civile, d'autres parens que leur père ou mère; ils n'ont point d'alliés. Cependant il existe une sorte de parenté ou d'alliance naturelle entre eux et les parens ou alliés des auteurs de leurs jours. Lorsque ces liens naturels sont constans, nous croirions que la prohibition de l'article 68 serait applicable, parce qu'il y aurait même raison de suspecter la foi de l'huissier, et qu'en recourant à l'analogie, en matière de témoignage dans les affaires criminelles, la cour de cassation a décidé que la prohibition contre les témoins, parens ou alliés, s'entend de la ligne naturelle comme de la ligne légitime. ( V. l'arrêt du 6 avril 1809, au journal de Denevers, et le nouveau répert., aux mots *témoins judiciaires.*

_____

[1] *Er.* Au lieu de *soit parce que*, etc., 15 et 16.<sup>e</sup> lignes de cette question, lisez, *soit parce que le divorce n'est plus admis dans notre législation.*

[2] *Er.* 21 et 25.<sup>e</sup> lign. de cette question, p. 129, au lieu de *309*, lisez *310.*

448. *Que doit faire la partie quand un huissier refuse de lui prêter son ministère ?*

L'article 42 du décret du 14 juin 1813, portant réglement sur l'organisation et le service des huissiers, porte qu'ils sont tenus d'exercer leur ministère toutes les fois qu'ils en sont requis, et sans acception de personnes, sauf les prohibitions pour cause de parenté et alliance portées par les articles 4 et 76 du code de procédure.

Le même article déclare l'article 85 du décret du 18 juin 1811, applicable à l'huissier qui, sans cause valable, refuserait d'instrumenter à la requête d'un particulier.

Ainsi la partie aurait à s'adresser au président du tribunal, afin d'obtenir de lui une ordonnance portant injonction à l'huissier qui, s'il persistait dans son refus, serait destitué, sans préjudice de tous dommages et intérêts, et des autres peines qu'il pourrait avoir encourues.

ARTICLE 67.

Les huissiers seront tenus de mettre à la fin de l'original et de la copie de l'exploit le coût d'icelui, à peine de cinq francs d'amende, payables à l'instant de l'enregistrement.

*Conférence.*

T. art. 66. Ordonnance de 1667, tit. 2, art. 5.

449. Il résulte de la disposition de l'art. 67, que si l'huissier a excédé la taxe, l'exploit n'en sera pas moins valable, sauf réduction lors du réglement des frais, et le droit du demandeur de répéter l'excédant.

ARTICLE 68.

Tous exploits seront faits à personne ou domicile : mais si l'huissier ne trouve au domicile ni la partie, ni aucun de ses parens ou serviteurs, il remettra de suite la copie à un voisin, qui signera l'original ; si ce voisin ne peut ou ne veut signer, l'huissier remettra la copie au maire ou adjoint de la commune, lequel visera l'original sans frais. L'huissier fera mention du tout, tant sur l'original que sur la copie.

*Conférence.*

Ordonnance de 1667, titre 2, articles 3 et 4.

450. Un exploit d'ajournement est valablement signifié à la partie, en quelque lieu qu'on la trouve. — A. 244.

451. Il l'est également, lorsqu'il est remis hors du domicile à un individu qui déclarerait à l'huissier ou qu'on lui déclarerait être la partie, si toutefois l'huissier mentionne qu'il connaît cet individu pour être l'assigné. — A. 245.

452. Il n'en serait pas ainsi de l'exploit remis à un parent ou serviteur trouvé hors du domicile. — A. 246. (1)

453. *Une demande en lief de comminatoire doit-elle être notifiée à personne ou domicile, à peine de nullité?*

Nous examinerons sur les articles 451 et 480, si l'action en lief de comminatoire est encore recevable aujourd'hui, et en quel délai elle devrait être formée. Il nous suffit ici de dire que cette action a pour objet de faire juger de nouveau une affaire qui ne l'a été que *dans l'état* où elle se trouvait, et faute d'avoir fourni *telles pièces, telles preuves* qui, si elles l'avaient été, eussent pu motiver une décision différente. Dans l'hypothèse que cette action soit admise, nous avons à placer ici un arrêt de la cour royale de Rennes du 22 novembre 1811, 3.ᵉ ch., lequel décide, *dans cette supposition*, que la demande dont il s'agit ne pourrait être considérée que comme principale, et qu'elle ne pourrait être signifiée au domicile de l'avoué qui aurait occupé lors du premier jugement. En effet, l'article 1038 ne peut être appliqué a un pourvoi qui, loin d'avoir pour objet l'exécution du jugement, tend au contraire à l'anéantir.

454. Une partie n'est jamais censée avoir deux domiciles; on ne peut donc l'assigner indifféremment dans un lieu ou dans l'autre : mais, dans le doute sur le véritable domicile, la prudence exige que l'assignation soit donnée au lieu ou résiderait la personne au moment de la signification. — A. 247.

455. Les militaires doivent être assignés non pas au lieu où se trouverait leur régiment, mais à leur ancien domicile; c'est-à-dire, au lieu où ils avaient domicile avant leur entrée au service. — A. 248, et Rennes, 5 août 18(2.

456. Il en est de même des marins. — A. 249. Mais voyez *infrà*, art. 419.

457. Si cependant le marin ou le militaire n'avait aucune demeure, ou qu'on ne leur connût pas d'ancien domicile, l'exploit devrait leur être donné à personne : il ne serait pas valablement remis à un autre marin à bord, ou à un militaire du même corps, à la caserne ou au camp; il faudrait alors se conformer au 8.ᵉ §. de l'article 69. — A. 249.

458. L'assignation donnée à un nouveau domicile établi depuis peu de tems, ne serait valable qu'autant qu'il serait prouvé que le demandeur a véritablement changé de domicile. — A. 250.

(1) *Er.* 12.ᵉ ligne de cette question, au lieu de *tom. 3*, lisez *titre 3*.

459. Mais si le demandeur, ignorant le changement de domicile, assigne au précédent, l'assignation serait valable, à moins que le défendeur ne prouvât que l'ignorance du changement de domicile est feinte. — A. 252. (1)

460. Mais le demandeur ne pourrait prétexter cause d'ignorance, si le défendeur avait *légalement* transporté son domicile d'un lieu à un autre; c'est en effet à celui qui assigne à s'assurer du domicile légal de la personne qu'il cite. (Paris, 10 juin 1811 ; Sirey, 1814, p. 134.)

461. Au reste, la signification d'un changement de domicile, sans indication d'un nouveau, ne suffit pas pour rendre nulles les significations qui seraient faites à l'ancien domicile. (Bruxelles, 29 juin 1808; Sirey, 1809, p. 153, et A., 252, p. 137.)

462. Le changement de domicile d'une des parties pendant une instance, doit être notifié à l'autre partie; autrement les significations faites à l'ancien domicile sont valables, quand même la partie qui les aurait faites aurait eu connaissance personnelle du changement. (Turin, 19 mai 1807; Sirey, 1807, p. 650.)

463. *Si un exploit était signifié au même domicile qu'un précédent exploit, la partie qui n'aurait pas opposé la nullité de celui-ci pourrait-elle conclure à l'annulation du second, par le motif qu'elle n'aurait pas son domicile dans le lieu où l'exploit aurait été signifié?*

L'affirmative de cette question nous paraît résulter de ce que la partie étant libre de présenter ou non les nullités d'un exploit, ne peut être présumée reconnaître que son domicile est véritablement au lieu où elle est assignée; elle peut donc opposer la nullité du second exploit. Un arrêt de la cour de Paris du 13 messidor an 12, (Sirey, 1807, p. 1067) justifie cette opinion, en décidant que le défendeur peut arguer de nullité, comme n'ayant pas été signifié à son domicile, un exploit donné à comparaître devant un tribunal civil, quoique cet exploit eût été signifié au même lieu qu'un précédent, non critiqué et portant assignation, pour la même affaire, devant le juge des référés.

464. Le mari qui assigne sa femme en séparation de corps, n'est pas tenu de l'assigner au lieu qu'elle habite réellement; il suffit que l'exploit soit donné au domicile légal. (Aix, 7 mars 1809; Sirey, 1809, p. 233.)

465. Lorsqu'une personne a pouvoir d'élire domicile pour une autre, toutes assignations au mandant sont valablement données au domicile

(1) *Er.* 22.e ligne de cette question, p. 137, au lieu de *1810, supplém.*, p. 154, lisez *1809, supplém.*, p. 153.

du mandataire, quoique celui-ci n'ait pas élu domicile chez lui pour le mandant, par un acte dans lequel l'auteur des poursuites eût été partie, ou qui lui eût été signifié. ( Cass., 24 juin 1806; Sirey, 1814, p. 39. )

466. Le débiteur est valablement poursuivi au domicile qu'il a élu, par un exploit d'offres réelles; il n'est pas nécessaire, par conséquent, d'assigner à personne ou domicile réel. (Paris, 7 messidor an 11, Sirey, 1807, 2.ᵉ part., p. 911.)

467. On doit assigner la partie à personne ou domicile, et non pas chez son avoué, quelque générale que fût la procuration qu'elle lui eût donnée, tant pour gérer ses affaires que pour la représenter en justice. Cette procuration n'équivant point à *l'élection de domicile*, qui ne peut résulter que d'une clause expresse. ( Turin, 6 fructidor an 13; Sirey, 1807, 2.ᵉ part., p. 912.)

468. Une demande reconventionnelle peut être formée par exploit donné au domicile élu dans la demande principale. (Paris, 21 févr. 1810. Sirey, 1807, 2.ᵉ part., p. 922.) (1)

469. *Où doit-on donner l'assignation à un individu banni ou exilé?*

L'exploit portant assignation d'un individu exilé ou banni peut être signifié indifféremment au lieu de l'exil ou à l'ancien domicile; mais, dans l'un ou l'autre cas, l'assignation ne peut être donnée qu'afin de comparaître devant le juge de cet ancien domicile. Telle est l'opinion que nous avons exprimée dans notre analyse, question 253. Au surplus, par surcroît de précaution, on ferait bien de signifier en même tems une copie de l'exploit au domicile du procureur du Roi, conformément à l'article 69, sur-tout s'il s'agissait d'une personne bannie à perpétuité par l'article 7 de la loi du 12 janvier 1816; mais, si on omettait de le faire, nous n'en croirions pas moins valable l'exploit notifié à l'ancien domicile.

470. Si l'exploit peut être remis à la prison où l'assigné serait détenu, il ne lui est néanmoins valablement notifié qu'en parlant à sa personne. Il y aurait nullité, si la copie était laissée au geolier, au guichetier, ou à un prisonnier. — A. 254.

471. L'exploit laissé à un enfant, parent ou serviteur, ne serait valable qu'autant que cet enfant aurait atteint sa 15.ᵉ année. — A. 257, et nouveau répert., v.° *ajournement*, t. 1.ᵉʳ, p. 153, n.° 5.

472. L'huissier qui ne trouve pas la partie à domicile, ne peut remettre la copie qu'à un parent, à un serviteur, au voisin ou au maire, suivant les circonstances mentionnées en l'article 68. — A. 255.

(1) Voyez d'autres questions et décisions sur l'élection de domicile, *suprà*, n.°° 317-324, et *infrà*, n.° 493, p. 146.

473. Cependant la cour de cassation a déclaré valable l'exploit remis à domicile, mais en parlant au serviteur du frère de l'assigné, cohabitant avec lui.

Aux raisons données A. 255, pour justifier cette décision et l'appliquer même au cas où le serviteur serait celui d'une personne étrangère à la famille de l'assigné, mais cohabitant avec lui, nous ajouterons ce que dit l'auteur du nouveau répertoire sur l'arrêt précité, ( t. 7, §. 5, p. 547. )

« Lorsque le parent de la partie demeure avec elle, le serviteur » du parent est en quelque sorte le serviteur de la partie elle-même ; » il entre, comme le serviteur de la partie elle-même, dans la com- » position de la famille de celui-ci, car l'esprit de l'article 68 du » code est uniquement d'exiger que l'exploit soit remis, suivant l'ex- » pression de Guy Pape, questions 191 et 628, *alicui ex familia.* »

474. Le maître d'un hôtel garni est, à l'égard de ses locataires, un serviteur, dans le sens de l'article 68 : l'exploit notifié au locataire, et parlant au maître ou à la maîtresse de l'hôtel, serait donc valable. ( Caen, 4 mai, et Nancy, 22 juin 1813 ; Sirey, 1814, p. 400, et 1817, p. 95. )

475. D'après ce que nous avons dit A. 255 et au précédent n.º , nous le croirions également valable, s'il était remis même à un serviteur de l'hôtel.

476. Hors ce cas, le locataire ne peut, par cette qualité, être considéré comme étant de la famille du propriétaire de la maison qu'il habite, et il ne peut recevoir copie de l'exploit adressé à ce dernier. ( Nimes, 5 avril 1808. Sirey, 1814, p. 296. )

477. Réciproquement, le propriétaire ne peut recevoir celui qui serait adressé à son locataire. ( Rennes, 3.ᵉ chambre, août 1817. )

478. Un clerc, un secrétaire, un commis peuvent valablement recevoir l'assignation, parce qu'ils sont au service de l'assigné.—A. 256.

479. C'est ainsi que la cour de Rennes, par arrêt du 13 août 1807, a déclaré valable un exploit laissé à un employé des messageries ; mais l'huissier doit mentionner que l'individu est *commis* de l'assigné, autrement l'exploit serait nul, pour ne pas indiquer les rapports de cet individu avec la partie à laquelle cet exploit s'adresse. ( Cass., 25 févr. 1810. Sirey, 1810, p. 206, et A. 209, p. 112. )

480. Cet arrêt a été rendu dans une espèce où le nom du commis n'était pas mentionné, car il n'est pas nécessaire d'exprimer la qualité de l'individu ; il suffit qu'il ait réellement avec l'assigné les rapports que la loi exige. — A. 209, et cass., 23 janvier 1810. Sirey, 1810, p. 130.

481. Au contraire, bien que la qualité soit mentionnée, l'exploit serait nul s'il est prouvé qu'elle n'appartient pas à la personne qui

a reçu la copie. Ainsi, par arrêt du 20 mai 1813, ( voy. journal des avoués, t. 7, p. 366 ) la cour de Bruxelles annula un exploit portant remise faite au fils de l'assigné, parce qu'il était certain que celui-ci n'en avait point.

482. Il y a nullité toutes les fois qu'en indiquant la qualité exigée par la loi, on n'indique pas le rapport de la personne avec l'assigné. — A. 209.

483. Ainsi est nul l'exploit où l'huissier se bornerait à dire, parlant à *une fille de confiance*, ( Cass., 4 novembre 1811. Sirey, 1812, p. 32 ) à *un commis* (Cass., 15 février 1810; Sirey, 1810, p. 206.)

484. A plus forte raison l'exploit est-il nul, si l'on n'indique ni le nom ni la qualité, par exemple, quand l'huissier déclare avoir remis la copie *à une femme.* ( Cass., 7 août 1809. Sirey, 1809, p. 249) *à une personne qui n'a pas dit son nom.* ( Cass., 20 juin 1808; Sirey, 1809, p. 81.)

485. *Mais l'exploit qui mentionnerait la remise à un domestique, ou une servante domestique, sans énoncer ses rapports avec l'assigné, serait-il nul?*

Nous avons dit, sur la 209.ᵉ question de notre analyse, que la cour de cassation et la cour de Rennes avaient déclaré valable un exploit laissé *à une servante domestique* trouvée à domicile, quoiqu'il ne fût pas dit que cette servante fût celle de l'assigné. La cour de Rennes a jugé depuis, le 18 décembre 1811, que l'exploit était valable même dans le cas où il était exprimé qu'il avait été laissé à *une domestique,* sans ajouter le mot *servante.* Cependant, par arrêt du 28 août 1810, la cour de cassation avait prononcé la nullité d'un exploit dont le *parlant à* était conçu de la sorte. ( V. Sirey, 1810, p. 384.)

On a cru voir une opposition formelle entre ces différens arrêts, parce qu'on a supposé que ces mots, *servante, domestique,* avaient la même signification.

Nous remarquerons, au contraire, qu'ils sont loin d'être des expressions synonymes ne signifiant rien de plus l'une que l'autre, et que leur cumulation n'est point une vaine redondance et un pléonasme.

En effet, l'ordonnance de 1667, titre 22, article 14, prescrivait de demander à un témoin, avant de commencer sa déposition, s'il était *serviteur* ou *domestique,* parent ou allié de l'une des parties; et l'article 283 du code de procédure déclare que, lors d'une enquête, on pourra reprocher les *serviteurs* et *domestiques.*

Il faudrait donc aussi déclarer que la loi aurait employé ici des expressions redondantes, et qu'en disant que les *serviteurs* et *domestiques* pourront être reprochés, le législateur a fait un pléonasme.

Jousse observe, au contraire, sur le texte de l'ordonnance, « qu'il
» ne faut pas confondre le mot *serviteur* avec celui de *domestique*.
» Domestiques sont ceux qui habitent la même maison et mangent
» à la même table, sans être serviteurs. »

Les expressions *servante-domestique* sont donc l'équivalent de
celles-ci : *Servante de la même maison.*

On devrait l'entendre ainsi, lors même qu'il y aurait quelque raison
de douter ; car, suivant les règles communes, qui ne s'appliquent pas
moins aux actes judiciaires qu'à des conventions, il convient d'entendre les expressions qui seraient susceptibles de deux sens, de manière à faire produire effet à l'acte, plutôt qu'à le détruire. ( C. C.,
art. 1157 et 1158. )

C'est pourquoi la cour de cassation a déclaré valable un exploit
donné à comparaître devant elle, et délivré à une *servante-domes-*
*tique*, attendu que le vœu de la loi était suffisamment rempli. ( Arrêt
du 22 février 1810. )

Il serait déraisonnable de supposer que la cour de cassation se serait
écartée de la rigueur des règles, parce qu'il s'agissait d'un exploit
donné à comparaître devant elle, et qu'elle jugeait souverainement.
La cour régulatrice ne donne point l'exemple aux tribunaux de
juger arbitrairement et de s'affranchir des règles, lorsqu'ils jugent
souverainement.

Ce serait aussi mal-à-propos que l'on prétendrait mettre les
arrêts précités en opposition avec ceux qui ont jugé que l'expression
isolée de domestique, ou l'expression isolée de commis ne peut suffire ;
tous ces arrêts sont parfaitement dans la règle. Il faut que l'exploit
qui n'est point remis à la personne même, le soit à son domicile,
à l'un de ses serviteurs ou de ses parens : il ne suffit pas de le remettre
à un commis, à un domestique, qui peuvent ne pas appartenir à la
maison ; mais il suffit de le remettre à un domestique de la maison,
à une servante de la maison, à une *servante-domestique ;* ce qui
signifie la même chose que *servante de la maison.* ( Cons. de MM.
Thomines-Desmazures et Marc, professeurs de la faculté de Caen,
du 7 avril 1812. )

486. Un exploit dans lequel l'huissier mentionnerait avoir remis la
copie *aux domestiques de l'assigné*, au nombre pluriel, et non *au*
*domestique*, au nombre singulier, est valable, puisque la loi ne prononce pas la peine de nullité.( Cass., 14 décembre 1815. Sirey, 1816,
p. 77.)

487. *Devrait-on annuler l'exploit laissé au portier, s'il ne men-*
*tionne pas que le portier est celui de la maison de l'assigné?*

L'exploit serait sans doute sujet à être annulé, si l'huissier déclarait avoir remis la copie à *un portier;* mais il n'en serait pas de même,

à notre avis, s'il disait *au portier*, ou *au portier de la maison*, après avoir déclaré toutefois qu'il s'est transporté au domicile de l'assigné; il nous paraît évident que cette déclaration ne permettrait pas de douter que le portier fût celui de la maison de l'assigné : or, le portier d'une maison est, en cette qualité, un *serviteur commun* de tous ceux qui l'habitent. — A. 209.

488. Les époux non séparés peuvent être assignés conjointement par une seule copie. ( Cass., 1.ᵉʳ avril 1812. Sirey, 1812, p. 318.)

489. Il en est autrement, 1.° en cas de séparation de biens (voyez *infrà*, sur les articles 443, 861 et 862, et A. 1428, et 2687 ), même lorsque le mari et la femme auraient achetés *conjointement*, et se seraient obligés *solidairement* au paiement du prix.

2.° Relativement à des coacquéreurs, ( ibidem. )

3.° Dans le cas où l'exploit s'adresse au père ou à la mère opposant au mariage de leur fils, car chacun d'eux, en cette circonstance, se trouve avoir un intérêt distinct. (Cass., 23 janvier 1816. Sirey, 1817, p. 371.)

4.° Lorsqu'il concerne des cohéritiers procédant ensemble au nom de l'auteur commun, et qu'il est notifié même à domicile élu, parce que l'unité d'intérêt entre plusieurs ne fait exception que lorsqu'il s'agit d'assignations données à un corps moral. ( Cass., 15 févr. 1815. Sirey, 1815, p. 204. V. *infrà*, sur l'art. 447. )

490. Ainsi, dans tous les cas, il faut, à peine de nullité, que chaque partie reçoive une copie séparée, dont l'exploit *mentionne* la remise qui aura été faite individuellement à cette partie. (Cass., 14 août 1813. Sirey, 1813, p. 443. V. aussi *suprà*, n.° 441.)

491. L'huissier qui ne trouve au domicile de l'assigné aucune des personnes auxquelles il peut valablement remettre la copie, ne paraît pas obligé, *à peine de nullité*, d'indiquer dans l'exploit la maison et le nom du voisin auquel il la remet ou offre de la remettre. — A. 258.

492. Mais son acte est nul, s'il en fait remise au maire sans avoir préalablement mentionné qu'il n'a trouvé personne au domicile, et qu'il a vainement offert la copie à un voisin, ou qu'il n'existait pas de voisin. — A. 259 et Cass., 25 mars 1812. Sirey, 1812, p. 336.

493. Cette mention est exigée même dans le cas où l'exploit doit être posé à domicile élu. — A. 260. (1)

494. On ne peut laisser la copie au domestique du voisin, et il ne serait même pas prudent de la remettre à sa femme ou à ses enfans. La loi paraît n'entendre qualifier, par ce mot *voisin*, qu'un maître

_____

(1) 9.ᵉ ligne de cette question, au lieu de *mars 1811*, lisez *mai 1811*.

de maison, un chef de famille, celui, en un mot, à qui le domicile appartient. — A. 161.

495. La loi abandonne à la prudence du juge la question de savoir à quelle distance il faut que les deux individus habitent pour qu'ils puissent être considérés comme *voisins*. — A. 262.

496. Le refus d'un voisin de recevoir la copie ne doit pas nécessairement être constaté par sa signature, ou par la mention de sa déclaration de ne pouvoir ou vouloir signer : cette dernière n'est exigée que dans le cas où il reçoit la copie. ( Art. 61. Montpellier, 4 février 1811. Sirey, t. 14, p. 133. )

497. Lorsque l'huissier est obligé de remettre la copie au maire ou à l'adjoint, il n'a pas besoin de désigner l'un ou l'autre de ces fonctionnaires par leur nom; il suffit qu'il les désigne par la qualité qui les rend aptes à recevoir l'exploit. ( même arrêt. )

498. Il n'est pas non plus obligé, lorsqu'il remet la copie au maire, après refus des parens, serviteurs ou voisins, d'énoncer les noms de ces derniers; l'article 61, comme nous venons de le dire n.° 496, n'exige que la mention de la personne à qui l'exploit est laissé. (Cass., 24 janvier 1816. Sirey, 1816, p. 198.)

499. La déclaration de l'huissier sur les rapports qui existent entre la partie assignée et la personne à laquelle il remet copie de son acte, fait foi jusqu'à la preuve du contraire. ( Turin, 9 avril 1811. Sirey, 1814, t. 2, p. 180. Voyez *suprà*, n.ᵒˢ 479, 480. )

500. Tout huissier qui ne remet pas lui-même à personne ou domicile la copie des pièces qu'il aurait été chargé de signifier, encourt la suspension et l'amende prononcées par l'article 45 du décret du 14 juin 1813, sans préjudice des peines prononcées par l'article 146 du code pénal, s'il résulte de l'instruction qu'il a agi frauduleusement.

501. L'article 68 ne déroge point aux lois commerciales sur les formes à observer pour le protêt. (Avis du conseil d'État du 25 janvier 1807. )

Ainsi le code de commerce exigeant seulement ( article 76 ) que la copie soit *laissée à domicile*, nous pensons qu'elle y peut être remise à toute personne, et que l'huissier ou le notaire sont dispensés de la remettre au voisin, ou à défaut au maire.

## ARTICLE 69.

Seront assignés,

1.° L'État, lorsqu'il s'agit de domaines et droits domaniaux, en la personne ou au domicile du préfet du département où siège le tribunal devant lequel doit être portée la demande en première instance ;

2.° Le trésor public, en la personne ou au bureau de l'agent ;

3.° Les administrations ou établissemens publics, en leurs bureaux, dans le lieu où réside le siège de l'administration ; dans les autres lieux, en la personne et au bureau de leur préposé ;

4.° Le Roi, pour ses domaines, en la personne du procureur du Roi de l'arrondissement ;

5.° Les communes, en la personne ou au domicile du maire, et à Paris, en la personne ou au domicile du préfet :

Dans les cas ci-dessus, l'original sera visé de celui à qui copie de l'exploit sera laissée ; en cas d'absence ou de refus, le visa sera donné, soit par le juge de paix, soit par le procureur du Roi près le tribunal de première instance, auquel, en ce cas, la copie sera laissée ;

6.° Les sociétés de commerce, tant qu'elles existent, en leur maison sociale ; et s'il n'y en a pas, en la personne ou au domicile de l'un des associés ;

7.° Les unions et directions de créanciers, en la personne ou au domicile de l'un des syndics ou directeurs ;

8.° Ceux qui n'ont aucun domicile connu en France, au lieu de leur résidence actuelle : si le lieu n'est pas connu, l'exploit sera affiché à la principale porte de l'auditoire du tribunal où la demande est portée ; une seconde copie sera donnée au procureur du Roi, lequel visera l'original ;

9.° Ceux qui habitent le territoire français hors du continent, et ceux qui sont établis chez l'étranger, au domicile du procureur du Roi près le tribunal où sera portée la demande, lequel visera l'original, et enverra la copie, pour les premiers, au ministre de la marine, et pour les seconds, à celui des relations extérieures.

#### Conférence.

T. art. 27 ; ordonn. de 1667, tit. 2, art. 7, 8, 9 ; cod. pr., art. 70 et 1039 ; c. com. art. 201. Voyez aussi *supra*, art. 59, §. 5, et n.° 468.

502. Les assignations données à un établissement public ou à une société de commerce, n'ont pas besoin d'énoncer les noms des entrepreneurs ou sociétaires ; il suffit qu'ils soient assignés collectivement sous le titre de l'établissement ou de la société. — A. 263.

5o3. L'exploit adressé à un maire *en sa qualité*, doit être visé, en cas d'absence de ce fonctionnaire, non par son adjoint, mais par le juge de paix. (Cass., 10 juin 1812, et 22 novembre 1813. Sirey, 1813 et 1814, p. 36 et 104.)

5o4. Lorsque les membres d'une société commerciale ont été nommés *individuellement* au procès, sans indication du corps moral dont ils sont membres, toute signification est régulièrement faite à leur domicile individuel : il est inutile qu'elle soit faite au domicile de la maison sociale. (Cass., 27 février 1815. Sirey, 1815, p. 188.)

5o5. Si l'huissier ne trouve pas la demeure d'une partie au lieu où elle s'est donnée domicile, il n'est pas nécessaire, à peine de nullité, qu'il affiche une copie de l'exploit à la principale porte de l'auditoire du tribunal où la demande est portée, et qu'il en donne une seconde au procureur du Roi; il suffit de remettre l'exploit au maire. — A. 264.

5o6. Dans ce cas, si l'exploit est un acte d'appel, l'huissier doit afficher, non pas à la porte du tribunal du lieu de la signification, mais à la principale porte de l'auditoire de la cour qui doit connaître de l'appel, et remettre la copie au procureur général. (Rennes, 2 décembre 1812 ; *infrà*, n.° 512.)

5o7. Un exploit peut être donné à un étranger au lieu où il a indiqué sa résidence actuelle en France. — A. 265.

5o8. Il peut l'être également au lieu de sa dernière résidence en France, encore qu'il n'eût pas été autorisé par le gouvernement à y établir son domicile. (Cass., 20 août 1811. Sirey, 1811, p. 362.)

5o9. En général, on répute n'avoir pas de domicile connu, les vagabonds, en certains cas, les colporteurs, batteleurs, comédiens ambulans, etc. Nous ajouterons à l'autorité de Rodier, citée sur cette proposition ( A. 266 ), un arrêt de Nîmes, qui déclare que les comédiens ambulans n'ont pas de domicile fixe, et qu'en conséquence ils peuvent être traduits, en matière personnelle, par devant le juge du lieu où ils ont contracté. (Sirey, 4 pluviôse an 9, t. 4, 2.ᵉ part., p. 528.)

5io. Un étranger peut être assigné en France au domicile de son mandataire, si celui-ci a pouvoir spécial pour répondre à l'action ; autrement, il faut se conformer au §. 9 de l'article 69.

5ii. *En est-il, relativement aux étrangers qui sont hors de France, des significations de jugemens et autres actes judiciaires, comme des exploits d'ajournement; doit-on les notifier au domicile du procureur du Roi?*

Cette question a été résolue pour l'affirmative sous l'empire de l'ordonnance, par une foule d'arrêts rapportés dans les questions de droit de M. Merlin, aux mots *signification de jugement.*

Il est évident, par l'analogie qui existe entre l'article 69 du code de procédure et l'article 7 du titre 2 de l'ordonnance, que l'on doit se conformer aujourd'hui à cette ancienne jurisprudence.

512. *Mais cette décision serait-elle applicable au Français habitant hors du continent ou établi chez l'étranger?*

M. Merlin fait observer que « les significations ne peuvent, comme » les citations, être faites au domicile du procureur du Roi, hors le » cas où concourent les deux conditions requises par l'article 7 du » titre 2 de l'ordonnance de 1667; c'est-à-dire, hors le cas où il » s'agit d'étrangers, et où ces étrangers ne sont pas en France. »

Nous répondons que l'article 7 du titre 2 de l'ordonnance était, sous ce rapport, autrement conçu que l'article 69 du code; il portait : *Les étrangers qui seront hors le Royaume seront ajournés ès hôtels de nos procureurs généraux.* On pourrait donc maintenir que l'article ne s'appliquait point aux Français habitant hors du Royaume.

Cependant Rodier, sur l'article, cite, question 4, un arrêt du conseil d'état du 25 août 1662, et un arrêt du parlement de Rouen, qui, sur ce point, assimilèrent le Français à l'étranger, et il ajoute *qu'il faut s'en tenir à cette façon de procéder, jusqu'à ce que le Roi s'en soit autrement expliqué.*

Il suffit de lire l'article 69 pour reconnaître qu'elle a été consacrée de la manière la plus formelle par la généralité de ces termes de l'article 69, *ceux qui;* ils comprennent évidemment toute personne, *française* ou *étrangère, habitant le territoire du Royaume, hors du continent, ou établie chez l'étranger.*

513. *Lorsqu'il s'agit d'un acte d'appel, doit-on le notifier au procureur général?*

Il est ici comme du cas résolu par l'arrêt de Rennes, cité *suprà*, n.° 505. Ce n'est point au procureur du Roi où la demande a été originairement portée, c'est au procureur général que la signification doit être faite. (Trèves, 30 janvier 1811. Sirey, 1811, p. 398.)

514. Il y a lieu à l'application des §. 8 et 9 de l'article 69, même dans le cas où l'assignation est donnée devant un juge de paix ou un tribunal de commerce. — A. 268, et Locré, esprit du C. de comm., t. 9, p. 77.

515. La solution donnée ci-dessus n.° 511, rend surabondante celle de la question 269 de l'analyse, en ce qui concerne l'assignation du Français habitant d'une colonie occupée par l'ennemi; il n'en resterait d'utile, si les circonstances dans lesquelles nous écrivions étaient malheureusement les mêmes, que les raisons que nous avons données pour établir qu'en cas d'*occupation,* il faut se pourvoir en indication de juges.

### ARTICLE 70.

Ce qui est prescrit par les deux articles précédens, sera observé à peine de nullité.

#### Conférence.

T. art. 78; ordonnance de 1667, titre 2, articles 3 et 4.

*Nota.* Les solutions données sur les questions 270 et 271 de l'analyse sont rappelées *suprà*, n.ᵒˢ 421 et 424.

516. Il y a faux de la part d'un huissier qui fait porter par ses clercs, ou par des commissionnaires, un exploit dans lequel il énonce avoir fait lui-même la signification. A. 272. Mais cette proposition, exacte dans sa généralité lorsque nous écrivions, est modifiée par le décret du 14 juin 1813, suivant ce qui est établi *suprà*, n.ᵒ 448.

### ARTICLE 71.

Si un exploit est déclaré nul par le fait de l'huissier, il pourra être condamné aux frais de l'exploit et de la procédure annulée, sans préjudice des dommages et intérêts de la partie, suivant les circonstances.

#### Conférence.

T. art. 78. V. *suprà*, n.ᵒ 50, p. 103, et *infrà* art. 181, 242, 1031.

### ARTICLE 72.

Le délai ordinaire des ajournemens, pour ceux qui sont domiciliés en France, sera de huitaine.

Dans les cas qui requerront célérité, le président pourra, par ordonnance rendue sur requête, permettre d'assigner à bref délai.

#### Conférence.

T. art. 77; c. pr. art. 346 et 1033; ordonnance de 1667, titre 3, articles 1 et 2.

517. *L'ordonnance du président, portant permission d'assigner a bref délai, peut-elle étre annulée par la cour ou le tribunal ?*

Oui, si l'on s'en rapporte à un arrêt de la cour de Rome, du 2 mai 1811. (Sirey, 1811, p. 298.)

Mais nous ne pensons pas que l'on doive suivre la décision de cet arrêt, puisque l'article 72 n'accorde pas, même implicitement, au tribunal la faculté de réformer, en ce cas, l'ordonnance du président; réformation qui, suivant l'arrêt précité, entraînerait celle de l'assignation qui s'en est suivie. Si la partie défenderesse justifie au tribunal qu'il n'y avait pas lieu à l'assigner à bref délai, elle peut demander et obtenir que les frais de la requête ne passeront pas en taxe; si elle prouve qu'elle avait besoin du délai légal pour réunir ses pièces et proposer ses défenses, elle peut obtenir un renvoi : mais nous ne saurions trouver aucune raison fondée en droit pour annuler l'assignation elle-même, et obliger le défendeur à citer de nouveau.

518. Lorsqu'un tribunal a permis d'assigner extraordinairement à jour fixe, à la charge de faire donner l'assignation dix jours au moins avant celui qu'il aurait indiqué, il ne peut valider cette assignation, si elle est notifiée à un délai moindre de dix jours.(Cass., 3 prairial an 12. Sirey, t. 4, 2.° part., p. 706.)

### ARTICLE 73.

Si celui qui est assigné demeure hors de la France continentale, le délai sera,

1.° Pour ceux demeurant en Corse, dans l'île d'Elbe ou de Capraja, en Angleterre et dans les États limitrophes de la France, de deux mois;

2.° Pour ceux demeurant dans les autres États de l'Europe, de quatre mois ;

3.° Pour ceux demeurant hors d'Europe, en-deçà du cap de Bonne-Espérance, de six mois;

Et pour ceux demeurant au-delà, d'un an.

#### Conférence.

Ordonnance de 1667, titre 11, article 1 ; c. pr. art. 445, 486 et 639; c. com., art. 511.

519. Les délais fixés par cet article ne sont pas susceptibles de l'augmentation à raison des distances, déterminée par l'article 1033. ( Colmar, 1.er août 1812. Sirey, 1814, p. 132.)

### ARTICLE 74.

Lorsqu'une assignation à une partie domiciliée hors de la France sera donnée à sa personne en France, elle n'emportera que les délais ordinaires, sauf au tribunal à les prolonger, s'il y a lieu.

#### Conférence.

520. On ne peut tirer de l'article 74 une conséquence contraire à la solution donnée sur la 11.e question de notre analyse ( v. *suprà,*

n.º 21, puisque l'article 74 contient une disposition spéciale relative aux personnes domiciliées hors de France. — A. 273. (1)

521. Le défendeur ne peut obtenir la prolongation du délai avant d'avoir lié l'instance par la constitution d'avoué.

# TITRE III.

## *Constitution d'avoué et défenses.*

Les avoués ont exclusivement le droit de postuler, d'instruire et de prendre des conclusions devant le tribunal près lequel ils sont établis. (Loi du 27 ventôse an 8, et décret du 19 juillet 1810.)

Leur ministère est donc indispensable pour les parties, soit qu'elles veulent user du droit que leur donne l'article 85 du code de procédure de se défendre elles-mêmes, soit qu'elles confient leur défense à un avocat.

Pour qu'un avoué puisse valablement représenter une partie, il faut qu'il ait été constitué par elle.

On sait déjà (voy. *suprà* art. 61, p. 128, n.º 373) que cette constitution n'est légalement faite pour le demandeur, que par l'exploit même d'ajournement : nulle autre formalité n'est à remplir.

Le défendeur doit à son tour constituer le sien dans le délai que l'ajournement fixe pour la comparution.

Il satisfait à cette obligation par un simple acte, que l'avoué même dont il a fait choix notifie à celui du demandeur.

On appelle cet acte, *acte d'occuper*, parce que l'avoué du défendeur y déclare qu'il est chargé *d'occuper* et *qu'il occupera* pour cette partie.

Mais, si l'assignation est donnée à bref délai, la loi permet à l'avoué d'obtenir acte à l'audience de sa constitution, sauf à la réitérer par exploit. (76.)

Faute au défendeur d'avoir constitué avoué dans le délai de l'ajournement, le demandeur peut prendre défaut. (149.)

(1) Er. 2.ᵉ ligne de la portion de cette question, au lieu de *sur la* 5.ᵉ *question*, lisez *su. la* 11.ᵉ *question.*

Les avoués ainsi constitués, l'instruction du procès commence.

On appelle *instruction* l'emploi des divers moyens que la loi donne soit aux parties, pour instruire le juge de la vérité des faits et des raisons de droit sur lesquelles elles fondent leurs prétentions, soit au juge, pour s'éclairer par lui-même, lorsque les parties ne lui semblent pas fournir les renseignemens suffisans.

Nous rappelons ici ce que nous avons dit *suprà*, p. 79 et 101, que le code, dans les huit premiers titres du présent livre, n'a tracé de règles que pour l'instruction des affaires simples, c'est-à-dire, des causes qui ne présentent aucun incident, et qui n'exigent aucune procédure particulière.

Lorsqu'une affaire de cette nature ne requiert pas célérité, ou lorsque la matière de la demande n'est pas sommaire ( art. 405 ), cette affaire s'instruit par deux écrits, que l'on appelle l'un *écrit de défense*, l'autre *écrit de réponse* : nulle autre écriture ne passe en taxe. ( 81. )

L'écrit de défense contient les moyens de fait et de droit que le défendeur oppose contre le *libelle* (1) et les conclusions de la demande. ( 77. )

L'écrit de réponse contient les réponses du demandeur au premier. ( 78. )

Les deux parties sont libres de signifier ou non ces deux écrits.

Ainsi le défendeur qui n'entend pas fournir d'écrit de défense, ou le demandeur qui n'entend pas répondre à cet écrit, peut poursuivre l'audience par un simple acte, que l'on nomme *avenir*, de même que le plus diligent d'entre eux le peut faire quand les écrits ont été respectivement notifiés. ( 79, 80. )

Sur cet *avenir*, que l'on nomme aussi *sommation d'audience*, et qui est le seul que l'on admette en taxe pour chaque partie ( art. 82 ), la cause est plaidée, après communication au ministère public, si elle est du nombre des affaires qui exigent son intervention, et l'observation de certaines formalités prescrites par le réglement du 30 mars 1808.

___

(1) On nomme libelle, l'exposé sommaire des moyens que l'ajournement doit contenir, conformément au §. 3 de l'article 61.

### ARTICLE 75.

Le défendeur sera tenu, dans les délais de l'ajournement, de constituer avoué ; ce qui se fera par acte signifié
d'avoué à avoué. Le défendeur ni le demandeur ne pourront révoquer leur avoué, sans en constituer un autre.
Les procédures faites et jugemens obtenus contre l'avoué
révoqué, et non remplacé, seront valables.

#### Conférence.

T. art. 68 et 70; *infrà* art. 342; ordonn. de 1667, art. 1, tit. 5, et art. 2, tit. 11.

522. *En quelles circonstances et en faveur de quelles parties la
loi dispense-t-elle de la constitution d'avoué ?*

Il y a exception à la disposition générale de l'article 75,

1.º En faveur de l'Etat, plaidant par le ministère des préfets.
( Cass., 29 thermidor an 10. Sirey, t. 2, p. 383. )

2.º De la régie des douanes. ( Cass., 1.ᵉʳ germinal an 10. Sirey,
1807, p. 801. )

3.º De celle de l'enregistrement, non seulement dans les affaires
où il s'agit des droits d'enregistrement, mais encore relativement à
celles touchant la perception des revenus du domaine ( Cass., 20 niv.
an 11; Sirey, t. 3, p. 116), ou les recouvremens de frais dus à
l'Etat en matière criminelle. ( Cass., 28 juillet 1812. Sirey, 1813,
p. 87.)

Dans tous ces cas, le ministère public, en vertu des différentes
lois dont les arrêts ci-dessus présentent l'application, est chargé non
seulement de la direction et de la surveillance de la procédure, mais
encore de la défense.

523. L'avoué constitué tient, de la simple remise des pièces, un
mandat suffisant pour faire tous les actes pour lesquels la loi n'exige
pas un pouvoir spécial ; c'est-à-dire, qu'il n'est pas nécessaire, en
général, qu'il soit muni d'un semblable pouvoir. — A. 275.

524. Si le défendeur se proposait de décliner la juridiction devant
laquelle il est assigné, ou d'opposer la nullité de l'exploit d'ajournement, il ne serait pas nécessaire que la constitution d'avoué en con-
tînt la déclaration expresse. — A. 276.

525. Le défendeur peut constituer avoué, après le délai fixé par
l'ajournement, aussi long-tems que le jugement par défaut n'a pas
été obtenu. — A. 277.

526. *Comment se fait la révocation de l'avoué ?*

Elle se fait par un acte dans lequel l'avoué que la partie charge de son affaire, à la place de celui qu'elle avait constitué d'abord, déclare que cette dernière révoque celui-ci, et qu'il se constitue à sa place.

Cet acte doit être signifié tant à l'avoué révoqué qu'à ceux avec lesquels la partie se trouve en instance. ( Pothier, contrat de mand., chap. 5, art. 1.ᵉʳ, §. 6, n.° 14. )

527. *Peut-on prouver par témoins la révocation de l'avoué ?*

Il est certain, dit Duparc-Poullain, tome 9, page 297, que, sans commencement de preuve par écrit, la preuve de la constitution de l'avoué ni de sa révocation ne peut être admise.

528. *Si on révoquait l'avoué sans en constituer un autre, cette révocation arrêterait-elle les procédures ?*

Non ; toutes significations faites à l'avoué révoqué seraient valables, et celui-ci serait tenu d'occuper. ( Rodier, sur le tit. 26 de l'ordon., art. 2, quest. 5. )

### ARTICLE 76.

Si la demande a été formée à bref délai, le défendeur pourra, au jour de l'échéance, faire présenter à l'audience un avoué, auquel il sera donné acte de sa constitution ; ce jugement ne sera point levé : l'avoué sera tenu de réitérer, dans le jour, sa constitution par acte; faute par lui de le faire, le jugement sera levé à ses frais.

#### Conférence.

T. art. 30 et 80 ; ordonn. de 1667, tit. 14, art. 5 et 6.

529. L'avoué du demandeur est obligé à faire les poursuites contradictoirement avec celui qui a été présenté à l'audience, et auquel il a été donné acte de sa constitution, encore bien qu'elle n'ait pas été réitérée dans le jour. — A. 278.

530. On n'est point autorisé à présenter avoué à l'audience, conformément à l'article 76, lorsque l'assignation n'est point donnée à bref délai. — A. 279. (1)

531. *L'acte qui doit être décerné de la constitution de l'avoué à l'audience, est-il l'objet d'un jugement préalable et distinct de celui que le tribunal, à cette audience même, pourrait rendre préparatoirement ou définitivement sur la demande?*

Il nous semble que le texte de l'article 76 suffit pour la décision de cette question ; le jugement dont il parle, et qu'il déclare ne devoir

(1) *Er.* 1.ʳᵉ ligne de cette question, après *Demiau-Crouzilhac*, ajoutez *page 73.*

être levé qu'autant que l'avoué ne réitérerait pas sa constitution par acte dans le jour, est évidemment ce jugement préparatoire et de pure forme qui décerne acte de la constitution à l'audience.

Ainsi, on a prévenu un abus qui résulterait de ce que l'acte serait décerné par le jugement même qui prononcerait sur la demande. Cet abus consisterait en ce que l'avoué qui négligerait de renouveler sa constitution par acte serait obligé de lever à ses frais un jugement dont le retrait serait souvent très-dispendieux, et se trouverait ainsi puni trop sévèrement de sa négligence.

532. *Mais est-il besoin que l'avoué réitère sa constitution dans le cas où le jugement qui intervient de suite est définitif?*

On peut dire qu'il devient inutile, et par conséquent frustratoire, d'exiger la notification d'un acte d'occuper, dans une instance terminée par jugement définitif. Mais nous répondons qu'il faut bien justifier de la constitution d'un avoué pour la rédaction des qualités et les suites à faire pour l'exécution. Si l'avoué ne réitérait pas la constitution, il faudrait bien lever le jugement qui lui en décerne acte; autant vaut donc qu'il la réitère.

### ARTICLE 77.

Dans la quinzaine du jour de la constitution, le défendeur fera signifier ses défenses, signées de son avoué; elles contiendront offre de communiquer les pièces à l'appui, ou à l'amiable, d'avoué à avoué, ou par la voie du greffe.

#### Conférence.

T. art. 72 et 91; ordonn. de 1667, tit. 5, art. 1, er tit. 11, art. 2.

533. Si l'avoué du défendeur, croyant inutile de signifier un écrit de défenses, avait donné avenir pour plaider à l'audience immédiatement après la constitution, et qu'ensuite il signifiât cet écrit, il dépendrait du demandeur que *l'avenir* devînt nul et sans effet. — A. 280.

### ARTICLE 78.

Dans la huitaine suivante, le demandeur fera signifier sa réponse aux défenses.

#### Conférence.
Ordonn. de 1667, tit. 14, art. 2.

### ARTICLE 79.

Si le défendeur n'a point fourni ses défenses dans le délai de quinzaine, le demandeur poursuivra l'audience sur un simple acte d'avoué à avoué.

Tarif , art. 70. art. 405.

*Conférence.*

534. Le défendeur qui n'a pas signifié ses défenses dans le délai de quinzaine, que la loi lui accorde, peut réparer cette négligence après ce délai, si le demandeur n'a pas obtenu jugement. — A. 281.

535. Le défendeur peut encore, après le défaut prononcé, mais-avant la signification du jugement, faire signifier ses défenses. — A. 282. (1)

## ARTICLE 80.

Après l'expiration du délai accordé au demandeur pour faire signifier sa réponse, la partie la plus diligente pourra poursuivre l'audience sur un simple acte d'avoué à avoué ; pourra même le demandeur, poursuivre l'audience après la signification des défenses, et sans y répondre.

*Conférence.*

Disposition qui concourt avec celle de l'art. 79 à l'abrogation de la 2.e partie de l'art. 3, titre 5 de l'ordonn.

536. L'ancienne maxime que les délais sont établis en faveur des deux parties, n'est plus applicable depuis la publication du code, ensorte que chacune d'elles a la faculté d'anticiper les délais *qui lui sont accordés*, en sommant d'audience. — A. 283.

## ARTICLE 81.

Aucunes autres écritures ni significations n'entreront en taxe.

*Conférence.*

Ordonn. de 1667, tit. 14, art. 3.

537. Les parties qui auraient omis quelques moyens dans leurs écrits, ne peuvent remettre aux juges des précis, observations ou mémoires particuliers qui n'entreraient point en taxe. — A. 284.

538. *Peut-on, dans le cours d'une instance, obtenir le rejet d'un écrit, sous le prétexte qu'il traite d'objets étrangers à la cause ?*

Une partie peut, dans le cours d'une instance, fournir par les voies légales les écrits et mémoires qu'elle juge utiles à l'éclaircissement ou au développement de ses moyens. Ce n'est qu'en rendant jugement que l'on peut reconnaître si l'écrit concerne les véritables points de la discussion, ou s'il y est étranger, sauf l'application des réglemens sur la taxe des dépens à cet égard. ( Rennes, 3.° ch., 16 juillet 1817. )

(1) *Er.* 2.° ligne de cette question, page 155, au lieu de *avant que*, lisez *depuis que*.

### ARTICLE 82.

Dans tous les cas où l'audience peut être poursuivie sur un acte d'avoué à avoué, il n'en sera admis en taxe qu'un seul pour chaque partie.

*Conférence.*

Tarif, art. 70.

539. La partie qui, après avoir appelé à l'audience pour plaider sur le principal, voudrait la poursuivre pour élever un incident, pourrait à ce sujet donner un second avenir, qui passerait en taxe. — A. 285.

# TITRE IV.

## *De la Communication au Ministère public.*

Par ces expressions, *ministère public,* on entend les fonctions d'une magistrature particulière, placée près de l'autorité judiciaire pour requérir et maintenir, au nom du Roi, l'exécution des lois, veiller à tout ce qui intéresse l'ordre public, les droits du Monarque et les personnes incapables de se défendre par elles-mêmes.

Elle est exercée, dans les tribunaux civils d'arrondissement, par les procureurs du Roi, et dans les cours royales, par les procureurs généraux.

Sa Majesté n'a point de procureur près des justices de paix et des tribunaux de commerce.

On se sert souvent de ces mêmes expressions, *ministère public,* pour désigner les personnes qui l'exercent. C'est ainsi que l'on dit, comme dans la rubrique de ce titre, *communication au ministère public,* comme dans l'article 184 du code civil, LE *MINISTÈRE PUBLIC est chargé de veiller aux intérêts des personnes présumées absentes; il sera entendu, etc. :* enfin, comme dans l'article 249 du code de procédure, *aucune transaction sur la poursuite du faux incident ne pourra être exécutée, si elle n'a été homologuée après avoir été communiquée au MINISTÈRE PUBLIC.*

En matière civile, le ministère public agit, dans certaines affaires, *par voie d'action* ou *comme partie principale*, et dans le plus grand nombre, *par voie de réquisition* ou *comme partie jointe*.

Il agit par voie d'*action* lorsqu'il est, par exception à la disposition générale de l'article 2, titre 8 de la loi du 20 août 1790, autorisé à porter et à poursuivre lui-même une action devant les tribunaux.

Il agit par voie de *réquisition*, lorsque la loi exige qu'il soit entendu dans une instance introduite par une partie.

C'est dans ce cas que l'on dit qu'une affaire est *communicable*, parce qu'il est nécessaire, pour que le ministère public soit entendu, qu'on lui communique les pièces, les titres et les écrits des parties.

Cette communication doit, dans tous les cas, lui être faite avant l'audience, et même trois jours auparavant, si la cause est contradictoire. (Réglement du 30 mars 1808, art. 13.)

Le titre 4 du livre 2, 1.re partie du code de procédure civile, détermine, *en général*, quelles sont les causes sujettes à communication; il déclare telles, toutes les affaires qui intéressent des établissemens publics, l'état des personnes, les individus qui ne peuvent par eux-mêmes pourvoir à leurs intérêts. (Art. 83.)

Cependant, il est plusieurs circonstances dans lesquelles la loi exige l'intervention ou l'audition du ministère public, encore bien qu'elles ne soient pas mentionnées dans l'article 83, soit qu'elles se rattachent d'une manière quelconque, soit qu'elles n'aient aucun rapport, ou qu'un rapport indirect, aux cas prévus en cet article.

On peut voir à ce sujet :

*Code civil*, articles 53, 99, 114, 184, 200, 360, 491, 515.

*Code de procédure*, articles 47, 227, 249, 251, 311, 359, 372, 385, 394, 498, 668, 762, 782, 795, 805, 856, 858, 863, 885, 886, 891, 892, 900, 1039.

Le ministère public peut, au surplus, requérir la communication de toute cause dans laquelle il croit son ministère intéressé, et le tribunal peut même ordonner cette communication d'office. (Art. 83.)

S'agit-il de la cause d'un indigent, des intérêts d'un militaire en activité de service, de ceux d'une veuve, craint-on quelque collusion, l'influence d'une personne en crédit, existe-t-il des imputations de dol ou de fraude; telles sont entre autres les circonstances dans lesquelles il est du devoir du ministère public d'user de la faculté dont nous venons de parler.

Le ministère public ne peut, en cas d'absence ou d'empêchement, être remplacé que par l'un des juges ou suppléans du tribunal. (Art. 84. Mais voyez *infrà* n.° 574.)

La sanction de toutes les dispositions par lesquelles la loi déclare une affaire communicable se trouve dans l'article 480, dont le 8.° §. donne ouverture à requête civile, si le ministère public n'a pas été entendu.

## ARTICLE 83.

Seront communiquées au procureur du Roi les causes suivantes :

1.° Celles qui concernent l'ordre public, l'Etat, le domaine, les communes, les établissemens publics, les dons et legs au profit des pauvres ;

2.° Celles qui concernent l'état des personnes et les tutelles ;

3.° Les déclinatoires sur incompétence ;

4.° Les réglemens de juges, les récusations et renvois pour parenté et alliance ;

5.° Les prises à partie ;

6.° Les causes des femmes non autorisées par leurs maris, ou même autorisées, lorsqu'il s'agit de leur dot et qu'elles sont mariées sous le régime dotal ; les causes des mineurs, et généralement toutes celles où l'une des parties est défendue par un curateur ;

7.° Les causes concernant ou intéressant les personnes présumées absentes.

Le procureur du Roi pourra néanmoins prendre communication de toutes les autres causes dans lesquelles il croira son ministère nécessaire ; le tribunal pourra même l'ordonner d'office.

*Conférence.*

T. art. 90, loi du 24 août 1790, tit. 8, art. 3 ; cod. de pr., art. 480, §. 10, et nos questions sur les art. 130, 141 et 150.

540. Les causes qui intéressent l'Etat, le domaine, les communes, les établissemens publics, ou qui ont pour objet des dons et legs au profit des pauvres, sont également communicables, soit qu'elles ne concernent que l'administration et les revenus, soit qu'elles concernent la propriété du fonds. — A. 286.

541. *Quelles sont les causes qui concernent l'état des personnes et les tutelles?* — Voyez A. 287, C. C., 440—448.

542. La cause est toujours communicable, dès qu'il s'agit d'incompétence, soit *ratione materiæ*, soit *ratione personæ*. — A. 288. (1)

543. On doit communiquer la cause, pour les récusations du ministère public, comme on le ferait pour les récusations de juges. — A. 289.

544. Mais, quand le ministère public est lui-même récusé, la cause doit être communiquée au juge, au suppléant, ou à défaut à l'avocat qui doit le remplacer, conformément à l'article 84. — A. 290, et *infrà*, n.° 574.

545. La cause n'est pas communicable, lorsque la femme mariée sous le régime dotal, et autorisée par son mari, plaide pour ses biens paraphernaux. — A. 291.

546. Mais il n'en serait pas de même si le contrat de mariage autorisait l'aliénation de l'immeuble dotal.

547. Les femmes mariées peuvent se pourvoir en nullité des jugemens rendus en préjudice de leurs droits, si le ministère public n'a pas été entendu. (Paris, 9 floréal an 13; Sirey, t. 5, 2.° part., p. 560.)

548. Lorsqu'une femme mariée ou un mineur ont obtenu gain de cause, sans que le ministère public ait été entendu, nul n'est recevable à se plaindre de la contravention à la loi. (Cass., 29 mars 1815. Sirey, 1815, p. 269. Perrin, traité des null., p. 57; loi du 4 germ. an 2, art. 5.)

549. Un jugement rendu dans une cause où figurait une femme non autorisée par son mari est nul, par cela seul que le ministère public n'a pas été entendu, et cette nullité peut être prononcée sous l'appel, d'après la demande du procureur-général, encore bien que les parties ne l'aient pas proposée. La raison en est que les dispositions de l'article 83 sont d'ordre public. (Rennes, 15 avril 1811, 3.° ch.) (2)

Nous remarquerons que cette décision nous semble opposée à deux arrêts de cassation, rapportés aux questions de droit de M. Merlin,

[1] *Er.* 1.° ligne de cette question, au lieu de *p. 124*, lisez *p. 224*; et plus bas, 15.° ligne, au lieu de *qu'il n'a en effet*, lisez *qu'il a en effet*.

[2] *Er.* 19.° ligne de cette question, au lieu de *l'art, 84*, lisez *l'art. 83*.

v.° *conclusions*, §. 2, lesquels déclarent que le défaut de conclusions du ministère public en première instance est couvert, s'il n'est pas opposé par les parties en cause d'appel, et qu'ainsi la cour ne doit pas prononcer la nullité du jugement. Il nous paraît suivre de ces arrêts que le ministère public ne peut, dans cette circonstance, prendre la parole que sur le fond, et non pas conclure à l'annulation du jugement.

550. Mais il y a évidemment lieu à prononcer la nullité du jugement, si la partie le réclame. ( Rennes, 3.° ch., 17 avril 1812. )

551. Les causes des mineurs et des interdits sont communicables, soit qu'elles intéressent leur propriété, soit qu'elles ne concernent que leurs revenus. — A. 293, et *suprà*, n.° 540.

552. Le ministère public doit être entendu lors même qu'il s'agit des biens d'un mineur saisis réellement. ( Cass., 30 octobre 1811 ; Sirey, 1812, p. 93. )

553. Il est douteux que les causes concernant une personne pourvue de conseil judiciaire soient nécessairement communicables ; mais, dans cette incertitude, il faut décider pour la communication. — A. 292.

554. Lorsque, dans une instance en nullité de testament, il n'y a de partie que l'héritier *ab intestat*, et le légataire universel, tous deux majeurs, les conclusions du ministère public ne sont pas nécessaires, y eût-il parmi les légataires particuliers des mineurs, des communes ou des établissemens publics. La raison en est que les jugemens rendus contre le légataire universel ne pourraient compromettre les légataires particuliers. ( Cass., 28 brumaire an 14 ; Sirey, 1807, 2.° part., p. 1060.

555. De ce que le §. 7 de l'article 83 prescrit de communiquer les causes concernant ou intéressant les personnes présumées absentes, il ne s'ensuit pas qu'on ne puisse procéder valablement contre l'absent, et obtenir un jugement par défaut, si son absence n'a pas été dénoncée à la justice. — A. 294.

556. Il n'est pas nécessaire que le ministère public soit entendu dans les causes des militaires majeurs qui sont en activité de service, à moins qu'ils n'aient pas donné de leurs nouvelles. ( Nouv. répert., v.° *ministère public.* C. C., art. 114.)

557. L'article 83 n'est qu'énonciatif ; ainsi le ministère public doit être entendu dans une foule d'autres causes que nous avons indiquées. — A. 295. Voyez *suprà*, p. 160.

558. La communication au ministère public n'est pas nécessaire pour faire déclarer exécutoire une sentence arbitrale. — A. 296.

559. La seule circonstance que dans un procès une des parties réclame l'autorité de la chose jugée, et s'en fait une exception péremp-

toire, ne suffit pas pour nécessiter les conclusions du ministère public. (Nouv. répert., v.° *ministère public.*)

560. Une affaire, encore bien que sommaire, doit être communiquée au ministère public dans les cas prévus par l'article 83. — A. 297.

561. La cause n'est pas communicable, lorsque le tribunal civil est saisi d'une affaire commerciale. — A. 298. Cette proposition a été consacrée par un arrêt de la cour royale de Rennes du 23 décembre 1816, 1.re ch. V. *infrà*, art. 141.

562. Mais le ministère public *peut* conclure sur les appels de jugemens des tribunaux de commerce, et y est rigoureusement tenu dans les cas où la compétence de ces tribunaux est contestée. ( Cass., 15 janvier 1812; jur. C. C., t. 17.)

563. Si l'une des parties néglige de communiquer dans les délais fixés par l'article 83 du règlement du 30 mars 1808, il n'est pas besoin de lui faire sommation ; mais le ministère public requiert qu'il lui soit ordonné de communiquer ; à cet effet, intervient jugement, par suite duquel il est entendu, nonobstant le défaut de communication. — A. 299.

564. Le ministère public ne peut refuser de prendre communication, lorsque le tribunal l'ordonne d'office, à moins qu'il ne s'agisse du cas particulier où, sur un conflit élevé par le préfet, le tribunal, malgré le réquisitoire du procureur du Roi, déclarerait retenir la cause. — A. 300.

565. Lorsque la cause n'est pas communicable, d'après les dispositions de la loi, le ministère public, sous prétexte du droit qu'il a d'exiger la communication en toute affaire, et le tribunal, sous prétexte de la faculté qu'il a d'ordonner cette communication, ne peuvent différer les plaidoiries. — A. 301.

566. Le magistrat qui exerce le ministère public ne peut, de son chef, prendre, *dans l'intérêt privé d'une partie*, des conclusions qu'elle n'aurait pas prises elle-même. — A. 302.

567. Mais il peut, à l'occasion d'une affaire civile, requérir d'office ce qu'il juge convenable à l'ordre public. ( Nouv. répert., v.° *chambre des avoués*, et Cass., 3 novembre 1806 ; Sirey, 1806, 2.e part., p. 914.)

568. Il pourrait même, dans le seul intérêt des parties, requérir en termes formels, ce à quoi l'une des parties n'aurait conclu qu'implicitement. (Nouv. répert., v.° *convent. matrim.*, §. 2, t. 3, p. 209.)

569. Il est censé avoir été entendu suivant le vœu de la loi, lorsqu'il a déclaré s'en rapporter à la prudence du tribunal. ( Nouv. répert., v.° *ministère public.*)

570. Lorsqu'il est exprimé dans un jugement que les conclusions du ministère public ont été lues, il y a présomption légale qu'elles l'ont été par lui-même et à l'audience. ( Nouv. répert., v.° *substitution fidei comm.* sect. 7, §. 3, art. 4, p. 326. )

571. Les conclusions prises en première instance par le ministère public, partie poursuivante, conservent leur effet en cause d'appel. Ainsi la cour est obligée d'y faire droit, quoiqu'elles ne soient pas renouvelées devant elle. (Nouv. répert., v.° *ministère public.*)

572. L'énonciation consignée dans un jugement que l'officier du ministère public était présent, ne fait pas preuve qu'il ait été entendu avant l'arrêt ou le jugement. ( *ibidem.* )

573. Au surplus, la preuve que le ministère public a été entendu dans une affaire où ses conclusions étaient requises, ne peut résulter que du jugement même. ( *Ibid.* v.° *enregistrement,* §. 54; T. 4, p. 679 et suivantes. )

### ARTICLE 84.

En cas d'absence ou empêchement des procureurs du Roi et de leurs substituts, ils seront remplacés par l'un des juges ou suppléans.

#### Conférence.

Lois des 27 ventôse an 8 et 22 ventôse an 12.

574. Un avocat, ou à défaut un avoué, peut suppléer les procureurs du Roi, ou leurs substituts, si toutefois il est impossible de les faire remplacer par un juge ou par un suppléant. — A. 303.

Aux raisons que nous avons développées dans notre analyse pour prouver cette proposition, nous ajouterons que les avocats ont toujours eu le droit de remplacer les gens du Roi. ( V. Jousse, justice civile, t. 2, p. 472 ; le nouveau Dénisart, v.° *avocat,* art. 6. ) Il est même à remarquer qu'autrefois il était de principe qu'en l'absence de tous les gens du Roi, leurs fonctions étaient dévolues de droit aux plus anciens avocats, à l'exclusion du juge du siége. ( *Ibid.* )

Les lois intermédiaires qui ont précédé la publication du code de procédure, n'ont rien changé à cette prérogative des avocats inscrits au tableau, si ce n'est qu'ils ne peuvent plus être appelés à remplacer le ministère public qu'après les juges et suppléans, comme nous l'avons dit dans l'analyse. ( Loi du 27 ventôse an 8, art. 27. )

L'article 10 de la loi du 22 ventôse an 12 porte en termes exprès que les avocats, selon l'ordre du tableau, seront appelés, en l'absence des suppléans, à remplacer les juges, *les commissaires du gouvernement et leurs substituts;* seulement l'article 84 du code de procédure est plus précis sur un point que l'article 30 de cette loi, duquel il paraissait résulter que la seule absence ou autre empêchement des suppléans autorisait à appeler des avocats, au lieu que le code ne le permet que dans les cas d'empêchement simultané des suppléans et des juges.

Nous rappellerons au surplus que le décret sur l'ordre des avocats du 14 décembre 1810, postérieur au code de procédure, tranche évidemment toute difficulté, et prouve qu'il n'a pas été dans l'intention du législateur de déroger à la loi de ventôse an 12. L'article 35 de ce décret porte : « Ils ( les avocats ) seront appelés, dans *les cas déterminés par la loi*, à suppléer les juges et officiers du *ministère public.* » Le même article leur en fait même une *obligation*, à moins de justes motifs d'excuse. Or, parlant des cas *déterminés par la loi*, ce décret se réfère évidemment tant à la loi du 22 ventôse an 12 qu'à l'article 84 du code de procédure ; d'où il résulte que les avocats ne peuvent remplacer ces officiers, etc., que dans les cas d'absence ou de maladie, etc., des juges et des suppléans.

575. Les juges supérieurs ne pourraient prononcer la nullité d'un jugement rendu sur une contestation élevée entre parties, pour l'une desquelles aurait plaidé, aux audiences précédentes, un avocat appelé à remplacer le ministère public à l'audience dans laquelle le tribunal aurait prononcé le jugement. — A. 304.

576. Les magistrats qui exercent le ministère public ne peuvent remplacer un juge et participer à un jugement. — A. 305.

# TITRE V.

*Des audiences, de leur publicité et de leur police.*

### Conférence.

V. le même titre, au livre des justices de paix, suprà, p. 17; cod. d'instruct. crimin., chap. 4, liv. 4, tit. 2 ; code pénal, §. 2, sect. 4, chap. 3, tit. 1.er, liv. 3. ( V. infrà les questions sur l'article 1042. )

On sait qu'en termes de palais, ce mot *audience* signifie la séance dans laquelle les juges *écoutent* les demandes et les plaidoiries des parties.

L'*auditoire* est le lieu où se tient l'audience. ( V. art. 88, 684; §. 5, 867, etc. )

Ce n'est pas, disait M. Darreau ( au répert., v.° *audience* ), une chose indifférente pour le bien de la justice, que le lieu, le tems et la manière de tenir les audiences.

Aussi le législateur, en se confiant sur plusieurs points relatifs à cet objet au zèle des juges, à leur respect pour l'opinion publique, à la surveillance des procureurs du Roi, a-t-il cru en devoir régler les plus importans par des dispositions précises.

D'après ces dispositions et celles des réglemens postérieurs à la publication du code, les parties, au jour indiqué par l'avenir ( v. *supra*, pag. 154), comparaissent par l'intermédiaire de leurs avoués, qui peuvent non seulement prendre des conclusions pour elles, mais encore plaider la cause, s'ils ont les qualités prescrites ou s'ils se trouvent dans les cas prévus par les articles 2 et 3 du décret du 2 juillet 1812.

Chaque partie assistée de son avoué, n'en conserve pas moins le droit naturel de se défendre par elle-même.

Ce n'est donc que dans les cas où elle n'entend pas user de ce droit, ou lorsque son avoué n'a pas les qualités requises, qu'elle est rigoureusement tenue de choisir un avocat. ( Art. 86. )

Les plaidoiries ont lieu *publiquement* après l'*appel,* ou comme on dit en Bretagne, mais par abus du mot, (1) après *évocation* de la cause, par l'huissier de service.

A ce principe de la publicité des audiences, qui est tout à la fois, et pour ceux qui y assistent, un moyen d'instruction, et pour les plaideurs une garantie contre la négligence, l'arbitraire et la prévarication, la loi fait une juste exception dans les affaires qui ne pourraient être plaidées publiquement, sans un grand scandale et sans un grand inconvénient. ( Art. 87. )

Les juges, dans leurs fonctions, sont les mandataires du Souverain, et les organes de la justice. A ce double titre, ils ont droit à la vénération des citoyens ; et les troubler dans l'exercice de leur auguste ministère, c'est attenter à la majesté du Prince et de la loi.

De là les moyens de discipline et de repression donnés aux magistrats par les articles 88 et 92 inclus, à l'effet de maintenir l'ordre dans l'auditoire, et de punir ceux qui s'en écartent.

---

[1] En effet, ce mot *évocation* n'exprime, en droit, que la faculté qu'ont les juges d'appel de connaître du fond dans le cas prévu par l'art. 473.

Mais nous remarquerons, avec M. Locré, dans son esprit du code de procédure ( t. 1.er, p. 220 ), que l'on n'aurait pas une idée exacte du dernier état de la législation sur les points que règlent les articles de ce code, si l'on n'en rapprochait les dispositions du chapitre 4, titre 4, livre 2 du code d'instruction criminelle, et celles du §. 2, section 4, chapitre 3, titre 1.er, livre 3 du code pénal, qui changent ces articles dans quelques parties, et les modifient, étendent ou complètent dans d'autres.

Nous ferons connaître sur chacun d'eux ce qui, d'après les dispositions de ces deux codes, est encore susceptible d'application. ( V. ci-après nos questions sur les art. 89, 90, 91 et 92. )

### ARTICLE 85.

Pourront les parties, assistées de leurs avoués, se défendre elles-mêmes : le tribunal cependant aura la faculté de leur interdire ce droit, s'il reconnaît que la passion, ou l'inexpérience, les empêche de discuter leur cause avec la décence convenable ou la clarté nécessaire pour l'instruction des juges.

*Conférence.*

Art. 14, tit. 11. Loi du 24 août 1790.

577. Une femme peut être admise à plaider sa cause. — A. 306.

578. Un tribunal de commerce peut interdire aux parties la faculté de plaider elles-mêmes leurs causes, puisque l'article 85 ne distingue point. ( Locré, esprit du code de com., t. 7, p. 132. )

579. Une partie ne peut charger de sa défense une autre personne qu'un avocat, ou, à son défaut, un avoué, excepté en matière criminelle. — A. 307.

580. Cette faculté ne lui serait même pas accordée dans le cas où elle ne trouverait pas d'avocat qui voulût défendre sa cause : le juge alors lui en désignerait un d'office. — A. 308.

### ARTICLE 86.

Les parties ne pourront charger de leur défense, soit verbale, soit par écrit, même à titre de consultation; les juges en activité de service, procureurs-généraux, procureurs du Roi, leurs substituts, même dans les tribunaux autres que ceux près desquels ils exercent leurs fonctions : pourront néanmoins les juges, procu-

reurs-généraux, avocats-généraux, procureurs du Roi,
et substituts des procureurs-généraux et du Roi, plaider,
dans tous les tribunaux, leurs causes personnelles, et
celles de leurs femmes, parens ou alliés en ligne directe,
et de leurs pupilles.

581. Un juge ou un procureur du Roi ne peut plaider dans une
cause qui ne lui serait pas personnelle, ou qui n'intéresserait pas
ses proches, sous prétexte que, pendant le tems des vacances, il
ne serait pas *en activité de service.* — A. 309.

582. Mais il n'y aurait pas nullité du jugement rendu sur plaidoirie d'un juge en activité de service, même dans un cas où le droit
de plaider lui serait interdit, attendu que l'art. 86 ne prononce
pas la peine de nullité. — A. 310.

### ARTICLE 87.

Les plaidoiries seront publiques, excepté dans les cas
où la loi ordonne qu'elles seront secrètes. Pourra cependant le tribunal ordonner qu'elles se feront à huis-clos,
si la discussion publique devait entraîner ou scandale
ou des inconvéniens graves : mais, dans ce cas, le
tribunal sera tenu d'en délibérer, et de rendre compte
de sa délibération au procureur-général près la cour
royale ; et si la cause est pendante dans une cour royale,
au ministre de la justice.

#### *Conférence.*

T. art. 83. Loi du 20 avril 1810, et infrà, art. 141.

583. La durée des plaidoiries est abandonnée au pouvoir discrétionnaire des magistrats, et par conséquent il n'y a pas lieu au
pourvoi en cassation, sous le prétexte que, dans des affaires graves
et compliquées, les juges n'auraient pas permis d'étendre les plaidoiries au-delà de certaines bornes. ( Cass., 30 avril 1807. Sirey,
1807, 2.ᵉ partie, p. 880. )

584. La loi n'exige pas que dans le cas où les juges ordonnent
que les plaidoiries se feront à huis-clos, ils soient obligés d'attendre
le consentement du procureur-général ou du ministre. — A. 311.

585. Le jugement doit faire mention de la publicité de l'audience ;
ainsi le jugement qui aurait été rendu en la chambre du conseil
serait nul, s'il ne constatait pas que les portes étaient ouvertes au
public. ( Cass., 19 mai 1813. Sirey, 1814, p. 112. )

586. La distribution de billets pour entrer de préférence à l'audience n'est pas réellement une contravention à l'article 87 qui

22

ordonne la publicité, et, par conséquent, cette circonstance ne donnerait pas ouverture à cassation. ( Cass., 6 février 1812. Sirey, 1812, p. 108. ) A ce sujet nous observerons avec M.<sup>rs</sup> Bavoux et Loiseau ( d.<sup>re</sup> des arrêts modernes ), qu'il vaut mieux que cette distribution de billets n'ait jamais lieu, ou du moins soit restreinte de manière à ne pas dégénérer en privilège exclusif.

587. Tout jugement doit être prononcé publiquement; et la faculté accordée aux juges d'ordonner que les plaidoiries se feront à huis-clos, ne suppose point que le jugement sera prononcé hors de la présence du public. — A. 312, et ci-après, n.° 589. (1)

588. *Les tribunaux de commerce peuvent-ils appliquer l'art. 87?*

La première disposition de cet article, dit M. Locré ( esprit du code de com., t. 7, p. 87 ), est évidemment applicable aux tribunaux de commerce.

Mais après avoir rapporté la discussion qui eut lieu sur la seconde au conseil d'état, il se borne à faire observer, p. 130, qu'il est assez difficile qu'il se présente devant un tribunal de commerce des causes qui soient de nature à être plaidées à huis-clos.

Quoi qu'il en soit, comme cela n'est pas absolument impossible, nous pensons que les tribunaux de commerce doivent se conformer, le cas arrivant, aux dispositions de l'article 87.

589. *Est-il quelques exceptions au principe de la prononciation publique de tout jugement?*

Nous en reconnaissons quatre, relatives,

1.° Aux jugemens d'adoption rendus en premier degré de juridiction; ( C. C., art. 555, 558. )

2.° A ceux de subrogation à une poursuite d'ordre; ( C. de p., art. 779; tarif, 138, 139. )

3.° Aux fautes de discipline des officiers ministériels; ( cass., 3 novembre 1806; nouv. répert., v.° chambre des avoués, t. 2, p. 171.)

4.° Aux autorisations des femmes mariées par les raisons déduites contre l'opinion de M. Berriat, dans la 2696.° quest. de notre analyse. ( V. art. 862. )

#### ARTICLE 88.

Ceux qui assisteront aux audiences se tiendront découverts, dans le respect et le silence : tout ce que le président ordonnera pour le maintien de l'ordre, sera exécuté ponctuellement et à l'instant.

---

[1] Avant-dernière ligne de cette question, au lieu de *l'art. 86*, lisez *l'art. 87.*

La même disposition sera observée dans les lieux où, soit les juges, soit les procureurs du Roi, exerceront des fonctions de leur état.

### Conférence.

Art. 555, loi du 3 brumaire an IV; art. 35 du décret du 14 décembre 1810, 2.ᵉ disposᵉ

### ARTICLE 89.

Si un ou plusieurs individus, quels qu'ils soient, interrompent le silence, donnent des signes d'approbation ou d'improbation, soit à la défense des parties, soit aux discours des juges ou du ministère public, soit aux interpellations, avertissemens ou ordres du président, juge-commissaire ou procureur du Roi, soit aux jugemens ou ordonnances, causent ou excitent du tumulte de quelque manière que ce soit, et si, après l'avertissement des huissiers, ils ne rentrent pas dans l'ordre sur-le-champ, il leur sera enjoint de se retirer, et les résistans seront saisis et déposés à l'instant dans la maison d'arrêt pour vingt-quatre heures : ils y seront reçus sur l'exhibition de l'ordre du président, qui sera mentionné au procès-verbal de l'audience.

### Conférence.

Art. 556, loi du 3 brumaire an 4. Voyez art. 504 et suiv. du code d'inst. crim.

590. Si le fait qui donne lieu au dépôt d'un individu dans la maison d'arrêt, s'est passé dans un lieu où la police appartenait à un juge-commissaire ou au procureur du Roi, ce serait à eux qu'il conviendrait de décerner l'ordre de dépôt. — A. 313.

591. Le juge, dans le cas prévu par l'article 89, n'est pas autorisé à prononcer une amende, et il ne peut infliger la peine de la prison, qu'après injonction au délinquant de se retirer. ( Cass., 24 brumaire an 14. Sirey, 1807, 2.ᵉ part., p. 1014. )

592. *L'article 504 du code d'instruction a-t-il dérogé à l'art. 89 du code de procédure civile ?*

Oui, en ce que l'article 89 ordonne un avertissement préalable, même dans le cas de tumulte, tandis que l'article 504 autorise de suite l'expulsion ; reste le cas d'une simple interruption de silence *sans tumulte* prévu par le même article 89, et sur lequel l'art. 504 garde le silence. Dans ce cas, la disposition du code de procédure doit encore recevoir son application, et l'avertissement est nécessaire. ( Legraverend, t. 1.ᵉʳ, p. 506., aux notes. )

## ARTICLE 90.

Si le trouble est causé par un individu remplissant une fonction près le tribunal, il pourra, outre la peine ci-dessus, être suspendu de ses fonctions : la suspension, pour la première fois, ne pourra excéder le terme de trois mois. Le jugement sera exécutoire par provision, ainsi que dans le cas de l'article précédent.

*Conférence.*

Code d'inst. criminelle, art. 405. Voyez infrà n.°

593. Les expressions de l'art. 90 étant générales, ses dispositions doivent s'étendre jusqu'aux avocats. — A. 314.

## ARTICLE 91.

Ceux qui outrageraient ou menaceraient les juges ou les officiers de justice dans l'exercice de leurs fonctions, seront, de l'ordonnance du président, du juge-commissaire ou du procureur du Roi, chacun dans le lieu dont la police lui appartient, saisis et déposés à l'instant dans la maison d'arrêt, interrogés dans les vingt-quatre heures, et condamnés par le tribunal, sur le vu du procès-verbal qui constatera le délit, à une détention qui ne pourra excéder le mois, et à une amende qui ne pourra être moindre de vingt-cinq francs, ni excéder trois cents francs.

Si le délinquant ne peut être saisi à l'instant, le tribunal prononcera contre lui, dans les vingt-quatre heures, les peines ci-dessus, sauf l'opposition que le condamné pourra former dans les dix jours du jugement, en se mettant en état de détention.

*Conférence.*

Code d'inst. crim., art. 505-508. Code pénal, art. 222 et suiv.

594. L'art. 91 est applicable aux outrages ou menaces faites à un avocat pendant l'audience. — A. 315.

595. Il l'est également à des injures proférées contre l'une des parties. ( Cass., 3. brumaire an 10. Sirey, t. 2, p. 79. )

596. Il ne l'est pas dans le cas où une partie plaide, en le prouvant, que le jugement qu'elle attaque en appel contient des faits faux, des erreurs manifestes, des marques d'injustice et de prévention. En effet, il n'y a pas d'injures, dans un exposé de griefs,

dont la vérité est démontrée. ( Rennes, 7 janvier 1811. Sirey, 1811, 2.ᵉ partie, p. 462. )

597. *Si un officier ministériel est injurié dans l'exercice de ses fonctions, mais hors de l'audience, l'article 91 pourrait-il recevoir son application ?*

Non ; l'officier ministériel devrait, en cette circonstance, se conformer à l'article 565, qui autorise l'officier insulté dans ses fonctions à dresser procès-verbal sur lequel on poursuit suivant les règles établies par les lois criminelles.

598. Des injures proférées à l'audience contre un avocat, ne peuvent faire la matière d'une action principale devant un tribunal de simple police ou de police correctionnelle, lorsque l'avocat injurié a négligé de se plaindre audience tenante. — A. 316.

599. La proposition ci-dessus s'applique au cas d'injures proférées devant un tribunal de commerce. ( Cass., 14 messidor an 12. Sirey, t. 4, 2.ᵉ partie, p. 337. )

600. Tout individu autre que l'avocat, l'officier ministériel ou la partie, a seulement la faculté de demander, avant que l'instruction à l'audience soit terminée, et le ministère public entendu, qu'il lui soit décerné acte des injures proférées contre lui dans les plaidoiries. — A. 317.

601. Cette proposition se trouve confirmée par un arrêt de la cour de cassation du 24 brumaire an 14 ( Sirey, 1807, 2.ᵉ part., p. 1014 ), lequel décide que la punition des injures verbales appartient aux tribunaux de police et non aux juges civils, si elles ont été proférées non contre ces juges eux-mêmes, mais contre de simples particuliers non parties au procès. D'où suit que les juges civils ne peuvent qu'enjoindre aux délinquans de se retirer, et en cas de refus, les faire saisir et déposer dans une maison d'arrêt.

602. Les jugemens rendus dans les cas prévus par les articles 90 et 91, ne peuvent être considérés comme jugemens correctionnels, et en conséquence l'appel ne peut être porté que devant la cour royale jugeant en matière civile. ( Cass., 23 octobre 1806. Sirey, 1806, 2.ᵉ part., p. 687, et nouv. répert., v.° injures.)

603. *Mais est-il certain qu'en tous les cas ces jugemens soient sujets à l'appel?*

M. Locré ( esprit du code de procédure, t. 1.ᵉʳ, p. 217 ) nous apprend que la section du tribunat dit sur la disposition finale de l'art. 90, portant : *que les jugemens seraient exécutoires par provision,* qu'il était dans la pensée des auteurs du projet que dans le cas de ces articles, les jugemens ne fussent pas susceptibles de l'appel. Néanmoins elle proposa de le dire expressément.

Quoi qu'il en soit, on a cru devoir se réduire à accorder l'exécution provisoire ; ce qui suppose un appel, comme nous l'avons dit n.° 51, sur l'art. 12, au livre des justices de paix.

Nous remarquerons que le vœu émis par la section du tribunat se concilie parfaitement aujourd'hui avec le texte de l'art. 90.

En effet, l'art. 505 du code d'instruction dispose : Lorsque la peine prononcée par un tribunal civil n'est que de simple police, le jugement est sans appel ; que si, au contraire, cette peine est de police correctionnelle, il y aura lieu à l'appel. Ce ne sera donc qu'en cette dernière circonstance qu'il y aura lieu à l'exécution provisoire, conformément à l'art. 90 du code de procédure civile.

604. *L'art. 91 du code de procédure a-t-il été modifié par le code pénal ?*

Il a été modifié et développé dans sa disposition pénale par les articles 222 à 233 inclus de ce code, au point qu'il ne subsiste plus de cet article que les dispositions concernant l'arrestation, le dépôt et l'interrogatoire du délinquant. ( V. pour les questions résultant de ces articles du code pénal, le traité de la législation criminelle en France, par M. Legraverend, tom. 1.er, p. 506 et suivantes. )

### ARTICLE 92.

Si les délits commis méritaient peine afflictive ou infamante, le prévenu sera envoyé en état de mandat de dépôt devant le tribunal compétent, pour être poursuivi et puni suivant les règles établies par le code criminel.

*Conférence.*

Code d'instr. crim., art. 506 et 507, et les questions sur l'art. 474.

605. *L'art. 92 n'a-t il pas été modifié par les articles 506, 507 et 508 du code d'instruction criminelle ?*

Il a été remplacé par l'article 506, relativement au crime commis à l'audience d'un juge seul, ou d'un tribunal sujet à l'appel qui doit, en ce cas, après avoir fait arrêter le délinquant et dressé procès-verbal des faits, envoyer les pièces et le prévenu devant le tribunal compétent.

Il est devenu sans objet pour les cours royales, par les articles 507 et 508, qui leur donnent le droit d'instruire et de procéder au jugement de suite et sans désemparer.

# TITRE VI.

*Des délibérés et instructions par écrit.*

Lorsque la cause a été plaidée, c'est-à-dire, lorsque les conclusions des parties ont été prises, leurs moyens discutés et le ministère public entendu, si l'affaire est communicable, le tribunal doit prononcer jugement, soit *audience tenante*, soit du moins à l'une des plus prochaines. (art. 116.)

Mais ceci suppose qu'il s'estime suffisamment instruit par les plaidoiries. Dans le cas contraire, il ordonne un *délibéré* ou une *instruction par écrit*.

Le délibéré est l'examen de l'affaire, fait par les juges en la chambre du conseil, sur le vu des titres et pièces des parties, après rapport de l'un d'eux.

De là le nom de *vu de bureau*, sous lequel on désigne quelquefois le délibéré.

Le jugement qui l'ordonne est purement *préparatoire*, car il ne préjuge rien; il n'est ni levé ni signifié : son exécution consiste dans la simple remise des pièces entre les mains soit du greffier, soit du rapporteur lui-même, sans aucun inventaire, acte de dépôt et récépissé. (93—94.)

Il peut arriver qu'une affaire soit tellement compliquée par la variété des faits, le nombre des pièces, la difficulté des points de droit à résoudre, que des développemens écrits peuvent seuls les éclaircir. Le simple délibéré ne suffirait pas alors pour que le juge prononçât avec une entière connaissance de cause; c'est le cas d'ordonner *l'instruction par écrit*.

Cette instruction diffère du délibéré en ce que l'examen de l'affaire par les juges ne se fait pas seulement sur le vu des pièces, mais de plus sur des écrits respectivement fournis par les parties.

Elle remplace les deux modes d'instruction par écrit que l'ordonnance de 1667 distinguait sous la dénomination d'appointement à mettre et d'appointement en droit.

*L'appointement à mettre* n'était, sous plusieurs rapports, que le délibéré autorisé par l'article 93 de notre code actuel, à la différence essentielle que les pièces étaient remises au rapporteur avec *inventaire de production* et *dans des délais déterminés.*

L'appointement *en droit* différait de l'autre en ce que la production des pièces était accompagnée d'écrits, où les questions que la cause présentait à résoudre, en fait et en droit, étaient discutées par un avocat.

C'est ce dernier mode que le code reproduit dans l'instruction par écrit, mais en prenant des précautions pour qu'il ne soit employé que lorsqu'il est vraiment utile ( 95 ), qu'il ne soit fourni que les écrits indispensables prescrits par la loi, et que l'instruction soit terminée dans les délais précis qu'elle détermine.

Au reste, on dit encore qu'une affaire est *appointée* pour exprimer qu'elle s'instruit par écrit, et pour la distinguer des affaires qui s'instruisent par les plaidoiries seulement ou sur vu de *bureau,* et que, par opposition, on appelle *causes verbales.*

L'instruction par écrit se compose, 1.° d'une requête à la suite de laquelle la partie dresse un état des pièces qu'elle produit au soutien ( art. 96 ); 2.° de la réponse du défendeur, terminée par un état semblable (97.)

La loi ne passe en taxe que ces deux écrits, à moins que l'une des parties n'use de la faculté de produire de nouvelles pièces par un simple acte, cas auquel la loi autorise l'adversaire à contredire, mais très-sommairement, cette production.

On distingue, dans la procédure sur instruction par écrit, des règles qui lui sont particulières, et d'autres qui sont également applicables aux délibérés. Les règles communes au délibéré et à l'instruction sont celles qui prescrivent que le rapport sera fait à l'audience, qui interdisent la parole aux avocats ; qui, enfin, dans le cas où l'une des parties néglige de remettre ses pièces, autorisent le tribunal à prononcer sur celles de l'autre ( 94, 98, 99 ); que le jugement ainsi rendu par *forclusion* (1) est réputé contradictoire, et que, par conséquent, il n'est pas sujet à l'opposition ( 113. )

---

[1] Ce mot *forclusion*, dérivé du latin *forum claudere*, fermer le barreau, exprime en général une déchéance de certains avantages, de certaines facultés, dont une partie perd le droit d'user par suite d'un fait prévu par la loi. Nous l'employons ici pour indiquer *l'exclusion d'écrire ou produire*, après l'expiration des délais.

Les règles particulières à l'instruction par écrit, fixent les délais dans lesquels on doit signifier les écrits, faire les productions, en notifier les actes, prendre communication des pièces et les rétablir. (97, 98, 115.)

Elles veulent qu'il soit procédé au jugement à l'expiration de ces délais (art. 98, 99 et 100), et que, faute au demandeur de produire, le défendeur puisse mettre sa production au greffe pour l'instruction être continuée. Le demandeur prend ainsi la place du défendeur, pour jouir des mêmes délais donnés à celui-ci, afin d'écrire et de produire. (101.)

Elles prescrivent le mode suivant lequel les communications seront prises (art. 106), et indiquent des moyens prompts et faciles pour contraindre les avoués à la remise de ces communications. (107.)

Elles règlent la forme du registre des productions qui doit être tenu au greffe (108), comment les pièces seront remises au rapporteur, et comment il lui en sera donné décharge après le jugement (109 et 114), comment le greffier en sera déchargé lui-même. (115.)

Elles indiquent enfin comment le rapporteur sera remplacé, en cas de décès, de démission, etc. (110), et disposent que, si la cause est communicable, le ministère public sera entendu à *l'audience.* (112.)

### ARTICLE 93.

Le tribunal pourra ordonner que les pièces seront mises sur le bureau, pour en être délibéré au rapport d'un juge nommé par le jugement, avec indication du jour auquel le rapport sera fait.

#### *Conférence.*

T. art. 84; loi du 3 brumaire an 11, art. 10; *infrà* art. 111, 116 et 405.

606. Un tribunal peut, d'après l'article 116, ordonner un délibéré sans nommer de rapporteur. — A. 318.

607. Mais il est obligé d'en nommer un s'il ordonne que ce délibéré aura lieu *sur vu de bureau.* (V. l'arrêt de la cour de Rennes, du 17 mai 1811, cité sur l'article 111.

608. *Quels sont les cas dans lesquels le code exige un rapport, quoiqu'il n'y ait pas délibéré?*

23

Ce sont ceux qui ont été prévus par les articles 199, 202, 222, 280, 371, 385, 394, 539, 542, 562, 668, 762, 779, 856, 859, 863, 885, 891, 981, 987...; mais il est à remarquer qu'on ne peut nommer de rapporteur dans les matières sommaires. (V. A. 319, et *infrà* art. 95 et 405.

609. Aucune disposition du code de procédure ne prononçant la peine de nullité pour l'inobservation des articles 93 et 116, le jugement qui serait rendu ou sans renvoi à jour fixe, ou sans mention du rapport qui l'a précédé, ne serait pas sujet à être réformé pour l'un de ces motifs. ( Rennes, 31 juillet 1809, 1.re ch. )

610. Le jugement qui ordonne un délibéré est préparatoire, puisqu'il ne préjuge rien, et n'est qu'un acte d'instruction. — A. 320.

### ARTICLE 94.

Les parties et leurs défenseurs seront tenus d'exécuter le jugement qui ordonnera le délibéré, sans qu'il soit besoin de le lever ni signifier, et sans sommation : si l'une des parties ne remet point ses pièces, la cause sera jugée sur les pièces de l'autre.

*Conférence.*

Tarif, art. 95.

611. La défense de lever et signifier le jugement, et de faire sommation, s'applique même au cas où un avoué de la cause aurait laissé défaut. Ainsi l'on se contente de dénoncer le jugement à cet avoué, sans cependant le lever. — A. 321.

612. S'il est vrai de dire qu'un jugement qui ordonne un délibéré sans rapport, conformément à l'article 116, termine l'instruction, on ne peut en dire autant de celui qui ordonne le délibéré sur rapport, conformément aux articles 93 et 94. — A. 322. (1)

613. Cependant on cite un arrêt de cassation du 27 fructidor an 8, qui a décidé qu'une affaire doit être jugée en l'état où elle se trouvait lorsqu'on a ordonné le délibéré, en sorte qu'on ne peut depuis cet instant prendre de nouvelles conclusions et produire de nouvelles pièces. Nous ne dissimulerons pas que telle était l'ancienne pratique ( V. nouv. répert., v.° délibéré); mais par les motifs exprimés dans notre analyse, nous persistons à penser que l'instruction n'est terminée que par le délibéré sans rapport.

614. La constitution d'avoué, faite par la partie défaillante après le jugement qui ordonne le délibéré, a l'effet de faire rétracter ce

(1) Vingt-unième ligne de cette question, au lieu de *rétabli est*, lisez *rétablis et*.

jugement, sans que cette partie ait besoin de se pourvoir par opposition. — A. 323.

615. Les parties peuvent, après le jugement qui ordonne le délibéré, former des demandes incidentes. — A. 324.

616. Un tiers peut intervenir sous le cours d'un délibéré. — A. 325.

617. *Un juge peut-il se déporter ou être récusé, lorsque la cause est mise en délibéré ?*
( V. A. 326, et les questions examinées sur les art. 381 et 382. )

618. La partie qui, immédiatement après le jugement de délibéré, ne remet pas ses pièces, peut néanmoins réparer cette négligence tant que le jugement définitif n'est pas prononcé. — A. 327.

### ARTICLE 95.

Si une affaire ne paraît pas susceptible d'être jugée sur plaidoirie ou délibéré, le tribunal ordonnera qu'elle sera instruite par écrit, pour en être fait rapport par l'un des juges nommé par le jugement.

Aucune cause ne peut être mise en rapport qu'à l'audience et à la pluralité des voix.

#### *Conférence.*

T. art. 84 ; ordonnance de 1667, titre 11, art. 9.

619. Cet article est applicable aux délibérés sur rapport, en ce qu'ils doivent être ordonnés à l'audience et à la pluralité des voix, parce qu'il prescrit qu'aucune cause ne peut être mise autrement en rapport ; or, par le délibéré dont il s'agit en l'article 93, on met la cause en rapport. — A. 328.

620. Si le jugement qui ordonne le délibéré ou l'instruction par écrit n'avait pas été rendu à l'audience, ce jugement serait nul. — A. 329. (1)

621. Les causes sommaires ne peuvent être instruites ni par écrit ni sur délibéré. — A. 330, et *suprà* p. 80.

622. Le tribunal, au lieu d'ordonner que la cause sera instruite par écrit, sur le rapport d'un juge nommé à cet effet, ne peut prononcer un renvoi devant des arbitres ou des jurisconsultes pour avoir leur avis. — A. 331.

_____

(1) Première ligne, troisième alinéa de cette question, au lieu de *art. 1040*, lisez *art. 1030*.

ARTICLE 96.

Dans la quinzaine de la signification du jugement le demandeur fera signifier une requête contenant ses moyens ; elle sera terminée par un état des pièces produites au soutien.

Le demandeur sera tenu, dans les vingt-quatre heures qui suivront cette signification, de produire au greffe et de faire signifier l'acte de produit.

*Conférence.*

T. art. 70 , 73 , 78 , 91.

623. D'après les dispositions de cet article, la partie la plus diligente a le droit de faire la signification du jugement qui ordonne l'instruction par écrit. — A. 332.

624. La signification du jugement se fait d'avoué à avoué; mais s'il y a des défaillans faute de constitution, elle doit leur être faite à personne ou domicile. — A. 333.

625. Il est nécessaire de faire séparément aux parties défaillantes la signification de la requête contenant les moyens et celle de l'acte de produit. — A. 334.

626. Si, dans le cours de l'instruction par écrit, une partie défaillante constitue avoué, il est nécessaire d'obtenir un jugement qui déclare que l'instruction sera continuée avec cet avoué. — A. 335.

Cette proposition a été uniquement fondée dans notre analyse sur une opinion de M. Demiau, que la réflexion nous porte à rejeter aujourd'hui.

En effet, le code ne nous paraît point admettre ce jugement de *pure forme* qu'exige M. Demiau ; et nous croyons au contraire, d'après la solution donnée au n.° précédent, que le jugement qui ordonne l'instruction par écrit devant être signifié aux défaillans, ils se trouvent suffisamment avertis de se défendre et de produire.

Si donc ils constituent avoué sur cette signification, rien n'empêche que l'avoué du défendeur ne procède de suite contradictoirement avec l'autre, sans qu'il soit besoin que le tribunal l'ordonne, et sauf à lui à statuer sur les frais du défaut en jugeant le fond. Un jugement de *pure forme* est frustratoire, puisqu'il est inutile.

627. Le code ne dit pas que l'on soit obligé de coter les pièces, c'est-à-dire de les numéroter alphabétiquement, tant dans l'état que sur le dos des pièces qu'il indique; cependant il convient de suivre cet ordre, comme offrant un moyen plus facile de retrouver ces pièces. — A. 336.

628. Il serait beaucoup plus régulier ; mais il n'est pas absolument nécessaire de renfermer tous les moyens dans une seule requête : on peut donc, à la rigueur, en présenter une seconde par forme de supplément. — A. 337.

### ARTICLE 97.

Dans la quinzaine de la production du demandeur au greffe, le défendeur en prendra communication, et fera signifier sa réponse avec état au bas des pièces au soutien ; dans les vingt-quatre heures de cette signification, il rétablira au greffe la production par lui prise en communication, fera la sienne et en signifiera l'acte.

Dans le cas où il y aurait plusieurs défendeurs, s'ils ont tout à la fois des avoués et des intérêts différens, ils auront chacun les délais ci-dessus fixés pour prendre communication, répondre et produire : la communication leur sera donnée successivement, à commencer par le plus diligent.

*Conférence.*

T. art. 70, 73 et 91. V. infrà, art. 189 et 524.

629. De ce que cet article dispose que le défendeur *prendra communication*, il ne s'ensuit pas nécessairement qu'il y soit obligé. — A. 338.

630. Lorsqu'il y a plusieurs défendeurs ayant des avoués différens, la communication des pièces justificatives ne doit être donnée, s'ils ont les mêmes intérêts, qu'à l'avoué le plus ancien. — A. 339.

631. Lorsque le demandeur ne remet pas ses pièces au greffe, et qu'il y a plusieurs défendeurs ayant des avoués et des intérêts différens, chaque défendeur doit, par une conséquence de l'art. 98, remettre sa production au greffe à l'expiration du délai qui était accordé au demandeur. — A. 340.

632. Lorsqu'un des défendeurs a fait sa production, chacun des autres défendeurs peut en prendre communication. — A. 341.

633. Le tribunal ne peut proroger le délai fixé pour produire. — A. 342.

634. La forclusion, en matière d'instruction par écrit, n'est point une exclusion de produire absolue comme celle qui a lieu en matière d'enquête. — A. 343.

### ARTICLE 98.

Si le demandeur n'avait pas produit dans le délai ci-dessus fixé, le défendeur mettra sa production au greffe,

ainsi qu'il a été dit ci-dessus ; le demandeur n'aura que
huitaine pour en prendre communication et contredire ;
ce délai passé, il sera procédé au jugement, sur la production du défendeur.

*Conférence.*

Ordonnance de 1667, titre 11, art. 17. V. art. 524.

635. Le défendeur, au lieu de produire à l'expiration du délai
donné au demandeur, ne serait pas fondé à appeler le demandeur
à l'audience, pour voir rejeter sa demande faute d'en avoir justifié
en ne produisant pas. — A. 344. (1)

636. Le défendeur peut répliquer à l'écrit de production que le
demandeur fait dans le délai de huitaine, pourvu que cette réplique n'entraîne point de nouveaux délais, qu'elle soit faite aux frais
du défendeur et signifiée à la partie adverse. — A. 345.

### ARTICLE 99.

Si c'est le défendeur qui ne produit pas dans le délai
qui lui est accordé, il sera procédé au jugement, sur
la production du demandeur.

*Conférence.*

Même article de l'ordonnance.

### ARTICLE 100.

Si l'un des délais fixés expire sans qu'aucun des défendeurs ait pris communication, il sera procédé au
jugement sur ce qui aura été produit.

*Conférence.*

Comme sur les articles 98 et 99.

### ARTICLE 101.

Faute par le demandeur de produire, le défendeur
le plus diligent mettra sa production au greffe ; et l'instruction sera continuée ainsi qu'il est dit ci-dessus.

*Conférence.*

Ibid. art. 19, titre XI.

637. Lorsque le demandeur n'a pas produit dans le délai prescrit, et que plusieurs défendeurs ont mis leur production conformément à l'article 101, son délai pour contredire sera réglé comme

---

[ 1 ] Quatrième ligne de cette question, au lieu de *voyez la question traitée*, etc., lisez
*voyez question 497.*

dans l'espèce de l'article 98, si les défendeurs ont plusieurs avoués, mais un même intérêt.

Dans le cas, au contraire, où les défendeurs auraient tout à la fois et des intérêts opposés et des avoués différens, ce même délai ne courra qu'après la production du dernier d'entre eux qui aura pris communication. — A. 346.

## ARTICLE 102.

Si l'une des parties veut produire de nouvelles pièces, elle le fera au greffe, avec acte de produit contenant état desdites pièces, lequel sera signifié à avoué, sans requête de production nouvelle ni écritures, à peine de rejet de la taxe, lors même que l'état des pièces contiendrait de nouvelles conclusions.

*Conférence.*

Tarif, art. 71 et 90.

638. Le produisant peut, dans l'acte de produit, énoncer succinctement les inductions qu'il entend tirer des pièces nouvelles. — A. 347.

## ARTICLE 103.

L'autre partie aura huitaine pour prendre communication, et fournir sa réponse, qui ne pourra excéder six rôles.

*Conférence.*

Tarif, art. 73 et 90.

639. La réponse à l'acte de produit des nouvelles pièces ne serait point nulle, quoiqu'excédant six rôles, mais l'excédant n'entrerait point en taxe. — A. 348. (1)

## ARTICLE 104.

Les avoués déclareront, au bas des originaux et des copies de toutes leurs requêtes et écritures, le nombre des rôles, qui sera aussi énoncé dans l'acte de produit, à peine de rejet lors de la taxe.

*Conférence.*

Tarif, art. 70 et 94.

640. L'obligation imposée par l'article 104 s'étend non seulement à l'instruction par écrit, mais encore aux requêtes et écrits de toutes les espèces de procédures. — A. 349.

---

(1) *Er.* A la fin, au lieu de p. 194, *lisez* p. 94.

ARTICLE 105.

Il ne sera passé en taxe que les écritures et significations énoncées au présent titre.

*Conférence.*

Voyez A. 103.

ARTICLE 106.

Les communications seront prises au greffe sur les récé-
pissés des avoués, qui en contiendront la date.

*Conférence.*

Contraire à l'art. 10, tit. 14 de l'ordonnance, qui ne s'exécutait pas.

641. Lorsque les pièces ont été remises au rapporteur à l'expiration des délais, l'avoué qui n'aurait pas produit ne pourrait exiger
communication. — A. 350.

642. Un avoué ne serait pas recevable à demander une seconde
communication, sous prétexte qu'il n'aurait pas été suffisamment
instruit par la première. — A. 351.

643. Une partie ne peut, avant la communication, retirer de sa
production une ou plusieurs pièces, afin de les soustraire à cette communication. — A. 352.

ARTICLE 107.

Si les avoués ne rétablissent, dans les délais ci-dessus
fixés, les productions par eux prises en communication,
il sera, sur le certificat du greffier, et sur un simple acte
pour venir plaider, rendu jugement à l'audience, qui les
condamnera personnellement, et sans appel, à ladite
remise, aux frais du jugement, sans répétition, et en
dix francs au moins de dommages-intérêts par chaque
jour de retard.

Si les avoués ne rétablissent les productions dans la
huitaine de la signification dudit jugement, le tribunal
pourra prononcer, sans appel, de plus forts dommages-
intérêts, même condamner l'avoué par corps, et l'interdire
pour tel tems qu'il estimera convenable.

Lesdites condamnations pourront être prononcées sur la
demande des parties, sans qu'elles aient besoin d'avoués, et
sur un simple mémoire qu'elles remettront ou au président,
ou au rapporteur, ou au procureur du Roi.

*Conférence.*

T. art. 90, art. 536. V. Jousse, commentaire sur l'art. 10, tit. XIV, ordonn. de 1666.

644. La troisième disposition de l'art. 107 est également applicable aux deux cas prévus par les deux premières dispositions du même article. — A. 353.

645. Quand, sur la poursuite de l'avoué contre son confrère, celui-ci n'a pas remis les pièces, et qu'il devient nécessaire de provoquer l'application de la seconde disposition de l'art. 107, il faut représenter un nouveau certificat du greffier, et donner un nouvel avenir à l'audience. — A. 354.

646. Les jugemens obtenus contre un avoué conformément aux deux premières dispositions de l'art. 107, ne sont pas susceptibles d'opposition, si cet avoué a laissé défaut. Mais il en est autrement dans le cas de la troisième disposition. — A. 335. Voyez aussi 670. (1)

## ARTICLE 108.

Il sera tenu au greffe un registre sur lequel seront portées toutes les productions, suivant leur ordre de dates : ce registre, divisé en colonnes, contiendra la date de la production, les noms des parties, de leurs avoués et du rapporteur ; il sera laissé une colonne en blanc.

*Conférence.*

Arrêt du parlement de Paris du 3 septempre 1667. V. quest. sur l'article suivant.

## ARTICLE 109.

Lorsque toutes les parties auront produit, ou après l'expiration des délais ci-dessus fixés, le greffier, sur la réquisition de la partie la plus diligente, remettra les pièces au rapporteur, qui s'en chargera, en signant sur la colonne laissée en blanc au registre des productions.

*Conférence.*

T. art. 90.

647. La réquisition que la partie la plus diligente doit faire au greffier de remettre les pièces au rapporteur, est constatée par l'inscription de cette réquisition sur le registre des produits, à la colonne laissée en blanc. — A. 356.

---

(1) *Er.* 4.° ligne de cette question, au lieu de *aurait remis*, lisez *aurait fourni.*

## ARTICLE 110.

Si le rapporteur décède, se démet, ou ne peut faire
le rapport, il en sera commis un autre, sur requête,
par ordonnance du président, signifiée à partie ou à son
avoué trois jours au moins avant le rapport.

*Conférence.* (1)

T. art. 70, 76, et A. sur les art. 343 et 397. V. infrà sur l'art. 668.

## ARTICLE 111.

Tous rapports, même sur délibérés, seront faits à
l'audience ; le rapporteur résumera le fait et les moyens
sans ouvrir son avis : les défenseurs n'auront, sous aucun
prétexte, la parole après le rapport ; ils pourront seulement remettre sur-le-champ au président de simples notes
énonciatives des faits sur lesquels ils prétendraient que
le rapport a été incomplet ou inexact.

*Conférence.*

Voyez les articles 93 et 95. V. infrà, art. 141 ; et sur les art. 666, 668, 762, 763, les
quest. 1998, 2001, 2369 de l'analyse.

648. Il y a nullité du jugement intervenu sur un rapport qui
n'aurait pas été fait à l'audience. — A. 357.

Nous appuyerons ici cette proposition d'un arrêt de la cour de
Rennes, du 17 mai 1811, 2.<sup>e</sup> chambre, qui a déclaré irrégulier et
nul un jugement par lequel il avait été ordonné aux parties de
déposer leurs pièces sur le bureau, *sans nommer un rapporteur
qui eût fait son rapport en audience publique ;* condition essentielle pour la validité de ce jugement.

649. Il n'est pas besoin de donner avenir à l'audience où le rapport doit se faire. — A. 358.

650. Il est des affaires dans lesquelles les dispositions de l'art. 111
ne doivent pas être appliquées ; par exemple, celles qui ont pour
objet les droits d'enregistrement. — A. 359. V. infrà sur l'art. 113.

651. L'article 111 ne reçoit point son application dans l'espèce
de l'article 668, et les parties peuvent plaider après le rapport du
juge commis à une distribution par contribution. — A. 360.

652. *Si un juge n'a pas assisté aux audiences qui ont précédé
le rapport, et que les plaidoiries n'aient pas été recommencées,
l'arrêt est-il nul ?*

[1] Chiffrez cette page *189* au lieu de *187*.

L'arrêt est nul d'après les articles 7 et 10 de la loi du 20 avril 1810. ( Cass., 24 avril 1816. Sirey, 1816, p. 431. )

Mais il est à remarquer que cette décision a été rendue dans une espèce où les plaidoiries avaient eu lieu avant le rapport, et n'avaient pas été recommencées. Si, au contraire, elles l'eussent été devant le juge qui n'eût pas assisté d'abord, l'arrêt eût été valable. ( Cass., 25 janvier 1815 et 14 mars 1816. Sirey, 1817, p. 137, et 1816, p. 432.)

Ces décisions sont évidemment applicables aux jugemens rendus par les tribunaux de première instance; car, dit le premier arrêt, c'est un principe sacré et reconnu par toutes les législations, qu'un juge vicie le jugement à la formation duquel il prend part sans avoir entendu toute la défense des parties.

On peut ajouter à ces décisions un troisième arrêt du 2 janvier 1816. Sirey, 1817, p. 191.

653. Lorsque le rapport d'une cause a été fixé à tel jour auquel les parties emportent assignation, le jugement rendu un autre jour est nul, parce que les parties se trouvent avoir été privées de la faculté que la loi leur donnait d'assister au rapport et de proposer leurs observations. ( Cass., 3 janvier 1817. Sirey, 1817, p. 379.)

### ARTICLE 112.

Si la cause est susceptible de communication, le procureur du Roi sera entendu en ses conclusions à l'audience.

#### *Conférence.*

Voyez article 83.

654. Il importe peu que la communication des productions soit faite au ministère public par la voie du greffe ou par les mains du rapporteur. — A. 361. (1)

### ARTICLE 113.

Les jugemens rendus sur les pièces de l'une des parties, faute par l'autre d'avoir produit, ne seront point susceptibles d'opposition.

#### *Conférence.*

T. art. 85. Ordonn. tit. XI, art. 19, et tit. XXXV, art. 33, infrà, C. p., art. 1016.

655. L'on ne peut étendre cet article au-delà du cas qu'il exprime, et qui est celui où le jugement est rendu sur les pièces de l'une des parties, faute par l'autre d'avoir produit. — A. 362. (2)

---

[1] 4.ᵉ ligne, au lieu de *art. 214*, lisez *art. 114.*

[2] Dernière ligne de cette question, au lieu de *p. 707*, lisez *p. 704.*

656. L'article 113 ne s'applique pas aux matières d'enregistrement. Ainsi la partie qui n'a pas produit ses pièces peut attaquer,
par la voie de l'opposition, le jugement rendu sur le fond, encore
qu'elle se soit défendue sur plusieurs incidens. ( Cass., 17 juillet
1811. Sirey, 1811, p. 363. V. *suprà* notre introduction générale à
l'étude de la procédure. )

657. L'opposition n'est pas recevable dans le cas où, de plusieurs
défendeurs, les uns auraient comparu, les autres auraient laissé
défaut, puisqu'il y a lieu, en ce cas, de se conformer à l'art. 153.
— A. 363.

### ARTICLE 114.

Après le jugement, le rapporteur remettra les pièces
au greffe ; et il en sera déchargé par la seule radiation
de sa signature sur le registre des productions.

658. Lorsque la signature du rapporteur n'a pas été rayée sur
le registre des productions, sa responsabilité dure cinq ans depuis
le jugement, et trente ans lorsque l'affaire n'a pas été jugée. —
A. 364. (1)

### ARTICLE 115.

Les avoués, en retirant leurs pièces, émargeront le
registre ; cet émargement servira de décharge au greffier.

#### Conférence.

T. art. 70, 73 , 74. 90 , 91. C. de procéd., art. 103 à 108, 114, 115.

659. C'est l'avoué le plus diligent qui doit sommer ses confrères
de se présenter pour retirer les pièces. — A. 365.

# TITRE VII.

## Des Jugemens. (2)

Voyez suprà, liv. 1.ᵉʳ, t. 5, p. 57.

On entend en général par le mot *jugement* toute décision émanée
d'une autorité judiciaire ; c'est, sous ce rapport, un terme générique
qui comprend toutes les espèces de décisions qui se donnent dans
les procès.

---

(1) 2.ᵉ ligne de cette question, au lieu de *la signature*, lisez *sa signature*.
(2) Er. Au lieu de *titre VIII*, lisez *titre VII*.

Autrefois on appelait particulièrement *sentences* celles des juges inférieurs qui étaient sujettes à l'appel : les décisions en dernier ressort retenaient le nom de *jugemens* ; celles des cours souveraines étaient nommées *arrêts*.

Dans l'usage actuel, les décisions des juges inférieurs portent toujours le nom de *jugement*, soit qu'elles aient été rendues à charge d'appel, soit qu'elles l'aient été en dernier ressort. Celles des cours souveraines ont conservé leur ancienne qualification d'*arrêts*, tirée, suivant quelques auteurs, de ce que l'autorité des cours *arrête*, finit et détermine les différens qui s'élèvent entre les citoyens.

On appelle *ordonnance* la décision ou l'ordre que donne un juge seul, soit au bas d'une requête, soit à la suite d'un procès-verbal, soit dans tout autre cas déterminé par la loi. (V. *infrà*, art. 199, 221, 297, 259, 260, 263, 264, 327, 530, 558, 659, 752, 808, 809, 819, 822, 826, 969, 976, 1020.

Les jugemens, en prenant le mot dans son acception générale, reçoivent différentes qualifications selon leur objet et les circonstances dans lesquelles ils sont rendus.

Sous ce rapport, on les distingue en jugemens *préparatoires*, *interlocutoires*, *provisoires*, *définitifs*, *d'expédient*, *d'homologation*, *sur requête*, *contradictoires*, *par défaut*, *par forclusion*, *en premier ou dernier ressort*. Nous les définirons comme suit :

1.º Le *jugement préparatoire* est celui qui, sans rien préjuger au fond, a pour objet de mettre la cause en état de recevoir une décision définitive. (V. *infrà* sur l'art. 452, première disposition.)

2.º Le *jugement interlocutoire* est également un jugement préparatoire, mais qui diffère du premier en ce qu'il ordonne une preuve, une vérification, une instruction qui préjuge le fond. (V. *infrà*, sur le même article, deuxième disposition.)

3.º Le *jugement provisoire* prononce *par provision*, et avant le jugement définitif, sur un point qui exige célérité. (V. *infrà*, sur les articles 134 et 451.)

4.º Le *jugement définitif* statue sur toute la cause et la termine. (Voyez *suprà* p. 57, et *infrà*, art. 451.) Mais il est à remarquer que certains jugemens, sans terminer la contestation, peuvent néanmoins être considérés comme définitifs par rapport à leur objet ; tels sont ceux qui prononcent séparément sur un incident, sur une exception, une fin de non recevoir, etc.

5.° Le *jugement d'expédient* qui intervient sur le consentement donné par les parties pour l'*expédition* de l'affaire. C'est un accord volontaire signé par leurs avoués, en vertu de pouvoir spécial des parties, et dont le tribunal décerne acte dans la forme d'un jugement.

Le code de procédure ne contenant aucune disposition sur cette espèce particulière de jugemens, on doit se conformer, à leur égard, aux principes de l'ancienne jurisprudence, d'après lesquels l'expédient ne peut avoir autorité de chose jugée qu'entre parties capables de transiger, et sur un objet susceptible de transaction. ( Nouv. rép. v.° *jugement*, §. 1.ᵉʳ ) (1)

6.° Le jugement d'homologation est celui qui, sur une requête présentée au tribunal, ordonne l'exécution de quelque acte à l'égard duquel la loi exige son approbation. ( V. *infrà* art. 885, 889, 955, 981 ; cod. civ., art. 448, 458, 467, 1314 ; cod. de comm., art. 524, 525, 526, 635.) Ces jugemens sont aujourd'hui sujets à l'appel. ( V. *infrà* art. 889.)

7.° *Les jugemens sur requête* interviennent sur la simple demande d'une partie qui n'en a mis aucune en cause, par exemple, dans l'espèce de l'art. 99 du code civil. ( V. *infrà*, sur l'art. 157, la 534° question de l'analyse. )

8.° Le jugement *contradictoire* est celui que le tribunal rend après avoir entendu les parties en instance.

9.° Par opposition, on nomme *jugement par défaut* la décision rendue après avoir entendu une seule partie, l'autre n'ayant pas constitué avoué ou négligeant de se présenter pour plaider. ( V. le titre suivant. )

10.° Le jugement par *forclusion* est rendu contre une partie qui a négligé de produire dans un procès par écrit. ( V. *suprà* sur les articles 99 et 100. )

11.° Enfin, le jugement *en premier ressort* est la décision sujette à l'appel, et, réciproquement, le jugement *en dernier ressort* est celle qui n'est pas susceptible de cette espèce de recours.

(1) Nous examinerons sur l'art. 455 la question de savoir si ces jugemens sont sujets à l'appel.

Sur ces différentes espèces de jugemens, le code de procédure contient, au titre 7, des règles communes aux décisions à rendre tant par les tribunaux inférieurs que par les cours royales. ( V. infr. art. 470. )

Du rapprochement de toutes les dispositions de ce titre, rangées dans leur ordre naturel, résulte l'analyse suivante, à laquelle nous joignons les explications de doctrine propres à faciliter l'intelligence de plusieurs d'entre elles.

Les jugemens sont arrêtés soit à l'audience, soit à la chambre du conseil, à la pluralité des voix. ( Art. 116. )

S'il se forme, parmi les juges, plus de deux opinions, ils sont tenus de se réunir à l'une des deux opinions qui ont été émises par le plus grand nombre des votans. ( Art. 117. )

Mais si ces deux opinions sont énoncées par un nombre égal, il y a partage.

Le partage est vidé dans les tribunaux inférieurs, par l'adjonction d'un juge ou d'un suppléant, d'un avocat ou d'un avoué, à défaut les uns des autres. ( Art. 118. )

L'affaire est ensuite plaidée ou rapportée de nouveau.

Soit que le jugement ait été délibéré et arrêté audience tenante, soit qu'il l'ait été à la chambre du conseil, c'est toujours à l'audience, et publiquement, qu'il doit être prononcé.

Le *prononcé* consiste dans la proclamation de la décision précédée de l'énoncé des raisons de droit ou de fait sur lesquelles elle est fondée, et dont elle doit être la conséquence.

Le greffier porte ce prononcé sur une feuille que l'on appelle *feuille d'audience*, et où il inscrit les noms des juges, du procureur du Roi ou de son substitut.

Cette feuille est vérifiée et signée par le juge qui a présidé, ou, à son défaut, par le plus ancien de ceux qui ont concouru au jugement; elle l'est aussi par le greffier.

Mais ce qui est ainsi porté sur la feuille d'audience ne constitue pas le jugement dans son intégrité;

Il doit contenir en outre les noms, profession, demeure des parties, les noms des avoués, les conclusions et l'exposition sommaire des points de fait et de droit ( art. 141 ); c'est ce que l'on appelle les *qualités*.

Les points de fait sont puisés dans la demande et dans la défense ; les points de droit sont les questions que le juge doit résoudre en appliquant la loi. ( Tarif, art. 87. )

Cette rédaction appartient aux avoués. Celui auquel on la signifie peut y former opposition (1), et le président prononce ; c'est ce que l'on exprime par ces mots *régler les qualités*. Après la décision du président, ou, s'il n'existe pas d'opposition, à l'expiration du délai fixé, les qualités sont déposées au greffe ; et sur la demande de l'une ou de l'autre des parties, le jugement est expédié, dans son entier, par le greffier qui le compose des qualités déposées, et de ce qu'il a écrit sur la feuille d'audience. ( Art. 142, 143, 144, 145. )

Tout jugement définitif condamne la partie qui succombe aux *dépens*, c'est-à-dire, au paiement des frais faits par elle-même et par la partie adverse. ( 130. )

Quelquefois les dépens sont compensés. ( 131, 132. )

Compenser les dépens, c'est ordonner que chaque partie supportera elle-même, soit la totalité, soit une portion seulement de ses frais, l'autre partie devant, dans le premier cas, payer également la totalité des siens, et, dans le second, la portion de ceux de son adversaire que celui-ci n'est pas condamné d'acquitter.

Sur l'affirmation de l'avoué d'avoir fait la plus grande partie des avances, la distraction des dépens est ordonnée à son profit. ( 133. )

Ordonner la *distraction*, c'est distraire ou séparer la condamnation aux dépens des autres condamnations prononcées en faveur de la partie, en sorte que son avoué acquière la faculté de poursuivre lui-même, à son profit, l'exécution de la première.

Outre les règles communes à tous les jugemens, notre titre en contient de particulières relatives à certaines dispositions accessoires qu'un jugement pourrait renfermer ;

1.° Sur les dommages-intérêts ; ( 128. )

[1] Il est à remarquer que l'on ne signifie les qualités que pour les jugemens contradictoires seulement. T. art. 88.

2.° Sur les restitutions de fruits; ( 129. )

3.° Sur la comparution des parties en personne; ( 119. )

4.° Sur les prestations de serment; ( 120, 121. )

5.° Sur les délais pour l'exécution des condamnations; ( 120, 122, 124, 125. )

6.° Sur la contrainte par corps. ( 126, 127. )

D'autres règles ont pour objet l'exécution des jugemens. L'exécution est provisoire ou définitive : elle est *provisoire*, lorsque, nonobstant l'appel ou l'opposition qui sont ordinairement suspensifs ( v. suprà n.° 77, et infrà, art. 155 et 457 ), la loi veut ou autorise seulement le juge à ordonner que la décision sera exécutée avec ou sans caution.

Elle est *définitive*, lorsqu'aucune voie n'est ouverte pour se pourvoir afin de faire réformer, annuler ou casser le jugement. ( 134. )

Jamais l'exécution provisoire n'a lieu pour les dépens ( 137 ); et, en tous les cas, si les juges ont omis de la prononcer dans le jugement même, elle ne peut l'être que sur l'appel. ( Art. 136, 458, 459. ) *Provisoire* ou *définitive*, on ne peut y procéder qu'autant que l'expédition est intitulée au nom du Roi, et revêtue du mandement de Sa Majesté qui constitue la *formule exécutoire* ( 146 ), et que le jugement a été signifié à l'avoué et à la partie. ( 147 et 148. )

Enfin, la loi défend aux greffiers de délivrer aucuns jugemens avant qu'ils n'aient été signés par le juge qui a présidé. ( 139. )

Mais pour que les parties n'aient rien à craindre d'une négligence de ce magistrat, le procureur du Roi est chargé de vérifier chaque mois l'état des minutes. ( 140. )

Le code de procédure ne renferme aucune disposition sur les effets des jugemens; mais on peut en général réduire aux propositions suivantes les principes de législation et de jurisprudence concernant cet objet :

1.° Le jugement est considéré comme la vérité, tant que cette présomption légale n'est pas détruite par les voies de droit, c'est-à-dire, tant qu'il n'est pas intervenu une décision contraire rendue sur opposition, appel, tierce-opposition, requête civile, etc. ( V.

*infrà*, titre suivant, et les titres intitulés *des voies ordinaires et extraordinaires pour attaquer les jugemens, MAIS SUR-TOUT nos préliminaires sur l'appel.* )

2.° Il produit hypothèque. ( C. C., art. 2123. )

3.° S'il est définitif, il termine la contestation qui, par conséquent, ne peut être reproduite, à moins toutefois que la condamnation n'ait pas été déterminée : car, si elle était vague et incertaine; si, par exemple, le jugement condamnait une partie à *payer à l'autre tout ce qu'elle doit, avec les intérêts,* un tel jugement ne passerait pas en force de chose jugée, et n'empêcherait pas la partie contre laquelle il aurait été rendu, de faire prononcer de nouveau sur la contestation. ( Nouv. répert., v.° *jugement,* §. 1., p. 555. )

4.° Il fait considérer comme non avenue l'interruption de la prescription opérée par la demande. ( C. C., art. 2247. )

5.° Il produit l'action que l'on nomme dans le droit romain *actio judicati,* et qui a pour objet l'exécution des dispositions qu'il renferme. Cette action dure trente ans, encore bien que l'action primitive, autrement le droit sur lequel le jugement a été rendu, fût de nature à se prescrire par un moindre laps de tems. Elle est *personnelle,* lors même que l'action jugée fût réelle, parce que la contestation forme entre les parties un contrat judiciaire tacite qui produit novation. ( V. nouv. répert., au mot *réunion.* )

### ARTICLE 116.

Les jugemens seront rendus à la pluralité des voix, et prononcés sur-le-champ : néanmoins les juges pourront se retirer dans la chambre du conseil pour y recueillir les avis; ils pourront aussi continuer la cause à une des prochaines audiences pour prononcer le jugement.

#### Conférence.

T. art. 86; loi du 20 avril 1810, art. 7. V. *suprà* sur l'art. 93.

660. Lorsque le tribunal se retire à la chambre du conseil pour prononcer sur-le-champ, il n'est pas besoin de jugement qui l'ordonne; il suffit que le président déclare en son nom qu'il se retire pour prononcer de suite, ou énonce dans le prononcé du jugement que les avis ont été recueillis en la chambre du conseil : mais si le jugement ne doit être prononcé qu'à l'une des prochaines audiences, il faut qu'il soit précédé d'un jugement de renvoi à jour fixe. — A. 366.

661. Cependant le jugement qui serait rendu sans renvoi à jour fixe ne serait pas nul. — A. 367. (V. en outre un arrêt de Rennes du 31 août 1810, 3.e ch.)

662. Un jugement serait nul, s'il était prononcé à l'audience devant des juges autres que ceux qui auraient concouru à la délibération (A. 368), ou par un président qui n'y aurait pas pris part. (Cass., 7 thermidor an 11; Sirey, t. 3, p. 381.)

663. Il serait également nul si un des juges qui y ont concouru n'a pas assisté à toutes les plaidoiries, soit qu'il eût été rendu sur délibéré et d'après un rapport, soit que la plaidoirie que ce juge n'aurait pas entendue fût celle de la partie qui aurait obtenu gain de cause, soit enfin que la voix de ce même juge eût été inutile pour former la majorité. (Cass., 2 ventôse an 12, et 30 mars 1812; Sirey, t. 4, 2.e part., p. 98, et 1812, p. 190.)

664. Mais il n'est pas nécessaire que les juges qui concourrent à un jugement définitif rendu par suite d'un interlocutoire, soient les mêmes que ceux qui ont assisté à ce dernier jugement. Les plaidoiries qui ont précédé l'interlocutoire ne se confondent point, en effet, avec les plaidoiries qui ont lieu sur le jugement définitif. (Cass., 18 avril 1810; Sirey, 1810, p. 243.)

665. L'instruction est terminée lorsque le tribunal a continué la cause pour le jugement être prononcé à une prochaine audience. — A. 369.

### ARTICLE 117.

S'il se forme plus de deux opinions, les juges plus faibles en nombre seront tenus de se réunir à l'une des deux opinions qui auront été émises par le plus grand nombre; toutefois ils ne seront tenus de s'y réunir qu'après que les voix auront été recueillies une seconde fois.

*Conférence.*

Ordonnance de François I.er du mois d'octobre 1523, art. 86, chap. 1.

666. *Dans quel rang les juges doivent-ils opiner?*

Le décret du 30 mars 1808, article 55, portant réglement pour les tribunaux, contient, à cet égard, une règle générale d'après laquelle les juges opinent à leur tour, en commençant par le dernier reçu; mais cette règle souffre exception dans les affaires sur rapport, où le rapporteur opine le premier, parce qu'ayant pris une connaissance plus particulière de l'affaire, le développement de son avis peut contribuer beaucoup à l'instruction de ses collègues.

667. De ce que le jugement doit toujours être rendu à la pluralité des voix, il s'ensuit, sans exception, que tous les juges ont dû être présens à la plaidoirie ou au rapport de la cause. — A. 370.

**668.** *Comment la pluralité peut-elle se réunir en faveur d'une opinion?*

Voyez les solutions données dans les différentes hypothèses que nous avons établies. — A. 371.

669. On n'est pas tenu de mentionner dans le jugement qu'il s'est élevé plus de deux opinions, et que les voix ont été recueillies de nouveau. — A. 372.

670. L'article 117 est applicable dans les cours d'appel, en ce qu'il exige un second tour d'opinions. — A. 373.

### ARTICLE 118.

> En cas de partage, on appellera, pour le vider, un juge; à défaut du juge, un suppléant; à son défaut, un avocat attaché au barreau, et, à son défaut, un avoué; tous appelés selon l'ordre du tableau : l'affaire sera de nouveau plaidée.

#### Conférence.

Ordonnance de Louis XII, mars 1498, et édit de Henri II, février 1549. Voy. l'art. 468 et les art. 40 et 41, enfin la loi du 20 avril 1810.

671. Il y a partage toutes les fois qu'il y a égalité de voix pour un avis. — A. 374.

672. Le jugement devrait être annulé, si l'on n'avait pas suivi l'ordre prescrit par l'article 118 pour appeler un juge, à son défaut un suppléant, etc. — A. 375.

673. *Comment, à défaut de suppléans, viderait-on un partage dans un tribunal de commerce?*

Cette question se trouve résolue par l'article 4 du décret du 6 août 1809, qui organise les tribunaux de commerce. Cet article est ainsi conçu : « Lorsque, par des récusations ou des empêchemens, il ne » reste pas dans les tribunaux de commerce un nombre suffisant de » juges ou de suppléans, ces tribunaux sont complétés par des négo- » cians pris sur la liste formée en vertu de l'article 619 du code de » commerce, et suivant l'ordre dans lequel ils y sont portés, s'ils » ont d'ailleurs les qualités requises par l'article 620. »

674. Les juges partagés doivent voter avec le juge départiteur, en sorte qu'ils puissent respectivement abandonner les opinions qu'ils auraient émises lors du partage, et rendre avec ce juge une décision fondée soit sur l'une de ces opinions, soit sur une nouvelle. — A. 376.

675. Dans le cas où, soit par décès, soit par maladie ou autre empêchement, un des juges qui auraient concouru au partage d'opinions ne pourrait assister à la seconde plaidoirie (ou au second rap-

port, A. 379.), on devra le faire remplacer par un nouveau juge, et l'on ne pourra avoir égard à l'opinion qu'il aurait émise. Dans ce cas, deux juges nouveaux se trouveront appelés à concourir au jugement. — A. 377.

676. S'il était notoire que celui qui serait appelé pour départager eût assisté à toutes les précédentes audiences, il ne serait pas moins nécessaire de plaider l'affaire de nouveau. — A. 378.

677. Le tribunal qui, composé de quatre juges, a déclaré un partage d'opinion et appelé un cinquième juge, ne peut, si l'un des premiers opinans ne se trouvait pas à l'audience fixée pour vider le partage, prononcer en son absence, sous prétexte que les trois juges présens peuvent former à eux seuls la majorité voulue par la loi. (Paris, 30 juillet 1811; Sirey, 1814, p. 192.)

678. Si l'affaire a été instruite par écrit, l'application de l'article 118 se fera en recommençant le rapport. — A. 379.

679. Le juge départiteur ne doit pas seulement concourir au jugement de la question sur laquelle il y a eu partage, il doit encore connaître des incidens qui s'élèvent par suite de cette question, et même de toutes questions qui y sont connexes. — A. 380. ( Cass., 15 messidor an 11 ; Sirey, t. 4, 2.e part., p. 40.)

680. En cas de partage, ou de division équivalente à partage, les juges ne peuvent être autorisés, pour éviter une seconde plaidoirie, à soumettre la question à un autre juge ou au tribunal assemblé. — A. 381.

681. On pourrait cependant tenter d'appuyer l'opinion contraire d'un arrêt de la cour de cassation du 16 ventôse an 12, lequel a décidé qu'une chambre d'une cour qui a déclaré partage peut, dans la circonstance ou depuis cette déclaration un des membres qui y a concouru est appelé à d'autres fonctions, renvoyer l'affaire à une autre chambre. (V. Sirey, t. 3, 2.e part., p. 109.) Mais nous ne pensons pas que l'on puisse suivre cette forme de procéder sous l'empire du code actuel qui prescrit, articles 118 et 468, une autre forme en matière de partage, que l'on doit évidemment suivre à la rigueur.

682. Un jugement n'est pas nul, par cela seul qu'au nombre des membres qui l'ont rendu se trouverait un avocat appelé en remplacement d'un juge, sans que l'empêchement des autres juges ou des suppléans ait été constaté par le jugement même. (Cass., 12 pluv. an 9; Sirey, t. 1.er. 2.e part., p. 291.)

683. L'adjonction des avocats doit être faite de manière qu'ils ne soient pas appelés en nombre supérieur à celui des juges ; ils doivent *compléter*, mais non *constituer* le tribunal. ( Cass., 17 janv. 1806; Sirey, 1806, 2.e part., p. 98.)

684. Dans ce cas d'adjonction d'un avocat, il n'est pas nécessaire qu'il prête le serment que la loi exige des juges titulaires. ( Cass., 8 décembre 1813 ; Sirey, 1814, p. 121. )

### ARTICLE 119.

Si le jugement ordonne la comparution des parties, il indiquera le jour de la comparution.

685. Le jugement qui ordonne la comparution des parties en personne est rangé dans la classe des jugemens préparatoires, parce qu'il ne préjuge rien. — A. 382. (1)

686. Le jugement qui ordonne la comparution doit être levé et signifié à la partie, mais il n'est pas besoin de sommer l'avoué de se trouver à l'audience. — A. 383. (2)

687. Le code autorise les tribunaux à ordonner la comparution lorsqu'ils le jugent convenable, afin d'éclaircir et de lever un doute qui peut suspendre la décision du tribunal. Les parties sont interrogées à l'audience par le président ; si l'une des parties ne comparaît pas, son défaut doit la faire assimiler à celui qui ne veut pas subir interrogatoire sur faits et articles. — A. 384.

### ARTICLE 120.

Tout jugement qui ordonnera un serment, énoncera les faits sur lesquels il sera reçu.

#### *Conférence.*

Voyez *suprà*, article 55.

688. L'omission, dans un jugement, des faits sur lesquels le serment doit être prêté, semble devoir entraîner la nullité de ce jugement. — A. 385. (3)

689. Mais si ces faits se trouvent relatés dans la question de fait, le vœu de la loi est rempli, encore bien que ces faits ne soient pas répétés dans le dispositif. — A. 386.

690. On pourrait, en ordonnant le serment, statuer conditionnellement sur la contestation. — A. 387.

---

(1) Ajoutez à la parenthèse ; Pigeau, introd. à la procéd., p. 21, et la quest. 1473.

(2) *Er.* 1re ligne, 2.e alinea, au lieu de *p. 154*, lisez *p. 134.*

(3) *Er.* Dans l'énoncé de l'article, au lieu de *tenu*, lisez *reçu.*

691. Le jugement qui défère le serment à l'une des parties doit être signifié à la personne et à son avoué. — A. 388. (1)

Contre cette opinion on peut argumenter d'un arrêt de la cour de Douay, du 26 mai 1814 (Sirey, 1815, 2.ᵉ part., p. 234), qui, en se fondant sur les articles 1357 et 1366 du code civil, décide que la partie qui a offert un serment, et qui décède sans avoir annoncé un changement d'intention, est réputée avoir prêté le serment, et qu'en conséquence le bénéfice de la condamnation prononcée à la charge de ce serment est acquis à ses héritiers. Nous ne pourrions opposer, contre cette décision, que les motifs développés dans l'analyse, et que nous persistons à croire bien fondés.

692. La signification du jugement qui ordonne la prestation du serment peut être faite tant à requête de celui qui l'a déféré, qu'à requête de celui à qui il a été déféré. — A. 389. (2)

693. *Après avoir rétracté la délation de serment, une partie peut-elle le déférer de nouveau ?*

Tant que celui à qui le serment a été déféré n'a pas déclaré qu'il est prêt à le faire, l'autre partie, dit l'article 1364 du code civil, peut rétracter sa délation. Si elle le fait en se persuadant qu'elle a de nouveaux moyens suffisans pour prouver sa demande, nous ne pensons pas qu'elle puisse de rechef abandonner ces moyens pour déférer une seconde fois le serment : la loi 11, au code *de rebus creditis*, le décide ainsi. En effet, la première rétractation emporte une renonciation absolue au droit d'exiger ce serment : une seconde variation ne serait pas tolérable, parce qu'on ne doit pas se faire un jeu du serment et de la bonne foi des parties. (Extrait des cahiers dictés en la faculté de Caen, par M. Thomines.)

694. L'expédition et la signification du jugement qui ordonne le serment, appartiennent à la partie la plus diligente. — 390. (3)

695. *Un avoué peut-il déférer le serment, ou déclarer accepter la délation pour sa partie ?* — A. 391. Voyez les questions traitées sur l'article 352.

696. Si la partie à laquelle le serment a été déféré, décède ou devient incapable avant le jour de sa comparution, les choses rentrent dans le même état, et le jugement est censé non avenu. — A. 392. (4)

---

[1] Première ligne de cette question, au lieu de *pag. 134*, lisez *pag. 134*.

[2] Dernière ligne du premier alinea, pag. 207, au lieu de *l'y sommant*, lisez *le sommant*.

[3] Treizième ligne, deuxième alinea, au lieu de *sa défense*, lisez *sa défaite*.

[4] Deuxième ligne, quatrième alinea, au lieu de *art. 1369*, lisez *art. 1364*.

A R T I C L E  121.

Le serment sera fait par la partie en personne, et à l'audience. Dans le cas d'un empêchement légitime et dûment constaté, le serment pourra être prêté devant le juge que le tribunal aura commis, et qui se transportera chez la partie, assisté du greffier.

Si la partie à laquelle le serment est déféré, est trop éloignée, le tribunal pourra ordonner qu'elle prêtera le serment devant le tribunal du lieu de sa résidence.

Dans tous les cas, le serment sera fait en présence de l'autre partie, ou elle dûment appellée par acte d'avoué à avoué, et, s'il n'y a pas d'avoué constitué, par exploit contenant l'indication du jour de la prestation.

*Conférence.*

T. art. 29, 70. Code civil, section V, chap. VI, titre III, livre III.

697. Le serment ne peut être prêté par un fondé de pouvoirs. — A. 393, et Poitiers, 21 prairial an 4; Sirey, t. 3, 2.ᵉ partie, page 478.

698. Il n'y a point d'exception à la règle générale que le serment doit être fait par la partie en personne et à l'audience. — A. 394.

699. Les corps et communautés ne peuvent plus être autorisés à prêter serment par un fondé de pouvoirs pris parmi leurs membres. —A. 395. (1)

700. *Le tuteur peut-il déférer, référer ou accepter le serment sans remplir préalablement les formalités prescrites par les articles 464, 467 et 2045 du code civil?*
Nous avons dit sans distinction, A. 395, qu'il devait remplir ces formalités. Telle paraît être l'opinion de M. Toullier ( t. 2, p. 456 et 468. ) Mais M. Delvincourt observe que si le tuteur ne peut déférer le serment, ce ne peut être, d'après l'article 464, que dans le cas où l'action serait immobilière. En effet, si l'action est purement mobilière, comme le serment est plutôt un acquiescement qu'une transaction, et que le même article 464 lui permet d'acquiescer, il semble qu'il peut déférer le serment et le prêter.

701. La partie à laquelle le serment est déféré, doit, si elle ne peut se transporter à l'audience, faire constater la légitimité de l'empêchement par le tribunal qui commet alors un juge pour recevoir ce serment. — A. 396.

702. Un tribunal peut révoquer la commission qu'il aurait donnée à un autre à l'effet de recevoir le serment d'une partie. —A. 397.

---

(1) Troisième alinéa, dernière ligne, au lieu de *art. 366*, lisez *art. 336.*

702. La loi ne prescrit point, pour le serment judiciaire, des formes applicables à tous les français. Chacun doit le prêter suivant les rites que lui prescrit son culte. — A. 398, et cass., 12 juillet 1810; Sirey, 1810, p. 329, et la dissertation de cet arrêtiste, même année, p. 228. (1)

703. Les juges peuvent et doivent même ordonner, à celui qui professe notoirement une religion, qui admet une forme particulière de serment, qu'il le prête en cette forme, et non pas selon les formes ordinaires.

704. Mais ils peuvent aussi l'en dispenser s'ils ont quelques raisons de douter qu'il soit attaché à cette religion, ou de croire que ce soit par mauvaise foi qu'il refuse de jurer selon la forme qu'elle prescrit. — A. 399. (2)

705. Pour que la partie adverse de celui auquel le serment est déféré se présente à l'audience, à l'effet d'assister à la prestation, il suffit de lui accorder les délais requis pour les actes d'avoué à avoué; mais si le simple délai de huitaine ne pouvait suffire à l'avoué pour avertir son client, le tribunal ne pourrait, sans injustice, refuser un délai suffisant. — A. 400.

706. Si le jugement fixe un délai pour prêter un serment sans déclarer qu'il sera *péremptoire*, ce délai peut n'être réputé que comminatoire; mais nous n'oserions assurer qu'il en fût ainsi dans le cas où une telle déclaration ferait partie du jugement. — A. 401. (3)

707. La prestation d'un serment déféré d'office produit une fin de non recevoir contre l'appel, soit du jugement qui ordonne ce serment, soit de celui qui prononce les condamnations qui sont l'effet de la prestation, toutes les fois qu'il y a eu intervalle entre le jugement et le serment, et que la partie assignée pour être présente à la prestation, a comparu et laissé affirmer sans justifier d'un appel de sa part. — A. 402.

708. Si la partie assignée pour être présente au serment laisse

[1] Première ligne, au lieu de *14 mars 1809*, lisez *28 mars 1810*; et plus bas, au lieu de *mais il faut remarquer qu'il résulte aussi de cette décision qu'il faut que la personne*, etc., *soit notoirement reconnue*, etc., lisez *mais il résulte aussi de cette décision que la personne*, etc., *doit être notoirement reconnue*, etc.

[2] Deuxième ligne de cette question, pag. 215, au lieu de *les juges peuvent lui ordonner d'affirmer*, etc., lisez *les juges peuvent et doivent même lui ordonner d'affirmer suivant cette forme*; 2.° *qu'ils peuvent aussi l'en dispenser s'ils ont des raisons de douter qu'il soit resté attaché à ce culte, ou de croire que ce soit par mauvaise foi...*, etc.

(3) Numérotez cette page *216* au lieu de *116*; et plus bas, dernière ligne, Premier alinea, au lieu de *est faillie*, lisez *est défaillie*.

défaut, et, à plus forte raison, si elle interjette appel de la sentence qui l'ordonne, on ne peut tirer aucune fin de non recevoir de la prestation du serment. — A. 403. (1)

Quoi qu'il en soit, un arrêt de la cour de Paris, du 24 août 1810, a jugé le contraire. Mais nous n'en persistons pas moins dans notre précédente opinion, conforme d'ailleurs à l'ancienne jurisprudence.

709. Si l'avoué de la partie assignée pour être présente au serment déclarait, en l'absence de celle-ci, qu'il n'entend pas s'opposer à la prestation, il n'en résulterait aucun acquiescement de la part de la partie. — A. 404.

710. Immédiatement après la prestation de serment, et sans qu'il soit besoin de faire signifier des réponses, le jugement, qui a décerné acte de la prestation, peut être rendu au fond. ( Turin, 31 décembre 1810. Sirey, 1811, 2.ᵉ part., p. 182. )

### ARTICLE 122.

Dans les cas où les tribunaux peuvent accorder des délais pour l'exécution de leurs jugemens, ils le feront par le jugement même qui statuera sur la contestation, et qui énoncera les motifs du délai.

### Conférence.

Code civil, art. 1244. — Infrà, sur l'art. 530.

711. Les juges peuvent appliquer l'art. 122 du code de procédure, et conséquemment accorder des délais pour l'exécution de leurs jugemens, toutes les fois que la loi ne l'a pas défendu, soit par des dispositions expresses, soit par une conséquence nécessaire de son esprit et de ses dispositions. — A. 405 et 410.

712. Les articles 1244 du code civil et 122 du code de procédure, ne sont pas applicables en matière commerciale. — A. 406.

Nous ajouterons qu'il résulte clairement des articles 157 et 187 du code de commerce, que les juges ne peuvent accorder de délais pour le paiement des lettres de change et des billets à ordre.

Mais ces deux articles ne statuant que sur ces deux espèces d'obligations commerciales, on pourrait en conclure qu'il y a lieu, dans les autres cas, à appliquer l'article 122 du code de procédure, et l'article 1244 du code civil. Nous sommes d'autant plus portés à le croire, que ces articles renferment une disposition générale,

(1) 4.ᵉ ligne de cette question, au lieu de *les erment*, lisez *le serment*; et plus bas, 2.ᵉ ligne, 2.ᵉ alinéa et dernière ligne de la question 404, au lieu de 28 *avril*, lisez 2 *avril*.

puisqu'ils parlent des *tribunaux indistinctement. Dans les cas*, dit l'article 122, *où les tribunaux peuvent accorder des délais*, etc. *Les juges peuvent néanmoins*, porte l'article 1244, etc.

On voit que ces deux dispositions comprennent les juges des tribunaux ordinaires, comme ceux de commerce.

Mais on remarquera que cette addition ne contrarie point la proposition ci-dessus tirée de notre analyse, puisque nous n'y avons parlé que des obligations ou des effets de commerce.

713. *Lorsqu'en vertu de l'article 122, les tribunaux accordent des délais pour l'exécution de leurs jugemens, ces délais sont-ils de rigueur en tous les cas, en sorte qu'ils ne puissent pas être prolongés?*

Deux arrêts, l'un de la cour de Nismes du 14 thermidor an 12, l'autre de la cour de cassation du 1.er avril 1812 ( v. Sirey, 1807, 2.e part., p. 826, et 1814, p. 110 ), décident cette question pour l'affirmative. Mais il est à remarquer que ces deux arrêts ont été rendus dans des espèces où les juges, en accordant le délai, avaient déclaré qu'il serait de *rigueur* : d'où résultait qu'en accordant un nouveau délai, on aurait porté atteinte à l'autorité de la chose jugée.

Si, au contraire, aucune distinction pareille n'existait dans un jugement, il semblerait qu'un tribunal ne serait pas rigoureusement empêché d'accorder un nouveau délai. On invoquerait ici la maxime *favores ampliandi.* Cependant M. Perrin, dans son traité des nullités, p. 230, paraît être d'un sentiment contraire; mais il se fonde sur l'arrêt du 1.er avril 1812, et nous avons vu qu'il a été rendu sur le motif que le juge avait déclaré le délai de rigueur.

714. Lorsqu'un tribunal a accordé un délai, sans déclarer qu'il sera de rigueur, et que la partie qui ne s'y serait pas conformée serait *forclose*, cette partie peut exécuter le jugement, même après le délai. ( Turin, 12 mars 1808. Sirey, 1809, 2.e partie, p. 110. )

715. Les articles 1244 du code civil et 122 du code de procédure ne sont pas applicables, lorsqu'il s'agit d'une obligation exécutoire. — A. 407. (1)

_____

[1] 4.e ligne, page 219, ajoutez : Voyez aussi au journal des avoués, t. 5, p. 109, l'arrêt de la cour de Bruxelles, du 18 juin 1812.

### ARTICLE 123.

Le délai courra du jour du jugement, s'il est contradictoire ; et de celui de la signification, s'il est par défaut.

716. De ce que l'article 123 porte que le délai courra du jour de la signification, si le jugement est rendu par défaut, il n'en faut pas conclure qu'un tribunal puisse accorder des délais d'office, et sans qu'ils soient demandés. — A. 408.

717. De même le débiteur condamné sans avoir demandé de délai, ne peut en obtenir un ni par la voie d'opposition aux poursuites ( Colmar, 30 août 1809. Sirey, 1814, 2.ᵉ partie, p. 249 ), ni par voie de référé. ( Paris, 11 avril 1810 ; ibid. , p. 216. )

718. Si le tribunal divise le paiement en plusieurs termes, il est juste que le créancier puisse exécuter pour le tout, si le débiteur n'a pas acquitté le premier terme. — A. 409.

719. Lorsque dans une instance pour cause de lésion , la résiliation de la vente a été prononcée avec faculté à l'acquéreur de suppléer le juste prix dans un délai donné, cet acquéreur, qui laisse passer le délai sans consommer son option, n'est pas déchu, alors même que le jugement serait confirmé sur l'appel : ce délai ne court que du jour où le jugement a acquis l'autorité de la chose jugée. ( Cass., 12 juin 1810 ; Sirey, 1810, p. 317, et *infrà* sur l'art. 457, quest. 1510 de l'analyse.

### ARTICLE 124.

Le débiteur ne pourra obtenir un délai, ni jouir du délai qui lui aura été accordé, si ses biens sont vendus à la requête d'autres créanciers, s'il est en état de faillite, de coutumace, ou s'il est constitué prisonnier, ni enfin lorsque, par son fait, il aura diminué les sûretés qu'il avait données par le contrat à son créancier.

720. Les cas mentionnés en l'article 124 ne sont pas les seuls où il soit interdit aux juges d'accorder des délais. — A. 410.

721. Si, dans l'obligation qui ferait l'objet de la demande, il avait été stipulé, comme condition essentielle, que le débiteur ne pourrait obtenir de délais, le juge pourrait néanmoins en accorder. — A. 411.

Dans son traité du droit civil français, notre respectable et savant collègue M. Toullier, a manifesté une opinion absolument contraire à cette proposition. « Le créancier, dit-il, peut empêcher qu'on » n'accorde des délais à son débiteur par une stipulation insérée

» dans l'acte, comme l'observe fort bien M. de Malleville. » En effet, on lit dans l'analyse de la discussion au conseil d'état par cet auteur, et dans le procès-verbal de cette discussion, qu'il fut demandé si l'article en projet, correspondant au 1244.° du code autoriserait le juge à user de la faculté que lui donnait cet article, même lorsqu'il y aurait une *stipulation contraire ;* et il fut répondu qu'il n'était pas dans l'intention de la section de donner cette étendue à la disposition. Or, dit M. Toullier, « quels seraient les » juges qui oseraient s'arroger un pouvoir que le code ne leur » accorde point, que les rédacteurs du code ni le conseil d'état » n'ont point eu l'intention de leur conférer ? Il faut une loi expresse » pour autoriser les juges à s'écarter de la loi du contrat. »

Nous sentons combien est importante cette opinion d'un auteur qui a fixé tant d'incertitudes sur les questions les plus épineuses du droit civil, et quel poids y ajoute l'explication donnée au conseil d'état sur la question dont il s'agit.

Quoi qu'il en soit, nous soumettrons aux lumières des jurisconsultes et des magistrats les réflexions suivantes, que nous croyons de nature à fournir un nouvel appui à notre première solution.

Nous observerons d'abord que l'on ne doit point, pour l'application de l'article 1244, considérer s'il convenait que le législateur se fût montré moins favorable au débiteur malheureux. Il a voulu que les tribunaux pussent, en prenant sa position en considération, lui accorder des délais pour le paiement. Or, d'un côté, cette loi d'humanité peut, au gré de tout créancier, devenir absolument inutile, si les tribunaux étaient liés par une renonciation que l'on ne manquerait jamais d'exiger ; de l'autre, il n'est pas juste qu'une stipulation, consentie au moment du contrat, et dans un tems où le débiteur n'a aucune raison de redouter la position malheureuse à laquelle la loi a voulu avoir égard, pût être invoquée à la rigueur contre lui, si des circonstances imprévues l'y font tomber.

Enfin, ce n'est pas seulement le débiteur que l'humanité de la loi a eu en vue ; elle a considéré sa famille, l'intérêt du commerce, celui même des tiers qui auraient contracté avec lui. Ne peut-il pas arriver, en effet, qu'un seul créancier, invoquant une renonciation insérée au contrat, et mettant ainsi le juge dans l'impuissance d'accorder un délai à un débiteur qui justifie de moyens possibles de se libérer à l'avenir, ne contraigne ce débiteur à tomber en état de faillite ou de déconfiture, et ne lui ôte ainsi la faculté de faire un jour honneur à ses engagemens ?

Sous ce rapport, nous serions portés à considérer comme contraire à l'ordre public la disposition de l'article 1244, et, par conséquent, comme non avenue toute stipulation prohibitive de la faculté qu'elle accorde aux juges. L'explication donnée lors de la discussion de la loi au conseil d'état, ne nous paraît pas une raison absolument tranchante. La pensée d'une section du conseil d'état, discutant un projet de lois, n'est point pour nous celle du législateur qui a pu entendre plus favorablement la disposition qu'il adoptait. Au reste, nous n'ajoutons ces réflexions qu'avec la juste défiance que nous inspire la supériorité des lumières de notre respectable doyen.

722. Il n'y a que le créancier demandeur qui puisse se plaindre de ce que le juge aurait accordé délai à un individu qui se trouverait dans le cas de la prohibition portée en l'art. 124. — A. 412.

### ARTICLE 125.

Les actes conservatoires seront valables, nonobstant le délai accordé.

723. Les actes réputés conservatoires, et qui conséquemment seraient valables nonobstant ce délai, sont tous ceux qui ont pour objet d'assurer le paiement de la créance sans changer la position où était le débiteur, et sans nuire à la jouissance qu'il avait au moment du jugement. — A. 413.

### ARTICLE 126.

La contrainte par corps ne sera prononcée que dans les cas prévus par la loi; il est néanmoins laissé à la prudence des juges de la prononcer,

1.° Pour dommages et intérêts en matière civile, au-dessus de la somme de trois cents francs;

2.° Pour reliquats de comptes de tutelle, curatelle, d'administration de corps et communauté, établissemens publics ou de toute administration confiée par justice, et pour toutes restitutions à faire par suite desdits comptes.

*Conférence.*

Art. 2, titre XXXIV, ordonn. de 1667, et art. 8, titre XXIX, et 3, titre XXXIV même ordonnance; loi du 15 germinal an 6. V, *infrà* questions sur l'art. 130 et l'art. 524.

724. *Les juges de paix peuvent-ils prononcer la contrainte par corps dans les matières qui seraient de leur compétence?*

Aucune loi ne nous semble leur interdire ni expressément ni implicitement ce pouvoir. Mais nous ferons observer que la contrainte par corps ne pouvant être prononcée pour une somme

moindre de 3oo fr., et cette valeur étant pour toute action personnelle au-dessus du pouvoir du juge de paix, il ne reste guères
de cas où il ait lieu de prononcer la contrainte ; si sa jurisdiction
n'a pas été volontairement prorogée, ou s'il ne s'agit pas des affaires
commerciales dont il peut connaître, lorsqu'elles sont d'une valeur
au-dessous de 100 fr. ( **V.** *suprà* n.ᵒˢ 11 et 27. )

725. Dans les cas de l'article 126, la contrainte par corps ne
peut être prononcée que contre les personnes qui ne sont pas
comprises dans les exceptions portées aux articles 2064 et 2066 du
code civil. — **A.** 414.

726. Lorsque la partie a conclu à la contrainte par corps, et que
le juge ne lui a pas adjugé ses conclusions en prononçant les condamnations principales, elle ne peut plus former la demande de
contrainte devant le même tribunal ; elle doit recourir à l'appel,
s'il y a lieu.

727. Mais lorsque la partie n'a pas demandé la contrainte par
corps, elle n'a plus le droit de former cette demande ; elle a annoncé,
par son silence, qu'elle se contentait des voies ordinaires d'exécution.
— **A.** 415.

728. Les juges civils saisis d'une action en dommages-intérêts
résultant d'un délit peuvent se dispenser de prononcer la contrainte
d'après les termes facultatifs de l'article 126, dans le cas où l'action
civile a été formée devant eux suivant la faculté que donne l'article
3 du code d'instruction criminelle à la partie qui a souffert du délit ;
parce qu'alors la partie lésée ayant formé sa demande devant un
tribunal civil, a annoncé, par son option entre la voie civile et
la voie criminelle, qu'elle renonçait à tous les avantages des voies
criminelles. — **A.** 416. (1)

729. L'article 126 n'est pas applicable en matière commerciale,
et les juges doivent toujours prononcer la contrainte par corps
entre marchands pour fait de marchandise dont ils se mêlent réciproquement. — **A.** 417. (2)

730. L'article 690 est impératif, et la condamnation à la contrainte par corps prononcée par cet article contre le saisi qui aurait
coupé des bois ou commis des dégradations, n'est pas facultative.
— **A.** 418. (3)

731. La faculté de contraindre par corps, même pour les objets

(1) A la fin du deuxième alinéa, p. 126, ajoutez : Un arrêt de Poitiers, du 18 janvier
1814, a jugé de la même manière pour le cas d'administration particulière d'une faillite.

(2) Quatrième ligne, deuxième alinéa, au lieu de *ou statué*, lisez *à statuer.*

(3) Dernière ligne, au lieu de *Pigeau, tom. 1*, lisez *Pigeau, tom. 2.*

mentionnés au 2.° §. de l'art. 126, n'est applicable qu'autant que le montant de la condamnation s'éleverait au-dessus de la somme de 300 francs. —. A. 419.

Au surplus, comme l'observe M. Thomines dans ses cahiers dictés en la faculté de Caen, le code de procédure n'a point dérogé à l'article 2065 du code civil, en permettant de prononcer la contrainte par corps pour reliquat de compte de tutelle ou restitution à faire par suite d'administration confiée par justice; l'article 126 n'a eu pour but que de déclarer que, si la contrainte par corps a lieu dans les cas qu'il exprime, ce n'est pas toujours pour les juges une nécessité, mais que la loi s'en rapporte à leur prudence.

732. L'héritier bénéficiaire, quoiqu'administrateur, ne peut être contraint par corps, parce qu'il n'a point une administration confiée par justice. — A. 420.

733. Il est des cas autres que ceux mentionnés en l'article 126, dans lesquels les juges ont la faculté d'ordonner ou de refuser la contrainte par corps; tels sont ceux prévus par les articles 2061 et 2062 du code civil, 213 et 534 du code de procédure. — A. 421. (1) Nous ajouterons celui d'un vendeur qui demande la nullité de la vente et dissipe le prix qu'il en a reçu. (Paris, 27 janvier 1810; Sirey, 1807, 2.° part., p. 917.)

734. *Les dépens peuvent-ils entraîner la contrainte par corps, soit en matière civile, soit en matière commerciale?*

D'après l'article 2, titre 34 de l'ordonnance de 1667, la contrainte pouvait être ordonnée *après les quatre mois*, pour dépens adjugés, quand ils s'élèveraient à 200 liv. et au-dessus; hors ce cas, elle n'avait pas lieu même dans les jurisdictions consulaires, et c'est à tort que Rogues ( t. 1.ᵉʳ, p. 196 ) enseigne le contraire. Aussi Duparc-Poullain, t. 10, p. 538, n.° 3, dit-il, sans faire aucune distinction pour les condamnations en matière de commerce, que la contrainte par corps s'étend bien aux intérêts comme au principal, mais non au-dessous de 200 liv.

La loi du 15 germinal an 6, qui rétablit la contrainte par corps, abolie par la loi du 9 mars 1793, ne l'établit point pour les dépens, comme l'avait fait l'ordonnance de 1667. On ne peut donc la prononcer, sur-tout d'après l'article 19 du titre 3, qui abrogea *tous réglemens*, lois et ordonnances rendus en matière de contrainte par corps; ainsi la contrainte par corps cessa de pouvoir être ordonnée pour dépens en toute matière. Telle est du moins la conséquence qui paraît résulter clairement de la loi du 15 germinal an 6 : or, cette loi fait encore règle pour les affaires de commerce.

---

[1] Quatrième ligne, au lieu de *859*, lisez *839*.

Quant aux affaires civiles, le code civil, articles 2059 et suivans, ne dit rien des dépens; et l'article 126 du code de procédure, qui laisse aux juges la faculté de prononcer la contrainte dans certains cas, ne comprend pas non plus les dépens.

Nous sommes donc fondés à conclure que, dans aucun cas, notre législation actuelle n'autorise cette voie rigoureuse pour les condamnations aux dépens.

735. *Les juges peuvent-ils prononcer la contrainte par corps, si la partie n'y a pas expressément conclu?*

En aucun cas, les juges ne peuvent prononcer d'office la contrainte par corps, car il dépend du demandeur d'y renoncer, et cette renonciation est présumée lorsqu'il néglige d'y conclure. ( V. Jousse sur l'art. 4, tit. 34 de l'ordonnance de 1667, not. 1 ; et Rodier sur le même article, quest. 1.$^{re}$, *in fine.* )

### ARTICLE 127.

Pourront les juges, dans les cas énoncés en l'article précédent, ordonner qu'il sera sursis à l'exécution de la contrainte par corps, pendant le tems qu'ils fixeront ; après lequel, elle sera exercée sans nouveau jugement. Ce sursis ne pourra être accordé que par le jugement qui statuera sur la contestation, et qui énoncera les motifs de délai.

### *Conférence.*

Voyez l'article 900.

736. Les juges peuvent accorder d'office le sursis dont il s'agit en l'article 127, lorsque la partie condamnée ne le demande pas. — A. 422.

737. Les juges ne peuvent, hors les cas mentionnés en l'art. 126, surseoir à l'exécution de la contrainte par corps. — A. 423 et 2806. (1)

738. *Peut-on, sous l'appel, obtenir sursis à l'exécution de la contrainte par corps?*

Voyez A. 424 (2) et *infrà*, sur les articles 786 et 794, les questions 2462 et 2490 de l'analyse.

739. On ne peut exécuter la contrainte par corps dans les cas exprimés par l'article 126, lorsque les juges ont accordé des délais en vertu de l'article 122. — A. 425.

---

[1] Dernière ligne, au lieu de *art. 906*, lisez *art. 900.*

[2] Substituez à ce qui est entre deux parenthèses : *Voyez quest. 2462 et 2490.*

## ARTICLE 128.

Tous jugemens qui condamneront en des dommages et intérêts, en contiendront la liquidation, ou ordonneront qu'ils seront donnés par état.

### Conférence,

Ordonnance de 1667, titre XXVI, art. 6.

Voyez les questions traitées sur les articles 523, 524 et 525.

740. Quoiqu'un jugement ne prononce pas de condamnations précises de dommages-intérêts, il a préjugé qu'il en est dû, s'il a permis à une partie d'en fournir la déclaration; et, par conséquent, les juges peuvent faire droit sur la demande en dommages-intérêts formée par la partie intéressée. ( Rennes, 22 avril 1812, 3.° ch. )

741. Il n'est pas nécessairement dans l'esprit de la loi ou du jugement qui a ordonné de fournir déclaration des dommages-intérêts, d'en faire dépendre le réglement d'une preuve testimoniale; les juges peuvent donc rejeter cette preuve, et régler les dommages-intérêts d'après les données que fournit l'espèce de la cause. ( Même arrêt. )

## ARTICLE 129.

Les jugemens qui condamneront à une restitution de fruits, ordonneront qu'elle sera faite en nature pour la dernière année; et, pour les années précédentes, suivant les mercuriales du marché le plus voisin, eu égard aux saisons et aux prix communs de l'année; sinon à dire d'experts, à défaut de mercuriales. Si la restitution en nature pour la dernière année est impossible, elle se fera comme pour les années précédentes.

### Conférence.

Ordonnance de 1667, art. 1, tit. XXX; ordonn. de 1539, art. 94, et ordonn. de Henri III de 1585.

742. Lorsque les fruits consistent en objets qui ne se portent pas aux marchés publics, et dont la valeur n'a pas été fixée par les mercuriales, il n'est pas nécessaire de recourir à la voie d'expertise; le prix commun peut en être constaté par les courtiers et agens de change. — A. 426.

743. *Si le jugement ordonnait une estimation de fruits qui ne seraient pas encore parvenus à maturité, quelles seraient les bases de cette estimation?*

Il faut sur ce point suivre l'usage local. En Bretagne, d'après l'article

252 de la coutume, les grains qui sont ensemencés et en herbe jusqu'au 1.ᵉʳ jour du mois de mai sont prisés comme semences et labourages ; passé le jour qu'ils commencent à être en tuyeau, ils sont prisés pour ce qu'ils peuvent apporter de grains et de pailles en août, selon ce qu'ils peuvent rendre par journal, déduction faite des frais de semence et labourage.

744. La cour qui adjuge des dommages-intérêts pour des faits postérieurs au jugement de première instance, doit les liquider elle-même, et non pas renvoyer à cet effet devant les premiers juges. ( Cass. , 14 nivôse an 9 ; Sirey, t. 1, 2.ᵉ part., p. 286. )

### ARTICLE 130.

Toute partie qui succombera, sera condamnée aux dépens.

#### *Conférence.*

Ordonnance de 1667, tit. XXXI, art. 1, sur la contrainte par corps en matière de dépens. ( V. *suprà* n.° 734, et *infrà* sur les art. 386 et 999. )

745. Les dépens ne peuvent être prononcés contre des personnes autres que la partie qui est aux qualités du procès et qui succombe ; mais ils peuvent l'être contre les officiers ministériels dans les cas prévus par les articles 71, 132, 293 et 1031. Voyez les questions sur ce dernier article, A. 427.

746. Il y a cependant, dans certains cas, exception à ce principe ; par exemple, le mari peut être condamné aux dépens dans les procès qui intéressent sa femme, lorsqu'il plaide seul dans l'intérêt de celle-ci, ou qu'il plaide avec elle au fond. — A. 428. (1)

747. Un juge qui n'a pas été pris à partie ne peut être condamné aux dépens sur l'appel du jugement qu'il a rendu ou concouru à rendre. ( Cass., 7 juin 1810 ; Sirey, 1810, p. 270.)

748. Cette condamnation ne peut être prononcée personnellement contre un maire qui plaide en sa qualité pour les intérêts de sa commune. ( Cass., 6 ventôse an 11, et 21 janvier 1808 ; Sirey, t. 3, 2.ᵉ part., p. 413, et 1809, p. 163.)

749. Il en serait autrement, encore bien qu'il apparût que le procès intéressât la commune, si le maire avait succombé en plaidant sans autorisation. ( Cass., 21 août 1809 ; Sirey, 1810, p. 285. )

750. Un père ayant le droit de former opposition au mariage de ses enfans, sans être tenu d'en déduire les motifs, ne doit pas être condamné aux dépens du procès, encore que l'opposition soit déclarée mal fondée. ( Amiens, 15 février 1808 ; Sirey, 1808, p. 411.)

---

[1] Sixième alinéa, ligne 9, au lieu de *tom. 1*, lisez *tom. 2*.

751. Le légataire universel qui succombe en soutenant la validité du testament doit être condamné aux dépens. — A. 429.

752. La partie qui déclare s'en référer à justice, peut être condamnée aux dépens, si la partie adverse obtient gain de cause. — A. 430.

753. La partie qui gagne son procès au moyen d'un serment supplétif qui lui est déféré, peut obtenir ses frais de son adversaire. — A. 431.

754. Dans les affaires qui intéressent le gouvernement, et dans lesquelles le ministère d'avoué n'est pas nécessaire, les parties ne peuvent, quand l'administration succombe, se faire allouer les frais tariés au profit des avoués. (Décision du ministre de la justice du 26 novembre 1808; Sirey, 1809, 2.ᵉ part., p. 6.)

755. Le ministère public ne peut être condamné aux dépens, lorsqu'il succombe en matière civile comme partie principale. Cette faveur n'est pas réciproque dans l'intérêt de la partie sur laquelle il obtient gain de cause. — A. 432. (1)

756. Les condamnations aux dépens ne peuvent être prononcées solidairement contre plusieurs parties qui succombent, si ce n'est dans les cas où la loi le permet : elles ne pourraient même pas être exécutées subsidiairement contre l'une d'elles, en cas d'insolvabilité des autres. — A. 433. (2) ( Cass., 20 juillet 1815; Sirey, 1815, p. 249, et Rennes, 12 juillet 1813. )

757. Il n'est pas rigoureusement exigé qu'un jugement interlocutoire, ou tout autre jugement qui statuerait sur une exception ou un incident, prononce toujours la condamnation aux dépens ; on peut les réserver dans les jugemens provisoires et interlocutoires ; mais s'il y avait appel, l'arrêt devrait prononcer la condamnation pour la cause d'appel. Quant aux jugemens qui statuent définitivement sur une exception,

---

(1) Supprimez la note p. 237, et y substituez ce qui suit : Nous remarquerons que, si l'art. 69 du code de procédure porte que le Roi est assigné pour ses domaines en la personne de ses procureurs, néanmoins l'article 14 de la loi du 8 novembre 1814, portant que le ministre de la maison du Roi, ou l'intendant par lui commis, exerce les actions judiciaires du Roi, et que c'est contre lui que toutes les actions à la charge de Sa Majesté sont dirigées, il semble en résulter qu'il peut y avoir des condamnations aux dépens contre le ministre ou intendant, puisque ce serait lui et non le ministère public qui serait en nom au procès.

(2) *Er.* Premier alinea de cette question *in fine*, au lieu de fructidor an 13, *lisez* thermidor an 13, et à la note qui suit entre deux parenthèses, ajoutez Sirey, t. 5, 2.ᵉ part., p. 207. — Troisième alinea *in fine*, au lieu de 17 mars 1806, *lisez* 17 mars 1808 ; et à la note suivante, au lieu de page 237, *lisez* p. 337; ajoutez aussi à la note du premier alinea de la même quest. p. 239 : Cass., 20 juillet 1815; Sirey, 1815, p. 249, et Rennes, 12 juillet 1813.

ils doivent, en général, prononcer cette condamnation. — A. 434, et arrêt de Colmar du 31 mai 1811; Sirey, 1814, 2.ᵉ part., p. 237.

758. *Les dépens d'un déclinatoire doivent-ils être taxés comme en matière ordinaire, ou comme en matière sommaire?*

Cette question est traitée sur l'article 172. — A. 435.

759. *Peut-on condamner aux dépens le défendeur défaillant qui obtient gain de cause?*

Voyez sur l'article 160.

760. Le juge autorisé à prononcer la contrainte par corps pour le principal, n'est pas autorisé à la prononcer pour les dépens. ( Cass., 14 novembre 1809; Sirey, 1810, p. 64. V. *suprà* sur l'art. 126. )

761. Les arbitres, dans le silence du compromis, sont autorisés à condamner aux dépens. — A. 436 et 3038.

762. Si les parties avaient omis de conclure à la condamnation aux dépens, le juge ne devrait pas moins la prononcer. — A. 437.

763. Si le jugement avait omis de prononcer sur les dépens, dans le cas où la partie ne les aurait pas demandés, celle-ci, après avoir gagné sa cause, ne pourrait contraindre son adversaire à les payer; seulement le jugement pourrait être sujet à l'appel ou au pourvoi en cassation. — A. 438.

764. La condamnation aux dépens donne lieu à l'appel du jugement, de même que son omission. ( Cass., 8 août 1808 : Sirey, 1808, p. 505. )

765. Le tiers auquel il aurait été fait transport des dépens prononcés par la condamnation est soumis à la taxe. ( Paris, 23 mai 1808; Sirey, 1808, p. 267. )

### ARTICLE 131.

Pourront néanmoins les dépens être compensés en tout ou en partie, entre conjoints, ascendans, descendans, frères et sœurs, ou alliés au même degré : les juges pourront aussi compenser les dépens en tout ou en partie, si les parties succombent respectivement sur quelques chefs.

#### *Conférence.*

Dispositions conformes à la jurisprudence, et contraires à celles de l'article 1.ᵉʳ de l'ordonnance.

766. Par ces mots, *compenser les dépens*, on entend que chaque partie paiera ses frais en totalité, ce qui s'appelle compensation simple, ou en partie, et c'est alors la compensation proportionnelle. — A. 439, et *suprà*, page 192.

767. On peut compenser les dépens entre parties non parentes, encore que la demande n'ait qu'un seul chef. — A. 440.

768. On doit compenser les dépens, lorsque celui qui succombe en définitif a été jugé fondé sur une contestation relative à un interlocutoire, à une exception, ou à un incident dont les dépens ont été réservés. — A. 441.

769. Lorsqu'il y a compensation simple, la partie qui a fait les avances d'une expertise, d'un procès-verbal de descente sur les lieux, qui, en un mot, a payé d'autres frais semblables qui ne sont pas plus les siens que ceux de son adversaire, ne peut en répéter la moindre partie.

Si au contraire la compensation est proportionnelle, elle a le droit de répéter ses avances au prorata de la condamnation prononcée à son profit. — A. 442.

770. Quand les dépens sont compensés, le coût du jugement est dû par la partie condamnée à payer une portion des dépens; mais, si la compensation n'est pas proportionnelle, il paraît que le coût du jugement est à la charge de celui qui le retire, à moins que le juge n'en ait autrement ordonné. — A. 443.

771. Un tribunal peut ou non user de la faculté de compenser les dépens entre la mère et le fils, sans donner matière à la réformation de son jugement sur ce chef. (Rennes, chambre des vacat., 10 sept. 1813. )

### ARTICLE 132.

Les avoués et huissiers qui auront excédé les bornes de leur ministère, les tuteurs, curateurs, héritiers bénéficiaires ou autres administrateurs qui auront compromis les intérêts de leur administration, pourront être condamnés aux dépens, en leur nom et sans répétition, même aux dommages et intérêts, s'il y a lieu ; sans préjudice de l'interdiction contre les avoués et huissiers, et de la destitution contre les tuteurs et autres, suivant la gravité des circonstances.

*Conférence.*

Voyez l'article 1031.

772. *En quels cas les personnes désignées en l'article 132 peuvent-elles être condamnées aux dépens ?*
Voyez A. 444.

773. Il n'est pas nécessaire, pour prononcer une condamnation aux dépens contre les personnes dont il s'agit, qu'il ait été pris des conclusions à ce sujet ; le tribunal peut agir d'office. — A. 445.

## ARTICLE 133.

Les avoués pourront demander la distraction des dépens
à leur profit, en affirmant, lors de la prononciation du
jugement, qu'ils ont fait la plus grande partie des avances.
La distraction des dépens ne pourra être prononcée que
par le jugement qui en portera la condamnation : dans
ce cas, la taxe sera poursuivie et l'exécutoire délivré au
nom de l'avoué, sans préjudice de l'action contre sa
partie.

774. La distraction des dépens est la séparation qui s'en fait au
profit de l'avoué, des autres condamnations à prononcer en faveur
de sa partie ; la demande doit en être formée avant le jugement. —
A. 446.

775. La disposition du jugement qui ordonne la distraction serait
nulle, si le jugement n'établissait pas, d'une manière positive, que
l'avoué a fait l'affirmation prescrite. — A. 447.

776. Il n'est pas nécessaire que l'affirmation exigée par l'art. 133
soit faite sous serment. — A. 448.

777. L'affirmation de l'avoué ne suffit pas pour qu'on lui adjuge
la distraction des dépens ; il peut être obligé à produire le registre
qu'il tient, conformément à l'article 151 du tarif. — A. 449.

778. Quand il ne s'agit que du *coût* du jugement ou de l'arrêt,
il n'est pas indispensable de prononcer la distraction par le jugement ou l'arrêt même ; ainsi l'avoué qui a fait l'avance des frais du
retrait peut ultérieurement en former par requête sa demande en distraction. (Paris, 14 juillet 1812 ; Sirey, 1814, p. 199.)

779. Lorsque les parties succombent sur différens chefs, et sont
réciproquement condamnées aux dépens, ces diverses condamnations
se compensent de plein droit jusqu'à due concurrence, mais dans le
cas seulement où la distraction n'a pas été prononcée au profit de
l'avoué. — A. 450. (1)

780. L'avoué qui a obtenu la distraction n'est pas tenu de rendre
les sommes qu'il a touchées, si le jugement qui prononçait la condamnation est réformé ou cassé. — A. 451.

781. Mais si l'avoué a droit de poursuivre, contre la partie condamnée, le paiement des dépens dont la distraction a été ordonnée
à son profit, cela n'empêche pas le client d'être débiteur de son avoué,
et créancier de celui contre lequel il a obtenu gain de cause.

---

(1) *Er.* Dernière ligne de cette question, p. 250, au lieu de *16 juillet 1807*, lisez *16 février*
*1807.*

Il suit de là que ce dernier ne peut exciper de la distraction pour se soustraire aux poursuites dirigées contre lui par le premier, à moins que l'avoué ne lui ait notifié la distraction, ou n'ait arrêté entre ses mains. ( Cass., 25 mai 1807; Sirey, 1807, 2.ᵉ part., p. 747. )

782. Cependant l'avoué qui aurait négligé de faire ses diligences contre la partie condamnée pourrait, en cas que celle-ci fût devenue insolvable, être déclaré non recevable à exercer contre son client l'action directe que lui donne l'article 133, s'il ne justifiait pas de poursuites faites infructueusement contre le condamné. — A. 452.

783. L'avoué qui n'a pas demandé la distraction aurait, en formant opposition entre les mains du condamné, avant la compensation ou le transport qui se serait fait de la part de son client, un privilège sur les dépens contre les autres créanciers de celui-ci. — A. 453.

### ARTICLE 134.

S'il a été formé une demande provisoire, et que la cause soit en état sur le provisoire et sur le fond, les juges seront tenus de prononcer sur le tout par un seul jugement.

#### *Conférence.*

Disposition de la première partie de l'article 17, titre XVII, ordonn. de 1667.

784. Une demande provisoire est celle qui a pour objet d'obtenir, avant la décision d'un procès né ou à naître, la jouissance ou la détention, en totalité ou en partie, de la chose contestée, ou de faire ordonner, pour en prévenir la perte ou le divertissement, des mesures plus ou moins urgentes, suivant les circonstances. — A. 454.

785. Les demandes provisoires peuvent être formées avant, en même tems ou après la demande principale; elles peuvent l'être, dans tous les cas, immédiatement avant le jugement du fond, et postérieurement aux défenses et réponses. — A. 455.

786. La disposition de l'article 134 ne peut guère recevoir son application que dans le cas où le principal est lui-même matière sommaire. — A. 456.

787. Les juges peuvent quelquefois statuer d'office sur certains chefs, quoiqu'ils n'aient pas été demandés. — A. 457.

788. Un tribunal ne peut, en se déclarant incompétent pour le fond, statuer sur le provisoire. — A. 458.

789. On peut adjuger un provisoire, sur l'appel même d'un jugement de renvoi, et avant d'y statuer, parce qu'en tout état de cause, on peut faire droit aux demandes en provision, lorsque l'urgence en est reconnue. — A. 459.

### ARTICLE 135.

L'exécution provisoire sans caution sera ordonnée s'il y a titre authentique, promesse reconnue, ou condamna : tion précédente par jugement dont il n'y ait point d'appel.

L'exécution provisoire pourra être ordonnée, avec ou sans caution, lorsqu'il s'agira,

1.° D'apposition et levée de scellés, ou confection d'inventaire;

2.° De réparations urgentes;

3.° D'expulsion des lieux, lorsqu'il n'y a pas de bail, ou que le bail est expiré ;

4.° De séquestres, commissaires et gardiens;

5.° De réceptions de caution et certificateurs ;

6.° De nomination de tuteurs, curateurs, et autres administrateurs, et de reddition de compte;

7.° De pensions ou provisions alimentaires.

#### *Conférence.*

Art. 15. titre XVII, même ordonn. de 1667. V. *infrà*, art, 155.

790. Les dispositions de l'article 135 ne sont applicables que dans les tribunaux de première instance. — A. 460.

791. *Peut-on ordonner l'exécution provisoire pour titre authentique, lorsque la partie adverse oppose de son côté un titre pareillement authentique, et qu'il s'agit de juger la préférence que l'un doit avoir sur l'autre ?*

Nous ne le pensons pas, attendu que la première disposition de l'article 135 n'a été portée qu'en faveur d'un titre non contesté ni quant à sa forme, ni quant aux effets qu'il doit produire comme acte authentique. Or, si l'on oppose à un titre authentique un titre de même nature, et que l'un et l'autre se détruisent réciproquement, il y a contestation sur ce titre, et, par conséquent, on ne peut prononcer l'exécution provisoire sans caution. Tel est aussi l'avis de M. Thomines, dans ses cahiers dictés en la faculté de Caen.

Si le titre authentique qui résulte d'un arrêt est modifié dans son contenu par une transaction qui le remplace, cette transaction est le seul titre actuel au moins apparent. Si donc il est attaqué, comme la provision lui est due durant la *litispendance*, sur sa validité, le jugement qui interviendrait sur l'exécution de l'arrêt ne peut être déclaré exécutoire sans caution.

Ainsi, aux termes de l'article 459, la cour pourrait suspendre cette exécution. (Rennes, 23 septembre 1815.) Par exemple, on poursuit l'exécution d'un arrêt devant un tribunal civil ; la partie oppose une transaction intervenue sur cet arrêt, et prétend que cette transaction est désormais le seul titre qu'on puisse lui opposer ; cependant le tribunal, sans égard à la transaction, statue sur la demande et ordonne l'exécution sans caution, parce qu'il y a *titre authentique*. Il n'est pas fondé à prononcer de la sorte, puisque la transaction est le seul titre apparent, jusqu'à ce qu'elle soit annulée.

792. *Qu'est-ce qu'expriment, dans la première disposition de l'article 135, les mots* PROMESSE RECONNUE ?

D'après un arrêt de la cour de Rennes du 14 octobre 1815, ce mot *promesse* n'exprime qu'une promesse écrite, antérieure à l'instance, et non pas une promesse verbale, ou que l'on ferait résulter d'un acquiescement tacite également antérieur.

Nous croyons très-exacte cette explication du mot promesse ; mais quand la promesse écrite sera-t-elle reconnue ? Ce sera lorsqu'elle n'aura pas été méconnue, c'est-à-dire, déniée pendant l'instance ; car la reconnaissance tacite de la partie qui ne conteste pas lorsqu'elle est en instance, autorise à en ordonner l'exécution sans caution. (Voyez le n.° suivant. )

793. *Si une partie fait défaut, y a-t-il lieu à déclarer que la promesse sera tenue pour* reconnue*, et, par conséquent, à ordonner l'exécution provisoire ?*

Pour qu'une promesse soit reconnue, il faut ou que la reconnaissance ait été donnée avant l'instance, ou qu'elle ait lieu pendant l'instance ; mais comme il est de principe que le défaut emporte contestation, on ne peut, s'il n'existe pas une reconnaissance formelle antérieure à l'instance, en supposer une de la part de la partie. Donc on ne peut, dans ce cas, ordonner l'exécution provisoire. Telle paraît être l'opinion de M. Hautefeuille : il faut, dit-il, promesse *reconnue par la partie* ( ce qui n'a pas lieu en cas de défaut ), ou reconnaissance prononcée par jugement non attaqué ; (ce qui suppose reconnaissance antérieure à l'instance. )

A la vérité, M. Pigeau, t. 1.er, p. 498, dit bien « que la promesse » est reconnue, en cas de silence de la partie, par un jugement qui » tient l'acte pour reconnu ; si, ajoute-t-il, la partie ne réclame pas, » c'est une reconnaissance tacite qui équivaut à l'expresse, et sur » laquelle, par conséquent, l'exécution sans caution doit également » avoir lieu, comme sur la reconnaissance expresse. »

Mais il est évident que M. Pigeau suppose ici la comparution de la partie.

Contre cette opinion que le défaut ne peut autoriser à tenir la promesse pour reconnue, on a opposé l'article 194, au titre de la vérification des écritures ; il porte que si le défendeur ne comparait pas, il sera donné défaut, et l'écrit sera tenu pour reconnu.

Mais cette disposition n'est qu'une exception aux règles générales pour le cas particulier d'une demande en reconnaissance formée d'après l'article 193 ; elle laisse subsister, pour tout autre cas, le principe que *le défaut emporte contestation.*

Nous pensons donc que l'on ne peut, lorsque la partie laisse défaut sur une demande fondée sur un acte sous seing privé, et qui n'a pas pour objet principal la reconnaissance suivant l'article 193, ordonner l'exécution provisoire, en tenant la preuve pour reconnue.

794. *Pourrait-on ordonner l'exécution sans caution, si la créance qui est l'objet de la condamnation a été reconnue en bureau de paix ?*

Un arrêt de la cour de Paris du 28 septembre 1809 ( V. journ. des C. S., t. 3, p. 421 ), décide affirmativement cette question ; mais M. Coffinières remarque que cette cour n'a pas entendu la disposition de l'article 135 dans un sens assez rigoureux. Ces mots, dit-il, *promesse reconnue*, supposent une promesse antérieure à l'instance, et une reconnaissance faite dans le cours de cette même instance ; d'un autre côté, on ne peut, d'après l'article 1317 du code civil, donner la qualification de *titre authentique* à une reconnaissance faite en justice de paix ; et dès-lors les expressions *promesse reconnue*, ni celles *titre authentique*, ne peuvent caractériser cette simple reconnaissance devant le juge de paix, laquelle ne constitue pas même un aveu judiciaire proprement dit.

795. D'après ce que nous avons dit *suprà*, n.° 257, nous n'admettons cette opinion que pour le cas où la reconnaissance faite par la partie n'aurait pas été signée par elle, et pour celui où, sur son défaut de signer, il est fait mention qu'elle n'a su ou n'a pu signer. Dans le cas contraire, nous pensons qu'il y a *promesse reconnue* avant l'instance, et par conséquent lieu d'ordonner l'exécution sans caution. ( V. aussi n.° 259.)

796. L'article 135, qui accorde ainsi l'exécution provisoire aux condamnations fondées sur un titre authentique ou reconnu, peut s'appliquer au cas où un individu tient de la loi un droit certain, attaché à une qualité qui ne lui est pas contestée. Cette qualité lui tient lieu de titre ; ainsi un cohéritier a contre son aîné, détenteur des biens de la succession, un véritable titre qui peut donner lieu à l'exécution provisoire du jugement qu'il obtient. ( Cass., 1.er février 1815 ; Sirey, 1815, p. 266.)

797. L'exécution provisoire est de droit, quand la loi la prononce sans prescrire qu'elle sera ordonnée par le juge. — A. 461.

798. Dans les cas mentionnés en la première disposition de l'article 135, le jugement n'est pas de plein droit exécutoire par provision. — A. 462.

799. L'exécution provisoire ne peut être ordonnée qu'autant qu'elle a été demandée. — A. 463.

800. L'obligation où sont les juges, d'après la disposition de l'article 135, d'ordonner l'exécution provisoire, n'est pas sans exception ; tels sont, par exemple, les cas prévus par l'article 1319 du code civil, et 478 du code de procédure. — A. 464.

801. Un jugement rendu en exécution d'un autre jugement antérieur, et d'un arrêt qui l'a confirmé, doit ordonner l'exécution provisoire de ses dispositions, lorsqu'elle est demandée par les parties. — A. 465.

802. La seconde disposition de l'article 135 est limitative, en sorte qu'on ne peut l'appliquer à d'autres cas que ceux qu'elle exprime. — A. 466, et Rennes, 1.ʳᵉ ch., 9 juillet 1810.

803. Ainsi un jugement qui prononce la nullité d'un emprisonnement ne peut être déclaré exécutoire par provision. (Paris, 9 janv. 1810; Sirey, 1810, p. 508, et 14 septembre 1808; Sirey, 1808, p. 283.

804. Dans le cas où, conformément à cette disposition, le juge peut ordonner l'exécution provisoire, il n'est pas tenu de ne l'accorder qu'avec caution. — A. 467.

805. Un tribunal qui a ordonné l'exécution provisoire ne peut la suspendre par un second jugement. — A. 468.

806. On peut ordonner l'exécution provisoire des jugemens, nonobstant appel ; mais on ne peut ordonner l'exécution provisoire des jugemens par défaut, nonobstant opposition, à moins que l'on ne se trouve dans un cas où l'article 155 permette de recourir à l'article 135 ; c'est-à-dire, en cas d'*urgence*. — A. 369.

(Voyez *infrà* sur l'article 155, la question 519 de l'analyse.)

La raison de cette différence entre les jugemens contradictoires et les jugemens par défaut, c'est, comme le dit M. Thomines dans ses cahiers, que l'opposition ne peut être de longue durée, et qu'il n'y a pas motif suffisant pour passer outre à l'exécution, s'il n'y a urgence. L'opposition affaiblit la présomption qui existait en faveur de la chose jugée, et elle remet les parties au même état qu'elles étaient avant le jugement. (V. *supra*, n.° 77.)

### ARTICLE 136.

Si les juges ont omis de prononcer l'exécution provisoire, ils ne pourront l'ordonner par un second jugement, sauf aux parties à la demander sur l'appel.

*Conférence.*

Voyez art. 439, 155, §. 2, et 458.

807. Les juges ne peuvent ordonner l'exécution provisoire, même par le jugement qui déboute la partie condamnée de son opposition au premier jugement. ( Bruxelles, 13 décembre 1810. Sirey, 1811, p. 331. )

808. Dans les cas d'urgence, les tribunaux peuvent ordonner l'exécution de leurs jugemens sur la minute. ( Cass., 10 janvier 1814. Sirey, 1814, p. 64. )

### ARTICLE 137.

L'exécution provisoire ne pourra être ordonnée pour les dépens, quand même ils seraient adjugés pour tenir lieu de dommages et intérêts.

*Conférence.*

Voyez art. 459.

809. Lorsque des juges terminent leur jugement en ordonnant qu'il sera exécuté par provision, *suivant la loi,* on ne peut leur supposer l'intention d'avoir voulu étendre l'exécution provisoire aux dépens que la loi excepte formellement de cette mesure. ( Rennes, 2.ᵉ chambre, 16 juin 1808. )

### ARTICLE 138.

Le président et le greffier signeront la minute de chaque jugement aussitôt qu'ils seront rendus : il sera fait mention, en marge de la feuille d'audience, des juges et du procureur du Roi qui y auront assisté ; cette mention sera également signée par le président et le greffier.

*Conférence.*

Art. 5, titre XXVI, ordonn. de 1667. V. art. 36, au décret réglementaire du 30 mars 1808.

810. Il résulte d'une lettre du ministre de la justice, qu'il faut bien distinguer le prononcé d'un jugement d'avec la rédaction complète de ce jugement. Cette rédaction se fait sur les qualités signifiées entre parties, conformément à l'art. 142 ; mais le prononcé du jugement s'écrit sur la feuille d'audience, et c'est cet écrit qui forme ce que l'article appelle minute du jugement. — A. 470.

811. Ce n'est pas toujours le greffier en chef qui signe la minute des jugemens ; ce peut être le commis assermenté qui aurait tenu sa place à l'audience. — A. 471.

812. *Le jugement serait-il nul si la minute était signée par un greffier qui serait partie aux qualités?*

On eût pu soutenir autrefois l'affirmative de cette question, en se fondant sur ce que les greffiers pouvaient être récusés dans les causes de leurs parens et alliés, et devaient se récuser dans celles où ils avaient intérêt. ( Jousse, traité de l'admin. de la justice civile, t. 2, p. 281.)

L'auteur du nouveau répertoire, au mot *greffier*, t. 5, p. 587, se borne à remarquer que les lois nouvelles sont absolument muettes sur cette matière. Or, l'article 1041 du code de procédure abroge toutes lois, usages, coutumes et réglemens relatifs à la procédure civile. Puisqu'il n'autorise pas la récusation du greffier, et ne lui prescrit pas de s'abstenir; puisque, d'un autre côté, il n'interdit pas, à peine de nullité, à cet officier de tenir la plume à l'audience dans le cas où il serait partie; puisqu'enfin un greffier est étranger à la délibération et à la décision des juges; que son ministère est borné à être témoin du jugement, à l'écrire suivant la marque du président, ou tel que celui-ci l'a dicté; que conséquemment il ne peut influer en rien sur l'acte du tribunal, et que tout intérêt de le récuser disparaît, la nullité du jugement manque de base, et ne peut être accueillie. ( Rennes, 3.ᵉ ch., 3 janvier 1818.)

813. L'art. 138 est obligatoire dans tous les tribunaux. — A. 472.

814. On peut par la feuille d'audience, et sans avoir besoin de s'inscrire en faux, prouver qu'un juge dont le nom se trouve employé dans l'expédition du jugement, n'y a pas concouru. — A. 473.

815. Le jugement nul pour défaut des signatures requises sur l'expédition, ne peut être attaqué que par la voie d'appel dans les délais prescrits par la loi. ( Bruxelles, 7 janvier 1808. Sirey, 1810, 2.ᵉ part., p. 502.)

### ARTICLE 139.

Les greffiers qui délivreront expédition d'un jugement avant qu'il ait été signé, seront poursuivis comme faussaires.

#### Conférence.

Disposition approximative de celle de l'art. 6, ordonn. de Charles VIII, juillet 1493.

### ARTICLE 140.

Les procureurs du Roi et généraux se feront représenter tous les mois les minutes des jugemens, et vérifieront s'il a été satisfait aux dispositions ci-dessus : en

eas de contravention, ils en dresseront procès-verbal
pour être procédé ainsi qu'il appartiendra.

## ARTICLE 141.

La rédaction des jugemens contiendra les noms des
juges, du procureur du Roi, s'il a été entendu, ainsi
que des avoués; les noms, professions et demeures des
parties, leurs conclusions, l'exposition sommaire des
points de fait et de droit, les motifs et le dispositif des
jugemens.

### *Conférence.*

Art. 15, tit. 5, loi du 24 août 1790, et loi du 20 avril 1810, art. 7, et suprà, art
83, n.ᵒˢ 571, 572, 573, et 111, n.ᵒˢ 652, 653.

816. Les formalités prescrites par l'article 141 doivent être observées, à peine de nullité. — A. 474. (1)

Aux raisons que nous avons développées dans notre analyse pour
prouver cette proposition, nous ajouterons celle que fournit M.
Perrin dans son traité des nullités, p. 221. « Le titre de juge-
» ment, dit-il, et la puissance qui distingue un acte de ce genre,
» ne sont accordés qu'à un ensemble de formalités qui ne peut
» être scindé ni rester incomplet sans faire évanouir le tout. Il
» n'est donc pas nécessaire que la loi attache expressément la peine
» de nullité à une pièce informe, que des magistrats inattentifs
» auraient qualifié de jugement. »

Au surplus, cette proposition reçoit un nouvel appui des décisions de la cour de Rennes.

1.ᵒ Un jugement est nul, lorsqu'il y a omission soit des points
de fait ou de droit, soit des conclusions des parties, parce que ces
objets font parties intégrantes du jugement qui est incomplet, dès
qu'il ne les renferme pas. En effet, l'article 1030 n'étant applicable
qu'aux exploits et actes de procédure, il s'ensuit qu'un jugement
privé d'une de ses parties constitutives, n'est pas un jugement
légal, et doit par conséquent être annulé. (Rennes, 2 oct. 1813,
2 août et 8 sept. 1815.)

2.ᵒ Un jugement est également nul, si les qualités ne sont pas en
harmonie avec le dispositif, car ces qualités doivent être considérées
comme étrangères au jugement, et, par suite, comme si elles n'existaient pas. (Rennes, 20 janvier 1812. V. aussi Cass., 4 prairial an 9;
Sirey, t. 1, 1.ʳᵉ part., p. 449.)

_____

(1) *Er.* p. 260, 6.ᵉ alinea, 2.ᵒ 1.ʳᵉ ligne, au lieu de *aucune distinction entre les arrêts rendus,*
lisez *entre les jugemens rendus.*

Quoique toutes ces décisions aient été rappelées devant la 2.e chambre de la cour de Rennes, elle a néanmoins jugé, par arrêt du 6 janvier 1818, qu'un jugement qui énonçait les noms d'une partie seulement, en ajoutant et *autres*, qu'il ne dénommait pas, présentait bien une contravention aux articles 141 et 142; mais n'était pas nul, *attendu que ces articles ne prononcent point nullité des jugemens qui ne sont pas conformes à leurs dispositions.*

Nous croyons avoir épuisé, tant sur la 474.e question de notre analyse que ci-dessus, les raisons que l'on peut apporter contre cette décision, qui n'est d'ailleurs appuyée sur aucun motif que nous n'ayons prévu et combattu, et qui est absolument contraire aux deux arrêts de la même cour, que nous venons de citer.

817. Mais il n'y aurait pas nullité d'un jugement qui établirait les points de fait dans tel ordre plutôt que dans tel autre; la loi n'ayant indiqué aucun mode particulier, il suffit que les faits soient énoncés, et qu'ils le soient d'une manière intelligible. ( Rennes, 3.e ch., 20 décembre 1815. )

818. *Idem*, lorsque les juges n'auraient pas énoncé en détail les motifs qui les ont déterminés à rejeter chacun des moyens sur lesquels les parties fondaient leurs prétentions. ( Rennes, 16 juillet 1812.)

819. *Idem*, lorsque l'expédition portant les noms d'un juge qui n'a pas concouru au jugement, il est prouvé que ce n'est qu'une erreur de copiste. ( Paris, 5 avril 1808; Sirey, 1808, p. 155.)

820. *Idem*, quand un jugement définitif contient les noms d'autres juges que ceux qui ont concouru à un jugement interlocutoire; car aucune loi n'ordonne que les jugemens qui interviennent dans une même affaire soient rendus par les mêmes juges. (Rennes, 10 nov. 1807. )

821. Quoique les motifs sur lesquels repose un jugement soient erronés ou vicieux, il ne s'en suit pas que ce jugement doive être réformé, si le dispositif est régulier et conforme à la loi. ( Rennes, 2.e ch., 6 décembre 1808. )

822. Mais si, en thèse générale, le jugement réside ainsi dans le dispositif, il est des cas où il ne doit pas être séparé des motifs qui lui servent de base; par exemple, si les premiers juges n'ont débouté d'une demande du convertissement d'un constitut en obligation pure et simple, fondée sur des aliénations de bois, que par la considération que cette preuve n'était pas faite, la demande se trouverait mal fondée; il n'en est pas moins vrai qu'encore bien qu'ils n'aient pas inséré dans le dispositif les mots *dans l'état*, c'est, d'après les motifs, le défaut de preuves qui a fait rejeter la demande, ensorte que l'on ne peut opposer l'exception de l'action. V. Jousse. ( Rennes, 1.re ch., 26 février 1816. )

823. Au surplus, lorsque l'expédition d'un jugement est dans la forme voulue par la loi, foi doit être ajoutée à tout son contenu; des extraits de plumitif, qui ne contiennent que des notes imparfaites et qui ne réfèrent aucunes signatures du président et du greffier, ne peuvent y porter atteinte. ( Rennes, 2.ᵉ ch., 19 juillet 1808. )

824. Un arrêt est suffisamment motivé, dans le sens de l'article 141 et de la loi du 20 avril 1810, lorsqu'il déclare adopter les motifs des premiers juges, pourvu que leur jugement soit lui-même motivé. ( Cass., 18 octobre 1814 ; Sirey, 1815, p. 78. )

De même les questions de droit sont, suivant les circonstances, suffisamment posées dans un arrêt par ces seules expressions : *Y a-t-il lieu de confirmer le jugement dont est appel ? etc.* ( Cass., 5 brum. an 11 ; Sirey, t. 3, 2.ᵉ part., p. 526, et 30 juillet 1816 ; *ibid.*, 1817, p. 68. )

825. Mais lorsqu'en cause d'appel de nouveaux faits et de nouveaux moyens sont proposés contre un jugement, s'il arrive que le jugement soit confirmé, il ne suffirait pas que, pour tous motifs, l'arrêt déclarât adopter ceux de première instance. Il faut que les juges d'appel s'expliquent sur les nouveaux faits et les nouveaux moyens, autrement il y aurait insuffisance de motifs, dans le sens de l'article 7 de la loi du 20 avril 1810. ( Cass., 22 mai 1812 ; Sirey, 1816, p. 312.)

La décision de cet arrêt, quoique rendue en matière criminelle, s'applique évidemment aux causes civiles, puisque l'article 7 de la loi du 20 avril ne fait aucune distinction.

826. L'article 141 doit être observé, à peine de nullité, dans les tribunaux de commerce ; mais on ne pourrait annuler un jugement de justice de paix pour contravention à cet article. Cependant, ce n'est pas une raison pour que les juges de paix s'écartent de l'usage où ils sont de s'y conformer en tout ce qui est compatible avec la procédure qui leur est tracée. — A. 475.

827. Il est à remarquer que le ministère public ne doit pas être entendu dans les matières commerciales jugées par un tribunal civil, dans les lieux où il n'y a pas de tribunal de commerce. ( V. *suprà*, sur l'article 83, n.° 561. ) Ainsi le défaut de mention, dans le jugement dont est appel, de la présence du procureur du Roi, ne vicie pas le jugement. (Rennes, 1.ʳᵉ ch., 23 décembre 1816.)

Nous ajouterons que l'arrêt de la cour de Rennes, du 8 septembre 1815, cité *suprà*, n.° 816, confirme, en termes exprès, la première partie de cette proposition en déclarant que la loi ne fait, relativement à la forme substantielle prescrite par l'article 141, aucune différence entre les jugemens de commerce et ceux qui sont émanés des tribunaux ordinaires.

29

828. Les jugemens interlocutoires et les jugemens préparatoires sont sujets à l'application de l'article 141. — A. 476.

829. Cependant la cour de Paris a jugé le contraire par arrêt du 2 décembre 1812, ( journ. des avoués, t. 7, p. 24); elle a considéré qu'il n'était pas nécessaire de motiver un jugement qui réserve tous les moyens.

Nous répétons que l'article 141 du code de procédure ne distingue pas le jugement définitif des jugemens interlocutoires. M. Berriat-Saint-Prix, comme le remarque M. Coffinières en rapportant cet arrêt, annonce suffisamment qu'il considère l'article 141 comme applicable aux jugemens interlocutoires, puisqu'il place l'explication de cet article dans un chapitre intitulé *des jugemens en général*. Enfin, si l'on fait attention à la définition que l'article 452 donne du jugement interlocutoire, on doit être convaincu qu'il est utile de le motiver, puisque les questions que le procès présente à décider au fond sont préjugées par un semblable jugement. Tels sont les motifs pour lesquels nous croyons devoir persister dans la solution donnée sur la 476.e question de l'analyse.

830. Les jugemens par défaut sont également sujets à l'application de l'article 141, et c'est pour cela qu'ils doivent être motivés. ( Colmar, 6 floréal an 11 ; Sirey, t. 3, 2.e part., p. 597.)

### ARTICLE 142.

> La rédaction sera faite sur les qualités signifiées entre les parties ; en conséquence, celle qui voudra lever un jugement contradictoire, sera tenue de signifier à l'avoué de son adversaire les qualités, contenant les noms, professions et demeures des parties, les conclusions, et les points de fait et de droit.

#### *Conférence.*

Tarif, art. 87, 88.

831. La signification des qualités n'est pas exigée dans les tribunaux, les affaires et les jugemens où il n'y a pas lieu à constitution d'avoués. — A. 477.

832. L'article 87 du tarif défend expressément d'insérer, dans les qualités, les motifs des conclusions et les moyens des parties. — A. 478.

833. Si chacune des parties signifie des qualités, le greffier doit faire la rédaction du jugement sur celles de la partie qui a obtenu gain de cause; il ne pourrait même avoir égard aux qualités signifiées par la partie qui aurait succombé qu'autant qu'elle justifierait avoir constitué l'autre partie en demeure de lever le jugement, et que celle-ci n'aurait pas signifié de qualités. — A. 479.

834. Si l'article 142 porte que la rédaction des jugemens sera faite sur les qualités signifiées, aucune loi n'ordonne néanmoins de faire mention dans le jugement de la signification de ces qualités : cette omission ne peut donc être opposée comme opérant une nullité substantielle du jugement. ( Cass., 12 février 1817.; Sirey, 1817, p. 264.)

### ARTICLE 143.

L'original de cette signification restera pendant vingt-quatre heures entre les mains des huissiers-audienciers.

### ARTICLE 144.

L'avoué qui voudra s'opposer soit aux qualités, soit à l'exposé des points de fait et de droit, l'exposera à l'huissier, qui sera tenu d'en faire mention.

*Conférence.*

Tarif, article 90.

835. Si un avoué laisse passer le délai de vingt-quatre heures sans déclarer à l'huissier qu'il entend former opposition ; cette opposition n'en sera pas moins recevable par la suite. — A. 480.

836. De ce que l'article 144 dit que l'huissier fera mention de l'opposition sur l'original, il n'en résulte pas que l'avoué adverse ne puisse écrire lui-même et signer son opposition ; mais alors l'huissier devrait, à la suite de la déclaration que l'avoué aurait écrite lui-même, mentionner qu'elle l'a été en sa présence, pour servir et valoir comme opposition. — A. 481.

837. L'expédition d'un jugement, délivrée au préjudice de l'opposition formée aux qualités et avant qu'il y ait été statué, est nulle et ne peut servir de fondement à un appel et à une procédure sur appel. ( Colmar, 27 novembre 1810 ; Sirey, 1814, 2.ᵉ part., p. 175.)

838. Lorsqu'il n'y a point eu d'opposition aux qualités, et que conséquemment l'avoué a laissé lever le jugement, sa partie est non recevable à nier les faits qui s'y trouvent consignés. — A. 482, et arrêt de Rennes du 27 mai 1812 ; Sirey, 1815, p. 102.

### ARTICLE 145.

Sur un simple acte d'avoué à avoué, les parties seront réglées sur cette opposition par le juge qui aura présidé ; en cas d'empêchement, par le plus ancien, suivant l'ordre du tableau.

*Conférence.*

T. art. 70, 90.

839. La décision qui intervient sur l'opposition aux qualités, doit être mise à la suite de l'original de la signification. — A. 483.

840. On ne peut se pourvoir par appel contre cette décision. — A. 484.

841. *Le jugement une fois prononcé à l'audience est-il acquis aux parties de manière qu'il ne soit pas permis au juge d'y rien changer ?*

L'affirmative de cette question est sans difficulté ; mais il ne faut pas en conclure que le juge ne puisse, lors de la rédaction faite par lui ou par le greffier, réparer l'omission qui lui serait échappée en prononçant le jugement, s'il ne s'agissait que d'ajouter une disposition explicative, et qui ne serait que la conséquence nécessaire de ce qui aurait été ordonné.

Il peut ( dit Rodier sur l'art. 5, tit. 26 de l'ordonnance ) augmenter et étendre en ce qui est une suite nécessaire du prononcé.

Si, en ordonnant une expertise, le juge a oublié de nommer le commissaire devant lequel les experts prêteraient serment ; si, en prononçant un jugement par défaut, il a omis de commettre un huissier pour le notifier : dans ces cas et autres pareils, ajouter au jugement ce qui y manque n'est pas le changer ou l'altérer ; mais suppléer des dispositions qui sont la suite nécessaire de ce qui a été prononcé entre parties.

« Post pronunciationem ejus ( sententiæ ) judex etiam supplere » potest..... reliqua omnia quæ ad consequentiam quidem jam sta- » tutorum pertinent, sed priori sententiæ desunt. » Voët, ad titulum de *re jud.*, n.° 27.

A plus forte raison aujourd'hui que les jugemens doivent être motivés, est-il permis au juge de rectifier ceux qu'il aurait énoncés à l'audience, d'y ajouter ou retrancher, ces motifs ne constituant pas à proprement parler le jugement qui est dans le *dispositif.*

C'est ainsi qu'il a été jugé par la cour de cassation, le 25 avril 1812 , que la défense faite aux tribunaux de modifier et de changer leurs jugemens n'empêche pas qu'ils ne puissent rectifier les erreurs commises, soit dans les qualités, soit dans la date des actes du procès. ( Sirey , 1813 , p. 230. )

Toutefois les additions ou rectifications dont on vient de parler doivent être faites avant la signature de la minute ; la minute une fois signée par le président et le greffier, il n'est plus permis d'y toucher sous prétexte de la rectifier.

« Après que le *dictum* a été *dressé* et *signé* ( dit Rodier sur l'art. « 8 , tit. 26 de l'ordonnance, quest. 2.° ), on ne peut y rien changer

» ni corriger, quand ce ne serait que par erreur qu'il s'y serait
» glissé quelque faute ou quelque incongruité. »

Les plus graves abus pourraient résulter de la violation de ce principe.

Les changemens ou additions permis après le prononcé du jugement, mais avant la rédaction définitivement arrêtée sur la feuille d'audience, sont donc ceux qui ne portent aucune atteinte au fond de la décision, et qui n'ajoutent ni ne retranchent rien aux droits que les parties ont acquis par le prononcé.

( Voyez Jousse et Rodier dans leurs observations sur les art. 5 et 8 du tit. 26 de l'ordonnance : plusieurs de ces observations peuvent encore servir de commentaire à l'art. 138 du code de procédure.)

Mais il est bon de signaler une erreur grave dans laquelle Rodier nous paraît être tombé sur l'article 5, 2.ᵉ question. Après avoir observé que le juge peut corriger la rédaction du greffier, retrancher ce qui serait inutile ou ambigu, augmenter et étendre en ce qui est *une suite nécessaire du prononcé* ( ce qui est vrai aujourd'hui comme sous l'empire de l'ordonnance ; voyez l'art. 36 du réglement du 30 mars 1808 : *Celui qui aura présidé vérifiera la feuillle d'audience*, etc.), il ajoute : « Et, ce qui est bien plus, *il peut totalement changer le prononcé* s'il reconnaît qu'il s'était trompé, pourvu qu'il le fasse le même jour et avant de signer le plumitif ; jusqu'à cette signature, *on ne peut pas dire qu'il y ait de jugement.* » A la vérité il ne donne cette faculté qu'au juge qui a tenu seul l'audience ; mais son principe qu'il n'y a de jugement *qu'après la signature*, est faux dans tous les cas.

Le jugement existe dès qu'il a été prononcé ; la rédaction et la signature qui ont lieu ensuite ont seulement pour objet de prouver quand et comment il a été rendu.

C'est la prononciation du juge qui est le jugement ; il a sa perfection aussitôt qu'il a été prononcé contradictoirement ; le juge ne peut plus le réformer après que l'audience est levée. Pothier, procéd. civile, chap. 5, art. 2. V. l'ancien répertoire, v.ᵒ *jugement*, §. 14.

Donner le droit à un juge, sous prétexte d'une erreur découverte après coup, de *changer totalement* le prononcé de son jugement, c'est oublier les règles les plus certaines.

Rodier met pour condition à cette singulière faculté qu'elle soit exercée *le même jour ;* ce qu'il paraît avoir tiré par argument de de la loi 42 au digeste *de re judicatá.* Mais il a mal saisi le sens de cette loi qui n'accorde au juge le pouvoir de suppléer le même jour, *eodem die,* que les choses *quæ ad consequentiam quidem jam statutorum pertinent, priori tamen sententiæ desunt;* loi qui d'ailleurs n'est pas précisément applicable au cas dont il s'agit.

Il faut dire avec Voët ( loc. cit. ) que l'effet d'une sentence rendue dans les formes prescrites par la loi, est que le juge qui l'a prononcée ne peut la révoquer ni la changer, *même dans le jour,* parce qu'il a cessé d'être juge. « Sententiæ... latæ effectus est quod » per judicem qui eam tulit, revocari vel mutari non possit, ac » ne eodem quidem die, quia judex esse desiit. » V. leg. 55, dig. de re jud.

« Cùm quærebat judex, si *perperam judicasset,* an posset *eodem* » *die iterùm judicare,* respondit *non posse.* » Leg. 62, dig. ibid.

L'opinion de Rodier tendrait à permettre au juge de rendre un autre jugement dans la même affaire, *iterùm judicare,* ce qui est contraire à tous les principes.

Il est bien clair, au reste, que les textes qu'on vient de citer ne s'opposent pas à la distinction qu'on a faite ci-dessus relativement aux additions ou changemens qui n'altèrent en rien la *substance* du jugement.

C'est ce que fait entendre la loi 55 ( titre cité du dig.), qui, après avoir posé le principe *judex posteà quàm sententiam dixit, etc.*, s'explique de la manière suivante, et en détermine le véritable sens et l'application : « Et hoc jam utimur ut judex qui semel vel » pluris vel minoris condemnavit, ampliùs corrigere sententiam » suam non possit; semel enim malè seu benè officio functus est. »

La ressource est l'appel quand le jugement en est susceptible.

(Voyez l'art. 32, tit. 11 de l'ordonnance de 1667, et l'art. 14, tit. 32 de l'ordonnance de 1669, avec le commentaire de Gallon sur ces mots dudit article : *Ou les modérer ou changer après le jugement.*)

842. *Mais résultera-t-il de la décision ci-dessus que le juge ne puisse interpréter son jugement ?*

Nous lisons dans deux arrêts de la cour de Rennes, des 29 janvier et 16 juillet 1814, que si les tribunaux ne peuvent changer les dispositions de leurs jugemens, ils ont du moins la faculté de les interpréter en déclarant et expliquant le véritable sens qu'ils ont voulu y attacher; qu'ils peuvent, par exemple, indiquer par qui des frais d'enregistrement devaient être supportés.

Déjà un arrêt de la cour de cassation, du 12 mars 1810, rapporté au journal des avoués, t. 1.<sup>er</sup>, p. 80, avait décidé que de simples corrections d'omissions de forme ou d'erreurs de fait, reconnues par les parties, étaient autorisées lorsqu'elles ne changeaient

rien au dispositif, et qu'en cette circonstance le jugement de recti-
fication était considéré comme ne faisant qu'un seul jugement avec
celui qu'il rectifie.

On verra, sur l'article 452, que les juges ne sont pas liés par des
jugemens interlocutoires.

### ARTICLE 146.

Les expéditions des jugemens seront intitulées et terminées au nom du Roi, conformément à l'article 57 de la
charte constitutionnelle.

843. Il n'est pas nécessaire que les expéditions simples que le
greffier est tenu de délivrer à tout requérant, soient intitulées et
terminées comme l'exige l'art. 146. — A. 485.

### ARTICLE 147.

S'il y a avoué en cause, le jugement ne pourra être
exécuté qu'après avoir été signifié à avoué, à peine de
nullité : les jugemens provisoires et définitifs qui pronon-
ceront des condamnations, seront en outre signifiés à la
partie, à personne ou domicile, et il sera fait mention
de la signification à l'avoué.

*Conférence.*

T. art. 29; art. 2, tit. XXVII, ordonn. de 1667, et art. 9, †réglement du conseil du
28 juin 1738. V. suprà n.º 342, infrà sur les articles 157, 443, 548 et 763.

844. Tout jugement, soit qu'on le considère comme préparatoire, soit qu'on l'envisage comme interlocutoire, qui ordonnerait,
par exemple, une comparution à l'audience, une prestation de
serment, une enquête, doit être signifié à la partie, soit à son
domicile réel, soit, si la loi l'ordonne, comme elle l'a fait en
l'art. 261, au domicile de son avoué. — A. 486.

845. Lorsque le jugement est provisoire et définitif, et qu'il y a
lieu par conséquent de le signifier à partie, cette signification ne
peut être valablement faite à domicile élu. — A. 487.

846. Un exécutoire de dépens doit être, à peine de nullité,
signifié à l'avoué avant l'exécution. ( Bruxelles, 13 août 1811.
Sirey, 1812, p, 149. )

847. Si l'exécution ne devait avoir lieu que d'une manière indi-
recte contre la partie qui aurait succombé, on n'en devrait pas
moins le lui signifier préalablement. — A 488.

848. La signification préalable d'un jugement à l'avoué de la
partie qui a succombé n'est pas nécessaire, lorsqu'il n'est question

que de faire courir le délai d'appel, et non de faire exécuter le jugement. — A. 489.

849. Un arrêt qui déclare purement et simplement un appel non recevable, n'est point une décision qu'il soit nécessaire de signifier, conformément à l'article 147, au domicile de la partie, avant de passer à l'exécution de l'arrêt par défaut ; il suffit d'une signification à avoué. ( Turin, 1.er février 1811. Sirey, 1811, 2.e part., p. 289. )

850. Lorsqu'un jugement prononce la nullité de certaines poursuites, et qu'il ordonne simplement de les recommencer, son exécution peut avoir lieu sans qu'il soit nécessaire de le signifier à la partie en faveur de laquelle il a été rendu, et qui, par conséquent, a gagné sa cause ; il suffit que la signification ait été faite à l'avoué de cette partie. — A. 490.

851. *Quelle est la forme de la signification d'un jugement à avoué?*

Nous avons implicitement résolu cette question n.° 342, en disant qu'en général les actes d'avoués à avoués ne sont point rigoureusement assujettis aux formalités ordinaires des exploits, si ce n'est dans les cas où ils tiendraient lieu d'un exploit à domicile, et feraient courir un délai contre la partie.

Nous avons à remarquer ici que la signification à avoué ne fait point courir le délai de l'appel, et par conséquent nous pensons qu'elle n'exige pas à la rigueur l'observation des formalités des exploits en général. Cette opinion se trouve justifiée par les arrêts suivans :

1.° *De Limoges, 15 novembre 1811.* Il décide que ces significations ne peuvent être annulées pour défaut de forme, et notamment parce qu'on n'y aurait pas suivi les formes prescrites en matière de significations à personne ou domicile. ( Sirey, 1814, p. 83. )

2.° *De Turin, 5 août 1811,* qui déclare valide la signification d'un jugement, quoiqu'il y eût erreur dans l'énonciation des prénoms de l'une des parties. ( Sirey, 1812, p. 252. )

3.° *De Bordeaux, 25 août 1810,* qui déclare également la signification valable, même en matière de demande en distinction d'immeubles saisis, quoique l'huissier eût omis le *parlant à.* ( Sirey, 1811, p. 185. )

Il est vrai qu'un arrêt de la même cour, rendu le 13 janvier suivant, a prononcé la nullité pour omission, 1.° du nom de l'avoué à la requête duquel la signification devait être faite ; 2.° de la personne à laquelle la copie avait été remise ; 3.° de la qualité de la personne qui eût conféré au signataire de cette signification le droit de la faire. ( Sirey , 1811 , p. 160. )

Nous ferons connaître sur l'article 763 les raisons d'après lesquelles on peut maintenir le bien jugé de cet arrêt dans l'espèce où il a été rendu, sans pour cela que l'on doive dans les autres cas décider de la même manière.

852. Les jugemens obtenus contre deux époux doivent être signifiés à la femme séparée de biens, par exploit séparé. ( Paris, 13 juin 1807. Sirey , 1807 , 2.ᵉ part., p. 670. )

853. Lorsque plusieurs personnes ont procédé individuellement, le jugement doit leur être signifié séparément et à domicile. ( Paris, 29 juin 1813. Sirey , 1814 , p. 216. )

854. *La signification d'un jugement par extrait est-elle nulle ?*

La cour d'Orléans, jugeant en matière correctionnelle, a décidé cette question pour l'affirmative, et par suite que la signification avait pu faire courir les délais d'appel. ( Arrêt du 14 février 1815 ; Sirey , 1816, 2.ᵉ part., p. 204. )

La loi, dit la cour, qui veut que tous les jugemens soient signifiés avant d'être mis à exécution, veut aussi qu'il en soit donné copie entière à la partie condamnée, afin qu'elle puisse connaître les condamnations à l'exécution desquelles on peut la contraindre. Il est sensible que ce motif s'applique également aux matières civiles, puisque l'article 147 du code de procédure civile dispose expressément qu'un jugement ne peut être exécuté s'il n'a été signifié. Il y a nullité substantielle à ne signifier que par extrait. ( V. *infrà*, sur l'art. 443, la 1422.ᵉ quest. de l'analyse. )

### ARTICLE 148.

Si l'avoué est décédé , ou a cessé de postuler, la signification à partie suffira ; mais il y sera fait mention du décès ou de la cessation des fonctions de l'avoué.

#### *Conférence.*

Art. 9 du réglement du conseil du 28 juin 1738.

855. Le défaut de la mention exigée par l'art. 148 n'entraîne ni la nullité du jugement, ni, à plus forte raison, la nullité de l'acte de signification , ni même celle de l'exécution. — A. 491.

856. Nous observerons néanmoins qu'en reconnaissant comme nous que l'omission des énonciations prescrites n'entraîne pas nullité, on a pensé que la signification étant incomplète, elle n'aurait pas toujours les effets d'une signification régulière ; d'où l'on a conclu, contre

ce que nous avons établi sur la 491.ᵉ question de l'analyse, qu'elle serait incapable de faire courir les délais rigoureux de l'appel, et d'autoriser à faire prononcer une déchéance, dans le cas où l'appel n'aurait pas été interjetté dans le tems prescrit.

Il en serait, dit-on, comme d'une assignation en tête de laquelle on n'aurait pas signifié les titres de la demande, et qui autoriserait, parce qu'elle serait incomplète, le défendeur à proroger le délai de donner des défenses, et à demander préalablement la communication du titre; il en serait enfin comme de la signification d'un jugement par simple extrait, elle ne serait pas nulle; mais, parce qu'elle serait incomplète, elle ne pourrait faire courir les délais ni de l'appel, ni de la requête civile, ni du pourvoi.

Nous persistons à croire qu'en décidant de la sorte on attacherait à l'omission tous les effets d'une nullité, et d'ailleurs nous ne pensons pas que les raisons fondées sur l'analogie qui existerait entre l'espèce de nôtre question et celle d'une assignation qui ne serait pas précédée du titre de la demande, ou d'une signification par extrait, soient absolument concluantes. Si l'assignation, dans le cas posé, peut opérer une prorogation de délai pour fournir des défenses, c'est parce que cela résulte implicitement de la disposition finale de l'article 65; et quant à la signification d'un jugement par extrait, on ne peut guère en tirer un argument, car une telle signification serait nulle, si l'on s'en tenait à l'arrêt de la cour d'Orléans du 14 février 1815, cité au n.° précédent.

# TITRE VIII.

## *Des jugemens par défaut et oppositions.*

( V. *suprà* livre 1.ᵉʳ, tit. 3, p. 17, et *infrà* nos questions sur les articles 169, 434, 438. )

En imposant au défendeur l'obligation de comparaître pour faire valoir ses exceptions et moyens de défenses, le demandeur, par son exploit introductif, contracte celle de se présenter lui-même pour établir le fondement de son action.

Il serait injuste que la désobéissance du premier pût arrêter les poursuites du second; il le serait également que la négligence de celui-ci pût laisser le défendeur sous le coup d'une action par laquelle ses droits sont contestés.

La peine de ce défaut de comparaître est pour l'un et pour l'autre d'être jugé sans avoir été entendu.

On nomme *jugement par défaut* celui qui est ainsi rendu sur la comparution et l'audition d'une partie seulement, l'autre étant en défaut de se présenter ou de plaider ses moyens.

Lorsqu'un jugement de cette nature est rendu sur le défaut du demandeur, on l'appelle *congé défaut*, parce que le défendeur est renvoyé, est *congédié* de sa demande. Si, au contraire, le jugement est rendu sur le défaut du défendeur, ce qui arrive le plus souvent, il est appelé simplement *défaut*.

Le jugement par défaut est l'opposé du jugement *contradictoire* ainsi appelé du latin *contradicere*, contredire, contester, parce que les deux parties se sont présentées et ont été entendues *contradictoirement* dans leurs moyens. ( V. suprà p. 190, §. 8 et 9. )

Il y a cette différence entre le simple défaut et le congé défaut, que le juge, lorsque le défendeur ne comparaît pas, est obligé de vérifier les conclusions du demandeur, et ne peut les adjuger qu'autant qu'il les trouve justes; tandis que, dans le cas du congé, il est, comme nous venons de le dire, tenu de renvoyer le défendeur hors d'assignation. ( V. *suprà* p. 28, et *infrà* nos questions sur les articles 150 et 434. )

La raison de cette différence est sensible : le demandeur a dû tout préparer pour soutenir sa demande; s'il ne se présente pas, il est juste de supposer qu'il l'abandonne.

Le défendeur, au contraire, se trouve en possession du droit qu'on lui conteste ou qu'on réclame de lui; il ne peut éprouver de changement dans sa position que par la persévérance du demandeur, et sur la preuve du fondement de la demande. Il est possible d'ailleurs que son absence soit excusable ou forcée, ou qu'il ait entendu s'en rapporter à la prudence des juges. Il est donc juste qu'il ne soit condamné sur son propre défaut qu'après vérification de la demande; c'est-à-dire, le défendeur défaillant est censé *contester* la demande qui ne peut être adjugée, par conséquent, qu'autant qu'elle est vérifiée et trouvée juste.

Le dispositif d'un jugement par défaut renferme deux parties; l'une qui décerne acte de la non comparution, c'est ce qu'on entend par ces mots *donner défaut;* l'autre qui prononce sur la demande, c'est ce qu'on nomme *profit du défaut,* parce que le demandeur ou le défendeur qui comparaît seul, *profite* de l'absence du défaillant en obtenant jugement, sans que celui-ci soit entendu.

Nous avons déjà dit page 28, qu'il n'y avait lieu en justice de paix qu'à un seul défaut, celui faute de comparaître ou de se présenter à l'audience, pour y plaider les moyens de la demande ou de la défense.

( V. pour les tribunaux de commerce nos questions sur l'article 434. )

Mais dans les tribunaux de première instance, où chacune des parties est tenue de constituer avoué, le défendeur est réputé défaillant, s'il n'a pas fait cette constitution. ( V. *suprà* p. 153, et nos questions sur l'art. 75, p. 155. )

D'un autre côté, le demandeur qui a dû constituer son avoué dans l'exploit d'ajournement, et le défendeur qui a constitué le sien, se rendent également défaillans, si, au jour indiqué pour l'audience, leur avoué ne se présente pas pour plaider ou conclure. ( 149. )

De là deux espèces de jugemens par défaut dans les tribunaux de première instance :

1.° Le *défaut faute de constitution d'avoué,* que l'on appelle aussi *défaut faute de comparoir,* attendu que la constitution d'avoué équivaut par fiction à une comparution de la partie; et défaut *contre partie,* attendu qu'il est donné directement contre elle, puisqu'elle ne s'est point fait représenter par l'officier que lui indiquait la loi ;

2.° *Défaut faute de conclure,* que l'on appelle également *défaut faute de plaider,* parce que la plaidoirie suppose nécessairement des conclusions, et *défaut contre avoué,* parce qu'il est prononcé contre la partie dans la personne de son avoué qui ne se présente pas pour conclure.

Ces deux espèces de défauts sont les mêmes que ceux qu'admettait l'ordonnance sous la dénomination de *défaut faute de se présenter* et *défaut faute de plaider,* sauf cette différence qu'ils s'obtiennent tous les deux à l'audience, tandis que le premier se levait au greffe. ( Décl.ᵒⁿ du 12 juillet 1695. )

Le code a supprimé le défaut *faute de fournir défenses,* qui se levait également au greffe, formalité qui n'avait pour but que de faire courir un nouveau délai dont il fallait attendre l'expiration pour obtenir l'adjudication du profit qui n'est aujourd'hui retardé par aucun délai nécessaire.

Obligation de ne prendre qu'un seul défaut contre toutes les parties appelées dans une même cause. ( 151, 152. )

Nécessité de joindre le profit, afin de prononcer par un seul jugement après réassigné des défaillans, quand, de plusieurs parties, les unes comparaissent et les autres font défaut. ( 153. )

Faculté au défendeur de prendre, sans avoir fourni de défense, défaut contre le demandeur. ( 154. )

Fixation de délais dans lesquels les jugemens par défaut deviennent exécutoires, suivant qu'il a été ou qu'il n'a pas été constitué d'avoué. ( 155. )

Indication d'un mode de signifier les jugemens par défaut rendus contre partie, et péremption de ces jugemens, s'ils n'ont pas été exécutés dans les six mois de leur obtention. ( 156. )

Tels sont les objets des dispositions du présent titre sur l'obtention et l'exécution des jugemens dont il s'agit.

Un jugement, quoique rendu par défaut, n'en est pas moins un véritable jugement, et, par conséquent, il a tous les effets d'une décision contradictoire, si ce n'est que la loi accorde au défaillant la faculté d'en prévenir l'exécution par la voie d'*opposition.*

On peut définir *l'opposition* un acte par lequel une partie condamnée sur défaut se pourvoit devant le même juge, à l'effet de lui faire rapporter le jugement qu'il a rendu, et d'en obtenir un nouveau.

Ainsi ce genre de pourvoi produit deux effets :

1.º Il remet en question et oblige de juger contradictoirement ce que le tribunal avait jugé par défaut ;

2.º Il suspend par conséquent l'exécution du jugement, à moins toutefois qu'il soit susceptible de l'exécution provisoire, soit de plein droit, soit d'après la décision du juge. ( V. *suprà* art. 135. )

Dans les tribunaux de première instance, l'opposition est soumise, quant aux délais et quant aux formes, à des règles différentes, suivant que le jugement par défaut, contre lequel elle est dirigée, est rendu contre partie ou seulement contre avoué.

Au premier cas se rapportent les dispositions des articles 157, 158, 161.

Le premier fixe le délai général du pourvoi; le second en détermine la forme; le troisième indique ce que l'acte d'opposition doit contenir.

Au second cas appartiennent celles des articles 157, 159, 162. L'un proroge le délai général jusqu'à l'exécution du jugement; l'autre énonce les cas dans lesquels cette exécution est réputée consommée; le dernier, enfin, règle la forme de l'opposition.

L'article 165 consacre l'ancienne règle qu'un second défaut est fatal, ou la maxime, *opposition sur opposition ne vaut*, en déclarant que l'opposition ne pourra jamais être reçue contre un jugement qui aurait débouté d'une première opposition.

Mais toutes ces dispositions ne concernent que les personnes *parties* au jugement par défaut; il était nécessaire de garantir les tiers du danger de l'exécution d'un jugement non *exécutoire*. Dans cette vue, la loi prescrit au greffier de tenir un registre sur lequel il inscrit les oppositions, et ne permet d'exécuter contre un tiers que sur un certificat constatant qu'aucune opposition contre le jugement n'est portée sur ce registre. ( 163, 164. )

ARTICLE 149.

Si le défendeur ne constitue pas avoué, ou si l'avoué constitué ne se présente pas au jour indiqué pour l'audience, il sera donné défaut.

*Conférence.*

T. art. 29 et 82, 1.re partie de l'art. 3, tit. V, ordonnance de 1667; C. de procéd., art. 75, 342, 343; C. de commerce, art. 434 et suivans.

857. *Quelles sont les différentes espèces de défaut que l'on peut obtenir ?*

Voyez *suprà*, page 236 et A. 492.

858. Le jugement par défaut faute de constitution d'avoué, ne s'obtient qu'à l'expiration des délais de l'assignation, et celui faute de plaider après le complément de l'instruction que l'affaire nécessite. — A. 493.

859. *Dans quel cas un jugement serait-il réputé par défaut, quoique l'avoué se présentât à l'audience ?*

— Voyez A. 494.

860. Toutes les fois que *la cause ayant été conclue,* l'un des avoués refuse de plaider sous quelque prétexte que ce soit, par exemple, sur le fondement que la partie aurait retiré les pièces d'entre ses mains, ce refus donne lieu à un jugement contradictoire. — A. 495, et sur l'art. 343, la question 1151 de l'analyse.

861. Nous avons à remarquer que cette proposition, établie d'après plusieurs arrêts de cours royales, a été jugée inexacte par arrêt de la cour de cassation, du 4 mai 1812. (Sirey, 1812, p. 348.) Cet arrêt décide, en effet, qu'un avoué ayant été constitué, l'opposition n'est recevable que pendant la huitaine, quoique l'avoué ne se soit présenté à l'audience que pour déclarer qu'il n'avait *ni ordre ni avis d'occuper*; ainsi, dans cette circonstance, le jugement est rendu par défaut *faute de plaider.* (Même décision, Rennes, 3.e ch., 9 mai 1812.)

862. On considère également comme rendu par défaut, faute de plaider, le jugement définitif qui, sur le refus d'une partie de plaider et conclure, intervient sur le fond de l'affaire dans une instance où il y a eu déjà des conclusions et plaidoiries respectives suivies d'un jugement préparatoire. (Cass., 12 mars 1816; Sirey, 1816, pag. 167.)

863. Un jugement ne perd pas son caractère de jugement par défaut contre partie ayant avoué, lorsque le tribunal a commis un huissier pour le notifier. Cette commission ne peut changer la nature du jugement, ni nuire à celui en faveur duquel il a été rendu. (Même arrêt.)

864. La partie qui a obtenu un semblable jugement, et qui, après l'avoir fait notifier à l'avoué adverse, le fait aussi notifier à partie par l'huissier commis, n'est pas censée avoir reconnu qu'il est rendu faute de constitution d'avoué; loin de là, le contraire résulte de la signification faite à l'avoué avant celle signifiée à la partie. (Même arrêt.)

865. Les jugemens rendus contre la régie de l'enregistrement, sans que cette administration ait fait signifier des défenses, ne cessent pas d'être des jugemens par défaut susceptibles d'opposition, et ne deviennent pas contradictoires par cela seul qu'ils ont été précédés

des conclusions du ministère public. (Cass., 11 mars 1812; Sirey, 1812, p. 255. V. *infrà*, sur l'art. 156.)

866. Mais ils le deviennent dès qu'il y a eu des mémoires respectivement signifiés; et encore bien que la cause ait été jugée peu après, la production d'un mémoire auquel l'adversaire aurait eu intérêt de répondre. (Cass., 13 février 1815; Sirey, 1815, p. 283.)

867. Dans le cas où la cause n'a pas été conclue, le jugement par défaut qui intervient est rendu faute de constitution d'avoué, si l'avoué constitué dans l'exploit d'ajournement ne se présente pas à l'audience, ou s'il se présente pour déclarer que *le demandeur ne lui a pas donné avis de cette constitution* et ne lui a fait passer aucune pièce, ou qu'il n'entend pas occuper; la constitution doit alors être considérée comme si elle n'existait pas.

Le jugement par défaut est rendu faute de plaider, dans le cas où l'avoué qui refuse de plaider a accepté le mandat, soit expressément, soit tacitement, en faisant acte de son ministère, par exemple, en concourant au placement de la cause, au rôle, à une fixation, etc. — A. 496.

Nous ajouterons à cette question de notre analyse, un arrêt de la cour de Trèves, du 12 décembre 1812 (jur. du C. C., t. 20, p. 440), qui décide qu'un jugement intervenu sur des conclusions contradictoires n'est pas réputé par défaut contre partie n'ayant pas d'avoué, dans le cas où l'avoué, au moment des plaidoiries, a déclaré se désister de sa constitution. Les motifs de cette décision sont, 1.° qu'il résulte de l'article 75 que ni le demandeur ni le défendeur ne peuvent révoquer leur avoué sans en constituer un autre (v. *suprà*, n.os 526, 527, 528), et que les procédures faites et les jugemens obtenus contre l'avoué révoqué et non remplacé sont valables; 2.° qu'il s'infère également des articles 342 et 343, que l'affaire est en état quand les conclusions ont été contradictoirement prises à l'audience, et que le jugement de l'affaire qui est en état ne doit pas être différé par les démissions ou destitutions des avoués; d'où suit que le jugement doit être considéré comme rendu contre une partie ayant avoué.

### ARTICLE 150.

Le défaut sera prononcé à l'audience, sur l'appel de la cause; et les conclusions de la partie qui le requiert, seront adjugées, si elles se trouvent justes et bien vérifiées : pourront néanmoins les juges faire mettre les pièces sur le bureau, pour prononcer le jugement à l'audience suivante.

*Conférence.*

Ordonnance de 1667, 2.ᵉ partie, art. 3, 8. Art. 4, titre 5. Art. 4 *in fine*, titre XIV, et questions sur l'art, 173.

868. Ces expressions de l'article 150, *si les conclusions de la partie qui requiert défaut se trouvent justes et bien vérifiées,* ne s'entendent que du cas où c'est le demandeur qui requiert défaut. Dans le cas contraire, il n'y a point à examiner si la demande est juste; le demandeur défaillant est censé avoir abandonné la sienne. — A. 497, et Cass., 4 décembre 1816; Sirey, 1817, p. 45.

869. *Cette décision s'appliquerait-elle au cas où un tuteur, demandeur pour son mineur, laisserait défaut, même sur une action en désaveu de ce dernier?*

C'est notre opinion, fondée sur une juste analogie de l'espèce présente avec celle d'un arrêt rendu en audience solennelle de la cour royale de Rennes, le 9 juin 1814. Il s'agissait d'un appel interjetté par un tuteur *ad hoc* nommé à un enfant désavoué et qui laissait défaut sur son appel. *La cour, attendu que les moyens d'appel ne se suppléent pas, déclara les appelans sans griefs.*

Or, de même que, *sans distinction des cas où un tuteur laisse défaut sur son appel,* la cour a appliqué le principe que les griefs ne se suppléent pas, de même nous pensons que l'on doit appliquer au demandeur, également sans distinction, le principe qu'en première instance tout demandeur qui fait défaut est censé avoir renoncé à sa demande. Il y a même raison de décider sur ces deux principes, qui sont parfaitement identiques, et qui, par suite, doivent avoir les mêmes conséquences.

870. En disant que les conclusions de la partie qui requiert défaut doivent être adjugées, si elles sont trouvées justes et bien vérifiées, le code veut que les juges apportent à la vérification des conclusions de la partie qui requiert, toute l'attention qu'exige la justice. Aussi l'article 150 les autorise-t-il à ordonner un délibéré. Le ministère public doit, sur-tout dans les causes communicables, discuter la cause avec tout le soin possible. (V. Pigeau, t. 1, p. 473 ; et Cass., 23 mess. an 9; Sirey, t. 1, p. 465, A. 498.)

Nous ajouterons que M. Pigeau, en développant son avis conforme à cette proposition, dit que, si la demande ne porte pas en elle-même des preuves d'injustice, le défaut laissé par le défendeur est un aveu tacite de l'obligation qu'on lui attribue, lequel autorise le juge à le condamner.

Mais toujours faut-il, suivant nous, que la demande soit justifiée par un titre, par une preuve qui soit suffisante pour, dans le silence du défendeur, la faire prononcer fondée. C'est par cette considéra-

31

tion qu'un arrêt de la cour de Rennes, du 20 juillet 1816, 3.ᵉ ch., a déclaré précipitamment jugé, dans une espèce où, sur le défaut d'un fermier, les premiers juges avaient prononcé le résiliement du bail, sur le maintien des demandeurs que la ferme n'était pas garnie de bestiaux ni d'ustensiles. La cour, en réformant le jugement motivé sur ce que le défaut était aveu, ordonna une enquête pour prononcer d'après ses résultats.

871. Une partie ne peut, sur le défaut de l'autre, prendre contre celle-ci des conclusions nouvelles, et le tribunal adjuger ces conclusions. — A. 499.

872. De ce que le code de procédure a gardé le silence à l'égard de la faculté de rabattre le défaut, il s'ensuit seulement que le législateur n'a pas cru devoir consacrer, par une disposition législative, l'exercice d'une faculté que la justice semble commander, et qui est abandonnée à la prudence des juges. — A. 500.

873. Le jugement par défaut doit fournir par lui-même la preuve qu'il y a eu vérification. Il ne suffirait donc pas que le tribunal eût posé les questions qui résultaient du procès pour qu'on réputât valable le jugement qu'il aurait rendu ; il faut que ce jugement contienne quelque énonciation qui annonce qu'il les a examinées, et par exemple des motifs. Si le tribunal se borne à considérer que la partie n'a pas comparu ou plaidé, le jugement est aussi contraire à l'équité naturelle qu'aux lois civiles, et, par conséquent, il est nul. (Cass., 4 décem. 1816; Sirey, 1817, p. 45.)

### ARTICLE 151.

Lorsque plusieurs parties auront été citées pour le même objet à différens délais, il ne sera pris défaut contre aucune d'elles qu'après l'échéance du plus long délai.

#### Conférence.

Réglement du conseil du 28 juin 1738, 2.ᵉ partie, titre 2.ᵉ, art. 2. V. Jousse, en son commentaire sur l'art. 3, titre V, ordonn. de 1667.

Voyez les questions sur les articles 179 et 184.

### ARTICLE 152.

Toutes les parties appelées et défaillantes seront comprises dans le même défaut ; et s'il en est pris contre chacune d'elles séparément, les frais desdits défauts n'entreront point en taxe, et resteront à la charge de l'avoué, sans qu'il puisse les répéter contre la partie.

*Conférence.*

Même réglement, art. 3, titre II. Jousse, *ibid.*

## ARTICLE 153.

Si de deux ou de plusieurs parties assignées l'une fait défaut et l'autre comparaît, le profit du défaut sera joint, et le jugement de jonction sera signifié à la partie défaillante par un huissier commis : la signification contiendra assignation au jour auquel la cause sera appelée ; il sera statué par un seul jugement qui ne sera pas susceptible d'opposition.

*Conférence.*

**T.** art. 89; même art. 3 du réglement du conseil, et *infrà* art. 156, 173, 184 et 734.

874. Nous dirons sur l'article 434 si l'article 153 doit être appliqué dans les tribunaux de commerce. — A. 501.

875. *Peut-on commettre l'huissier par jugement séparé de celui qui a prononcé la jonction?*

Nous n'en doutons pas, puisque l'article ne prescrit point que l'huissier soit commis par le même jugement. C'est aussi l'opinion des auteurs des annales du notariat (Comm., t. 1.er, pag. 309.), et ce que la cour de Rennes pratique constamment, lorsqu'il y a eu omission de commettre dans le jugement de jonction.

876. Il n'est pas applicable dans les procédures en expropriation forcée. — A. 502.

877. Un jugement devrait être annulé, si le tribunal n'avait pas ordonné la jonction du profit. — A. 503.

878. Le jugement définitif rendu contradictoirement entre quelques parties est nul dans la forme, quoiqu'il ne présente pas de griefs au fond, si le juge n'a pas statué dans le dispositif sur le profit du défaut joint par un premier jugement. (Montpellier, 2 janvier 1811 ; journ. des avoués, t. 3, p. 240.)

879. L'article 153 n'est pas applicable aux appels des jugemens rendus sur les incidens des saisies immobilières, ces arrêts n'étant pas susceptibles d'opposition ; en ce cas, il n'y a pas lieu, en effet, à ordonner la jonction du profit de défaut. (Turin, 19 avril 1811; Sirey, 1812, p. 190.)

880. La nullité proposée contre un acte d'appel est couverte par une demande en jonction de profit de défaut. (Rennes, 3.e ch., 24 juillet 1811, et *infrà* art. 173.)

881. L'article 153 n'est pas applicable au cas où un garant mis en cause ne comparaît pas. Cet article n'a en vue que les défendeurs

originaires, car la morosité d'un garant ne peut retarder la décision sur la demande principale : c'est au défendeur à exercer son recours contre lui par action séparée. (Rennes, 1.re ch., 16 juillet 1812, et *infrà*, art. 184. )

882. L'avoué qui a conclu sur le jugement de jonction est encore recevable à proposer, lorsqu'il comparaît de nouveau au jour indiqué par ce jugement, soit un déclinatoire, soit un moyen de nullité, soit enfin toute autre exception qui doit être proposée *in limine litis*, ou qui se couvrirait par la procédure volontaire de la partie. — A. 504. (1)

883. Si l'un des défendeurs comparaissant présentait des moyens tels qu'il fallût, avant de faire droit, ordonner un interlocutoire, par exemple, une enquête, une expertise, l'opération ne pourrait être ordonnée par le jugement qui donnerait défaut contre les défendeurs, et qui en joindrait le profit au fond. — A. 505.

884. Lorsque la signification de jugement de jonction doit être faite dans un lieu qui n'est pas situé sous le ressort du tribunal qui rend ce jugement, cette signification est faite par un huissier commis, soit par le tribunal, soit par le juge de paix du domicile du défaillant, qu'indiquerait le tribunal qui aurait rendu le jugement. — A. 506.

885. Il y a lieu à commettre un autre huissier que celui que le jugement de jonction avait désigné, si ce dernier déclare que la partie à laquelle la signification doit être faite a transporté son domicile dans un lieu qui ne se trouve pas dans l'arrondissement de cet huissier. (Rennes, 5 octobre 1810. )

886. On peut opposer au demandeur les nullités de la signification faite par l'huissier commis. — A. 507.

887. Si, par l'exploit introductif, l'assignation avait été donnée à bref délai, celle à notifier en vertu du jugement de jonction devrait être à fin de comparution dans les délais ordinaires, à moins que, par le jugement de jonction, le tribunal n'eût autorisé l'assignation à bref délai. — A. 508.

888. Un jugement de jonction ne peut avoir lieu, après constitution d'avoué de la part de tous les défendeurs, lorsque les avoués de quelques-uns ne se présentent pas à l'audience. — A. 509.

889. La partie défaillante, lors du jugement de jonction, ne peut y former opposition. — A. 510.

890. Si, avant ou après la signification du jugement de jonction, le défaillant constituait avoué, les plaidoiries, si l'affaire n'était pas

---

(1) *Er.* 4.e ligne de la position de la question , au lieu de *prononcée*, lisez *proposée*.

sommaire, devraient être renvoyées à un autre jour, qui fût hors du délai fixé par la nouvelle assignation. — A. 511. (1)

891. Le jugement rendu après jonction n'est contradictoire qu'à l'égard de la partie qui n'a pas comparu lors du premier jugement qui a ordonné cette jonction. — A. 512.

Cette proposition, que nous fondions sur l'opinion de M. Pigeau, a été rejetée par deux arrêts, l'un de la cour de Rennes, 2.ᵉ ch., du 29 mai, l'autre de la cour de Riom, du 21 juillet 1812. (Sirey, 1815, p. 104; et 1814, p. 210.) On verra, en lisant la 512.ᵉ question de l'analyse, que ces cours ont adopté en partie les moyens que nous combattions comme objection contre notre opinion. Elles ont considéré, celle de Riom, que l'article 153 porte une exception formelle à la disposition générale de la loi, en matière d'opposition aux jugemens et arrêts par défaut; celle de Rennes, que ce serait aller contre le vœu bien prononcé de cet article que d'admettre plusieurs parties qui laisseraient défaut tour à tour, à revenir par opposition contre le jugement qui aurait statué d'après celui de jonction du défaut; qu'il en résulterait cet inconvénient majeur qu'il y aurait intervenir, dans un même tribunal, entre diverses parties, et sur des matières non divisibles, plusieurs jugemens qui présenteraient des dispositions contraires.

Cette dernière considération, qui nous était échappée, nous paraît en effet d'un grand poids contre l'opinion que nous avions précédemment émise.

### ARTICLE 154.

Le défendeur qui aura constitué avoué, pourra, sans avoir fourni de défenses, suivre l'audience par un seul acte, et prendre défaut contre le demandeur qui ne comparaît pas.

892. S'il y a plusieurs défendeurs en cause, l'un d'eux peut obtenir défaut contre le demandeur, sans appeler à l'audience les autres défendeurs. — A. 513.

893. Lorsqu'il y a plusieurs demandeurs, le défaut ne peut être obtenu que contre eux tous, et sans qu'il soit besoin de jonction préalable. — A. 514.

894. Le demandeur contre lequel il aurait été obtenu un congé ne peut en interjeter appel après les délais de l'opposition. — A. 515.

(1) *Er.* Dernier alinéa, au lieu de p. 147, lisez p. 174.

## ARTICLE 155.

Les jugemens par défaut ne seront pas exécutés avant
l'échéance de la huitaine de la signification à avoué, s'il
y a eu constitution d'avoué, et de la signification à personne ou domicile, s'il n'y a pas eu constitution d'avoué;
à moins qu'en cas d'urgence l'exécution n'en ait été ordonnée
avant l'expiration de ce délai, dans les cas prévus par
l'article 135.

Pourront aussi les juges, dans le cas seulement où il y
aurait péril en la demeure, ordonner l'exécution nonobstant
l'opposition, avec ou sans caution; ce qui ne pourra se faire
que par le même jugement.

*Conférence.*

Art. 3, titre XXXV, ordonn. de 1667.

895. Le délai de huitaine, pendant lequel on ne peut exécuter
les jugemens par défaut, est franc, en sorte qu'on ne peut procéder à cette exécution que le dixième jour, à partir inclusivement
de la signification. — A. 516.

896. Ce délai ne doit pas être augmenté à raison de la distance
qui sépare le domicile de la partie défaillante du lieu où siége le
tribunal où l'opposition doit être faite, si ce n'est dans le cas où
il s'agirait d'un jugement qui ne serait pas exécutoire directement
contre le condamné, ou s'il fallait exécuter à l'égard d'un tiers le
jugement obtenu contre lui, mais qui ne serait pas d'ailleurs susceptible de voies d'exécution qui ne frapperaient que sur lui-même.
— A. 517.

897. De ce que l'art. 155 porte que les jugemens ne peuvent être
exécutés avant l'échéance de la huitaine de la signification, il ne
s'ensuit pas que l'on puisse exécuter sans signifier à partie. — A. 518.

898. L'exécution provisoire peut être ordonnée pour avoir lieu
avant l'échéance du délai ou après nonobstant opposition, même
hors les cas mentionnés en l'article 135. — A. 519. (1)

899. De ce que l'art. 155 exige que l'exécution provisoire soit
ordonnée par le même jugement, il résulte qu'on ne pourrait se
pourvoir en référé pour faire ordonner l'exécution provisoire, si
le péril naissait et n'avait pu être connu que depuis le jugement.
— A. 520.

900. On peut valablement prendre une inscription hypothécaire
en vertu d'un jugement par défaut, encore qu'il ne soit signifié ni

(1) Er. première ligne de cette question, au lieu de *cet article*, lisez *l'article 155*.

à partie ni même à avoué, et qu'il ne soit ni enregistré ni expédié. ( Rouen, 7 décembre 1812 ; Riom, 6 mai 1809 ; Sirey, 1813, p. 367, et 1810, p. 39. )

Il en était autrement sous la législation antérieure au code civil. ( Cass., 13 février 1809 ; Sirey, 1809, p. 134. )

### ARTICLE 156.

Tous jugemens par défaut contre une partie qui n'a pas constitué d'avoué, seront signifiés par un huissier commis, soit par le tribunal, soit par le juge du domicile du défaillant que le tribunal aura désigné; ils seront exécutés dans les six mois de leur obtention, sinon seront réputés non avenus.

#### *Conférence.*

T. art. 19, 76, 89. V. l'art. 159.

901. Outre les cas où il n'y a pas eu de constitution d'avoué, l'art. 156 reçoit encore son application, lorsque l'avoué du demandeur n'a point accepté le mandat. — A. 521.

902. L'art. 156 n'est pas applicable aux jugemens rendus par un juge de paix, mais il s'applique aux arrêts des cours et aux jugemens des tribunaux de commerce. — A. 522.

903. Puisque l'article 156 ne parle que des *jugemens rendus contre* une partie défaillante, il n'y a pas lieu à commettre un huissier pour notifier un arrêt à des défaillans qui, quoique tels, n'étaient pas appelans, et contre lesquels il n'a été prononcé aucune condamnation. ( Rennes, 1.re ch., 19 juillet 1809. )

904. La partie condamnée par un jugement sur défaut qui ne contient pas désignation d'un huissier, est non recevable à se faire de cette omission un moyen de nullité, s'il est établi par son aveu qu'elle en a reçu copie. ( Cass., 7 décembre 1813. Sirey, 1814, p. 137. )

905. *Le tribunal qui a rendu le jugement par défaut peut-il indiquer, pour commettre l'huissier, le tribunal du domicile du défaillant ?*

Autrement *ce tribunal est-il obligé de désigner, pour commettre l'huissier, un des juges du tribunal du domicile, au lieu du tribunal lui-même ?*

Cette question naît de ces termes de l'article 156, soit par *le juge du domicile du défaillant que le tribunal aura désigné.* La plupart des auteurs estiment qu'il résulte de ces expressions que le tribunal qui rend le jugement par défaut, ne peut désigner l'autre tribunal pour commettre l'huissier ; mais qu'il doit indiquer de suite, soit un des juges du tribunal du domicile, soit un juge de paix. Ainsi, dit M. Lepage ( nouveau style, p. 121 ), la nomination de l'huissier peut être attribuée ou au président du tribunal, ou au juge de paix du domicile ; mais *il faut que le jugement désigne précisément le juge auquel il donne commission.* Même remarque de la part de M. Pigeau, t. 1, p. 470. M. Hautefeuille, p. 116, dit au contraire que le jugement doit être signifié par un huissier commis soit par le tribunal saisi de la cause, soit par *celui* du domicile du défaillant que le tribunal doit désigner. Cet auteur prend conséquemment le mot *juge* pour synonyme de *tribunal.* On peut dire, pour justifier cette interprétation, qu'en effet la loi emploie souvent les deux mots dans la même acception, notamment au 4.e §. de l'article 59, portant qu'en matière mixte, l'ajournement sera donné *devant le juge de la situation, ou devant le juge du domicile* du défendeur. Ici, sans contredit, la loi entend parler du tribunal.

Mais, dira-t-on, l'on ne peut rien induire de là en faveur du sentiment de M. Hautefeuille, parce que l'article 156 porte, le *juge du domicile que le tribunal aura désigné.* Si, en effet, le législateur avait entendu indiquer le tribunal du domicile, il n'était pas besoin qu'il prescrivît la désignation par le tribunal qui rend le jugement.

Nous croyons concilier ces opinions diverses, en disant que le mot *juge* a été employé pour exprimer que l'on peut indiquer non seulement le tribunal du domicile, un juge de ce tribunal, mais même un juge de paix ; ce qui s'accorde avec la disposition de l'article 1035. Si l'on objecte que la loi s'étant servie du mot *juge,* on ne peut désigner un tribunal entier, nous répondrons que l'article 156 doit s'expliquer par cet article 1035, portant que, lorsqu'il s'agira de faire une opération quelconque en vertu de jugement, les juges pourront commettre *un tribunal voisin, un juge ou même un juge de paix ;* que si l'article 156 emploie le mot *juge,* c'est pour ne pas exclure cette faculté de nommer ou un juge du tribunal ou un juge de paix ; exclusion qui fût résultée du mot *tribunal.*

906. La signification du jugement par défaut, rendu faute de constitution d'avoué, est nulle, si elle n'a pas été faite par l'huissier qui aurait été commis. — A. 523.

907. Il suffit que le jugement par défaut, portant condamnation *solidaire* contre plusieurs défendeurs, ait été exécuté contre l'un

d'eux, pour qu'il ne puisse être réputé comme non avenu contre les autres à l'expiration des six mois. — A. 52. (1)

907. *Là disposition de l'art. 156 s'applique-t-elle à l'étranger?*

Cette question a été jugée affirmativement par arrêt de Rouen du 3 février 1813 ( jur. C. C., t. 20, art 450 ), en faveur d'un étranger qui avait des propriétés en France, et contre lequel par conséquent le jugement pouvait être exécuté suivant la disposition de l'article 159. Nous pensons qu'il en serait de même si l'étranger n'avait aucunes propriétés en France, parce qu'il suffirait de faire dresser procès-verbal de carence au lieu de sa demeure. Mais s'il ne résidait pas en France, il ne paraît pas qu'il pût l'invoquer.

908. La péremption établie par l'art. 156, n'est pas interrompue par l'opposition de la partie condamnée, si cette opposition est irrégulière. ( Lyon, 4 septembre 1810. Sirey, 1814, p. 211. )

909. Un jugement par défaut est périmé contre la régie des domaines comme contre toute autre partie, faute d'exécution dans les six mois. ( Rennes, 1.re ch., 29 août 1816. )

910. La péremption du jugement aurait lieu, encore bien que l'exécution eût été commencée dans le délai de six mois, attendu qu'il faut, pour que le jugement produise définitivement ses effets, que l'exécution ait été consommée dans ce délai, conformément à l'art. 159. — A. 525, et nos questions sur cet article.

911. *Quand le jugement est non avenu par l'expiration du délai sans exécution, la procédure qui l'a précédée est-elle également réputée non avenue, en sorte qu'il faille citer de nouveau en conciliation, et recommencer les suites en première instance?*

Nous pensons que l'article 156 n'annule que le jugement obtenu, et remet conséquemment les parties en même et pareil état où elles se trouvaient avant le jugement. Soutenir le contraire, ce serait contrevenir à la disposition de l'article 1030, portant qu'aucun exploit, aucun acte de procédure ne peut être déclaré nul, si la nullité n'en est pas formellement prononcée par la loi; ce serait violer le principe d'après lequel les tribunaux ne peuvent suppléer des déchéances.

Le législateur a eu pour motif, dans l'article 156, d'obliger celui qui obtient un jugement par défaut à l'exécuter dans un délai déterminé, afin, comme le dit M. Pigeau ( t. 1.er, p. 470 ), que le condamné ne soit pas surpris par l'exécution inopinée qu'on

(1) *Er.* Page 298, à la fin du 5.e alinéa, ajoutez : Telle est aussi l'opinion de M. Coffinières, journal des avoués, t. 2, p. 180. ( V. les arrêts qu'il cite ibidem, p. 354. )

32

viendrait faire après un long intervalle. C'est là, en effet, tout ce que la loi a voulu prévenir dans l'intérêt du condamné ; elle ne frappe que le jugement, et rien ne porte à croire qu'elle ait entendu considérer aussi comme non avenus les actes qui l'ont précédé. De puissantes considérations s'opposent, au contraire, à ce que l'on donne cette extension à l'article 156.

Premièrement, la disposition qu'il renferme est rigoureuse ; elle doit donc être restreinte aux termes dans lesquels elle est conçue : c'est ce que commandent les principes les plus certains de la jurisprudence, c'est ce qui dérive expressément de l'article 1030.

Secondement, si le législateur eût entendu que l'on envisageât comme non avenus les actes antérieurs au jugement, il s'en fût expliqué comme il l'a fait dans l'article 401 du code de procédure, où il déclare que la péremption d'instance emporte extinction de la procédure ; disposition qui vient à l'appui du principe que les nullités et les déchéances ne se présument point. Aussi la cour de Nismes, par arrêt du 5 juillet 1809 ( Sirey, 1812, p. 432 ), a-t-elle consacré cette opinion, en considérant que l'article 156 ne prononçant rien sur les instances qui ont servi de base au jugement périmé, rien ne s'opposait à ce qu'un nouveau jugement fût obtenu sur l'exploit introductif. Mais on sent qu'à cet effet, le défaillant doit être sommé de comparaître par exploit notifié à personne ou domicile.

912. *A-t-on besoin de faire déclarer en justice la péremption prononcée par l'article 156 ?*

Nous pensons, comme M. Perrin ( traité des nullités, p. 136 ), qu'après les six mois le jugement tombe de lui-même, puisque l'article porte que, *s'il n'est pas exécuté dans les six mois de son obtention, il sera réputé non avenu.* Il ne serait donc pas besoin, soit de se pourvoir pour en faire prononcer l'annulation, soit d'en appeler pour le faire réformer ; seulement on aurait à opposer la péremption, par voie d'exception, à la partie qui entendrait s'en prévaloir de quelque manière que ce fût.

913. *La péremption dont il s'agit n'est-elle établie qu'en faveur seulement de la partie condamnée, en sorte que des tiers exerçant les droits de cette partie soient liés par une déclaration qu'elle aurait donnée sous seing privé de reconnaître le jugement pour exécuté ?*

Suivant les rédacteurs des annales du notariat ( t. 15, p. 200 ), cette question doit être résolue pour l'affirmative ; et c'est en effet ce qui paraît résulter des dispositions des articles 158 et 159, des discours des orateurs du gouvernement au corps législatif, en présentant le titre 8, livre 2, et des principes reçus en matière de prescription.

En effet, le motif qui a dicté l'article 156 est facile à concevoir; on n'a pas voulu laisser dans les liens d'un jugement qu'il pourrait ignorer, ni exposer à la surprise d'une exécution inopinée un débiteur que sa situation malheureuse recommandait. Or, si c'est là le véritable et l'unique motif de la loi, il importe peu que l'acte par lequel ce débiteur déclare avoir connaissance de la condamnation, soit authentique ou sous seing privé, ait une date certaine ou n'en ait point, pour qu'il le lie envers des tiers et détermine pour lui le bénéfice de l'article 156 ; ce qui est réglé pour la partie condamnée, doit l'être également pour les tiers qui prétendraient se mettre en son lieu et place.....

En vain ceux-ci invoqueraient-ils le bénéfice de l'article 1328 du code civil, d'après lequel les actes sous seing privé n'ont de date contre les tiers que du jour où ils ont été enregistrés, du jour de la mort de celui ou de l'un de ceux qui les ont souscrits, ou du jour où leur substance est constatée dans des actes dressés par des officiers publics.

Cette disposition n'a point été portée pour le cas où les tiers qui veulent rejeter l'acte sous seing privé n'ont d'autre droit que celui de l'individu même dont cet acte est émané.

Or, on le répète, la nullité dont parle l'article 156 étant personnelle au débiteur, des créanciers qui, non moins que ses héritiers, sont tenus de respecter ce qu'il a fait, toutes les fois qu'il n'a point agi en fraude de leurs droits, ne peuvent pas l'invoquer davantage.

Non seulement la péremption introduite par l'article 156 n'est pas, comme les prescriptions ordinaires, fondée sur une présomption de libération ; mais, le serait-elle, la prétention des créanciers ne serait pas mieux fondée, car il est de jurisprudence constante que la renonciation, même sous seing privé, que le débiteur a faite à la prescription, lie ses créanciers comme lui-même, parce qu'il est toujours permis de renoncer à un droit personnel.

Les créanciers ne sont pas d'ailleurs des *tiers* dans le sens de l'article 1328 du code civil ; ils ne font qu'une seule et même personne avec le débiteur, dont ils sont les ayant cause; et, par conséquent, ils ne peuvent être admis à se prévaloir d'une exception que leur débiteur s'est rendu non recevable à opposer.

Au reste, cette opinion des auteurs des annales a été formellement consacrée par un arrêt de la cour de Caen du 26 avril 1814. ( Sirey, 1814, p. 401. ( *Voyez la question suivante où nous répondons à une objection que l'on pourrait faire contre cette décision.* )

914. *La solution donnée sur la précédente question s'applique-t-elle au cas où le débiteur qui n'entend pas se prévaloir de la péremption, en ferait la déclaration postérieurement à la contestation dans le cours de laquelle son créancier aurait opposé l'exception ?*

On trouve, au tome 20 de la jurisprudence du code civil, p. 297, un arrêt de la cour de Paris, du 7 juin 1812, que nous avons vainement cherché dans les autres recueils, et qui décide que des créanciers peuvent faire rejeter de l'ordre celui qui n'a pour titre qu'un jugement par défaut non exécuté dans les six mois, attendu que ce jugement étant comme non avenu faute d'exécution dans ce délai, aux termes de l'article 156, il n'y avait ni titre ni hypothèque, et que le défaut d'hypothèque pouvait être proposé par les autres créanciers.

Il importe de remarquer, sur cette question, que le créancier dont on contestait la collocation produisait une déclaration du débiteur de reconnaître pour exécuté le jugement rendu contre lui, et soutenait, en conséquence, qu'au moyen de cette déclaration, le vœu de l'article 156 se trouvait rempli.

Si donc on s'arrêtait à ce simple énoncé de l'arrêt et de cette circonstance dans laquelle il a été rendu, on serait porté à le considérer comme absolument opposé à celui de la cour de Caen, cité sur la précédente question.

Mais on ne doit pas perdre de vue que la déclaration sur laquelle le créancier contesté s'appuyait, n'avait été donnée qu'après la naissance de la contestation des autres créanciers parties dans l'ordre.

Tel fut, sans doute, le motif pour lequel la cour de Paris n'eut aucun égard à cette pièce, et déclara qu'elle était suspecte, et ne pouvait mériter aucune confiance.

Cette circonstance nous semble justifier sa décision, sans néanmoins contredire celle de la cour de Caen, rendue dans une espèce où la déclaration était antérieure à la contestation. En effet, lorsqu'un débiteur qui, après une contestation élevée par ses créanciers, intervient, pour ainsi dire, afin de détruire l'effet de l'exception qu'ils proposent, à une époque où lui-même eût été en droit de l'opposer dans son intérêt personnel, il est plus probable que ce débiteur agit en fraude de ces créanciers. Il serait, d'ailleurs, injuste qu'il dépendît ainsi de lui de les empêcher de profiter d'un moyen qu'ils ont déjà présenté, et aux résultats duquel ils ont un droit acquis.

Vainement, pour faire prévaloir l'arrêt de Paris sur celui de Caen, tenterait-on d'argumenter de la disposition de l'article 1328 du C. C., puisque cet article n'est nullement applicable, comme nous l'avons établi sur la question précédente, au cas où des créanciers exercent les droits de leur débiteur.

Ainsi donc la déclaration du débiteur de tenir le jugement pour exécuté ne liera point les créanciers, lorsqu'elle sera donnée postérieurement à la contestation sous le cours de laquelle on l'opposerait, à moins toutefois qu'il n'existât des preuves de connivence, de dol et de fraude, circonstances dans lesquelles la rigueur des principes doit toujours fléchir.

915. *Suffirait-il, pour que le jugement fût réputé exécuté, et par suite pour que la péremption ne pût être opposée par le condamné, que l'on prouvât contre lui qu'il a eu connaissance de l'existence du jugement ?*

Un arrêt de la cour de Rennes, du 14 août 1813, 3.ᵉ chambre, a déclaré que l'article 156 n'établit qu'une présomption légale d'ignorance, de la part du condamné, de *l'existence* du jugement, laquelle doit céder à la preuve précise du fait contraire résultant, par exemple, d'une demande en suspension de poursuites ; elle a en conséquence jugé qu'en ce cas il n'y avait pas lieu à péremption.

Cette décision nous semble bien rendue, en ce qu'une telle demande constituait acquiescement au jugement ; mais elle pourrait avoir été mal motivée, car le jugement ne pouvant être réputé exécuté qu'en conformité de l'article 159, c'est évidemment la connaissance de *l'exécution* et non pas la connaissance de l'existence du jugement qu'il faut considérer pour rejeter la péremption. ( V. *infrà* nos questions sur l'article 159. ) Si, en effet, la connaissance du jugement pouvait empêcher la péremption, il s'ensuivrait qu'une simple signification de ce jugement à la personne suffirait pour opérer cet effet ; mais personne n'oserait soutenir ce système.

### ARTICLE 157.

Si le jugement est rendu contre une partie ayant un avoué, l'opposition ne sera recevable que pendant huitaine, à compter du jour de la signification à avoué.

*Conférence.*

T. art. 89; ord. de 1667, tit. XXXV, art. 3; *infrà* art. 443; Ç. de com., art. 643.

916. Dans le délai de huitaine accordé par l'art. 157, le jour de l'échéance est compté, et il n'est point sujet à l'augmentation à raison des distances. — A. 426. ( Rennes, 1.ʳᵉ ch., 19 juin 1817, et dissertation de Sirey, 1815, 1.ʳᵉ part., p. 402. )

917. *La circonstance que le dernier jour de la huitaine serait un jour férié, pourrait-elle être prise en considération pour relever l'opposant de la déchéance ?*

Non, attendu que les articles 63 et 1037 permettent de notifier un jour férié, avec l'autorisation du magistrat. ( Rennes, arrêt du 18 juin 1817, ci-dessus. )

Cet arrêt, quoique diamétralement opposé à un autre de la cour de Nancy, du 23 juillet 1812, rapporté par Sirey, 1814, p. 197, est conforme à la jurisprudence de la cour de cassation. ( Arrêt du 6 juillet 1812; Sirey, 1812, p. 366. )

918. L'article 157 ne s'applique qu'au cas où l'avoué qui reçoit la signification a été constitué avant le jugement, et non pas lorsqu'il ne l'aurait été qu'après le jugement, mais avant la signification. ( Caen, 3 mai 1813. Sirey, 1814, p. 436. )

919. La fin de non recevoir résultant de ce qu'une opposition aurait été formée après le délai, est couverte par la procédure volontaire de la partie qui aurait eu intérêt à l'opposer. — A. 527.

920. La signification du jugement par défaut rendu contre une partie ayant avoué, peut être faite par tout autre huissier qu'un huissier audiencier, ou un huissier ordinaire attaché au tribunal qui a rendu le jugement. — A. 528.

921. Si deux parties avaient en même tems obtenu contre un tiers un jugement faute de plaider, qui eût été signifié à l'avoué de celui-ci à la requête seulement de l'avoué de l'une de ces deux parties, le délai de l'opposition ne courrait qu'au profit de celui qui aurait fait signifier le jugement, sur-tout lorsque la matière jugée ne serait pas indivisible. — A. 529.

922. Si le jugement est contradictoire à l'égard de quelques-unes des parties, et rendu par défaut à l'égard des autres, ces dernières seulement peuvent se pourvoir par opposition. En *d'autres termes*, l'opposition des consorts défaillans ne peut profiter à ceux qui ont comparu. ( Cass., 2 juin 1806. Sirey, 1807, 2.e partie, p. 1074.) V. sur l'art. 443 la 1438.e quest. de l'analyse.

923. L'opposition formée par un garant condamné n'empêcherait pas le jugement d'avoir la force de chose jugée entre le garanti et le demandeur principal. — A. 530.

924. Si la copie de l'exploit contenant la requête d'opposition ne portait point de date, l'opposition pourrait être présumée avoir été faite après le délai, quoique l'original fût daté et enregistré dans ce délai. — A. 531.

925. *Quels sont les cas où le délai de l'opposition peut être suspendu?*
Voyez A. 532.

926. En général tout jugement par défaut, soit préparatoire, soit interlocutoire, soit définitif, est sujet à opposition. Cependant la loi a prévu et la jurisprudence a indiqué des cas d'exception. — V. A. 535.

927. L'opposition aux jugemens rendus sur requête ou demande d'une seule partie, sans qu'une autre ait été appelée, est encore admissible. — A. 534.

928. L'effet de l'opposition n'est pas de *neutraliser* tellement le jugement, qu'il ne puisse être exécuté que par nouvelle décision du juge. — A. 535.

929. Quand la partie défaillante n'a pas formé son opposition dans le délai fixé, elle peut, s'il s'agit d'un jugement rendu en premier ressort, se pourvoir par appel. (Art. 443.)

930. Mais si le jugement est rendu en dernier ressort ou par un juge d'appel, il ne reste, suivant les circonstances, que la voie de la requête civile, ou le pourvoi en cassation. — A. 536.

931. Le décret du 2 février 1811, qui n'admet pas la voie d'opposition en matière de *saisie immobilière*, n'est pas applicable au cas où l'opposition est fondée sur des moyens qui attaquent le titre et la substance même de la saisie. Ainsi l'opposition ne doit être rejetée qu'autant qu'elle repose sur des moyens de forme. (Bruxelles, 30 janvier 1813. Sirey, 1814, p. 17.)

## ARTICLE 158.

S'il est rendu contre une partie qui n'a pas d'avoué,
l'opposition sera recevable jusqu'à l'exécution du jugement.

### *Conférence.*

T. art. 89. V. aussi C. de comm., art. 643, et *infrà* les articles 436, 443, 445.

932. Un jugement rendu par défaut contre une partie qui n'a pas d'avoué, ne peut être entrepris par voie d'opposition que dans le cas où il n'a pas été exécuté. (Rennes, 27 septembre 1810.)

933. Ainsi, lorsqu'il est maintenu et reconnu que ce jugement n'a pas reçu d'exécution, l'appel n'est pas recevable, puisque l'appelant ne peut se pourvoir que par opposition. (Rennes, 2.ᵉ ch., 16 juillet 1808.)

934. Mais de ce que l'article 158 porte que l'opposition sera recevable jusqu'à l'exécution du jugement, il s'ensuit qu'elle ne peut plus être formée quand l'exécution est réputée consommée par les actes mentionnés en l'article 159. Elle ne serait donc pas recevable, si, par exemple, elle était faite le jour qui suit immédiatement ces actes. — A. 537.

Aussi, par arrêt du 13 juillet 1809, 1.ʳᵉ ch., la cour de Rennes a-t-elle décidé que le délai pour interjeter appel court à partir de l'époque où l'exécution a été *consommée*, lorsque la partie condamnée ne s'est pas rendue opposante avant cette époque.

935. L'article 64 du code de commerce, qui a rendu la disposition de l'article 158 du code de procédure applicable aux jugemens des tribunaux de commerce, et dérogé ainsi à l'article 436 de ce dernier code, dispose que, pour l'avenir, il ne peut conséquemment s'appliquer aux jugemens de commerce rendus avant sa publication. ( Cass., 2 août 1815. Siréy, 1816, p. 107. )

936. Le délai pour l'opposition ne court contre l'étranger qu'autant qu'il y a eu exécution dans le sens de l'article 159, après observation des longs délais prescrits par l'article 73.

937. Il y a lieu à opposition contre une liquidation de course de corsaire, faite par un tribunal de commerce, puisqu'elle doit être considérée comme jugement par défaut, faute de constitution d'avoué. ( Rennes, 18 septembre 1813. )

### ARTICLE 159.

Le jugement est réputé exécuté, lorsque les meubles saisis ont été vendus, ou que le condamné a été emprisonné ou recommandé, ou que la saisie d'un ou de plusieurs de ses immeubles lui a été notifiée, ou que les frais ont été payés, ou enfin lorsqu'il y a quelque acte duquel il résulte nécessairement que l'exécution du jugement a été connue de la partie défaillante : l'opposition formée dans les délais ci-dessus et dans les formes ci-après prescrites, suspend l'exécution, si elle n'a pas été ordonnée nonobstant opposition.

938. On peut se pourvoir par opposition contre le jugement par défaut rendu faute de constitution d'avoué, si les meubles ont été saisis, mais n'ont pas encore été vendus. — A. 538. A moins que ce ne soit à la sollicitation du débiteur lui-même que la vente n'ait pas eu lieu ( Paris, 23 juin 1810. Sirey, 1814, p. 212.), ou qu'elle ait été empêchée par sa résistance. (Montpellier, 20 août 1810. Sirey, 1813, p. 283. )

939. Un procès-verbal par lequel l'huissier chargé de procéder à l'exécution du jugement constaterait qu'il n'a rien trouvé chez le condamné, équivaudrait à la vente des meubles, et ferait courir les délais de l'opposition. — A. 539, et Caen, 3 août 1815. Sirey, 1816, 2.ᵉ p.ᵉ, pag. 330.

940. La notification de la saisie immobilière se fait conformément à l'art. 681. — A. 540.

941. Si les frais avaient été payés, mais avec protestation et réserve, le jugement n'en serait pas moins réputé exécuté. — A. 541.

942. L'article 159 est seulement démonstratif des cas où le jugement est réputé exécuté. — A. 542.

943. Si donc il n'est pas susceptible de l'être de l'une des manières prescrites par cet article, ou qu'il n'ait pas dépendu de la partie de l'exécuter de la sorte, la péremption ne peut être prononcée. (Rennes, 26 mars 1817, 3.ᵉ chambre.)

944. Autre conséquence. Dans les cas qui ne sont pas particulièrement énoncés dans l'article, les circonstances peuvent décider de l'effet que doivent produire les différens actes dont on argumenterait pour fournir la preuve de la connaissance de l'exécution par la partie défaillante ; l'appréciation de ces circonstances est abandonnée à la prudence des juges, qui doivent, en tous cas, considérer qu'il n'est pas dans l'esprit de la loi de réputer non avenu un jugement à l'exécution duquel un débiteur se serait insidieusement soustrait. (Même arrêt.)

945. *Quels sont, à défaut des actes déterminés dans l'article 159, ceux qui peuvent y suppléer?*

Sur cette question traitée dans notre analyse, sous le n.° 543, (1) nous avons cité différens arrêts qui décident, soit que tel acte, soit que tel autre, pouvait on non suppléer à ceux que l'article 159 détermine, attendu qu'ils prouvaient ou ne prouvaient pas que l'exécution eût été connue du condamné.

Nous y ajouterons qu'on ne pourrait considérer, comme pouvant faire présumer la connaissance de l'exécution, un procès-verbal de capture, non suivi d'emprisonnement, à cause de l'évasion du débiteur ; ce procès-verbal ne fait connaître que l'intention d'exécuter, et non l'exécution qui ne peut être consommée que par l'emprisonnement. (Colmar, 16 décembre 1812 ; jur. C, C., t. 20, p. 454.)

D'un autre côté, il a été jugé que cette présomption résultait,

1.° De lettres par lesquelles le condamné avait reconnu l'existence du jugement, avait été présent à la saisie, et avait fourni gardien. (Paris, 23 juin 1810 ; Sirey, 1814, p. 212.)

2.° De la signification du jugement avec commandement d'y obéir, sur lequel le condamné avait protesté de nullité des suites. (Même cour, 31 décembre 1811, Sirey, 1812, p. 65.)

3.° D'un simple commandement, parce qu'on ne peut opposer que ce ne soit pas un acte d'exécution. (Paris, 31 décembre 1811. Sirey, 1812, p. 65.)

4.° De démarches faites par un débiteur pour arrêter l'exécution. (Paris, 29 août 1814. Sirey, 1814, p. 241 ; et Rennes, 14 août 1813, 3.ᵉ chambre, déjà cité sur l'article 156, *suprà* n.°   )

_____

(1) *Er.* Ajoutez à la fin du §. 2, p. 310 : Arrêt de Rouen, 3 février 1813. (Jurisp. C. C. tom. 20, p. 450, qui décide conformément à ce qui est établi en ce paragraphe.)

Nous rappellerons maintenant que nous terminions l'examen de cette 543e question, en disant que nous pensions en général que toutes les fois que la partie en faveur de laquelle un jugement par défaut a été rendu, avait fait tout ce qui dépendait d'elle pour parvenir à son exécution, et que le condamné en avait été instruit, le but de la loi était rempli, et le jugement exécuté aussi bien qu'il pouvait l'être. ( V. *suprà* n.° 945. )

Cependant il est des jurisconsultes qui, s'attachant strictement au texte de l'article 159, n'admettent, pour suppléer aux actes qu'il mentionne, que ceux-là seuls qui prouvent que la partie au profit de laquelle le jugement a été rendu n'a pu l'exécuter de l'une des manières indiquées. Ils en donnent pour raison que l'article ne permettant de suppléer aux actes qui constatent l'exécution même consommée de la sorte, que par ceux qui prouveraient qu'elle a été connue du débiteur, il faut absolument que la vente des meubles ait été faite, que le condamné ait été emprisonné, la saisie notifiée, les frais payés.

Nous distinguerons entre cette opinion et celle que nous avions énoncée sur la question 543. Nous persistons dans cette dernière, car à *l'impossible nul n'est tenu;* mais nous admettons la seconde, parce qu'en effet ce n'est pas la connaissance du jugement, par un acte à fin d'exécution, qui rendrait, d'après les articles 158 et 159, l'opposition non recevable, mais la *connaissance de l'exécution.* Or, l'exécution n'est consommée que dans les cas mentionnés dans le dernier de ces articles. ( V. *suprà* n.°    )

Nous trouvons, d'ailleurs, cette opinion justifiée par un arrêt de la cour de cassation, du 18 avril 1811, lequel déclare qu'un commandement et une saisie ne peuvent faire réputer le jugement exécuté. ( V. Sirey, 1811, pag. 232. )

946. Mais un acquiescement donné par le condamné équivaudrait, soit à l'exécution, soit à un acte qui prouverait qu'il aurait eu connaissance de cette exécution. — A. 544. ( Coffinières, journal des avoués, t. 7, p. 60. ) C'est aussi ce que la cour de Rennes a jugé dans une espèce où le condamné avait demandé suspension des poursuites. ( V. question précédente, nombre 4. )

947. Cependant l'exécution d'un jugement faite sans que le condamné ait déclaré former opposition, ne peut être opposée sous l'appel comme acquiescement. — A. 545.

948. *Si l'opposition était formée peu de jours avant l'expira- du délai, par acte extrajudiciaire, mais n'était pas renouvellée dans la huitaine conformément à l'article 162, interromprait-elle le cours de la péremption?*

Il suit de ce que nous avons dit sur la question précédente, que l'opposition ne peut avoir aucun effet sur le cours du délai, puisqu'elle prouve uniquement la connaissance du jugement et non pas celle de son exécution.

Cependant, dans ce cas où l'opposition doit être réitérée dans la huitaine, il y a suspension nécessaire de l'exécution ; et si le dernier jour de la huitaine se trouve être aussi le dernier des six mois, il ne semble pas juste que le créancier souffre de cette impuissance, où il se trouve par le fait du débiteur, de continuer ses poursuites.

Quoi qu'il en soit, nous pensons que le créancier obligé par la loi d'exécuter dans les six mois, sous la peine qu'elle prononce, a à s'imputer la faute de n'avoir pas été plus diligent. Cette décision nous semblerait avoir été complètement résolue par un arrêt de la cour de Lyon, du 4 septembre 1810 ( V. Denevers, 1811, supplém., p. 74), si, dans son espèce, le débiteur n'avait pas laissé écouler huit mois depuis l'opposition, sans reprendre ses poursuites. Mais, indépendamment de cette circonstance, il est facile de reconnaître que les motifs de cet arrêt peuvent être invoqués à l'appui de l'opinion que nous venons d'émettre.

### ARTICLE 160.

Lorsque le jugement aura été rendu contre une partie ayant un avoué, l'opposition ne sera recevable qu'autant qu'elle aura été formée par requête d'avoué à avoué.

### *Conférence.*

Art. 3, titre XXXV, ordonnance de 1667.

949. Il n'est pas nécessaire que la requête exigée par l'art. 160 soit présentée au président du tribunal. — A. 546.

950. L'opposition est nulle si elle n'est pas signée d'un avoué. — A. 547.

951. Les exploits de signification d'une requête contenant opposition à un jugement par défaut, ne sont pas soumis aux formalités ordinaires des ajournemens. — A. 548.

952. L'opposant peut être reçu à plaider les moyens d'opposition, quoiqu'il n'ait pas *refondé*, c'est-à-dire, payé les dépens auxquels il a été condamné par le jugement par défaut. — A. 549.

C'est aussi ce qui a été jugé par deux arrêts, l'un de la cour de Rome, du 17 janvier 1811 ( Sirey, 1814, p. 200 ), l'autre de la cour de Limoges, du 19 février 1812. ( Journal des avoués, t. 5, page 237. )

### ARTICLE 161.

La requête contiendra les moyens d'opposition, à moins que des moyens de défense n'aient été signifiés avant le jugement, auquel cas il suffira de déclarer qu'on les emploie comme moyens d'opposition : l'opposition qui ne sera pas signifiée dans cette forme, n'arrêtera pas l'exécution ; elle sera rejetée sur un simple acte, et sans qu'il soit besoin d'aucune autre instruction.

*Conférence,*

**T.** art. 75 , *infrà* 499.

953. L'obligation d'énoncer les moyens dans la requête, n'est pas si rigoureuse qu'on ne puisse y suppléer en se reférant à d'autres actes qui les contiendraient ; par exemple, à un acte d'appel, à un exploit libellé. — A. 550, et Rennes, 2.ᵉ ch., 5 juillet 1811.

Mais l'opposition serait nulle, si elle n'était motivée que sur l'indication d'un article de loi sans aucun développement. (Bruxelles, 5 février 1811. Sirey, 1811, p. 427.)

954. La requête d'opposition dirigée contre un jugement par défaut, rendu en matière sommaire, n'en devrait pas moins contenir les moyens. — A. 551.

955. Quand la requête d'opposition a été formée d'une manière irrégulière, elle arrête néanmoins l'exécution du jugement. — A. 552.

956. Si l'opposition avait été notifiée avant la signification du jugement, l'avoué ne serait plus autorisé à le retirer pour en faire la signification. — A. 553.

957. L'opposant qui aurait signifié une requête irrégulière, pourrait la renouveller, s'il se trouvait encore dans le délai fixé par l'art. 157. — A. 554.

958. Si, au lieu de demander le rejet de l'opposition, pour vice de forme, en ce qu'elle ne contiendrait pas les moyens, on se bornait à conclure au déboutement de l'opposition, en répétant les conclusions de l'exploit introductif, l'irrégularité de l'opposition serait couverte, aux termes de l'article 173. (Rennes, 28 avril 1814, 1.ʳᵉ chambre.)

959. L'obligation de mentionner dans l'opposition les moyens sur lesquels elle est fondée, n'est pas si rigoureuse que l'opposant ne puisse faire valoir un moyen qu'il n'y aurait pas développé avec toutes ses circonstances. (Rennes, 4 octobre 1811.)

960. Nous pensons même que l'on peut faire valoir à l'audience un moyen qui n'aurait pas été énoncé dans la requête, parce que ce n'est que dans le cas d'une requête civile, et quelques autres spécialement désignées par le code, que l'on ne peut être admis à proposer à l'audience des moyens que l'on aurait négligé d'abord. ( Voy. art. 499.)

## ARTICLE 162.

Lorsque le jugement aura été rendu contre une partie n'ayant pas d'avoué, l'opposition pourra être formée, soit par acte extrajudiciaire, soit par déclaration sur les commandemens, procès-verbaux de saisie ou d'emprisonnement, ou tout autre acte d'exécution, à la charge par l'opposant de la réitérer avec constitution d'avoué, par requête, dans la huitaine; passé lequel tems elle ne sera plus recevable, et l'exécution sera continuée, sans qu'il soit besoin de le faire ordonner.

Si l'avoué de la partie qui a obtenu le jugement est décédé, ou ne peut plus postuler, elle fera notifier une nouvelle constitution d'avoué au défaillant, lequel sera tenu, dans les délais ci-dessus, à compter de la signification, de réitérer son opposition par requête, avec constitution d'avoué.

Dans aucun cas les moyens d'opposition fournis postérieurement à la requête n'entreront en taxe.

### Conférence.

T. art. 19. V. *infrà*, sur l'art. 1028, la quest. 3075 de l'analyse.

961. Si un huissier se refusait à insérer l'opposition sur un mandement, sur un procès-verbal de saisie, enfin sur tout acte d'exécution qu'il serait chargé de faire, le défaillant, pour constater son opposition, devrait s'empresser de faire notifier à celui qui a obtenu le jugement, un acte extrajudiciaire contenant son opposition.

Mais, pour arrêter l'exécution, il devrait se pourvoir en référé devant le président du tribunal de première instance, auquel il répéterait sa déclaration de se rendre opposant. Ce magistrat ne pourrait se dispenser d'ordonner le sursis. — A. 555.

962. L'opposition sur les actes d'exécution peut être faite par d'autres personnes que la partie elle-même, pourvu que ce soit par sa femme ou par ses proches parens. — A. 556.

963. Le délai pour réitérer l'opposition n'est pas franc; le jour de l'échéance devant y être compris, il n'y a que le jour *à quo* qui n'y est pas compris. — A. 557, et Rennes, 17 juin 1812, 3.ᵉ ch.

964. Ce délai doit être augmenté à raison de la distance, si l'opposant ne demeure pas dans le lieu où siège le tribunal qui doit connaître de l'opposition. — A. 558.

965. La requête par laquelle l'opposition doit être réitérée peut être signifiée à personne ou à domicile. — A. 559.

966. Si, lors d'un itératif commandement pour procéder à une saisie exécution, la partie ayant déclaré à l'huissier qu'elle s'opposait à l'exécution, ce dernier se retire sans avoir saisi, cette partie est recevable à former opposition au jugement par défaut, jusqu'à exécution. Le délai de huitaine est pour l'huissier qui peut, nonobstant l'opposition qui lui est déclarée, saisir, exécuter, quand elle n'a pas été réitérée dans la forme ( Rennes, 3.ᵉ ch., 10 janv. 1816 ), sans qu'il soit besoin de recourir à justice pour y être autorisé. ( Perrin, traité des nullités, p. 135. )

967. L'opposition formée par acte extrajudiciaire, et non réitérée par requête dans la huitaine, peut être renouvellée, si, d'ailleurs, le jugement par défaut ne peut encore être réputé exécuté. — A. 560, et Colmar, 10 janvier 1816. Sirey, 1816, 2.ᵉ part., p. 367.

968. Si l'opposition à un jugement par défaut était faite dans la forme ordinaire des ajournemens, et contenait les moyens, il ne serait pas nécessaire qu'elle fût réitérée en forme de requête. — A. 561.

969. Si le jugement par défaut avait été rendu par un juge de paix ou par un tribunal de commerce, l'opposition formée par acte extrajudiciaire, ou sur un acte d'exécution, ne pourrait être renouvellée que par un exploit ordinaire qui contiendrait assignation. — A. 562.

970. La requête en opposition doit, à peine de nullité, être signée par un avoué, puisque les articles 160 et 162 veulent qu'elle soit formée par requête d'avoué à avoué. ( Toulouse, 2 novembre 1808. Sirey, 1814, p. 407,

971. Une opposition formée par de simples conclusions prises sur le barreau, n'est pas admissible, ( Rennes, 10 avril 1810, 2.ᵉ ch. )

972. La requête par laquelle l'opposition à un jugement rendu par les tribunaux ordinaires est réitérée, doit, mais non à peine de nullité, contenir assignation ou avenir pour plaider. — A. 563.

973. L'avoué qui a postulé pour la partie qui a obtenu le jugement par défaut, est tenu d'occuper pour elle sur l'opposition ; mais alors, il n'est pas sujet à désaveu. — A. 564.

974. Si, depuis la signification du jugement, l'avoué de celui qui a obtenu le jugement par défaut était décédé ou avait cessé d'exercer ses fonctions, la constitution de nouvel avoué, ordonnée par l'article 162, devrait être signifiée à l'avoué constitué dans la

requête d'opposition, si l'opposition avait été signifiée à partie ou à avoué avant la cessation des fonctions de celui-ci ; et elle devrait l'être à la personne ou au domicile de la partie, si l'opposition n'avait pas encore été signifiée. — A. 565.

975. La requête dont il s'agit en l'art. 162 doit être libellée, comme celle que prescrit l'art. 161. — A. 566.

976. Si le défaillant avait à opposer, contre la demande, des nullités ou des exceptions qui fussent de nature à se couvrir par la défense au fond, il ne pourrait les présenter en plaidant, s'il ne les avait pas déduites dans la requête. — A. 567.

977. De ce que la troisième disposition de l'art. 162 porte que les moyens fournis postérieurement à la requête n'entreront point en taxe, il ne s'ensuit pas que l'opposant ne serait plus admis à les faire valoir en plaidant. — A. 568.

### ARTICLE 163.

Il sera tenu au greffe un registre sur lequel l'avoué de l'opposant fera mention sommaire de l'opposition, en énonçant les noms des parties et de leurs avoués, les dates du jugement et de l'opposition : il ne sera dû de droit d'enregistrement que dans le cas où il en serait délivré expédition.

*Conférence.*

T. art. 90.

### ARTICLE 164.

Aucun jugement par défaut ne sera exécuté à l'égard d'un tiers, que sur un certificat du greffier, constatant qu'il n'y a aucune opposition portée sur le registre.

*Conférence.*

T. même article.

978. L'exécution faite contre un tiers serait nulle, si on ne lui avait préalablement justifié, par un certificat du greffier, qu'il n'existe pas d'opposition. — A. 569.

979. Si l'avoué que la loi charge du soin de faire inscrire les oppositions sur le registre avait négligé de le faire, et que conséquemment le greffier délivrât un certificat négatif, l'exécution ne serait pas moins valable, quoiqu'il fût prouvé qu'une opposition aurait été faite. — A. 570.

### ARTICLE 165.

L'opposition ne pourra jamais être reçue contre un jugement qui aurait débouté d'une première opposition.

*Conférence.*

Art. 10, déclaration du 17 février 1688. Jousse, comment, sur l'art. 3 ; titre XXXV, ordonn. 1667.

980. Lorsque l'opposant met lui-même en cause une nouvelle partie, et laisse défaut, il peut encore se pourvoir par opposition contre cette nouvelle partie. — A. 571.

981. *S'il arrivait que, sur l'opposition à un premier jugement par défaut, il intervînt jugement contradictoire qui prononçât un avant faire droit ; que cet avant faire droit ne fût pas rempli, et qu'à raison de cette négligence, il fût rendu jugement par défaut, au principal, contre la partie qui avait laissé défaut la première fois, y aurait-il lieu à l'application de l'article 165 ?*

En d'autres termes : *Y a-t-il lieu, dans le cas posé, à déclarer non recevable l'opposition formée contre un dernier jugement par défaut ?*

Il suffit de lire l'article 165, pour se convaincre que l'on ne pourrait résoudre affirmativement cette question, sans faire une fausse application de cet article.

En effet, trois choses sont nécessaires pour son exécution; 1.° un jugement par défaut ; 2.° une opposition à ce jugement ; 3.° autre jugement par défaut qui déboute de cette opposition.

Alors tout est consommé, et la partie qui a laissé défaut une seconde fois n'a plus droit de se pourvoir, par la voie d'opposition, contre le second jugement qui intervient. C'est dans ce sens que l'on a toujours entendu l'adage de forme : *opposition sur opposition ne vaut.*

Ainsi, lorsqu'une partie n'a point été déboutée d'une première opposition, et qu'au contraire cette première opposition a été admise par un jugement contradictoire, le jugement par défaut qui intervient ensuite est toujours susceptible d'opposition, puisqu'il ne contient que la prononciation d'un premier défaut.

Si, d'ailleurs, on combine l'article 22 du code de procédure avec notre article 165, on trouve un nouveau motif pour décider de la sorte.

« La partie opposante, porte cet article 22, qui se laisserait juger » une seconde fois par défaut ne sera plus reçue à former oppo- » sition. »

Rien de plus clair.

Une partie est condamnée par défaut ; elle forme opposition au jugement ; cette opposition doit être admise, si elle est régulière et formée en tems utile. Mais, au lieu de plaider sur son opposition, la partie se laisse une seconde fois condamner par défaut, alors elle n'est plus recevable à former opposition à ce second défaut.

Il est évident que ce ne peut être que de cette manière qu'on doit entendre l'article 22 : or, l'article 165 n'est qu'une répétition du même principe.

C'est donc une erreur palpable, malheureusement accréditée, que d'interpréter l'article 165 en ce sens qu'une partie ne peut être reçue *à se pourvoir deux fois par opposition dans la même instance ;* c'est faire dire à la loi ce qu'elle ne dit pas ; c'est lui donner une extension qui aurait pour résultat que, dans une instance prolongée, il ne pourrait jamais intervenir qu'un jugement par défaut.

Au reste, notre opinion a été consacrée par un arrêt de la cour de Rennes, 1.<sup>re</sup> chambre, du 12 juin 1817.

982. *Mais quid JURIS si, dans le cas où il n'eût pas été rendu contradictoirement, entre les deux défauts, un jugement intermédiaire, et qui vidât l'opposition au premier défaut, le second défaut était rendu sur d'autres motifs que le premier, et contenait une décision différente ?*

Ou plus généralement ; *faut-il absolument, pour que l'article 165 soit applicable, que le second jugement par défaut ait maintenu le premier, faute à l'opposant de n'avoir pas plaidé sur son opposition afin de le faire rétracter ?*

On dit, pour l'affirmative, que si le second jugement par défaut est basé sur un motif autre que celui qui a déterminé le premier jugement, ce motif n'aurait pu être détruit par la première opposition ; que, par conséquent, la seconde opposition est recevable, attendu que, dans l'esprit des articles 22 et 165, il faut que les deux jugemens par défaut aient prononcé *une même décision basée sur les mêmes motifs ;* ou plutôt, qu'il faut que le second jugement ait maintenu le premier, faute à l'opposant, comme nous venons de le dire dans l'énoncé de la question, de n'avoir pas plaidé sur son opposition.

Contre cette opinion, on oppose un arrêt de cassation du 9 janvier 1812. ( Sirey, 1812, p. 150. )

Mais on écarte l'autorité de cet arrêt, en faisant observer qu'il est motivé sur une règle d'exception posée dans l'article 457 du code de commerce, et que, d'un autre côté, il confirme l'interprétation que nous venons de donner à l'article 165.

983. *Lorsqu'un jugement a été rendu par défaut contre le défendeur, et que celui-ci s'oppose, le jugement sur cette opposition*

34

*sera-t-il réputé contradictoire contre le demandeur qui n'a point comparu?*

Oui, suivant un arrêt de Gênes, du 12 décembre 1811 ( V. Sirey, 1813, p. 12), attendu que, dans ce cas, le demandeur ayant pris des conclusions pour obtenir le jugement par défaut, et le défendeur en ayant pris à son tour pour faire statuer sur l'opposition, il s'ensuit que les deux parties ont été respectivement entendues.

984. Un jugement qui déboute d'une opposition, ne fût-ce que par fin de non recevoir, se confond avec le jugement par défaut auquel la partie s'est opposée, de manière qu'après ce jugement contradictoire, qui déboute de l'opposition, on peut appeler du jugement par défaut, sans être tenu d'appeler du second. ( Cass., 25 juin 1811. Sirey, 1811, p. 241. )

## DEUXIÈME DIVISION.

### *De la procédure incidente.*

LE mot *incident* (1), pris dans son acception la plus étendue, signifie toute exception ou contestation accessoire, tout événement, en un mot, qui, s'élevant pendant le cours d'une instance, en interrompt la marche ordinaire, parce qu'il devient nécessaire de suivre des règles particulières, soit d'instruction, soit même de jugement.

Ainsi, les exceptions de toute espèce, les divers modes de vérifier et de prouver la vérité des actes ou des faits, les récusations d'experts ou de juges, les demandes en reprises d'instance et les constitutions de nouvel avoué, les demandes incidentes, etc.; enfin, tous les objets qui font la matière des titres IX et XXI inclusivement, sont des *incidens.*

Les règles et les formalités particulières qui les concernent, constituent cette procédure, que nous avons appelée *incidente* (2) pour la distinguer, par une qualification tirée des objets même qu'elle concerne, de la procédure simple et ordinaire dont nous venons de nous occuper.

#### PREMIÈRE SUBDIVISION.

## TITRE IX.

### *Des exceptions.* ( 3 )

AVANT de présenter ses moyens au fond, le défendeur peut se croire en droit d'opposer un genre de défense qu'il tire de sa position particulière, ou de la forme et de la nature de la demande.

Toutes ces espèces de défenses, qu'on appelle *exceptions*, sont préalables à la défense principale, qu'elles peuvent rendre surabondante; et, pour qu'elles ne vinssent pas entraver *successivement* la

(1) Du latin *incidere*, interrompre.
(2) Voyez *suprà*, pag. 79.
(3) V. *suprà*, p. 80, la note *in fine.*

marche de la procédure, le code a réglé par le titre IX l'ordre dans lequel elles doivent être opposées.

On entend, en général, par *exception* (1) tous les moyens par lesquels le défendeur, sans entrer dans la discussion de la demande, établit que le demandeur ne doit pas être admis à la poursuivre.

On distingue ainsi ces sortes de défenses des défenses proprement dites, qui sont les moyens par lesquels on tend à prouver que la demande n'est pas fondée en droit ou en fait.

Toutes les exceptions sont ou *déclinatoires*, ou *dilatoires*, ou *péremptoires*.

Les exceptions *déclinatoires* sont ainsi appelées du latin *declinare*, *éviter*, parce que celui qui les oppose tend à *éviter* de plaider devant le tribunal où il a été appelé, et qu'il soutient incompétent.

Toute demande en renvoi, fondée sur l'incompétence du juge, soit à raison du domicile ou de la matière, soit à raison de la litispendance ou de la connexité, est donc une exception déclinatoire. (Voy. titre IX, §. 2. )

Les exceptions *dilatoires* tirent leur dénomination du latin *diferre dilatum*, parce qu'elles tendent à différer l'instruction, et par suite le jugement.

Ainsi, tous moyens de défenses qui se tirent de l'incapacité momentanée d'une des parties produisent une exception *dilatoire*.

Ainsi encore, et quoique le code ( v. §. 4 ) n'ait donné cette qualification qu'à la demande en garantie, et à l'exception fondée sur le délai pour faire inventaire et délibérer, l'on n'en considère pas moins comme des exceptions dilatoires,

1.º La demande que le défendeur peut faire à l'étranger, demandeur principal ou intervenant de la caution appelée en droit *judicatum solvi ;* c'est-à-dire, de la caution à fournir pour le paiement des frais du procès. ( V. titre IX, §. 1.ᵉʳ )

2.º Toute demande en communication de pièces. ( V. §. 5. )

Ces exceptions sont véritablement *dilatoires*, puisqu'elles tendent à différer l'instruction jusqu'à ce que la caution ait été fournie, ou jusqu'à ce que les pièces aient été communiquées.

---

(1) Du latin *excipere*, exclure.

Enfin, l'on appelle *exceptions péremptoires* de *perimere peremptum*, *détruire*, *éteindre*, toute exception qui tend à *éteindre*, à *anéantir*, soit l'instance introduite par l'exploit de demande, soit l'action elle-même.

On distingue donc deux espèces d'*exceptions péremptoires* : les exceptions péremptoires de l'*instance*, et les exceptions péremptoires du *fond*.

Les exceptions péremptoires d'*instance* sont celles par lesquelles le défendeur requiert que la demande soit rejetée, pour n'avoir pas été dirigée régulièrement, sauf au demandeur à la former de nouveau.

On ne compte que deux exceptions de ce genre, l'une qui résulte de ce ce que la demande n'aurait pas été précédée de l'essai de conciliation, l'autre de ce que l'ajournement serait nul par vice de forme.

Les exceptions *péremptoires de fond* sont celles qui ont pour but de faire juger définitivement, et sans examiner si elle est bien ou mal fondée, une action qui a pu exister, mais qui n'existe plus, parce qu'elle est éteinte ou détruite à raison de plusieurs circonstances dont le détail n'appartient pas à l'objet de cet ouvrage. Il suffit de dire, en général, que l'on place parmi ces exceptions les fins de non recevoir résultant du défaut de qualité, de l'autorité de la chose jugée, de la compensation, du paiement et de la prescription.

On dit, les *fins de non recevoir*, parce que toute exception provenant d'une cause qui produit l'extinction de l'action, rend le demandeur *non recevable* à poursuivre la demande qu'il a formée.

Les exceptions *dilatoires*, *déclinatoires*, et *péremptoires d'instance*, sont régies par le code de procédure, puisqu'elles tiennent essentiellement à la manière de procéder; on les appelle, par cette raison, *exception de procédure*. Les exceptions *péremptoires du fond* dérivent, au contraire, des dispositions du code civil, puisqu'il règle le fond du droit; quelques auteurs les appellent *exceptions de droit*.

Les exceptions de procédure, les seules dont il s'agisse ici, sont ou purement *relatives*, ou *absolues*, ou *mixtes*.

L'exception est purement *relative* lorsqu'elle ne tient qu'à l'intérêt privé de celui qui la propose, comme les nullités d'exploit, la demande de caution, l'incompétence à raison du domicile ou à raison de la situation de l'objet litigieux, le délai pour délibérer, etc., etc.

Toutes ces exceptions *se couvrent* par la procédure volontaire des parties. En d'autres termes, la partie qui néglige de les opposer dans le tems fixé, et suivant l'ordre établi par la loi, se rend non recevable à s'en prévaloir par la suite.

Une exception est *absolue* lorsqu'elle tient à l'ordre public, comme l'incompétence à raison de la matière; une telle exception peut être opposée en tout état de cause. ( 170. )

Enfin, une exception est *mixte* lorsqu'elle tient tout à la fois à l'intérêt privé et à l'ordre public, comme la *litispendance* et la *connexité.* Dans notre opinion, du moins, les juges, quoique ces exceptions n'aient pas été opposées dès le principe de l'instance, *in limine litis*, doivent y avoir égard, parce qu'il importe à l'ordre public d'éviter la pluralité et la contrariété des jugemens. ( V. quest. 605 de l'analyse, *infrà* sur l'art. 172. )

L'ordre dans lequel on doit opposer les exceptions de procédure est établi suivant la nature des effets qu'elles produisent.

Ainsi, la demande de la caution *judicatum solvi*, est une des premières à opposer; car si l'étranger ne fournissait pas cette caution, on examinerait en vain le mérite de sa demande. ( Voyez art. 166. )

Il en est de même des exceptions déclinatoires, autrement des demandes en renvoi, puisqu'avant d'instruire la cause, il faut s'assurer que le tribunal sera compétent pour la juger. ( V. art. 168, 172. V. *infrà* nos questions sur l'art. 166. )

Il faut remarquer ici qu'une demande en renvoi ne peut être *jointe au principal*, c'est-à-dire, qu'on doit toujours en séparer la décision de celle qui est à rendre sur le fond; mais cette règle n'est point applicable dans les cours souveraines: on peut y cumuler le déclinatoire et le principal, *suivant la maxime, en cour souveraine, on plaide à toutes fins.* ( V. nos questions sur l'art. 172. )

La raison de cette maxime, c'est que les décisions de ces cours ne sont point sujettes à l'appel.

Après les demandes en renvoi, on doit proposer les nullités d'exploit; car il impliquerait que l'on pût proposer la nullité d'un acte après avoir annoncé qu'on le reconnaissait valable, en procédant volontairement d'après lui. ( A. sur les art. 173 et 174. )

Enfin, toutes les exceptions dilatoires mentionnées aux articles 174 et 187 inclusivement, doivent être opposées *conjointement*, et avant toute défense au fond, parce qu'elles ont le même but, et que s'il était permis d'en proposer une d'abord pour revenir ensuite à une autre, on retarderait arbitrairement la marche de la justice.

Cependant l'héritier peut réclamer séparément, et avant de mettre un garant en cause ( art. 187 ), le délai pour faire inventaire et délibérer.

Quant à l'exception de communication de pièces, on sent qu'une partie doit être admise à l'opposer dès qu'on se sert contre elle d'une pièce quelconque; mais la loi a fixé un délai après lequel cette exception n'est plus recevable. ( Art. 188, 192. )

De ce que nous venons de dire sur l'ordre dans lequel les exceptions de procédure doivent être opposées, il suit qu'elles ont pour objet d'écarter la demande de manière que le tribunal n'ait à prononcer, soit actuellement, soit par la suite, *dans la même instance*, ni sur les fins de non recevoir ou exceptions de droit, ni sur les moyens du fond ou défenses proprement dites; et de là naissent deux conséquences:

La première, c'est qu'on peut se borner à ne présenter que les exceptions de procédure, en réservant toutefois de plaider au fond au cas qu'elles fussent rejetées; et alors c'est au défendeur à plaider le premier, parce qu'il est demandeur en exception. *Reus excipiendo fit actor.*

La seconde, c'est que les exceptions de procédure doivent nécessairement être opposées avant les exceptions de droit, qui, elles-mêmes, doivent être présentées avant les moyens du fond, puisqu'elles ont pour objet d'en éviter la discussion.

Néanmoins, comme les exceptions de droit peuvent être opposées en tout état de cause, à moins qu'on ait renoncé à celles qui ne tiennent qu'à l'intérêt privé, comme la prescription ( V. cod. civ., art. 2221 ), on n'aurait point à craindre qu'elles fussent rejetées pour n'avoir pas été opposées avant les défenses proprement dites.

Les règles que le code renferme sur ces différentes exceptions de procédures se rapportent aux objets suivans :

1.° *Caution à fournir par l'étranger;* en quels cas elle peut être exigée. ( 166. ) Comment l'étranger peut-il en être dispensé? ( 167. )

2.° *Exceptions déclinatoires;* faculté de les opposer ( 168 ); à quelle époque doit-on proposer celle pour incompétence à raison du domicile ( 169. ), et celle pour incompétence à raison de la matière qui peut être suppléée d'office? ( 170. ) En quel cas y a-t-il lieu à la demande en renvoi pour litispendance ou connexité? ( 171. ) Comment est-il statué sur ces différentes exceptions ? ( 172. )

3.° *Exceptions qualifiées dilatoires par le code;* délais accordés à l'héritier, à la veuve et à la femme séparée de biens pour faire inventaire et délibérer. ( 174. ) Délai pour appeler garant et sous-garant. ( 175—176. ) Fixation de jour auquel commence ce délai, quand le défendeur originaire est assigné dans ceux que donne l'art. 174. ( 177. ) Exclusions de tous autres délais. ( 178. ) Obligation au défendeur originaire de justifier de l'assignation donnée à son garant. ( 179. ) Jugement sommaire à rendre sur la dénégation du défendeur d'être garant. ( 180. ) Obligation du garant de suivre la jurisdiction du garanti. ( 181. ) Mise hors de cause du garanti, quand il s'agit de matière réelle ou hypothécaire. ( 182. ) Intervention du garant simple pour prendre fait et cause. ( 183. ) Cas dans lesquels les demandes originaires et en garantie sont jugées conjointement, ou doivent être disjointes. ( 184. ) Exécution contre les garantis des jugemens rendus contre les garans. ( 185. ) Obligation de proposer les exceptions dilatoires conjointement et avant toutes défenses au fond. ( 186. ) Exception à cette obligation en faveur de l'héritier, de la veuve ou de la femme séparée. ( 187. )

4.° *Communication des pièces.* Comment elle est demandée. ( 188. ) Comment elle est faite. ( 189. ) Délai pour en rétablir les pièces. ( 190. ) Peine contre l'avoué en retard. ( 191. ) Opposition à la condamnation. ( 192. )

Tel est le sommaire de tous les articles qui composent ce titre important.

## §. I.er

## *De la caution à fournir par les étrangers.*

### ARTICLE 166.

Tous étrangers, demandeurs principaux ou intervenans, seront tenus, si le défendeur le requiert, avant toute exception, de fournir caution de payer les frais et dommages-intérêts auxquels ils pourraient être condamnés.

*Conférence.*

T. art. 75 et 90; C. comm. 423; C. C., 11, 2040, 2041.

985. Les sujets d'un état où un Français peut plaider même en demandant, sans fournir caution, d'après un traité entre cet état et la France, ne sont pas tenus à en donner une pour plaider sur une demande qu'ils formeraient devant un tribunal du royaume; mais ils en seraient tenus, si l'exemption accordée aux Français provenait de la disposition de la loi de l'état étranger. — A. 572.

986. *Si le procès avait eu pour objet une demande en dommages-intérêts, peut-on dire que la caution doive être fournie même pour ces dommages-intérêts, quoiqu'ils ne soient point les accessoires d'une condamnation principale, mais l'objet de la condamnation principale elle-même?*

Cette difficulté naît de ce que l'article 16 du code civil porte dommages-intérêts *résultant* du procès, et l'article 166 du code de procédure, *dommages et intérêts auxquels ils* (les étrangers) *pourraient être condamnés.*

Les expressions de ces deux articles du code de procédure ont donné lieu à M. Pigeau, t. 1.er, p. 154, de dire que les dommages-intérêts pour lesquels le défendeur peut requérir caution ne sont pas ceux *résultant du principal de la contestation*, mais seulement les dommages-intérêts résultant du procès; ainsi, ajoute-t-il, il ne faut pas confondre ces deux sortes de dommages-intérêts. Les seconds sont une suite de la contestation; les premiers sont nés avant elle. Si le défendeur réclame ceux-ci, il se constitue demandeur; l'étranger, demandeur principal, mais défendeur à cet égard, ne peut être assujetti à la caution.

M. Delvincourt, dans ses institutes, t. 1.er, p. 299, paraît expliquer autrement ces mots de l'article 16 du code civil, *résultant du procès.* « Si donc, dit-il, le jugement prononçait contre l'étranger une con-
» damnation en dommages intérêts, mais résultant d'une autre cause.

35

» que celle qui a donné lieu à la demande, la caution n'en serait
» pas tenue. »

Ainsi, cet auteur ne fait point la distinction de M. Pigeau entre
les dommages dont la cause serait antérieure ou postérieure au procès,
et l'on pourrait, jusqu'à un certain point, trouver un appui à cette
opinion dans l'article 166 du code de procédure, qui ne répète point
le mot *résultant*, employé dans l'article 16 du code civil, et qui,
par la généralité de ses termes, paraîtrait décider qu'il y a lieu à
fournir caution toutes les fois qu'il peut survenir condamnation en
dommages-intérêts.

C'est peut-être ce qui a porté M. Proudhon, tome 1.ᵉʳ, pag. 80,
à dire que l'étranger doit consigner une somme suffisante pour répondre de *tous frais et dommages-intérêts*.

Nous nous rangeons sans restriction à l'avis de M. Pigeau. 1.° parce
que la loi, soit dans l'article 16 du code civil, soit dans l'article 166
du code de procédure, aurait exprimé que la caution serait fournie
pour le montant des condamnations à intervenir en principal, intérêts et frais, s'il avait été dans l'intention du législateur d'assujétir
l'étranger à la fournir pour des causes de condamnations antérieures
au procès; 2.° parce qu'il n'y avait aucune raison pour que l'on eût
assujetti l'étranger demandeur à cautionner pour des dommages-intérêts dont la cause remonterait à une époque antérieure au procès
engagé.

En effet, la disposition de la loi n'a d'autre objet ( voyez l'exposé
des motifs) que d'empêcher un étranger, mal fondé au principal,
de vexer un Français par une mauvaise contestation, qui l'obligerait
à des avances et à des frais qui pourraient être en pure perte pour
lui; de même aussi on a voulu procurer au Français une garantie
contre tout préjudice qui pourrait être porté à ses intérêts par l'étranger, dans le cours du procès auquel la demande de cet étranger donnerait lieu.

Au reste, dans l'absence d'un texte formel, on ne peut présumer
que l'article 166 du code de procédure ait ajouté à la disposition du
code civil; et cet article, en parlant des *frais et dommages-intérêts*
auxquels l'étranger *pourrait être condamné*, suppose nécessairement
des dommages-intérêts qui ne seraient pas l'objet de la contestation
principale.

987. On ne peut exiger de caution d'un étranger qui poursuit contre
un Français l'exécution d'un titre paré et exécutoire. — A. 573.

988. Les jugemens rendus au profit des étrangers, dans une matière
pour laquelle il y aurait un recours ouvert au conseil d'état, ne peuvent être exécutés pendant le délai accordé pour le recours qu'autant
que l'étranger a préalablement fourni caution. — A. 574.

989. Il n'en est pas de même en cas de *pourvoi* en cassation. ( Cass., 4 prairial an 7; Sirey, 1807, 2.ᵉ part., p. 943.)

890. Un étranger qui a plaidé en cause principale comme défendeur, et qui le fait en cause d'appel comme appelant, n'est pas tenu à donner caution; mais il en est autrement de l'étranger intimé qui était demandeur originaire. — A. 575.

991. Il n'y a, quant à la matière, aucune exception au principe que tout étranger demandeur est assujetti à fournir caution, si ce n'est celle que l'article 423 établit pour les affaires commerciales. Quant à la qualité des personnes étrangères, il n'y en a aucune; mais il faut observer que, dans le cas où l'étranger se constitue incidemment demandeur, on ne peut exiger de lui la caution pour raison de cette demande incidente, si elle n'est qu'une défense contre l'action principale. — A. 576.

992. Lors même que le demandeur et le défendeur sont étrangers, ce dernier peut exiger la caution. — A. 577.

993. Le juge ne peut pas suppléer l'exception *judicatum solvi*, lorsque le défendeur ne l'a pas fait valoir. — A. 578.

994. Pour résoudre la contradiction qui existe entre les art. 166 et 169, on doit les interpréter de manière à ce que chacun d'eux produise son effet suivant les vues du législateur.

Or, l'exception de caution n'est établie qu'en faveur du défendeur pour qu'il ait sûreté du remboursement non seulement des frais de la contestation au fond, mais encore de ceux du déclinatoire; il faut donc qu'en proposant d'abord l'exception de caution, il annonce de suite opposer le déclinatoire, et qu'il le réserve, en concluant à ce qu'il plaise au tribunal le prendre en considération dans la fixation du montant de la caution : cette fixation faite, il plaide ses moyens d'incompétence. — A. 579.

Nous devons avertir que cette opinion nous est absolument particulière. M. Delvincourt, t. 1.ᵉʳ, p. 298, accorde la priorité au déclinatoire par la raison que, d'après l'article 167, c'est au tribunal à fixer la somme jusqu'à concurrence de laquelle la caution doit être fournie, et qu'il faut, par conséquent, qu'il entre au moins légèrement en connaissance de cause; la caution, ajoute-t-il, ne doit donc être raisonnablement demandée que devant le tribunal qui doit rester saisi de l'affaire; le déclinatoire doit donc être proposé avant que la caution puisse être demandée.

Même opinion de M. Berriat-Saint-Prix, p. 206, note 45. « En combinant les articles 169 et 173, on voit, dit-il, que la première » exception à proposer est le déclinatoire; la seconde, la nullité ou » exception péremptoire de forme.....; de sorte que l'exception de la

» caution de jugé ne doit passer qu'avant les exceptions autres que
» ces deux-là ; et il paraît que le tribunat avait demandé qu'on le
» décidât formellement. » Et, en effet, M. Locré confirme ( t. 1.ᵉʳ,
p. 350 ) que ces mots de l'article 166, *avant toute exception,* furent
ajoutés sur la proposition de la section du tribunat qui s'expliqua sur
le déclinatoire et la nullité, en disant *qu'il n'y avait que l'exception
de renvoi ou de nullité qui pût être proposée auparavant, sans
que pour cela le défendeur pût se nuire.*

Cette remarque nous engage à ne pas insister sur la solution donnée
dans notre analyse, quoique nous persistions à la croire plus conforme à l'esprit et au but de la loi.

995. La demande de la caution se forme par requête d'avoué à
avoué, à laquelle il est répondu de la même manière. Mais d'après
l'article 517, le tribunal doit fixer le délai dans lequel la caution sera
fournie, et elle doit l'être conformément à l'article 519, qui trace
une marche générale pour les réceptions de cautions. — A. 580.

ARTICLE 167.

> Le jugement qui ordonnera la caution, fixera la somme
> jusqu'à concurrence de laquelle elle sera fournie : le deman-
> deur qui consignera cette somme, ou qui justifiera que ses
> immeubles situés en France sont suffisans pour en répondre,
> sera dispensé de fournir caution.

*Conférence.*

T. art. 75 ; C. C. 16.

996. L'étranger peut satisfaire au jugement qui le condamne à
donner caution, en donnant un gage ou nantissement de valeur équi-
lante à la somme fixée par le jugement. — A. 581.

997. Un étranger peut être dispensé de fournir caution ou de
remplir les autres obligations équivalentes prescrites par les lois, s'il
prouve que le défendeur lui doit une somme suffisante, si celui-ci
convient de la dette, ou n'oppose aucune compensation. — A. 582.

998. Le défendeur, en prouvant qu'il est obligé de faire pour les
frais de procédures des avances qui excèdent le montant du cautionnement fixé d'abord par le tribunal, peut, sous le cours de l'instance, demander un cautionnement pour le surplus. — A. 583.

§. I I.

*Des renvois.*

( V. *infrà,* titre 20, *du renvoi à un autre tribunal pour cause
de parenté ou alliance.*)

ARTICLE 168.

La partie qui aura été appelée devant un tribunal autre que celui qui doit connaître de la contestation, pourra demander son renvoi devant les juges compétens. (1)

*Conférence.*

Ordonnance, titre 6, art. 1.er, *suprà*, art. 59.

999. *Lorsqu'un défendeur sur une action réelle soutient que l'objet litigieux n'est pas compris dans les limites du territoire sur lequel s'étend la juridiction du tribunal où il a été assigné, ce tribunal peut-il, pour statuer sur le déclinatoire, ordonner une enquête en vérification de fait?*

La décision de ce cas nous semble excéder la compétence des tribunaux et rentrer dans les attributions de l'autorité administrative, lorsque le juge n'a pas, pour la résoudre, d'autres moyens que l'enquête. C'est ce qui résulte d'un arrêt rendu par la cour de cassation, dans une espèce analogue, le 16 brumaire an 12. ( V. Sirey, an 12, p. 216 et 217, et la loi du 20 avril 1790. )

ARTICLE 169.

Elle sera tenue de former cette demande préalablement à toutes autres exceptions et défenses.

*Conférence.*

Ordonnance, titre 5, art. 5.

1000. La partie qui a proposé d'abord des exceptions autres que l'exception déclinatoire, ou qui a fourni des défenses au fond, est déchue du droit d'opposer désormais cette exception. — A. 584. ( V. néanmoins *suprà* n.° 994, et nos questions sur l'art. 170.)

Ainsi jugé par arrêt de Paris, du 17 mai 1813, journal des avoués, t. 7, p. 226. Cet arrêt décide, en effet, que, lorsqu'on a défendu au fond sans aucune protestation ni réserve, on ne peut, en cause d'appel, exciper de l'incompétence du tribunal.

1001. L'exception d'incompétence *ratione personæ* ne peut être

(1) Un tribunal est incompétent, *en matière personnelle*, à raison du domicile de la partie défenderesse; c'est l'incompétence à raison de la personne *ratione personæ*. En *matière réelle*, à raison de la situation de l'objet litigieux; cette incompétence admet, quant au déclinatoire auquel elle donne lieu, les mêmes règles que la première. Enfin, un tribunal est incompétent à raison de la matière *ratione materiæ*, lorsque la loi n'a pas placé l'objet de la demande dans ses attributions. Ce sont ces divers cas d'incompétence qui donnent lieu aux exceptions déclinatoires tendantes au renvoi devant le tribunal compétent dans ces trois cas. ( V. *infrà* quest. sur l'art. 170. )

proposée après l'exception de nullité d'exploit, quoique cette dernière ne soit aussi qu'une exception proposable *in limine litis*. (Cass., 14 octobre 1806. Sirey 1806, p. 659.)

1002. Le défendeur qui a un déclinatoire à opposer doit s'adreser au tribunal devant lequel il est traduit, et non à celui qu'il prétend devoir connaître de l'affaire. — A. 585.

1003. Un défaillant qui a formé son opposition en tems utile ne peut, sur cette opposition, opposer le déclinatoire; mais si, après avoir laissé passer le délai de l'opposition, il se pourvoit par appel, il peut opposer cette exception sur l'appel. — A. 586.

1004. Il est entendu que la première partie de cette proposition suppose le cas où la requête d'opposition serait motivée au fond; autrement le déclinatoire serait proposable.

1005. Du reste, le déclinatoire *rationæ personæ* ne peut d'ordinaire être pour la première fois proposé en cause d'appel. (Cass., 4 février 1806. Sirey, 1806, 2.ᵉ part., p. 956. V. quest. sur l'art. 464, et *suprà* n.° 1000.)

1006. En supposant que le défaut ait été rendu faute de plaider, après un écrit de défenses fourni par le défaillant, celui-ci n'est plus recevable à proposer sur son opposition une demande en renvoi. — A. 587.

1007. Le défendeur qui a comparu en bureau de paix, où il était cité comme ayant son domicile dans l'arrondissement de ce bureau, et qui n'a point opposé son déclinatoire, est recevable à décliner le tribunal dans le ressort duquel ce même bureau se trouve. — A. 588.

1008. Le défendeur ne peut décliner un tribunal comme n'étant pas celui de son domicile, s'il s'est dit, en bureau de paix et dans plusieurs actes antérieurs à l'assignation, et signifiées à sa partie adverse, domicilié dans le ressort de ce tribunal. — A. 589.

1009. La demande d'un délai pour plaider ne rend pas non recevable à opposer un déclinatoire. — A. 590.

1010. Le déclinatoire n'est pas couvert par la constitution d'avoué, sans protestation ni réserves. — A. 591.

1011. *Un tribunal peut-il, avant de statuer sur un déclinatoire, prononcer sur une demande en provision?*

La cour de cassation, par arrêt du 20 avril 1808, cité sur la 613.ᵉ question de l'analyse (V. Sirey, 1808, p. 321), a décidé cette question pour l'affirmative; elle a considéré que les tribunaux compétens pour le jugement du fond le sont pour celui de la provision; qu'il est d'ailleurs de principe qu'en tout état de cause, il peut et doit être statué sur les demandes en provision, lorsque l'urgence en

est reconnue, et que, par ces motifs, la cour de Riom, en prononçant sur une demande en provision avant de statuer sur le déclinatoire, n'avait pas commis une contravention à la disposition de l'article 172. ( V. cet art. )

Quoi qu'il en soit, cette décision nous paraît en opposition soit
avec l'article 169, qui veut que le déclinatoire soit jugé préalablement à toutes autres exceptions ou défenses, soit avec l'arrêt de
cassation cité *suprà* n.º 1001, qui jugea, sous l'empire des lois
antérieures, que l'exception d'incompétence à raison de la personne
n'était plus admissible après une exception de nullité. Or, il est à
remarquer, dans l'espèce de l'arrêt du 20 avril, qu'il s'agissait d'un
déclinatoire à raison du domicile.

Au surplus, les mêmes raisons qui ont fait admettre, sur la question traitée *suprà* n.º 994, que le déclinatoire devait précéder l'exception *de la caution du jugé*, se présentent dans l'espèce actuelle où
le tribunal ne peut adjuger la provision qu'en prenant connaissance
du fond.

1012. Le déclinatoire serait couvert par une demande en communication de pièces employées ou signifiées ; mais il ne le serait pas,
si la demande en communication n'était formée que dans l'intention
exprimée par le défendeur d'opposer un déclinatoire, et de ne demander la communication qu'afin de s'éclairer sur la nature de l'action,
et conséquemment sur le mérite de l'exception d'incompétence. —
A. 592.

1013. Le défendeur qui appelle un garant, ou qui demande au
tribunal, pour quelque raison que ce soit, qu'un tiers soit mis en
cause, se rend non recevable à décliner ce tribunal. Cependant cette
décision ne doit avoir lieu que lorsqu'il s'agit d'une garantie formelle,
et non dans le cas d'une garantie simple. — A. 593. ( Cass., 7 prairial
an 13. Sirey, 1807, 2.ᵉ part., p. 887. )

1014. Quand un déclinatoire est admis, on ne peut, en vertu du
jugement de renvoi, procéder devant le nouveau tribunal : il faut
une nouvelle assignation introductive d'instance. — A. 594.

1015. Dans les cas où les parties consentent expressément ou tacitement à être jugées par un tribunal qui pourrait être décliné pour
incompétence autre que celle à raison de la matière, ce tribunal n'est
pas tenu de juger. — A. 595.

1016. L'incompétence des tribunaux français pour juger des questions d'état entre des étrangers est relative à la personne et non à
la matière ; et, par conséquent, elle peut être couverte par le consentement des parties. ( Cass., 4 septembre 1811. Sirey, 1812,
p. 157.)

1017. Les étrangers qui ont défendu au fond, devant les tribunaux français, ne sont plus admis, en cause d'appel, à proposer leur déclinatoire. ( Cass., 5 frimaire an 14. Sirey, 1806, 2.ᵉ p.ᵉ, p. 783. )

### ARTICLE 170.

Si néanmoins le tribunal était incompétent, à raison de la matière, le renvoi pourra être demandé en tout état de cause; et si le renvoi n'était pas demandé, le tribunal sera tenu de renvoyer d'office devant qui de droit.

#### Conférence.

Art. 424 et 425, *suprà* 299.

1018. *Quels sont, en général, les cas où le renvoi peut être demandé pour cause d'incompétence à raison de la matière?*

Il convient d'ajouter aux raisons que nous avons développées p. 342, pour prouver qu'un tribunal civil pouvait retenir la connaissance d'une contestation commerciale liée devant lui, c'est-à-dire, que l'incompétence n'était que relative à son égard, un arrêt de la cour de Trèves, du 3 août 1809, lequel décide qu'on ne peut, après avoir assigné devant un tribunal civil où il est intervenu un jugement interlocutoire, se désister de la demande, et assigner devant un tribunal de commerce.

Mais ne perdons pas de vue que le contraire aurait lieu dans un tribunal de commerce saisi d'une affaire purement civile. ( V. les controverses de Belordeau, lettre J., n.° 69.) Il ne pourrait juger cette affaire, même avec le consentement formel des deux parties. ( V. la question suivante. )

1019. *Le demandeur pourrait-il lui-même former la demande en renvoi pour cause d'incompétence?*

C'est notre opinion, fondée sur une juste analogie d'un arrêt de la cour de cassation du 23 juillet 1807, Sirey, 1807, 2.ᵉ part., p. 257, lequel décide que le jugement rendu par un tribunal incompétent à raison de la matière, peut être attaqué par la partie même sur les poursuites de laquelle il a été rendu. La cour de Rennes a rendu une décision semblable le 14 décembre 1810; mais elle compensa les dépens par la considération que les deux parties avaient concouru à induire le tribunal en erreur sur sa compétence, et commis une faute commune, le demandeur, en portant l'action devant lui, et le défendeur, en consentant à ce qu'il la jugeât. On sent que, si le demandeur requiert son renvoi devant les premiers juges, comme dans l'espèce de notre question, il doit être assujetti à tous les dépens, si le défendeur n'avait pas formellement consenti à la prorogation.

1020. La demande dirigée contre un héritier pour qu'il ait à accepter ou à répudier la succession, doit se porter au tribunal du lieu de l'ouverture; à cet égard, l'incompétence du juge du domicile est absolument à raison de la matière. ( Bruxelles, 25 mars 1808. Sirey, 1812, p. 205. V. *infrà* sur l'art. 174, §. 1.er )

1021. Quand un tribunal prononce un renvoi, il n'est point tenu d'indiquer celui auquel les parties doivent s'adresser; c'est à celles-ci d'examiner quels doivent être leurs juges. — **A.** 597.

1022. *L'incompétence des tribunaux de commerce, relativement aux contestations entre associés, pour cause de commerce, n'est-elle que relative, en sorte qu'elle doive être proposée* in limine litis, *et qu'elle puisse se couvrir par la procédure volontaire des parties ?*

Cette question a été décidée pour l'affirmative par un arrêt de la cour de cassation du 14 juin 1815, ( Sirey, 1815, p. 209.) mais dans l'espèce d'une société *non écrite*, et par application de l'article 9 du titre 4 de l'ordonnance de 1673, et de l'article 20 de la loi du 16 nivôse an 6. Or, l'ordonnance ne renvoyait devant les arbitres que les contestations entre associés dont l'acte d'association avait été rédigé par écrit, et ni cette loi, ni celle du 16 nivôse, n'exigeaient pas même que ces contestations fussent toujours et nécessairement portées devant arbitres; la dernière disposait, au contraire, d'une manière formelle, que le renvoi aurait lieu sur la réquisition de l'une des parties. Ainsi, le déclinatoire ne pouvait alors être considéré que comme une exception purement relative, de nature à être proposée avant toutes défenses, et à se couvrir par la procédure volontaire.

Mais, sous l'empire du code de commerce, il nous semble que l'on doit donner une solution absolument opposée, et considérer l'exception comme absolue. Cela résulte de ces termes généraux de l'article 52 du code : *Toute contestation entre associés, et pour raison de la société, sera jugée par des arbitres;* expressions qui comprennent les quatre sortes de sociétés commerciales que la loi distingue, même celle en participation, ainsi qu'il a été jugé par arrêt de la cour de cassation du 28 mars 1815. (Sirey, 1815, p. 154.)

Ainsi, dit M. Pardessus, quand la loi veut aussi expressément que la contestation soit jugée par des arbitres, le tribunal de commerce ne peut, même du consentement des parties, en conserver la connaissance. ( Cours de droit comm., t. 4, n.° 1370, p. 56.) Concluons donc que l'incompétence des tribunaux est absolue en ce point; qu'elle peut être opposée en tout état de cause; qu'elle ne peut se couvrir; et qu'enfin les juges, lors même que la partie assignée garde le silence ou fait défaut, sont obligés de prononcer d'office le renvoi devant arbitres. C'est aussi ce que la cour de Rennes a jugé par arrêt du 26 décembre 1812, 3.e chambre.

36

1023. *Dans ce cas, ou autres semblables, où la partie intéressée à opposer une exception absolue garde le silence ou fait défaut, doit-elle les dépens?*

Le même arrêt du 26 décembre le décide formellement, et telle est notre opinion, fondée sur les motifs que, si cette partie avait opposé l'exception, la procédure eût été arrêtée dès son principe. (Voy. *suprà* n.° 1019.)

### ARTICLE 171.

S'il a été formé précédemment, en un autre tribunal, une demande pour le même objet, ou si la contestation est connexe à une cause déjà pendante en un autre tribunal, le renvoi pourra être demandé et ordonné.

#### Conférence.

Ordonnance, titre 6, art. 3. *Infrà* art. 303 et 750.

1024. C'est devant le tribunal qui a été saisi par la dernière assignation que l'on doit opposer l'exception de renvoi pour cause de litispendance ou de connexité. — A. 598, et Cass., 7 juin 1810. Sirey, 1810, p. 270.

1025. Il n'est pas nécessaire, pour que l'on puisse demander un renvoi fondé sur la litispendance, que la cause ait été contestée devant le tribunal qui aurait été saisi le premier; il suffit que ce tribunal ait été saisi par un ajournement. — A. 599.

1026. Si, dans le cas de litispendance, le renvoi demandé était refusé, la partie qui a formé la demande en renvoi aurait à se pourvoir en réglement de juges, à moins qu'elle ne préférât interjeter, purement et simplement, appel du déni de renvoi. — A. 600.

1027. L'étranger qui a contracté une obligation, dans son pays, envers un Français, ne peut être traduit devant les tribunaux du Royaume, lorsqu'il y a litispendance devant un tribunal étranger. — A. 601. (1)

1028. Une demande purement personnelle peut être formée à un tribunal autre que celui du domicile du défendeur, lorsqu'elle est connexe avec une autre demande déjà formée à ce tribunal. — A. 602.

1029. Mais cette décision n'aurait pas lieu dans le cas où la loi aurait attribué à certains tribunaux une jurisdiction spéciale relativement à l'objet de la contestation. — A. 603.

1030. Si une demande, connexe à une autre demande formée antérieurement, est portée au même tribunal que celle-ci, les parties

---

(1) *Er.* avant-dernière ligne de cette quest., au lieu de *négativement*, lisez *affirmativement*.

peuvent demander la jonction des deux causes, ou, si chacune se trouvait soumise à une section différente, demander le renvoi de la cause la plus récente à la section saisie de la première. — A. 604. (1)

1031. Les demandes en renvoi, pour cause de litispendance et de connexité, étant au nombre des exceptions mixtes, peuvent être proposées même après les défenses, et le juge doit y avoir égard ; mais sauf, par rapport aux dépens, à prendre en considération l'époque à laquelle l'exception aurait été proposée, afin de faire supporter par la partie les frais des procédures qu'elle pouvait prévenir en opposant plutôt son déclinatoire. — A. 605 ; *suprà* n.° 1023, et *infrà* nos questions sur l'article 172.

### ARTICLE 172.

Toute demande en renvoi sera jugée sommairement, sans qu'elle puisse être réservée ni jointe au principal.

#### *Conférence.*

C. p. 424, 425 et 473 ; et *suprà* sur l'art. 169.

1032. De ce que l'article 172 dit que la demande en renvoi sera jugée sommairement, il ne s'ensuit pas qu'elle doive être considérée comme étant en elle-même une affaire sommaire. — A. 606.

1033. Lorsqu'il s'agit d'une demande en renvoi, le tribunal doit nécessairement prononcer sur-le-champ et à la même audience, si les parties sont d'accord sur la situation du domicile ou de la chose ; mais, s'il y a contestation à ce sujet, le juge, avant de faire droit sur le renvoi requis, peut ordonner la preuve même par témoins, si la matière y est disposée. — A. 607.

1034. Un tribunal ne peut pas statuer sur le fond par le même jugement qui rejette un déclinatoire. — A. 608. (2)

A l'appui de cette opinion, dont nous avons cru devoir présenter les motifs avec toute l'étendue qu'exigeait une question extrêmement controversée, on peut ajouter,

1.° Arrêt de la cour de cassation du 12 germinal an 9; Sirey, t. 1, 2.° part., p. 304 ;

2.° Arrêt de la cour de Toulouse du 7 juillet 1809. (Jurisp. des cours souv., t. 3, p. 166.) Cet arrêt consacre notre opinion de la manière la plus formelle et le mieux motivée.

1035. Mais, si l'on admettait le contraire, on devrait décider que la partie qui opposerait le déclinatoire et plaiderait subsidiairement,

(1) *Er.* p. 346, 9.° ligne, après *les parties de leurs*, lisez *plus puissans*, etc.
(2) *Er.* 1.° ligne de cette question, au lieu de 472, lisez 172.

n'aurait pas couvert son exception ; ce qui semblerait avoir lieu, si l'on s'en tenait à la proposition ci-dessus. — A. 609.

1036. Lorsque le demandeur a plaidé au fond, et que le défendeur s'est borné à opposer son déclinatoire, le tribunal ( en supposant qu'il puisse statuer, par un même jugement, sur l'exception et sur le fond ) ne doit du moins statuer au principal qu'après avoir préalablement rejetté le déclinatoire, et *ordonné au défendeur de plaider au fond.* — A. 610. ( Cass., 12 nivôse an 9, Sirey, t. 1.er, 2.e part., p. 655 ; et Paris, 19 décembre 1812. *Ibidem,* 1814, 2.e p.e, p. 320.)

1037. Si, au lieu d'admettre qu'un tribunal ordinaire puisse prononcer par un seul et même jugement sur le déclinatoire et sur le fond, l'on reconnaît, au contraire, qu'il doit statuer sur l'un et sur l'autre par jugement séparé, il ne doit pas prononcer le jugement sur le fond à la même audience où il aurait statué sur le déclinatoire, parce qu'il faut donner le tems à la partie de réfléchir sur l'appel du jugement rendu sur le déclinatoire. Il ne serait donc pas permis au tribunal décliné de passer outre au jugement du fond, avant qu'il se fût écoulé huitaine depuis le jugement par lequel il a retenu la cause. — A. 611. (1)

1038. Lorsqu'un tribunal, en se déclarant compétent, a, *par le même jugement,* prononcé sur le fond de la contestation ; que le défendeur appelle de ce jugement, et qu'au fond l'objet de la contestation ne soit pas sujet à l'appel, la cour, en confirmant le jugement sous le rapport de la compétence, ne peut l'annuler dans la forme, en ce qui concerne le fond. — A. 612.

1039. Lorsqu'il a été interjeté appel d'un jugement rendu sur déclinatoire, l'article 172, qui défend de joindre le déclinatoire au principal, ne s'oppose pas à ce que la cour statue sur une demande en provision alimentaire. — 613.

Nous renvoyons aux observations faites *suprà*, n.° 1011, sur cette proposition, que nous nous étions bornés à extraire de l'arrêt du 20 avril 1808, auquel ces observations se rapportent.

(1) *Er.* p. 353, 8.e ligne, au lieu de *concilier*, lisez *cumuler*, 1.re ligne du dernier alinea, au lieu de 150, lisez 450.

## §. III.

### *Des nullités.* ( 1 )

#### ARTICLE 173.

Toute nullité d'exploit ou d'acte de procédure est couverte, si elle n'est proposée avant toute défense ou exception, autre que les exceptions d'incompétence.

#### *Conférence.*

T. art. 75; ordonnance, art. 5, titre 5. V. *suprà* sur les art. 75, 161 et 153, et *infrà* sur les art. 174 et 1030.

1040. En général, les précautions que l'on doit prendre pour éviter de couvrir des nullités d'exploit ou d'actes de procédures, sont de les proposer immédiatement après les exceptions d'incompétence, et avant toutes autres exceptions ou défenses au fond. — A. 614.

Aux espèces détaillées sur cette question de l'analyse, nous ajouterons les arrêts suivans :

1.° *De Bruxelles, du 4 décembre 1807;* il décide que la demande d'introduire appel par urgence ne se couvre point. (Sirey, 1807, 2.° p.°, p. 763.

2.° *De cassation, du 14 janvier 1807;* il prononce que la nullité serait couverte si, dans l'exploit d'anticipation, l'intimé s'était, au contraire, borné à conclure au fond. (Sirey, 1807, 2.° part., p. 61.)

3.° *Même cour, 23 mai 1808;* il déclare que la simple sommation d'audience n'opère pas une reconnaissance tacite, que l'appel soit recevable. (Sirey, 1808, p. 294.)

4.° *Même cour, 6 novembre 1811;* il statue que, dans le cas où une nullité d'exploit a été proposée avant toute défense et exception, les tribunaux ne peuvent la déclarer couverte sous le prétexte qu'elle n'a pas été indiquée formellement par un acte spécial d'avoué à avoué. (Sirey, 1812, p. 226.)

5.° En matière d'enregistrement, les irrégularités de la signification d'une contrainte sont couvertes par l'opposition uniquement motivée sur des moyens tirés du fond. (Cass., 7 août 1807. Sirey, 1807, 2.° part., p. 750.)

1041. L'avocat de l'intimé qui, après plaidoirie de l'appelant au fond, plaiderait lui-même au fond, au lieu de parler dans la forme, sur une nullité qu'il aurait proposée par requête, ne rendrait pas sa partie non recevable à se prévaloir de cette nullité. — A. 615.

(1) Voyez sur ce §. le traité de M. Perrin, notamment pages 118 et 105.

1042. L'intimé peut proposer, après la plaidoirie de l'appelant, des fins de non recevoir contre l'appel, si l'on ne peut induire d'aucun acte qu'il eût renoncé à les faire valoir. (Rennes, 3 août 1815, 1.re chambre.)

1043. Il le peut même, dans le cas où il se serait borné à soutenir l'appel non recevable, mais sans plaider sur le fond. (Turin, 29 mai 1806. Sirey, 1807, 2.e part., p. 763.)

1044. Il le peut, enfin, lorsqu'il s'est borné à demander, sous toutes réserves, communication de l'original de l'exploit d'appel. Ce n'est pas, en effet, annoncer que l'on entend plaider au fond, mais montrer au contraire l'intention d'attaquer l'exploit, à la différence de la demande en communication des titres et pièces qui, comme nous l'avons dit sur la 614.e question de l'analyse, suppose nécessairement l'intention de défendre au fond. (Agen, 4 avril 1810. Sirey, 1814, p. 281.)

1045. Mais s'il met cette cause au rôle des grandes audiences en robes rouges, il se rend non recevable à opposer les nullités de l'acte d'appel, car il annonce l'intention de ne plaider que sur les questions importantes que présente le fond, et qui seules exigent la discussion à l'audience solemnelle. (Aix, 12 décemb. 1811. Sirey, 1813, p. 205.)

1046. De même, si lors d'une plaidoirie à fin de jonction de deux instances, il avait opposé une nullité, et vînt à en présenter une autre à une audience postérieure, il serait non recevable dans cette seconde exception. —. A. 616.

1047. Il en est de l'intimé comme du défendeur, en première instance ; en sorte que, s'il n'a pas établi, dans ses réponses à un écrit de griefs, la nullité de l'acte d'appel, il doit être débouté de celle qu'il oppose à l'audience. — A. 617.

1048. *L'intimé qui a obtenu défaut peut-il, sur l'opposition, proposer la nullité de l'acte d'appel ?*

Puisque de simples conclusions au fond, prises par l'intimé, le rendent non recevable à exciper des nullités d'exploit, a dit M. Coffinières, il doit en être ainsi lorsqu'un arrêt a accueilli ses conclusions ; c'est aussi ce que la cour de Colmar a décidé par arrêt du 22 février 1812. (Journ. des avoués, t. 6, p. 57. Sirey, 1814, 2.e p.e, p. 306.

1049. Il résulte évidemment de la combinaison des articles 169 et 173, que si l'on oppose une nullité d'exploit avant une exception déclinatoire, on couvre cette exception. — A. 618.

1050. Mais si, au lieu de proposer ses moyens de nullité contre l'appel, on se borne à coter un déclinatoire, on ne couvre pas la nullité. — A. 619.

1051. On peut opposer à une commune, ou autre établissement public qui propose une nullité, la fin de non recevoir résultant de ce qu'elle a été couverte. — A. 620.

1052. Une nullité qui résulterait de ce que l'exploit d'ajournement ne contiendrait pas constitution d'avoué, mais seulement élection de domicile chez un des avoués du tribunal devant lequel le défendeur est ajourné, serait couverte par la notification de la constitution de l'avoué du défendeur à celui du demandeur, *qualifié tel* dans cette notification. — A. 621, et Cass., 24 février 1812. Sirey, 1814, p. 158.

1053. Le défaut de conciliation sur une partie de la demande n'est qu'une nullité relative qui se couvre par la procédure volontaire. (Rennes, 11 décembre 1815, 1.re ch.)

1054. Lorsqu'une exception péremptoire en la forme est soumise à un tribunal, il doit prononcer à son sujet par une décision préalable à celle à rendre sur le fond. — A. 622. (1) V. *suprá*, n.os 1034—1036.

1055. Les tribunaux ne peuvent avoir égard à un moyen de nullité provenant du fait de celui qui le propose. (Cass., 4 germinal an 8. Sirey, t. 1.er, 2.e part., p. 243.)

1056. La disposition de l'article 172 s'applique aux nullités d'actes de procédures autres que celles des exploits d'ajournement, toutes les fois que sur ces actes une partie agit de manière à faire supposer nécessairement qu'elle les regarde comme valables. — A. 623. (2)

1057. Le juge ne peut prononcer d'office les nullités d'exploit ou d'actes de procédures. — A. 624.

1058. *Si l'on suppose que la partie intéressée à opposer une nullité ne comparaisse pas, et qu'il y ait lieu conséquemment à rendre jugement par défaut, le juge ne devra-t-il pas suppléer la nullité ?*

Nous croyons avoir fourni, A. 625, de fortes raisons en faveur de la négative de cette question. Rodier a dit néanmoins, dans sa seconde observation sur l'article 16 du titre 2 de l'ordonnance : *On doit comprendre que le demandeur ne pourrait obtenir valablement défaut sur un original défectueux.* D'un autre côté, un arrêt de la cour de cassation, du 23 messidor an 9 (Sirey, t. 1.er, p. 465), a décidé, sur l'article 3 du titre 6 de l'ordonnance, *qu'il ne suffisait pas que la partie fît défaut pour qu'il fût permis au juge de prononcer une nullité sans vérification :* c'est bien admettre qu'après vérification les juges peuvent prononcer une nullité. Or,

(1) *Er.* 2.e ligne de cette question, ajoutez : Sirey, 1810, p. 212.

(2) Dernière ligne de la position de la question, au lieu d'*ajournemens*, lisez *ajournement.*

aujourd'hui , d'après l'article 150 , les tribunaux sont tenus de *vérifier* , comme ils l'étaient sous l'empire de l'ordonnance.

Nous remarquerons qu'il ne s'agit point ici, comme dans la question suivante, de suppléer un fait, mais un moyen de droit, puisque toutes les exceptions de procédure ne peuvent être fondées que sur un texte de loi (art. 1030.) Or, les juges sont obligés de vérifier la demande; ils sont donc autorisés nécessairement à vérifier l'acte qui l'introduit. Voilà, sans déguisement, les raisons également très-fortes que l'on peut opposer contre la solution donnée sur la 625.<sup>e</sup> question de l'analyse, dans laquelle nous croyons devoir persister par les motifs que nous avons développés dans ce premier ouvrage.

1058. *Mais du moins le tribunal pourrait-il , sans annuler précisément l'exploit , se refuser à donner défaut , et ordonner un réassigné, par le motif que , la partie n'ayant pas été citée à son domicile , elle n'aurait pas eu le tems de comparaître?*

Nous ne le pensons pas , attendu que le tribunal jugerait, en ce cas, une question de fait qu'il ne peut suppléer. (V. Pigeau, t. 1.<sup>er</sup>, p. 475.) D'ailleurs, d'après l'art. 149 , il doit donner défaut si la partie ne comparaît pas au jour fixé par l'assignation. C'est donc au jour auquel expire le délai de cette assignation, d'après la distance du domicile qu'elle indique, que le défaut doit être donné, et non pas à tel autre jour qu'emporterait un tout autre domicile que le tribunal, sans y être provoqué, déclarerait être celui du défendeur. Si nous avons dit, dans la 225.<sup>e</sup> question de l'analyse, rappelée *suprà* n.<sup>o</sup> 413 , que le tribunal pouvait ordonner un réassigné quand les délais n'ont pas été observés, nous n'avons entendu parler que pour les cas où les délais qu'exige le domicile indiqué par l'exploit n'ont pas été observés, et non pas de celui où il y aurait à prononcer sur le fait du domicile.

1059. Une partie peut elle-même, et sans qu'il intervienne jugement, remédier aux nullités d'un exploit, ou à celles d'un acte de procédure, en renouvelant cet exploit ou acte de procédure; mais l'on observe que ce serait bien inutilement qu'on renouvellerait de la sorte un exploit d'appel, si les délais fixés par l'article 443 étaient expirés. — A. 626.

1060. Les exceptions péremptoires sont celles par lesquelles, abstraction faite de la forme, on soutient que l'action intentée n'est pas recevable, soit parce qu'elle est éteinte, soit pour toute autre cause, et qu'il est conséquemment inutile d'examiner si elle est fondée. Elles peuvent être proposées en tout état de cause, à moins qu'on ait renoncé à celles d'entre elles qui ne tiendraient qu'à l'intérêt privé. — A. 627. Voyez nos questions sur l'article 464.

1062. L'inobservation de certaines formalités, prescrites à peine de déchéance de l'action, opère une nullité absolue, par conséquent, ne peut être couverte et peut être opposée en tout état de cause. (Cass., 18 novembre 1813 et 20 avril 1807. Sirey, 1814, p. 25, et 1807, 2.ᵉ part., p. 243.) Il est à remarquer que ces arrêts sont rendus en matière de droits réunis, régis par des lois spéciales, d'où suit qu'il ne faut pas les tirer à conséquence pour les cas ordinaires.

1063 *L'exception de défaut de qualité est-elle également absolue, en sorte que l'on puisse la proposer, en tout état de cause et même pour la première fois en appel ?*

En détaillant, dans la question 627 de notre analyse, les différentes exceptions péremptoires que l'on peut proposer en tout état de cause, nous avons rangé dans cette classe celle qui résulte du défaut de qualité. Nous citerons ici à l'appui un arrêt de la cour de Rennes, du 31 juillet 1816, 2.ᵉ chambre, dont il convient de faire connaître l'espèce.

Allard assigne d'Havelosse et Sarrebourte en paiement dû à la société de commerce qui existait au Cap, sous la raison *Allard et Sulause* ; le demandeur agissait en qualité de seul et unique héritier de l'associé Allard ; la société à qui avait appartenu la créance en litige était dissoute depuis plusieurs années : les défendeurs sont condamnés à payer la totalité de la dette. Appel ; et alors, entre autres moyens contre le jugement, ils observent que l'intimé, héritier seulement de l'un des associés, ne peut, dans tous les cas, et en supposant la somme légitimement due, prétendre qu'au paiement de la moitié qui incombait à celui qu'il représente, et qu'à moins d'avoir un pouvoir des ayant-cause des autres associés, ou de justifier autrement de son droit pour toucher la créance entière, les appelans ne sauraient se libérer valablement entre ses mains que pour ladite moitié. (C. C., art. 1239 et 1220. Pothier, du contrat de société, n.° 172.)

L'intimé oppose que l'exception n'a pas été proposée en première instance ; qu'il offre d'ailleurs une garantie suffisante ; que ce moyen tardif doit être rejeté. Par l'arrêt ci-dessus, la cour a ordonné que le sieur Allard justifierait du droit qu'il prétendait avoir de toucher la somme entière, ou qu'il fournirait caution.

Elle a ainsi fait droit dans l'exception, pour la première fois, opposée en appel.

1064. *Une nullité qui tient à la substance d'un acte se couvre-t-elle par la comparution et la procédure volontaire de la partie intéressée à la faire valoir ?*

Par arrêt du 24 décembre 1811, rapporté au bulletin officiel 1811,

p. 352 et 353, la cour de cassation avait décidé cette question pour la négative, en considérant qu'une formalité intrinsèque et essentielle doit être constatée par l'acte même, et ne peut être suppléée par aucun témoignage et aucun aveu.

Dans l'espèce, la nullité portait sur un exploit d'assignation dans lequel la formalité de *parlant à* avait été omise. On opposait à l'assigné qu'il était non recevable à se prévaloir de la nullité, puisqu'il avait fait lui-même assigner la partie adverse, afin d'être présente à sa contre-enquête. — Nous reviendrons sur cet arrêt dans nos questions sur l'article 261.

Ici nous observerons que l'on ne doit pas tirer de cette décision la conséquence générale que l'on puisse, en tout état de cause, opposer une de ces nullités que l'on appelle *substantielles,* et que les tribunaux peuvent admettre, nonobstant la disposition de l'art. 1030; c'est-à-dire, quoique la loi ne les ait pas prononcées. En effet, l'article 173 est général; il ne distingue point entre les nullités substantielles et les autres; et il sera prouvé sur l'article 361 que si la cour de cassation, dans l'espèce particulière de l'arrêt ci-dessus, a décidé que l'assignation en contre-enquête n'avait pas couvert la nullité de l'assignation en enquête directe, c'est principalement parce que la contre-enquête n'est point une défense au fond, dans le sens de l'article 173, qui veut, pour qu'elle couvre la nullité, qu'elle soit la suite nécessaire de l'acte nul.

D'après cette décision, on doit rejeter celle d'un arrêt de Paris, du 19 août 1808, en ce qu'il a, au contraire, déclaré non recevables des nullités d'enquête directe, opposées par la partie qui avait fait sa contre-enquête en les réservant. ( Sirey, 1809, p. 11.)

1065. *L'acquiescement donné par exploit, signifié au nom de l'appelant, au jugement dont il appelle, opère-t-il contre cet appel une fin de non recevoir qui ne puisse se couvrir de la part de l'intimé par la signification d'un écrit de réponse à grief dans lequel cet acquiescement n'est pas opposé?*

Il existe sur cette question deux arrêts contraires de la cour royale de Rennes, l'un du 27 juillet 1810, qui l'a jugée pour l'affirmative, l'autre du 14 décembre de la même année, qui l'a décidée dans le sens opposé.

Ces deux arrêts ne présentent point de développemens dans leurs motifs. Dans le premier, la cour se borne à déclarer *que les fins de non recevoir doivent s'opposer avant toutes défenses au fond, qu'autrement elles se couvrent par la procédure volontaire des parties.......* Les motifs du second consistent seulement en ce que *l'exception fondée sur l'acquiescement au jugement dont est appel est* PÉREMPTOIRE, *et peut être proposée en tout état de cause.*

On pourrait peut-être, pour appuyer le jugement du 27 juillet, dire de l'acquiescement ce que l'article 2224 du code civil établit par rapport à la prescription qui peut être opposée en tout état de cause, à moins que la partie, qui n'aurait pas fait usage de ce moyen, ne doive, par les circonstances, être présumée y avoir renoncé. Or, ajouterait-on, de même que, par plusieurs arrêts, il a été décidé que l'on pouvait opposer une renonciation tacite à la partie qui, pour la première fois, oppose la prescription sur l'appel, on pourrait aussi prononcer relativement à l'acquiescement que l'omission d'en avoir fait état, dans un écrit, était une renonciation tacite...

Mais nous ne pensons pas que cet argument réussît. En effet, d'un côté, l'article 173 du code de procédure ne parle que des nullités d'exploit et autres actes de procédure; de l'autre, l'article 186, en ordonnant que les exceptions *dilatoires* seraient proposées, avant toutes défenses au fond, garde le silence sur les exceptions péremptoires; donc les exceptions de cette nature peuvent être proposées en tout état de cause, comme défenses à l'action. (V. la question précédente...) Il ne s'agit donc plus que d'examiner si l'exception résultant d'un acquiescement est une exception *péremptoire* du fond. Nous ne balançons pas à adopter l'affirmative, car l'acquiescement ayant pour effet de donner au jugement l'autorité de la chose jugée, il en résulte évidemment une fin de non recevoir contre un appel qu'il empêcherait d'interjeter.

Et s'il a été décidé que l'on pouvait proposer, en tout état de cause, la déchéance d'un appel tardif, parce qu'elle n'est substantiellement qu'une exception d'incompétence, fondée sur l'ordre public, (V. arrêt de Turin, du 6 juillet 1807. Denevers, 1809, supp., p. 38.) ce même motif ne s'applique-t-il pas à la fin de non recevoir résultant d'un acquiescement? Soutenir le contraire, ne serait-ce pas affirmer qu'une cour d'appel pourrait réformer un jugement acquiescé, et une telle assertion ne répugne-t-elle pas à la nature de sa compétence? Aussi M. Merlin, dans ses questions de droit (au mot *appel*, p. 130), estime-t-il que la fin de non recevoir résultant de l'acquiescement à un jugement est *absolue* entre personnes majeures, et qu'elle ne peut jamais être écartée.

Nous nous croyons donc bien fondés à résoudre négativement la question ci-dessus posée.

## §. IV.
### *Des exceptions dilatoires.*

ARTICLE 174.

L'héritier, la veuve, la femme divorcée ou séparée de biens, assignée comme commune, auront trois mois, du jour de l'ouverture de la succession ou dissolution de la communauté, pour faire inventaire, et quarante jours pour délibérer : si l'inventaire a été fait avant les trois mois, le délai de quarante jours commencera du jour qu'il aura été parachevé.

S'ils justifient que l'inventaire n'a pu être fait dans les trois mois, il leur sera accordé un délai convenable pour le faire, et quarante jours pour délibérer ; ce qui sera réglé sommairement.

L'héritier conserve néanmoins, après l'expiration des délais ci-dessus accordés, la faculté de faire encore inventaire et de se porter héritier bénéficiaire, s'il n'a pas fait d'ailleurs acte d'héritier, ou s'il n'existe pas contre lui de jugement passé en force de chose jugée qui le condamne en qualité d'héritier pur et simple.

### *Conférence.*

T. art. 75; ordonnance, titre 7, art. 1, 2, 3, 4, 5; C. C., 795, 797, 798, 800, 1456, 1458 et 1459, et *suprà* sur l'art. 173.

1066. La femme d'un condamné à une peine emportant la mort civile, jouit des mêmes délais qui sont accordés par l'article 174 à la femme séparée. — A. 628.

1667. Les délais pour faire inventaire et pour délibérer courent en faveur des femmes séparées du jour du jugement de séparation ; et, pour celles dont les maris sont morts civilement, du jour même de l'exécution, soit réelle, soit par effigie, du jugement de condamnation. — A. 629. V. sur l'art. 874.

1068. Les légataires universels ou à titre universel peuvent, comme l'héritier, réclamer le délai pour faire inventaire et délibérer. — A. 630. (1) V. sur l'art. 342.

1069. On peut valablement assigner une des parties désignées dans les précédentes questions, avant l'expiration des délais, pour faire inventaire et délibérer ; seulement on ne peut la contraindre à prendre qualité ni obtenir condamnation contre elle avant l'expiration de ces délais. — A. 631. ( V. encore sur l'art. 342. )

---

(1) Er. p. 367, 6.ᵉ alinéa, 3.ᵉ ligne, au lieu de 875, lisez 873.

1070. Ainsi la partie assignée, avant l'expiration des délais, sur des demandes purement conservatoires, ne peut opposer l'exception de délai contre ces sortes de demandes. — A. 632. ( V. sur l'art. 324. )

1071. L'exception de délai doit être proposée avant les défenses au fond. Mais la renonciation à cette exception ne peut être considérée comme opérant un acte d'héritier ou de commune, si la partie ne laisse pas juger qu'elle a cette qualité. — A. 633.

1072. Celui qui, sans être héritier, est assigné comme tel, peut, s'il a lié la contestation en cause, être *retenu dans l'instance*, quoiqu'il excipe ensuite de son défaut de qualité, si d'ailleurs il a une autre qualité en laquelle il eût pu être valablement assigné. ( Cass., 15 mars 1808. Sirey, 1808, p. 353. )

Nous observerons qu'il importe de restreindre cet arrêt au cas dans lequel il a été rendu, c'est-à-dire, à la retenue en cause du défendeur qui n'a pas de suite opposé l'exception résultant du défaut de qualité : il ne faudrait pas en conclure qu'il se fût rendu non recevable à faire valoir dans la suite cette exception, comme fin de non recevoir ou exception péremptoire du fond. ( V. *suprà* n.° 1063.)

1073. Lorsqu'il n'y a pas de meubles, la disposition de l'art. 174 reçoit son application en faisant rapporter un procès-verbal de carence qui supplée à l'inventaire : c'est à compter de la confection de ce procès-verbal que court le délai pour délibérer. — A. 634.

1074. L'exception de délai étant purement facultative, ne peut produire son effet qu'autant qu'elle est proposée dans la forme prescrite par l'article 75 du tarif. — A. 635.

1075. Les circonstances dans lesquelles la prorogation de délai peut être acccordée à la partie qui n'a pas fait inventaire dans les trois mois, sont laissés à la prudence des tribunaux.

Mais il faut remarquer que la prorogation de délai ne doit être accordée que pour faire inventaire, et non pour délibérer lorsque l'inventaire est fait. — A. 636.

1076. La veuve et la femme séparée ou divorcée ne conservent le droit de renoncer après les délais, qu'autant qu'elles ont fait inventaire dans les trois mois, ou qu'elles ont demandé et obtenu une prorogation, et qu'elles ne se sont point immiscées dans les biens de la communauté. — A. 637.

1077. L'héritier est réputé héritier pur et simple, à l'égard *seulement* du créancier qui a obtenu contre lui, en cette qualité, un jugement passé en force de chose jugée. — A. 638.

## ARTICLE 175.

Celui qui prétendra avoir droit d'appeler en garantie, sera tenu de le faire dans la huitaine du jour de la demande originaire, outre un jour pour trois myriamètres. S'il y a plusieurs garans intéressés en la même garantie, il n'y aura qu'un seul délai pour tous, qui sera réglé selon la distance du lieu de la demeure du garant le plus éloigné.

### Conférence.

Ordonnance, titre 8, art, 2 et 15; C. p. , art. 178, *suprà*, p. 59; et *infrà* sur les art. 181 et 188.

1078. Celle des parties principales qui croit avoir des motifs suffi- sans d'avisager et mettre en cause une tierce personne, n'a point à demander la permission de l'assigner : l'événement de l'action qu'elle a la faculté de diriger est à ses risques. ( Rennes, 29 mai 1809, 1.ᵉ chambre. )

1079. Le garant qui n'a pas été appelé en cause dans le délai de huitaine de la demande originaire, ne peut en exciper pour deman- der son renvoi : ce délai n'est établi que dans l'intérêt du demandeur originaire. — A. 639.

1080. Le même délai ne courrait pas, si la demande originaire ne contenait pas les faits qui peuvent donner lieu à la garantie; il ne courrait qu'à compter du jour de la signification de l'acte con- tenant ces faits. — A. 640.

## ARTICLE 176.

Si le garant prétend avoir droit d'en appeler un autre en sous-garantie, il sera tenu de le faire dans le délai ci-dessus, à compter du jour de la demande en garantie formée contre lui; ce qui sera successivement observé à l'égard du sous-garant ultérieur,

## ARTICLE 177.

Si néanmoins le défendeur originaire est assigné dans les délais pour faire inventaire et délibérer, le délai pour appeler garant ne commencera que du jour où ceux pour faire inventaire et délibérer seront expirés.

### Conférence.

Ordonnance, titre 8 , 1.ʳᵉ partie de l'art. 3.

1081. On ne doit pas conclure des articles 176 et 177, qu'on ne puisse appeler des garans après les délais qu'ils prescrivent; seulement, sur les conclusions du demandeur originaire, la demande en garantie formée après les délais ne peut plus arrêter la poursuite de la demande principale, encore bien qu'elle lui ait été notifiée. — A. 641.

1082. Quoique la disposition de l'article 177 désigne seulement le défendeur originaire, elle s'applique néanmoins au garant qui aurait à mettre un sous-garant en cause. — A. 642.

### ARTICLE 178.

Il n'y aura pas d'autre délai pour appeler garant, en quelque matière que ce soit, sous prétexte de minorité ou autre cause privilégiée ; sauf à poursuivre les garans, mais sans que le jugement de la demande principale en soit retardé.

*Conférence.*

Ordonnance, article 7 du titre 8, et *infrà* sur l'art. 181.

1083. *Les causes des mineurs, ou autres causes privilégiées, admettraient-elles une exception à la rigueur de l'article 178?*

La négative est évidente par la seule raison que la disposition est générale ; or, il n'est pas permis de suppléer des exceptions, soit en faveur d'une partie, soit contre elle.

Cependant on a argumenté pour l'affirmative de l'article 398, au titre de la péremption, en disant que le législateur ayant cru devoir expliquer son intention de faire courir la péremption contre l'état, les établissemens publics et toutes personnes même mineures, on devait en conclure qu'il n'avait pas entendu que les autres dispositions de rigueur fussent applicables à ces causes privilégiées.

Nous répondons que l'on irait souvent contre l'intention de la loi, si l'on argumentait ainsi d'un cas particulier à d'autres cas ; que, d'un autre côté, le principe d'après lequel on ne doit point distinguer, quand la loi ne distingue point, est absolu ; et enfin, que l'argument tiré de l'article 398 procède d'autant moins, que la disposition de cet article n'a été insérée dans le code qu'afin d'amener la déclaration que l'état, les établissemens publics et les mineurs auraient leur recours vers leurs administrateurs et tuteurs.

### ARTICLE 179.

Si les délais des assignations en garantie ne sont échus en même tems que celui de la demande originaire, il ne sera pris aucun défaut contre le défendeur originaire, lors qu'avant l'expiration du délai il aura déclaré, par acte d'avoué à avoué, qu'il a formé sa demande en garantie ;

sauf, si le défendeur, après l'échéance du délai pour
appeler le garant, ne justifie pas de la demande en garantie,
à faire dròit sur la demande originaire, même à le condamner à des dommages-intérêts, si la demande en garantie
par lui alléguée se trouve n'avoir pas été formée.

*Conférence.*

T. art. 70, ordonnance, art. 5 du titre 8, C. p. 337.

1084. Lorsqu'un garant mis en cause dans les délais ne comparaît
pas, le demandeur originaire poursuit sur la demande, et le défendeur principal obtient défaut contre son garant. — A. 643.

1085. La demande en garantie ne pouvant être jointe à la demande
principale quand le garant n'a pas été assigné dans les délais, il n'en résulte pas que le demandeur puisse faire rejeter l'intervention volontaire
du garant dans l'instance, si cette intervention n'est pas de nature
à retarder le jugement de la cause principale. — A. 644.

### ARTICLE 180,

Si le demandeur originaire soutient qu'il n'y a lieu au
délai pour appeler garant, l'incident sera jugé sommairement.

*Conférence.*

T. art. 75 ; ordonnance, titre 8, art. 5 et 6.

1086. L'incident dont il s'agit dans cet article se forme par une
requête motivée, signifiée d'avoué à avoué, conformément à l'article
75 du tarif ; mais le même article admettant une requête en réponse,
le demandeur originaire ne peut, qu'après huitaine, sommer l'audience pour plaider sur cet incident, qui est jugé sommairement,
c'est-à-dire, sur simple plaidoirie et sans rapport. — A. 645.

### ARTICLE 181,

Ceux qui seront assignés en garantie, seront tenus de
procéder devant le tribunal où la demande originaire sera
pendante, encore qu'ils dénient être garans; mais s'il
paraît par écrit, ou par l'évidence du fait, que la demande
originaire n'a été formée que pour les traduire hors de
leur tribunal, ils y seront renvoyés,

*Conférence.*

Ordonnance, tit, 8, art. 8 ; code de comm. 631, et *infrà* sur l'art, 420.

1087. L'article 181 n'autorise pas à appeler devant un tribunal
de commerce un garant qui ne serait pas justiciable de ce tribunal,

*ratione materiæ.* L'exception portée en cet article, au principe que nul ne peut être distrait des juges compétens pour connaître d'une demande principale, ne s'applique qu'au cas où la compétence n'est établie qu'à raison du domicile de l'assigné, ou de la situation de l'objet litigieux; mais il ne faut pas appliquer cette décision au cas inverse où un individu justiciable *ratione materiæ* d'un tribunal de commerce serait appelé en garantie devant un tribunal ordinaire. L'incompétence des tribunaux ordinaires n'est que relative, et non pas radicale dans les affaires privilégiées. — A. 646. (1) et *suprà* sur l'art. 170, n.os 1018 et 1022.

Toutes ces propositions, résultant des raisons que nous avions développées dans notre analyse, se trouvent consacrées par deux arrêts de la cour de cassation, l'un du 30 novembre 1813, l'autre du 16 mai 1816. (Sirey, 1814, p. 16; et 1816, p. 341.)

1088. Lorsqu'une lettre de change est tirée sur quelqu'un qui doit, et qui a promis par lettre d'acquitter toute traite; qu'il arrive néanmoins que cette lettre de change ne soit pas acceptée, et que par suite il y ait recours contre le tireur, le tiré peut être appelé en garantie devant le même tribunal. (Cass., 12 juillet 1814. Sirey, 1814, p. 172.)

1089. Mais le tiré appelé en garantie, à raison du défaut d'expression de valeur dans une lettre de change et de l'endossement en blanc, pourrait demander son renvoi devant ses juges naturels, parce qu'en ce cas l'endossement n'est qu'un simple mandat, et que rien n'annonce d'ailleurs que, dans le fait, le demandeur originaire eût reçu des porteurs des valeurs réelles, d'où s'infère l'application directe de l'article 181; c'est-à-dire, que la demande originaire n'a été formée que pour traduire le tiré hors de son tribunal. (Rennes, 1.er mai 1812, 3.e chambre; *infrà* n.° 1092.)

1090. Celui qui est appelé en garantie en vertu d'un jugement portant condamnation contre le garanti, mais en même tems autorisation à celui-ci de mettre le garant en cause devant le tribunal, ne peut demander son renvoi devant ses juges naturels, sans attaquer par les voies légales le jugement qui a ordonné la mise en cause. (Rennes, 27 février 1812, 1.re chambre.)

Cette décision qui, au premier coup d'œil, peut paraître en opposition avec l'article 178 et la proposition établie *suprà* n.° 166, nous paraît néanmoins bien fondée, en ce que le tribunal qui avait ordonné la mise en cause devant lui, s'étant déclaré compétent, n'eût pu, sans se réformer, admettre dans l'état le déclinatoire du garanti.

(1) *Er.* Page 376, 4.e alinea, 1.re ligne, au lieu de *garant*, lisez *garanti*.

1091. On ne peut, sous le cours d'une instance d'appel, mettre pour la première fois un garant en cause. — A. 647.

Cette proposition est tellement incontestable aujourd'hui que nous sommes dispensés de citer les nombreux arrêts, tant de cassation que d'appel, sur lesquels elle est établie ; mais il y a exception en cas d'intervention du garant. ( V. *infrà* sur les art. 183 et 340.)

1092. S'il paraissait par écrit, ou par l'évidence du fait, que la demande originaire n'eût été formée que pour distraire les garans de leurs juges naturels, le tribunal devant lequel ils sont traduits ne devrait prononcer leur renvoi d'office que dans le cas d'incompétence à raison de la matière. — A. 648.

1093. L'appréciation des cas dans lesquels il paraîtrait que la demande originaire n'a été formée que pour distraire le garanti de sa juridiction naturelle ne donne point lieu au pourvoi en cassation, l'erreur, sur ce point, ne pouvant offrir tout au plus qu'un mal jugé. ( Voy. arrêt de cass., 12 juillet 1814. Sirey, 1814, p. 172.)

### ARTICLE 182. (1)

En garantie formelle, pour les matières réelles ou hypothécaires, le garant pourra toujours prendre le fait et cause du garanti, qui sera mis hors de cause, s'il le requiert avant le premier jugement.

Cependant le garanti, quoique mis hors de cause, pourra y assister pour la conservation de ses droits, et le demandeur originaire pourra demander qu'il y reste pour la conservation des siens.

*Conférence.*

Ordonnance, titre 8, art. 9 et 10.

1094. Quand le garant formel, assigné ou intervenant, n'offrirait pas de prendre fait et cause pour le garanti, celui-ci peut demander, avant le premier jugement, d'être mis hors d'instance, si le garant ne conteste pas la garantie. —A. 649.

1095. Si le demandeur originaire soutenait que le garant formel fût insolvable, il ne pourrait pas s'opposer à la mise hors de cause du garanti, afin d'obtenir contre lui ses dépens, dommages et intérêts. — A. 650.

1096. *Quel est l'objet et quels sont les effets de l'assistance du garanti qui a été mis hors de cause ?*
Voyez A. 651.

_____

(1) Au sommaire de l'article, au lieu de *mise hors de cause du garant*, lisez *du garanti*.

1097. Lorsque le garanti mis hors de cause y assiste volontairement, le garant doit lui signifier tout ce que le demandeur dira et tout ce qu'il lui répondra. Mais si le garanti n'assiste à la cause que forcément, ni le demandeur ni le garant ne sont tenus de lui faire des significations qui tomberaient sans nécessité à la charge du garant, comme un accessoire de la garantie qu'il doit. — A. 652.

1098. Le garant ayant la faculté de défendre à la demande principale, il doit par suite avoir celle de se pourvoir par appel contre le jugement qui, en adjugeant et cette demande et celle en garantie, fait tomber sur lui tout le poids de la première.

Par une autre conséquence, le défaut d'appel de la part du garanti ne peut être opposé et nuire au garant. (Rennes, 2 juin 1808, 2.ᵉ chambre.)

## ARTICLE 183.

En garantie simple, le garant pourra seulement intervenir, sans prendre le fait et cause du garanti.

*Conférence,*

Ordonnance, titre 8, art. 12.

1099. Lorsqu'il y a procès entre le débiteur d'une créance cédée et le cédant, l'intervention du cessionnaire autorise le juge à statuer, à la requête du cédant, sur la demande en garantie dirigée contre lui devant un tribunal. (Cass., 18 août 1808. Sirey, 1808, p. 553. Voyez *infrà*, art. 340.) Cet article 340 fait exception au principe posé *suprà* n.° 1091, que la demande en garantie est soumise aux deux degrés de juridiction.

## ARTICLE 184.

Si les demandes originaire et en garantie sont en état d'être jugées en même tems ; il y sera fait droit conjointement ; sinon le demandeur originaire pourra faire juger sa demande séparément : le même jugement prononcera sur la disjonction, si les deux instances ont été jointes ; sauf, après le jugement du principal, à faire droit sur la garantie, s'il y échet.

*Conférence.*

Ordonnance, titre 8, art. 13, V. *suprà* sur l'art. 153, n.° 881.

1100. Un tribunal ne peut appliquer d'office la disposition de l'article 184. — A. 653.

1101. Le décès du garant, celui de son avoué, ou la destitution, interdiction ou démission de celui-ci, ne sont pas des motifs suffisans pour autoriser le demandeur originaire à faire prononcer séparément sur sa demande, soit que l'affaire ait été conclue, soit qu'elle ne l'ait pas été. — A. 654.

1102. La demande originaire et la demande en garantie doivent être disjointes, lorsque la première est reconnue et en état de recevoir jugement, tandis, au contraire, que la seconde est contestée et liée à un compte à débattre. (Rennes, 4 janvier 1811, 3.e ch.)

1103. Mais, si la demande principale n'est pas en état, la demande en garantie peut être jugée préalablement, si les parties y consentent. (Rennes, 25 mai 1814, 1.re ch.)

1104. Lorsque la demande principale et la demande en garantie ont été jugées conjointement, le garant est recevable à appeler du jugement, lorsque le garanti n'en appelle pas lui-même, quoiqu'il ne s'agisse que d'une garantie simple. — A. 655.

### ARTICLE 185.

Les jugemens rendus contre les garans formels seront exécutoires contre les garantis.

Il suffira de signifier le jugement aux garantis, soit qu'ils aient été mis hors de cause ou qu'ils y aient assisté, sans qu'il soit besoin d'autre demande ni procédure. A l'égard des dépens, dommages et intérêts, la liquidation et l'exécution ne pourront en être faites que contre les garans. Néanmoins, en cas d'insolvabilité du garant, le garanti sera passible des dépens, à moins qu'il n'ait été mis hors de cause; il le sera aussi des dommages et intérêts, si le tribunal juge qu'il y a lieu.

*Conférence.*

Ordonnance, titre 8, art. 11.

1105. Les dispositions de l'article 185 ne s'appliquent, dans toutes leurs parties, qu'au garanti formel. — A. 656. (1)

1106. Les jugemens sont exécutoires contre les garantis formels, sous le rapport que, s'il s'agit, par exemple, d'un délaissement de fonds, ou d'une déclaration d'hypothèque, le défendeur garanti sera contraint d'abandonner l'un ou de souffrir l'autre; et il suffira, à cet effet, de lui signifier le jugement, sans autre formalité ni procédure.

Il est à remarquer qu'il résulte de la première disposition de l'article 185, que le garanti se trouve compris dans la disposition de l'article 2061 du code civil, qui autorise les tribunaux à prononcer

_____

(1) Er. 2.e alinea de cette question, 1.re ligne, au lieu de *s'il a*, lisez *s'il y a.*

la contrainte personnelle contre celui qui résiste à exécuter une condamnation en délaissement. — A. 657.

1107. Les exceptions à la seconde disposition de l'article 185, qui veut que les dépens, dommages et intérêts ne soient exécutés et liquidés que contre les garans, sont, 1.º lorsque le garanti a contesté et donné occasion à des dépens, avant d'avoir appelé son garant; 2.º lorsque le défendeur, ayant assisté dans la cause, a donné lieu, par quelques contestations, à le condamner, ainsi que le garant, aux dépens, ou à des dommages-intérêts, sans qu'on lui eût accordé de garantie. On ne doit pas non plus, les frais de la demande originaire exceptés, liquider et exécuter contre le garant la portion de condamnations aux dépens qui auraient précédé sa mise en cause. — A. 658.

1108. La troisième disposition de l'article 185 doit s'appliquer en ce sens que le garanti peut être condamné personnellement aux dommages-intérêts résultant de son propre fait. Le législateur a laissé à la prudence du tribunal de faire supporter au garanti les dommages-intérêts, *s'il y a lieu*, c'est-à-dire, s'il résulte de quelques circonstances qu'il ait participé à la cause qui donne lieu à ces dommages-intérêts. — A. 659.

### ARTICLE 186.

Les exceptions dilatoires seront proposées conjointement, et avant toutes défenses au fond.

#### *Conférence.*

Ordonnance, titre 9, art. 1.

1109. *Comment s'exécute la disposition de l'article 186?*

Voyez A. 660, et *suprà* pag. 271.

1110. Cette disposition s'applique à d'autres exceptions que celles que le code de procédure qualifie *dilatoires*; par exemple, à l'exception de discussion et de division résultant des articles 2170, 2022 et 2027 du code civil, cette exception étant véritablement dilatoire. — A. 661.

1111. Il s'applique, en un mot, à toute exception en général qui, quoique non qualifiée par la loi, serait fondée sur un moyen quelconque qui ne tendrait qu'à faire renvoyer l'effet d'une demande à un tems plus éloigné que celui pour lequel elle est formée. Une telle exception est essentiellement dilatoire, et admet, par conséquent, l'application des règles posées dans ce paragraphe. (Rennes, 11 septembre 1813.)

1112. La règle posée en l'article 186 n'est pas si absolue, que le défendeur ne puisse opposer successivement des exceptions dilatoires

dont il n'aurait connu la cause qu'après en avoir proposé d'autres;
— A. 662.

L'héritier, la veuve et la femme divorcée ou séparée,
pourront ne proposer leurs exceptions dilatoires, qu'après
l'échéance des délais pour faire inventaire et délibérer.

*Conférence.*

Ordonnance, titre 9, art. 2; Ç. civ., 1441; C. p., 174.

1113. La disposition de l'article 187 s'applique indistinctement à
tous les présomptifs héritiers ; mais il n'en est pas de même de toutes
les femmes veuves, divorcées ou séparées; celles-ci ne sont fondées
à user de la faveur de cette disposition, qui se rattache à celle de
l'article 174, que dans le cas seulement où elles auraient été communes en biens avec leurs maris. — A. 663.

## §. V.

### De la communication des pièces.

Les parties pourront respectivement demander, par un
simple acte, communication des pièces employées contre
elles, dans les trois jours où lesdites pièces auront été signifiées ou employées.

*Conférence.*

T. art. 70.

1114. Il ne résulte pas de l'article 188, que l'on ne puisse demander
communication d'autres pièces que de celles qui ont été signifiées
ou employées. — A. 664.

1115. Le délai pour demander communication des pièces, lorsque la copie en a été donnée avec l'exploit d'assignation, d'après
l'article 65, ne court qu'à compter de la constitution d'avoué de
la part du défendeur. — A. 665.

1116. On peut demander en cause d'appel la communication
d'une pièce qui aurait été communiquée en première instance ;
mais cette communication est aux frais de celui qui la requiert.
— A. 666.

1117. *Mais qu'arriverait-il si la pièce dont la communication
serait demandée en appel, et sur laquelle les premiers juges auraient prononcé, se trouvait égarée?*

Pour l'intelligence de cette question, nous croyons nécessaire de rappeler succinctement l'espèce dans laquelle elle s'est présentée devant la cour de Rennes.

La demoiselle Amiot était appelante d'un jugement rendu par le tribunal civil de Morlaix, le 9 mai 1815, qui avait annulé une obligation sous seing privé d'une rente viagère de 200 fr., souscrite à son profit par le sieur Lemierre.

Sous l'appel, l'intimé avait demandé la communication du billet ; il lui fut répondu par l'appelante qu'il se trouvait égaré, et qu'on était dans l'impossibilité de le représenter. Lemierre conclut à ce que, faute de communication du billet, dont la perte n'était qu'allé-guée et non prouvée, l'appelante fût déboutée de son appel et le jugement confirmé. Ses motifs étaient qu'il n'était pas probable que la pièce fût adirée ; que c'était la seule qui manquât au sac de l'ad-versaire ; que, sans doute, la raison qu'on donnait pour éviter la communication avait été ménagée dans la crainte que l'examen de la pièce sous l'appel ne fît découvrir quelque irrégularité impor-tante, ou quelque trace de la violence qu'on avait exercée contre l'intimé au moment de la souscription du billet ; qu'il était possi-ble, par exemple, que le billet ne portât que la signature Lemierre, sans qu'on eût pensé à y apposer la somme en toutes lettres ; que dispenser l'appelante de la communication au moyen d'une allégation non justifiée, et d'ailleurs invraisemblable, c'était nuire à la défense de l'intimé ; que la communication qui avait eu lieu en première instance n'était pas un motif pour s'y refuser sous l'appel ; qu'une pièce communiquée devient commune aux deux parties, et qu'on a le droit d'en exiger la représentation *en tout état de cause* ; qu'il y avait d'autant plus lieu à ne point s'arrêter à la réponse ou au refus de l'appelante, qu'elle était demanderesse, et que le fon-dement de sa demande consistait dans le billet qu'elle disait égaré ; que c'était là son titre, qu'elle devait produire à l'appui de ses conclusions.

On répondait, pour l'appelante, que l'existence du billet était certaine, que la procédure et le jugement prouvaient qu'il avait été communiqué à Lemierre en première instance ; que son avoué et son conseil judiciaire ( car on lui en avait nommé un quelque tems avant le procès, et ce conseil était en cause ), n'auraient pas manqué de remarquer une nullité aussi facile à découvrir que celle résultant de l'absence de l'*approuvé d'un bon*, si une pareille nullité ou tout autre avait existé ; que la preuve qu'ils n'avaient vu aucun vice de forme dans l'obligation, et qu'elle était régulière, se tirait des moyens qu'on avait cru devoir employer pour la faire déclarer nulle ; qu'en effet on s'était borné à alléguer que le billet était *sans cause*, ou que la cause était *illicite* ; qu'il avait été arraché à la faiblesse de Lemierre par le dol et même la violence ; que, d'après toutes ces considérations, la non représentation du billet sous l'appel devenait assez indifférente, et qu'on ne pouvait pas s'en prévaloir pour rejeter la demande de l'appelante et refuser de faire droit sur les griefs au fond. Le ministère public adopta la défense de la demoiselle Amiot, et l'exception fut rejetée par arrêt de la troisième chambre de Rennes, du 24 août 1816 ; mais, au fond, le jugement fut réformé.

1118. Une demande de communication de pièces qui n'est pas utile pour opposer une nullité, couvre cette nullité. ( Rennes, 25 septembre 1815. )

1119. On ne peut inférer d'une demande de communication de pièces, faite valablement d'avocat à avocat, que l'intimé ait renoncé à une fin de non recevoir résultant d'une nullité de l'acte d'appel. ( Rennes, 7 février 1815, 2.º ch. )

### ARTICLE 189.

La communication sera faite entre avoués, sur récépissé, ou par dépôt au greffe : les pièces ne pourront être déplacées, si ce n'est qu'il y en ait minute, ou que la partie y consente.

#### Conférence.

Tarif, art. 91, et *suprà*, art. 97.

1120. *Quelles sont les formes de la communication ?*
Voyez A, 667.

1121. Une pièce communiquée devient commune aux deux parties, et le code pénal prononce une amende de 25 à 300 fr., que le tribunal saisi de la contestation doit appliquer à toute personne qui, après avoir produit dans un procès quelque titre, pièce ou mémoire, l'aurait soustrait d'une manière quelconque. — A, 668.

A l'appui de cette proposition, nous ajouterons un arrêt de la cour de Paris, du 14 thermidor an 10 ( Sirey, 1807, 2.º part., p. 1104 ), lequel décide que lorsqu'une pièce a été communiquée à des arbitres, elle devient alors commune à toutes les parties, et qu'ainsi elle ne peut être retirée à volonté par celui qui l'a produite, mais rester au procès pour y être invoquée à charge ou à décharge.

1122. *L'article 189 s'applique-t-il à tous les cas où il y a lieu à dépôt de pièces au greffe, notamment dans l'espèce de l'article 97 ?*
Oui, car la disposition de cet article est générale, et régit toutes les espèces que le code embrasse. Or, il n'y a rien, par exemple, dans l'article 97 qui puisse faire supposer l'intention de déroger à cette disposition. ( Locré, esprit du cod. de procéd., t. 1.er, p. 257 et 258. )

## ARTICLE 190.

Le délai de la communication sera fixé, ou par le récépissé de l'avoué, ou par le jugement qui l'aura ordonné; s'il n'était pas fixé, il sera de trois jours.

1123. On peut, pour causes légitimes, obtenir la prorogation du délai convenu ou fixé. — A. 669.

## ARTICLE 191.

Si, après l'expiration du délai, l'avoué n'a pas rétabli les pièces, il sera, sur simple requête, et même sur simple mémoire de la partie, rendu ordonnance portant qu'il sera contraint à ladite remise, incontinent et par corps; même à payer trois francs de dommages-intérêts à l'autre partie par chaque jour de retard, du jour de la signification de ladite ordonnance, outre les frais desdites requête et ordonnance, qu'il ne pourra répéter contre son constituant.

*Conférence.*

T. 70 et 76; C. p. 107.

1124. C'est au président seul, et non au tribunal entier, qu'il faut adresser la requête ou mémoire, afin d'obtenir l'ordonnance de contrainte. — A. 670.

1125. Il n'est pas besoin de signifier la requête avant d'avoir obtenu l'ordonnance; mais, quand celle ci l'a été, on doit notifier l'une et l'autre. — A. 671.

## ARTICLE 192.

En cas d'opposition, l'incident sera réglé sommairement : si l'avoué succombe, il sera condamné personnellement aux dépens de l'incident, même en tels autres dommages-intérêts et peines qu'il appartiendra, suivant la nature des circonstances.

*Conférence.*

T. art. 75; C. p. 405 et 107.

1126. L'opposition à l'ordonnance se forme par requête, qui ne peut excéder deux rôles suivant l'article 175, et à laquelle celui qui a obtenu l'ordonnance peut répondre de la même manière. — A. 672.

1127. Outre la contrainte et les dommages-intérêts, les peines que le tribunal peut prononcer sont, par exemple, la suspension ou l'interdiction de l'avoué. — A. 673.

## DEUXIÈME SUBDIVISION.

### *De la procédure incidente relative aux preuves.*

( C. C., livre 3, titre 3, chap. 6, art. 315—1369; C. de com., art. 11, 39, 40; 195, 311, 547, 550; C. de pr., première partie, livre 1, titres 7 et 8, et livre 2, titres 10—15.)

LA demande, les exceptions, les défenses proprement dites, en un mot, toutes les prétentions, tous les moyens des parties se vérifient soit par les divers genres de preuves que le code civil autorise, soit par celles qui résultent de certains actes d'instruction particulièrement prescrits par le code de procédure civile qui, en outre, détermine la forme suivant laquelle quelques-unes de ces preuves doivent être ou fournies ou constatées.

Ainsi, le code civil autorise, 1.º *la preuve littérale*, qui se fait par la production des titres qui la constituent; mais, comme ces titres peuvent n'être pas certains ou n'être pas vrais, le code de procédure offre, dans les titres 10 et 11, les moyens de les vérifier.

2.º *La preuve orale*, qui résulte du témoignage des hommes; elle est fournie par les enquêtes dont le code de procédure établit les règles et les formes au titre 7 de la première partie, et au titre 12 de la seconde.

3.º *Les présomptions*, qui sont des conséquences que la loi tire elle-même ou autorise le magistrat à tirer d'un fait connu à un fait inconnu; c'est l'objet d'une exception péremptoire du fond. ( Voyez *suprà* n.ᵒˢ 1060—1065 (1), et *infrà* sur l'article 469. )

4.º *L'aveu de la partie*, c'est-à-dire, sa déclaration judiciaire ou extrajudiciaire sur la vérité d'un fait positif ou négatif. Le but de l'interrogatoire sur faits et articles, autorisé par le titre 15, est de l'obtenir en justice d'une partie contre laquelle on n'a point d'autres preuves à opposer.

5.º Enfin, *le serment* ou l'affirmation de la vérité d'un fait également positif ou négatif, donné en justice, sous peine d'encourir la vengeance divine en cas d'imposture. Les règles que le code de

_____

(1) *Er.* Dans cette série de numéros, il s'est glissé une erreur en ce que l'on a passé du n.º 1061 au n.º 1062, qui devait être nombré 1061.

procédure renferme à cet égard se trouvent dans les articles 55, 120 et 121. ( **V.** *suprà* n.ᵒˢ 263—266, et 688—690. )

Le code de procédure ajoute, 1.º *la comparution des parties* en personne, afin d'obtenir d'elles-mêmes des éclaircissemens qui souvent peuvent fournir une preuve ou corroborer celle qui serait déjà acquise. ( **V.** *suprà* art. 119, n.ᵒˢ 685 — 687, *infrà* nos questions sur l'article 428. )

2.º *Les visites des lieux et l'expertise.* ( **V.** *suprà* p. 69, n.ᵒˢ 188— 197, *infrà* les titres 13 et 14. )

3.º *L'interrogatoire sur faits et articles.* ( *infrà*, titre 15. )

Constater la vérité ou la fausseté, soit des actes produits, soit des faits allégués dans une instance, tel est en définitive l'objet de toutes les dispositions du code de procédure sur ces divers genres de preuves.

De là une distinction entre la procédure incidente afin de reconnaissance de la vérité ou de la fausseté des actes, et celle afin de reconnaissance de la vérité ou de la fausseté des faits.

### DISTINCTION PREMIÈRE.

*De la procédure en reconnaissance de la vérité ou de la fausseté des actes.*

S'il arrive que l'écriture d'une pièce ne soit pas reconnue par la partie à laquelle on l'oppose, que cette partie la dénie, ou qu'elle maintienne que la pièce est fausse ou falsifiée, le juge doit se procurer la certitude que l'écriture est ou n'est pas du fait de celui auquel on l'attribue, ou que la pièce est fausse ou véritable.

A cet effet, le code prescrit les deux voies de l'instruction en *vérification d'écriture* et de l'instruction sur *inscription de faux.*

*La vérification d'écritures* est l'examen que l'on fait en justice d'un acte sous seing privé, afin de reconnaître par quelle main il a été écrit ou signé.

*L'inscription de faux* est une déclaration judiciaire par laquelle une partie maintient qu'une pièce est fausse ou falsifiée, soit dans son contenu, soit dans la signature qui la complète : déclaration sur laquelle intervient une instruction en vérification de ce maintien.

On ne peut vérifier un acte authentique qu'en s'inscrivant en faux, puisqu'il fait foi jusque-là, conformément aux articles 1319 du code civil, et 19 de la loi du 25 ventôse an 11, sur l'organisation du notariat. Mais l'inscription de faux peut avoir lieu contre un acte sous seing privé, parce que l'article 214 du code de procédure l'admet indistinctement *contre toute pièce.*

# TITRE X.

## *De la vérification des écritures.*

( Voyez ordonnance de 1737 sur la reconnaissance des écritures et signatures privées en matière criminelle, édit de 1684; ordonn. de 1667, titre 12 *des compulsoires*, art. 5—9, et *suprà* n't. 14, p. 21, et *infrà* art. 427.)

La vérification d'écriture n'est ordonnée que dans le cas où la partie à laquelle un acte est opposé refuse de reconnaître qu'il est de son écriture, soit en totalité ou en partie, qu'il est signé par elle, ou enfin qu'il soit du fait d'un tiers auquel on l'attribue.

Ainsi, une demande en reconnaissance d'écriture précède nécessairement, soit d'une manière expresse ou seulement implicite, toute procédure en vérification.

Nous disons *d'une manière expresse*, lorsqu'une partie, pour attribuer à un acte sous seing privé les effets que la loi lui attache, lorsqu'il est reconnu en justice, ( V. C. C., art. 1322, 1323, 1324 et 2123 et la loi du 3 septembre 1807 ) assigne en reconnaissance la partie que cet acte oblige.

Tel est l'objet de la procédure, aussi simple que rapide, que prescrivent les articles 193 et 194, en réglant le modèle et le délai de l'assignation, en mettant les frais à la charge du demandeur, si la pièce n'est pas déniée, et en déterminant les effets du défaut de comparution et ceux de la reconnaissance par le défendeur.

Nous disons *d'une manière implicite*, si, en effet, l'acte sous seing privé est produit dans le cours d'une instance; cette production équivaut par elle-même à une demande incidente en reconnaissance, puisqu'elle impose à celui contre lequel elle est faite les mêmes obligations, et opère les mêmes résultats qu'une demande expresse, formée par action principale, et, comme elle, conduit à la vérification, s'il y a refus de reconnaître ou désaveu formel.

La procédure en vérification s'instruit à requête du porteur de la pièce, qui devient demandeur dans cet incident, et sous la direction d'un juge-commissaire.

Elle se fait tant par titres que par comparaison d'écriture, et par témoins, trois genres de preuves dont aucun n'exclut les autres, mais dont chacun aussi peut suffire si les autres manquent.

Ses résultats sont de faire rejeter la pièce du procès, si le juge reconnaît qu'elle n'émane pas de celui auquel on l'attribue, et, dans le cas contraire, de la faire déclarer pour reconnue, et de la maintenir, pour faire preuve au procès, ainsi que de droit.

Les règles et les formalités de cette procédure concernent :

1.º Les cas où il y a lieu à vérification ; ( Art. 195. )

2.º La nomination des experts et du juge-commissaire, et le dépôt de la pièce au greffe, signée du demandeur ou de son avoué, et du greffier ; ( 196. )

3.º Le récusation du juge-commissaire ; ( 197. )

4.º La communication de la pièce au défendeur, qui doit la signer ; ( 198. )

5.º La comparution des parties devant le juge-commissaire, ou les effets de leur défaut ; ( 199. )

6.º L'admission et l'apport des pièces de comparaison ; ( 200, 201, 202, 203. )

7.º La sommation aux experts, afin de prêter serment, aux dépositaires, afin de représenter les pièces de la comparaison, si elles n'ont pas été déposées au greffe, et à la partie d'être présente ; ( 204. )

8.º Le mode de la représentation des pièces ; ( 205. )

9.º Le corps d'écriture, en cas d'insuffisance des pièces de comparaison ; ( 206. )

10.º L'obligation aux parties de se retirer, lors de l'opération des experts, et la faculté qui leur est donnée de faire préalablement toutes réquisitions ou observations ; ( 207. )

11.º Le mode d'opérer par les experts ; ( 208. )

12.° La remise du rapport, la restitution des pièces, les frais de vacations ; ( 209. )

13.° La forme du rapport ; ( 210. )

14.° Les faits sur lesquels on peut entendre les témoins, et la forme de leur audition; ( 211, 212. )

15.° Enfin, la condamnation qu'encourt celui qui a faussement dénié les pièces. ( 213. )

### ARTICLE 193.

Lorsqu'il s'agira de reconnaissance et vérification d'écritures privées, le demandeur pourra, sans permission du juge, faire assigner à trois jours pour avoir acte de la reconnaissance, ou pour faire tenir l'écrit pour reconnu.

Si le défendeur ne dénie pas la signature, tous les frais relatifs à la reconnaissance ou à la vérification, même ceux de l'enregistrement de l'écrit, seront à la charge du demandeur.

#### Conférence.

Ordonnance, titre 11, art. 5, et titre 11, art. 3 de l'ordonnance de 1737; loi du 3 sept. 1807. V. infrà, sur l'art. 194.

1128. L'article 193 s'applique tant à l'écriture de l'acte qu'à la signature, ou aux approbations qui tiendraient lieu de l'écriture. — A. 674.

1129. Il n'est pas besoin, en formant une demande au principal, de conclure préalablement à la reconnaissance de l'acte sur lequel cette demande est fondée; il suffit qu'on la produise. C'est à la partie adverse, en répondant à la demande, à déclarer qu'elle dénie ou qu'elle ne reconnaît pas, et alors il y a lieu à la vérification d'écriture ; dans le cas contraire, son silence équivaut à reconnaissance. — A. 675.

1130. On ne peut, en vertu d'un jugement en reconnaissance ou vérification, prendre inscription avant l'exigibilité de la dette, à moins qu'il n'y ait eu stipulation contraire. — A. 676.

1131. Il n'est pas nécessaire de citer en conciliation avant de pouvoir former une demande en reconnaissance d'écritures. — A. 677.

1132. Les frais de l'enregistrement d'un écrit non dénié ne sont pas toujours à la charge du demandeur, comme le supposent les expressions générales de la seconde disposition de l'article 193. Ils sont répétés contre le débiteur, lorsqu'il ne s'est pas libéré après l'échéance ou l'exigibilité de la dette ; et même, si la demande en reconnaissance était formée postérieurement à ces deux époques, les frais de l'enregistrement seraient à la charge du débiteur, soit qu'il avouât, soit qu'il contestât l'écriture. — A. 678.

1133. Les frais de la vérification, qui a lieu sur la simple déclaration de ne pas reconnaître, et d'après laquelle intervient le jugement de reconnaissance, demeurent à la charge du demandeur, ainsi que ceux de ce jugement. — A. 679. Mais voyez la distinction établie *infrà*, n.° 1135.

1134. *La vérification de l'écriture d'un testament olographe est-elle mise à la charge de l'héritier légitime ou à la charge du légataire ?*

Par arrêt du 12 juillet 1807, rapporté au recueil de Sirey (1813, p. 337), la cour de Colmar a décidé que c'était aux légataires à faire procéder à la vérification, et par conséquent à fournir les pièces de comparaison, attendu que, de défendeurs à l'action principale des héritiers, ils devenaient, en opposant la pièce, demandeurs en incident de vérification.

Mais la cour de Caen a décidé le contraire, par les considérations suivantes :

1.° Que la loi attache au testament olographe un caractère particulier, et la même force d'exécution qu'à tout autre acte authentique, puisqu'elle donne de plein droit aux légataires la saisine, lorsqu'il n'y a point d'héritiers à réserve ;

2.° Que cet acte doit en conséquence être distingué des autres actes sous seing privé, en vertu desquels on fait une demande ;

3.° Que les légataires universels, saisis en vertu de la disposition de la loi, et envoyés en possession par ordonnance du juge, ne peuvent être dépossédés qu'en anéantissant le titre, et que c'est à ceux qui attaquent ce titre à en prouver le vice ;

4.° Enfin, qu'il serait contre les règles d'obliger celui qui a un titre, pour lequel la présomption existe, de l'obliger de prouver que son titre est vrai. (4 avril 1812. Sirey, 1812, p. 337.)

Nous pensons que la décision de la cour de Colmar est la seule que l'on doive suivre, par la raison que la loi ne fait aucune distinction entre les différens actes privés, et qu'il n'existe aucune disposition qui fasse sortir le testament olographe de cette classe, même lorsque le dépôt en a été ordonné par le président : le président, en effet, n'ajoute aucun caractère d'authenticité à l'acte, il ne fait que constater l'existence de cet acte, en assurer la conservation, la garantie, les effets, en cas que l'acte soit véritablement émané de celui dont il porte la signature, question sur laquelle il ne statue et ne préjuge rien.

La loi ne reconnaît aucun acte intermédiaire entre les actes privés et les actes authentiques, et par conséquent c'est contrevenir à ses dispositions que d'accorder au porteur d'un testament olographe une faveur que la loi refuse au porteur de tout autre écrit sous seing privé.

Or, tous les auteurs décident avec raison que, sous l'empire du code, comme autrefois, c'est à celui qui oppose la pièce à poursuivre sur l'incident de vérification ; et la loi, comme le dit M. Locré ( esprit du cod. de procéd., t. 1.er, p. 382 ), d'après la section du tribunat, a entendu embrasser *toutes écritures privées, généralement quelconques.*

Les décisions suivantes fourniront, au reste, à l'opinion que nous maintenons, un appui qui nous dispensera de développer plus amplement la réfutation de la décision de la cour de Caen.

1.° *Arrêt de Turin, du 18 août 1810*, ( Sirey, 1811, p. 49. ) Il déclare qu'un testament olographe n'étant qu'*un acte sous seing privé*, sujet à vérification comme *tous les actes de cette nature*, la déclaration de ne pas reconnaître l'écriture en arrête l'effet.

2.° *De Bruxelles, 21 juin 1810*, ( Sirey, 1810, p. 139. ) Il décide plus positivement encore que le testament olographe est *essentiellement* un écrit sous seing privé, et comme tout écrit de cette nature, doit, d'après l'article 1324 du code civil, être vérifié, lorsque la partie à laquelle on l'oppose déclare le méconnaître ; il s'ensuit que le testament olographe ne fait pas foi jusqu'à inscription de faux, et que la seule dénégation d'écriture en arrête l'exécution.

Il importe de remarquer que cet arrêt déclare formellement, contre la décision de la cour de Caen, qu'il importe peu à cet égard, soit qu'il y ait eu un procès-verbal dressé par le président de la présentation de l'ouverture et de l'état de ce testament, soit qu'il y ait eu par suite dépôt chez un notaire, ces formalités attestant seulement que l'acte a été remis comme testament olographe, mais ne pouvant assurer que cet acte soit écrit, daté et signé par le prétendu testateur.

3.° Enfin, *de Paris, 11 août 1809*, ( Sirey, 1810, p. 139. ) Il décide que, si l'écriture d'un testament olographe est contestée, le légataire universel ne peut être envoyé en possession de l'hérédité avant que la vérification ait été faite.

1135. *L'article 193 contient-il une disposition générale qui doive recevoir son application, lorsque la vérification a été ordonnée incidemment à une demande en paiement sur laquelle le débiteur est condamné?*

Avant d'entamer la discussion de cette question, qui ne laisse pas de présenter des difficultés sérieuses, nous remarquerons que l'article 193, parlant des frais de la reconnaissance et de la vérification, il est évident que l'expression *ne dénie pas*, qu'il emploie, doit s'entendre et du cas où le défendeur reconnaît positivement *sa signature*, et du cas où, s'agissant d'une signature qui n'est pas la sienne, mais celle *attribuée à un tiers*, il se borne, comme l'y autorise l'article 1323 du code civil, à déclarer qu'il ne la connaît pas; ce qui nécessite une vérification.

C'est dans la prévoyance de ce double cas que la loi a dit : *Si le* défendeur ne dénie pas *la* signature, et non pas seulement *sa* signature. La disposition de l'article reçoit donc son application toutes les fois que, sur l'action de reconnaissance, le défendeur *reconnaît* l'écriture ou la signature qui lui sont représentées, soit qu'elles émanent de lui, soit qu'elles proviennent du fait de son auteur.

Cela posé, nous croyons pouvoir résoudre affirmativement la question ci-dessus, en admettant une distinction que la généralité des termes de l'article 193 paraît repousser au premier abord, mais que nous croyons néanmoins fondée sur les motifs que nous allons développer.

Déjà nous avons dit, page 308, que le second paragraphe de l'article 193 a pour objet le cas où le créancier, porteur d'une obligation sous seing privé, se pourvoit en justice, par *action principale*, pour obtenir un jugement de reconnaissance qui lui tienne lieu de titre authentique, et en vertu duquel il puisse prendre inscription, afin d'assurer le paiement de sa créance.

Il est juste, en cette hypothèse, que tous les frais d'un pareil jugement, quand le débiteur assigné ne conteste pas, ou, qu'étant héritier, il se borne à déclarer qu'il ne connaît pas l'écriture attribuée à son auteur, soient à la charge du créancier qui a voulu se procurer des sûretés qu'il ne trouvait pas dans la forme de son titre.

Mais il doit en être autrement lorsque, sur une demande de paiement d'un billet exigible, formée contre le débiteur qui retarde ou refuse de se libérer, ce débiteur méconnaît la signature qui s'y trouve apposée. Dans ce dernier cas, la vérification est un incident dont le résultat, quant aux dépens, doit suivre la règle générale qui les met à la charge de celui qui succombe.

Il suffit, en effet, au créancier d'avoir un acte sous seing privé pour agir en justice; et comme la présomption est toujours en faveur du titre, si, pour sa défense, le débiteur croit pouvoir déclarer qu'il ne reconnaît pas l'écriture qu'on lui oppose, et que ce n'est pas la sienne, c'est, sans doute, une faculté que la loi lui accorde, mais dont il use à ses risques et périls.

40

Il serait difficile, au reste, dans le cas dont il s'agit, de trouver des raisons valables pour distinguer la procédure en vérification d'écriture des autres exceptions ou appuremens dont les frais doivent toujours être supportés par la partie qui succombe en définitive.

Cette distinction, que nous croyons très-équitable, a été accueillie par jugement de la 2.ᵉ chambre du tribunal civil de Rennes, du 14 août 1817.

On avait opposé en plaidant l'autorité de M. Pigeau, et l'on invoquait aussi la solution donnée sur la question 679 de notre analyse. (V. *suprà* n.° 1133.) Mais on peut, en voyant l'ouvrage du savant professeur de Paris, t. 1.ᵉʳ, pag. 110, 111, 112, et en remarquant sur-tout l'observation qu'il fait page 318 *in fine*, se convaincre qu'il n'a rien dit de contraire à la doctrine que nous venons d'établir; et l'on peut aussi, en faisant attention aux observations finales que nous avons faites sur la 675.ᵉ question de l'analyse (*suprà* n.° 1129), reconnaître que ce que nous avons dit sur la 679ᵉ ne s'applique qu'au cas d'une demande principale en reconnaissance, seule hypothèse dans laquelle nous avons raisonné.

Pour éclaircir d'autant plus cette question, dont la solution contrarie des idées reçues en général, il est bon de lire le compte que rend Locré de la discussion qui eut lieu au conseil d'état sur le titre de la vérification des écritures. (V. t. 1.ᵉʳ, p. 382, 383, 413 et 414.)

Nous convenons qu'il semble résulter de l'observation de ce jurisconsulte, à la page 414, que la disposition de l'article 193 serait pour tous les cas.

En effet, il rapporte un article additionnel proposé par la section du tribunat, et qui était ainsi conçu :

« Lorsqu'il s'agira de vérifier des écritures privées, produites pen» dant le cours d'une instance, il sera procédé à la vérification dans » les formes prescrites par le présent titre, *à partir de l'article 195* » (aujourd'hui 193 du code.) »

Puis M. Locré ajoute : « L'article additionnel proposé par le tribunat a paru inutile : ces expressions générales de l'article 193, *lorsqu'il s'agira de reconnaissance et de vérification d'écritures,* appliquent à tous les cas les dispositions de cet article.

Mais nous ne voyons pas qu'on puisse argumenter avec fondement de cette observation, puisque M. Locré ne s'explique pas en particulier sur la question des frais. Il est plus naturel et plus raisonnable de s'arrêter à celle du tribunat, qui n'entendait appliquer à la vérification des écritures, *produites pendant le cours d'une instance,* que les dispositions de l'article 195 et des articles suivans; ce qui apprend à suffire qu'il ne pensait pas qu'on dût étendre à ce cas le second paragraphe de l'article 193.

Tout ce qu'on peut conclure du rejet de son article additionnel, c'est qu'il a paru facile de le suppléer par l'interprétation.

Enfin, il nous semble évident que l'article 193, en mettant à la charge du demandeur même les *frais d'enregistrement*, suppose nécessairement qu'il ne s'agit pas d'une demande en paiement, mais d'une demande en *reconnaissance* pure et simple contre un débiteur qui n'est pas en demeure de payer. La raison décisive, c'est que, dans le cas d'une vérification incidente à une demande en paiement, il est clair que le demandeur ayant été en droit de former cette demande, les frais de l'enregistrement de son titre sont toujours, lorsqu'il obtient condamnation, à la charge du défendeur. ( V. loi du 3 septembre 1807, et le traité du droit civil, par notre collègue Toullier, t. 6, p. 770, n.° 663. ) Ce qu'il dit vient à l'appui de l'opinion que nous venons de soutenir.

A R T I C L E 194.

Si le défendeur ne comparaît pas , il sera donné défaut,
et l'écrit sera tenu pour reconnu : si le défendeur reconnaît
l'écrit, le jugement en donnera acte au demandeur.

*Conférence.*

Ordonnance, titre 12, art. 7 ; édit de 1684, art. 6.

1136. Si de plusieurs héritiers assignés en reconnaissance de l'écriture de leur auteur, les uns comparaissent et les autres font défaut, le tribunal doit appliquer la disposition de l'article 153 ; mais il en serait autrement si, de deux débiteurs assignés en reconnaissance de leur signature apposée à la même obligation, l'un comparaissait et l'autre faisait défaut, le tribunal devrait, dans ce cas, tenir pour reconnue la signature attribuée au défaillant, et décerner acte de la reconnaissance que le comparant donnerait de la sienne. — A. 680.

1137. Lorsqu'un billet est opposé aux héritiers du signataire, et que le juge leur a ordonné de déclarer s'ils en reconnaissent l'écriture et la signature, leur défaut de s'expliquer équivaut à une reconnaissance et dispense de la vérification. ( Cass., 17 mai 1808. Sirey, 1808, p. 435.)

1138. Le jugement par défaut, qui tient l'écriture pour reconnue, est sujet à l'opposition comme tous les jugemens par défaut et dans la même forme, sauf une exception résultant des cas examinés *suprà* n.° 1136. — A. 681.

1139. On ne peut prendre inscription sur les registres des hypothèques avant le délai de huitaine mentionné en l'article 155, à moins que l'exécution provisoire n'ait été ordonnée — A. 682.

1140. Lorsqu'une pièce est opposée aux héritiers du signataire, et que le juge leur a ordonné de déclarer s'ils en reconnaissent l'écriture ou la signature, leur défaut de s'expliquer équivaut à une reconnaissance, et dispense de la vérification prescrite par les articles 1324 du code civil et 195 du code de procédure. — A. 683.

1141. *Cette proposition s'appliquerait-elle au cas où l'héritier ne se bornerait pas à garder le silence, mais déclarerait ne pas reconnaître ?*

La cour de Rennes l'a jugé équivalemment par arrêt du 29 janvier 1816, 3.ᵉ ch., en déclarant que, dans le cas où aucune des parties n'a demandé ni vérification, ni instruction en faux, et qu'il n'y a point eu de renvoi à un tribunal criminel, suivant l'article 462 du code d'instruction criminelle, les tribunaux ne pouvaient ordonner une vérification *d'office.*

Mais nous ne pensons pas qu'il fût prudent de suivre cette décision, d'après un arrêt de la cour de cassation du 10 juillet 1816. (Sirey, 1816, p. 334.) Cet arrêt décide, en effet, qu'il résulte expressément des articles 1323 et 1324 du code civil, que si *l'héritier déclare ne pas connaître la signature de son auteur, la vérification est ordonnée en justice ;* que ces expressions sont *impératives*, et annoncent que la vérification doit être ordonnée *d'office,* alors même qu'il n'y a pas de conclusions prises à ce sujet.

1142. Les juges ne sont pas obligés d'ordonner la vérification d'une signature déniée ; ils peuvent la tenir pour vérifiée, s'ils ont la conviction qu'elle est vraie. (Cass., 25 août 1813. Sirey, 1815., p. 131.)

1143. Une partie ne peut saisir-arrêter une pièce, par exemple, une lettre missive, sous prétexte qu'elle est fausse ou falsifiée ; elle doit se borner à dénier l'écriture, pour ensuite procéder à la vérification suivant les formes prescrites par le code. (Rennes, 9 janvier 1311, 1.ʳᵉ ch.)

1144. Lorsque, pour fixer le droit d'enregistrement, la régie argumente d'actes sous seing privé, elle est, en cas de dénégation, tenue, comme toute autre partie, à les faire vérifier. (Cass., 30 juin 1806. Sirey, 1807, 2.ᵉ part., p. 1249.)

1145. On ne peut se dispenser d'ordonner la vérification d'écriture dans tous les cas où la signature d'un titre privé n'est pas reconnue, encore qu'il s'agisse non d'un titre de créance produit par le demandeur, mais d'une quittance dont excipe le défendeur. (Cass., 19 frimaire an 14. Sirey, 1806, p. 183 ; esprit du code, t. 1.ᵉʳ, pag. 382.)

1146. On ne peut faire procéder à la vérification d'un acte qui a acquis le caractère d'acte authentique par un jugement qui en a ordonné l'exécution. (Rennes, 14 juin 1813, 1.ʳᵉ ch.)

### ARTICLE 195.

Si le défendeur dénie la signature à lui attribuée, ou déclare ne pas reconnaître celle attribuée à un tiers, la vérification en pourra être ordonnée, tant par titres que par experts et par témoins.

#### Conférence.

Ordonnance, titre 12, art. 7, *in fine*, et art. 8, *in principio*; édit de 1684, art. 7 ; ordonnance, *du faux*, de 1737, titre 1, art. 3; *infrà* sur l'art. 212.

1147. Les trois genres de preuves autorisés par l'art. 195 peuvent concourir pour la vérification, c'est-à-dire, être employés simultanément (Colmar, 12 juillet 1807. Sirey, 1813, p. 337.); et, dans ce concours, la loi n'oblige point le juge à se décider de préférence par les résultats de l'une ou de l'autre de ces preuves. — A. 684.

1148. Mais comme la loi n'exige pas absolument le concours des trois modes de vérification, un tribunal peut se borner à ordonner qu'elle sera faite par *témoins*, sauf à la partie, comme nous le dirons sur l'article 212, à demander autorisation pour procéder par un autre des trois modes, s'il y a lieu. (Rennes, 22 avril 1816, 1.<sup>re</sup> ch.)

### ARTICLE 196.

Le jugement qui autorisera la vérification, ordonnera qu'elle sera faite par trois experts, et les nommera d'office, à moins que les parties ne se soient accordées pour les nommer. Le même jugement commettra le juge devant qui la vérification se fera; il portera aussi que la pièce à vérifier sera déposée au greffe, après que son état aura été constaté, et qu'elle aura été signée et paraphée par le demandeur ou son avoué, et par le greffier, lequel dressera du tout un procès-verbal.

#### Conférence.

T. art. 92; ordonnance de 1737, titre 1, art. 8 et 11; *infrà* art. 305.

1149. Si l'une des parties nomme un expert, le juge ne doit point y avoir égard; il est tenu de faire d'office le choix des trois experts. — A. 685.

1150. La nomination des trois experts est définitive. — A. 686.

1151. Quoique la loi ne l'exige pas, il est à propos que le jugement qui ordonne la vérification fixe le délai dans lequel le demandeur devra déposer la pièce. — A. 687.

1152. Il convient au moins, s'il n'est pas de rigueur, que le juge-commissaire paraphe la pièce à vérifier, afin d'ajouter à la certitude de l'identité de cette pièce. — A. 668.

1153. La loi ne le défendant point formellement, le défendeur peut être sommé d'assister au procès-verbal de dépôt de la pièce. — A. 689.

### ARTICLE 197.

En cas de récusation contre le juge-commissaire ou les experts, il sera procédé ainsi qu'il est prescrit aux titres XIV et XXI du présent livre.

#### Conférence.

T. art. 92 ; ordonnance de 1737, titre 1, art. 9 ; C, p., art. 308, 309, 310, 311, 378, 383, 384 et 385.

### ARTICLE 198.

Dans les trois jours du dépôt de la pièce, le défendeur pourra en prendre communication au greffe sans déplacement : lors de ladite communication, la pièce sera paraphée par lui ou par son avoué, ou par son fondé de pouvoir spécial ; et le greffier en dressera procès-verbal.

#### Conférence.

T. art. 76 et 92 ; ordonnance de 1737, titre 11, art. 8, 10 et 26, et art. 7 du titre 3 de la même ordonnance ; C. p., 196, 308 et 378.

1154. Le délai de trois jours donné au défendeur par l'article 198, pour prendre au greffe communication de la pièce, ne court que du jour où le défendeur a eu connaissance du dépôt. — A. 690.

1155. Le défendeur peut prendre communication aussi long-tems que le demandeur n'a pas mis à exécution l'ordonnance dont il est question en l'article 199. — A. 691.

1156. La communication peut être donnée par le greffier seul, et hors la présence du juge-commissaire. — A. 692.

### ARTICLE 199.

Au jour indiqué par l'ordonnance du juge-commissaire, et sur la sommation de la partie la plus diligente, signifiée à avoué, s'il en a été constitué, sinon à domicile, par un huissier commis par ladite ordonnance, les parties seront tenues de comparaître devant ledit commissaire, pour convenir des pièces de comparaison : si le demandeur en vérification ne comparaît pas, la pièce sera rejetée; si c'est

le défendeur, le juge pourra tenir la pièce pour reconnue.
Dans les deux cas, le jugement sera rendu à la prochaine
audience, sur le rapport du juge-commissaire, sans acte à
venir plaider : il sera susceptible d'opposition.

*Conférence.*

T. 76 et 92 ; ordonnance de 1737, titre 3, art. 7 et 8, et art. 33 du titre 2.

1157. Pour obtenir et exécuter l'ordonnance dont il s'agit en l'article 199, il faut que le demandeur, par le ministère de son avoué, présente au juge-commissaire une requête non grossoyée, sur laquelle ce magistrat rend une ordonnance portant autorisation de sommer le défendeur de comparaître devant lui aux jour et heure qu'il indique, pour convenir des pièces de comparaison. Cette ordonnance étant enregistrée est signifiée au défendeur, avec sommation de se présenter à cet effet. — A. 693.

1158. Quand l'une des parties ne comparaît pas devant le juge-commissaire, celui-ci doit dresser procès-verbal qui constate ce défaut, quoique l'article 199 ne le dise pas expressément. — A. 694.

1159. Ces mots de l'article 199, *le juge pourra, etc.*, ont été employés pour désigner le tribunal entier, et non le juge-commissaire. — A. 695.

1160. La faculté donnée au juge de tenir la pièce pour reconnue, s'applique au cas où l'écriture est attribuée au défendeur, comme au cas où elle est attribuée à une autre personne. — A. 696.

1161. L'opposition au jugement rendu sur le rapport du juge-commissaire, à l'occasion du défaut d'une des parties, ne suffit pas pour qu'il rende une nouvelle ordonnance à l'effet de convenir des pièces de comparaison. — A. 697.

### ARTICLE 200.

Si les parties ne s'accordent pas sur les pièces de comparaison, le juge ne pourra recevoir comme telles,

1.° Que les signatures apposées aux actes par devant notaires, ou celles apposées aux actes judiciaires en présence du juge et du greffier, ou enfin les pièces écrites et signées par celui dont il s'agit de comparer l'écriture, en qualité de juge, greffier, notaire, avoué, huissier, ou comme faisant, à tout autre titre, fonction de personne publique ;

2.° Les écritures et signatures privées, reconnues par celui à qui est attribuée la pièce à vérifier, mais non celles déniées ou non reconnues par lui, encore qu'elles eussent été précédemment vérifiées et reconnues être de lui.

Si la dénégation ou méconnaissance ne porte que sur
partie de la pièce à vérifier, le juge pourra ordonner que le
surplus de ladite pièce servira de pièce de comparaison.

*Conférence.*

Ordonnance de 1737, titre 1, art. 13, 14 et 15; ordonnance de 1670, titre 8, art. 5;
C. p., 236.

1162. Lorsque les parties conviennent à l'amiable des pièces de
comparaison, ou lorsqu'étant en présence l'une de l'autre, elles ne
s'accordent pas à ce sujet, il n'est pas nécessaire qu'il soit rendu
jugement qui déclare quelles seront celles qui serviront à la comparaison. Tout ici est abandonné à l'arbitrage du juge-commissaire,
sauf le pourvoi contre sa décision avant que les experts procèdent à
la vérification. — A. 698.

1163. Le juge-commissaire ne peut admettre, pour pièces de comparaison, des actes authentiques autres que ceux dressés par un
notaire. — A. 699.

1164. Ainsi un procès-verbal dressé en bureau de paix, et signé
par la partie, ne peut être admis comme pièce de comparaison.—
A. 700.

1165. Il en serait de même des registres de l'état civil, qui ne
peuvent être assimilés aux actes judiciaires, ainsi que la section du
tribunat le fit observer lors de la discussion du projet. ( V. Locré,
t. 1.er, p. 399. )

1166. On ne pourrait pas non plus recevoir la signature apposée
à un acte fait en présence du juge ou du greffier seulement; la loi
entend qu'ils aient été présens simultanément. — A. 701. ( Locré,
*ubi suprà.* )

1167. *Admettrait-on pour comparaison des pièces que les lois
anciennes déclaraient authentiques, mais auxquelles les lois actuelles
n'attribueraient pas ce caractère?*

Nous nous croyons bien fondés à résoudre cette question pour
l'affirmative, car il ne dépend pas de la loi nouvelle d'enlever à un
acte antérieur à sa publication le caractère d'authenticité que lui
attribuait la loi ancienne, et duquel dérivaient, pour les parties des
droits dont elles ne pourraient être privées sans blesser le principe
de *non rétroactivité* posé dans l'article 2 du code civil.

C'est par cette raison que la cour de Paris, par arrêt du 2 janvier 1808 ( Sirey, 1808, p. 65 ), a décidé que l'on pouvait admettre
pour pièce de comparaison des registres de communautés religieuses,
attendu qu'ils étaient authentiques et probans de l'état des personnes,
et que, comme tels, l'ordonnance de 1737 les admettait pour pièces
de comparaison.

1168. De ce que la loi autorise à admettre les pièces *écrites et signées* par la partie, en qualité de fonctionnaire ou d'officier public, il ne s'en suit pas toujours rigoureusement que la pièce doive tout à la fois être *écrite et signée* par elle. — A. 702.

1169. Les écritures et signatures privées que l'on peut admettre pour pièces de comparaison, comme ayant été *reconnues* par celui à qui la pièce à vérifier est attribuée, sont celles qui ont été reconnues par la partie, en justice ou devant notaires, soit pour avoir été écrites, soit seulement pour avoir été signées par elle. — A. 703.

1170. Quant aux mots *reconnus être de lui*, qui terminent le second paragraphe de l'article, ils s'entendent non de la reconnaissance de la partie, mais de celle qui aurait été faite par experts. (Locré, t. 1.er, p. 398.)

1171. De plusieurs pièces présentées pour servir à la comparaison, ce sont les plus voisines de la date de la pièce à vérifier que le juge-commissaire doit admettre de préférence. — A. 704.

1172. Le juge a la faculté ou d'admettre le surplus d'une pièce pour servir à la comparaison de la partie déniée ou méconnue, ou d'exiger d'autres pièces. — A. 705.

1173. On peut, par voie d'incident ou par voie d'appel, se pourvoir contre l'ordonnance par laquelle le juge-commissaire aurait admis pour pièces de comparaison des écritures et signatures qui ne seraient pas au nombre de celles que la loi désigne. — A. 706.

1174. *Quelles ressources aurait-on pour vérifier l'écriture, si, ne pouvant fournir la preuve par témoins, le demandeur se trouvait également dans l'impuissance de présenter des pièces de comparaison ayant le caractère exigé par l'article* 200?

Il ne resterait en ce cas, dit Rodier, sur l'article 9, titre 12 de l'ordonnance, question 4, qu'à faire la comparaison avec d'autres écritures privées utiles au défendeur, et, par conséquent, non suspectes, trouvées entre les mains des tierces-personnes, sur-tout si le défendeur voulait les agréer; car cet agrément serait une espèce de reconnaissance de ces écritures privées, qui les rendrait en quelque façon des pièces publiques.

Le savant commentateur ajoute que, suivant un arrêt du parlement de Toulouse, il n'était pas permis de faire procéder à la reconnaissance d'une écriture privée pour la faire ensuite servir de pièce de comparaison, et il observe que cet arrêt devait avoir été rendu dans des circonstances bien singulières; il renvoie à l'article 8 du titre 1.er de l'ordonnance de 1737; ce qui donne à entendre qu'il pensait que l'on pouvait tirer de cet article une conséquence contraire à l'arrêt de Toulouse.

Nous remarquerons que cet article défendait d'admettre pour pièces de comparaison des écritures déniées ou non reconnues par le défendeur, *encore qu'elles eussent été vérifiées et reconnues avec lui.*

Sallé ( esprit des ordonnances ) observait sur cet article qu'il ne s'entendait que de reconnaissance antérieure à l'accusation de faux, et non de reconnaissance postérieure. L'article 200 du code est plus positif en ce sens, puisqu'il est conçu dans ces termes : *Encore qu'elles eussent été* PRÉCÉDEMMENT *reconnues être de lui ;* c'est-à-dire, *avant* la demande en vérification.

On peut donc conclure de là que l'on pourrait, *postérieurement* à cette demande, poursuivre la reconnaissance et la vérification d'une pièce non susceptible par elle-même d'être admise pour servir à comparaison, afin de lui procurer ce caractère. Voilà, sans doute, ce que pensait Rodier.

Mais nous ne croyons pas ce moyen praticable, car la même difficulté qui se rencontre pour vérifier le premier écrit se présenterait pour vérifier celui que l'on offrirait pour pièce de comparaison ; nous croyons donc que, dans l'impossibilité de trouver des pièces qui pussent en servir, ou de faire un corps d'écriture, il n'y a d'autre ressource pour celui qui oppose la pièce que le serment décisoire. ( V. *inf.* art. 206, la 726.ᵉ quest. de l'analyse. )

### ARTICLE 201.

Si les pièces de comparaison sont entre les mains de dépositaires publics ou autres, le juge-commissaire ordonnera qu'aux jour et heure par lui indiqués, les détenteurs desdites pièces les apporteront au lieu où se fera la vérification ; à peine, contre les dépositaires publics, d'être contraints par corps, et les autres par les voies ordinaires, sauf même à prononcer, contre ces derniers, la contrainte par corps, s'il y échet.

#### Conférence.

T. art. 166; ordonnance de 1737, titre 1, art. 5. et première partie de l'art. 16; C. p. 205, 245; *infrà*, sur l'art. 206, la 726.ᵉ question.

1175. Le délai dans lequel les dépositaires publics ou autres doivent faire l'apport des pièces de comparaison est laissé à l'arbitrage du juge-commissaire. — A. 707.

1176. Si les dépositaires publics laissent écouler le délai sans faire l'apport des pièces, le juge-commissaire dresse procès-verbal de la non comparution du dépositaire ; il déclare qu'il en fera rapport au tribunal à un jour indiqué, et ce procès-verbal ayant été signifié avec assignation à comparaître à l'audience, le tribunal, suivant les circonstances , prononce la contrainte.

On agit à peu près de la même manière relativement à tout autre détenteur , à la seule différence que le tribunal est tenu de prononcer la contrainte contre les premiers dès qu'ils ne justifient pas d'un empêchement causé par une force majeure. — A. 708.

### ARTICLE 202.

Si les pièces de comparaison ne peuvent être déplacées, ou si les détenteurs sont trop éloignés , il est laissé à la prudence du tribunal d'ordonner , sur le rapport du juge-commissaire, et après avoir entendu le procureur du Roi , que la vérification se fera dans le lieu de la demeure des dépositaires, ou dans le lieu le plus proche , ou que, dans un délai déterminé , les pièces seront envoyées au greffe par les voies que le tribunal indiquera par son jugement.

*Conférence.*

Ordonnance de 1737, tit. 1 , 2.ᵉ part. de l'art. 16,

1177. Quand le tribunal ordonne que la vérification se fera au lieu où les pièces sont déposées , ou dans un lieu voisin, et que ce lieu se trouve situé dans la ville où il siége , ou dans son ressort, et à une distance peu éloignée , c'est le juge-commissaire déjà nommé qui procède par suite de commission. Dans le cas contraire, le tribunal doit , d'après l'article 1035, commettre un juge de paix ou un juge , ou autoriser le tribunal du lieu où la vérification doit être faite à nommer un de ses membres à l'effet d'y procéder. — A, 709.

1178. Le procureur du Roi n'est tenu de porter la parole , dans l'incident de vérification d'écritures , que dans la seule circonstance qui fait l'objet de l'article 202. — A. 710.

### ARTICLE 203.

Dans ce dernier cas , si le dépositaire est personne publique , il fera préalablement expédition ou copie collationnée des pièces , laquelle sera vérifiée sur la minute ou original par le président du tribunal de son arrondissement, qui en dressera procès-verbal : ladite expédition ou copie sera mise par le dépositaire au rang de ses minutes, pour en tenir lieu jusqu'au renvoi des pièces ; et il pourra en délivrer des grosses ou expéditions , en faisant mention du procès-verbal qui aura été dressé.

Le dépositaire sera remboursé de ses frais par le demandeur en vérification, sur la taxe qui en sera faite par le
juge qui aura dressé le procès-verbal, d'après lequel sera
délivré exécutoire.

*Conférence.*

Loi du 3 brumaire an 4, art. 532.

1179. Il convient que l'expédition ou copie que doit faire le dépositaire public, avant l'envoi de la minute, soit figurée, conformément à l'article 22 de la loi du 25 ventôse an 11, quoique l'article
203 du code de procédure ne répète pas la disposition de cette loi.
— A. 711.

Nous eussions pu émettre d'une manière plus absolue notre opinion
sur cette question, et combattre l'assertion qui dispenserait les notaires
d'une obligation expresse que leur impose une loi faite nommément
pour eux. En effet, il nous est difficile de voir, comme les auteurs
des annales, une dispense dans le silence de l'article 203, qui ne
renferme aucune expression qui puisse faire présumer l'exemption
de cette forme.

1180. L'expédition ou copie dont il s'agit ne peut être collationnée
que par le président de l'arrondissement du dépositaire, ou, en cas
de maladie ou de tout autre empêchement, par le juge qui le remplace, suivant l'ordre du tableau. — A. 712.

1181. La copie ou expédition doit être signée par le président ou
le juge qui le remplace, et par le greffier qui l'assiste; mais il ne
paraît pas que le procureur du Roi doive la signer, comme l'exigeait
la loi du 25 ventôse. — A. 713.

1182. S'il est ordonné à un dépositaire public de faire l'envoi
de plusieurs minutes, il n'est pas nécessaire de lui délivrer autant
d'expéditions du procès-verbal de collation qu'il y a de minutes à
envoyer. Il suffit que le dépositaire, pour justifier des causes de
l'absence des minutes, ait entre les mains une expédition du procès-
verbal entier. — A. 714.

1183. La copie ou expédition d'une minute envoyée au greffe,
et les grosses ou expéditions qui en sont faites ne doivent pas produire l'effet que l'article 1335 du code civil attache aux copies tirées
par ordre du magistrat. — A. 715. (1)

1184. Le dépositaire doit avancer au greffier les déboursés à faire et
les honoraires, tant du procès-verbal de collation que de l'expédition
qui en est délivrée. — A. 716.

1185. S'il se présentait un cas où un dépositaire particulier aurait

(1) *Er.* Au lieu de 2135, *lisez* 1335.

à souffrir préjudice du dessaisissement d'un titre, ce dépositaire pourrait faire une copie de la pièce qu'il aurait à déposer, la faire collationner, et obtenir exécutoire de ses frais, ainsi que la loi dispose à l'égard du dépositaire public. — A. 717.

1186. Après la vérification, le jugement décide ce qu'il faut faire de la pièce contestée, dans le cas où elle est déclarée non véritable. dans le cas contraire, il ordonne qu'elle sera rendue au demandeur. De même, le juge-commissaire prescrit que les pièces appartenant à des dépositaires leur seront remises, ou le tribunal indique par quelle voie elles leur seront renvoyées. — A. 718.

### ARTICLE 204.

La partie la plus diligente fera sommer par exploit les experts et les dépositaires de se trouver aux lieu, jour et heure indiqués par l'ordonnance du juge-commissaire; les experts, à l'effet de prêter serment et de procéder à la vérification, et les dépositaires, à l'effet de représenter les pièces de comparaison : il sera fait sommation à la partie d'être présente, par acte d'avoué à avoué. Il sera dressé du tout procès-verbal : il en sera donné aux dépositaires copie par extrait, en ce qui les concerne, ainsi que du jugement.

*Conférence:*

T. 29, 70, 76, 166 ; ordonnance de 1737, titre 1, art. 18.

1187. L'ordonnance du juge-commissaire, pour sommer les experts de prêter serment, et les dépositaires de représenter les pièces de comparaison, s'obtient par une requête non grossoyée. L'ordonnance qui intervient sur cette requête prescrit que les experts et dépositaires seront assignés aux mêmes lieu, jour et heure que ceux que le juge-commissaire aura désignés dans le procès-verbal de réception des pièces de comparaison. — A. 719.

1188. La sommation qui est faite aux dépositaires d'apporter ou d'envoyer les pièces doit être précédée de copie par extrait, en ce qui les concerne, du jugement qui ordonne la vérification. Il n'est nécessaire qu'elle soit précédée de la copie du procès-verbal qui indique les pièces de comparaison, que dans le cas où le juge-commissaire eût omis de mentionner, dans l'ordonnance prescrite par l'article 204, la pièce ou les pièces que le dépositaire devrait apporter ou envoyer; et s'en fût à ce sujet référé à son procès-verbal. — A. 720.

1189. *Comment doit-on procéder, si l'une des parties sommées, conformément à l'article 204, néglige d'obéir à cette sommation ?*

Voyez A. 721.

### ARTICLE 205.

Lorsque les pièces seront représentées par les dépositaires, il est laissé à la prudence du juge-commissaire d'ordonner qu'ils resteront présens à la vérification pour la garde desdites pièces, et qu'ils les retireront et représenteront à chaque vacation ; ou d'ordonner qu'elles resteront déposées ès mains du greffier, qui s'en chargera par procès-verbal : dans ce dernier cas, le dépositaire, s'il est personne publique, pourra en faire expédition, ainsi qu'il est dit par l'article 203 ; et ce, encore que le lieu où se fait la vérification soit hors de l'arrondissement dans lequel le dépositaire a le droit d'instrumenter.

*Conférence.*

T. art. 166 ; C. p. 203.

1190. Le dépositaire peut tirer une expédition de la pièce pour la placer, durant la vérification, au nombre de ses minutes, afin d'en délivrer des expéditions ou copies, conformément à l'art. 203. — A. 722.

1191. Si le dépositaire n'est pas resté gardien de sa minute pendant l'opération, et qu'il n'en ait pas été dressé d'expédition, le droit de délivrer des copies ou des expéditions de cette minute appartient au greffier du tribunal. — A. 723.

### ARTICLE 206.

A défaut ou en cas d'insuffisance des pièces de comparaison, le juge-commissaire pourra ordonner qu'il sera fait un corps d'écritures, lequel sera dicté par les experts, le demandeur présent ou appelé.

*Conférence.*

T., art. 70 et 92 ; ordonnance de 1737, titre 11, art. 44 ; loi du 3 brumaire an 4, art. 538.

1192. Le juge-commissaire peut ordonner *d'office* qu'il sera fait un corps d'écriture. — A. 724.

1193. *Quand l'opération est ainsi ordonnée d'office, quelle sera la partie à requête de laquelle l'ordonnance sera signifiée ?* Voyez A. 725. (1)

1194. Lorsque des experts sont chargés de procéder à la vérification sur le corps d'écriture à défaut, ou en cas d'insuffisance des pièces de

(1) Er. pag. 417, 4.ᵉ alinea, 1.ʳᵉ ligne, au lieu de *art. 106*, lisez *art. 206*.

comparaison, cette opération doit avoir lieu, d'après l'article 206, en présence du demandeur en vérification, ou lui dûment appelé ; mais cette formalité n'étant point prescrite, à peine de nullité, par cet article, les tribunaux ne doivent pas prononcer la nullité du procès-verbal des experts écrivains pour omission de cette formalité. (Rennes, 3.ᵉ ch., 16 juillet 1817.)

1195. Si les pièces de comparaison manquent, et que l'auteur de l'écriture méconnue soit décédé, le demandeur auquel incombe la charge de prouver que l'écriture ou la signature est de la main de la personne à laquelle il l'attribue, ne peut se servir de la pièce pour établir ou pour appuyer sa demande. — A. 726. (V. *suprà* sur l'art. 200, n.° 1174.)

1196. Si le défendeur laisse défaut, ou refuse de faire le corps d'écriture, le juge-commissaire n'est pas en droit de déclarer que la pièce sera tenue pour reconnue : il doit constater le refus du défendeur sur son procès-verbal, et renvoyer à la prochaine audience, pour, sur son rapport, être prononcé par le tribunal. — A. 727.

### ARTICLE 207.

Les experts ayant prêté serment, les pièces leur étant communiquées, ou le corps d'écriture fait, les parties se retireront, après avoir fait, sur le procès-verbal du juge-commissaire, telles réquisitions et observations qu'elles aviseront.

*Conférence.*

T. art. 91 ; ordonnance de 1667, titre 21, art. 10.

1197. *Quel peut être en général l'objet des réquisitions et observations que les parties, avant de se retirer pour laisser procéder les experts, peuvent faire sur le procès-verbal du juge-commissaire ?*
Voyez A. 728.

### ARTICLE 208.

Les experts procéderont conjointement à la vérification, au greffe, devant le greffier ou devant le juge, s'il l'a ainsi ordonné ; et s'ils ne peuvent terminer le même jour, ils remettront à jour et heure certains indiqués par le juge ou par le greffier.

*Conférence.*

T. art. 164 ; ordonnance de 1737, tit. 1, art. 22 et 23, et ordonnance de 1670, tit. 8 ; art. 11 et 12.

1198. En disant que les experts procéderont au greffe à la vérification, l'article 208 suppose qu'ils y rédigeront leur procès-verbal. — A. 729.

ARTICLE 209.

Leur rapport sera annexé à la minute du procès-verbal du juge-commissaire, sans qu'il soit besoin de l'affirmer; les pièces seront remises aux dépositaires, qui en déchargeront le greffier sur le procès-verbal.

La taxe des journées et vacations des experts sera faite sur le procès-verbal, et il en sera délivré exécutoire contre le demandeur en vérification.

*Conférence.*

Ordonnance de 1737, titre 1, art. 63.

1199. Lorsque le juge-commissaire n'a pas assisté à la vérification, c'est à lui néanmoins, et non au greffier, qu'il appartient de taxer soit les experts, soit les dépositaires de pièces, et à ordonner que ces pièces seront remises à ceux-ci. — A. 730.

1200. Les dépositaires ne sont point obligés de donner décharge sur le procès-verbal; il suffit que le greffier constate, à la suite de cet acte, le renvoi qu'il aura fait des pièces en exécution du jugement qui l'aura prononcé. — A. 731. (1)

ARTICLE 210.

Les trois experts seront tenus de dresser un rapport commun et motivé, et de ne former qu'un seul avis à la pluralité des voix.

S'il y a des avis différens, le rapport en contiendra les motifs, sans qu'il soit permis de faire connaître l'avis particulier des experts.

*Conférence.*

V. *infrà* sur les art. 318, 322 et 323.

1201. Les juges ne sont pas tenus de prononcer suivant l'opinion des experts. — A. 732.

Aux autorités citées sur cette proposition dans l'analyse, on peut ajouter un arrêt de la cour de cassation, rapporté au nouveau répertoire, 3.ᵉ édition, v.° *succession*, 2.° vol., 3.° alinea, et ce qui est établi aux questions de droit, v.° *vérification d'écriture*, p. 532.

ARTICLE 211.

Pourront être entendus comme témoins, ceux qui auront vu écrire ou signer l'écrit en question, ou qui auront connaissance de faits pouvant servir à découvrir la vérité.

(1) *Er.* Avant-dernière ligne de la page 420, au lieu de *retournées*, lisez *renvoyées*.

*Conférence.*

Ordonnance de 1670, titre 8, art. 14.

1202. La vérification par témoins peut être admise, quoiqu'il n'existe pas de pièces de comparaison, qu'elles soient insuffisantes ou qu'on ne puisse avoir un corps d'écriture; en un mot, les trois genres de preuves admises par l'article 195, peuvent être employés simultanément. — A. 733.

### ARTICLE 212.

En procédant à l'audition des témoins, les pièces déniées ou méconnues leur seront représentées, et seront par eux paraphées; il en sera fait mention, ainsi que de leur refus: seront, au surplus, observées les règles ci-après prescrites pour les enquêtes.

*Conférence.*

Ordonnance de 1737, titre 1, art. 25 et 26, et titre 3, art. 13; C. p., art. 257, 262, 269, 270, 271, 272, 273, 274, 275, 276 et 277. V. *infrà* sur l'art. 257.

1203. Si le demandeur avait exécuté le jugement par lequel le tribunal se serait borné à ordonner la comparaison d'écritures, il ne devrait pas pour cela être déclaré non recevable à demander à prouver par témoins, toutes les fois qu'il serait démontré que la preuve par experts ne saurait suffire pour éclairer les juges.

Mais, si le tribunal avait ordonné que la vérification se fît par les voies de droit, c'est-à-dire, par les trois voies que l'article 195 indique, la preuve par témoins ayant été admise et ordonnée, la partie ne serait plus recevable à demander la preuve par témoins, si elle avait laissé passer le délai porté aux articles 257 et 258 du code de procédure. On se fonde sur ce que l'article 212 veut que l'on applique aux enquêtes faites en matière de vérification, les règles prescrites pour les enquêtes ordinaires. — A. 734. (1)

A l'appui de ces propositions, on peut ajouter deux arrêts de Liège, l'un du 15 décembre 1810, l'autre du 29 mars 1811, qui ont décidé que si une partie, en demandant la vérification par experts, s'est réservée tous moyens de droit, et que l'adversaire, en consentant à la vérification demandée, n'a point conclu à ce que le demandeur fît toutes les preuves autorisées par la loi dans un seul et même délai, il y a lieu à l'admettre à vérifier par l'un ou l'autre des trois moyens dont il n'a pas encore fait usage. ( Journal des avoués, t. 4, p. 94. )

1204. On peut appeler ou récuser comme témoins, en matière de vérification, les personnes que la loi défend d'appeler, ou qu'elle

---

(1) Er. 4.ᵉ alinea, avant-dernière ligne, au lieu de *admis à une nouvelle vérification*, lisez *admis à la vérification.*

permet de récuser dans les enquêtes ordinaires ; ce qui résulte de la disposition de l'article 213 du code de procédure, qui veut que l'on observe, pour une vérification par témoins, les règles prescrites pour les enquêtes ordinaires. — A. 735.

1205. Les témoins, avant de déposer qu'ils ont vu apposer sur l'acte la signature déniée, doivent avoir préalablement déclaré reconnaître cet acte qui doit leur être représenté tout d'abord. ( Rennes, 26 janvier 1813, 2.ᵉ ch. )

1206. L'article 257, qui veut que l'enquête soit commencée dans la huitaine de la signification du jugement qui l'ordonne, s'applique à l'audition des témoins ordonnée pour la vérification d'une écriture déniée. ( Cass., 8 mars 1816. Sirey, 1816, p. 367. )

### ARTICLE 213.

S'il est prouvé que la pièce est écrite ou signée par celui qui l'a déniée, il sera condamné à cent cinquante francs d'amende envers le domaine, outre les dépens, dommages et intérêts de la partie, et pourra être condamné par corps même pour le principal.

*Conférence.*

Edit de 1684, art. 11 ; C. p. 126.

1207. Les dispositions de l'article 213 ne peuvent être appliquées à celui qui aurait refusé de reconnaître l'écriture ou la signature d'un tiers, même dans le cas où il serait démontré qu'il l'eût fait par mauvaise foi et par esprit de chicane. On doit s'en tenir strictement au cas prévu par l'article 213, attendu que les peines, même pécuniaires, ne s'infligent point par analogie. — A. 736. (1)

1208. Ces peines sont évidemment applicables à celui qui a dénié son écriture et sa signature, relativement à une lettre de change, et elles peuvent être prononcées par le tribunal civil qui a statué sur l'incident, conformément à l'article 427 du code de commerce. ( Paris, 21 novembre 1812. Sirey, 1814, 2.ᵉ part., p. 336. )

1209. Le jugement qui, par suite d'une vérification d'écriture, déclare que la pièce contestée a été écrite par l'auteur de l'héritier qui la déniait, peut être considéré comme un jugement définitif. ( Cass., 21 messidor an 9. Sirey, t. 1, 2.ᵉ part., p. 512. )

1210. *Qu'est-ce que l'on entend par* PRINCIPAL *dans l'article 213 ?*

Les auteurs des annales du notariat, dans leur commentaire ( t. 1, p. 430 ) disent qu'il s'agit de la condamnation de la *somme princi-*

(1) Dernière ligne de cette question, au lieu de 413, *lisez* 213.

pale contenue en l'écrit dénié ; d'où semblerait suivre soit qu'on ne pourrait prononcer la contrainte pour le surplus des condamnations formant le montant de l'action principale à laquelle la demande en vérification serait incidente, soit que, s'il n'y avait pas lieu à prononcer condamnation à paiement d'une somme portée dans la pièce, ce qui peut très-souvent arriver, on ne pourrait encore prononcer la contrainte pour le principal du procès.

Nous croyons, au contraire, que le mot *principal* est employé par opposition à la condamnation qui intervient sur la demande en vérification qui est un incident du procès, et la raison en est que celui qui a dénié sa propre signature autorise, s'il y a mis de la mauvaise foi, à présumer qu'il en pourra mettre dans l'exécution du jugement, d'où résulte que le mode de cette exécution peut être plus rigoureux.

Au reste, nous remarquerons avec les mêmes auteurs, que la contrainte n'est pas de droit ; qu'il n'est, au contraire, laissé à la prudence du tribunal de la prononcer qu'autant qu'il verrait une mauvaise foi évidente.

# TITRE XI.

## Du faux incident civil.

( Voyez ordonnance de 1737, titre 2 ; code d'instruction, livre 2, titre 4, chapitre 1 ; code pénal, titre 1, chap. 3.

Nous avons dit, sur la question 1135, page 313, que la partie à laquelle on oppose un acte sous signature privée, peut se borner à ne pas reconnaître ou à dénier ; mais, si elle a intérêt à faire juger que la pièce est fausse ou falsifiée, la loi lui ouvre deux voies pour y parvenir : celle de l'instruction *en faux principal,* ou celle de l'instruction *en faux incident.*

Nous avons dit encore que l'un ou l'autre de ces deux modes de procéder doit nécessairement et exclusivement être employé, si la pièce arguée est un acte authentique. ( V. *suprà*, p. 307 et 308.)

Le titre du code que nous avons à expliquer ici prescrit les règles et les formalités que l'on doit suivre en matière de faux incident civil. Cette procédure est une des plus laborieuses et des plus compliquées ;

elle présente sur-tout des difficultés pour celui qui n'est pas imbu des principes de législation criminelle, auxquels elle se rattache essentiellement. Il est donc indispensable, pour en faciliter l'étude, de poser ici quelques notions générales sur le caractère du faux, la manière dont il se commet, les actions qu'il produit, leurs rapports entre elles, leurs différences, leurs résultats, et enfin l'acception de certaines expressions propres à la matière, et que la loi n'a pas définies.

Dans son acception générale, le mot *faux* est tout ce qui est opposé à la vérité.

La vérité est une, mais le *faux* se commet de plusieurs manières

*Par des paroles*, en faisant de faux sermens, de faux témoignages, de fausses déclarations, etc.

*Par des faits*, en usant de faux poids et de fausses mesures, en fabricant de fausses clefs, de fausses monnaies, etc.

*Par des écrits*, en contrefaisant l'écriture ou la signature de personnes publiques; en composant de faux contrats, de fausses promesses, de faux testamens; en altérant des pièces véritables par des ratures, additions ou surcharges; en supposant dans un acte, d'ailleurs sincère, des consentemens qui n'y ont pas été donnés, des qualités qui n'ont pas été prises, des formalités qui n'ont pas été remplies, ou d'autres circonstances qui n'ont pas eu lieu, etc.

( V. code pénal, art. 132—165. )

C'est uniquement à cette dernière espèce de faux que s'appliquent les dispositions du code de procédure civile.

Sous ce rapport, le faux se divise en *faux matériel* et en *faux intellectuel*.

Nous avions défini l'un et l'autre sur la question 745 de notre analyse; mais ces définitions, qu'il est essentiel de connaître pour l'intelligence de plusieurs questions pratiques, trouvent plus naturellement leur place dans ces préliminaires.

Le *faux matériel* consiste soit dans la fabrication d'un acte par contrefaction d'écritures : c'est le faux que plusieurs de nos anciens auteurs appelaient *formel*; soit par l'altération d'un acte véritable, au moyen d'addition ou d'intercallation d'écritures, de changemens ou de suppressions de lettres, de syllabes ou de mots, par des ratures, des surcharges, des grattages, des lacérations, etc. C'est à ce faux seulement que l'on donnait autrefois la dénomination de *faux matériel*. ( V. Berriat-Saint-Prix, p. 246, note 4. )

On voit, comme l'observe aussi notre savant compatriote et ami, M. Legraverend ( traité de la législation criminelle en France, t. 1, p. 523 ), que cette espèce de faux résulte d'une falsification ou altération, en tout ou en partie, commise sur la pièce arguée, et susceptible d'être démontrée, constatée et reconnue physiquement par une opération ou par un procédé quelconque. C'est de là que vient sa qualification de *faux matériel*.

Le *faux intellectuel* est celui qui, sans qu'il y ait contrefaction ou altération de l'écriture ou de la pièce, dénature la substance de l'acte en ce que l'écrit se trouve contenir le contraire de ce qu'il devait présenter : par exemple, lorsqu'un officier public aurait inséré des conventions autres que celles qui lui auraient été déclarées ou dictées; constaté comme vrais des faits faux, comme avoués des faits qui ne l'étaient pas; lorsqu'on aurait fait signer à une partie un acte écrit d'une main étrangère, et dont le contenu ne serait pas ce qu'elle entendait signer. ( V. code pénal, art. 146; et le manuel d'instruction criminelle de Bourguignon, édit. in-4.º, p. 373; Legraverend, *ubi suprà.* )

Cette espèce de faux résultant seulement de l'altération dans la substance d'un acte non falsifié *matériellement*, c'est-à-dire, dans les dispositions constitutives de cet acte, ne peut être reconnu à aucun signe palpable, physique et matériel ; et c'est pourquoi il est nommé *faux intellectuel*, par quelques auteurs *faux moral*, et dans plusieurs arrêts de la cour de cassation *faux substantiel*.

Quel que soit le caractère du faux en écriture, il est *crime*, s'il a été commis dans l'intention de nuire à autrui, et comme tel la loi le punit d'une manière plus ou moins sévère, suivant les degrés de gravité qu'elle y attache.

Sous ce rapport, les dispositions législatives qui le concernent se trouvent, quant à la poursuite et à la procédure, dans le code d'instruction criminelle (liv. 2, tit. 4, art. 448—464), et quant à la répression ou à la peine, dans le code pénal ( titre 1, chap. 3, sect.

1—5, art. 132—165. ) Il donne lieu à deux actions : l'une que l'on appelle *action publique*, et qui s'exerce pour l'application des peines, par les seuls fonctionnaires auxquels elle est confiée par la loi; l'autre que l'on appelle *action civile ou privée*, et qui peut être exercée en réparation du dommage causé par le crime, par tous ceux qui ont souffert de ce dommage. ( C. d'instruction, art. 1. )

L'une se poursuit nécessairement en justice criminelle; l'autre peut être poursuivie en même tems, et devant les mêmes juges que la première, mais elle peut aussi l'être séparément, et, dans ce cas, l'exercice en est suspendu tant qu'il n'a pas été prononcé définitivement sur l'action publique qui aurait été intentée avant, ou qui l'est nécessairement pendant la poursuite de l'action civile. ( C. d'instr. art. 3. )

Lorsque le faux se poursuit ainsi en justice criminelle, soit par action publique, soit en même tems par action civile, il prend la dénomination de *faux principal*, parce qu'il est la cause primordiale, le motif unique de l'action, parce qu'en effet les poursuites qu'il entraîne ne se rattachent à aucune action antérieure à laquelle elles soient incidentes. C'est en ce sens que ces termes sont employés, par exemple, dans l'article 214 du code civil, lorsqu'il défend l'inscription de faux contre une pièce qui aurait été déjà vérifiée aux fins de *faux principal*, et dans l'article 250, lorsqu'il dispose que le demandeur sur l'incident peut toujours se pourvoir en *faux principal*, c'est-à-dire, *au criminel*, par action *principale* et *directe*.

Le faux prend au contraire la qualification d'*incident* toutes les fois que, sous le cours d'un procès engagé pour une cause quelconque, soit au civil, soit au criminel, on prétend qu'une pièce produite est fausse ou falsifiée. (V. C. d'inst., art. 460; C. de p., art. 214.) Dans cette circonstance, en effet, le faux n'est qu'un *incident* du procès engagé, lequel forme *le principal* de l'instance qui se compose de cette contestation *principale* et de la contestation *incidente* qui s'élève sur le faux. Telle est, par exemple, l'acception dans laquelle l'article 231 du code de procédure prend le mot *principal*, en autorisant la jonction des moyens de faux au *procès principal*; c'est-à-dire, à la contestation, quelle qu'elle soit, sous le cours de laquelle l'incident de faux est survenu.

Le *faux incident,* comme presque tous les auteurs semblent le dire, n'est donc point ainsi qualifié par opposition au *faux principal,* qui se poursuit par action directe et seulement en justice criminelle; mais bien plutôt par opposition au procès principal auquel il se rattache; d'où suit que ces mots *faux principal* ne servent qu'à distinguer la procédure qui se fait au criminel sur l'action directe, de celle qui a lieu sur un faux argué incidemment à un procès.

Cette dernière procédure ne peut avoir lieu, soit au civil, soit au criminel, lorsqu'une pièce produite est arguée de faux, qu'en deux circonstances;

1.º Quand il ne s'élève aucun soupçon de culpabilité du crime contre une personne connue et vivante, ou, dans le cas contraire, lorsque l'action en répression est éteinte par prescription, ou par jugement d'absolution ou d'acquittement devenu inattaquable; autrement, il y aurait lieu à poursuivre en faux principal. ( V. C. d'instruct., art. 2—460; code de pr., art. 239, et *infrà* sur l'art. 214.)

2.º Lorsqu'il s'agit de poursuivre contre les héritiers de l'auteur ou du complice du faux, l'action en réparation du dommage que le crime a causé; car si l'action en répression est éteinte par le décès du prévenu, conformément à l'art. 3 du code d'instruction, ce même article réserve contre ses représentans celle en réparation civile.

En ce dernier cas, l'action est véritablement une action principale; mais elle est essentiellement différente du faux principal que nous avons défini, puisqu'elle ne peut être poursuivie qu'en justice civile. Néanmoins on suit en ce cas la procédure prescrite par le titre du faux incident civil. ( V. *infrà* sur l'art. 214.)

Ces préliminaires posés, nous avons à indiquer ce qui distingue, quant à son objet et à ses effets, la procédure en *faux principal* et la procédure en *faux incident,* et en quoi celle-ci, lorsqu'elle est faite en justice civile, diffère de la vérification des écritures, avec laquelle elle a tant d'analogie sous plusieurs rapports.

Il résulte de ce que nous avons dit sur le faux principal, que les poursuites auxquelles il donne lieu tendent à la punition du coupable, en sorte que ce serait vainement que l'accusé déclarerait qu'il ne veut pas se servir de la pièce, sa déclaration n'empêcherait pas que l'instruction ne continuât contre lui.

En matière de faux incident, au contraire, la partie qui argue la pièce de faux n'a pour objet que de faire rejeter la pièce, et conséquemment, dans cette espèce de procédure, on ne fait le procès qu'à l'acte ; ce n'est donc jamais qu'un *procès civil*, l'incident s'élevât-il dans le cours d'une instance criminelle ; et dans tous les cas, par conséquent, cet incident tombe de lui-même, lorsque la partie qui a produit la pièce déclare qu'elle ne veut pas s'en servir. (Code d'inst., art. 458 et 459 ; C. de p., art. 215 et 216.)

Il est vrai qu'une pareille déclaration n'empêcherait pas le ministère public d'agir par voie de faux principal, s'il y avait lieu ; mais ses poursuites en répression du crime n'empêcheraient pas le faux incident de rester sans effet, puisqu'il deviendrait sans objet, la pièce devant être rejetée du procès sur cette simple déclaration. ( C. d'instr., art. 459 ; C. de pr., art. 217.)

Telles sont les différences à remarquer entre la procédure en faux principal et la procédure en faux incident criminel ou civil.

Cette dernière, dont il nous reste à nous occuper exclusivement, a de commun avec la vérification d'écriture la plupart des dispositions relatives au mode de constater la vérité ou la fausseté de l'acte argué ; mais elle en diffère,

1.° En ce que la vérification, ainsi que nous l'avons dit *suprà*, p. 309, s'instruit à la requête de la partie même qui fait usage de la pièce, et non à la requête de celle qui déclare ne pas la reconnaître ou la dénier. La procédure en inscription de faux se poursuit, au contraire, par la partie contre laquelle on veut faire usage de la pièce.

2.° En ce que la vérification d'écriture n'a lieu qu'en matière d'actes privés, jamais contre un acte authentique, et que l'inscription de faux, comme nous l'avons dit page 308, est admise contre toute pièce indistinctement.

3.° En ce qu'on peut encore prendre la voie du faux incident, après avoir épuisé celle de la vérification ; ce qui n'est pas permis dans le cas inverse, la procédure en faux étant la plus complète et la plus rigoureuse. ( Art. 214.)

4.º En ce que la vérification n'exige qu'une procédure ordinaire, tandis que l'inscription de faux étant en quelque sorte une dénonciation de crime, qui peut élever sur la partie qui oppose la pièce un soupçon grave de culpabilité, exigeait, dans l'intérêt de cette partie, comme dans l'intérêt public, des formalités plus multipliées, des délais plus rigoureux, enfin, des règles extraordinaires et spéciales, et sur-tout une surveillance active de la part du ministère public; c'est par ce motif que la loi ( art. 251 ) exige son concours à tous les jugemens, soit d'instruction, soit définitifs, et qu'elle se refuse même ( art. 249 ) à l'exécution de transactions qui n'auraient pas été homologuées contradictoirement avec lui. L'intérêt de la société, a dit l'orateur du tribunat, ne permettrait pas qu'un coupable, prêt d'être dévoilé, pût échapper, par quelques sacrifices pécuniaires, à la honte et à la peine qu'il a encourues.

Du reste, les résultats de la vérification et de l'inscription, sauf une seule exception que nous ferons bientôt connaître, sont les mêmes quant à l'intérêt privé : c'est toujours l'admission ou le rejet de la pièce.

Il semblerait donc assez indifférent à la partie à laquelle on oppose un acte non authentique d'user de la faculté de prendre l'une ou l'autre voie ; mais elle préfère ordinairement la vérification, et cette conduite est la plus sage, puisque cette voie, comme nous venons de le dire, est moins rigoureuse, plus simple et plus expéditive, que la partie qui se borne à dénier ou simplement à ne pas reconnaître un écrit, n'est tenue à fournir aucune preuve, et qu'enfin la voie de l'inscription peut encore être pratiquée après qu'un jugement, rendu sur la simple demande en vérification, a déclaré la pièce véritable.

Ainsi, le seul intérêt qu'une partie puisse avoir à préférer la voie de l'inscription, ne peut guère résulter que de cette considération que l'intervention du ministère public, et l'obligation où il est de requérir le renvoi au criminel, en cas d'indices de culpabilité, la rend plus efficace soit pour déterminer la partie à renoncer à tirer avantage de la pièce, soit, s'il ne le fait pas, pour découvrir sûrement la fausseté de l'acte. (V. Pigeau, t. 1, p. 320.)

43

Passons à l'analyse de la procédure que l'on doit suivre en cette matière : elle se rapporte à cinq objets principaux ; savoir : *la déclaration d'inscription ; la remise des pièces et leur communication ; les débats des moyens de faux et l'admission ou rejet de ces moyens; les preuves de ces moyens ; les plaidoiries définitives, le jugement et ses effets.*

1.º La déclaration d'inscription est l'acte que nous avons déjà défini, page 307, par lequel la partie à qui la pièce est opposée déclare au greffe qu'elle s'inscrit en faux contre elle.

Le code détermine à ce sujet :

Les cas dans lesquels l'inscription a lieu. (214.)

La forme de la sommation qu'il prescrit de faire à la partie, afin qu'elle ait à déclarer si elle entend se servir de la pièce; (215.)

Le délai pour signifier la déclaration, et ce qui arrive si la partie répond négativement ou garde le silence; (216—217.)

Le mode de former et de faire admettre l'inscription en cas de déclaration affirmative; (218.)

2.º *La remise de la pièce, c'est le dépôt qui en est fait au greffe, afin qu'il soit dressé procès-verbal de son état.*

Le code fixe, à cet égard, le délai dans lequel cette remise doit avoir lieu; (219.)

Il indique ce que peut faire le demandeur, lorsqu'elle n'a pas été effectuée ; (220.)

Il prescrit, s'il y a lieu, l'apport de la minute au greffe(221), avec faculté néanmoins d'attendre cet apport ou de passer outre. (222.)

Il fixe les délais tant de l'apport à faire par le dépositaire que des diligences qu'il prescrit au défendeur, afin de le faire effectuer ; (223—224.)

Il détermine ceux dans lesquels les procès-verbaux de l'état de la pièce ou de la minute seront dressés (225—226), et ce qu'ils contiendront; (227.)

Enfin, il accorde au demandeur la faculté de prendre communication au greffe des pièces arguées (228) pour qu'il puisse les examiner et fournir ses moyens de faux.

3.º Ces débats ont pour l'objet de discuter si les moyens de faux sont de nature à faire présumer que la fausseté de la pièce résulterait de la preuve qui en serait faite, auquel cas les moyens sont admis, et la preuve est ordonnée tant par titres que par témoins et par experts. ( 231—232. )

Le jugement qui ordonne cette preuve est précédé, dans des délais déterminés, de la signification des moyens de faux au défendeur (229), et de celle de la réponse à ces moyens. ( 230. )

4.° *Les preuves de faux :* LE CODE LES LIMITE AUX SEULS FAITS ADMIS. ( 233. )

Il règle la forme de l'audition des témoins ( 234 ) et ce que l'on doit faire, s'ils présentent des pièces; ( 235) celle suivant laquelle les experts doivent opérer, ( 236) et comment on procède sur leur récusation et sur celle du juge-commissaire. ( 237. )

5.° *Les plaidoiries définitives, le jugement et ses effets ;* L'INSTRUCTION ÉTANT ACHEVÉE, ON POURSUIT L'AUDIENCE; les parties plaident sur le mérite de la preuve, et le tribunal prononce. (238.)

Ici le code indique ce qu'on doit prononcer, s'il résulte de la procédure des indices de faux ou de falsification imputables à des auteurs ou complices vivans. ( 239. )

Il prescrit, en ce cas, de surseoir au jugement civil sur la cause principale. ( 240. )

Il détermine en quel cas il est sursis à l'exécution du chef du jugement qui prononce sur le sort du procès ( 241 ) et à la remise des pièces de comparaison. (242.)

Il prononce des peines contre le greffier qui ne se conforme pas aux dispositions précédentes. ( 244. )

Il statue sur la délivrance des expéditions des pièces pendant la durée du dépôt. ( 245. )

Il indique les peines à prononcer contre le demandeur en faux qui succombe (246), et les cas où il y a lieu à les infliger ou non. (247—248. )

Il prescrit les conditions sous lesquelles la transaction sur le faux peut être exécutoire. ( 249. )

Enfin, il accorde au demandeur la faculté de se pourvoir en faux principal, et détermine les suites de ce pourvoi. ( 250. )

Tel est le sommaire des dispositions du code concernant la procédure en faux incident; dispositions en grande partie puisées dans l'ordonnance de 1737, fruit des veilles et des lumières de l'illustre d'Aguesseau, qui, pour suppléer au silence de l'ordonnance de 1667, réunit, en les perfectionnant, les principes épars de la législation et de la jurisprudence sur cttee importante matière. ( V. discours du tribun. Perrin. )

### ARTICLE 214.

Celui qui prétend qu'une pièce signifiée, communiquée ou produite dans le cours de la procédure, est fausse ou falsifiée, peut, s'il y échet, être reçu à s'inscrire en faux, encore que ladite pièce ait été vérifiée, soit avec le demandeur, soit avec le défendeur en faux, à d'autres fins que celles d'une poursuite de faux principal ou incident, et qu'en conséquence il soit intervenu un jugement sur le fondement de ladite pièce comme véritable.

*Conférence.*

Ordonnance de 1737, tit. 2, art. 1 et 2, C. civ. 323.

1211. On peut prendre la voie d'inscription de faux contre une pièce qui aurait été communiquée, mais qui n'aurait été ni signifiée ni produite. — A. 737.

1212. Une pièce est fausse ou falsifiée. Elle est fausse, lorsque la fausseté est inhérente à son principe, c'est-à-dire, lorsque cette pièce a été fabriquée fausse : elle est falsifiée, lorsqu'étant vraie dans son origine, elle a reçu, dans la suite, quelques altérations. Il y a lieu à l'inscription de faux dans l'un et l'autre cas. — A. 738.

1213. On peut s'inscrire en faux contre toute pièce, soit privée, soit authentique, pourvu qu'il n'y ait jamais eu de procédure en faux, *principal ou incident*, sur la même pièce, avec celui qui l'argue de faux, ou ceux qu'il représente.

Mais il faut se rappeler ce que nous avons dit pages 308 et 337, que l'inscription est toujours indispensable pour détruire les effets des actes authentiques, tandis qu'à l'égard des actes sous seing privé, la partie a presque toujours le choix entre l'inscription de faux et la dénégation ou la méconnaissance. — A. 739.

Nous remarquerons ici que la première chambre de la cour de Rennes semblerait avoir mis en doute, dans un arrêt du 11 juillet 1816, la vérité de la première proposition.

Une partie s'était inscrite en faux contre un livre de commerce produit dans une instance civile ; mais les moyens de faux ne tendaient qu'à prouver tout au plus que le livre eût été *recopié* frauduleusement par ceux qui le produisaient.

Au moment où il s'agissait d'admettre ou de rejeter les moyens, le ministère public requit, avant toute discussion, le renvoi des pièces devant le juge d'instruction, ce que la cour ordonna sans prendre autrement connaissance des moyens.

L'instance criminelle fut terminée par un arrêt de la chambre d'accusation, du mois d'août 1816, qui déclara qu'il n'y avait lieu de poursuivre, et que les faits de la plainte, fussent-ils prouvés, ne pouvaient constituer un faux; la cour de cassation rejeta le pourvoi contre cet arrêt.

Revenus devant la cour de Rennes, les défendeurs à l'inscription conclurent au rejet et à condamnation des demandeurs en dommages-intérêts.

Entre autres motifs sur lesquels ils fondaient ces conclusions, ils maintenaient que la pièce avait été l'objet d'une procédure en faux principal; mais la cour ne se crut point liée, et s'est décidée par le mérite du fond, c'est-à-dire qu'elle a rejeté les moyens de faux par les considérations qui avaient déterminé la chambre d'accusation et la cour de cassation. ( Arrêt du 29 janvier 1818, et *infrà* n.° 1222. )

Quoi qu'il en soit, nous osons persister à croire qu'indépendemment de la règle général, *non bis in idem*, qui s'applique surtout au cas où une procédure criminelle a donné pour résultat qu'il n'y avait point de *délit*, et même qu'il ne pouvait en exister. Les termes de l'article 214 ne permettent pas de s'inscrire en faux ou de poursuivre une inscription déjà formée contre une pièce qui a été *la matière d'une poursuite en faux principal.*

En effet, ou le faux existe ou il n'existe pas; il n'y a rien d'intermédiaire entre ces deux hypothèses. Or, s'il a été jugé par un tribunal criminel qu'une pièce ne peut être réputée fausse, un tribunal civil pourra bien la rejeter comme *suspecte* ou *nulle*, mais non pas comme *fausse*.

On ne pourrait opposer un arrêt de la cour de cassation, du 21 messidor an 9 ( Sirey, t. 1.er, p. 463 ), lequel décide qu'un jugement criminel, déclarant qu'il n'est pas constant qu'une pièce soit fausse, n'oblige pas un tribunal civil de la réputer vraie sans *vérification aucune.*

L'espèce de cet arrêt diffère essentiellement de la nôtre, en ce qu'il suffit, en grand criminel, comme l'a déclaré la cour de cassation, que le délit ne soit pas constant pour que l'accusé soit renvoyé, tandis qu'en matière civile, il faut que le titre soit incontestablement reconnu être l'ouvrage de celui à qui il est opposé ou de ceux dont il est *l'ayant-cause* pour qu'on puisse en exiger le paiement.

On peut donc procéder à la *vérification* de l'acte. ( V. le traité du droit civil français, par M. Toullier, t. 8, n.° 36, notamment p. 71.)

Mais, lorsqu'il est expressément décidé qu'il n'y a pas lieu à poursuivre en faux principal, c'est juger de la manière la plus formelle qu'il n'y a pas de faux, et par suite il impliquerait d'admettre au civil une instruction en faux incident.

1214. *Dans le cas où celui auquel le faux est imputé, soit comme auteur, soit comme complice, est connu et vivant, le tribunal ne peut-il prononcer le renvoi au criminel qu'après l'audition des plaidoiries sur les moyens de faux?*

On a vu, par l'espèce qui a fait la matière des observations précédentes, que la cour de Rennes crut devoir prononcer le renvoi avant les plaidoiries; nous croyons, en effet, avec tous les commentateurs du code d'instruction criminelle, que, dans le cas où la partie qui argue la pièce soutient que celui qui l'a produite est auteur ou complice du faux, le ministère public se trouve dans l'obligation de requérir le renvoi et le tribunal de le prononcer. ( V. Bourguignon, p. 383, édit. in-4.° Carnot, t. 2, p. 509. Legraverend, p. 531.)

En effet, l'article 460 contient une disposition générale qu'il n'est pas permis d'éluder; il est ainsi conçu : « Si la partie qui a argué » de faux la pièce *soutient que celui qui l'a produite est l'auteur* » *ou le complice du faux, ou s'il résulte de la procédure* que l'au- » teur ou le complice du faux soit vivant, et la poursuite du crime » non éteinte par la prescription, (nous ajoutons, d'après la maxime » *non bis in idem*, ou par un jugement d'absolution ou d'acquitte- » ment devenu inattaquable) l'accusation sera suivie criminellement ; » si le procès est engagé *au civil*, il sera sursis au jugement jus- » qu'à ce qu'il ait été prononcé sur le faux. »

Cet article est formel; il ne laisse aucun doute sur l'obligation de renvoyer au criminel, lorsque la partie qui argue de faux accuse celui qui produit la pièce d'être auteur ou complice. C'est véritablement une dénonciation par laquelle l'action du ministère public est provoquée ; or, il n'appartient à aucun tribunal de l'arrêter.

Mais remarquons bien le second cas, *ou s'il résulte de la procédure*, etc. Ici la loi ne suppose point cette dénonciation de l'une des parties; et à moins que le ministère public ne requière le renvoi, en se fondant sur des renseignemens recueillis d'une manière quelconque hors de l'instruction, nous ne pensons pas que le tribunal dût l'ordonner avant d'avoir entendu les plaidoiries sur les moyens de faux, qui seuls peuvent fournir les indices qui autorisent le renvoi. Autrement il serait prononcé dans un cas autre que celui que sup- ~nt et la seconde partie de l'article 460 du code d'instruction, et
pos

l'article 259 du code de procédure civile, qui ne prescrit également le renvoi, qu'autant qu'il résulte de la procédure des indices contre une personne vivante. Il faut donc de toute nécessité que le tribunal entende les plaidoiries sur les moyens de faux. ( V. *infrà* sur l'art. 215. )

1215. La qualité accidentelle des témoins instrumentaires d'un acte notarié est un fait hors des stipulations ou dispositions attestées par les notaires; et, par conséquent, la preuve du défaut de qualité peut être admise, sans qu'il soit besoin de s'inscrire en faux contre l'acte. (Bruxelles, 13 avril 1811. Sirey, 1812, p. 18.)

1216. Lorsqu'un testament offre la mention qu'il a été écrit par le notaire qui l'a reçu, on ne peut prouver le contraire que par la voie de l'inscription de faux; la voie de la vérification ne serait pas suffisante, quand même les parties y auraient consenti. (Limoges, 13 décembre 1813. Sirey, 1815, p. 275.)

1217. La preuve testimoniale est admissible sur le fait de savoir si un testateur a réellement pu signer son testament, encore que le donataire ait énoncé qu'il ne savait ou ne pouvait signer : dans ce cas, il n'est pas besoin de recourir à l'inscription de faux. (Treves, 18 novembre 1812. Sirey, 1813, p. 366.)

1218. On ne peut attaquer par inscription de faux un rapport d'experts, sur le simple motif que ce rapport constate la présence des experts, les jours mêmes où, au lieu de se réunir pour l'objet de leur expertise, ils avaient vaqué à d'autres opérations. (Paris, 14 mai 1810. Sirey, 1814, p. 305.)

1219. On peut, sur l'appel d'un jugement d'expropriation, s'inscrire en faux incident contre l'acte qui a motivé la poursuite, bien qu'en première instance on ait pris des conclusions sur le fond, sans articuler le moyen de faux. (Amiens, 27 mars 1813. Sirey, 1814, p. 336.)

1220. Si, dans l'expédition d'un jugement, un juge se trouve mal à propos porté au nombre de ceux qui y ont pris part, la preuve qu'il n'y a pas concouru peut se faire par la simple représentation du plumitif ou de la feuille d'audience, où son nom ne serait pas porté. (Cass. 13 juillet 1808. Sirey, 1809, p. 122.)

1221. Encore qu'une personne ait été constituée débitrice par un jugement passé en force de chose jugée, qui l'a condamnée par corps à payer le montant d'un billet, elle peut toujours faire annuler la contrainte par corps, en prenant la voie d'inscription de faux contre le titre de sa prétendue obligation.

Dans ce cas, c'est au juge du lieu où s'est fait l'emprisonnement, et non à celui qui a rendu le premier jugement, qu'il appartient de statuer sur le mérite de l'inscription de faux. (Rouen, 11 fructidor an 12. (Sirey, 1807, 2.° part., p. 966.)

1222. Il ne peut y avoir lieu à inscription de faux contre un livre-journal, représenté par des négocians qui l'ont tenu, en quelque tems qu'il ait été confectionné, attendu,

1.° Que les écritures de commerce ou de banque, mentionnées dans l'article 147 du code pénal, ne s'entendent que des billets de change ou de banque, et de tout autre titre ayant le caractère de preuve en justice ;

2.° Que les livres de commerce susceptibles d'être plus ou moins arriérés, peuvent par la suite, soit plutôt, soit plus tard, être mis à jour, sans qu'il en résulte une altération portant le caractère de faux.

En ce cas, il y a lieu à déclarer tous les moyens de faux non pertinens, sans toutefois rien préjuger sur la foi due au livre ni sur sa véracité, ce qui est la matière du procès principal. ( Arrêt de Rennes, 3.° ch., 29 janvier 1818, déjà cité *suprà* n.° 1213.)

1223. Un débiteur solidaire ne pourrait pas attaquer, par inscription de faux, l'acte sous seing privé, reconnu vrai à l'égard de son codébiteur, qui aurait antérieurement succombé dans une pareille attaque, à moins que l'inscription de faux du codébiteur solidaire ne portât que sur la signature de celui-ci. — A. 740.

1224. Hors ce cas, le co-débiteur solidaire qui, n'ayant pas été partie au jugement, aurait des raisons pour maintenir la fausseté de l'acte, n'aurait d'autres ressources que la voie de la tierce-opposition, par laquelle il introduirait une instance où il serait nécessaire d'examiner, mais par rapport à lui seulement, les motifs d'après lesquels le premier jugement pourrait être anéanti. — A. 741.

1225. On ne peut, sauf ce qui sera dit sur la question suivante, s'inscrire en faux après le jugement de la contestation à laquelle se rapporterait l'acte argué, puisque l'inscription de faux n'est qu'un incident d'une contestation principale. Mais tant que le procès existe, même en cour d'appel, on peut s'inscrire en faux contre une pièce qui aurait servi de base au jugement de première instance, encore bien qu'on eût demandé devant ce tribunal la nullité de cette pièce sur des moyens autres que ceux de faux.

Enfin, il est de principe certain qu'une partie peut s'inscrire en faux en tout état de cause, et alors même que la pièce eût été vérifiée dans le cours de l'instance. — A. 742.

1226. Ce n'est que par la voie d'inscription de faux que l'on peut, à raison de la fausseté de la signature, faire déclarer nul un testament olographe, si on l'a exécuté. Cette exécution constitue une reconnaissance tacite de la signature qui interdit la simple vérification pour défaut de reconnaissance. (Paris, 8 mai 1815. Sirey, 1816, pag. 7.)

1227. *Si la voie de l'inscription de faux n'est ouverte qu'autant qu'il existe une contestation principale, quelle serait, dans le cas où il n'existerait pas de contestation semblable, la voie que pourrait employer une partie, afin de faire déclarer que la pièce est fausse ou falsifiée? Si elle peut agir au civil, suivra-t-on les formalités prescrites par le titre du faux incident?*

Nul doute que cette partie a la voie du faux principal, si l'auteur ou le complice est vivant, et si l'action n'a pas été éteinte de l'une des manières que nous avons indiquées *suprà*, n.° 1214.

La question que nous venons de poser ne peut donc se présenter que dans les cas suivans, 1.° lorsqu'il y a impossibilité d'agir en faux principal, parce que l'action criminelle étant éteinte par décès de l'auteur ou du complice, il ne s'agit que de poursuivre le faux contre ses héritiers ou autres possesseurs de la pièce; 2.° lorsque, cette action subsistant, la partie qui ne peut être contrainte à prendre la voie la plus rigoureuse, entend user de la faculté que lui donne l'article 3 du code d'instruction, de porter son action en justice civile,

Nous avons posé pour exemple, sur la 743.° question de notre analyse, l'espèce dans laquelle une partie saisie, en vertu d'un titre que l'on prétend authentique, entend l'arguer de faux, et nous avons dit qu'elle pouvait lier l'instance au civil en formant une demande principale en nullité de l'acte, fondée sur l'allégation du faux, parce que le saisissant devant nécessairement opposer pour exception ses maintiens de la véracité de l'acte qu'il produit, il y a lieu à élever l'incident de faux, et par conséquent à formaliser la procédure prescrite en cette matière,

C'est ainsi que, dans tous les cas où l'on entend faire déclarer une pièce fausse par les juges civils, les dispositions du titre du faux incident civil reçoivent leur application. Vainement dirait-on que ces mots, *faux incident civil*, supposent une contestation principale, indépendante du faux, et que, dans les hypothèses que nous avons établies, le faux est réellement l'action principale, et non pas un incident. Cette objection, que nous ne nous arrêterons point à combattre, ne serait d'aucune importance; car nulle disposition de la loi n'interdit de poursuivre civilement le faux comme *action principale*; l'article 3 du code d'instruction autorise au contraire cette poursuite de la manière la plus formelle, sauf, s'il y a lieu, le réquisitoire du ministère public à fin de renvoi au criminel, et le sursis de cette action civile; or, comme la loi a tracé une procédure pour ce procès fait à la pièce, il est évident que c'est cette procédure que l'on doit suivre.

44

1228. Une partie poursuivie en paiement d'un titre ne peut plus s'inscrire en faux, si elle s'est bornée à en alléguer la fausseté et qu'il y ait eu condamnation, nonobstant cette allégation. (Colmar, 17 mai 1816. Sirey, 1817, p. 366.)

1229. On peut s'inscrire en faux contre des chiffres insérés dans un acte. — A. 744, et arrêt de Limoges, 14 août 1810. Sirey, 1812, p. 385. C. C., art. 1319 et 1341.

1230. Il est nécessaire de s'inscrire en faux contre un acte argué de fausseté morale ou de simulation; mais, s'il s'agissait, par exemple, d'un acte de vente qui aurait été simulé entre un débiteur et un tiers, afin de soustraire au créancier le gage que lui présentait la chose qui ferait l'objet de l'acte, on ne pourrait dire qu'il y aurait, à proprement parler, ce qu'on appelle un faux. Alors l'exception de simulation, opposée par le défendeur, formerait un incident ordinaire, sur lequel conséquemment, il n'y aurait pas lieu à poursuivre par voie d'inscription de faux. — A. 745.

1231. *Doit-on nécessairement s'inscrire en faux, dans le cas où il s'agit d'altération d'un acte véritable, qui est évidente par elle-même?*

D'après M. Merlin, les auteurs et les arrêts qu'il cite, et notamment d'après celui de la cour de cassation du 14 floréal an 10, (Sirey, t. 3, 2.ᵉ part., p. 603) nous avons résolu cette question pour l'affirmative, A. 746; mais en ne dissimulant pas que l'on pouvait maintenir le contraire, et peut-être avec fondement, par argument de l'article 1319 du code civil, et de ce que nous avons établi sur la 745.ᵉ question; M. Berriat-Saint-Prix fait à ce sujet une distinction; il admet bien qu'il n'y a pas lieu à formaliser dans l'espèce la procédure prescrite pour la vérification de la pièce; mais il maintient que, pour la rejeter du procès, il est au moins nécessaire que la déclaration d'inscription soit passée au greffe; en effet, dit cet auteur, l'article 1319 du code civil décide que l'exécution des actes n'est ou ne peut être suspendue qu'en cas de plainte en faux, suivie d'accusation, ou en cas d'*inscription.* C'est bien prononcer indirectement que l'inscription est au moins nécessaire; mais cette opinion a été rejetée par arrêt de la cour de cassation du 18 août 1813. (Sirey, 1814, p. 40.)

1232. Il ne suffit pas qu'une partie déclare s'inscrire en faux, pour qu'elle soit admise à poursuivre cette procédure. L'inscription de faux n'est admissible, contre quelqu'acte que ce soit, que dans le cas où le sort de la contestation principale dépend de la vérité ou de la fausseté de cet acte, d'après la maxime, *frustrà probatur quod probatum non relevat.* — A. 747.

### ARTICLE 215.

Celui qui voudra s'inscrire en faux, sera tenu préalablement de sommer l'autre partie, par acte d'avoué à avoué, de déclarer si elle veut ou non se servir de la pièce, avec déclaration que, dans le cas où elle s'en servirait, il s'inscrira en faux.

#### *Conférence.*

T. art. 71 ; ordonnance de 1737, titre 2, art. 3 et 4.

1233. Pour qu'une partie fasse la sommation prescrite par l'article 215, il n'est pas nécessaire qu'elle y ait été préalablement autorisée par le juge. Les formalités préliminaires que prescrivent les articles 215 et suivans sont absolument indépendantes de son ministère. — A. 748.

1234. *Si l'on entendait poursuivre le faux par action directe, devant le tribunal civil, pourrait-on commencer par la sommation prescrite par l'article* 215 ?

Cette question a été jugée négativement par arrêt de la cour de Rennes, du 19 décembre 1812, 3.ᵉ chambre, par la raison que l'article 215 suppose nécessairement l'existence d'une instance principale déjà régulièrement formée entre les parties.

Elle a considéré qu'il fallait une assignation à personne ou à domicile sur la *manière légale* d'introduire une instance ; et, en conséquence, elle a déclaré nulle la sommation non précédée d'un ajournement régulier.

Cette décision est, sans contredit, conforme aux principes ; mais, loin de détruire la solution donnée *suprà*, n.° 1227, elle nous paraît la confirmer, au contraire, en ce qu'elle admet implicitement la faculté de poursuivre un faux au civil par action principale.

Au reste, nous pensons que, si la sommation contenait *ajournement*, il n'y aurait pas lieu de prononcer la nullité ; nous ne verrions dans cet acte qu'économie des frais et moyens de simplifier la procédure, et d'en accélérer les résultats.

1235. La sommation dont il s'agit ne doit pas être nécessairement signée par le demandeur en faux ; mais l'avoué qui la fait notifier n'en doit pas moins se munir, à cet effet, d'un pouvoir spécial, afin de se mettre à l'abri du désaveu. — A. 749.

### ARTICLE 216.

Dans les huit jours, la partie sommée doit faire signifier, par acte d'avoué, sa déclaration, signée d'elle ou du porteur de sa procuration spéciale et authentique, dont copie sera donnée, si elle entend ou non se servir de la pièce arguée de faux.

*Conférence.*

T., art. 71; ordonnance de 1737, titre 2, art. 10 et 11; *infrà* sur 250.

1236. *La partie est-elle tenue de faire la déclaration prescrite par l'article 216, lorsque la sommation lui est faite sous le cours d'un délibéré; et si elle n'y est pas tenue, que doit-elle faire pour prévenir l'inscription de faux?*

Nous avons dit *suprà*, n.º 612, que nous persistions à croire que le délibéré sans rapport était le seul qui terminât l'instruction, nonobstant un arrêt contraire de la cour de cassation du 27 fructidor an 8, rapporté au nouveau répertoire, v.º *délibéré*. Ainsi nous pensons que la sommation dont il s'agit en l'article 215 peut être faite sous le cours du délibéré avec rapport; mais, par une conséquence nécessaire, qu'elle ne peut avoir lieu si les juges se sont bornés à renvoyer à une audience indiquée, pour, après délibération à la chambre du conseil, le jugement être prononcé.

Dans ce cas, il nous semble évident que l'instruction est entièrement terminée, et qu'aucun incident ne peut suspendre, soit la délibération, soit la prononciation du jugement.

Ici nous pouvons invoquer l'ancienne pratique, attestée par l'arrêt du 27 fructidor, et la maxime qu'il déclare être un principe constant que *les délibérés doivent être rapportés et jugés en l'état qu'ils ont eu lieu.* On sentira que cet arrêt doit avoir d'autant plus d'influence dans l'espèce particulière de la présente question, qu'il a été prononcé relativement à un délibéré sur rapport.

Mais, indépendamment de ces raisons générales, uniquement fondées en droit, on doit considérer combien est défavorable un commencement de poursuite à fin de faux incident de la part d'une partie à laquelle la pièce a été opposée, et qui cependant laisse courir l'instance sans l'arguer de faux. Il est d'ailleurs dans le vœu de la loi que la sommation prescrite par l'article 215 soit notifiée dès que la pièce est opposée, puisque cette sommation et la réponse qu'elle exige ont pour but d'arrêter toutes les procédures auxquelles cette pièce pourrait donner lieu. Nous estimons, en conséquence, que le défendeur à une sommation faite sous le cours d'un délibéré sans rapport, est fondé à déclarer qu'il refuse de répondre à la sommation, attendu qu'elle est tardive, et que le tribunal, dans le cas où le demandeur poursuive l'audience, doit déclarer la sommation non avenue, et passer outre à la prononciation du jugement.

Il serait possible que l'on opposât contre cette opinion que, dans l'ancienne pratique, celle des parties qui avait une nouvelle demande à former pouvait la porter à l'audience, et que, si les juges trouvaient qu'il y eût *connexité*, ils ordonnaient, sur cette demande, *un délibéré joint au premier;* mais nous répondrions qu'une *jonction* présuppose la possibilité de juger la nouvelle demande en même tems que la première qui est l'objet du délibéré, et, de plus, celle de juger en même tems cette nouvelle demande, sans instruction particulière et préalable : or, au contraire, l'incident de faux exige non-seulement une longue procédure, mais plusieurs jugemens préparatoires ou définitifs, avant lesquels on ne peut passer au jugement du fond; ce n'est donc pas le cas de joindre au délibéré.

1237. Mais, en cas d'absence du défendeur, ou d'autres motifs ou exceptions légitimes qui l'empêcheraient de fournir sa réponse, le juge a la faculté de proroger le délai. — A. 752.

1238. Les dispositions de l'article 1033 ne sont pas applicables au délai de huitaine fixé par l'article 216. Le jour de la signification est donc le seul qui n'y soit pas compris, et il n'admet point l'augmentation à raison des distances. — A. 750.

1239. *Le même délai est-il fatal, en sorte qu'après son expiration le défendeur ne puisse plus signifier sa réponse, et que le juge soit rigoureusement tenu d'ordonner le rejet de la pièce, si le défendeur n'a pas répondu à la sommation?*

Nous avions remarqué, A. 751, que cette question d'abord controversée sous l'empire de l'ordonnance de 1737, avait enfin été résolue définitivement pour l'affirmative.

Deux arrêts de la cour de Rennes, l'un du 9 août 1809, 3.e ch., l'autre du 28 novembre 1814, 1.re chambre, ont d'ailleurs consacré cette opinion, mais en déclarant que, si le délai doit être considéré comme fatal, ce ne peut être que dans le cas où le demandeur en faux n'a pas suivi l'audience, en conformité de l'article 217. Ainsi, dans le cas contraire, le délai est fatal, et, par conséquent, le tribunal ne pourrait, à son expiration, refuser de rejeter la pièce. (Voy. en outre Cass., 5 avril 1813. Sirey, 1813, p. 314.)

1240. La réponse ou déclaration du défendeur ne peut être donnée sous condition ou restriction. Elle doit être formelle, claire, sans équivoque ni réserve; en un mot, par *oui* ou par *non.* — A. 753, et *infrà*, n.° 1245.

1241. Le défendeur qui a renoncé à se servir de la pièce ne peut plus rétracter cette déclaration, quoique cette pièce n'ait pas encore été rejetée par jugement. Cependant, il pourrait se restituer contre sa renonciation, s'il prouvait qu'elle eût eu pour cause l'erreur, la fraude ou la crainte, etc. — A. 754.

1242. Si, au contraire, le défendeur a déclaré qu'il entend se servir de la pièce, il peut rétracter cette déclaration en tout état de cause. — A. 755.

1243. Si la déclaration du défendeur n'est pas signée de lui ou de son fondé de pouvoir spécial, on ne doit point y avoir égard, et le demandeur peut sommer d'audience pour faire rejeter la pièce, comme s'il n'y avait pas eu de déclaration. — A. 756.

1244. *Lorsque le pouvoir en vertu duquel un mandataire agit en justice est argué de faux, est-ce le mandataire qui devient partie principale, et auquel seulement il appartient de soutenir la validité du mandat?*

Nous croyons devoir résoudre affirmativement cette question vraiment importante.

Vainement, dans notre opinion, voudrait-on se prévaloir pour la négative des dispositions de l'article 216, qui veut que la déclaration de la partie sommée soit signée d'elle ou du porteur de sa procuration spéciale et authentique, et en conclurait-on que le mandataire, ne pouvant répondre à la sommation qui lui serait faite, conformément à l'article 216, ce n'est pas lui, mais le commettant qui doit être partie dans l'incident de faux.

Sans doute, lorsque la partie est présente, lorsqu'elle agit par elle-même dans l'instance, c'est à elle à formaliser la déclaration ou à la faire formaliser par un mandataire spécial, parce qu'alors c'est elle-même qui produit la pièce arguée de faux, et qui veut s'en prévaloir.

Il en serait encore ainsi dans le cas où le mandataire produirait un acte ou telle autre pièce en vertu de laquelle il réclamerait pour son mandant l'exécution d'une obligation quelconque; mais lorsque le pouvoir en vertu duquel le mandataire agit est argué de faux, c'est alors véritablement le mandataire qui devient partie principale, et c'est à lui seulement qu'il appartient de soutenir la validité du mandat qui lui a été donné. En effet, ou la procuration est réellement souscrite par le commettant, ou elle ne l'est pas.

Dans la première hypothèse, le mandataire agit en vertu d'un pouvoir légal, et sa conduite est à l'abri de tout reproche.

Dans la seconde, il est manifeste que c'est contre lui que se dirige l'action en inscription de faux, puisque c'est lui seul qui peut être soupçonné d'avoir commis le faux, et condamné à des dommages-intérêts envers les parties contre lesquelles il aurait agi d'après un tel acte.

On peut objecter, il est vrai, qu'en rendant ainsi le mandataire partie principale, on enlève à la partie adverse un des moyens indi-

qués par la loi pour prouver le faux, c'est-à-dire, le corps d'écriture;
mais il est facile de répondre à cette objection, 1.° qu'un corps d'écriture
n'est ordonné qu'à défaut ou insuffisance des pièces de comparaison;
2.° que ce moyen n'est pas essentiel, puisqu'autrement il faudrait
dire qu'on ne pourrait prendre la voie d'inscription en faux incident
civil qu'autant que la personne qui aurait écrit ou signé l'acte argué
serait encore vivante; ce qui est évidemment insoutenable. C'est, en
ce cas, au demandeur en faux qui s'est chargé de la preuve à prévoir
les difficultés qu'il peut éprouver, et à ne pas intenter une action
qui peut toujours, s'il succombe, avoir contre lui des suites plus
ou moins fâcheuses.

Vainement encore prétendrait-on que la procuration étant arguée
de faux, le mandataire est sans qualité pour défendre à l'inscription,
puisqu'il ne peut y avoir de mandataire sans mandat, et que le pouvoir
étant contesté, le mandat, par ce seul fait, doit cesser, ou tout au
moins être suspendu.

Indépendamment des raisons déjà alléguées pour prouver que, dans
l'espèce, le mandataire est vraiment partie principale, il suffit de réfléchir un moment pour apercevoir l'inconvénient grave qui résulterait du système contraire. Il faudrait dire qu'un mandataire pourrait,
à tout instant, être arrêté dans ses opérations, si, chaque fois que
l'on contesterait la validité de son mandat, il était obligé d'en demander un nouveau pour le confirmer dans sa qualité. Rien n'empêcherait
alors d'attaquer ce nouveau mandat, qui ne prouverait pas davantage que le premier, et une simple menace de s'inscrire en faux
contre une procuration suffirait ainsi pour paralyser en quelque sorte
les pouvoirs donnés à un mandataire; il s'ensuivrait qu'un plaideur de
mauvaise foi trouverait, dans la plus vague des imputations, un moyen
d'arrêter ou de suspendre à son gré le cours de la justice, et de faire
tourner au préjudice du mandant les sages précautions que le législateur a prises pour conserver les droits de celui que la distance des
lieux ou d'autres obstacles empêchent de veiller par lui-même à ses
propres intérêts.

1245. *La déclaration d'entendre en TEL SENS une énonciation
insérée dans la pièce, mais sans ajouter que l'on veut se servir
de cette pièce, suffit-elle pour remplir le vœu de l'article 216?*

Cette question s'est présentée devant la cour royale de Rennes
dans l'espèce suivante. Un débiteur prétendait avoir été saisi et arrêté
dans une maison sans assistance du juge de paix; il poursuivait par
ce motif la nullité de son emprisonnement contre l'huissier et le
créancier. On lui oppose le procès-verbal de capture, portant que
l'huissier s'était transporté *rue de....... près de telle maison*, où il
avait rencontré le débiteur et l'avait arrêté. Ce dernier somme les

défendeurs de déclarer s'ils entendaient se servir du procès-verbal
en ce sens qu'il porterait que l'huissier ne serait pas entré dans la
maison, et n'y aurait pas rencontré le débiteur, et l'huissier répond
qu'il entendait le procès-verbal dans le sens et l'interprétation que
lui avaient attribué les premiers juges en déclarant la capture légale;
le créancier, au contraire, déclare vouloir se servir du procès-verbal,
tel qu'il était.

On prétendait que les deux défendeurs devaient s'expliquer sur le
sens qu'ils entendaient attribuer aux expressions que le débiteur main-
tenait énoncer un faux, et on concluait au rejet de la pièce. La cour,
par arrêt du 17 avril 1818, 1.re chambre, a jugé que les deux déclarations fournies par le défendeur suffisaient pour remplir le vœu de
l'article 216, et, en conséquence, qu'il n'y avait pas lieu à rejeter
la pièce du procès, sauf au demandeur à formaliser l'inscription de
faux incident, s'il croyait l'avoir à faire.

### ARTICLE 217.

Si le défendeur à cette sommation ne fait cette déclaration, ou s'il déclare qu'il ne veut pas se servir de la
pièce, le demandeur pourra se pourvoir à l'audience sur
un simple acte, pour faire ordonner que la pièce maintenue fausse sera rejetée par rapport au défendeur, sauf au
demandeur à en tirer telles inductions ou conséquences
qu'il jugera à propos, ou à former telles demandes qu'il
avisera, pour ses dommages et intérêts.

#### Conférence.

Ordonnance de 1737, livre 2, art. 12 et 13; C, p., art. 220, 224, 230.

1246. Le ministère public doit être entendu avant le jugement
qui prononce le rejet de la pièce, de même qu'avant tout jugement
à rendre dans le cours de l'incident de faux. — A. 757.

1247. Si l'affaire est en état, la partie peut tout à la fois sommer
d'audience pour faire rejeter la pièce, et pour obtenir que ses conclusions au fond lui soient adjugées. — A. 758.

### ARTICLE 218.

Si le défendeur déclare qu'il veut se servir de la pièce,
le demandeur déclarera par acte au greffe, signé de lui
ou de son fondé de pouvoir spécial et authentique, qu'il
entend s'inscrire en faux; il poursuivra l'audience sur un
simple acte, à l'effet de faire admettre l'inscription, et de
faire nommer le commissaire devant lequel elle sera poursuivie.

T, art. 92 ; ordonnance de 1737, titre 2, art. 14 ; *infrà*, art. 246, 247, 248.

1248. *Une partie qui, conformément à l'article 218, a déclaré s'inscrire en faux ; peut-elle se désister de cette déclaration pour en revenir à l'exécution pure et simple de l'article 1323 du code civil, et se borner, en conséquence, à déclarer ne pas reconnaître ou dénier l'écriture ou la signature de l'acte contre lequel elle avait entendu s'inscrire en faux ?*

Nous pensons que la déclaration d'entendre s'inscrire en faux n'est qu'un acte de procédure dont la partie à requête de laquelle il a été notifié peut se désister, quand il lui plaît, tant que les choses sont entières et qu'il n'est pas intervenu de jugement qui influe sur les droits des parties.

Le désistement des actes isolés de procédure a lieu tous les jours sans la moindre difficulté. (V. *infrà* sur l'article 402, 1329.° question de notre analyse. )

On ne pourrait, suivant nous, assigner aucune raison pour prouver qu'il soit interdit relativement à une déclaration d'inscription de faux.

D'un côté, il n'est intervenu sur l'acte qui la contient aucun contrat judiciaire entre les parties ; cet acte continue donc d'appartenir à celle qui l'a notifié, et, par conséquent, elle peut renoncer aux effets qu'il pourrait produire, en s'en désistant soit expressément, soit tacitement, si elle se dispense de poursuivre l'audience pour faire admettre l'inscription conformément à l'article 218.

D'un autre côté, le défendeur à l'inscription, loin d'avoir des raisons de contester la validité du désistement, se trouve placé dans une position plus favorable. Ici, par analogie, il y aurait lieu à l'application de la maxime posée dans l'article 2 du titre 18 de l'ordonnance de 1670, et consacrée par une jurisprudence constante : *On peut toujours revenir à la voie la plus douce, après avoir pris la voie la plus rigoureuse.*

Enfin, une preuve que nous croyons sans réplique de cette faculté qu'a toujours une partie de se désister d'une déclaration de s'inscrire en faux, résulte de l'article 547, qui n'assujétit à l'amende le poursuivant qui se désisterait, qu'autant que l'inscription ayant été faite au greffe, *la demande afin de s'inscrire aurait été admise.*

A plus forte raison le désistement de la simple déclaration, non suivie de la demande afin d'inscription, est-elle autorisée.

45

Quant à la question de savoir s'il y a lieu à dommages-intérêts, voyez *infrà* sur l'article 247, question 220 de l'analyse.

L'acte de désistement doit, en ce cas, contenir la déclaration de ne pas reconnaître ou de dénier l'écriture ou la signature. Il se signifie d'avoué à avoué, mais nous croyons prudent de donner à cet effet un pouvoir spécial.

1249. L'article 218 ne fixant aucun délai dans lequel le demandeur doive faire au greffe la déclaration d'entendre s'inscrire en faux, s'il est en retard de la faire, le défendeur peut poursuivre l'audience, afin de faire prononcer contre lui la déchéance de l'inscription de faux, et juger le fond du procès. — A. 759.

1250. *L'acte d'inscription de faux doit-il contenir l'énonciation de la cause du faux ?*

Nous ne le pensons pas, d'abord parce que la loi ne l'exige pas, et ensuite, parce que cette cause est connue par la signification des moyens qui suit immédiatement l'admission de l'inscription.

1251. Si la partie ou son procurateur ne sait signer, le juge et le greffier ne peuvent recevoir leur déclaration de s'inscrire en faux : c'est à la partie qui ne sait pas signer à donner sa procuration à un individu qui le sache. — A. 760.

1252. Il est d'usage que le demandeur comparaisse au greffe assité de son avoué. — A. 761.

1253. Le greffier peut exiger que la procuration, fût-elle rapportée en minute, reste annexée à l'original de l'acte d'inscription; mais l'on ne pourrait fonder la nullité de l'inscription sur ce qu'il aurait négligé cette précaution. — A. 762.

1254. L'effet de l'omission des formalités prescrites pour l'acte d'inscription par l'article 218, est de donner au défendeur le droit de faire ordonner, nonobstant les poursuites du demandeur, afin d'admission de l'inscription, qu'il soit passé outre au jugement du procès. — A. 763.

1255. Si plusieurs demandeurs comparaissent tous ensemble au greffe pour former, dans le même délai, une inscription de faux contre une ou plusieurs pièces, il suffit que le greffier dresse un seul et même procès-verbal. — A. 764.

1256. *Le tribunal peut-il refuser d'admettre l'inscription ?*

Nous avons déjà résolu cette question pour l'affirmative, A. 765, mais nous nous sommes bornés à renvoyer à la 747.ᵉ question, dont la solution forme le n.° 1232 ci-dessus.

Nous ajoutons ici que cette décision est d'autant mieux fondée, que le jugement prescrit par l'article 218 n'est point une simple formalité ; l'article 248 le suppose évidemment , puisqu'il porte que l'amende ne sera pas encourue lorsque la demande à fin de s'inscrire en faux n'aura pas été admise. Or, elle ne peut être admise , comme le dit M. Merlin ( v.° *inscription*, §. I.ᶜʳ, n.° 13 ), contre quelqu'acte que ce soit , que dans le cas où le sort de la contestation principale dépend de la vérité ou de la fausseté de cet acte; et ainsi ni l'une ni l'autre des parties n'est recevable à s'inscrire en faux contre un acte qui, supposé vrai, n'aurait pas plus d'influence sur la contestation principale que s'il était jugé faux.

C'est pourquoi la cour de Rennes a également décidé qu'il dépendait du juge de rejeter l'inscription, lorsqu'il reconnaît qu'elle n'a pour objet que d'éloigner le paiement d'une créance légitime , ou que les faits ne sont pas suffisamment prouvés. ( 5 février 1813 , 2.ᵉ ch.)

1257. Si l'appelant a sommé les intimés de déclarer s'ils entendent se servir des pièces qu'il argue de faux , et que , d'après leur réponse affirmative , il n'ait point fait la déclaration prescrite par l'article 218 du code de procédure, il est réputé avoir abandonné l'instance en faux incident. (Rennes, 3.ᵉ ch., 9 août 1809. )

1258. Lorsqu'on articule qu'une transaction est intervenue sur des pièces fausses, on ne peut faire résulter de cette transaction une fin de non recevoir contre l'inscription déclarée au greffe par la partie qui veut prouver la fausseté des pièces. ( Colmar, 30 juillet 1813 ; journal des avoués, t. 10, p. 349. )

1259. Il résulte de la combinaison des articles 218, 231 et 238, que le code établit trois degrés qu'il faut nécessairement parcourir pour parvenir à l'apurement du faux ; le premier, qui admet ou rejette l'inscription ( 218 ) ; le second, qui statue sur les moyens du faux ( 231 ) ; le troisième, qui juge le faux. ( Rennes, 4 mai 1812, 1.ʳᵉ ch. )

Chacun de ces degrés doit être rempli par un jugement spécial et distinct , et , par conséquent, un tribunal ne peut annuler dans le même jugement la décision sur l'admission de l'inscription et sur le mérite des moyens. (Rennes, 4 mai 1812, 1.ʳᵉ ch. )

### ARTICLE 219.

Le défendeur sera tenu de remettre la pièce arguée de faux au greffe , dans les trois jours de la signification du jugement qui aura admis l'inscription et nommé le commissaire, et de signifier l'acte de mise au greffe dans les trois jours suivans.

*Conférence.*

T. art. 76 et 91 ; ordonnance de 1737, tit. 2 , art. 14.

1260. Le délai de trois jours , donné par l'article 219 pour déposer au greffe la pièce arguée, ne doit pas recevoir l'augmentation à

raison des distances, parce qu'il n'est pas nécessaire que la partie
soit présente à l'acte de remise. C'est à l'avoué de déposer la pièce
arguée, puisqu'il l'a entre les mains. — A. 766, et *suprà* sur l'article 216.

1261. Si ce dépôt n'a pas eu lieu par la faute de l'avoué, il doit
être condamné aux frais de l'incident. (Paris, 4 août 1809. Sirey,
1814, p. 417 et art. 1030.)

1262. Le délai donné pour faire la remise de la pièce arguée de
faux n'est ni fatal ni péremptoire; puisque l'article 219 ne prononce
point de déchéance, elle ne peut être suppléée, et rien n'empêche
les juges d'accorder, suivant l'exigeance des cas, de nouveaux délais,
qui doivent être brefs, afin de se conformer à l'intention du législateur. — A. 767.

Quoique nous croyons, d'après la raison que nous avons donnée
dans notre analyse, devoir persister dans cette opinion, nous ne
devons pas néanmoins laisser ignorer que M. Coffinières professe une
doctrine contraire dans son journal des avoués (t. 4, p. 305.) Il
« faut convenir, dit-il, que dans l'article 219 le législateur exige
» formellement le dépôt de la pièce arguée de faux dans le délai
» de trois jours; qu'une telle disposition ne doit pas être impunément
» enfreinte, et que la peine de cette infraction ne peut être que
» le rejet de la pièce arguée de faux...... »

### ARTICLE 220.

Faute par le défendeur de satisfaire, dans ledit délai, à
ce qui est prescrit par l'article précédent, le demandeur
pourra se pourvoir à l'audience, pour faire statuer sur le
rejet de ladite pièce, suivant ce qui est porté en l'article
217 ci-dessus, si mieux il n'aime demander qu'il lui soit
permis de faire remettre ladite pièce au greffe à ses frais,
dont il sera remboursé par le défendeur comme de frais
préjudiciaux; à l'effet de quoi il lui en sera délivré exécutoire.

#### Conférence.

T. art. 91; ordonnance de 1737, titre 2, art. 14, 1.ª partie.

1263. *Quel intérêt le demandeur peut-il avoir à se charger de
faire remettre la pièce, au lieu d'en poursuivre le rejet?*

V. A. 768.

1264. *En quelle circonstance est-il possible que le demandeur
use de la faculté de faire remettre la pièce?*

V. A. 769.

### ARTICLE 221.

En cas qu'il y ait minute de la pièce arguée de faux,
il sera ordonné, s'il y a lieu, par le juge-commissaire, sur
la requête du demandeur, que le défendeur sera tenu,
dans le tems qui lui sera prescrit, de faire apporter ladite
minute au greffe; et que les dépositaires d'icelle y seront
contraints, les fonctionnaires publics, par corps; et ceux
qui ne le sont pas, par voie de saisie, amende, et même
par corps, s'il y échet.

*Conférence.*

T. art. 70, 76, 92 et 166; ordonnance de 1737, tit. 1, art. 16.

1265. Le juge-commissaire ne peut ordonner d'office l'apport de
la minute de la pièce arguée; il ne peut même, s'il juge cet apport
nécessaire, en référer au tribunal pour qu'il l'ordonne. — A. 770.

1266. Le demandeur en faux, lorsqu'il présume qu'il existe entre
la minute et la copie arguée des différences qui rendent nécessaire
de comparer ces deux pièces, peut demander au tribunal qu'il ordonne,
par le jugement qui admettra l'inscription, l'apport de la minute, et
même qu'il soit procédé à la poursuite du faux, sans attendre cet
apport, conformément à l'article 222. — A. 771.

1267. Le défendeur doit être appelé pour voir statuer le juge-
commissaire sur l'apport de la minute. — A. 772.

1268. Si le juge-commissaire, auquel la loi donne la faculté de
refuser ou d'ordonner l'apport, ne voulait pas prendre sur lui de prononcer à ce sujet, il pourrait en référer au tribunal. — A. 773.

1269. La contrainte prononcée par l'article 221 s'exécute ainsi
qu'il est dit *suprà* n.° 1176. — A. 774.

### ARTICLE 222.

Il est laissé à la prudence du tribunal d'ordonner, sur
le rapport du juge-commissaire, qu'il sera procédé à la continuation de la poursuite du faux, sans attendre l'apport de
la minute; comme aussi de statuer ce qu'il appartiendra,
en cas que ladite minute ne pût être rapportée, ou qu'il
fût suffisamment justifié qu'elle a été soustraite ou qu'elle
est perdue.

*Conférence.*

Ordonnance de 1737, titre 2, 2.ᵉ partie de l'article 16.

1270. *Quelles sont, en général, les circonstances dans lesquelles le tribunal peut ordonner la continuation des poursuites, sans attendre l'apport de la minute ?*

V. A. 475.

1271. L'impossibilité d'apporter la minute doit être constatée par certificat ou déclaration de la part de la personne que l'on supposait en être détenteur. — A. 776.

1272. Les tribunaux peuvent décider qu'il n'y a pas lieu à donner de suite à l'inscription de faux contre la minute d'un acte, lorsque le notaire qui en était censé dépositaire certifie qu'elle n'existe pas, et qu'elle ne se trouve pas même relatée dans le répertoire de son prédécesseur qui l'avait reçue. ( Colmar, 1.er février 1812, Sirey, 1814, p. 328. )

### ARTICLE 223.

Le délai pour l'apport de la minute court du jour de la signification de l'ordonnance ou du jugement au domicile de ceux qui l'ont en leur possession.

*Conférence.*

T. art. 29; ordonnance de 1737, tit. 2, 1.re partie de l'art. 17.

1273. Le jugement dont il s'agit dans l'article 223 est celui qui aurait été rendu conformément à l'article 220, ou dans les espèces qui font l'objet des questions 771 et 773 de l'analyse. V. *supra*, n.os 1266 et 1268. — A, 777.

### ARTICLE 224.

Le délai qui aura été prescrit au défendeur pour faire apporter la minute, courra du jour de la signification de l'ordonnance ou du jugement à son avoué; et faute par le défendeur d'avoir fait les diligences nécessaires pour l'apport de ladite minute dans ce délai, le demandeur pourra se pourvoir à l'audience, ainsi qu'il est dit article 217.

Les diligences ci-dessus prescrites au défendeur seront remplies en signifiant par lui aux dépositaires, dans le délai qui aura été prescrit, copie de la signification qui lui aura été faite de l'ordonnance ou du jugement ordonnant l'apport de ladite minute ; sans qu'il soit besoin, par lui, de lever expédition de ladite ordonnance ou dudit jugement.

*Conférence.*

T. art. 70. Sur la première partie de cet article, voy. ordonnance, tit. 2, art. 12.

1274. De ce que l'article 221 porte que le défendeur sera tenu de faire apporter la minute dans le tems qui lui sera prescrit, il ne s'ensuit pas que le tribunal ne doive fixer qu'un délai unique ; il est nécessaire au contraire qu'il en indique un au défendeur pour agir vers les détenteurs, ensuite un second à ceux-ci, afin d'apporter la pièce sur l'avis que le défendeur leur en donne. — A. 778.

1275. Le défendeur doit dénoncer au demandeur qu'il a fait ses diligences, afin que le dépositaire fasse l'apport de la pièce ; et si l'inscription de faux est dirigée contre une pièce qui se trouve déjà déposée au greffe, le défendeur devrait notifier au demandeur un acte du greffier, qui constatât la réalité de ce dépôt. — A. 779.

1276. De ce que les articles 221, 223, 224 et 225 ne parlent que de l'apport, et non de l'envoi de la minute, on ne doit pas conclure que le tribunal ou le juge-commissaire ne puisse ordonner l'envoi, comme en matière de vérification. — A. 780.

## ARTICLE 225.

La remise de ladite pièce prétendue fausse étant faite au greffe, l'acte en sera signifié à l'avoué du demandeur, avec sommation d'être présent au procès-verbal ; et, trois jours après cette signification, il sera dressé procès-verbal de l'état de la pièce.

Si c'est le demandeur qui a fait faire la remise, ledit procès-verbal sera fait dans les trois jours de ladite remise ; sommation préalablement faite au demandeur d'y être présent.

*Conférence.*

T. art. 70 et 166 ; ordonnance de 1737, tit. 2, art. 23.

## ARTICLE 226.

S'il a été ordonné que les minutes seraient apportées, le procès-verbal sera dressé conjointement, tant desdites minutes que des expéditions arguées de faux, dans les délais ci-dessus : pourra néanmoins le tribunal ordonner, suivant l'exigence des cas, qu'il sera d'abord dressé procès-verbal de l'état desdites expéditions, sans attendre l'apport desdites minutes, de l'état desquelles il sera, en ce cas, dressé procès-verbal séparément.

*Conférence.*

T. art. 92 ; ordonnance de 1737, tit. 2, art. 24.

## ARTICLE 227.

Le procès-verbal contiendra mention et description des ratures, surcharges, interlignes et autres circonstances du

même genre; il sera dressé par le juge-commissaire; en
présence du procureur du Roi, du demandeur et du défendeur, ou de leurs fondés de procurations authentiques
et spéciales : lesdites pièces et minutes seront paraphées
par le juge-commissaire et par le procureur du Roi; par
le défendeur et le demandeur, s'ils peuvent ou veulent les
parapher; sinon il en sera fait mention. Dans le cas de
non comparution de l'une ou de l'autre des parties, il sera
donné défaut, et passé outre au procès-verbal.

*Conférence.*

Ordonnance de 1737, tit. 1, art. 10 et 11, tit. 2, art. 25.

1277. Par ces mots de l'article 227 : *Et autres circonstances du
même genre*, la loi entend parler de toutes les circonstances qui
tendent à faire connaître les endroits sur lesquels portent les imputations du faux. — A. 781.

1278. Si, lors de la dresse du procès-verbal de l'état de la pièce
arguée de faux, une des parties omettait de requérir les apuremens
qu'elle croirait être dans son intérêt, elle serait non recevable à les
demander plus tard. (Rennes, 3.e ch., 21 décembre 1814, et 1.re ch.,
13 février 1815.)

ARTICLE 228.

Le demandeur en faux, ou son avoué, pourra prendre
communication, en tout état de cause, des pièces arguées
de faux, par les mains du greffier, sans déplacement et
sans retard.

*Conférence.*

T. art. 91 et 92; ordonnance de 1737, tit. 2, art. 26.

1279. Dans cet article la particule *ou* doit être entendue en sens
conjonctif; ainsi, soit la partie seule, soit son conseil, soit tous les
deux ensemble, peuvent prendre communication. — A. 782.

1280. L'article 228, en substituant le mot *avoué* à celui de *conseil*, employé dans l'ordonnance de 1737, n'a pas entendu interdire
au demandeur de prendre communication avec un conseil expert
en écriture. — A. 783.

1281. Le droit de prendre communication des pièces appartient
au défendeur comme au demandeur. — A. 784.

### ARTICLE 229.

Dans les huit jours qui suivront ledit procès-verbal, le demandeur sera tenu de signifier au défendeur ses moyens de faux, lesquels contiendront les faits, circonstances et preuves par lesquels il prétend établir le faux ou la falsification, sinon le défendeur pourra se pourvoir à l'audience pour faire ordonner, s'il y échet, que ledit demandeur demeurera déchu de son inscription en faux.

*Conférence.*

T., art. 75; ordonnance de 1737, tit. 2, art. 27.

1282. Celui qui demande à prouver le faux intellectuel d'un acte en tant qu'il affirme ou constate certains faits, doit, à peine de nullité, non seulement dénier ce qui est affirmé, mais encore indiquer des faits et des circonstances incompatibles avec les faits par lui déniés. (Cass., 18 février 1813. Sirey, 1813, p. 247.)

1283. Les moyens de faux consistent ordinairement dans les faits, circonstances et preuves par lesquels le demandeur prétend établir le faux ou la falsification. — A. 785, et *suprà* pages 382 et 383.

1284. Le délai de huitaine, donné pour justifier les moyens de faux, n'est pas fatal. — A. 786.

1285. Puisqu'aucune disposition du code ne le défend, on peut, dans l'intervalle qui s'écoule entre la signification des moyens de faux et le jugement, notifier de nouveaux moyens. — A. 787.

1286. On ne peut plaider à l'audience des moyens qui n'auraient pas été signifiés. — A. 788.

### ARTICLE 230.

Sera tenu le défendeur, dans les huit jours de la signification des moyens de faux, d'y répondre par écrit; sinon le demandeur pourra se pourvoir à l'audience pour faire statuer sur le rejet de la pièce, suivant ce qui est prescrit art. 217 ci-dessus.

*Conférence.*

Tarif, art. 75.

1287. Le délai pour signifier la réponse aux moyens de faux n'est que comminatoire; ainsi le défendeur peut valablement faire sa réponse après l'expiration de huitaine, et jusqu'au jugement à rendre en conformité de l'article 231. — A. 789.

46

1288. Le défendeur n'est pas obligé de répondre aux moyens de faux. — A. 790.

1289. S'il intervenait contre le défendeur un jugement par défaut, faute de plaider, il pourrait incontestablement y former opposition, mais en faisant signifier ses réponses. — A. 791.

### ARTICLE 231.

Trois jours après lesdites réponses, la partie la plus diligente pourra poursuivre l'audience ; et les moyens de faux seront admis ou rejetés, en tout ou en partie : il sera ordonné, s'il y échet, que lesdits moyens ou aucuns d'eux demeureront joints, soit à l'incident en faux, si quelques-uns desdits moyens ont été admis, soit à la cause ou au procès principal ; le tout suivant la qualité desdits moyens et l'exigence des cas.

*Conférence.*

Ordonnance de 1737, titre 2, art. 19 ; C. p., art. 246 et 251.

1290. Les moyens pertinens et admissibles sont ceux qui, étant prouvés, établissent clairement la fausseté de la pièce arguée de faux. — A. 792.

1291. *Quelles sont les circonstances où il y a lieu à joindre les moyens de faux, soit à l'incident de faux, soit à la cause ou procès principal ; et quand cette jonction a été ordonnée, doit-on vider l'incident avant tout jugement, même préparatoire, sur le fond ?*

Nous avons examiné la première partie de cette question A. 793 ; mais en nous bornant à quelques exemples qui nous parurent propres à en fixer la solution dans certaines circonstances données, quelques développemens sont ici nécessaires pour généraliser et compléter cette solution.

Nous remarquerons avant tout qu'on n'admet les moyens de faux, que lorsqu'ils sont de nature à prouver la fausseté de l'acte, et que, pour en venir là, deux conditions sont nécessaires.

Il faut, 1.º que le fait que l'on présente comme un *faux* en soit véritablement un ; 2.º que les moyens proposés soient pertinens, c'est-à-dire, propres à prouver le fait qualifié *faux*.

Quand la première condition manque, les moyens doivent être irrévocablement rejetés : la preuve la plus complète des faits allégués ne pourrait jamais soutenir une inscription qui a besoin, pour ainsi dire, d'être constamment alimentée par l'allégation d'un fait qui soit positivement caractérisé faux par la loi. Sur ce fait, le demandeur peut bien, sans doute, fortifier ses moyens ; mais il ne peut les dénaturer ou en présenter de nouveaux. (Argument, art. 233.)

Quand il ne s'agit que de la seconde condition, on ne doit admettre, il est vrai, que les moyens qui peuvent fournir la preuve du fait *caractéristique ;* mais, s'il en est qui, sans présenter actuellement des indices assez prochains pour servir à la preuve, sembleraient cependant de nature à devenir plus directs par l'examen de ce qui reste à juger, c'est alors le cas de *joindre.*

S'il y a des moyens admis, c'est nécessairement à l'incident qu'il faut joindre, et non au fond, parce que les moyens joints ne peuvent jamais être indépendans du faux ; et que, par conséquent, il serait contradictoire de joindre au fond, qui ne sera repris qu'après l'incident de faux.

Si, au contraire, on n'admet aucun des moyens, on ne peut plus joindre qu'au fond ; mais alors, il faut remarquer, ce que trop d'auteurs ont oublié de faire, qu'après l'examen du fond, et lorsque toute instruction est terminée, c'est-à-dire, lorsqu'il n'y a plus d'espoir de trouver de nouvelles lumières, il est nécessaire de statuer préalablement sur les moyens de faux, afin de les admettre ou rejeter, d'admettre ou rejeter la pièce, d'admettre ou rejeter la demande en inscription de faux.

Ainsi, par le jugement de jonction au fond, la procédure sur le faux n'est réellement que suspendue ; ce n'est qu'un *tardé de faire droit* dans l'espoir d'acquérir de nouvelles lumières sur la *validité et l'admissibilité* des moyens de faux.

Il faut donc revenir à l'inscription ; autrement, elle ne serait pas jugée.

Il est vrai que la loi ne dit pas expressément que l'on doive procéder de la sorte ; mais elle n'a supposé nulle part que le contraire fût possible ; aucun auteur aussi ne l'a supposé ; plusieurs, au contraire, affirment cette doctrine.

Serpillon s'en exprime formellement sur l'article 29 de l'ordonnance de 1737, pag. 226.

« Lorsque les moyens de faux ont été joints au procès, *il faut,*
» dit-il, y faire droit préalablement, c'est-à-dire, les admettre ou
» les rejeter, avant de rendre aucun jugement *préparatoire* ou défi-
» nitif sur *la contestation principale,* parce que, s'ils sont *déclarés*
» admissibles, il faut préalablement instruire *le faux incident.* »

D'autres, avant lui, avaient fait la même remarque. (V. ses citations dans ses quest. de droit *ad calcem,* n.° 84.)

Jousse, sur le même article de l'ordonnance de 1737, pose aussi comme règle générale que, dès qu'il y a une inscription de faux incident, il faut que l'incident soit jugé *avant le principal,* et qu'il y soit fait droit *préalablement.*

Enfin, Duparc, à l'endroit cité dans la 713.° question de l'analyse, suppose clairement qu'on ne peut *joindre* que pour être plus en état de juger ensuite la validité des moyens. « *Alors, quand la jonction*

» est ordonnée, l'examen du procès, fait en même tems que celui
» des moyens de faux, mettra le juge en état de prononcer sur
» *l'admission* ou *le rejet* de ces moyens. »

Enfin, la cour de Rennes l'a décidé implicitement dans l'arrêt du
29 janvier 1818, cité *suprà* n.º 1213, lors duquel le ministère public,
tout en reconnaissant les moyens de faux inadmissibles, concluait
néanmoins à ce qu'ils fussent joints au fond, et la cour, attendu
qu'ils ne pouvaient jamais devenir admissibles, et que, dans le cas
même où le livre fût dans la suite rejeté comme suspect, il serait
toujours vrai de dire que l'inscription de faux est tombée, rejeta
définitivement les moyens sans les joindre, et condamna le demandeur
à l'amende et à des dommages-intérêts.

De ces observations, nous concluons, 1.º qu'il n'y a lieu à admettre
l'inscription qu'autant que les moyens sont de nature à caractériser
un fait réellement faux; 2.º qu'il n'y a lieu à joindre au fond qu'autant que les moyens, étant d'ailleurs reconnus tels, il paraît qu'ils
peuvent être corroborés, quant à leur intensité, par la connaissance
du fond; 3.º qu'en tous les cas, ayant de rien prononcer interlocutoire-
ment et même préparatoirement sur le fond, l'incident doit être vidé
par l'admission ou le rejet des moyens, et, dans le premier cas,
par le complément de l'instruction qui doit suivre l'admission.

1292. Le jugement qui prononce l'admission ou le rejet des moyens
de faux est interlocutoire; ainsi l'on peut en appeler avant le jugement définitif. — A. 794.

1293. L'incident en faux étant une contestation purement civile,
si, au moment dont il s'agit, les juges se trouvent partagés, on doit
procéder conformément à l'article 118 du code de procédure, et non
pas appliquer la disposition de l'article 583 du code d'instruction
criminelle : ce serait confondre, dans leur application, des lois d'un
ordre différent. — A. 795. (1)

## ARTICLE 232.

Le jugement ordonnera que les moyens admis seront
prouvés, tant par titres que par témoins, devant le juge
commis, sauf au défendeur la preuve contraire, et qu'il
sera procédé à la vérification des pièces arguées de faux,
par trois experts écrivains, qui seront nommés d'office par
le même jugement.

### Conférence.

T. art. 164; ordonnance de 1737, art. 30, et ordonn. de 1670, art. 13.

1294. Le tribunal doit ordonner conjointement les trois genres de
preuves, lorsqu'il s'agit de faux matériel; mais, s'il ne s'agit que

(1) Er. 3.ᵉ ligne de cette question, au lieu de *qui tend à ce rejet*, lisez *qui tend au rejet*.

de faux moral, il devient sans doute inutile d'ordonner la preuve
par experts ; il suffit de celle par titres ou par témoins. — A. 796.

1295. Si le tribunal avait ordonné cumulativement les trois genres
de preuves, et que le demandeur ne prouvât que par un seul ou
deux d'entre eux, cela suffirait pour autoriser à déclarer la pièce
fausse. — A. 797, et *suprà*, n.ᵒˢ 1147 et 1148.

1296. La preuve contraire à celle qui aurait été ordonnée par le
jugement appartient de droit au défendeur pour prouver que la pièce
est véritable. — A. 798.

1297. Quoique l'article 232 ne porte pas, à peine de nullité, que
les experts seront nommés d'office, le jugement qui les nommerait,
d'après les conventions des parties, pourrait être déclaré nul. —
A. 799.

Nous ajouterons qu'il devrait l'être, d'après les observations du
tribunat sur l'article du projet. (V. Locré, t. 1.ᵉʳ, p. 436, et l'exposé
des motifs. )

1298. Il est des cas où l'on doit nommer d'autres experts que des
experts écrivains, par exemple, lorsque le faux a été commis à l'aide
de procédés chimiques. — A. 800.

1299. Quand il n'y a lieu qu'à nommer des experts écrivains, le
tribunal n'est pas nécessairement obligé de nommer des personnes pro-
fessant l'art de l'écriture ; il convient seulement qu'il les appelle de
préférence. — A. 801.

1300. C'est le plus ordinairement après l'admission des moyens
de faux qu'il y a lieu de prononcer, conformément à l'article 1319
du code civil, la suspension provisoire de l'exécution de l'acte authentique argué. — A. 802.

### ARTICLE 233.

Les moyens de faux qui seront déclarés pertinens et
admissibles, seront énoncés expressément dans le dispositif
du jugement qui permettra d'en faire preuve ; et il ne sera
fait preuve d'aucun autre moyen. Pourront néanmoins les
experts faire telles observations dépendantes de leur art
qu'ils jugeront à propos, sur les pièces prétendues fausses,
sauf aux juges à y avoir tel égard que de raison.

#### *Conférence.*

Ordonnance de 1737, tit. 2 , art. 31.

1301. De ce que l'article 233 porte que le tribunal n'aura que tel
égard que de raison aux observations des experts qui ne porteraient
pas directement sur les moyens énoncés dans le jugement, on ne

doit pas conclure , *à contrario* , qu'il sera lié par les avis donnés sur ces moyens. — A. 8o3. V, *infrà* sur l'art, 323.

1302. Il est permis aux experts commis pour constater un faux matériel de recourir à des pièces de comparaison, quoiqu'ils n'aient à prononcer que sur une surcharge et un grattage. (Paris, 23 janvier 1811. Sirey, 1814, p. 332. )

### ARTICLE 234,

En procédant à l'audition des témoins , seront observées les formalités ci-après prescrites pour les enquêtes: les pièces prétendues fausses leur seront représentées , et paraphées d'eux, s'ils peuvent ou veulent les parapher; sinon il en sera fait mention.

A l'égard des pièces de comparaison et autres qui doivent être représentées aux experts, elles pourront l'être aussi aux témoins, en tout ou en partie, si le juge-commissaire l'estime convenable; auquel cas elles seront par eux paraphées, ainsi qu'il est ci-dessus prescrit.

*Conférence,*

Ordonnance de 1737, tit, 1, art, 25, 26, 27, 28 et 29; C. p., art, 262, 269, 270, 271, 272, 273, 274, 275, 276 et 277; V, *infrà* sur l'art, 257.

1303. *Si les moyens de faux sont fondés sur ce que les témoins instrumentaires d'un testament n'ont pas assisté à la confection entière de cet acte, peut-on prouver ce fait par la déposition même de ces témoins?*

Cette importante question étant controversée parmi les jurisconsultes; nous exposerons d'abord les motifs sur lesquels on appuye la négative,

On insiste sur la foi due aux actes authentiques, — sur la *mission légale* de ceux qui sont appelés à donner, par leur concours, ce caractère aux actes; — sur leur *défaut de qualité* pour détruire eux-mêmes leur ouvrage; — sur le danger de leur conférer un pareil pouvoir; — sur l'irrévocabilité des actes, dont la destruction ne peut dépendre de ceux qui leur ont donné l'existence; — sur la singulière position dans laquelle se placent des témoins qui, se démentant eux-mêmes, sont dans l'alternative d'avoir été ou d'être parjures; — enfin, sur le peu de confiance qu'ils inspirent par cela même à la justice, si la cause se plaide au civil, et sur la maxime *non auditur perire volens* , s'ils viennent eux-mêmes s'accuser au criminel.

Et, en effet, alors même qu'on plaide au civil, si les témoins qui viennent se démentir n'ont été *ni surpris ni trompés*, comment échapperont-ils à cette conséquence qu'ils sont, dans toute l'étendue du terme, coupables d'un faux ?

« Le notaire, les parties et les témoins ne peuvent plus détruire
» par leurs déclarations l'acte qu'ils ont signé, parce que leur foi est
» engagée *par leur signature*, dit Danty sur Boiceau. (Préface, n.° 33,
» édit. de 1669. »

» Si un notaire avouait en mourant avoir fait un acte faux, dit
» Serpillon ( code criminel, p. 915 ), cette déclaration ne ferait pas
» une preuve suffisante; l'intérêt public s'y opposerait. »

Ce commentateur ajoute, p. 916 : « L'aveu d'un accusé ne ferait
» pas seul une preuve suffisante pour le condamner : il faut distin-
» guer entre les aveux faits en justice et hors justice. »

Il dit, dans son code du faux, pag. 406 : « Les déclarations des
» notaires ne forment jamais seules une preuve complète, et il renvoie
» à d'Aguesseau, t. 4, p. 185. »

Mais, il est à remarquer que d'Aguesseau n'admet pas cette proposition d'une manière si absolue.

« Qu'on n'abuse pas, dit-il, de la maxime commune qui ne reçoit
» pas les déclarations des officiers publics, lorsqu'elles sont contraires
» à leurs actes; cette maxime est véritable, pourvu qu'on la ren-
» ferme dans ses bornes légitimes. Ces déclarations ne forment jamais
» seules et par elles-mêmes une preuve complète; mais elles forment
» souvent des conjectures puissantes, des commencemens de preuves
» que l'on ne peut absolument rejeter. »

Domat ( lois civ., liv. 3, tit. 6, sect. 2, n.° 7 ) affirme qu'on ne recevrait pas les témoins d'un acte en forme à dire le contraire.

Cette doctrine est également celle du président Favre ( cod. ad leg. corn. *de Falsis.*)

Enfin, M. Merlin, dans ses questions de droit ( v.° *témoins*, §. 3, 2.°édit.°ⁿ, p. 179) examine la question qui nous occupe, et la résout négativement. (V. en outre nouveau Dénisart, au mot *faux*, t. 8, p. 458.)

Tels sont les moyens que l'on fait valoir pour la négative de la question.

Mais il faut convenir, en analysant les différentes autorités citées, que, si les déclarations des notaires et des témoins ne peuvent seules détruire les actes qu'ils ont rendus authentiques ( V. arrêt de Paris, du 5 juin 1817. Sirey, 1818, 2.° part., p. 35 ), néanmoins les témoins peuvent être admis à déposer en justice sur le faux, ainsi que la cour de cassation l'a décidé par arrêt du premier avril 1808, également rapporté par Sirey, 1807, 2.° part., p. 1226.

Le danger d'une pareille rétractation doit, en effet, porter à présumer que la force de la vérité et le remords seul ont pu arracher un pareil aveu, et, cette considération peut concourir à faire admettre leurs dépositions pour corroborer les preuves par ailleurs acquises.

Mais nous n'entendons appliquer qu'aux témoins qui auraient signé l'acte cette décision que, si l'on ne doit pas rejeter absolument leurs déclarations, du moins elles ne font pas une preuve complète; c'est ce que la cour de Paris a jugé, par l'arrêt de 1817, ci-dessus cité.

A l'égard de ceux qui n'ont point signé, soit qu'ils sussent, soit qu'ils ne sussent pas signer, leur foi n'a point été engagée, et par conséquent leur déclaration n'étant point accompagnée du danger qui existe quand des témoins viennent démentir leurs signatures, il nous semble qu'ils doivent être entendus avec la même confiance que des témoins ordinaires.....

Peu importe que le notaire ait mentionné qu'ils ont déclaré ne pouvoir ou ne savoir signer, puisque cette mention ne serait pas moins mensongère sur ce point que sur le fait de leur présence à la confection de l'acte.

A la vérité, aux termes de l'article 974 du code civil, il suffit que deux des quatre témoins sachent signer pour que le testament soit valable, et que deux témoins non véridiques pourraient, par un semblable démenti, compromettre un notaire supposé de bonne foi.

Mais qu'en conclure? Que le notaire fera bien d'employer des témoins qui puissent être liés par leur signature ; la prudence le conseille.

Qu'on doive refuser péremptoirement d'admettre les dépositions de ces témoins, non, sans doute ; car s'il convient, dans l'intérêt de la vérité, de ne pas négliger le témoignage de *ceux-là même qui auraient signé*, s'ils pouvaient, *parce qu'ils auraient été trompés ou surpris*, faire une déclaration contraire aux dispositions de l'acte ; il doit en être de même, à plus forte raison, de ceux qui nient avoir été présens à sa confection. ( V. conclusions de M. Goux, aux questions de droit, *ubi suprà*, et nouveau répertoire, dernière édit., t. 13, p. 405.)

### ARTICLE 235.

Si les témoins représentent quelques pièces lors de leurs dépositions, elles y demeureront jointes, après avoir été paraphées, tant par le juge-commissaire que par lesdits témoins ; s'ils peuvent ou veulent le faire, sinon il en sera fait mention ; et si lesdites pièces font preuve du faux ou de la vérité des pièces arguées, elles seront représentées aux autres témoins qui en auraient connaissance ; et elles seront par eux paraphées, suivant ce qui est ci-dessus prescrit.

*Conférence.*

Ordonnance de 1737, tit. 1, art. 40.

1304. Il paraît résulter de la seconde disposition de l'article 236, que l'enquête doit précéder les opérations des experts. — A. 804.

1305. Le juge-commissaire doit absolument mentionner, dans son procès-verbal, l'exécution des formalités prescrites par les articles 234 et 235, autrement le défendeur serait autorisé à faire rejeter la déposition des témoins. — A. 805.

1306. Si les témoins représentent quelques pièces, lors de leur déposition, le juge-commissaire doit constater ce fait, faire la description de ces pièces, et les parapher avec le témoin qui les produit. — A. 806.

1307. *Les pièces ne doivent-elles être représentées qu'à ceux des témoins qui seraient entendus après leur remise?*

Après ces mots de l'article 235, *qui en auraient connaissance,* le projet ajoutait, *et qui seraient entendus depuis la remise desdites pièces.* Cette disposition fut retranchée sur les observations de la section du tribunat, attendu qu'il pourrait arriver, soit que les témoins qui représenteraient les pièces seraient entendus les derniers, soit que les témoins précédemment entendus auraient connaissance de ces mêmes pièces. Par suite de ce retranchement, les pièces dont il s'agit dans l'article 235 doivent être représentées à tous ceux des témoins qui ne les auraient pas produites, mais qui pourraient en avoir connaissance. C'est donc au demandeur à requérir et au juge-commissaire à ordonner la nouvelle audition des témoins qui pourraient avoir connaissance des pièces jointes, ou la représentation de ces mêmes pièces aux témoins précédemment entendus. ( Locré, t. 1.er, p. 489. )

### ARTICLE 236.

La preuve par experts se fera en la forme suivante :

1.° Les pièces de comparaison seront convenues entre les parties, ou indiquées par le juge, ainsi qu'il est dit à l'article 200, titre *de la vérification des écritures.*

2.° Seront remis aux experts, le jugement qui aura admis l'inscription de faux ; les pièces prétendues fausses ; le procès-verbal de l'état d'icelles ; le jugement qui aura admis les moyens de faux et ordonné le rapport d'experts ; les pièces de comparaison, lorsqu'il en aura été fourni ; le procès-verbal de représentation d'icelles, et le jugement par lequel elles auront été reçues : les experts mentionneront dans leur rapport la remise de toutes les pièces susdites, et

47

l'examen auquel ils auront procédé, sans pouvoir en dresser aucun procès-verbal; ils parapheront les pièces prétendues fausses.

Dans le cas où les témoins auraient joint des pièces à leur déposition, la partie pourra requérir et le juge-commissaire ordonner qu'elles seront représentées aux experts.

3.° Seront, au surplus, observées audit rapport les règles prescrites au titre *de la vérification des écritures.*

### Conférence.

Ordonnance de 1737, titre 1, art. 23 *in fine*, et tit. 2, art. 33, 35, 36 et 39; C.pr., art. 193 et suivans.

1308. On doit appliquer à l'inscription de faux les dispositions de l'article 201 et suivans, relatives à l'apport et à l'envoi des pièces par les dépositaires. — A. 807.

1309. Le procès-verbal de présentation des pièces de comparaison, dont la seconde disposition de l'article 236 ordonne la remise aux experts, est celui qui constate la remise de ces pièces au greffier par les dépositaires. — A. 808.

1310. De ce que l'article 236 porte qu'on remettra aux experts *le jugement* par lequel les pièces de comparaison auront été reçues, on ne doit pas conclure qu'en matière d'inscription le juge-commissaire ne puisse jamais recevoir ces pièces.

Il est au contraire des circonstances où elles sont reçues par lui, et, par conséquent, c'est, selon les cas, la remise du jugement ou celle de son ordonnance qui doit être faite aux experts. — A. 809. (1)

1311. Si la partie intéressée ne requérait pas que les pièces que des témoins auraient jointes à leur déposition fussent représentées aux experts, le juge-commissaire pourrait l'ordonner d'office. — A. 810.

1312. Le demandeur ne peut s'inscrire en faux contre les pièces de comparaison produites par le défendeur; il doit attendre la décision du fond. ( V. jurisprudence sur le code de procédure, t. 1.er, p. 102 et suivantes, et la note des éditeurs, p. 106. )

_____

(1) *Er.* 4.ᵉ alinea, 1.ʳᵉ ligne, au lieu de *se trouverait appuyée de cet auteur*, lisez *se trouverait appuyée de l'avis de cet auteur.*

### ARTICLE 237.

En cas de récusation, soit contre le juge-commissaire, soit contre les experts, il y sera procédé ainsi qu'il est prescrit aux titres XIV et XXI du présent livre.

*Conférence.*

C. pr., art. 308, 309, 378, 383.

### ARTICLE 238.

Lorsque l'instruction sera achevée, le jugement sera poursuivi sur un simple acte.

1313. L'instruction est entièrement achevée par la confection de l'enquête ou du rapport. — A. 811.

### ARTICLE 239.

S'il résulte de la procédure des indices de faux ou de falsification, et que les auteurs ou complices soient vivans, et la poursuite du crime non éteinte par la prescription, d'après les dispositions du code pénal, le président délivrera mandat d'amener contre les prévenus, et remplira, à cet égard, les fonctions d'officier de police judiciaire.

*Conférence.*

Ordonnance de 1737, tit. 3, art. 14, et loi du 3 brumaire an 4, art. 9 et 10; Cod. instr. crimin., art. 462.

1314. D'après l'article 239 du code de procédure, le président devrait délivrer le mandat d'amener et remplir les fonctions d'officier de pièce judiciaire; mais il y a innovation à cette partie de l'article par l'article 462 du code d'instruction criminelle. — A. 812. (Voy. *suprà*, n.ºˢ 1313 et 1314.

1315. Le président qui userait de la faculté de décerner le mandat, n'aurait pas le droit d'interroger le prévenu. — A. 813.

1316. L'officier qui exerce le ministère public peut, avant que l'instruction soit ordonnée, commencée ou achevée, et dès qu'il lui paraît qu'il existe des indices de crime, déclarer qu'il entend en faire une dénonciation officielle, et requérir la suspension de l'instance civile, conformément à l'article 240. — A. 814, et *suprà*, n.ºˢ 1313 et 1314.

1317. Relativement au tems requis pour la prescription de la poursuite du crime de faux, voyez l'article 657 du code d'instruction criminelle. — A. 815, et *suprà*.

## ARTICLE 240.

Dans le cas de l'article précédent, il sera sursis à statuer
sur le civil, jusqu'après le jugement sur le faux.

### Conférence.

C. civ., art. 1319.

1318. Il est plus régulier que le tribunal constate par jugement
que les pièces seront transmises au substitut du procureur général
près le juge d'instruction, et qu'en conséquence il soit sursis à statuer
sur le civil ; cependant il n'est pas absolument nécessaire que ce
sursis soit prononcé, parce qu'il est de droit. — A. 816.

1319. Il n'est nécessaire de surseoir à statuer au civil, lorsqu'il
y a lieu de renvoyer le prévenu de faux devant le substitut du procureur général, que dans le seul cas où le sort de la contestation
principale dépend de la vérité ou de la fausseté de la pièce arguée
de faux. — A. 817.

1320. Si la surséance ordonnée par cet article n'avait pas été prononcée, il y aurait nullité des procédures postérieures. ( Perrin,
traité des nullités, p. 225 et 226. )

1321. Le jugement rendu sur l'action publique par les juges criminels doit déterminer nécessairement les résultats des poursuites
civiles qui ont été suspendues. — A. 818.

1322. Cette proposition doit être modifiée par ce que nous avons
établi *suprà*, n.° 1213, et sur-tout par la savante dissertation de
notre respectable collègue M. Toullier, au 8.ᵉ volume de son traité
du droit civil, n.ᵒˢ 34 et suivans des notions préliminaires.

Il suit de la discussion véritablement approfondie dans laquelle
il est entré, 1.° que la déclaration d'un jury (ou tout arrêt de cour
spéciale ou jugement correctionnel ) portant que le fait n'est pas
constant, ou que l'accusé n'est pas coupable, ne doit point influer sur les jugemens des actions civiles, et ne peut acquérir, en
faveur de l'accusé, l'autorité de la chose jugée relativement à ces
dernières actions, parce que de la déclaration négative que le délit
n'est pas constant, ou que le prévenu n'est pas coupable, on ne
peut conclure autre chose, sinon qu'il ne s'est pas trouvé de preuves
suffisantes, soit de l'existence du délit, soit de l'accusé. ( V. *suprà*
n.° 1213.

2.° Que dans le cas où au lieu de ces déclarations négatives, le
jury a déclaré positivement que le délit est constant, ou que l'accusé
est coupable, les juges devant qui la partie lésée porte ensuite séparément son action civile ne sont pas liés par l'arrêt criminel et obligés
nécessairement à admettre la demande, puisque cette décision n'a
pu avoir autorité de chose jugée entre les deux parties, conformément

à l'article 1351 du code civil ; d'où suit que le demandeur à fins civiles demeure, nonobstant le jugement criminel, assujéti aux règles ordinaires et générales qui l'obligent d'apporter au soutien de sa demande d'autres preuves qui peuvent être contredites par le condamné ou par ses héritiers.

Nous n'hésitons pas à convenir que ces deux conséquences de la discussion de M. Toullier nous ont paru tellement fondées en raison et en autorité, que nous rétractons la proposition ci-dessus, tirée de la 818.ᵉ question de notre analyse, dont la solution ne reposait d'ailleurs que sur une opinion de M. Merlin, qui nous paraît aujourd'hui complètement réfutée.

### ARTICLE 241.

Lorsqu'en statuant sur l'inscription de faux, le tribunal aura ordonné la suppression, la lacération ou la radiation en tout ou en partie, même la réformation ou le rétablissement des pièces déclarées fausses, il sera sursis à l'exécution de ce chef du jugement, tant que le condamné sera dans le délai de se pourvoir par appel, requête civile ou cassation, ou qu'il n'aura pas formellement et valablement acquiescé au jugement.

*Conférence.*

Ordonnance de 1737, tit. 1, art. 59.

1323. *Comment s'exécute la disposition de l'article 241, concernant, soit la* suppression, *la* lacération, *la* radiation *ou la* réformation, *soit le* rétablissement *des pièces ?*

V. A. 819.

1324. Si le jugement qui ordonne la suppression, la lacération, etc., avait été rendu contre un mineur, il faudrait attendre, pour en effectuer l'exécution en ce point, qu'à sa majorité ce jugement lui eût été signifié de nouveau, pour faire courir le délai de la requête civile, et que ce délai fût expiré. — A. 820.

### ARTICLE 242.

Par le jugement qui interviendra sur le faux, il sera statué, ainsi qu'il appartiendra, sur la remise des pièces, soit aux parties, soit aux témoins qui les auront fournies ou représentées ; ce qui aura lieu même à l'égard des pièces prétendues fausses, lorsqu'elles ne seront pas jugées telles : à l'égard des pièces qui auront été tirées d'un dépôt public, il sera ordonné qu'elles seront remises aux dépositaires, ou renvoyées par les greffiers de la manière prescrite par le tribunal ; le tout sans qu'il soit rendu séparément un autre jugement sur la remise des pièces, laquelle néanmoins ne pourra être faite qu'après le délai prescrit par l'article précédent.

*Conférence.*

Ordonnance de 1737, tit. 1, art. 63.

### ARTICLE 243.

Il sera sursis, pendant ledit délai, à la remise des pièces de comparaison ou autres, si ce n'est qu'il en soit autrement ordonné par le tribunal, sur la requête des dépositaires desdites pièces, ou des parties qui auraient intérêt de la demander,

*Conférence,*

Ordonnance de 1737, tit. 1, art. 67.

1325. L'article 243 fait à l'article 242 une exception d'après laquelle les parties elles-mêmes et les témoins peuvent obtenir la remise des pièces par eux fournies et représentées avant l'expiration des délais. — A. 821.

1326. Les frais de cette remise sont supportés par celle des parties qui a succombé dans l'incident d'inscription; elle y est condamnée par le jugement intervenu sur la contestation. — A. 822.

### ARTICLE 244.

Il est enjoint aux greffiers de se conformer exactement aux articles précédens, en ce qui les regarde, à peine d'interdiction, d'amende qui ne pourra être moindre de cent francs, et des dommages-intérêts des parties, même d'être procédé extraordinairement, s'il y échet.

*Conférence,*

Ordonnance de 1737, tit. 1, art. 68.

1327. Il y a lieu à l'application de l'article 244, toutes les fois qu'au mépris des articles précédens le greffier se permettrait, soit de refuser la remise des pièces, lorsqu'elle est ordonnée, soit de l'effectuer avant l'expiration des délais, etc. — A. 823.

1328. S'il y avait lieu à poursuivre le greffier dans les cas mentionnés ci-dessus, on n'aurait pas besoin d'obtenir préalablement l'autorisation du conseil d'état. — A. 824.

### ARTICLE 245.

Pendant que lesdites pièces demeureront au greffe, les greffiers ne pourront délivrer aucune copie ni expédition des pièces prétendues fausses, si ce n'est en vertu d'un jugement; à l'égard des actes dont les originaux ou minutes auront été remis au greffe, et notamment des registres sur lesquels il y aurait des actes non argués de faux, lesdits greffiers pourront en délivrer des expéditions aux parties qui auront le droit d'en demander, sans qu'ils puissent prendre de plus grands droits que ceux qui seraient dus aux dépositaires desdits originaux ou minutes : et sera le présent article exécuté, sous les peines portées par l'article précédent.

S'il a été fait par les dépositaires des minutes desdites pièces, des expéditions pour tenir lieu desdites minutes, en exécution de l'article 203 du titre *de la vérification des écritures*, lesdits actes ne pourront être expédiés que par lesdits dépositaires.

*Conférence.*

Ordonnance de 1737, tit. I, art. 69; C. pr., art. 203.

1329. Le jugement qui autoriserait le greffier à donner copie ou expédition des pièces prétendues fausses, doit ordonner qu'il y sera fait mention de l'inscription en faux et du jugement qui aura prononcé sur cet incident, afin que ceux devant qui la pièce serait produite n'y aient que tel égard que de raison. — A. 825.

1330. L'article 839 est applicable aux greffiers dépositaires de pièces remises au greffe pour servir à une inscription de faux, sauf la seule exception qui dérive de l'article 245, en ce qu'il veut que le greffier ne donne copie des pièces prétendues fausses qu'en vertu de jugement. — A. 826.

### ARTICLE 246.

Le demandeur en faux qui succombera sera condamné à une amende qui ne pourra être moindre de trois cents francs, et à tels dommages et intérêts qu'il appartiendra.

*Conférence.*

Ordonnance de 1737, tit. 2, art. 49, et *infrà* sur l'art. 247.

1331. L'amende est encourue de plein droit, en sorte que le receveur de l'enregistrement est autorisé à en poursuivre le paiement, quoique la condamnation ne soit pas exprimée dans le jugement. — A. 827.

1332. Il n'en est pas de même des dommages-intérêts dus à la partie. — A. 828.

### ARTICLE 247.

L'amende sera encourue toutes les fois que l'inscription en faux ayant été faite au greffe, et la demande à fin de s'inscrire admise, le demandeur s'en sera désisté volontairement ou aura succombé, ou que les parties auront été mises hors de procès, soit par le défaut de moyens ou de preuves suffisantes, soit faute d'avoir satisfait, de la part du demandeur, aux diligences et formalités ci-dessus prescrites; ce qui aura lieu, en quelques termes que la prononciation soit conçue, et encore que le jugement ne portât point condamnation d'amende : le tout quand même le demandeur offrirait de poursuivre le faux par la voie extraordinaire.

*Conférence.*

Ordonnance de 1737, tit. 2, art. 50, et *infrà*, dernier n.°, art. 248.

1333. Si plusieurs demandes en faux sont formées, ou plusieurs pièces arguées conjointement, il n'y a lieu qu'à une seule amende; mais il en est autrement si plusieurs parties arguent séparément des pièces qui ne sont opposées qu'à chacune d'elles. — A. 829.

1334. De ce que l'article 247 ne s'exprime point sur les dommages-intérêts comme l'article précédent, on ne doit pas conclure que, dans le cas de condamnation à l'amende, conformément à l'article 247, il ne puisse y avoir condamnation aux dommages-intérêts. Il semble seulement résulter du silence de cet article que le juge peut, suivant les circonstances, se dispenser de les adjuger. — A. 830.

1335. L'amende est encourue lorsque le tribunal rejette les moyens ou ne les admet pas, quoique l'article 247 ne s'explique formellement qu'à l'égard du *défaut* de moyens. — A. 831.

1336. L'amende n'en est pas moins encourue par celui qui se serait pourvu en faux principal, si le faux était déclaré constant par suite de l'instruction criminelle. — A. 832.

### ARTICLE 248.

L'amende ne sera pas encourue, lorsque la pièce ou une des pièces arguées de faux, aura été déclarée fausse en tout ou en partie, ou lorsqu'elle aura été rejetée de la cause ou du procès, comme aussi lorsque la demande à fin de

s'inscrire en faux n'aura pas été admise.; et ce, de quelques
termes que les juges se soient servis pour rejeter ladite
demande, ou pour n'y avoir pas d'égard.

*Conférence.*

Ordonnance de 1737, tit. 2, art. 51.

1337. Dans le cas où, conformément à l'article 248, l'amende
n'est pas encourue, la condamnation aux dommages-intérêts ne peut
être prononcée. — A. 283.

### ARTICLE 249.

Aucune transaction sur la poursuite du faux incident
ne pourra être exécutée, si elle n'a été homologuée en
justice, après avoir été communiquée au ministère public,
lequel pourra faire à ce sujet telles réquisitions qu'il jugera
à propos.

*Conférence.*

Ordonnance de 1737, tit. 2, art. 52; C. civ., art. 2046, et *suprà*, p. 337.

1338. *Une transaction faite avant l'admission de l'inscription,
mais après la déclaration passée au greffe, conformément à l'article 218, est-elle sujette à homologation?*

Nous ne croyons pas que cette question soit susceptible de difficulté
sérieuse, quoique nous ayons entendu élever sur sa solution des
doutes fondés sur ce que les poursuites de faux ne seraient réputées
commencer qu'à partir de l'admission des moyens.

Mais l'article 249 est conçu en termes généraux, et il est indubitable, suivant nous, que la déclaration d'inscription est le premier
acte par lequel commencent les poursuites du faux, puisqu'il est
immédiatement suivi d'autres actes qui conduisent au jugement sur
les moyens, de même que la plainte est le fondement de la poursuite
en faux principal qui la suit. Il est donc évident que la transaction
faite dans cet intervalle arrête des poursuites, et, par conséquent, elle
est nécessairement soumise à la formalité prescrite par l'art. 249.

1339. Le tribunal peut se refuser à homologuer la transaction,
en ce qui touche l'intérêt civil, lorsque le ministère public a déclaré
poursuivre par voie criminelle. Vainement opposerait-on l'art. 2046
du code civil et l'article 4 du code d'instruction criminelle, qui autorisent la transaction sur l'intérêt civil résultant d'un délit.— A. 834.

1340. La transaction ne doit pas de plein droit être réputée nulle
et comme non avenue, si elle n'a pas été homologuée; elle subsiste
dans l'état jusqu'à homologation : son exécution seule est interdite,
à peine de nullité. — A. 885.

## ARTICLE 250.

Le demandeur en faux pourra toujours se pourvoir, par la voie criminelle, en faux principal ; et, dans ce cas, il sera sursis au jugement de la cause, à moins que les juges n'estiment que le procès puisse être jugé indépendamment de la pièce arguée de faux.

### Conférence.

Ordonnance de 1737, tit. 2, art. 50.

1341. Si le demandeur en faux incident civil veut se pourvoir, par la voie criminelle, en faux principal, le tribunal doit, avant de surseoir, examiner si le procès peut être jugé indépendamment de la pièce arguée. — A. 836.

1342. Lorsqu'une cour de justice criminelle ordonne qu'il sera poursuivi d'office, à la requête du procureur général, sous la condition que le dénonciateur consignera au greffe la somme nécessaire pour les frais, la cour royale doit surseoir au jugement de l'instance introduite devant elle entre ce dénonciateur et les individus qu'il accuse.

Mais, s'il intervient un arrêt de la même cour qui renvoie le dénonciateur se pourvoir ainsi qu'il verra, et que ce dernier ne prouve pas qu'il se soit postérieurement pourvu en faux principal, il devient nécessaire de mettre fin au sursis, et de statuer entre parties sur la demande des intimés. (Rennes, 3.ᵉ ch., 9 août 1809.)

1343. Lorsque, dans le cours d'une saisie immobilière, on rend plainte en faux principal contre des actes du ministère de l'huissier, il doit être sursis aux poursuites, même à l'adjudication préparatoire, quoique la mise en accusation du prévenu n'ait pas encore eu lieu.

La raison en est que l'article 1319 du code civil ne s'applique qu'à des actes emportant obligation, à des actes dont l'exécution peut être poursuivie *de plano* ; en un mot, à des actes notariés, qui sont les seuls auxquels convienne la définition de l'acte authentique, telle qu'elle est donnée dans l'article 1317 du code civil. (Cass., 15 février 1810 ; journ. des avoués, t. 1.ᵉʳ, p. 147.)

Mais, pour qu'il y ait lieu à suspendre les poursuites, il faut nécessairement que celui qui argue l'acte de faux justifie sa plainte ; il ne lui suffirait pas d'alléguer ce faux. (Paris, 8 germinal an 13 ; jurispr. des cours souv., t. 6, p. 56.)

1344. Le demandeur en faux incident peut se pourvoir en faux principal avant le jugement de l'instance civile, si son inscription a été rejetée pour omission de formalités. — A. 837.

1345. *La partie qui a sommé l'autre de déclarer si elle entend se servir de la pièce, conserve-t-elle la faculté de se pourvoir en faux principal, même lorsque celle-ci renonce à s'en servir?*

Un arrêt de la cour de cassation, du 28 octobre 1813, section criminelle ( V. journ. des avoués, t. 9, p. 22 ), décide de la manière la plus formelle que la poursuite en faux principal, à la requête du ministère public, ne peut être paralysée par la circonstance que le prévenu aurait déclaré, sur la sommation qui lui en aurait été faite dans le cours d'une instance civile, qu'il n'entendait pas se servir de la pièce.

L'évidence de cette décision est sensible, sur-tout d'après ce que nous avons dit page 335.

Mais on pourrait élever quelque doute sur le point de savoir s'il en est ainsi à l'égard de la partie civile.

L'arrêt précité décide implicitement l'affirmative par ses considérans, dans lesquels on lit que, « d'après les articles 19, 20 et 21 » du titre 2 de l'ordonnance de 1737, lorsqu'une pièce était rejetée » d'un procès, sur la déclaration faite par celui qui l'avait produite » de renoncer à s'en servir, la partie civile conservait le droit de » se pourvoir en faux principal, sous diverses distinctions, et que » le code de procédure a formellement disposé, par son article 250, » que le demandeur en faux pourra toujours se pourvoir, par la voie » criminelle, en faux principal; qu'enfin, en accordant cette faculté » à la partie civile, cet article a reconnu nécessairement qu'elle était » de droit pour la partie publique. »

Or, aucune des distinctions de l'ordonnance n'ayant été reproduite par le code, qui, au contraire, dispose de la manière la plus générale, on ne doit pas, à notre avis, hésiter sur la solution que suppose cet arrêt : il y en a d'ailleurs une raison décisive; c'est que la pièce n'étant rejetée du procès que sur la déclaration de la partie de ne pas s'en servir, n'est pas déclarée fausse, elle reste à la disposition de celle-ci; par conséquent, elle peut causer préjudice à la partie civile, sous d'autres rapports que ceux résultant du procès duquel elle est rejetée; et si, après le rejet prononcé par jugement, la partie civile a encore la ressource du faux principal, à plus forte raison doit-elle être libre d'en user dans l'hypothèse que nous venons d'examiner.

1346. Lorsqu'une pièce authentique est produite dans un procès civil, le tribunal peut, en cas de plainte en faux principal contre cette pièce, surseoir au jugement du procès. — A. 838.

### ARTICLE 251.

Tout jugement d'instruction ou définitif, en matière de faux, ne pourra être rendu que sur les conclusions du ministère public.

#### Conférence.

Ordonnance de 1737, tit. 2, art. 52.

1347. Le défaut de conclusions du ministère public opère un moyen de nullité contre les jugemens rendus en matière de faux. — A. 839. (1)

#### DISTINCTION SECONDE.

## De la procédure en reconnaissance de la vérité ou de la fausseté des faits.

L'AUDITION des témoins, l'inspection des lieux par le juge lui-même, l'examen par des hommes de l'art, soit de ces mêmes localités, soit des choses qui sont l'objet principal ou accessoire du procès; enfin, l'interrogatoire des parties : tels sont les moyens de vérifier et de reconnaître les faits qui peuvent influer sur la décision d'une contestation judiciaire. (V. *suprà*, p. 306.)

La procédure dont nous allons traiter se rapporte donc à quatre voies d'instruction; savoir : *l'enquête, les descentes sur les lieux, les rapports d'experts, et l'interrogatoire sur faits et articles.*

## TITRE XII.

### Des enquêtes.

{ V. loi du 7 fructidor an 3, *suprà* p. 61, et *infrà*, titre des matières sommaires, art. 407-413. }

LA preuve testimoniale ne devient nécessaire qu'à défaut de la preuve écrite; elle ne peut être admise que par un jugement (255); et les juges eux-mêmes ne peuvent l'ordonner arbitrairement, mais seulement dans les cas où la loi les y autorise d'une manière expresse(253.)

(1) *Er.* pag. 477, à la fin du deuxième alinéa, ajoutez : V. Sirey, 1814, 2.ᵉ part., [• 407 et 408,

A cet égard, le code civil renferme dans les articles 1341 à 1348 inclus des dispositions que l'on peut réduire à quatre règles principales : (1)

1.º Lorsqu'il s'agit de causes non commerciales ou de choses excédant une valeur de 150 fr., celui qui a pu se procurer une preuve littérale n'est pas admis à faire une preuve par témoins, s'il n'a un commencement de preuve par écrit.

2.º Lorsqu'il y a un acte écrit, les contractans et leurs successeurs ne peuvent, en aucune matière, être admis à la preuve testimoniale contre et outre cet acte, encore bien que l'objet vaille moins de 150 fr., s'ils n'ont aussi un commencement de preuve par écrit.

3.º On est admis à la preuve testimoniale des objets sur lesquels on n'a pu se procurer de preuve littérale, quelle que soit leur valeur.

4.º Il en est de même lorsque, par un cas fortuit, avoué ou constaté, la preuve littérale a été perdue.

*L'enquête* (2) est le mode de recevoir et de constater la preuve testimoniale ; c'est une voie d'instruction par laquelle le juge *recherche* dans les déclarations de ceux qui lui sont légalement indiqués comme témoins d'un fait, si ce fait est vrai, et quelles en sont les circonstances. (3)

On distingue encore depuis le code de procédure, comme on distinguait auparavant, deux sortes d'enquêtes, l'une qui se fait à l'audience, l'autre qui se fait au greffe devant un juge-commissaire.

La première se nomme *enquête verbale*, parce que les dépositions des témoins n'étant point rédigées par écrit, le ministère du juge se borne à les entendre. Cette enquête a particulièrement lieu dans les justices de paix et dans les tribunaux de commerce ; mais elle n'est

(1) V. Pothier, traité des obligations, part. 4, chap. 11. Danty, sur Boiceau ; Duparc-Poullain, t. 9, p. 371-328 ; Pigeau, t. 1, p. 251.

(2) Du latin *inquirere*, enquérir, rechercher, l'enquête, en matière criminelle, est appelée *information*.

(3) Au civil, on emploie aussi le mot *enquête* pour indiquer l'ensemble des actes relatifs à l'audition des témoins ; c'est ainsi que l'on dit qu'une *enquête* est *nulle*, pour exprimer que ces actes présentent une contravention à des dispositions prescrites à peine de nullité. ( Voy. art. 292 et 293. )

autorisée dans les autres qu'autant que la cause est *sommaire*. ( 40, 410 , 432. )

La seconde s'appelle *enquête par écrit*, parce que les dépositions sont rédigées dans un procès-verbal ( 271 ); elle a lieu dans les causes instruites suivant la forme ordinaire : c'est celle dont il s'agit en ce titre.

Mais il importe d'observer que toutes celles de ses dispositions qui seraient compatibles avec les règles particulières à l'*enquête verbale* n'en sont pas moins applicables à cette enquête, comme nous aurons occasion de le faire remarquer au titre des matières sommaires et de la procédure devant les tribunaux de commerce.

Ni le code civil, ni le code de procédure, ne posent de règles suivant lesquelles le juge doive considérer la preuve testimoniale comme parfaite ou suffisante, afin de l'autoriser soit à admettre, soit à rejeter les faits sur lesquels il aurait ordonné l'enquête.

De là ces questions ; La preuve dépend-elle du nombre des témoins ? Le juge est-il obligé de s'en rapporter au témoin qui n'est ni incapable, ni récusé, ni reproché ? Quel caractère, enfin, doivent avoir les dépositions pour devenir concluantes ?

Ces questions sont traitées par M. Locré ( esprit du code de procédure, t. 1.er, p. 449); et il décide sur tous les points que le législateur a entendu s'en rapporter entièrement aux lumières et à la conscience du magistrat.

Tel est aussi le sentiment de l'auteur du nouveau répertoire, (v.e *preuve*, sect. 2, n.° 1, *in fine*, et sect. 3, n.° 5.)

« Aujourd'hui, dit-il, dans les matières criminelles comme dans
» les matières civiles, il n'y a aucune règle précise sur le nombre
» des témoins nécessaires pour établir la preuve, soit d'un fait géné-
» ral, soit d'un fait particulier; et, dans les unes comme dans les
» autres, il peut arriver que la déposition d'un seul témoin forme
» une preuve suffisante.

. . . . . . . . . . . . . . . . . . . . . . . . . . . . . . . . . . . . .

» Cela résulte, pour les matières civiles, du silence absolu que
» le code de procédure a gardé, tant sur le *nombre* que sur la *qualité*

» des témoins nécessaires pour compléter une preuve, et de la dis-
» position par laquelle il abroge (art. 1041) *toutes lois, coutumes,*
» *usages et réglemens relatifs à la procédure civile.* »

Toutes les dispositions du présent titre ont pour objet les faits à
prouver, le jugement qui ordonne cette preuve, les qualités des
témoins, les formes de l'enquête; enfin, le jugement sur les reproches
et sur le fond.

Les faits doivent être articulés *succinctement* dans un acte que l'on
appelle acte de *conclusion*, parce qu'on y *conclut* à être admis à les
prouver; ils doivent être contredits dans un délai déterminé, et peuvent être tenus pour confessés et avérés, à moins que la loi ne s'y
opposât d'une manière formelle. (252.)

Si elle autorise la preuve de ces faits, et que cette preuve soit
d'ailleurs utile pour la décision du procès, le tribunal l'ordonne par
un jugement que l'on appelle *appointement à informer.*

Ce jugement détaille les faits, et, par conséquent, il est la base
des enquêtes *directe, contraire* ou *respective*, auxquelles il est procédé devant un juge-commissaire. (253, 254, 255.)

On appelle *enquête directe*, celle du demandeur en preuve; *enquête
contraire*, celle qui a lieu de plein droit de la part du défendeur,
(256); et *enquête respective*, celle qui se fait tant de la part du
demandeur que de celle du défendeur en preuve, lorsque des faits
différens, articulés et contestés de la part de chacun d'eux, ont
été respectivement l'objet d'un appointement, en sorte que chacune
des parties se trouve tout à la fois demanderesse et défenderesse, sous
le rapport de la preuve à faire.

La loi veut que les témoins soient *dignes de foi*, et il faut, par
une conséquence nécessaire, qu'ils soient *naturellement* et *civilement* capables de porter témoignage.

C'est le motif pour lequel elle écarte certains témoins, et permet
de reprocher certains autres. (268, 283.)

Ceux qu'elle écarte ne sont point entendus, mais on reçoit la
déposition de ceux qui ne seraient que reprochés. A la différence
des témoins qu'elle écarte, ceux que la loi se borne à déclarer susceptibles d'être reprochés n'en sont pas moins entendus par le juge-

commissaire ; mais leur déposition n'étant lue au tribunal qu'autant qu'il a rejeté les reproches, leur audition, dans le cas contraire, ne peut avoir aucune influence sur le fond du procès. ( 287 à 292. )

Tous les témoins assignés sont obligés de comparaître, à moins que le juge-commissaire n'ait admis leur excuse, ou, en termes de pratique, leur *exoine*. ( 263 et 267.)

Ils sont entendus séparément en présence de la partie, ou elle dûment appelée ; leurs déclarations sont données de vive voix, et sont écrites sous leur dictée, ou sous celle du juge-commissaire, qui a d'ailleurs le droit de leur adresser les questions qu'il juge convenables. ( 271-280. )

En général, l'enquête doit être commencée et parachevée dans les délais rigoureux que la loi prescrit ; mais elle en autorise en même tems la prorogation dans certaines circonstances qu'elle détermine. ( 257 à 259, 279 et 280. )

La mention de la prestation du serment des témoins, leurs déclarations de n'être ni parens, ni alliés, ni serviteurs d'une des parties, etc., la rédaction de leurs dépositions, l'énonciation des moyens de reproche ; tels sont les objets dont se compose le procès-verbal d'enquête. ( 269-275. )

L'enquête terminée par la clôture de cet acte, qui constate tout ce qui s'est passé devant le juge-commissaire, la partie la plus diligente le signifie à son adversaire, et l'appelle à l'audience où le tribunal prononce successivement sur les nullités de l'enquête, sur les reproches, s'il y a lieu, et enfin, sur le fond du procès. ( 286 à 293. )

Il nous reste à observer que, si le code civil est très-sévère sur l'admission de la preuve par témoins, le code de procédure ne l'est pas moins sur l'accomplissement des formalités de l'enquête ; elles sont, pour la plupart, prescrites à peine de nullité, et non seulement l'officier ministériel, mais le juge-commissaire lui-même, sauf les distinctions admises par les articles 292 et 293, sont responsables des vices qui proviendraient de leur fait.

### ARTICLE 252.

Les faits dont une partie demandera à faire preuve, seront articulés succinctement par un simple acte de conclusion, sans écritures ni requête.

Ils seront également, par un simple acte, déniés ou reconnus dans les trois jours; sinon ils pourront être tenus pour confessés ou avérés.

*Conférence.*

T. art. 71 ; ordonnance de 1667, tit. 20, art. 1 ; C. pr. , art. 413.

1348. Ces expressions de l'article 252, *les faits seront articulés succinctement*, signifient que les faits dont une partie demande à faire preuve, doivent être proposés dans l'acte de conclusion *article par article, brièvement, sans raisonnemens et sans questions ni moyens de droit.* — A. 840.

1349. Il est des affaires, telles que les affaires sommaires et commerciales, où les faits à prouver doivent être articulés, soit verbalement, soit par écrit, mais dans un autre acte que celui que l'article 252 prescrit. — A. 841.

1350. Si la partie avait omis de préciser, dans l'acte de conclusion, quelques faits décisifs, elle pourrait être admise à en faire ordonner la preuve, en les articulant dans un acte additionnel, excepté lorsqu'il s'agit d'une demande en séparation de corps. — A. 842.

Cette exception, admise pour la séparation de corps par les deux arrêts de Riom et de Paris, cités dans notre analyse, a été rejetée par un arrêt de Rennes, du 19 mai 1812, 2.° ch., auquel on peut en ajouter un de Besançon, du 9 avril 1808. ( V. jurispr. du code civil, t. 11, pag. 330.) Nous nous sommes rangés à l'opinion consacrée par ces dernières décisions dans la 2734.° question du même ouvrage (V. *infrà* sur l'art. 875), et nous y avons été déterminés par un arrêt de la cour de cassation, du 25 mai 1807, rapporté au nouveau répertoire, au mot *enquête*, (§. 4, t. 4, p. 607.)

Il est vrai que cet arrêt a été rendu en matière de divorce; mais les motifs de décider s'appliquent, à plus forte raison, à la séparation de corps, qui, aux termes de l'article 309, doit être intentée, instruite et jugée de la même manière que toute autre action civile.

1351. *Est-on dispensé de préciser les faits, lorsque l'enquête est demandée en matière de recelé?*

Danty, sur Boiceau ( traité de la preuve par témoins, p. 312, 6.° édit.) rapporte un arrêt du 6 août 1703, par lequel il a été

49

jugé que la preuve des faits généraux de recelé était admissible, sans expliquer les faits en particulier.

Dans l'espèce, on demandait seulement à prouver qu'un héritier bénéficiaire avait recelé des effets de la succession, sans articuler quels étaient ces effets; l'héritier prétendait que l'on devait désigner chacun d'eux, car autrement, disait-il, on demanderait à prouver un fait incertain, et le défendeur ne pourrait faire la preuve contraire : ce moyen n'en fut pas moins rejeté, et l'enquête ordonnée, sauf la preuve contraire.

Nous pensons que cette décision doit encore être suivie, parce qu'il serait souvent difficile aux héritiers d'un époux décédé ou à des créanciers, qui, le plus souvent, n'auraient pas connu en détail l'actif mobilier d'une communauté ou d'une succession, de désigner précisément les objets qui se trouveraient manquer. D'un autre côté, le recelé, comme le remarque Danty, est une espèce de vol, et l'auteur prend nécessairement toutes les précautions pour éviter d'être aperçu; il se garde sur-tout de faire à découvert l'enlèvement de l'objet qu'il recèle. Il ne serait donc pas juste, dans cette circonstance particulière, d'appliquer la loi dans toute la rigueur de ses termes.

Au reste, la question nous semble abandonnée à la discrétion du juge, qui, suivant les circonstances, peut admettre ou rejeter les conclusions en preuve.

L'objection que faisait le défendeur, dans l'espèce de l'arrêt de 1703, ne nous paraît fondée sur aucun intérêt réel, attendu que celui-ci peut toujours user de la faculté que lui donne l'article 279 de demander prorogation de délai pour faire sa contre-enquête; et, par conséquent, il ne peut prétendre que le défaut de précision exacte des faits du demandeur le mettent dans l'impossibilité de prouver les faits contraires.

Il est à remarquer, en outre, que le défendeur à l'enquête devant être assigné pour être présent à l'audition des témoins, ne peut aujourd'hui prétexter cause d'ignorance des faits à prouver contre lui, et de leurs circonstances.

1352. Le délai pour contester les faits n'est point fatal; ils peuvent donc être déniés, tant que le tribunal n'a point prononcé. — A. 843.

1353. On peut, sans dénier ni reconnaître les faits, empêcher qu'ils puissent être tenus pour confessés ou avérés, et s'opposer à ce que la preuve en soit ordonnée, 1.º si la preuve n'est pas *admissible*; 2.º si les faits ne sont pas *pertinens*; 3.º enfin, s'ils ne sont pas *concluans*. — A. 844.

1354. Un avoué qui n'oserait prendre sur son compte de reconnaître ou dénier les faits, sans en avoir reçu une autorisation de sa partie, peut conserver les droits de celle-ci par un acte équivalent à l'acte d'aveu ou de dénégation; mais cette décision ne serait pas applicable au cas où les faits auraient été posés dans la demande introductive d'instance. — A. 845.

1355. Le tribunal ne pourrait tenir pour confessé ou avéré un fait qui aurait été articulé dans l'acte de conclusion, si la partie n'avait pas expressément demandé à en faire preuve. — A. 846.

1356. Le tribunal n'est pas non plus suffisamment autorisé, par le fait de la non contestation, à ordonner la preuve des faits articulés dans cet acte de conclusion. — A. 847. (1)

1357. Il est trois cas dans lesquels le tribunal, malgré le défaut de dénégation, ne pourrait tenir les faits pour avérés; savoir, 1.° si l'ordre public est directement intéressé; 2.° si l'affaire concerne un mineur ou un interdit; 3.° si le silence peut nuire à un tiers. — A. 848.

### ARTICLE 253.

Si les faits sont admissibles, qu'ils soient déniés, et que la loi n'en défende pas la preuve, elle pourra être ordonnée.

### *Conférence.*

**Art.** unique, titre 13, ordonn. de 1667.

1358. Voyez, pour les cas où la preuve testimoniale est autorisée, *suprà*, pag. 381, et A. 849.

1359. Le tribunal ne pourrait ordonner la preuve d'un fait admissible articulé par une partie, mais qui n'aurait été dénié par l'autre, ni par acte, ni même à l'audience. — A. 850, et Rennes, 26 mars 1813, 2.° ch.

1360. Mais si la partie contre laquelle le fait aurait été articulé laissait défaut, le tribunal ne pourrait refuser la preuve, sous prétexte que cette partie ne l'aurait pas dénié, parce qu'au contraire le défaut emporte contestation. — A. 851.

1361. Au reste, lorsque les parties sont contraires en faits pertinens et admissibles, la preuve testimoniale prescrite par l'art. 253 est purement *facultative*; les juges peuvent donc statuer sur le fait contesté, s'ils ont d'ailleurs, et *par l'instruction du procès*, des documens suffisans pour fixer leur opinion. ( Cass., 9 novembre 1814. Sirey, 1815, p. 1. )

---

(1) *Er.* 7.° ligne de cette question, au lieu de *ou le regarde*, lisez *on le regarde.*
6.° Ligne, *ibidem*, p. 482, au lieu de *art.* 233, lisez *art.* 253.

1362. Mais ils pourraient décider d'après leur *seule connaissance personnelle*, et sans avoir recours aux moyens d'instruction autorisés par la loi, un point de fait contesté entre les parties. (Riom, 3 novembre 1809. Sirey, 1814, p. 266.)

1363. Des faits articulés en preuve ne doivent pas être rejetés, par cela seul qu'ils sont personnels à celui qui les propose; il suffit que leur conformité avec d'autres faits puisse concourir à établir également la vraisemblance de tous. (Bordeaux, 19 août 1811. Sirey, 1812, p. 65.)

1364. Les tribunaux civils ne peuvent admettre en preuve d'un fait contesté des enquêtes qui auraient été ordonnées sur le même fait par un tribunal correctionnel. (Colmar, 23 juillet 1811. Sirey, 1812, p. 99.)

1365. Si le tribunal, dans les cas où la preuve par témoins est interdite, ne la rejette pas d'office, l'acquiescement formel du défendeur le rendrait non recevable à se plaindre qu'elle eût été admise. — A. 852. (1)

1366. On n'est pas censé avoir acquiescé à l'admission de la preuve testimoniale, par cela seul que l'on a provoqué l'exécution du jugement qui admet vaguement la partie adverse *à prouver* ses allégations, sans spécifier que la preuve sera faite par témoins. (Bruxelles, 4 mars 1811. Sirey, 1814, p. 329.)

1367. Il n'est pas nécessaire que les mêmes juges qui ont concouru au jugement interlocutoire qui ordonne l'enquête, soient ceux qui prononcent sur le jugement définitif à rendre après cette enquête. — A. 853, et *suprà*, n.° 664.

### ARTICLE 254.

Le tribunal pourra aussi ordonner d'office la preuve des faits qui lui paraîtront concluans, si la loi ne le défend pas.

#### Conférence.

V. *suprà*, n.os 167 et 170.

1368. Si le tribunal avait ordonné, dans l'intérêt d'une partie, la preuve de faits qu'elle aurait avancés dans ses plaidoiries, mais sans en offrir la preuve, cette partie ne pourrait se dispenser de faire cette preuve, en demandant que la cause fût jugée dans l'état. — A. 854.

1369. Un tribunal a toujours la faculté d'éclairer sa religion par des enquêtes, quand la loi ne le défend pas expressément. (Rennes, 1.re ch., 25 août 1807.)

_____

(1) *Er.* 2.e ligne de cette question, p. 485, au lieu de *à ceux rapportés*, lisez *à ceux qui sont rapportés*.

ARTICLE 255.

Le jugement qui ordonnera la preuve contiendra,

1.° Les faits à prouver;

2.° La nomination du juge devant qui l'enquête sera faite.

Si les témoins sont trop éloignés, il pourra être ordonné que l'enquête sera faite devant un juge commis par un tribunal désigné à cet effet.

*Conférence.*

Ordonnance de 1667, tit. 22, art. 1 et 2; ordonn. de Blois de 1579, art. 168; - A. 918.

1370. Un jugement serait nul, s'il n'énonçait pas les faits à prouver. — A. 855.

1371. Si les faits à prouver étaient énoncés dans la partie du jugement qui se compose des points de fait, et non dans le dispositif, ce jugement devrait être considéré comme non avenu. — A. 856.

1372. Mais l'irrégularité que présenterait un tel jugement serait couverte par les diligences respectivement faites par les parties pour procéder à l'enquête et à la contre-enquête. — A. 857.

Au reste, les juges peuvent détailler, comme bon leur semble, les faits dont ils ordonnent la preuve, et leur disposition à cet égard ne peut offrir un moyen de cassation.

1373. S'il arrivait qu'un tribunal eût omis, dans le jugement qui ordonne l'enquête, quelques-uns des faits articulés dans l'acte de conclusion, la partie intéressée devrait demander le rétablissement de ces faits avant l'enquête, en formant, par un simple acte, un incident à ce sujet. — A. 858.

1374. Le tribunal ne pourrait, en jugeant, avoir égard à la preuve de faits décisifs qui pourraient résulter d'une enquête, si ces faits n'avaient pas été insérés dans le jugement. — A. 859.

1375. Il peut nommer deux juges-commissaires, l'un pour l'enquête directe, l'autre pour la contre-enquête qui serait à faire, en conformité de l'article 256. — A. 860.

1376. Lorsque l'enquête est ordonnée en matière sommaire ou commerciale, il n'est pas besoin de nommer un juge-commissaire. — A. 861.

1377. Lorsqu'il y a lieu à commettre un juge, il n'est pas nécessaire qu'il soit choisi parmi les membres du tribunal qui ont concouru à rendre le jugement qui ordonne l'enquête. — A. 862.

1378. Pour remplacer le juge-commissaire qui serait légitimement empêché de vaquer au fait de sa commission, on est dans l'usage de venir à l'audience sur un simple acte; mais le nouveau commissaire pourrait être nommé sur requête, par ordonnance du président, signifiée à la partie, ou à son avoué, conformément à l'art. 110. — A. 863.

1379. Le tribunal, lorsqu'il ordonne que l'enquête sera faite hors du lieu où il siège, peut en confier la confection à un juge commis par un tribunal qu'il désignerait, ou commettre lui-même un juge ou un juge de paix, qu'il indiquerait dans le jugement. — A. 864. Arrêt de la cour de Paris, du 9 nivôse an 10. Sirey, t. 3, p. 453.

1380. Le tribunal pourrait renvoyer l'enquête devant un juge étranger, quand même il n'en serait pas requis des parties; et il dépend de lui de déférer ou non, soit à cette réquisition, si elle lui était faite, soit à la demande qui lui serait formée de commettre un de ses membres. — A. 865. (1)

Nous rappellons ici l'observation faite n.° 183, *in fine*.

1381. Lorsqu'un tribunal a commis un juge étranger pour procéder à une enquête, des témoins domiciliés au lieu où siège ce tribunal peuvent lui demander à être entendus par un commissaire pris dans son sein, et non par le juge étranger devant lequel ils auraient été assignés, — A. 3111. (2)

1382. Le tribunal ne pourrait appliquer la troisième disposition de l'article 255 en matière de divorce, mais il n'en est pas ainsi relativement à la séparation de corps. — A. 866. V. aussi la 930.° et la 1004.° question de l'analyse *infrà*, sur les art. 268 et 292.

### ARTICLE 256.

La preuve contraire sera de droit : la preuve du demandeur et la preuve contraire seront commencées et terminées dans les délais fixés par les articles suivans.

*Conférence.*

Ordonnance de 1667, tit. 22, art. 1, et *suprà*, pag. 383.

1383. Il n'est pas nécessaire que le jugement admette expressément la preuve contraire. — A. 867.

1384. Le principe consacré par l'article 256 que la preuve contraire est de droit, suppose que les faits qui seraient l'objet de la contre-enquête n'ont pas besoin d'être articulés soit avant le jugement, soit après, lorsqu'il ne s'agit que de faits contraires à opposer à l'enquête directe. — A. 868.

_____

[1] *Er.* 7.ᵉ ligne de cette question, p. 493, au lieu de *qu'il y ait jamais lieu*, lisez *qu'il y ait lieu.*

[2] Nous avions traité cette question sur l'art. 1035, mais elle trouve mieux sa place sur l'art. 255, à la suite des précédentes.

1385. Par ces mots, *faits contraires*, l'article 256 entend tous les faits qui, étant pris isolément, pourraient être contraires à ceux posés par le demandeur, en établissant la preuve d'un fait affirmatif opposé, ou qui, considérés dans leur ensemble, offriraient la preuve ou du moins une présomption que les mêmes faits posés par le demandeur ne seraient pas vrais. — A. 869.

### ARTICLE 257.

Si l'enquête est faite au même lieu où le jugement a été rendu, ou dans la distance de trois myriamètres, elle sera commencée dans la huitaine du jour de la signification à avoué; si le jugement est rendu contre une partie qui n'avait point d'avoué, le délai courra du jour de la signification à personne ou domicile : ces délais courent également contre celui qui a signifié le jugement; le tout à peine de nullité.

Si le jugement est susceptible d'opposition, le délai courra du jour de l'expiration des délais de l'opposition.

*Conférence.*

Ordonnance de 1667, tit. 22, art. 26. V. *suprà*, art. 212, et *infrà*, art. 269 et 1037.

1386. L'appel du jugement qui admet la preuve testimoniale est suspensif. — A. 870.

1387. Mais il y a deux exceptions à ce principe; la première, pour le cas où le jugement est exécutoire par provision; la seconde, pour celui où il y aurait à craindre le dépérissement des preuves. — A. 871. V. aussi *infrà* sur l'art. 458. (1)

1388. Cette proposition ne s'appliquerait pas à la circonstance de l'appel d'un jugement qui aurait rejeté la demande en preuve. L'enquête à laquelle on procéderait, nonobstant ce jugement, ne pourrait en aucun tems être prise en considération. — A. 872.

1389. Ce n'est qu'à partir de la signification de l'arrêt confirmatif à l'avoué de première instance, que court le délai pour faire enquête en vertu du jugement confirmé. — A. 873, et Trèves, 16 décembre 1811. Sirey, 1814, p. 341.

1390. De même, en cas de désistement de l'appel, le délai court, non pas à compter du jour où ce désistement a été accepté par l'intimé, mais à compter du jour où cette acceptation a été réitérée par acte signifié à l'avoué de première instance. — A. 873, et Turin, 4 décembre 1809. Sirey, 1814, p. 251.

[1] *Er.* A la fin du premier alinéa de cette question, après *1808*, ajoutez : *Et par un arrêt de la cour de Rennes*, *du 21 décembre 1809*; et plus bas, 19.ᵉ ligne, au lieu de ces mots, *des deux arrêts*, lisez *des trois arrêts*.

1391. Lorsqu'en vertu d'un jugement qui ordonne une enquête, une des parties a fait ses diligences, et que l'autre interjette appel du jugement, les suites commencées par la première sont suspendues, à peine de nullité de celles qui auraient lieu durant l'instance d'appel.

Mais l'enquête peut être, après l'arrêt confirmatif, reprise au point où elle était au moment où l'appel a été interjeté, et l'on ne pourrait opposer qu'au moyen de la suspension produite par l'appel, il se fût écoulé plus de huitaine entre la signification du jugement qui avait ordonné l'enquête, et l'époque où, en la reprenant, la partie demande la nomination d'un nouveau juge-commissaire. Le délai ne court que du jour où le poursuivant a été mis en demeure d'agir par une sommation de son adversaire. ( Rouen, 30 mai 1817. Sirey, 1817, p. 421. V. *infrà*, dernier n.° sur le présent article. )

1392. La signification du jugement qui ordonne l'enquête fait courir les délais contre toutes les parties; et, par exemple, le garant qui a pris fait et cause ne pourrait se prévaloir de ce que ce ne serait pas lui, mais bien le demandeur originaire, qui eût fait faire la signification. ( Cass., 18 mars 1816. Sirey, 1816, p. 367.)

1393. Mais ce délai ne court qu'autant que le jugement contient lui-même la nomination du juge-commissaire. ( Paris, 2 janvier 1815. Sirey, 1816, p. 240. )

1394. Le juge ne peut donner, pour commencer l'enquête, un plus long délai que celui que fixe l'article 257. ( Cass., 13 novembre 1816. Sirey, 1817, p. 71. )

1395. L'enquête directe et l'enquête contraire doivent être commencées toutes les deux dans les mêmes délais fixés par cet article. — A. 874.

1396. En tous cas, le délai n'est point suspendu pendant la durée des vacances, ( Cass., 21 avril 1812. Sirey, 1812, p. 187. ) ni les jours de fête légale. ( Cass., 7 mars 1814, Sirey, 1814, p. 121 ; mais voy. *infrà* sur l'art. 1037. )

1397. Le jour de la signification du jugement n'est point compris dans le délai. — A. 875.

1398. Dans les matières sommaires, il n'est pas besoin de signifier le jugement pour faire courir le délai, puisqu'il court du jour même de ce jugement, indépendamment de toute signification. — A. 876.

1399. *Quand le jugement qui ordonne l'enquête a été rendu, et que, durant le délai de huitaine pour la commencer, le tribunal, sur la demande d'une partie, décerne commission rogatoire, peut-on opposer la fin de non recevoir résultant de l'expiration du délai?*

Nous ne le pensons pas, attendu qu'aucune disposition du code n'interdit à une partie la faculté de provoquer une commission rogatoire pour économiser les frais. On ne peut, par la raison donnée sur la 970.ᵉ question de l'analyse ( V. *infrà* sur l'art. 280 ) opposer qu'il faut demander la prorogation sur le procès-verbal; 1.° il n'y a point de nullité à la demander autrement; 2.° il s'agit moins de prorogation de délai, que d'en faire fixer un nouveau, conformément à l'article 258, qui veut que le juge fixe le délai, quand l'enquête n'est pas faite dans le lieu où siège le tribunal, ou dans la *distance* fixée par l'article 257.

1400. *Si, dans le cas où le juge n'a point fixé de délai pour faire l'enquête dans un lieu éloigné, là partie qui a obtenu le jugement avait fait son enquête dans le délai de huitaine, l'adversaire serait-il forclos du droit de faire sa contre-enquête?*

Il n'est pas douteux qu'il y aurait *forclusion* dans le cas où l'enquête aurait été faite au lieu où siégerait le tribunal qui l'eût ordonnée, ( art. 257 ); mais lorsque l'enquête doit être faite dans un lieu éloigné, en vertu de commission rogatoire, et sans que le tribunal eût fixé de délai, conformément à l'article 258, il nous semble que la partie serait toujours en tems utile pour faire sa contre-enquête, nonobstant la confection de l'enquête directe de la partie adverse.

En effet, il ne peut exister de forclusion qu'à l'expiration d'un délai fatal ; or, aucun délai n'étant fixé dans l'hypothèse sur laquelle nous raisonnons, on ne peut avec fondement prétendre qu'il y ait ici matière à appliquer la disposition de l'article 257, qui est exclusivement relative à une enquête faite sur les lieux.

S'il est possible d'élever quelques doutes sur cette opinion, ils ne peuvent provenir que d'une fausse interprétation de l'article 278, en ce qu'on l'entendrait en ce sens que les deux enquêtes, c'est-à-dire celle du demandeur et celle du défendeur en preuve, devraient être simultanément parachevées dans la même huitaine, à partir de l'audition des premiers témoins qui auraient été entendus. Mais nous avons prouvé, sur la 960ᵉ question de notre analyse, que cet article doit être appliqué dans un sens tout-à-fait contraire. ( V. *infrà* sur l'art. 278.)

1401. *Mais supposons que le tribunal, après avoir accordé la commission, n'ait pas fixé le délai, peut-on opposer l'exception résultant de ce que l'enquête n'a pas été commencée dans celui qui a été fixé par le premier jugement?*

Non, encore, car le jugement qui a décerné commission a rendu

50

le premier comme non avenu. Or, un arrêt de Rennes, du 4 février 1809, a décidé qu'il n'y a pas de forclusion, si l'on n'a pas commencé l'enquête dans le délai ordinaire ; c'est au tribunal à en indiquer un autre par acte séparé.

1402. Lorsque le juge-commissaire, après une première audition, a accordé une nouvelle ordonnance, à l'effet d'assigner de nouveaux témoins, bien que la première audition soit déclarée nulle, la seconde doit subsister, pourvu qu'elle ait été faite dans la huitaine de l'audition des premiers témoins ; peu importe que cette seconde audition et l'ordonnance qui l'a permise, soient éloignées de plus de huitaine du jour de la signification du jugement qui a ordonné l'enquête. La première audition, quoique nulle, a rempli les délais, et l'on ne peut pas dire que l'enquête n'a été commencée que par la seconde ordonnance. (Cass., 5 décembre 1815. Sirey, 1816, p. 165. V. *infrà*, sur l'art. 258.)

1403. La disposition du §. 1.er de l'article 257, d'après laquelle l'enquête doit être commencée dans la huitaine du jour de la signification à personne ou à domicile, lorsque le jugement est rendu contre une partie qui n'a pas d'avoué, est applicable au jugement par défaut qui adjuge le *profit* précédemment joint au fond, (V. *suprà*, art. 153) et à celui qui aurait débouté d'une première opposition. — A. 877.

1404. Si le jugement est susceptible d'opposition, et rendu faute de plaider, le délai pour commencer l'enquête ne court que du jour de l'expiration de la huitaine donnée pour former opposition, s'il n'y en a pas eu. Si, au contraire, ce pourvoi a eu lieu, le délai court de la signification du second jugement qui, comme le premier, ordonnerait l'enquête. — A. 878.

1405. L'enquête peut être valablement commencée et continuée même dans la quinzaine du jugement qui l'a ordonnée, si ce jugement a été rendu faute de constitution d'avoué. — A. 879. (1)

Nous avons développé dans notre analyse les motifs de cette proposition, dans laquelle nous croyons devoir persister, quoique l'opinion qu'elle exprime ne soit pas généralement admise.

Toute l'objection consiste en ce que le jugement par défaut, faute de constitution d'avoué, étant sujet à opposition jusqu'à l'exécution, et l'obtention de l'ordonnance du juge-commissaire n'étant pas acte d'exécution, cette ordonnance et tous les actes qui en seraient la suite, deviennent nuls dès que l'opposition est formée.

Mais il nous semble difficile de prouver que le jugement par défaut qui ordonne l'enquête puisse être autrement exécuté que par l'obtention de l'ordonnance du juge-commissaire, puisqu'aucun des actes

(1) Er. 35.e ligne de cette question, p. 504, au lieu de p. 102, lisez p. 202.

d'exécution indiqués par l'article 259 ne peut s'appliquer à ce jugement. On ne saurait d'ailleurs supposer avec justice que l'intention de la loi, qui bien certainement n'interdit point de commencer l'enquête dans la huitaine qui suit la signification du jugement par défaut, ait entendu exposer la partie qui use de cette faculté à perdre les frais d'actes dispendieux, qu'un adversaire de mauvaise foi ne manquerait pas de faire retomber sur elle, en formant son opposition au moment même où l'enquête serait sur le point d'être terminée.

1406. Si l'appel du jugement qui aurait ordonné l'enquête n'avait été interjetté qu'après la confection de cette enquête, l'appelant ne serait plus recevable à faire sa contre-enquête. (1) — A. 880, et *supra* n.° 1400.

## ARTICLE 258.

Si l'enquête doit être faite à une plus grande distance, le jugement fixera le délai dans lequel elle sera commencée.

*Conférence.*

Ordonnance de 1667, art. 2?

1407. Si des témoins éloignés doivent être entendus par un juge étranger, le tribunal peut fixer un délai pour commencer l'enquête à l'égard de ces témoins, et la restreindre dans les délais ordinaires, à l'égard de ceux qui doivent être entendus dans la ville où il siège. — A. 861.

1408. Le délai ne court que du jour de la notification du jugement, si ce jugement n'a point déterminé l'époque à laquelle il commencera. — A. 882, et *infra* les quest. sur l'art. 530, et particulièrement la 1596.ᵉ de l'analyse.

1409. L'enquête serait nulle, si elle n'était pas commencée dans le délai fixé par le jugement. — A. 883.

## ARTICLE 259,

L'enquête est censée commencée pour chacune des parties respectivement, par l'ordonnance qu'elle obtient du juge-commissaire, à l'effet d'assigner les témoins aux jour et heure par lui indiqués.

En conséquence, le juge-commissaire ouvrira les procès-verbaux respectifs par la mention de la réquisition de la délivrance de son ordonnance.

[1] *Er.* Supprimez dans cette question les mots, *de la part de celui qui l'aurait obtenu.*

*Conférence.*

1410. Chaque partie obtient l'ordonnance du juge-commissaire, en présentant requête au bas de laquelle le juge rend cette ordonnance. — A. 884.

1411. La distance du domicile des témoins les plus éloignés sert de base au juge-commissaire pour fixer le délai auquel tous sont assignés. — A. 885.

1412. La partie qui n'aurait pas assigné ses témoins à comparaître au jour fixé par l'ordonnance du juge-commissaire, ne peut obtenir de lui une nouvelle ordonnance pour faire son enquête. — A. 886.

Nonobstant les raisons que nous avons exposées dans notre analyse, et l'arrêt de la cour de Paris qui a consacré cette opinion, nous ne croyons pas devoir y persister, et voici les considérations qui nous déterminent.

Le but de la loi a été de fixer le délai dans lequel les parties admises à la preuve feraient entendre leurs témoins; elles doivent donc jouir de ce délai dans son intégrité; pourvu que les témoins soient entendus avant qu'il expire, leur audition est régulière. Pourquoi donc la partie qui, dans le délai pour faire enquête, serait instruite qu'un témoin a connaissance des faits, ne pourrait-elle pas le faire assigner pour déposer? La loi ne le lui défend point; elle en a donc la faculté.

Sans doute, il faut qu'elle obtienne du juge-commissaire la permission de faire assigner ce témoin; mais cette seconde ordonnance n'est point un nouveau commencement d'enquête : on ne commence point ce qui a déjà été commencé; ce n'est qu'une suite et une continuation de cette enquête, tant que le délai dure.

Il ne peut arriver qu'il y ait une troisième et une quatrième ouverture d'enquête; il n'y en a jamais qu'une, celle pour l'audition des premiers témoins assignés. A la vérité, la durée du délai est la limite de la preuve, et s'il est terminé, il devient impossible d'appeler de nouveaux témoins; mais, tant qu'il dure, on ne peut priver la partie du droit de faire entendre les témoins qu'elle juge à propos; rien ne peut ni lui ravir ni restreindre ce droit, qu'elle tient de la loi : il ne dépend pas même des tribunaux de créer des nullités; et la décision de l'arrêt de la cour d'appel de Paris du 18 mai 1810, que nous invoquions nous-mêmes, ne peut en conséquence former une règle sur la matière, puisqu'elle n'est pas conforme à la loi.

Les auteurs des annales du notariat, au commentaire du code de procédure, tome 2, page 214, 215 et suivantes, citent deux arrêts contraires à celui du 18 mai 1810; l'un de la cour d'appel de *Colmar*, du 16 novembre 1810, et l'autre de la cour d'appel de Paris, du 31 janvier 1811 ; et après avoir rapporté les circonstances dans lesquelles ces deux arrêts furent rendus, ils s'expriment dans les termes suivans, page 216 et 217 : « S'il nous est permis d'émettre » notre opinion sur cette question, nous croyons que l'autorité de » l'arrêt de la cour de Paris, du 18 mai 1810, est plus que balancée » par celle de l'arrêt rendu le 31 janvier 1811 par la même cour, » et par l'autorité de la cour d'appel de *Colmar*, qui, comme on » vient de le voir, a prononcé dans le même sens; que, par con- » séquent, on peut demander une prolongation de délai pour faire » paraître de nouveaux témoins. »

S'il peut être accordé un nouveau délai pour faire entendre de nouveaux témoins, à plus forte raison la partie qui veut en faire entendre dans le cours du premier délai que la loi lui accorde, est-elle fondée à obtenir du juge-commissaire une ordonnance pour l'audition de ces témoins. C'est aussi ce que suppose un dernier arrêt de Paris, du 5 décembre 1815, cité *suprà* sur l'art. 257, n.º 1402. (V. *infrà* sur l'art. 279.)

1413. Au surplus, il est évident que l'on pourrait sans difficulté obtenir une nouvelle ordonnance, si la première contenait une erreur qui rendît son exécution impossible; par exemple, si le juge-commissaire avait indiqué le jour de l'audition par la date seulement, et que ce jour se trouvât un dimanche : car, si nous avons dit *suprà* n.º 1396, que les jours de fête légale étaient utiles pour faire courir le délai, il ne faut pas en conclure que le juge puisse procéder un jour férié.

1414. *Lorsque l'avoué a par erreur assigné les témoins pour une autre heure que celle que l'ordonnance indiquait, la partie peut-elle obtenir une prorogation de délai?*

La cour de Paris a jugé l'affirmative, par arrêt du 6 décembre 1809 ( Sirey, 1814, p. 423.), en supposant toutefois que le délai de l'enquête ne serait pas expiré.

Mais il faut remarquer qu'il y eut lieu à résoudre cette question à raison de ce que le juge-commissaire ne voulut pas prendre sur son compte de remettre l'audition des témoins à l'heure qui avait été fixée dans l'assignation, et qu'il renvoya les parties à l'audience.

Nous estimons que ce cas ne peut se représenter ; car l'art. 259 ne prononçant point la nullité d'une enquête qui ne commence pas à l'heure indiquée, tout le jour est utile pour y procéder, ainsi que l'a jugé la cour de Rennes, par arrêt du 12 janvier 1810. ( Voy. *infrà* sur l'art. 262. )

Un juge-commissaire peut donc surseoir et attendre l'heure fixée dans l'assignation, sans avoir besoin de renvoyer à l'audience pour faire décider s'il y a lieu à prorogation du délai.

1415. Il n'y aurait pas nullité de l'enquête, si le juge-commissaire avait omis de mentionner dans son procès-verbal la date de la délivrance de son ordonnance; mais il en serait autrement si l'ordonnance elle-même ne portait point de date. — A. 887.

### ARTICLE 260.

> Les témoins seront assignés à personne ou domicile : ceux domiciliés dans l'étendue de trois myriamètres du lieu où se fait l'enquête, le seront au moins trois jours avant l'audition ; il sera ajouté un jour par trois myriamètres pour ceux qui seront domiciliés à une plus grande distance. Il sera donné copie à chaque témoin, du dispositif du jugement, seulement en ce qui concerne les faits admis, et de l'ordonnance du juge-commissaire; le tout à peine de nullité des dépositions des témoins envers lesquels les formalités ci-dessus n'auront pas été observées.

#### Conférence.

T. art. 29; ordonn., tit. 22, art. 2 et 7; loi du 3 brumaire an 2, art 5.

1416. L'assignation aux témoins doit être signifiée dans la forme ordinaire des exploits d'ajournement. — A. 888, et *infrà* n.° 1425.

1417. Le juge-commissaire ne peut entendre des témoins qui n'auraient pas été assignés, à moins que la partie intéressée à écarter le témoin y consentît; il devrait alors consigner ce consentement dans son procès-verbal. — A. 889.

1418. En exigeant que les témoins soient assignés au moins un jour avant l'audition, l'art. 260 entend parler d'un jour franc; c'est-à-dire, qu'il faut trois jours, en comptant celui de l'assignation et celui de l'échéance, pour les témoins domiciliés dans l'étendue de trois myriamètres. A l'égard de ceux qui seraient domiciliés à une plus grande distance, il faut à ces trois jours en ajouter un par chacun des trois myriamètres excédant cette première distance. — A. 890.

1419. *Quand l'enquête est faite en vertu de jugement confirmé sur l'appel, devrait-on donner copie du dispositif de l'arrêt, s'il se bornait à déclarer l'appelant sans griefs?*

Nous pensons qu'on doit, en ce cas, se borner à notifier copie de l'extrait du dispositif du jugement *contenant les faits à prouver*. Il nous semblerait même que celle de l'arrêt confirmatif serait frustratoire, puisque le but du législateur, qui est d'instruire les témoins des faits sur lesquels ils auront à déposer, est rempli par la copie du jugement.

Mais il est évident que, si l'arrêt, en confirmant l'interlocutoire, retranchait quelques-uns des faits que celui-ci aurait admis en preuve, on en ajoutait qu'il eût rejetés, il y aurait nécessité de donner en cette partie une copie de l'arrêt.

## ARTICLE 261.

La partie sera assignée, pour être présente à l'enquête, au domicile de son avoué, si elle en a constitué, sinon à son domicile ; le tout trois jours au moins avant l'audition : les noms, professions et demeures des témoins à produire contre elle, lui seront notifiés ; le tout à peine de nullité, comme ci-dessus.

### *Conférence.*

T. art. 29 ; ordonnance , tit. 22 , art. 7 , 2.ᵉ part. ; loi du 3 brumaire an 14 ; *suprà*, n.ᵉ 1064, *infrà* , art. 275.

1420. La partie assignée pour assister à une enquête doit l'être, à peine de nullité, au domicile de l'avoué par elle constitué, lors même que cette enquête devrait se faire dans un lieu plus ou moins éloigné de celui où siège le tribunal qui l'a ordonnée. — A. 891, et Cass., 17 décembre 1811. Sirey, 1812, p. 145.

Nonobstant l'arrêt de la cour de cassation du 10 décembre 1811, sur lequel nous fondions particulièrement cette proposition , la cour de Rennes a décidé le contraire, par un arrêt de la 3.ᵉ chambre du 30 août 1817, en déclarant qu'il suffisait que la partie eût été assignée à son domicile, et que les noms, profession et demeure des témoins lui eussent été notifiés plus de trois jours francs avant l'audition.

La première chambre, par arrêt du 11 du même mois, avait admis le système opposé, et nous pensons que l'on doit s'en tenir à cette décision, conforme à la jurisprudence de la cour de cassation.

1421. L'assignation serait nulle, si elle s'adressait à l'avoué personnellement, et non à la partie elle-même au domicile de cet avoué. (Turin, 24 août 1810. Sirey, 1814, p. 253 ; et Bruxelles, 11 mars 1813 ; Sirey, *ibid.*, p. 327. )

1422. Lorsque l'enquête doit être faite dans un tribunal éloigné, et en vertu de commission rogatoire de celui qui a rendu l'appointement à informer , l'assignation doit être donnée au domicile de l'avoué constitué dans ce dernier tribunal. Cette décision est fondée sur ce qu'aucune disposition du code n'autorise à donner assignation à la partie qui n'a pas constitué d'avoué près le tribunal où l'enquête doit se faire. ( Rennes, 24 août 1813, 3.ᵉ ch.)

1423. Le délai de trois jours, prescrit par l'article 261, se calcule comme le délai d'un jour franc, qui a fait l'objet de la 890.ᵉ question de l'analyse ( V. *suprà*, n.° 1418 ); c'est-à-dire, qu'il comprend cinq jours à partir de la notification *inclusivement*, jusques et *inclus* celui de l'audition. — A. 892.

1424. *Ce délai de trois jours est-il susceptible de l'augmentation à raison des distances, quoique l'assignation doive être donnée au domicile de l'avoué?*

Nous avions résolu négativement cette question A. 893, conformément à un arrêt de la cour de cassation du 22 novembre 1810 et à l'opinion de MM. Hautefeuille et Thomines; mais nous faisions remarquer que la jurisprudence des cours n'était pas uniforme. ( Voy. en effet au code annoté de M. Sirey les arrêts cités n.ᵒˢ 8 et 9. )

Aujourd'hui toute incertitude semble levée par un arrêt de la cour de cassation du 11 janvier 1815 ( Sirey, 1815, p. 255 ), d'après lequel le délai doit être augmenté, conformément à l'article 1033, d'un jour, à raison de trois myriamètres de distance du domicile de l'avoué où l'assignation serait donnée, au lieu où l'enquête doit se faire.

1425. L'assignation dont il s'agit est soumise aux formalités prescrites par l'article 61, quoiqu'elle soit signifiée au domicile de l'avoué. — A. 894. ( Cass., 4 janvier 1813. Sirey, 1813, p. 303, et *suprà*, n.° 1416.)

1426. Néanmoins l'assignation, étant donnée à domicile d'avoué, elle ne serait pas nulle, si l'on avait désigné un autre domicile que celui que la partie aurait réellement. — A. 895.

1427. La nullité ne serait pas couverte par la contre-enquête à laquelle la partie aurait fait procéder. — A. 897, et *suprà*, n.° 1064.

1428. Elle ne le serait pas même par des défenses au fond, signifiées antérieurement au jour fixé pour l'enquête. ( Rennes, 21 août 1811, 3.ᵉ ch.)

1429. A plus forte raison l'enquête devrait-elle être considérée comme non avenue, si la partie, au moment même de la comparution des témoins, exceptait de ce que l'assignation ne lui donne pas le délai de trois jours francs, ( Rennes, 27 février 1811, 3.ᵉ ch., et *suprà*, n.ᵒˢ 1423 et 1424.)

1430. La nullité n'est pas couverte par la présence de l'avoué à l'audition des témoins; mais elle pourrait l'être, suivant les circonstances, par celle de la partie elle-même. — A. 896 et 623, *suprà* n.° 1056, et Bruxelles, 6 février 1812. Sirey, 1814, p. 342.)

1431. *L'assignation doit-elle nécessairement* CONTENIR *les noms, professions et demeures des témoins produits contre le défendeur à l'enquête?*

Nous avions dit A. 898 que l'on pouvait faire, par acte séparé de l'assignation, cette notification des noms, etc., des témoins, pourvu toutefois que cet acte fût signifié dans le même délai que l'assignation donnée à la partie; nous nous fondions sur des arrêts de Rennes et de Turin.

Notre opinion a été confirmée en partie par un arrêt de la cour de cassation, du 16 février 1815 (Sirey, 1815, p. 264), en ce qu'il décide que l'article 261 contenant deux dispositions distinctes, et indépendantes l'une de l'autre, l'on pouvait par acte séparé faire la notification dont il s'agit.

Mais, d'un autre côté, le même arrêt déclare qu'on peut les faire même après le délai de trois jours; en effet, il n'est parlé de ce délai que dans la première disposition relative à l'assignation, tandis que rien n'indique dans la seconde que le législateur ait entendu que les qualités fussent notifiées dans le même délai.

Cette décision paraît d'ailleurs d'autant plus naturelle que, suivant l'article 260, les témoins peuvent être assignés seulement un jour avant leur comparution; or, on ne peut raisonnablement penser qu'on soit forcé de signifier leurs noms avant qu'il fussent assignés eux-mêmes, puisque, jusques là, il est encore incertain qu'ils le soient.

1432. Il n'y aurait pas nullité à énoncer le *domicile* au lieu de la *demeure*. — A. 899.

1433. Mais le défaut de désignation claire et précise des véritables noms et professions des témoins, suffirait pour faire rejeter leurs dépositions. (Rennes, 21 janvier 1813, 2.ᵉ ch.)

1434. Les preuves résultant d'une enquête ne peuvent également être opposées à la partie qui, quoiqu'elle fût aux qualités dans la contestation, n'a pas été assignée pour y être présente, et n'y a pas d'ailleurs assisté. (Cass., 11 janvier 1815. Sirey, 1815, p. 255.)

1435. Par suite de ces dernières propositions, la peine de nullité prononcée par l'article 261 s'applique en ce sens que l'enquête est nulle *en entier*, si la contravention porte sur une formalité qui tient à la substance de l'opération, tandis que cette contravention, lorsqu'elle ne porte que sur des dépositions isolées, n'annule que ces dépositions. — A. 900.

51

### ARTICLE 262.

Les témoins seront entendus séparément, tant en présence qu'en l'absence des parties.

Chaque témoin, avant d'être entendu, déclarera ses noms, profession, âge et demeure, s'il est parent ou allié de l'une des parties, à quel degré, s'il est serviteur ou domestique de l'une d'elles; il fera serment de dire vérité; le tout à peine de nullité.

### *Conférence.*

Ordonnance, tit. 22, art. 13, 14 et 15; *suprà* sur l'art. 121, en ce qui concerne le serment, n.° 702 et suivans.

1436. Il n'est pas exigé, à peine de nullité, que les témoins soient entendus à l'heure indiquée par l'ordonnance et par l'assignation. — A. 901, et *suprà* sur l'art. 259.

1437. Il suffit que les qualités des témoins soient exactement énoncées, sans qu'il soit besoin de mentionner qu'ils les ont eux-mêmes déclarées. — A. 902.

1438. La promesse de dire vérité n'équivaut point au serment. — A. 903.

1439. Si un témoin refuse de prêter serment, on doit le considérer comme défaillant, et appliquer l'article 263. — A. 904.

1440. Les témoins constitués en dignité doivent être entendus suivant ce qui est prescrit par les articles 510 et suivans du code d'instruction, les lois des 20 thermidor an 4 et 21 fructidor an 7, l'arrêté du 7 thermidor an 9 et les décrets des 20 juin 1806 et 4 mai 1812. — A. 905.

1441. *Est-il des cas où le tribunal puisse ordonner que l'enquête sera faite hors la présence du défendeur?*

Il n'en est qu'un prévu par l'article 893 du code civil, portant, en matière d'interdiction, que le tribunal pourra ordonner, si la circonstance l'exige, que l'enquête sera faite hors la présence du défendeur.

Mais il est à remarquer que l'article ajoute qu'en ce cas son conseil pourra le représenter.

### ARTICLE 263.

Les témoins défaillans seront condamnés, par ordonnances du juge-commissaire qui seront exécutoires nonobstant opposition ou appel, à une somme qui ne pourra être moindre de dix francs, au profit de la partie, à titre de dommages-intérêts; ils pourront de plus être condamnés, par la même ordonnance, à une amende qui ne pourra excéder la somme de cent francs.

Les témoins défaillans seront réassignés à leurs frais.

Ordonnance, tit. 22, art. 8.

1442. L'exécution provisoire de l'ordonnance, portant condamnation du témoin défaillant, a lieu sans caution. — A. 906.

1443. La condamnation à l'amende n'est facultative qu'en ce qui concerne le fisc. — A. 907.

1444. *En est-il de même des dommages-intérêts?*

La disposition de l'article est conçue d'une manière tellement absolue, que nous ne croyons pas qu'il soit permis au juge-commissaire de ne pas prononcer cette condamnation, acquise à la partie par le seul fait de la non comparution des témoins. Il n'a d'autre latitude à ce sujet que de déterminer la quotité de ces dommages-intérêts, sans toutefois en fixer le montant au-dessous de dix francs. Cette condamnation est prononcée par l'ordonnance qui constate le défaut du témoin.

1445. La réassignation du témoin défaillant ne doit être ordonnée qu'autant que la partie entend poursuivre la confection de l'enquête. — A. 908.

1446. Les peines portées contre le témoin défaillant sont applicables à celui qui refuse de répondre. — A. 909, et *suprà*, n.° 1439.

1447. Il est des personnes qui ne peuvent être contraintes de déposer. — A. 910.

1448. Le juge-commissaire ne peut accorder à un témoin dispense de déposer; il doit en référer au tribunal, si la partie persiste à ce qu'il soit entendu. — A. 911.

1449. Ce n'est qu'après l'audition des témoins présens que le juge-commissaire doit appliquer les dispositions pénales de l'article 263. — A. 912.

1450. *La condamnation à l'amende emporte-t-elle la contrainte par corps?*

La négative résulte positivement de la suppression de ces mots, *et par corps*, dans la rédaction communiquée au conseil d'état. (Locré, t. 1.er, p. 481.)

1451. L'ordonnance du juge-commissaire est sujette à l'appel, tant de la part du témoin condamné que de celle de la partie qui l'avait assigné. — A. 913.

1452. Si un témoin se trouve sous le coup d'une contrainte par corps, il lui est accordé un sauf-conduit sur sa demande ou sur celle de la partie. — A. 914. (1)

1453. Lorsque le juge-commissaire a ordonné la réassignation d'un témoin défaillant, il n'est nécessaire d'assigner la partie contre laquelle se fait l'enquête, que dans le cas où elle n'aurait pas comparu. — A. 915.

1454. Si le jour fixé pour la comparution du témoin défaillant excédait le délai prescrit par l'article 278 pour la clôture de l'enquête, l'ordonnance du juge-commissaire équivaudrait à une prorogation accordée par le tribunal. — A. 916.

### ARTICLE 264.

Si les témoins réassignés sont encore défaillans, ils seront condamnés, et par corps, à une amende de cent francs ; le juge-commissaire pourra même décerner contre eux un mandat d'amener.

*Conférence.*

Ordonnance, tit. 22, art. 8.

1455. La contrainte prononcée par l'art. 264 ne peut être exercée sans jugement. — A. 917 et 708.

1456. Elle ne peut être prononcée que sur le réquisitoire de la partie. — A. 918.

1457. Le mandat d'amener peut être prononcé soit d'office, soit sur le réquisitoire de la partie. — A. 919.

1458. *A la charge de qui sont les frais d'exécution du mandat d'amener, et comment en doit-on poursuivre le remboursement ?*

Ces frais sont évidemment à la charge du témoin, non seulement parce qu'ils sont occasionnés par lui, mais encore parce qu'ils se trouvent compris dans ceux de la réassignation qui, d'après l'article précédent, doivent être supportés par lui.

La partie qui en aurait fait l'avance n'a qu'une action contre le témoin ; mais nous ne pensons pas qu'il fût prudent de suivre l'opinion des auteurs des annales du notariat ( Comm., t. 2, p. 167 ), et de porter cette action devant le tribunal où l'enquête aurait été faite ; comme pure personnelle, elle est régulièrement de la compétence du juge du domicile.

_____

(1) Er. 10.e ligne de cette question, p. 521, au lieu de *1808*, lisez *1807*.

### ARTICLE 265.

Si le témoin justifie qu'il n'a pu se présenter au jour indiqué, le juge-commissaire le déchargera, après sa déposition, de l'amende et des frais de réassignation.

1459. Quoique l'article 265 ne parle que de l'amende et des frais, le juge-commissaire peut cependant décharger le témoin des condamnations aux dommages-intérêts qu'il aurait prononcés lors du premier défaut. — A. 920.

1460. La loi n'ayant rien décidé à l'égard du genre d'excuses que le témoin doit produire et de l'espèce de preuves qu'il doit fournir pour les justifier, elle s'en rapporte, sur ce point, à la conscience du juge. — A. 921.

1461. L'ordonnance par laquelle le juge-commissaire admettrait ou rejetterait les excuses du témoin, est sujette à l'opposition ou à l'appel. — A. 922. Mais voyez *infrà* sur l'art. 759, si, en général, les ordonnances peuvent être attaquées par opposition.

### ARTICLE 266.

Si le témoin justifie qu'il est dans l'impossibilité de se présenter au jour indiqué, le juge-commissaire lui accordera un délai suffisant, qui néanmoins ne pourra excéder celui fixé pour l'enquête, ou se transportera pour recevoir la déposition; si le témoin est éloigné, le juge-commissaire renverra devant le président du tribunal du lieu, qui entendra le témoin ou commettra un juge. Le greffier de ce tribunal fera parvenir de suite la minute du procès-verbal au greffe du tribunal où le procès est pendant, sauf à lui à prendre exécutoire pour les frais contre la partie, à la requête de qui le témoin aura été entendu.

#### *Conférence.*

Loi du 20 thermidor an 4, art. 2.

1462. C'est au jour fixé pour son audition que le témoin doit justifier qu'il est dans l'impossibilité de se présenter; quant à la manière dont il doit présenter son *exoine*, la loi n'ayant rien statué à ce sujet, le juge-commissaire peut admettre une excuse produite, soit par un mandataire, soit par des parens ou amis, soit même par lettres missives. — A. 923.

1463. *Qu'arrive-t-il lorsque les excuses du témoin sont admises ou rejetées?*

Voyez A. 924.

1464. *Comment s'exécute en ce cas l'ordonnance du juge-commissaire ?*

**Voyez A. 925.**

1465. L'article 266 est applicable, par analogie, au cas prévu par la dernière disposition de l'article 225 ; ainsi, dans l'un comme dans l'autre cas, on envoie la minute du procès-verbal d'enquête au greffe du tribunal qui a rendu l'appointement à informer. — A. 926.

### ARTICLE 267,

Si les témoins ne peuvent être entendus le même jour, le juge-commissaire remettra à jour et heure certains ; et il ne sera donné nouvelle assignation ni aux témoins, ni à la partie, encore qu'elle n'ait pas comparu.

#### *Conférence.*

Ordonnance de 1667, tit. 22, art, 11.

1466. La remise ou les remises successives que le juge-commissaire prononcerait, conformément à l'article 267, doivent être consignées dans une ordonnance écrite au procès-verbal d'enquête. — A. 927.

### ARTICLE 268.

Nul ne pourra être assigné comme témoin, s'il est parent ou allié en ligne directe de l'une des parties, ou son conjoint, même divorcé.

#### *Conférence,*

Ordonnance de 1667, tit. 22, art. 11,

1467. Si l'on avait assigné, malgré la disposition de l'article 268, une des personnes désignées dans cet article, cette personne n'aurait pas besoin d'être reprochée pour être écartée de l'enquête ; elle pourrait l'être d'office. — A. 928.

1468. L'article 268 peut être étendu à la parenté de la ligne directe naturelle. — A. 929.

1469. La prohibition portée par l'article 268 n'est point applicable en matière de séparation de corps ; elle ne l'était pas non plus en matière de divorce. — A. 930.

1470. Il n'est pas d'autres cas dans lesquels il y ait exception à la prohibition portée en l'article 268. — A. 931.

ARTICLE 269.

Les procès-verbaux d'enquête contiendront la date des jour et heure, les comparutions ou défauts des parties et témoins, la représentation des assignations, les remises à autres jour et heure, si elles sont ordonnées; à peine de nullité.

*Conférence:*

Ordonnance de 1657, tit. 22, art. 22 ; C. pr., art. 275.

1471. L'obligation de mentionner, dans le procès-verbal, la représentation des assignations, s'entend seulement des copies d'assignations données aux témoins et à la partie, et non de l'original de ces copies. Mais si l'un des témoins avait perdu sa copie ou faisait défaut, le poursuivant serait obligé de représenter l'original des assignations, pour justifier de l'assignation qu'il lui aurait donnée, et alors il deviendrait nécessaire que le juge fît mention de cette représentation dans son procès-verbal. — A. 932.

Un arrêt de la cour de cassation du 4 janvier 1813 ( V. Sirey, 1813, p. 303 ), décide que les procès-verbaux doivent, à peine de nullité, contenir la mention expresse de la représentation des assignations. Il est à observer que cet arrêt prononce dans une espèce où il s'agissait de l'assignation donnée à la partie défenderesse à l'enquête; et que, par conséquent, il repousse l'opinion que nous avions émise, d'après plusieurs auteurs, A. 932, que l'article 269 ne devait s'entendre que des assignations aux témoins.

1472. *Doit-on ouvrir, à peine de nullité, le procès-verbal d'enquête le jour même où l'ordonnance du juge-commissaire est donnée, conformément à l'article 259?*

Cet article porte, dans la seconde disposition, que le juge-commissaire ouvrira les procès-verbaux respectifs pour la mention de la réquisition et de la délivrance de son ordonnance.

Mais l'article 269 suppose que le procès-verbal n'est ouvert qu'au jour fixé pour l'audition des témoins ; de là se sont introduits deux usages différens. En certains tribunaux, le juge-commissaire ouvre son procès-verbal le jour même auquel il délivre l'ordonnance ; dans d'autres, il ne l'ouvre que le jour de l'audition des témoins, et l'on croit se conformer suffisamment à l'article 259, en mentionnant la délivrance de l'ordonnance.

Le premier de ces usages s'est établi sur l'avis de M. Lepage, dans son nouveau style, ( V. 4.° édit., p. 220. ) adopté par M. Demiau, page 202. Ces deux auteurs estiment que le procès-verbal doit être ouvert par la mention, 1.° du jugement qui a ordonné l'enquête ;

2.° de la comparution et de la réquisition de la partie qui se présente pour obtenir l'ordonnance; 3.° enfin, *de la délivrance que le juge lui en fait.*

M. Pigeau s'exprime, à ce sujet, dans les termes les plus formels. » La partie qui veut faire entendre ses témoins, présente requête » au juge-commissaire, et *celui-ci ouvre en même tems le procès-* » *verbal de l'enquête par la mention de la réquisition et de la* » *délivrance de son ordonnance.* »

Cette explication est sans contredit fondée sur le texte même de l'article 259, dont la seconde disposition est liée avec les premières par ces mots, *en conséquence, le juge ouvrira.....*

On doit donc s'en tenir au premier usage; mais nous ne pensons pas qu'il y ait nullité à suivre le second, parce que l'article 275 ne place pas l'article 259 au nombre de ceux dont il exige l'observation à peine de nullité.

1473. L'omission d'une partie des énonciations et mentions exigées par l'article 269 n'entraîne la nullité de l'enquête entière que lorsqu'elle concerne la substance même de l'acte; si cette omission ne concerne qu'un témoin isolé, comme si l'on avait oublié de mentionner la représentation de sa copie d'assignation, la nullité ne porte que sur la déposition de ce témoin, et le surplus de l'enquête n'en serait pas moins valable. — A. 933. V. *sup. n.° 1435.*

### ARTICLE 270.

Les reproches seront proposés par la partie ou par son avoué avant la déposition du témoin, qui sera tenu de s'expliquer sur iceux : ils seront circonstanciés et pertinens, et non en termes vagues et généraux. Les reproches et les explications du témoin seront consignés dans le procès-verbal.

#### Conférence.

T., art. 92; ordonnance de 1667, tit. 22, art. 27; C. pr., art. 275, 284 et suiv.

1474. Une partie peut reprocher un témoin qu'elle a produit, lorsqu'elle n'a découvert la cause du reproche que depuis l'assignation du témoin. Il est entièrement laissé à la prudence du juge de statuer sur l'admission ou le rejet des reproches, suivant les circonstances. — A. 934.

1475. Le juge ne doit point suppléer d'office les reproches que la partie n'a point proposés. — A. 935.

1476. En général, les reproches formés contre un témoin ne servent qu'à la partie qui les a proposés, à moins qu'ils ne soient fondés sur une incapacité personnelle pour déposer, ou qu'il ne s'agisse, dans la contestation, d'un objet commun à plusieurs parties. — A. 936.

1477. Il n'est pas nécessaire que l'avoué ait un pouvoir spécial pour reprocher un témoin; mais c'est à lui à agir avec circonspection, afin d'éviter les suites d'une action en désaveu. — A. 937.

1478. L'obligation de justifier par écrit les reproches ne s'applique qu'à ceux qui seraient proposés après la déposition. — A. 938.

1479. La preuve des reproches proposés avant la déposition peut se faire en tous tems, pourvu que ce soit avant le jugement qui interviendrait, conformément à l'article 287. — A. 939. (1)

### ARTICLE 271.

Le témoin déposera, sans qu'il lui soit permis de lire aucun projet écrit. Sa déposition sera consignée sur le procès-verbal; elle lui sera lue, et il lui sera demandé s'il y persiste; le tout à peine de nullité : il lui sera demandé aussi s'il requiert taxe.

*Conférence.*

Ordonnance de 1667, tit. 22, art. 16, 17, 19 et 20; C. pr., art. 275 et 277; et *suprà*, n. 1303.

1480. Un témoin muet ou sourd ne peut apporter une déposition écrite. Le juge-commissaire doit lui nommer d'office un interprète. — A. 940.

1481. Le procès-verbal d'enquête doit constater que le témoin a fait sa déposition de vive voix, c'est-à-dire, sans lire aucun projet, et cette mention doit être faite à peine de nullité. — A. 941.

Nous pourrions ajouter aux motifs énoncés dans notre analyse, pour prouver cette proposition, un arrêt de la cour de Rennes, rendu en audience solennelle le 28 juillet 1814, 1.re et 3.e chambres réunies. Cet arrêt déclare une enquête nulle, conformément à l'article 275, parce qu'en outre des mentions exigées par cet article, le procès-verbal n'énonçait pas que *les témoins eussent été entendus sans lire aucun projet.*

Quoi qu'il en soit, un usage contraire a prévalu assez généralement, et on le justifie par les observations suivantes.

L'article 271 ne prescrit point qu'il soit fait mention au procès-verbal que le témoin a déposé de vive voix; on doit donc présumer que la prohibition prononcée par cet article a été respectée, dès que ce même procès-verbal ne contient rien qui autorise à croire que le témoin ait lu ou remis un projet.

[1] Avant-dernière ligne, 2.e alinea, p. 437, au lieu de *l'arrêt*, lisez *l'écrit.*

Il est d'autant plus juste d'admettre que la déposition a eu lieu d'une manière régulière, que les parties étant présentes à l'enquête ne manqueraient pas de s'opposer à ce qu'elle fût donnée autrement que de vive voix.

On ajoute que l'argument tiré de l'article 275 n'est pas concluant, parce que, si cet article rappelle l'article 271, c'est seulement par la raison qu'il contient des formalités positives, dont l'accomplissement doit être mentionné dans le procès-verbal, telles que la lecture et l'interpellation au témoin, s'il persiste dans sa déposition.

La cour de Rennes, par deux autres arrêts des 11 avril 1815 et 12 mars 1816, a prononcé, d'après ces motifs, la validité d'une enquête, et jugé ainsi d'une manière opposée à celui que nous avons cité ci-dessus.

De cette contrariété de jurisprudence, on conclura du moins, si l'on ne partage pas l'opinion émise dans notre analyse, qu'il est prudent au juge-commissaire d'insérer au procès-verbal la mention que le témoin a déposé sans lire aucun projet.

1482. *Pourrait-on, dans le silence du procès-verbal, prouver par témoin que la déposition eût été lue?*

Si cette preuve pouvait être admise, ce ne serait du moins que par voie d'inscription de faux; mais nous ne croirions pas que la partie qui aurait été présente à l'enquête fût recevable dans cette inscription.

1483. Le juge-commissaire doit nécessairement rédiger la déposition du témoin, et la dicter au greffier, lorsque le témoin est incapable de la dicter lui-même. — A. 942.

1484. Le juge-commissaire n'est pas tenu, lorsqu'il rédige la déposition, de conserver les expressions mêmes du témoin, excepté lorsqu'elles tendent à fortifier ou à affaiblir la déclaration. — A. 943. (1)

1485. Le juge-commissaire n'est point tenu, à peine de nullité, de demander au témoin s'il requiert taxe, et de faire mentionner cette demande dans le procès-verbal. — A. 944.

1486. La nullité prononcée par l'article 271 porte seulement sur chacune des dépositions à l'égard desquelles on n'a pas observé les formalités que cet article prescrit. — A. 945. (2)

(1) *Er.* Dernière ligne de la page 538, au lieu de *assertiorer*, lisez *fortifier*.

(2) *Er.* Première ligne, au lieu de *ne porte-t-elle que*, lisez *ne porte-t-elle seulement*

ARTICLE 272.

Lors de la lecture de sa déposition, le témoin pourra faire tels changemens et additions que bon lui semblera ; ils seront écrits à la suite ou à la marge de sa déposition ; il lui en sera donné lecture, ainsi que de la déposition, et mention en sera faite ; le tout à peine de nullité.

*Conférence.*

Ordonnance de 1667, tît. 22, art. 18 ; C. pr., art. 275.

1487. *Si, lors de la lecture exigée par l'article 272, un témoin s'apercevait que sa déposition n'a pas été rédigée fidèlement, que devrait-il faire si le juge se refusait à opérer les changemens que ce témoin voudrait y apporter?*

V. A. 946.

1488. Un témoin, après avoir été entendu et avoir signé sa déposition, ne peut être admis à déposer encore, ou à faire des changemens et additions à ses précédentes déclarations, sous prétexte qu'il aurait oublié de déposer d'un ou de plusieurs faits importans ; le juge-commissaire ne peut rappeler lui-même le témoin, ni l'entendre de nouveau. — A. 947. (1)

ARTICLE 273.

Le juge-commissaire pourra, soit d'office, soit sur la requisition des parties ou de l'une d'elles, faire au témoin les interpellations qu'il croira convenables pour éclaircir sa déposition : les réponses du témoin seront signées de lui, après lui avoir été lues, ou mention sera faite s'il ne veut ou ne peut signer ; elles seront également signées du juge et du greffier ; le tout à peine de nullité.

*Conférence.*

Voyez l'art. 275.

1489. Les interpellations que le juge-commissaire aurait à faire au témoin, ne doivent point lui être adressées dans le cours de sa déposition. — A. 948.

1490. Aussi n'est-ce qu'au cas où elles ont eu lieu après la déposition, que s'applique l'obligation imposée au témoin de signer ses réponses ; dans le cas contraire, la signature apposée à la fin de la déposition suffirait, puisqu'elle attesterait tant la déclaration principale du témoin que les réponses aux interpellations qui lui auraient été faites en même tems. — A. 949.

(1) *Er.* A la fin, ajoutez : *Voy. Thomines*, p. 258.

1491. Ces interpellations ne doivent porter que sur les faits compris dans le jugement qui a ordonné l'enquête. — A. 950.

1492. Cependant le juge-commissaire ne pourrait refuser d'insérer les déclarations qui lui sembleraient étrangères à ces mêmes faits. — A. 951.

1493. Le greffier peut se faire remplacer, pour écrire l'enquête, par un commis-juré ; mais, en ce cas, c'est à celui-ci, et non au greffier en chef, à signer le procès-verbal. — A. 952.

### ARTICLE 274.

La déposition du témoin, ainsi que les changemens et additions qu'il pourra y faire, seront signés par lui, le juge et le greffier ; et si le témoin ne veut ou ne peut signer, il en sera fait mention ; le tout à peine de nullité. Il sera fait mention de la taxe, s'il la requiert, ou de son refus.

#### Conférence.

Ordonn., tit. 22, art. 18 et 19 ; infrà sur l'art. 275.

1494. Lorsque les changemens et additions sont écrits à la marge, il ne suffit pas de les parapher, ils doivent être signés. — A. 953. (1)

1495. La mention que le témoin ne sait écrire, n'équivaut pas à la mention qu'il ne sait signer. — A. 954.

### ARTICLE 275.

Les procès-verbaux feront mention de l'observation des formalités prescrites par les articles 261, 262, 269, 270, 271, 272, 273 et 274 ci-dessus : ils seront signés, à la fin, par le juge et le greffier, et par les parties, si elles le veulent ou le peuvent ; en cas de refus, il en sera fait mention : le tout à peine de nullité.

#### Conférence.

V. suprà sur les articles indiqués dans celui-ci, et notamment les n.os 1471 et 1481.

1496. Il n'est pas nécessaire, indépendamment de la preuve que fournirait le procès-verbal, de l'observation des formalités prescrites par les articles indiqués en l'art. 275, d'y mentionner, en termes exprès, que ces articles ont été observés. — A. 955.

1497. Mais s'il suffit d'avoir mentionné l'observation de tout ce que chacun de ces articles exige, sans exprimer que telle formalité

(1) Er. 3.e ligne, au lieu de *art. 214*, lisez *art. 274*.

a eu lieu d'après *tel article.*, etc., d'un autre côté le vœu de la loi ne serait pas rempli, si l'on se bornait à cette simple énonciation : *Les articles 261, 262, etc., ont été observés.* A plus forte raison, comme l'a décidé la cour de Turin, par arrêt du 27 avril 1813 ( Sirey, 1814, p. 344 ), y aurait-il nullité d'une enquête où le juge se serait borné à une mention générale ainsi conçue : *La présente enquête a été par nous juge-commissaire rédigée en conformité du code de procédure, et sur-tout de l'art. 275.* Il est évident qu'en tous ces cas il y a contravention à ce dernier article, qui exige une mention expresse de l'observation des formalités prescrites par les articles qu'il énumère.

1498. Le juge-commissaire peut omettre de faire donner lecture du procès-verbal aux parties, avant de requérir leur signature. — A. 956.

1499. La signature apposée par les parties sur le procès-verbal, ne peut leur être opposée comme une approbation des dépositions qu'il renferme. — A. 957.

### ARTICLE 276.

La partie ne pourra ni interrompre le témoin dans sa déposition, ni lui faire aucune interpellation directe, mais sera tenue de s'adresser au juge-commissaire, à peine de dix francs d'amende, et de plus forte amende, même d'exclusion, en cas de récidive : ce qui sera prononcé par le juge-commissaire. Ses ordonnances seront exécutoires nonobstant appel ou opposition.

#### Conférence.

V. suprà sur 200, n. 1173, et 265; n.° 1460 ; infrà sur 759.

1500. En général, les ordonnances d'un juge-commissaire ne sont sujettes à opposition ou appel, qu'autant que la loi le déclare expressément, ou qu'il statue en vertu d'une disposition qui lui attribue directement et positivement pouvoir pour statuer. En tout autre cas où il n'agit que par suite des pouvoirs qui lui sont délégués par le tribunal, la loi ne lui prescrivant rien d'une manière directe, c'est au tribunal qu'il faut s'adresser pour faire réformer son ordonnance. — A. 958. (1)

Cette proposition sera particulièrement développée sur l'art. 759, où l'on trouvera, à l'occasion d'un arrêt de Paris du 11 août 1812 ( Sirey, 1813, p. 121 ), une excellente discussion de M. l'avocat-général Joubert, sur la question de savoir quand il y a lieu ou non à l'appel des ordonnances d'un juge-commissaire.

_____

(1) 5.ᵉ ligne, au lieu de *qu'en les cas*, lisez *que dans les cas*.

## ARTICLE 277.

Si le témoin requiert taxe, elle sera faite par le juge-commissaire sur la copie de l'assignation, et elle vaudra exécutoire : le juge fera mention de la taxe sur son procès-verbal.

*Conférence.*

T. art. 167. -- Art. 19, titre 22, ordonnance de 1667.

1501. Les effets résultant de ce que la copie d'assignation, sur sur laquelle la taxe est faite, vaut exécutoire au témoin, consistent en ce que l'ordonnance relative à cette taxe, quoique simplement écrite sur la copie de l'assignation du témoin, est, comme un jugement, exécutoire, par toutes les voies de droit, sur les biens-meubles et immeubles de la partie qui poursuit l'enquête. — A. 959.

## ARTICLE 278.

L'enquête sera respectivement parachevée dans la huitaine de l'audition des premiers témoins, à peine de nullité, si le jugement qui l'a ordonnée n'a fixé un plus long délai.

*Conférence.*

A. 874. -- Art. 2 et 19, même titre 22 de l'ordonnance.

1502. Le mot *respectivement*, employé dans l'art. 278, signifie que l'enquête, soit directe, soit contraire, doit être terminée à partir de l'audition du premier témoin assigné dans chacune. — A. 960 (1), et suprà n.º 1400. Turin, 19 avril 1811. Sirey, 1815, p. 173.

1503. Si une enquête était composée de plusieurs dépositions reçues en tems utile, et de plusieurs autres reçues après le délai, la nullité ne frapperait que sur ces dernières. — A. 961. (2)

## ARTICLE 279.

Si néanmoins l'une des parties demande prorogation dans le délai fixé pour la confection de l'enquête, le tribunal pourra l'accorder.

*Conférence.*

Mêmes articles 2 et 19 de l'ordonnance, et suprà n.ºs 1400 et 1412.

1504. Une prorogation de délai ne peut être accordée à la partie

[1] *In fine*, ajoutez : *Voyez Pigeau*, t. 1, p. 279.

(2) 2.ᵉ ligne, au lieu de *Bontaric*, lisez *Boutaric*.

qui allègue une indisposition, sans justifier que cette indisposition l'a réellement empêché d'indiquer ses témoins. ( Bruxelles, 29 juin 1813. Sirey, 1815, p. 239. )

1505. La demande en prorogation de délai peut être valablement faite dès l'obtention de l'ordonnance du juge-commissaire. — A. 962.

1506. Lorsque le délai fixé par l'art. 257, pour *commencer* l'enquête, a été prorogé, aux termes de l'art. 258, la partie n'en est pas moins recevable à demander une prorogation de délai pour *parachever* cette enquête.

1507. Quoique la prorogation du délai pour *commencer* l'enquête ne puisse avoir lieu d'après les articles 257 et 258, lorsqu'elle doit être faite devant un commissaire du tribunal même qui l'a ordonnée, une partie ne peut néanmoins s'opposer à la prorogation du délai pour parachever cette enquête, par le motif que les juges auraient, au mépris de ces deux articles, prorogé le délai fixé pour la *commencer*. — A. 964.

1508. Si, dans la huitaine fixée par l'article 257 pour commencer l'enquête, le poursuivant ne faisait aucunes diligences, il ne serait plus recevable, après cette huitaine, à demander une prorogation de délai pour l'achever, conformément à l'art. 279. — A. 965.

1509. La partie qui a fait assigner tous ses témoins peut, après l'audition de ceux qu'elle a appelé, demander prorogation du délai, à l'effet de faire entendre les autres. — A. 966. (1)

Cette proposition se lie à la solution que nous avons donnée suprà n.º 1412, et résulte des mêmes motifs.

1510. Une partie ne peut obtenir une prorogation de délai, pour faire entendre de nouveau ses témoins, afin qu'ils précisent et expliquent les dépositions qu'ils auraient déjà faites. — A. 967.

1511. La demande en prorogation de délai doit être motivée; c'est-à-dire qu'il faut, pour que le tribunal l'accorde, que cette demande soit justifiée. — A. 968.

1512. La partie qui a négligé de faire procéder à une enquête, en matière sommaire, au jour fixé par le jugement qui l'ordonne, ne peut, sous prétexte que ce jugement ne lui a pas été notifié, demander postérieurement une prorogation de délai pour procéder à cette enquête. — A. 969, et Paris, 10 juin 1812. Sirey, 1813, p. 18.

---

(1) *Er.* 7.ᵉ ligne, au lieu de *la 961.ᵉ*, lisez *la 664.ᵉ question*; et *infrà*, au lieu de *voyez les 959.ᵉ et 964.ᵉ questions*, lisez *voyez les 963.ᵉ et 964.ᵉ questions*.

### ARTICLE 280.

La prorogation sera demandée sur le procès-verbal du juge-commissaire, et ordonnée sur le référé qu'il en fera à l'audience, au jour indiqué par son procès-verbal, sans sommation ni avenir, si les parties ou leurs avoués ont été présens : il ne sera accordé qu'une seule prorogation, à peine de nullité.

#### *Conférence.*

Ordonnance, art. 2. V. *suprà*, n.ᵒˢ 1402, 1412, 1414.

1513. La peine de nullité n'est point applicable à l'omission d'avoir demandé la prorogation sur le procès-verbal. — A. 970. (1)

1514. Le jour que le juge indiquera pour référer à l'audience, n'est point compris dans le délai fixé par l'article 278 pour parachever l'enquête. — A. 971.

1515. *Comment s'exécute l'article 280, lorsque l'enquête est faite par un juge étranger au tribunal qui a rendu le jugement d'appointement en preuve ?*

V. A. 972, et *suprà*, n.° 183.

1516. Le tribunal peut proroger le délai au-delà de huitaine. — A. 973.

1517. La demande en prorogation de délai doit être motivée ; les juges peuvent la rejeter, si le demandeur n'allègue aucune cause qui la rende nécessaire ou légitime. ( Turin, 20 août 1808. Sirey, 1814, p. 433 bis. )

1518. Il n'y a point d'exception à la prohibition d'accorder une seconde prorogation. — A. 974.

1519. Mais il peut être accordé une prorogation de délai pour *parachever* l'enquête, encore bien qu'il ait été accordé par le jugement qui a ordonné l'enquête, une première prorogation *pour la commencer.* La disposition de l'article 280, qui défend d'accorder plus d'une prorogation de délai, doit être restreinte au cas de deux demandes en prorogation d'un seul et même délai. (Paris, 31 janvier 1811. Sirey, 1814, p. 213.)

1520. L'article 280 ne s'applique pas aux matières de commerce. Les juges de commerce peuvent toujours, et quand bon leur semble, proroger les délais de l'enquête. (Bruxelles, 6 mai 1813. Sirey, 1814, pag. 181.)

---

[1] *Er.* page 554, au lieu de *les 962° et 963.*, lisez *les 966° et 967.° quest.*

### ARTICLE 281.

La partie qui aura fait entendre plus de cinq témoins sur un même fait, ne pourra répéter les frais des autres dépositions.

*Conférence.*

Ordonnance, art. 21.

1521. Le nombre et la qualité des témoins nécessaires pour compléter une preuve n'est point déterminé; le juge doit prononcer ce que lui dicte l'intime conviction qu'il a acquise de la vérité ou de la fausseté des faits contestés. — A. 975, et *suprà*, p. 302.

### ARTICLE 282.

Aucun reproche ne sera proposé après la déposition, s'il n'est pas justifié par écrit.

*Conférence.*

T. art. 71; A. 938 et 939; ordonn. de 1670, tit, 15, art. 20; et *suprà*, n.<sup>os</sup> 178, 179 et 1303.

### ARTICLE 283.

Pourront être reprochés, les parens ou alliés de l'une ou de l'autre des parties, jusqu'au degré de cousin issu de germain inclusivement; les parens et alliés des conjoints au degré ci-dessus, si le conjoint est vivant, ou si la partie ou le témoin en a des enfans vivans : en cas que le conjoint soit décédé, et qu'il n'ait pas laissé de descendans, pourront être reprochés les parens et alliés en ligne directe, les frères, beaux-frères, sœurs et belles-sœurs.

Pourront aussi être reprochés, le témoin héritier présomptif ou donataire; celui qui aura bu ou mangé avec la partie, et à ses frais, depuis la prononciation du jugement qui a ordonné l'enquête; celui qui aura donné des certificats sur les faits relatifs au procès; les serviteurs et domestiques; le témoin en état d'accusation; celui qui aura été condamné à une peine afflictive ou infamante, ou même à une peine correctionnelle pour cause de vol.

*Conférence.*

Code civil, art. 251; ordonn. de 1667; tit. 23, art. 2.

1522. Les causes de reproches mentionnés dans l'article 283 sont les seules que les juges puissent admettre, mais ils peuvent avoir tel égard que de raison aux autres moyens qui tendraient à faire

considérer la déposition d'un témoin comme indigne de foi. — A.
976. (1)

1523. Ils ont la faculté de rejeter les reproches, même quand il
est prouvé qu'ils sont fondés sur une des causes mentionnées en
l'article 283. — A. 977.

1524. Les parens en ligne directe de l'une des parties n'ont pas
besoin d'être reprochés, puisqu'ils ne peuvent être entendus. —
A. 978.

1525. Une partie ne peut reprocher celui qui aurait épousé la
sœur de la femme de la partie adverse. — A. 979, et Cass., 5
prairial an 13. Sirey, 1805, 2.ᵉ part.; p. 341.

1526. La parenté ou alliance naturelle n'est point une cause de
reproche contre un témoin, si ce n'est peut-être dans le cas où plusieurs enfans ont été reconnus par les mêmes père et mère; l'un
de ces enfans pourrait être reproché dans l'affaire de l'autre. —
A. 980.

1527. La parenté réciproque des témoins n'est point un sujet de
reproche. — A. 981.

1528. Si la partie est héritière ou donataire du témoin, celui-ci
n'est pas reprochable; mais on peut n'avoir que tel égard que de
raison à sa déposition. — A. 982.

1529. La simple déclaration du témoin d'être cousin issu de germain de la partie, et d'avoir bu et mangé avec elle postérieurement
au jugement qui ordonne l'enquête, est suffisante pour valider un
reproche. (Rennes, 21 janvier 1813, 1.ʳᵉ ch.)

1530. La mendicité n'est pas par elle-même un motif suffisant
pour reprocher un témoin, sauf au juge à avoir tel égard que de
raison à la déposition du témoin mendiant. (Rennes, 12 janvier 1810,
1.ʳᵉ ch.)

1531. On ne peut reprocher le témoin chez lequel la partie aurait
bu ou mangé en qualité de pensionnaire. — A. 983.

1532. Un témoin reprochable pour avoir bu ou mangé avec la
partie, etc., pouvant être entendu (art. 284) dans sa déposition,
l'on ne peut induire l'abandon du reproche de ce que la partie contre
laquelle il a été entendu l'a interpellé de faire sa déclaration sur les
faits qui tenaient au fond de la cause. (Rennes, 22 novembre 1813,
1.ʳᵉ ch.)

1533. La récusation n'est point admise contre un témoin qui a
fait une déclaration extrajudiciaire sur quelques faits du procès, lors-

---

[1] Er. 2.ᵉ alinea, 5.ᵉ ligne, au lieu de *sur lequel*, lisez *contre lequel*; et *infrà*, 4.ᵉ alinea,
4.ᵉ ligne, au lieu de *p. 125*, lisez *p. 249*.

que cette déclaration a été donnée à la suite de la sommation de l'une des parties. — A. 984.

1534. Il n'en serait pas ainsi de la déclaration donnée par le témoin devant notaires, relativement aux faits sur lesquels il serait appelé à déposer. — A. 985.

1535. Si l'article 283 porte que le témoin qui aura donné des certificats peut être reproché, il résulte néanmoins de cet article, combiné avec l'article 211, que les individus qui ont vu écrire ou signer un écrit dont la vérification est ordonnée, auquel ils n'ont aucun intérêt, et qui *l'ont même signé* avec la personne dont on méconnaît la signature, peuvent être entendus comme témoins. On ne peut les assimiler à des témoins qui auraient donné des certificats. (Rennes, 18 avril 1816, 1.ʳᵉ ch.)

1536. *Le notaire et les témoins d'un acte public peuvent-ils être reprochés, lorsqu'ils sont appelés à déposer sur les faits qui ont été l'objet de cet acte?*

Non, parce que le notaire qui a reçu l'acte, et les deux témoins instrumentaires qui ont signé cet acte, ayant un caractère légal, et n'ayant rempli qu'un ministère non seulement avoué par la loi, mais même obligé par elle, ne peuvent être assimilés à ceux qui auraient donné *des certificats sur des faits relatifs à des procès,* dans le sens et l'objet de cet article. ( Cass., 23 novembre 1812, Sirey, 1813, p. 174.)

1537. Un certificat donné sur des faits qui seraient *relatifs* au procès, mais étrangers à ceux dont la preuve est ordonnée, opérerait une cause de reproche contre celui qui aurait donné ce certificat. — A. 986.

1538. Mais on ne peut reprocher comme ayant donné un certificat sur *des faits relatifs au procès*, l'individu qui, en qualité de membre d'un conseil de famille, a concouru à une autorisation à l'effet d'intenter ce procès. — A. 987.

1539. Les déclarations faites par des témoins en un procès-verbal d'experts nommés pour visiter des lieux, ne sont point un motif de reproche, lors de l'enquête qui se fait par suite de l'expertise. — A. 988.

1540. Par le mot *domestique,* employé dans l'article 283, on entend non seulement les serviteurs à gages, mais encore ceux qui habitent la même maison et vivent à la même table, gratuitement ou à raison des services qu'ils rendent au maître de la maison, comme un clerc, un commis, etc. — A. 989.

1541. *Le reproche fondé sur l'état de domesticité n'est-il admissible qu'autant que le témoin se trouve actuellement au service de l'assigné ?*

Le reproche fondé sur l'état de domesticité ne nous paraît proposable et admissible qu'autant que le témoin est *actuellement* au service de la partie qui requiert son audition.

Le témoin est *actuellement*, c'est-à-dire au tems de l'enquête, au service de la partie qui requiert son audition ; ou bien encore, lorsqu'il n'a quitté ce service que depuis le jugement qui a ordonné l'enquête, et qu'il y a lieu de croire que sa sortie a été convenue avec le maître pour qu'il pût être entendu en témoignage, sa sortie n'étant que feinte.

Mais le reproche ne doit pas être admis si le témoin a cessé d'être au service de la partie en qualité de domestique, long-tems avant le jugement interlocutoire. Si c'était peu de tems avant, et qu'il y eût quelque motif de le suspecter, il faudrait, tout en écartant le reproche, réserver d'avoir, en jugeant, tel égard que de raison à sa déposition. Cette espèce de reproche a pour fondement l'état de dépendance du témoin domestique ; la dépendance cessant par sa sortie, le reproche tombe.

La rédaction des art. 262 et 283 du code de procédure, suppose bien qu'il s'agit du témoin *actuellement* au service de la partie.

Conformément à ces observations, un jugement du tribunal de Rennes ( 2.º chambre ), rendu le 1.ᵉʳ août 1817, a rejetté le reproche qui avait été proposé contre un témoignage d'une personne qui se trouvait au service de l'une des parties à l'époque de l'événement sujet du procès, mais qui avait quitté le service deux ou trois mois avant le jugement d'appointement à faire preuve. Ce témoin, d'ailleurs, avait paru de la plus grande impartialité dans sa déposition ; ce qui contribua encore à faire écarter le reproche : mais nous pensons qu'indépendamment de cette considération particulière, le tribunal n'en aurait pas moins bien jugé.

1542. La loi permet à la vérité de reprocher les serviteurs et domestiques ; mais en décidant aussi que les témoins reprochés peuvent être entendus, elle laisse au juge la faculté d'admettre ou de rejeter, suivant les circonstances, les reproches qui auraient été proposés. ( Rennes, 1.ᵉʳ août 1816, 1.ᵉʳᵉ ch. )

1543. Le témoin mis en accusation ne demeure pas reprochable, s'il vient à être acquitté avant le jugement du procès dans lequel il a déposé. — A. 990.

1544. Il n'est pas nécessaire de reprocher un individu condamné à une peine emportant mort civile. — A. 991.

1545. Les condamnés à peine afflictive ou infamante, ou à une peine correctionnelle pour cause de vol, peuvent être reprochés, quoiqu'ils ne soient admis à rendre témoignage que pour donner de simples renseignemens ou déclarations. — A. 992.

1546. L'individu qui a été condamné à une peine afflictive ou infamante, ou à une peine correctionnelle pour simple vol, n'est point à jamais reprochable. — A. 993.

1547. Le reproche de condamnation pour vol, proposé contre un témoin, doit être accueilli, bien que la condamnation soit ancienne, et qu'elle ait été prononcée en pays étranger. ( Arrêt de la cour de Colmar, du 6 août 1814; Sirey, 1815, p. 20. )

### ARTICLE 284.

Le témoin reproché sera entendu dans sa déposition.

*Conférence.*

T. art. 92. — V. les précédentes questions et la 91.ᵉ, p. 49.

### ARTICLE 285.

Pourront les individus âgés de moins de quinze ans révolus être entendus, sauf à avoir à leurs dépositions tel égard que de raison.

1548. Les individus âgés de moins de quinze ans, ne sont point dispensés de la prestation de serment prescrite par l'article 262. — A. 994.

1549. La loi n'ayant point déterminé, au-dessous de quinze ans révolus, un âge auquel on ne pourrait recevoir la déposition d'un enfant, c'est au juge-commissaire à référer au tribunal sur la question de savoir s'il y a lieu d'entendre ou non l'enfant qui serait appelé en témoignage. — A. 995.

1550. Si le témoin âgé de moins de quinze ans ne comparaissait pas, il ne pourrait être condamné à l'amende de dix francs au profit de la partie, ni au frais de la réasssignation dont ses père et mère ou tuteur seraient responsables si on leur avait intimé l'ordre d'amener le témoin ; mais il serait passible personnellement des autres peines voulues par les art. 263 et 264. — A. 996.

### ARTICLE 286.

Le délai pour faire enquête étant expiré, la partie la plus diligente fera signifier à avoué copie des procès-verbaux, et poursuivra l'audience sur un simple acte.

*Conférence.*

T. art. 70. — Art. 27, titre 22, ordonnance de 1667.

1551. La partie la plus diligente ne peut suivre l'audience qu'après la clôture de l'enquête directe et de la contre-enquête. — A. 997.

1552. L'article 286 portant que la partie la plus diligente fera signifier copie des procès-verbaux, suppose qu'elle devra notifier, non seulement le procès-verbal de son enquête, mais encore celui de sa partie adverse. — A. 998.

### ARTICLE 287.

Il sera statué sommairement sur les reproches.

*Conférence.*

Ordonnance, titre 23, art. 5.

1553. Si le fait est prouvé par les dépositions des témoins non reprochés, le juge n'est pas obligé de vérifier les reproches. — A. 999.

### ARTICLE 288.

Si néanmoins le fond de la cause était en état, il pourra être prononcé sur le tout par un seul jugement.

*Conférence.*

Ordonnance, même titre, art. 3.

1554. Il en est des nullités comme des reproches; on peut statuer à leur égard en jugeant le fond qui est en état. — A. 1000.

1555. Il n'est pas nécessaire que les juges qui auraient statué sur les reproches soient les mêmes que ceux qui statueront sur le fond. — A. 1001.

### ARTICLE 289.

Si les reproches proposés avant la déposition ne sont justifiés par écrit, la partie sera tenue d'en offrir la preuve, et de désigner les témoins; autrement elle n'y sera plus reçue : le tout sans préjudice des réparations, dommages et intérêts qui pourraient être dus au témoin reproché.

*Conférence.*

T. art. 71. — A. 939, et *infrà* sur l'art. 314.

### ARTICLE 290.

La preuve, s'il y échet, sera ordonnée par le tribunal, sauf la preuve contraire, et sera faite dans la forme ci-après réglée pour les enquêtes sommaires. Aucun reproche ne pourra y être proposé, s'il n'est justifié par écrit.

*Conférence.*

*Infrà* sur les articles 407 et suivans.

ARTICLE 291.

Si les reproches sont admis, la déposition du témoin reproché ne sera point lue.

*Conférence.*

Deuxième part. de l'art. 5, titre 23, ordonnance de 1667. — A. 576.

1556. L'article 291 disposant que si les reproches sont admis, la déposition du témoin ne sera pas lue, il en résulte que les juges, avant de passer à la décision du fond, sont tenus de statuer préalablement sur les moyens des reproches proposés contre les témoins, soit pour les admettre, soit pour les rejeter ; on ne peut donc les joindre au fond. Et si, après les avoir joints, le tribunal ne prononce pas sur le rejet, il y a omission de prononcer. Cour de Rennes, 18 avril 1816, 1re ch.

1557. Quoique la déposition d'un témoin reproché ait été lue en première instance, les juges d'appel doivent, avant de prononcer au fond, juger si les reproches ont été valablement rejetés. — A. 1002.

ARTICLE 292.

L'enquête ou la déposition déclarée nulle par la faute du juge-commissaire, sera recommencée à ses frais ; les délais de la nouvelle enquête ou de la nouvelle audition de témoins courront du jour de la signification du jugement qui l'aura ordonnée : la partie pourra faire entendre les mêmes témoins ; et si quelques-uns ne peuvent être entendus, les juges auront tel égard que de raison aux dépositions par eux faites dans la première enquête.

*Conférence.*

Art. 36, titre 22, ordonn. de 1667. — Art. 9, chap. VII, ordonn. de François I.er de 1535.

1558. Si la faute ne paraissait imputable qu'au greffier, l'enquête n'en serait pas moins recommencée aux frais du juge-commissaire. — A. 1003.

1559. En matière de divorce, une enquête déclarée nulle peut être recommencée. — A. 1004.

1560. *L'enquête peut-elle être déclarée nulle sur la demande de la partie qui l'a requise ?*

M. Thomines (dans ses cahiers de dictée) pense, avec raison, que, pour être admis à recommencer l'enquête, il faut préalablement qu'elle ait été déclarée nulle sur la demande de la partie contre laquelle elle aurait été faite ; car celle qui a fait l'enquête ne serait pas admise à s'en désister sous prétexte de nullité et à dessein de recommencer.

1561. Dans le cas où le tribunal ordonne que l'enquête sera recommencée, la partie ne peut faire entendre de nouveaux témoins. —. A. 1005. (1)

1562. Les délais pour l'enquête nouvelle courent, comme pour la première, savoir ; celui pour commencer l'enquête, du jour de la signification du jugement, et celui pour entendre les témoins, du jour indiqué par le juge commis pour recevoir cette nouvelle enquête. — A. 1006.

1563. On doit commettre, pour la nouvelle enquête, un juge autre que celui qui aurait reçu celle qui a été déclarée nulle. — A. 1007.

1564. La partie adverse de celle dont l'enquête est annulée, ne peut faire une contre-enquête. — A. 1008.

### ARTICLE 293.

L'enquête déclarée nulle par la faute de l'avoué, ou par celle de l'huissier, ne sera pas recommencée : mais la partie pourra en répéter les frais contre eux, même des dommages et intérêts, en cas de manifeste négligence ; ce qui est laissé à l'arbitrage du juge.

*Conférence.*

Art. 36, titre 22, ordonnance de 1667.

1565. Les officiers ministériels, par la faute desquels une déposition isolée serait déclarée nulle, sont assujettis, à raison de cette déposition, à la responsabilité dont il s'agit en l'article 293. — A. 1009.

1566. Une partie ne peut, après la confection de l'enquête, faire entendre des témoins sur de nouveaux faits par elle articulés, si ce n'est dans le cas où ces faits seraient survenus depuis le jugement ou depuis la confection de l'enquête, ou peut-être encore lorsqu'il y aurait consentement respectif des parties. — A. 1010.

### ARTICLE 294.

La nullité d'une ou plusieurs dépositions n'entraîne pas celle de l'enquête.

*Conférence.*

Voyez les articles 260, 261, 262, 269, 270, 271, 272, 273, 274 et 275 ci-dessus, et — A. 900, 933 et 945.

1567. Celui qui, ayant des moyens de nullité à proposer contre l'enquête de son adversaire, ne commence point par les alléguer,

---

[1] 12.ᵉ ligne, au lieu de *la nouvelles enquête*, lisez *la nouvelle enquête*.

mais demande au contraire une contre-enquête, est ultérieurement non recevable à s'en prévaloir, quelques réserves générales qu'il ait faites à la fin de la requête, pour parvenir à la contre-enquête. ( Voyez décision contraire, art. 261, note 4. )

Arrêt de la cour de Paris, du 19 août 1808. Sirey, 1809, p. 11.

1568. Lorsqu'une enquête a été validée par jugement en dernier ressort, la cassation de ce jugement entraîne la cassation de celui qui aurait été rendu sur le fond. Par suite et en conséquence de l'enquête, cette division a lieu, encore qu'il soit prétendu que le jugement sur le fond se soutient par d'autres preuves que celles résultantes de l'enquête. Apprécier le mérite de cette défense, serait, de la part de la cour de cassation, entrer dans l'examen des faits, contre la loi de son institution. ( Cassation, 13 octobre 1812. Sirey, 1813, page 112. )

# TITRE XIII.

## De la descente sur les lieux.

V. *suprà* livre 1.er, titre 8, page 39; C. C., art. 834, 868, 1559, 2103, §. 4.

« LES faits, disait sur ce titre l'orateur du tribunat, ne sont pas
» toujours uniquement confiés à la foi des témoins; il peut en
» exister des preuves matérielles que les localités conservent, et
» que le magistrat ne peut saisir qu'à l'inspection des lieux : c'est
» ce qu'on connaît sous la dénomination de *descente sur les*
» *lieux.* »

La descente sur les lieux, que l'on appelle aussi *accès de lieu*, est le transport d'un juge, assisté du greffier, sur les lieux contentieux pour les examiner, en saisir les points décisifs, et les recueillir dans un procès-verbal.

Ou elle est indispensable, et alors le tribunal doit l'ordonner d'office, ou elle peut n'avoir d'autre objet que de suppléer à l'inobservation des experts, et alors elle ne peut être ordonnée que sur la réquisition des parties. ( 295. )

On la juge ordinairement nécessaire, lorsqu'il s'agit de reconnaître

54

un droit de servitude ou d'en régler l'usage, d'appliquer des titres
à des localités, de lever des doutes que laisse un rapport d'experts
précédemment fait, et d'autres cas semblables.

Mais si la matière du litige est assez peu compliquée pour qu'un
simple rapport d'experts doive évidemment suffire, et par exemple,
s'il ne s'agit que d'arpenter un champ, estimer un ouvrage, diviser
un immeuble, fixer le montant d'une restitution de fruits, vérifier
la qualité, culture, plantation, détérioration et amélioration d'une
terre, des réparations faites ou à faire à un bâtiment, l'exécution
d'un devis; en un mot, s'il s'agit de vérifier un fait simple, et
dont les circonstances ne sont ni diversement saisies ni diversement
interprétées, le tribunal semblerait devoir se dispenser d'ordonner
la descente, pour s'en tenir à nommer des experts, conformément
aux dispositions du titre suivant.

Cependant, comme le remarque M. Berriat-Saint-Prix, p. 276,
l'article 295 est conçu en tels termes, qu'on peut dire que la nécessité de l'accès est à peu près laissée à l'arbitrage du juge. L'art.
1.er de l'ordonnance, où on l'a puisé, offrait le même résultat; et
quoi qu'en dise Rodier sur cet article, le procès-verbal (v. tit. 18,
art. 1.) n'avait point levé cette difficulté.

Les formalités de cette voie d'instruction sont aussi simples
qu'économiques : elles consistent dans la nomination d'un juge-
commissaire (296), l'ordonnance par laquelle il fixe jour et heure
(297), le procès-verbal (298), sa signification et la poursuite
de l'audience. (299.)

Il est à remarquer que le ministère public ne doit être présent
à la descente que *lorsqu'il est partie* (300), et que l'on doit consigner d'avance les frais du transport du juge. (301.)

### ARTICLE 295.

Le tribunal pourra, dans les cas où il le croira nécessaire, ordonner que l'un des juges se transportera sur les
lieux; mais il ne pourra l'ordonner dans les matières où
il n'échoit qu'un simple rapport d'experts, s'il n'en est
requis par l'une ou par l'autre des parties.

*Conférence.*

Ordonnance, titre XXI, art. 1.ᵉʳ, et *suprà* art. 42.

1569. Le juge ne peut jamais faire la fonction d'expert : il n'y a donc lieu à ordonner une descente sur les lieux que lorsqu'il s'agit de donner des apuremens sur ce que l'on peut connaître par leur seule inspection des choses, et sans aucune connaissance que celle que toute personne peut avoir. — A. 1011.

1570. Le juge, dans une matière où il n'échoit qu'un simple rapport d'experts, n'est pas tenu de déférer à la réquisition de descendre sur les lieux. — A. 1012.

1571. Dans l'espèce de la question précédente, la descente doit être aux frais de la partie qui succombe. — A. 1013.

1572. Il n'est pas nécessaire que la descente soit requise par écrit. — A. 1014.

1573. Un jugement motivé sur une visite du lieu contentieux, faite d'office par le tribunal entier, devrait être annulé, si cette visite n'a pas été ordonnée par jugement, et constatée par procès-verbal. — A. 1015.

### ARTICLE 296.

Le jugement commettra l'un des juges qui y auront assisté.

*Conférence.*

Ordonnance, même titre XXI, article 4.

1574. Dans un procès par écrit, le juge-rapporteur peut être nommé commissaire, et le commissaire peut être choisi indifféremment parmi les juges, sans qu'on suive l'ordre du tableau. — A. 1016; et Locré, t. 1.ᵉʳ, p. 507.

1575. Un juge-commissaire ne peut en nommer un autre à sa place. — A. 1017.

1476. Le tribunal peut, d'après l'art. 1035, commettre un tribunal voisin ou un juge de paix. — A. 1018.

1577. Le juge-commissaire est sujet à récusation. — A. 1019.

1578. *Les faits à vérifier doivent-ils être précisés dans le jugement qui ordonne la descente?*

Nonobstant le silence de la loi sur ce point, nous ne doutons pas que le jugement doit contenir les faits à vérifier, de même que celui qui ordonne un rapport d'expert doit énoncer clairement les objets de l'expertise. Il faut bien déterminer l'objet et les limites de la commission du juge ; autrement, il serait à craindre qu'il se livrât à des apuremens inutiles, et qui pourraient donner d'ailleurs lieu à de nouvelles discussions entre les parties.

### ARTICLE 297.

Sur la requête de la partie la plus diligente, le juge-commissaire rendra une ordonnance qui fixera les lieu, jour et heure de la descente ; la signification en sera faite d'avoué à avoué, et vaudra sommation.

### Conférence.

T. art. 70, 76, 92 ; ordonnance, même titre, art. 6.

1579. Le jugement qui ordonne la descente doit être levé et signifié à la partie adverse, et l'expédition être jointe à la requête adressée au commissaire, en fixation de jour et de lieu. — A. 1020.

1580. Si l'une des parties n'avait pas d'avoué en cause, il faudrait lui signifier à elle-même l'ordonnance du juge-commissaire, avec sommation de se rendre sur les lieux, si bon lui semble. — A. 1021.

Par cette proposition fondée sur les raisons que nous avons exposées ( A. 1021 ), nous supposons évidemment que la descente peut être ordonnée quand une partie est défaillante.

Cependant on peut dire que la loi, en ne prescrivant qu'une signification de l'ordonnance à l'avoué, laquelle vaut sommation, ne suppose pas que la descente puisse être ordonnée en cas de défaut. On en donnerait d'ailleurs pour raison que cette mesure n'étant presque toujours provoquée que par les contestations qui s'élèvent sur des points de fait, il est évident qu'elle est inutile s'il n'y a point de contradiction, et qu'il y a difficilement contradiction, lorsqu'une des parties seule figure dans l'instance.

Nous répondons que le juge ( v. *suprà* art. 150, n.° 868 ) ne pouvant, en cas de défaut, adjuger les conclusions du demandeur qu'après vérification, et ayant d'ailleurs et sans distinction la faculté d'ordonner la descente d'office ( A. 95 ), cette mesure peut avoir lieu même dans le cas du défaut.

D'un autre côté, il peut arriver que la partie qui poursuit par défaut l'adjudication de ses conclusions ne soit pas d'accord avec elle-même, ou que des experts précédemment nommés se soient trouvés d'avis différens ; en ce cas le tribunal peut évidemment ordonner la descente, et alors il faut bien que la signification de son jugement soit faite, comme nous l'avons dit ( A. 1021 ), à per-

sonne ou domicile, en observant les règles établies pour la signification et l'exécution des jugemens par défaut.

1581. Le juge-commissaire ne pourrait, en vertu du jugement
qui aurait ordonné d'office la descente, procéder à l'opération sans
attendre la réquisition de l'une des parties. — A. 1022.

1582. S'il y avait deux défendeurs dont l'un fît défaut, l'ordonnance devrait être signifiée au défaillant, dans le cas où il y aurait
lieu à une descente de juge. — A. 1023.

1583. Les dispositions de l'art. 297 sont également applicables,
si le jugement, en exécution de l'article 1035, commet, pour la
descente, un juge de paix, ou renvoie à un autre tribunal la
nomination du commissaire. — A. 1024.

### ARTICLE 298.

Le juge-commissaire fera mention, sur la minute de
son procès-verbal, des jours employés aux transport, séjour
et retour.

*Conférence.*

Ordonnance, même titre, art. 19.

1584. *Que doit contenir le procès-verbal du juge-commissaire ?*
— A. 1025.

1585. Le juge-commissaire ne peut, à moins que les parties ne
le requièrent expressément, recevoir des renseignemens de personnes étrangères au procès, sur quelques points de faits relatifs à
la descente. — A. 1026.

1586. Si le juge-commissaire pensait que son rapport ne suffirait
pas pour éclairer ses collègues, il ne pourrait de lui-même ordonner
la levée du plan des lieux ; c'est au tribunal à le faire, s'il trouve
le rapport insuffisant. — A. 1027.

1587. Si le juge-commissaire remettait la continuation de la descente à jour fixé, il ne serait pas nécessaire de notifier cette remise
à la partie, dans le cas même où elle ne serait pas présente. —
A. 1027.

### ARTICLE 299.

L'expédition du procès-verbal sera signifiée par la partie
la plus diligente aux avoués des autres parties ; et, trois
jours après, elle pourra poursuivre l'audience sur un
simple acte.

*Conférence.*

T. art. 70. Art. 13, même titre de l'ordonnance.

1588. On ne peut signifier des défenses sur le contenu au procès-
verbal. — A. 1029.

### ARTICLE 300.

La présence du ministère public ne sera nécessaire que
dans le cas où il sera lui-même partie.

1589. Le ministère public n'est point partie dans les causes où
il donne simplement des conclusions; il ne l'est que lorsqu'il assiste
dans les qualités de demandeur, de défendeur ou d'intervenant.
— A. 1030.

### ARTICLE 301.

Les frais de transport seront avancés par la partie requérante, et par elle consignés au greffe.

*Conférence.*

Ordonnance, même titre, art, 5, dernière partie.

1590. Si la descente est ordonnée d'office, c'est à la partie qui
a intérêt à obtenir le jugement, à consigner les frais; mais si la
descente avait été requise par une des parties, ce serait à celle-ci à
faire cette consignation. — A. 1031.

# TITRE XIV.

## Des rapports d'experts.

( V. *suprà* liv. premier, titre 8, p. 69, et les articles 195, 196, 232, 322,
429, 935 et 969, 971 ; C. C, art. 1680. )

On appèle *expertise* l'opération que font des *experts* ou gens
connaisseurs dans un art, afin d'éclairer le juge sur des questions
ou sur des faits qu'il ne peut approfondir ou connaître par lui-
même.

Un *rapport d'experts* est donc l'exposé par écrit de cette opération, c'est-à-dire, des travaux, recherches, calculs, etc., auxquels
les experts se sont livrés, et de l'*avis* qu'ils ont formé d'après les
résultats de ces travaux.

Un *avis* n'est qu'une opinion et non pas une décision, et conséquemment on ne peut assigner à celui des experts d'autres caractères
que ceux de simples renseignemens auxquels le juge ne peut être
tenu de se conformer, si la conviction s'y oppose. (323.)

De là une différence notable entre un expert et un arbitre. Ce dernier prononce sur le fond de la contestation qui existe entre les parties ; l'expert, au contraire, se borne à rendre compte au tribunal de ce qu'il a fait en vertu de la commission qui lui a été donnée.(1)

Le code de procédure renferme sur les expertises des dispositions en partie puisées dans l'ordonnance de 1667, en partie absolument nouvelles, mais qui ne s'appliquent qu'aux procès existant entre particuliers. ( V. *infrà*, n.° 1593. ) Elles concernent :

Premièrement, *le jugement par lequel* l'expertise est ordonnée. ( 302. )

Secondement, *la nomination des experts.* La loi en fixe le nombre ( 303 ), détermine ce qui arrive si les parties sont ou ne sont pas convenues d'experts, soit avant, soit après le jugement, et désigne le juge qui recevra le serment de ceux qui seront définitivement nommés. ( 304, 305, 306 et 307. )

Troisièmement, *la récusation des experts.* Elle en indique le délai, le mode, les motifs ( 309 et 310 ), prescrit la forme du jugement à rendre sur ce point, celle de son exécution ( 311 et 312 ), et du remplacement de l'expert valablement récusé ( 313 ) ; elle prononce enfin la peine de la récusation mal fondée. ( 314. )

Quatrièmement, *les préliminaires du rapport.* Elle prescrit l'indication du lieu, du jour et de l'heure, et comment les parties en sont instruites ( 315 ) ; ordonne le remplacement de l'expert qui refuse ou qui ne se présente point, et punit celui qui n'opère pas après avoir prêté serment. ( 316. )

Cinquièmement, *le rapport et ses suites.* Elle règle la forme de la rédaction du procès-verbal ( 317 ) et la manière dont les experts doivent présenter leur avis ( 318 ), ordonne le dépôt de leur rapport, prescrit le mode de recouvrement de leurs taxations ( 319 ), la forme suivant laquelle on doit se pourvoir contre ceux qui retardent ou refusent de déposer leur rapport ( 320 ), le signifier et poursuivre l'audience. ( 321. )

---

[1] V. cependant l'art. 429, où le mot *arbitre* est employé pour désigner des *experts.*

Enfin, elle accorde au juge la faculté d'ordonner un nouveau rapport ( 322 ); et consacre le principe que l'avis des experts n'est point une loi pour lui. ( 323. )

### ARTICLE 302.

Lorsqu'il y aura lieu à un rapport d'experts, il sera ordonné par un jugement, lequel énoncera clairement les objets de l'expertise.

#### Conférence.

Ordonnance de 1667, tit. 21, art. 8, et *infrà* sur l'art. 452 la 1421.ᵉ quest. de l'analyse.

1591. L'expertise peut être ordonnée d'office. — A. 1032.

1592. Le tribunal peut se dispenser de déférer à la demande d'expertise faite par l'une des parties. — A. 1033.

1593. Après le jugement qui ordonne une expertise, une partie peut demander que les experts donneront des apuremens sur des objets qui n'auraient pas été compris dans le jugement. — A. 1034.

1594. Les formalités de l'expertise, prescrites par le code de procédure, ne sont point applicables aux expertises ordonnées administrativement, ou à la requête de la régie de l'enregistrement. — A. 1035. V. *suprà* p. 431, et sur ces formalités particulières les arrêts indiqués au code annoté de M. Sirey, art. 302, n.ᵒˢ 8-24.

### ARTICLE 303.

L'expertise ne pourra se faire que par trois experts, à moins que les parties ne consentent qu'il soit procédé par un seul.

#### Conférence.

Ordonnance de 1667, tit. 21.

1595. Hors les cas où le nombre des experts est fixé par des lois spéciales, on doit se conformer rigoureusement à l'article 303. — A. 1036.

1596. La nomination d'un seul expert ne peut, dans tous les cas, avoir lieu que du consentement unanime des parties, et, par conséquent, elle ne peut être faite par le tribunal. ( Paris, 11 février 1811. Sirey, 1811, p. 449. )

1597. Mais la convention tendant à ce que l'expertise ne soit faite que par un seul expert, ne devrait être d'aucune considération, s'il y avait un mineur intéressé dans la contestation. — A. 1037.

Cependant la cour de Rennes, par arrêt du 24 mars 1812, 1.ʳᵉ chambre, a jugé que la convention des parties de ne nommer qu'un seul expert n'était pas absolument sans effet, quoique l'une d'elles agît en *qualité de tuteur,* si l'expert avait été désigné *par celle-ci,* agréé par la partie adverse et nommé par le tribunal.

En conséquence, la cour a rejeté la demande en nullité du rapport, fondée de la part du tuteur sur ce que l'expertise avait été faite par trois experts, nonobstant la minorité d'une des parties. Cet arrêt vient à l'appui des observations que nous avions faites en terminant notre 1037.e question, et qui tendaient à modifier la proposition générale que nous avions établie en commençant, et que nous venons de répéter. Quoi qu'il en soit, nous persistons à croire qu'il est du moins prudent de ne pas ordonner le rapport par un seul expert, lorsqu'un mineur est intéressé.

### ARTICLE 304.

Si, lors du jugement qui ordonne l'expertise, les parties se sont accordées pour nommer les experts, le même jugement leur donnera acte de la nomination.

1598. Il est nécessaire que les parties s'accordent sur le choix des trois experts, en sorte que le tribunal devrait les nommer tous les trois d'office, si, par exemple, elles ne s'étaient accordées que sur deux. — A. 1038, et Rennes, 13 juillet 1813, 2.e ch.

### ARTICLE 305.

Si les experts ne sont pas convenus par les parties, le jugement ordonnera qu'elles seront tenues d'en nommer dans les trois jours de la signification ; sinon, qu'il sera procédé à l'opération par les experts qui seront nommés d'office par le même jugement.

Ce même jugement nommera le juge-commissaire, qui recevra le serment des experts convenus ou nommés d'office : pourra néanmoins le tribunal ordonner que les experts prêteront leur serment devant le juge de paix du canton où ils procéderont.

*Conférence.*

Ordonnance de 1667, tit. 21, art. 8 et 9.

1599. Si les parties ne sont point convenues d'experts, ou si l'une d'elles a refusé d'en nommer, le tribunal ne peut en nommer d'office sans accorder le délai porté en l'article 305. — A. 1039.

1600. L'exécution sans réserve du jugement qui nomme d'office les experts, rend non recevable l'appel de ce jugement, fondé sur ce que le tribunal n'aurait pas laissé aux parties la faculté d'en convenir. — A. 1039, et Rennes, 15 novembre 1810, 2.e ch.

1601. *Le tribunal, après le délai de trois jours expiré, peut-il rétracter sa nomination faite d'office?*

Nous pensons, comme M. Thomines, que le délai de la récusation est un délai fatal; on serait donc, en général, déchu du droit de récusation, si l'on ne profitait pas de ce délai : néanmoins, si les motifs étaient extrêmement graves, et que la preuve en fût mise sous les yeux du tribunal, on ne devrait pas tenir à la rigueur, au point de décider que le tribunal ne pût rétracter la nomination qu'il aurait faite : les experts ne sont pour lui que des conseillers; il ne doit pas même suivre leur avis, quand sa conviction s'y oppose. (323.) Il peut donc aussi rétracter son choix dans une circonstance particulière où il reconnaît qu'il ne pourrait raisonnablement accorder aucune confiance au rapport.

1602. *Les juges, greffiers et commis-greffiers ne peuvent-ils remplir les fonctions d'experts?*

C'est un principe que le juge ne peut remplir les fonctions d'expert, quelque talent qu'il eût pour toutes les opérations de ce ministère. (Principes du droit de Duparc, t. 9, p. 471.)

Les greffiers ne peuvent non plus remplir ces fonctions; et en général, l'incapacité des juges pour certains objets s'étend à eux. (V. C. C., art. 1597.)

Il y a d'ailleurs incompatibilité entre les fonctions de greffier et celles d'experts. Pour s'en convaincre, il suffit de lire les articles 312 et suivans du code de procédure, sur les rapports d'experts. Le greffier qui doit assister le juge dans tous ses actes, et dont le poste est ou à l'audience ou au greffe, ne peut pas faire des expertises; il en est de même des commis assermentés.

Quant aux écrivains non assermentés, ils peuvent être nommés experts, soit d'office, soit par les parties; cependant, s'ils travaillent habituellement au greffe, il convient de ne pas les nommer d'office, les rapports qu'ils y ont pouvant affaiblir la confiance des parties.

1603. La nullité d'une nomination d'office d'experts, dont le tribunal n'aurait pas désigné les noms et la profession, ne doit être prononcée que suivant les circonstances. — A. 1040.

1604. *De quel jour court le délai de trois jours pour récuser des experts nommés d'office?*

Le jugement qui ordonne l'expertise ne nomme trois experts d'office que par précaution et d'avance, pour le cas où les parties ne conviendraient pas elles-mêmes d'experts dans les trois jours de la signification du jugement. Pendant ce premier intervalle, la nomination faite par le juge n'est que conditionnelle; elle ne devient absolue que quand il est expiré. Ainsi, dit M. Thomines, le délai pour récuser les experts ne commence point à courir du jour de la signification du jugement, mais seulement trois jours après; en sorte que les parties ont réellement six jours depuis la signification du jugement, pour s'informer de la qualité et de la moralité des experts, et les récuser s'il y a lieu.

1605. Le délai de trois jours fixé pour nommer les experts ne commence à courir qu'à l'expiration de la huitaine donnée pour former opposition, si le jugement a été rendu par défaut, ou à partir du jour du débouté de l'opposition. — A. 1041.

1606. Lorsque le tribunal a prononcé des condamnations au fond, avec cette alternative, *si mieux n'aiment les parties à dire d'experts*, les parties ne sont obligées de convenir d'experts que dans les trois jours, à compter de l'expiration du délai pour opter. — A. 1042.

1607. Le tribunal peut ordonner que le juge-commissaire assistera à l'expertise. — A. 1043.

### ARTICLE 306.

Dans le délai ci-dessus, les parties qui se seront accordées pour la nomination des experts, en feront leur déclaration au greffe.

#### *Conférence.*

T. art. 91.

1608. La déclaration exigée par l'art. 306, doit être faite par chacune des parties assistée de son avoué. — A. 1044. (1)

1609. Si, postérieurement aux trois jours que donne l'article 305 pour convenir d'experts, les parties, conformément à l'article 306, déclaraient au greffe les noms d'experts qu'elles auraient choisis, ces derniers feraient l'opération de préférence à ceux qui auraient été nommés d'office, à moins que ceux-ci n'eussent déjà commencé. — A. 1045.

1610. *Si le tribunal, en nommant des experts d'office, a refusé acte aux parties de la nomination qu'elles avaient faite elles-mêmes, ou a omis de leur ordonner de convenir d'experts dans le délai de l'art. 305, les parties doivent-elles appeler?*

Les parties peuvent faire leur déclaration au greffe et requérir l'ordonnance du juge-commissaire, afin de prestation de serment.

_____

[1] Er, 3.ᵉ ligne, au lieu de *code de procédure*, lisez *tarif*.

Si le juge refuse de recevoir le serment des experts et de les laisser opérer, ou que ceux nommés d'office veuillent opérer, on revient au tribunal et on relève appel, s'il maintient les experts nommés d'office.

1611. Si la nomination des experts était faite autrement qu'au greffe, elle ne serait pas nulle. ( Persil, traité des nullité, p. 236. )

### ARTICLE 307.

Après l'expiration du délai ci-dessus, la partie la plus diligente prendra l'ordonnance du juge, et fera sommation aux experts nommés par les parties ou d'office, pour faire leur serment, sans qu'il soit nécessaire que les parties y soient présentes.

*Conférence.*

T. art. 29, 76 91 ; ordonnance, titre XXI, art. 10.

1612. L'ordonnance du juge-commissaire lui est demandée par une requête. — A. 1046.

1613. Le délai pour prendre l'ordonnance et en faire la notification aux experts n'est pas fatal. — A. 1047.

1614. Il n'est pas nécessaire que le poursuivant somme la partie adverse d'être présente à la prestation de serment des experts. — A. 1048.

1615. Quand les parties ont elles-mêmes nommé les experts, et les ont expressément dispensés du serment, l'une d'elles ne peut plus demander la nullité de leur opération, sur le motif qu'ils ne l'ont pas prêté. — A. 1049.

1616. Pour mettre la partie défaillante à même de pouvoir récuser les experts nommés d'office, il faut qu'elle les connaisse, et par conséquent il est nécessaire de lui notifier le jugement qui les nomme. ( Arrêt de la cour de Rennes, 2.e ch., 13 juillet 1813.)

### ARTICLE 308.

Les récusations ne pourront être proposées que contre les experts nommés d'office, à moins que les causes n'en soient survenues depuis la nomination et avant le serment.

*Conférence.*

Voyez art. 237.

1617. Il n'y a point d'exception à l'art. 308, et l'on ne peut jamais récuser après le serment des experts nommés à l'amiable. — A. 1050.

### ARTICLE 309.

La partie qui aura des moyens de récusation à proposer, sera tenue de le faire dans les trois jours de la nomination, par un simple acte signé d'elle ou de son mandataire spécial, contenant les causes de récusation et les preuves, si elle en a, ou l'offre de les vérifier par témoins. Le délai ci-dessus expiré, la récusation ne pourra être proposée, et l'expert prêtera serment au jour indiqué par la sommation.

*Conférence.*

T. art. 71; ordonnance, même titre XXI, art. 7.

1618. Le jour de la nomination des experts ne compte point; mais celui de l'échéance est compris dans les trois jours accordés pour la récusation. — A. 1051.

1619. Si le jugement qui nomme les experts est rendu par défaut, le délai pour récuser court du jour de l'expiration de la huitaine de l'opposition. — A. 1052.

1620. A l'égard des experts nommés d'office, le délai de la récusation court du jour de la prononciation du jugement s'il est contradictoire. — A. 1053.

### ARTICLE 310.

Les experts pourront être récusés par les motifs pour lesquels les témoins peuvent être reprochés.

*Conférence.*

Jousse sur l'art. 9 du même titre XXI de l'ordonnance. V. *suprà* art. 208, 262 et 283; C. pénal, art. 28 et 42.

1621. La récusation est suspensive de l'effet de la nomination de l'expert. — A. 1054.

### ARTICLE 311.

La récusation contestée, sera jugée sommairement à l'audience, sur un simple acte, et sur les conclusions du ministère public; les juges pourront ordonner la preuve par témoins, laquelle sera faite dans la forme ci-après prescrite pour les enquêtes sommaires.

*Conférence.*

T. art. 71. Jousse, même art. 9 de l'ordonnance.

Voyez les questions sur l'art. 407.

ARTICLE 312.

Le jugement sur la récusation sera exécutoire, non-obstant l'appel.

*Conférence.*

Ordonnance de 1667, titre XXIV, art. 26.

1622. L'appel du jugement rendu sur la récusation est recevable, quoique l'expertise ait été ordonnée dans une matière susceptible d'être jugée en dernier ressort. — A. 1055.

1623. Les effets de l'exécution du jugement nonobstant appel, s'étendent jusqu'à donner au tribunal la faculté de statuer sur le fond, d'après les résultats d'une expertise, à laquelle aurait concouru un expert dont la récusation aurait été rejetée. — A. 1056.

ARTICLE 313.

Si la récusation est admise, il sera d'office, par le même jugement, nommé un nouvel expert ou de nouveaux experts, à la place de celui ou de ceux récusés.

1624. Lorsqu'un expert ou des experts ont été nommés d'office conformément à l'art. 313, les parties n'ont pas de nouveaux délais pour en choisir d'autres; mais si, d'un commun accord, elles renonçaient à se servir du jugement qui contiendrait les nominations, rien ne s'opposerait à ce que les experts qu'elles choisiraient procédassent à l'opération. — A. 1057.

1625. Les experts nommés d'office, conformément à l'art. 313, sont récusables comme l'étaient ceux qu'ils sont appelés à remplacer. — A. 1058.

ARTICLE 314.

Si la récusation est rejetée, la partie qui l'aura faite sera condamnée en tels dommages et intérêts qu'il appartiendra, même envers l'expert, s'il le requiert; mais, dans ce dernier cas, il ne pourra demeurer expert.

1626. La partie qui a fait une récusation peut, en cas de rejet, être condamnée à des dommages-intérêts envers d'autres que l'expert ou les experts récusés. — A. 1059.

1627. L'expert qui a requis des dommages-intérêts ne peut plus demeurer expert, quoiqu'il n'en ait pas obtenu. — A. 1060.

1628. *Suffit-il qu'il y ait eu récusation pour que l'expert soit fondé à demander des dommages-intérêts ?*

Les dommages-intérêts ne sont pas dus indéfiniment à l'expert, dit M. Locré, t. 1, pag. 527. Il y a lieu à cet égard d'assimiler les experts aux témoins reprochés ; et par conséquent l'article 314 s'explique par l'article 289, qui, en disant *sans préjudice des dommages-intérêts qui* POURRAIENT *être dus au témoin reproché,* admet évidemment qu'il n'en est dû à l'expert qu'autant que la récusation lui a porté préjudice, en portant atteinte à sa réputation. On sent, par exemple, qu'il ne peut lui en être adjugé, s'il n'avait été récusé que pour cause de parenté qui n'eût pas été prouvée.

1629. Quand un expert a requis des dommages-intérêts, il est remplacé par un autre expert nommé d'office par le tribunal. — A. 1061.

1630. *Comment est formée cette demande en dommages-intérêts ?*

Elle est formée par l'expert, et doit être jugée d'après les règles qui sont établies au titre des incidens. ( V. *infrà.* )

#### ARTICLE 315.

Le procès-verbal de prestation de serment contiendra indication, par les experts, du lieu et des jour et heure de leur opération.

En cas de présence des parties ou de leurs avoués, cette indication vaudra sommation.

En cas d'absence, il sera fait sommation aux parties, par acte d'avoué, de se trouver aux jour et heure que les experts auront indiqués.

#### *Conférence.*

T. art. 70, 91; ordonnance de 1667, titre XXV, art. 10.

1631. Une partie n'ayant pas été présente à la prestation de serment des experts, ni assignée à se trouver sur les lieux aux jours et heures indiqués, n'est pas fondée à demander une nouvelle expertise, s'il est prouvé, par le procès-verbal des experts, qu'elle fut rencontrée par ces derniers aux dépendances des lieux, et qu'elle fit suspendre l'opération pour aller chercher son conseil à l'effet de l'assister. ( Rennes, 18 novembre 1815, 3.ᵉ ch. )

1632. Le procès-verbal ne serait pas nul par cela seul qu'il ne contiendrait pas indication du jour et de l'heure de la première vacation des experts. — A. 1062.

1633. Le défaut de sommation de se trouver aux jour, lieu et heure fixés par le procès-verbal de prestation de serment, entraînerait la nullité de l'expertise, si la partie n'avait pas été présente au procès-verbal. — A. 1063.

1634. Si les parties se font assister à l'opération par leurs avoués, les vacations de ceux-ci ne passent point en taxe. — A. 1064.

1635. En cas d'absence des deux parties, ou de l'une d'elles, à la prestation du serment, la sommation prescrite par l'art. 315 est faite par la partie la plus diligente. — A. 1065.

### ARTICLE 316.

Si quelque expert n'accepte point la nomination, ou ne se présente point, soit pour le serment, soit pour l'expertise, aux jour et heure indiqués, les parties s'accorderont sur-le-champ pour en nommer un autre à sa place; sinon la nomination pourra être faite d'office par le tribunal.

L'expert qui, après avoir prêté serment, ne remplira pas sa mission, pourra être condamné par le tribunal qui l'avait commis, à tous les frais frustratoires, et même aux dommages et intérêts, s'il y échoit.

1636. On ne peut jamais contraindre un individu à exercer les fonctions d'expert. — A. 1066.

1637. Les experts pourraient refuser d'opérer si l'on n'avait consigné les frais de leurs vacations. — A. 1067.

1638. Un expert pourrait être dispensé, même après la prestation de serment, s'il avait une cause valable d'excuse. — A. 1068.

### ARTICLE 317.

Le jugement qui aura ordonné le rapport, et les pièces nécessaires, seront remis aux experts; les parties pourront faire tels dires et réquisitions qu'elles jugeront convenables : il en sera fait mention dans le rapport; il sera rédigé sur le lieu contentieux, ou dans le lieu et aux jour et heure qui seront indiqués par les experts.

La rédaction sera écrite par un des experts, et signée par tous; s'ils ne savent pas tous écrire, elle sera écrite et signée par le greffier de la justice de paix du lieu où ils auront procédé.

#### *Conférence.*

T. art. 15, 92; ordonnance, même titre, art. 10.

1639. Les experts ne sont pas tenus de déférer à toutes les réquisitions que leur feraient les parties : ils doivent seulement faire mention de ces réquisitions sur leur procès-verbal. — A. 1069.

1640. Les parties ou leurs avoués peuvent être présens à la rédaction du rapport, en quelque lieu qu'elle se fasse, tant que les experts n'en sont pas à la partie de ce rapport où ils donnent leur avis ; car alors il convient de leur laisser la liberté la plus entière. — A. 1070.

1641. L'art. 317 est applicable dans le cas même où l'un des experts saurait écrire. — A. 1071.

1642. Un procès-verbal d'expertise est nul, lorsqu'il a été rédigé hors du lieu de l'expertise, si ce lieu de la rédaction n'a été indiqué d'avance, de manière que les parties intéressées aient pu y faire tels dires et réquisitions qu'elles jugeraient convenables. ( Nancy, 10 septembre 1814. Sirey, 1816, p. 52. )

1643. L'art. 317, en ce qu'il veut que la rédaction des rapports d'experts soit écrite par l'un d'eux et signée par tous, n'est pas prescrit à peine de nullité. Il suffit que l'un d'eux ait dicté cette rédaction, et que tous l'aient signée. (Paris, 21 juin 1814. Sirey, 1815, p. 21.)

1644. Dans le cas prévu par l'art. 317, c'est le greffier du lieu que les experts ont visité, qui doit écrire le procès-verbal. — A. 1072.

1645. Les experts ne peuvent employer un notaire pour écrire leur procès-verbal, à moins que le greffier n'en soit légitimement empêché. — A. 1073.

1646. Le juge de paix doit écrire sous la dictée de l'expert : il n'y aurait cependant pas de nullité s'il s'était chargé de la rédaction du procès-verbal. — A. 1074.

1647. Le rapport peut être fait un jour de dimanche ou de fête légale. — A. 1075.

### ARTICLE 318.

Les experts dresseront un seul rapport ; ils ne formeront qu'un seul avis à la pluralité des voix.

Ils indiqueront néanmoins , en cas d'avis différens, les motifs des divers avis, sans faire connaître quel a été l'avis personnel de chacun d'eux.

#### *Conférence.*

Art. 12 et 13, titre 21, ordonnance de 1667.

1648. Il n'est pas nécessaire, à peine de nullité, que le rapport d'experts exprime la valeur séparée de chacun des objets à l'ensemble desquels les experts ont eu égard pour fixer le prix d'une maison. ( Nîmes, 3 pluviôse an 13. Sirey, 1805, p. 496. )

56

1649. Les experts ne sont point tenus de se réduire à deux opinions, ainsi que l'art. 117 le prescrit aux juges. — A. 1076. (1)

1650. Les experts ne peuvent donner soit des renseignemens, soit un avis, sur des objets qui n'auraient pas été mentionnés dans le jugement qui ordonne l'expertise. — A. 1077.

1651. *L'avis se formant à la majorité des voix, l'expert qui n'est pas d'avis de la majorité peut-il donner ses motifs?*

Tel est assez généralement l'usage; mais, en ce cas, l'expert ne se nomme pas. A ce moyen le tribunal, qui n'est pas assujetti à suivre l'avis des experts, peut trouver des renseignemens utiles pour adopter une opinion contraire, en même tems que l'on n'a pas à craindre qu'il soit influencé par la considération de la personne.

1652. Un rapport d'experts peut être annulé pour cause d'inexécution ou d'omission des formalités prescrites pour la rédaction du rapport. — A. 1078.

### ARTICLE 319.

La minute du rapport sera déposée au greffe du tribunal qui aura ordonné l'expertise, sans nouveau serment de la part des experts: leurs vacations seront taxées par le président au bas de la minute; et il en sera délivré exécutoire contre la partie qui aura requis l'expertise, ou qui l'aura poursuivie si elle a été ordonnée d'office.

#### *Conférence.*

Art. 12 et 14, même titre de l'ordonnance.

1653. L'art. 957 établit une exception à l'obligation de déposer la minute du rapport au greffe du tribunal. Il veut qu'en matière de vente d'immeubles, par un notaire commis par jugement, le procès-verbal rapporté pour constater la valeur du bien soit déposé dans l'étude du notaire. — A. 1079.

1654. Si l'expertise avait été ordonnée par une cour, le procès-verbal devrait être déposé au greffe de cette cour. — A. 1080.

Par induction d'une circulaire du ministre de la justice, du 28 octobre 1808 ( v. *infrà* sur l'art. 1020 ), nous pensons que ce n'est point aux experts à faire revêtir le procès-verbal de la formalité de l'enregistrement; c'est au receveur à en poursuivre le recouvrement sur l'extrait du dépôt que lui fournit le greffier, et le tribunal ne

Er. Première ligne, au lieu de *du contraire*, lisez, *que cette obligation ne leur est point imposée.*

peut prononcer qu'autant que le procès-verbal est revêtu de la formalité ; en un mot, on doit se conformer ici à ce qui se pratique relativement aux sentences arbitrales.

1655. Le délai dans lequel les experts doivent effectuer le dépôt de leur rapport, est abandonné à la prudence des juges. — A. 1082.

1656. Les experts n'ont plus contre chacune des parties l'action solidaire que l'ancienne jurisprudence des arrêts leur accordait pour leurs vacations. — A. 1083. (1)

1657. L'ordonnance du président, qui déclare exécutoire contre l'une des parties une taxe de frais d'expertise, est susceptible d'opposition. — A. 1084.

### ARTICLE 320.

En cas de retard ou de refus de la part des experts de déposer leur rapport, ils pourront être assignés à trois jours, sans préliminaire de conciliation, par devant le tribunal qui les aura commis, pour se voir condamner, même par corps s'il y échet, à faire ledit dépôt ; il y sera statué sommairement et sans instruction.

*Conférence.*

T. art. 159.

1658. Il y aurait lieu à prononcer la contrainte par corps contre les experts, si, par exemple, le retard ou le refus provenait de mauvaise foi, d'un accord des experts avec une des parties, ou d'une intention bien caractérisée de nuire ou de désobéir à la justice. — A. 1085.

1659. Les experts peuvent, à raison du retard ou du refus de déposer leur rapport, être condamnés à des dommages-intérêts envers la partie qui en aurait éprouvé préjudice. — A. 1086.

### ARTICLE 321.

Le rapport sera levé et signifié à avoué par la partie la plus diligente ; l'audience sera poursuivie sur un simple acte.

*Conférence.*

T. art. 71 ; ordonn., titre 21, art. 23.

1660. Si la partie qui lève le rapport n'est pas celle qui a requis l'expertise, elle peut se faire délivrer exécutoire du montant de cette

---

(1) Er. Lignes 3.ᵉ et 4.ᵉ de la question, au lieu de *d'action*, lisez *l'action*. Au lieu de *ainsi qu'il avait été jugé anciennement par*, lisez, *que leur accordaient anciennement*.

expédition, et s'en faire rembourser comme de frais préjudiciaux. — A. 1087.

1661. Si l'affaire s'instruit par écrit, l'expédition du procès-verbal est remise au rapporteur par la voie du greffe. — A. 1088.

1662. La loi exige que l'audience soit poursuivie par un *simple acte;* il ne doit contenir ni l'exposé des inductions résultant du procès-verbal, ni la demande d'homologation du rapport, si ce n'est dans le cas d'un partage de succession. — A. 1089.

### ARTICLE 322.

> Si les juges ne trouvent point dans le rapport les éclair-
> cissemens suffisans, ils pourront ordonner d'office une nou-
> velle expertise, par un ou plusieurs experts qu'ils nom-
> meront également d'office, et qui pourront demander aux
> précédens experts les renseignemens qu'ils trouveront con-
> venables.

#### *Conférence.*

Art. 184 de la coutume de Paris.

1663. Il n'y a lieu qu'à rectifier et non à annuler un rapport d'experts, lorsqu'il ne contient qu'une simple erreur dans l'estima-tion. (Rennes, 19 mai 1812, 2.º ch.)

1664. Si le tribunal n'est pas tenu d'ordonner une seconde exper-tise sur la demande des parties, il en a du moins la faculté, s'il déclare la juger indispensable pour son instruction. — A. 1090.

1665. Le tribunal doit mentionner, dans le jugement qui ordonne la nouvelle expertise, l'insuffisance du premier rapport. — A. 1091.

Nous ajouterons aux motifs d'après lesquels nous avons établi cette proposition dans notre analyse, que la cour de Rennes, par arrêt du 26 mars 1813, 2.º chambre, a décidé que les parties plaidantes ne peuvent juger le mérite d'un rapport d'experts et obtenir *néces-sairement* une nouvelle expertise, si la première ne fournit pas de renseignemens suffisans. Ce mot *nécessairement* prouve que cet arrêt ne juge pas que l'on ne puisse ordonner une nouvelle expertise, par cela seul que les parties l'auraient provoquée; mais seulement, comme nous l'avons pensé, qu'il a la faculté de l'ordonner ou de la refuser. L'essentiel est, quand il l'ordonne, qu'il déclare dans le jugement que c'est pour sa propre instruction, et indépendamment de la demande qui lui en a été faite.

1666. Les frais de la nouvelle expertise sont à la charge des experts qui ont fait la première, dans le cas où il serait reconnu que l'in-suffisance de leur rapport eût été le résultat de la mauvaise foi. — A. 1092.

1667. *Peut-on ordonner une nouvelle expertise en matière de vérification d'écritures? Autrement, l'article 322 est-il applicable en cette matière?*

On a dit pour la négative, et en se fondant sur le principe énoncé dans la 686.* question de notre analyse ( v. *suprà* n.° 1150 ), que les dispositions du titre de la vérification d'écritures, établissent une procédure spéciale ; que cette spécialité résulte des articles 197 et 212 de ce titre ; que si l'intention du législateur avait été de rendre commune aux vérifications d'écritures privées toutes les dispositions du titre XIV, il s'en fût expliqué, comme il l'a fait dans l'article 197, pour la récusation du juge-commissaire et des experts, et dans l'article 212, pour les règles à observer lors de l'audition des témoins ; qu'ayant gardé le silence à ce sujet, il s'ensuit qu'il n'a voulu appliquer aux vérifications d'écritures que les dispositions des titres 14 et 21, relativement à la récusation des experts et du juge-commissaire, et celle du titre 12, relative à l'audition des témoins ; que de là résultait que l'article 322 du titre 14, était sans application en matière de vérification d'écritures.

On répondait pour l'affirmative que, dans les cas où la loi a spécifiquement statué sur une formalité, il est vrai qu'on ne peut ajouter à cette formalité celles que la loi générale aurait établies pour d'autres cas ; qu'il en était de même lorsque la loi spéciale, comme dans notre question 686, avait statué sur un mode de nomination d'experts ; mais qu'il en était tout autrement lorsque cette loi ne s'expliquait en aucune manière sur un cas prévu dans la loi générale, et qui peut se représenter dans le cours de la procédure réglée par la loi spéciale ; qu'il fallait alors, lorsqu'il y a même motif de décider, suivre la loi générale, et que par ces raisons l'article 322 était applicable en matière de vérification.

On se fondait sur ce que dit M. Merlin, et ce que répète M. Berriat, p. 123, note 13. *Si la loi spéciale abroge la loi générale dans les points où la première statue,* elle ne l'abroge pas dans ceux sur lesquels elle *garde le silence.* Loin de là, comme l'observe M. Merlin ( nouv. répert., v.° *douane,* §. 7 ), *la loi spéciale, à l'égard des mêmes points, est censée se référer à la loi générale.*

Sur cette difficulté, la cour de Rennes, 3.° chambre, a considéré, par arrêt du 16 juillet 1817, qu'encore bien que l'article 322 se trouve sous le titre des rapports d'experts, il devait recevoir son application dans le cas de la procédure en vérification d'écritures, puisque les écrivains ou autres individus chargés de donner leur avis sur l'écriture contestée, exercent véritablement les fonctions d'experts, et sont qualifiés tels par la loi ; que si le législateur a établi sous deux rubriques différentes les règles relatives aux rapports d'experts, et celles concernant les vérifications d'écritures, c'est parce que cette dernière procédure exigeait des formalités qui lui étaient particulières ; mais que les règles qui, comme celle contenue dans l'article 322, conviennent aux rapports d'experts, en général, n'en sont pas moins applicables aux experts en écriture, comme à tous autres.

1668. *Peut-on prétendre devant la cour que les premiers juges ont eu tort de déclarer n'avoir pas trouvé des renseignemens suffisans dans un premier procès-verbal, et conclure, par cette raison, à la réformation de leur jugement, en ce qu'il aurait ordonné une nouvelle expertise ?*

Par l'arrêt précité, la cour de Rennes a considéré que l'usage de la faculté établie par l'article 322 a dû être abandonné à la prudence des magistrats, puisqu'il était impossible de déterminer le degré d'impression que pouvaient produire sur son esprit les apuremens donnés par les premiers experts ; qu'on doit respecter l'opinion du juge, lorsqu'il déclare n'avoir pas encore acquis une conviction suffisante, et laisser à sa disposition tous les moyens légaux pour la compléter ; que ce serait en quelque sorte prétendre régler sa conscience, que de décider qu'il a eu tort de ne pas se trouver suffisamment convaincu.

1669. Les expertises régulières, mais défectueuses et insuffisantes, peuvent, même en matière d'enregistrement, être écartées par les juges pour ordonner une nouvelle expertise. (Cass., 24 juillet 1815. Sirey, 1815, p. 402.)

1670. Dans l'espèce d'une tierce-opposition formée contre un jugement rendu dans une cause où il y avait déjà eu une expertise, les tiers opposans sont fondés, quoique le cas ne soit pas prévu par l'article 322, à demander que l'objet litigieux soit vu et visité par de nouveaux experts. — A. 1093.

### ARTICLE 323.

Les juges ne sont point astreints à suivre l'avis des experts, si leur conviction s'y oppose.

1671. La disposition de l'art. 323 reçoit exception toutes les fois que la loi a indiqué l'expertise comme moyen spécial de vérifier un fait. — A. 1094.

1672. Un procès-verbal d'experts fait foi de son contenu jusqu'à inscription de faux. — A. 1095.

1673. Les juges peuvent juger autrement que selon l'avis des experts, sans être tenus pour cela de faire faire une nouvelle expertise. (Cass., 22 mars 1813. Sirey, 1813, p. 386.)

1674. Lorsqu'il a été nommé deux experts, et qu'ils sont d'avis différens, il n'est pas absolument nécessaire que les juges désignent un tiers expert pour vider le partage. Ils peuvent statuer, nonobstant cette opposition d'avis, si d'ailleurs leur religion se trouve suffisamment éclairée. ( Cass., 20 frimaire an 14. Sirey, 1807, p. 977.

1675. En matière d'expertise, et pour vérification d'écritures, l'opinion de la majorité des experts est la règle naturelle des tribunaux; il ne leur est permis de s'en écarter qu'autant qu'ils déclarent formellement avoir une conviction contraire. ( Cass., 7 août 1815. Sirey, 1815, p. 345. )

1676. L'article 323 permettant aux juges de ne pas suivre l'avis des experts, quand leur conviction s'y oppose, les juges d'appel peuvent adopter la seconde expertise, qui aurait eu lieu en première instance, quoique les premiers juges eussent donné la préférence à la première. ( Rennes, 5 juillet 1816, 2.ᵉ ch. )

# TITRE XV.

## *De l'interrogatoire sur faits et articles.*

( V. ordonn. de Villers-Cotterets, de 1539; de Roussillon, art. 6; de Blois, art. 168; de 1667, titre 10, art. 1.

Parmi les moyens de prouver des faits qui peuvent influer sur la décision d'un procès, nous avons placé l'aveu des parties. ( V. pag. 306. ) L'aveu est extrajudiciaire ou judiciaire, et ce dernier est *spontané* ou *forcé.*

Il est *spontané* quand il se trouve consigné dans un acte de procédure, tel qu'un exploit d'ajournement, une défense, des conclusions, dans une plaidoirie même. (1) Mais, en ce dernier cas, celui qui veut tirer avantage de l'aveu doit préalablement s'en faire décerner acte par le juge, s'il craint que dans la suite il ne soit dénaturé ou méconnu.

L'aveu est *forcé,* 1.º quand la comparution personnelle est ordonnée ( v. *suprà* sur l'art. 119. ); 2.º quand le serment est déféré

---

(1) *Quid* du procès-verbal de conciliation? V. *sup.* n.º 257.

ou référé ( *sup.* sur les art. 120 et suiv. ); 3.° quand on procède à *l'interrogatoire sur faits et articles.*

L'interrogatoire sur faits et articles (1) est un acte judiciaire fait à requête de l'une des parties, à l'effet d'établir, au moyen des réponses de l'autre à des questions qui lui sont adressées, la vérité de faits articulés par la première, et dont elle ne peut autrement administrer la preuve.

Au moyen de ses questions, la partie qui a requis l'interrogatoire essaie, pour ainsi dire, de pénétrer dans la conscience de son adversaire, en le forçant de s'expliquer positivement sur des points ou des circonstances de fait qu'il ne peut avouer sans compromettre sa propre défense, ou dénier sans être convaincu de mensonge.

En cas d'aveu, l'effet de ce mode d'instruction est *en général* de donner lieu à l'application de l'art. 1556 du code civil, suivant lequel les déclarations judiciaires des parties font pleine foi contre celui qui les a faites, sans pouvoir être rétractées ni divisées. Dans le cas contraire, l'interrogatoire n'offre que des inductions à tirer des dénégations et des contradictions de la partie qui l'a subi ; mais ces inductions ne peuvent tout au plus donner lieu qu'à l'application de l'art. 1353 du code civil, et n'ont par conséquent d'effet utile, qu'autant que la preuve testimoniale étant admissible, les réponses de l'interrogé produisent contre lui des présomptions graves, précises et concordantes. ( V. *infrà* sur l'art. 335. ) Il résulte de ces observations que l'interrogatoire, dans la plupart des circonstances, n'offre qu'une faible ressource contre la mauvaise foi. On a dit avec raison, comme le remarque M. Thomines, page 153, qu'il nuit plus souvent à la conscience de l'interrogé, qu'il n'est utile pour la justice.

Cependant le législateur ne devait pas négliger ce dernier moyen de découvrir la vérité et de déjouer la fraude ; aussi son origine remonte-t-elle jusqu'au droit écrit (2), et a été constamment

_____

(1) On appelle aussi cet interrogatoire *audition cathégorique* , parce que les faits sont du même genre, et disposés avec ordre. ( Rodier, tit. 10, art. 1. ) Berriat-Saint-Prix , pag. 278.

(2) *ff. de interrogationibus in jure faciendis.*

adopté dans l'ancienne législation française (1), dont le code de
procédure n'a fait que répéter ou modifier les dispositions.

Toutes celles qu'il renferme ont pour objet de déterminer,

1.° Les cas et les matières dans lesquels il peut avoir lieu.
( Art. 324. )

2.° Comment il est ordonné et devant qui il est subi. 3a5, 3a6,
3a8. )

3.° En quelle forme on y procède, et, à ce sujet, la loi indique
en quelle circonstance il y a lieu au transport du juge ( 3a8. );
prescrit la signification de la requête et de l'ordonnance avec assignation ( 33o. ); ce qui a lieu en cas de défaut, de refus de répondre, et de comparution de la partie après défaut ( 33o, 33r,
332. ); de quelle manière les réponses doivent être faites et consignées ( 333. ); elle exige la lecture de l'interrogatoire et la signature
de la partie, autorise les interpellations ( 334 ), et règle une forme
particulière suivant laquelle les administrateurs d'établissemens publics
doivent fournir leurs réponses. ( 336. )

4.° Elle dispose enfin, par rapport aux suites de l'interrogatoire,
qu'il doit être signifié par la partie la plus diligente, et qu'il ne peut
être un sujet d'écritures ni de part ni d'autre. ( 335. )

### ARTICLE 324.

> Les parties peuvent, en toutes matières et en tout état
> de cause, demander de se faire interroger respectivement
> sur faits et articles pertinens concernant seulement la
> matière dont est question, sans retard de l'instruction ni
> du jugement.

#### Conférence.

Ordonnance de 1667, titre X, art. 1.", conforme à l'art. 37 de l'ordonnance de François
I.", de 1539.

1677. *Quelles sont les personnes qui peuvent ou contre lesquelles on peut demander l'interrogatoire sur faits et articles?*

Nous les avons indiquées en traitant cette question n. 1096 de
notre analyse. Ici nous ajouterons aux raisons que nous avons
exposées pour prouver que la femme peut, en certains cas, et ne
peut pas dans d'autres être interrogée, lorsqu'elle n'est pas aux

_____

(1) Voyez les ordonnances citées à la suite de l'intitulé du présent titre.

qualités du procès, que, par arrêt du 10 juillet 1812 ( v. Sirey, 1814, p. 101 ), la cour de Caen a décidé qu'une femme ne peut être soumise à l'interrogatoire sur des faits de faute ou négligence reprochés au mari, mais étrangers soit au commerce dont les époux se mêlent en commun, soit à l'administration intérieure du ménage, encore bien que l'action en dommages-intérêts, résultant de ces faits, retombe sur la communauté. ( V. t. 1.er, p. 621 de l'anal. )

1678. On entend par faits et articles pertinens ceux qui ont un rapport direct à la contestation, et qui sont tels que si la partie les avoue ou refuse de répondre après avoir comparu, son aveu ou son silence puisse faire preuve contre elle. — A. 1097.

1679. Dans une instance en recherche de la maternité, les questions sur lesquelles on demande que la mère présumée soit interrogée sur faits et articles, peuvent contenir la désignation de celui auquel on attribue la paternité. ( Cour de Rennes, 25 janvier 1810. Journal de Rennes, 1810, page 22. )

1680. Celui qui invoque la prescription de trente ans ne peut se dispenser de subir interrogatoire sur des faits qui emportent renonciation à la prescription. ( Paris, 18 mars 1812. Sirey, 1814, p. 33. )

1681. On peut faire interroger une partie sur des faits tendant à l'inculper d'usure. ( Liège, 5 avril 1811. Sirey, 1814, p. 344. )

1682. La disposition de l'art. 324, qui veut que l'interrogatoire puisse être ordonné *en toute matière*, n'admet aucune exception. — A. 1098.

Néanmoins la cour de Rennes, par arrêt du 6 août 1812 ( 1.re ch.), a admis une exception relativement à un bail verbal qui n'avait pas encore reçu d'exécution. En adoptant les motifs des premiers juges, elle a décidé que nonobstant l'art. 324, la partie qui niait le bail ne pouvait être soumise à l'interrogatoire sur faits et articles, mais seulement au serment, conformément à l'art. 1715 du code civil, auquel l'art. 324 du code de procédure n'a point dérogé.

1683. *Peut-on ordonner l'interrogatoire dans un tribunal de commerce ?*

Les formalités prescrites par le présent titre pour l'interrogatoire ont fait croire qu'il ne pouvait avoir lieu dans les tribunaux de commerce ; qu'il suffisait d'ailleurs, pour atteindre le même but, de recourir à la comparution personnelle autorisée par l'art. 428. Nous répondons que l'art. 119 autorise aussi la comparution dans les tribunaux civils d'arrondissement, et cependant la loi y admet en outre l'interrogatoire ; il n'y a aucune raison à alléguer pour qu'il en soit autrement dans les tribunaux de commerce. Quant aux formalités, il résulte seulement de ce que le ministère d'avoué n'est pas admis dans ces tribunaux, et de ce que la procédure y est essentiellement sommaire, qu'elles doivent recevoir dans leur application les modifications qu'indiquent ces différences dans la forme de procéder. Aussi M. Pardessus n'a-t-il pas balancé à déclarer qu'une partie peut être interrogée sur faits et articles dans les tribunaux de commerce. ( V. t. 4, p. 63. ) Tel est aussi l'avis de M. Locré ( esprit du code de commerce, t. 9, p. 374. ) Il se fonde avec raison sur ce que l'art. 324 l'admet en toutes *matières*, et par conséquent dans les affaires commerciales. (V. *inf.* n.° 1705.)

1684. On ne peut demander l'interrogatoire dans une matière sur laquelle il n'y aurait pas d'instance. — A. 1099.

1685. Les juges peuvent, d'après leur conscience, se refuser d'ordonner un interrogatoire sur faits et articles, sur-tout s'ils se réservent d'ordonner, s'il y a lieu, une comparution personnelle. ( Cass., 11 janvier 1815. Sirey, 1815, p. 243. )

1686. L'interrogatoire sur faits et articles peut être refusé après l'instruction de la cause terminée, après les plaidoiries des avocats et les conclusions du ministère public, bien que la loi dise qu'il peut être demandé en tout état de cause. ( Cass., 30 décembre 1813. Sirey, 1815, p. 160. )

1687. L'interrogatoire peut être demandé en cause d'appel, quoique la demande n'en ait pas été formée en première instance. — A. 1100.

1688. Il peut l'être même après un serment *non décisoire* ordonné par le premier juge. ( Montpellier, 6 février 1810. Sirey, 1814, p. 351, et *infrà* sur l'art. 335. )

1689. Si une partie a requis l'interrogatoire en première instance, et que son adversaire ne l'ait pas subi, celui-ci est recevable à se faire interroger en cause d'appel. — A. 1101.

1690. Le juge n'est pas tenu de refuser un interrogatoire qui serait demandé avant le délai donné pour la signification des écrits de griefs, et encore moins d'exiger que cette signification ait été faite. — A. 1102. (1)

1691. L'interrogatoire peut être ordonné jusqu'au jugement définitif, et même au moment des plaidoiries. — A. 1103.

Cependant la cour de Rennes ( 2.ᵉ ch. ) a jugé, par arrêt du 21 décembre 1812, que l'interrogatoire ne peut être demandé, lorsque les plaidoiries sont terminées, et qu'il a été rendu jugement préparatoire qui ordonne un délibéré, et fixe le jour auquel le jugement définitif sera prononcé. On remarquera que cette décision

(1) *Er.* Pag. 621, dernier alinéa, ligne 2, au lieu de *obligatoires*, lisez *d'obligation rigoureuse.*

vient à l'appui des observations que nous faisions sur la question précitée de notre analyse.

1692. Mais il ne peut l'être après un jugement de partage. — A. 1104.

1693. Le délai prescrit par un jugement pour faire procéder à un interrogatoire n'est point fatal, si d'ailleurs le délai n'a pas été fixé sous peine de déchéance. — A. 1105.

1694. La même partie peut demander, dans le même procès, plus d'un interrogatoire, pourvu qu'ils soient relatifs à des faits différens, ou du moins à des faits explicatifs de ceux qui avaient été l'objet du premier interrogatoire. — A. 1106.

1695. Un interrogatoire sur faits et articles, demandé par l'une des parties, et subi par l'autre, n'est point un obstacle à l'admission de la preuve testimoniale. — A. 1107.

### ARTICLE 325.

L'interrogatoire ne pourra être ordonné que sur requête contenant les faits et par jugement rendu à l'audience : il y sera procédé, soit devant le président, soit devant un juge par lui commis.

#### Conférence.

Tarif, art. 79.

1696. Le tribunal ne peut d'office ordonner un interrogatoire. — A. 1108, et Locré, t. 1, p. 438.

1697. Les faits doivent être exposés dans la requête, à fin d'interrogatoire, de manière que le tribunal soit à lieu de connaître s'ils sont pertinens, et de juger avec connaissance de cause, si l'interrogatoire doit être ordonné. — A. 1109.

1698. *Peut-on ordonner l'interrogatoire sur des faits dont l'aveu tournerait à la honte de l'interrogé ?*

Dans l'ancienne jurisprudence, on tenait assez généralement pour la négative de cette question, ainsi résolue par un arrêt du parlement de Rouen, du 12 mars 1778; mais M. Merlin prouve sans réplique, à notre avis, que cette doctrine n'est fondée ni sur la raison ni sur la loi. ( Nouv. répert., v.° *interrogat. sur faits et articles,* tom. 6, p. 436. )

1699. Un tribunal est suffisamment autorisé à refuser un interrogatoire sur faits et articles, par cela seul que la demande n'a pas été faite dans la forme prescrite par l'article 325. (Rennes, 26 décembre 1811, 2.° ch. )

1700. En matière sommaire et commerciale, l'interrogatoire est demandé à l'audience, et non par requête. (Locré, t. 1, p. 543.)

1701. La partie dont l'interrogatoire est demandé ne doit pas être assignée pour être présente et plaider à l'audience où le tribunal devra prononcer sur cette demande. — **A.** 1110.

1702. Il résulte de la solution donnée sur cette question que la partie dont l'interrogatoire est requis ne peut opposer aucuns moyens contre cette demande. — **A.** 1111.

1703. Le jugement qui ordonne l'interrogatoire sur faits et articles, n'est sujet ni à l'appel ni à l'opposition. — A. 1112. (1)

### ARTICLE 326.

En cas d'éloignement, le président pourra commettre le président du tribunal dans le ressort duquel la partie réside, ou le juge de paix du canton de cette résidence.

*Conférence.*

Ordonnance de 1667, titre X, art. 1.".

1704. Le droit de commettre n'appartient pas au président seulement, mais bien encore au vice-président ou juge qui aurait présidé la chambre à laquelle la contestation aurait été soumise. — A. 1113.

1705. Le président peut autoriser le tribunal de la résidence de la partie à commettre, soit un de ses membres, soit un juge de paix, pour procéder à l'interrogatoire. — A. 1114.

### ARTICLE 327.

Le juge commis indiquera, au bas de l'ordonnance qui l'aura nommé, les jour et heure de l'interrogatoire ; le tout sans qu'il soit besoin de procès-verbal contenant réquisition ou délivrance de son ordonnance.

*Conférence.*

Ordonnance, titre X, art. 2.

1706. Il n'est pas nécessaire de présenter requête en fixation de jour et d'heure ; le président, s'il a retenu l'interrogatoire, ou le président ou juge commis par lui, fixent les jour et heure, le premier au pied du jugement ordonnant l'interrogatoire, le second au pied de l'ordonnance portant la commission. — A. 1115.

1707. Le jour indiqué pour l'interrogatoire sur faits et articles, n'est pas un délai fatal ; le demandeur peut en obtenir la prorogation. (Bruxelles, 11 février 1809. Sirey, 1814, p. 41.)

(1) *Er.* p. 631, ligne 6, au lieu de *étant toujours par défaut, la partie a le droit,* lisez *étant rendu hors la présence de la partie, celle-ci a le droit.*

ARTICLE 328.

En cas d'empêchement légitime de la partie, le juge se transportera au lieu où elle est retenue.

*Conférence.*

Seconde partie de l'art. 6, même titre de l'ordonnance.

1708. L'art. 328 n'est point en opposition avec l'art. 332. Le premier suppose un empêchement permanent, le second a entendu parler d'un empêchement momentané. — A. 1116.

ARTICLE 329.

Vingt-quatre heures au moins avant l'interrogatoire, seront signifiées par le même exploit, à personne ou domicile, la requête et les ordonnances du tribunal, du président ou du juge qui devra procéder à l'interrogatoire, avec assignation donnée par un huissier qu'il aura commis à cet effet.

*Conférence.*

T. art. 29; ordonnance, titre X, art. 3.

1709. Par ces mots *ordonnance du tribunal*, l'art. 329 exprime la décision qui permet l'interrogatoire. Elle est qualifiée ordonnance, parce qu'elle n'est point, comme les décisions ordinaires, précédée de motifs, et ne consiste que dans une simple ordonnance du tribunal. — A. 1117.

1710. Les significations prescrites par l'article 329 ne peuvent être faites, et l'assignation être donnée à un autre domicile que le domicile réel. — A. 1118.

1711. Il y aurait nullité de l'assignation qui n'aurait pas été donnée par un huissier commis. — A. 1119.

ARTICLE 330.

Si l'assigné ne comparaît pas, ou refuse de répondre après avoir comparu, il en sera dressé procès-verbal sommaire, et les faits pourront être tenus pour avérés.

*Conférence.*

Première partie de l'art. 4, même titre de l'ordonnance.

1712. Si les faits ne sont pas pertinens, la partie peut refuser d'y répondre, quoique le jugement les ait admis. — 1120.

1713. Si la partie interrogée sur un fait répondait qu'elle ne se souvient pas, le juge pourrait, selon la vraisemblance ou l'in-

vraisemblance de l'oubli, suivre la rigueur du droit, qui veut,
sur chaque fait, des réponses précises et pertinentes. — A. 1121.

1714. *La disposition de l'article 330 peut-elle s'appliquer à
d'autres interpellations que celles d'un interrogatoire?*

Cette disposition, qui autorise le juge à tenir pour avérés les
faits sur lesquels l'interrogé refuse de répondre, s'applique à toute
interpellation judiciaire, c'est-à-dire, adressée à la partie par le juge,
et lorsque le tribunal a ordonné que l'un des contendans s'expli-
querait à l'audience, comme dans le cas de l'article 119.

Mais, ajoute M. Perrin, p. 364, si l'interpellation est extrajudiciaire, comme si elle n'est adressée que par la partie adverse,
même dans le cours d'une instance, le silence de la personne requise
de s'expliquer ne saurait valoir par lui-même un aveu ni un consentement, à moins que la loi ne l'ait exprimé positivement,
comme dans l'article 94. ( V. *suprà* p. 178.)

### ARTICLE 331.

Si, ayant fait défaut sur l'assignation, il se présente
avant le jugement, il sera interrogé, en payant les frais
du premier procès-verbal et de la signification, sans
répétition.

#### *Conférence.*

Art. 5, même titre de l'ordonnance.

1715. Les juges ne peuvent se dispenser d'entendre la partie qui
se présente. ( Cass. 13 nivôse an 10. Sirey, 1817, 2.ᵉ part., p. 1073. )

1716. A la différence de cet article 5 de l'ordonnance, le code
de procédure n'exige point que la partie défaillante supporte aussi
les frais de son interrogatoire. — A. 1122.

### ARTICLE 332.

Si, au jour de l'interrogatoire, la partie assignée justifie
d'empêchement légitime, le juge indiquera un autre jour
pour l'interrogatoire, sans nouvelle assignation.

Voyez A. 1116.

### ARTICLE 333.

La partie répondra en personne, sans pouvoir lire aucun
projet de réponse par écrit, et sans assistance de conseil,
aux faits contenus en la requête, même à ceux sur lesquels
le juge l'interrogera d'office; les réponses seront précises et
pertinentes sur chaque fait, et sans aucun terme calomnieux
ni injurieux : celui qui aura requis l'interrogatoire ne pourra
y assister.

Première partie de l'art. 6 et des art. 7 et 8 du titre 10, ordonn. de 1667.

1717. Le juge ne doit point exiger de l'interrogé un serment préalable. — A. 1123.

1718. Ces expressions de l'article 333, *la partie répondra aux faits contenus dans la requête*, ne s'entendent que des faits que le tribunal a déclarés pertinens, et non de ceux qu'il aurait rejetés. — A. 1124.

1719. Il n'est pas permis à la partie de répondre par écrit, ni d'apporter une réponse écrite. C'est en ce sens qu'il faut entendre ces mots de l'article 333, *la partie répondra en personne cathégoriquement*, (Locré, t. 1, p. 348; mais voy. art. 336.)

1720. L'article 333 ne va pas jusqu'à donner pouvoir au juge-commissaire d'interroger sur des faits étrangers et isolés qui n'auraient pas de rapport avec ceux contenus en la requête. — A. 1125.

1721. Le code ne s'exprimant point sur la remise, au juge-commissaire, de notes ou mémoires contenant des faits secrets sur lesquels il aurait à interroger d'office, il a la faculté de recueillir comme bon lui semble les renseignemens dont il a besoin, sauf à n'user que de ceux qui sont relatifs au fait principal. — A. 1126.

1722. Le juge-commissaire peut rédiger les réponses de l'interrogé; mais il doit être attentif à consigner les expressions mêmes du répondant, pourvu qu'elles ne soient ni calomnieuses ni injurieuses, et à ne se servir d'aucuns termes qui puissent en dénaturer le sens. — A. 1127.

1723. Une réponse est *précise*, lorsqu'elle ne laisse aucun doute sur l'aveu ou la dénégation de la partie; mais il ne suit pas de là qu'elle doive être réduite à un *oui* ou à un *non*; elle est *pertinente*, lorsqu'elle ne contient point de digressions qui, se rapportant à des faits étrangers, n'auraient d'autre but que d'éluder la question proposée. — A. 1128.

### ARTICLE 334.

L'interrogatoire achevé sera lu à la partie, avec interpellation de déclarer si elle a dit vérité et persiste : si elle ajoute, l'addition sera rédigée en marge ou à la suite de l'interrogatoire, elle lui sera lue, et il lui sera fait la même interpellation : elle signera l'interrogatoire et les additions; et si elle ne sait ou ne veut signer, il en sera fait mention,

*Conférence.*

Art. 7 de l'ordonnance.

1724. Le juge-commissaire et le greffier doivent signer le procès-verbal. — A. 1129.

## ARTICLE 335.

La partie qui voudra faire usage de l'interrogatoire, le fera signifier, sans qu'il puisse être un sujet d'écritures de part ni d'autre.

*Conférence.*

T. art. 70, et *suprà* p. 448.

1725. Le tribunal ne peut ordonner une instruction par écrit, à l'occasion de l'interrogatoire. — A. 1130.

1726. *Quels effets peut produire l'interrogatoire sur le fond du procès, et PARTICULIÈREMENT les aveux peuvent-ils être rétractés? Les réponses peuvent-elles être divisées et former un commencement de preuve par écrit, à l'effet de faire admettre la preuve testimoniale?* (1)

L'examen que nous avons fait de cette question, n.° 1131 de notre analyse, offre la solution de plusieurs difficultés sur les règles générales que nous avons posées *suprà*, pag. 447 et 448, relativement aux effets de l'interrogatoire. Nous remarquerons ici,

1.° Qu'un arrêt de la cour de Bruxelles du 1.er décembre 1810 (Sirey, 1812, p. 19), a décidé que l'on peut suppléer à la preuve *écrite* d'une *transaction* par un aveu qui ne serait que le résultat d'un interrogatoire, et cela nonobstant l'article 2044 du code civil, attendu qu'il ne s'ensuit pas que le contrat ne puisse s'établir par l'aveu de la partie. Cette décision vient à l'appui de ce que nous disions page 642 de l'analyse, deuxième alinéa, et ce que nous avons répété *suprà*, pag. 448, que les dispositions du code sur l'aveu judiciaire s'appliquent, en général, à ce qui se trouve consigné dans l'interrogatoire.

2.° Par les motifs développés p. 643 et 644 de l'analyse, nous avons pensé que les réponses à un interrogatoire sur faits et articles peuvent servir de commencement de preuves par écrit, lorsqu'elles rendent vraisemblable le fait allégué. (C. C., art. 1347.) Mais M. Salviat, dans son recueil de jurisprudence du Parlement de Bordeaux, au mot *audition cathégorique*, cite un arrêt de 1768, duquel le contraire paraîtrait résulter. C'est une autorité pour ceux qui soutiennent la négative de cette question; mais est-il bien certain que cet arrêt ait statué en pur point de droit? N'aurait-il pas, comme l'arrêt de la cour de cassation du 1.er juillet 1806, rapporté dans notre analyse,

---

(1) *Er.* p. 643, 2.° alinéa, ajoutez après les mots *toutes vraisemblables?...* Ceux-ci : *Nous croîtions devoir répondre affirmativement sur toutes ces questions.*

pag. 644, jugé seulement, dans l'espèce particulière sur laquelle il a prononcé, que les réponses dont on se prévalait contre l'interrogé n'avaient point le caractère d'un commencement de preuves quelconques, parce qu'elles étaient trop vagues, trop peu précises; ou, enfin, n'aurait-il pas été fondé sur tout autre motif tiré des circonstances de la cause, en sorte que la décision aurait été plutôt rendue en fait qu'en droit? L'éditeur ne s'étant aucunement expliqué à cet égard, nous persistons dans notre opinion, en ajoutant pour la justifier un troisième arrêt de la cour de cassation du 5 juillet 1808 (Denevers, 1808, p. 366), lequel décide que, si *l'interrogatoire paraît fournir un commencement de preuve par écrit*, le tribunal peut, en appliquant l'article 1267 du C. C., ordonner le serment supplétif de la partie qui l'a requis. ( V. *suprà*, n.° 1682. )

1727. L'interrogatoire eût-il été, contre le vœu de la loi, ( Voy. *suprà*, n.° 1717 ) subi par une partie sous la foi du serment, ne serait pas pour cela un obstacle à l'admission de la preuve par témoins, ( Cass., 9 février 1808. Sirey, 1808, p. 214. )

1728. Les frais de l'interrogatoire sont à la charge de la partie qui succombe. — A. 1131.

## ARTICLE 336.

Seront tenus les administrations d'établissemens publics de nommer un administrateur ou agent pour répondre sur les faits et articles qui leur auront été communiqués : elles donneront, à cet effet, un pouvoir spécial dans lequel les réponses seront expliquées et affirmées véritables, sinon les faits pourront être tenus pour avérés; sans préjudice de faire interroger les administrateurs et agens sur les faits qui leur seront personnels, pour y avoir, par le tribunal, tel égard que de raison.

*Conférence.*

Ordonn., même titre, art. 9.

1729. L'administrateur ou l'agent nommé pour prêter l'interrogatoire, peut lire ses réponses, mais ne peut être interrogé d'office. — A. 1133.

1730. Le tribunal pouvant avoir *tel égard que de raison*, aux réponses d'un administrateur ou d'un agent, à des questions relatives à des faits qui lui seraient personnels, ces réponses pourraient, suivant les circonstances, obliger l'administration qu'il représente. — A. 1134.

1731. De ce qu'un préfet est président né du conseil des hôpitaux, il ne s'ensuit pas qu'il puisse être assimilé aux administrateurs des établissemens publics, et soumis en cette qualité à l'interrogatoire sur faits et articles, sur des actes de son administration. Un préfet peut et doit s'opposer à l'exécution d'une telle disposition judiciaire. ( Décret du 22 janvier 1808. )

### TROISIÈME SUBDIVISION.

*De la procédure incidente résultant de demandes nouvelles for-mées soit par le défendeur, soit par des tiers ou contre eux, dans le cours d'une instance.*

# TITRE XVI.

#### DES INCIDENS,

*Ou des demandes incidentes, de la reconvention, de l'inter-vention et de la déclaration du jugement commun.*

Nous avons dit, page 267, ce que l'on entendait, en général, par le mot *incident*; et, d'après la définition que nous avons donnée, nous avons considéré, comme formant autant d'incidens particuliers, les différentes exceptions, contestations ou événemens quelconques qui surviennent dans le cours d'une instance.

La plupart d'entre eux ne tiennent qu'à l'instruction d'un procès, et ne changent rien à son état, quant au fond. Les autres, au contraire, ajoutent d'autres contestations à la contestation primitive, et prorogent ainsi la jurisdiction du juge pour statuer à leur égard; en même tems que sur la première, et par un seul et même jugement, comme s'il n'y avait qu'un seul procès.

Ce sont ces contestations, élevées à la suite ou à l'occasion d'une autre dont le tribunal est déjà saisi, que le titre 16 de notre code appelle *incidens*.

Ou ils surviennent entre les parties elles-mêmes, et il les qualifie *demandes incidentes* (voy. ci-après, §. 1.er); ou ils sont élevés contre elles par un tiers, et ils prennent le nom d'*intervention* (v. §. 2); ou enfin ils sont formés par l'une des parties contre un tiers qu'elle contraint d'intervenir, et ils constituent l'*action en déclaration de jugement commun*, sur laquelle le code de procédure garde le silence. (1)

(1) Nous traiterons *infrà* sur l'article 339 les questions relatives à cette action.

## §. I.er

### *Des demandes incidentes.*

Il suit de ce qui précède, que la demande incidente proprement dite n'est qu'une demande nouvelle, formée pendant le cours d'une instance principale, soit par l'une, soit par l'autre des parties.

Si elle l'est par le demandeur originaire, elle conserve le nom de *demande incidente;* mais, pour la distinguer de celle que formerait le défendeur contre le demandeur, nous voudrions l'appeler *demande additionnelle.* On risque, en effet, de confondre et de fausser les idées en se servant de la même expression comme dénomination tout à la fois *générique* de deux objets différens, et *spécifique* de l'un de ces objets seulement. Lorsqu'au contraire la demande nouvelle est opposée par le défendeur, elle prend le nom de *reconvention* ou *demande reconventionnelle.* (1)

On peut la définir une demande que le défendeur cité en justice forme à son tour, devant le même juge, contre le demandeur, afin d'anéantir ou de restreindre les effets de l'action intentée par celui-ci.

C'est une règle depuis long-tems consacrée par notre jurisprudence, que les tribunaux ne peuvent admettre comme demandes incidentes celles qui doivent être l'objet d'une action principale; cette règle doit être observée d'autant plus rigoureusement que, sans elle, on pourrait non seulement éluder l'essai de conciliation, dans beaucoup de cas où la loi l'exige, mais encore éterniser la procédure la plus simple, en introduisant à son gré, dans le cours de l'instance, une demande incidente, arrangée de manière à présenter beaucoup de difficultés.

---

(1) **Ce** mot, dit M. Toullier, t. 7, p. 466, note 1, vient du latin *convenire,* citer en justice, *vocare in jus;* de *convenire* est venu *convenio,* citation en justice, *vocatio in jus.* Le reduplicatif *reconvenire* signifie donc *iterùm convenire,* et, en matière de compensation, *convenire vicissim apud eumdem judicem.* S'il est permis de s'exprimer ainsi, c'est la *réaction* du défendeur contre le demandeur, c'est une *contre action* que le premier forme contre son adversaire.

Il est essentiel de voir la discussion approfondie dans laquelle M. Toullier est entré sur les principes et les effets en droit de la reconvention. ( V. t. 7, p. 455-551.)

On ne peut donc faire de toutes sortes de prétentions l'objet d'une demande incidente. Il n'y a que celles qui servent de réponse contre la demande principale, ou qui ont avec elles une connexité, ou qui ne sont nées que depuis l'action, qui puissent être jugées et instruites incidemment ; telles sont les demandes en compensation, en provision, en paiement de loyers échus, ou de dommages causés depuis l'action principale, etc.

Il faut en général, pour qu'une demande puisse être opposée contre une action principale, que toutes les deux proviennent de la même source, de la même affaire ou de la même convention : *Ex eodem fonte, sive ex eodem negotio, vel eodem contractu.*

Exemple : Un propriétaire assigne le locataire d'une maison, pour qu'il ait à la garnir de meubles suffisans ; le locataire peut répondre, en demandant qu'on lui fasse les réparations nécessaires pour rendre la maison habitable, et cette demande reconventionnelle procédera, parce qu'elle prend sa source dans le même contrat que la demande principale. Mais si une personne assignée en paiement d'une somme d'argent opposait que le demandeur lui doit une servitude réelle, on la déclarerait non recevable dans sa reconvention, sauf à elle à se pourvoir par action principale.

Néanmoins il est, en matière de compensation, une remarque importante à faire ; c'est que, dans le cas même où la demande incidente ne procède pas *ex eodem fonte et negotio*, si la dette opposée en compensation est claire et liquide, le tribunal recevra la demande reconventionnelle pour y faire droit en même tems que sur la demande principale, afin que la compensation s'opère, s'il y a lieu. (1)

Le code de procédure prescrit dans ce paragraphe la forme des demandes incidentes et de la réponse du défendeur. ( 337. ) Il défend de former séparément les demandes incidentes, et veut qu'elles soient jugées par préalable, s'il y a lieu. ( 338. )

---

[1] V. la définition de M. Toullier, t. 7, p. 466, et ce qu'il établit pour la justifier, p. 535, n.° 408.

## ARTICLE 337.

Les demandes incidentes seront formées par un simple
acte contenant les moyens et les conclusions, avec offre
de communiquer les pièces justificatives sur récépissé, ou
par dépôt au greffe.

Le défendeur à l'incident donnera sa réponse par un
simple acte.

### Conférence.

T. art. 71, ordonn. de 1667, titre XI, art. 27.

1732. *Qu'est-ce que l'on entend par demande incidente?*
Voyez A. 1135, et *suprà* p. 459. Voyez aussi *infrà* sur l'art. 464.

1733. Toutes les fois qu'une des parties est défaillante, il n'y a
pas lieu à former de demandes incidentes. — A. 1136 (1), et *sup.*
n. 871.

1734. La loi ne fixe aucun délai dans lequel on doive répondre
aux demandes incidentes. — A. 1137.

1735. Dans les justices de paix et dans les tribunaux de commerce, les demandes incidentes sont formées à l'audience. — A.
1138.

1736. En général la partie contre laquelle une demande incidente serait formée, peut opposer la fin de non recevoir résultant
du défaut de signification de l'acte exigé par l'art. 337.

Cependant, dans les cas où les demandes incidentes seraient
amenées par la plaidoirie même, et où il deviendrait nécessaire que
la partie les formât de suite, de crainte qu'on ne lui opposât son
silence, elle pourrait les former à l'audience, à charge de signification dans le jour. — A. 1139.

## ARTICLE 338.

Toutes demandes incidentes seront formées en même
tems; les frais de celles qui seraient proposées postérieurement, et dont les causes auraient existé à l'époque des
premières, ne pourront être répétés.

Les demandes incidentes seront jugées par préalable,
s'il y a lieu; et, dans les affaires sur lesquelles il aura
été ordonné une instruction par écrit, l'incident sera porté
à l'audience, pour être statué ce qu'il appartiendra.

---

[1] *Er.* Au lieu de *449*, lisez *499*.

*Conférence:*

Ordonnance, même article 27.

1737. Ces termes de l'art. 338, *les demandes incidentes seront jugées par préalable s'il y a lieu*, signifient que les parties ont la faculté de soumettre la demande incidente au tribunal avant le jugement du fond, et que le tribunal peut y statuer ou ordonner qu'elle sera jointe au fond, pour être fait droit sur le tout ; enfin, si le fond est en état d'être jugé, les parties doivent soumettre le tout à la décision du tribunal, qui prononce par un seul et même jugement. — A. 1140.

1738. *Comment se jugent les demandes incidentes dans les affaires en délibéré ?*

V. *suprà* n. 615, A. 1141. (1)

1739. En disposant que, dans les procès par écrit, l'incident sera porté à l'audience pour être statué ce qu'il *appartiendra*, la loi exprime que le tribunal jugera l'incident sur-le-champ, s'il est possible, ou le joindra au fond, pour y statuer en définitif par le même jugement. — A. 1142.

## §. I I.

### *De l'intervention.*

( V. *infrà* sur l'art. 466. )

Il résulte de ce que nous avons dit *sup.* p. 459, que l'intervention est la demande formée par un tiers dans une instance déjà engagée devant un tribunal, afin d'être reçu partie dans cette instance, pour y conserver et faire valoir, soit ses propres droits, soit ceux de ses débiteurs, ou d'une partie qu'il doit garantir.

Le code de procédure règle dans ce §. comment l'intervention est formée ( 339 ) ; ses effets par rapport au jugement de l'action principale ( 340 ) ; et comment elle est jugée lorsqu'il y a une instruction par écrit. ( 341. )

#### ARTICLE 339.

L'intervention sera formée par requête qui contiendra les moyens et conclusions, dont il sera donné copie ainsi que des pièces justificatives.

[1] *Er.* Au lieu de question *384*, lisez question *324*.

*Conférence.*

T. art. 75; ordonn. tit. IV, art. 28.

1740: Les seules copies données avec la requête passent en taxe; les autres sont à la charge de l'intervenant, conformément à l'art. 65. ( Locré, t. 2, p. 4. )

1741. Un créancier d'une succession bénéficiaire, déjà partie dans l'instance du bénéfice, peut opposer des exceptions aux demandes de reprises ou de créances, soit d'une veuve, soit de créanciers, par un simple acte d'assignation à l'audience, sans intenter une demande principale, en conformité de l'art. 61 du code de procédure, ou sans présenter une requête d'intervention, aux termes de l'art. 339 du même code.

En pareil cas, la cour peut statuer sur le fond. ( Cour de Rennes, 3.ᵉ ch., 18 mai 1811. )

1742. Un individu qui a reçu un acte d'appel pour un parent, ne peut intervenir à l'effet de conclure à ce qu'il lui soit décerné acte de sa déclaration de rétracter l'acceptation de cet exploit d'appel. ( Rennes, 3.ᵉ ch., 16 mai 1812. )

1743. L'intervention n'est pas permise à celui qui, étant étranger au procès, se prétendrait injurié dans les mémoires des parties, et voudrait en demander la suppression. Il n'a, pour obtenir réparation, que la voie d'action principale. ( Rouen, 29 novembre 1808. Sirey, 1812, p. 208, et *sup.* n. 600. )

1744. Néanmoins l'intervention dans une cause peut avoir lieu de la part de l'avocat d'une des parties, pour demander la repression des injures dirigées contre lui, dans les mémoires imprimés et signifiés par l'autre partie. ( Rouen, 25 mars 1808. Sirey, 1807, pag. 1027. )

1745. Est non recevable l'intervention formée par un fondé de pouvoir au nom du mandant. ( Rome, 6 juillet 1811. Sirey, 1814, pag. 189.

Mais nous remarquerons, d'après ce que nous avons dit *suprà* n.° 352, qu'elle serait valablement formée si le mandant avait mentionné les noms, profession et domicile du mandataire, en déclarant qu'il n'agit que pour lui. Il en est ici comme de l'ajournement, qui n'est pas nul en cette circonstance. ( V. *sup.* n.ᵒˢ 352 et 353. )

1746. Enfin une partie peut intervenir dans un procès, toutes les fois que ses droits pourraient être compromis. — A. 1143, et *sup.* pag. 463.

Nous ajouterons aux exemples que nous avons donnés de l'application de cette proposition, le cas du créancier qui, d'après l'art. 882 du code civil, peut intervenir dans l'instance de partage, afin d'éviter qu'il ne soit fait en fraude de ses droits; mais, en cette circonstance, la loi veut qu'il intervienne à ses frais. Nous croyons qu'en tout autre cas un créancier aurait le même droit, sous la même condition; car il y a un intérêt qui peut se réaliser, ce qui suffit pour autoriser une action. Les mêmes motifs d'après lesquels a été portée la disposition de l'article 882, existent dans une foule d'autres cas que celui qu'il mentionne.

1747. L'intervention n'est pas toujours volontaire; par exemple si un individu, à raison de l'intérêt qu'il aurait à l'objet de la cause principale, était recevable à former tierce-opposition au jugement à intervenir dans cette cause, il pourrait alors être assigné en déclaration de jugement commun, afin de prévenir le nouveau procès qu'il pourrait intenter en se rendant tiers-opposant. — A. 1144.

1748. *Qu'est-ce que l'on entend par demande en déclaration de jugement commun; dans quel cas a-t-elle lieu, et quels sont ses effets?*

La demande en déclaration de jugement commun est une action formée contre un tiers, afin de faire prononcer contre lui les mêmes condamnations que l'on poursuit, ou qui déjà ont été prononcées contre une autre partie.

Cette demande a conséquemment lieu par rapport à un jugement à intervenir, ou bien par rapport à un jugement rendu.

Dans le premier cas, elle a pour objet de forcer un tiers à se rendre partie dans une contestation pendante entre deux personnes; de sorte que le jugement à rendre étant prononcé avec ce tiers, celui-ci ne puisse pas ensuite l'attaquer par la voie de la tierce-opposition. C'est dans ce cas seulement que l'action forme un incident, en ce qu'elle produit une *intervention passive* ou *forcée* de la partie contre laquelle elle est formée.

Dans le second cas, la demande en déclaration de jugement commun a pour objet de faire prononcer qu'un jugement rendu entre deux personnes aura effet contre un tiers, de même que si ce tiers y avait été partie. Cette demande est principale, et conséquemment elle doit être sujette au préliminaire de conciliation, à la différence de la première, qui en est dispensée comme l'intervention. (Voy. *suprà* art. 49.)

On a le droit d'exercer cette action toutes les fois qu'un tiers aurait droit de former tierce-opposition contre un jugement rendu ou à rendre. (V. *infrà* sur l'art. 474.) C'est ce qui aurait lieu, par exemple, dans le cas où une maison, possédée en indivis par

59

plusieurs personnes, est réclamée par une autre ; si celui qui réclame
n'a intenté son action que contre l'un des co-possesseurs, chacun
des autres ayant le droit de se rendre tiers-opposant, pourrait être
assigné en déclaration de jugement commun.

1749. *Quelle est la forme de l'action en déclaration de jugement*
*commun?*

Le code n'ayant rien prescrit à ce sujet, il nous semble que, dans
les deux cas où la demande est formée, elle doit l'être par requête,
avec assignation à personne ou domicile, à laquelle on joint copie
des titres. S'il s'agit de forcer le tiers à intervenir, il est nécessaire
que le libelle de l'exploit lui fasse connaître l'état de l'instance dans
laquelle on entend le rendre partie ; si, au contraire, l'action est
principale, il faut signifier le jugement que l'on prétend faire rendre
commun. Du reste, lorsque cette demande est formée incidemment,
elle doit être soutenue, contestée et jugée conformément aux règles
de l'intervention volontaire. (V. Berriat-Saint-Prix, p. 288.)

1750. Il n'est pas besoin d'autant de requêtes d'intervention
qu'il y a d'instances liées entre les parties principales. (Rennes,
3.ᵉ ch., 16 mai 1812.)

1751. Il suffit, pour former l'intervention, d'une requête signifiée d'avoué à avoué, sans qu'en outre il soit besoin que cette
requête soit remise à un juge, pour être répondue par le tribunal.
— A. 1145, et *infr.* sur l'art. 492 et 493.

1752. L'intervenant doit, à peine de nullité, énoncer dans la
requête d'intervention ses noms, profession et domicile, et y joindre
les pièces justificatives. — A. 1146.

Nous devons expliquer ici cette proposition tirée de notre analyse,
et relever une erreur que nous reconnaissons nous être échappée.
L'article 339 ne dispose point à peine de nullité, et conséquemment,
d'après l'article 1030, on ne pourrait annuler la requête pour
défaut de copie des titres. Si, comme nous l'avons dit, la cour de
Colmar a annulé une requête d'intervention pour défaut de mention des noms, profession et domicile de l'intervenant, c'est en vertu
de l'art. 61, qui prononce nullité de tout exploit qui ne contiendrait
pas la mention des noms et profession de celui à requête duquel
un exploit est donné.

La cour considéra, avec raison, qu'il tenait à la substance de la
requête que l'intervenant se fît connaître.

Mais nous nous sommes trompés en disant, sur la 1146.ᵉ question de notre analyse, qu'il tient à la substance de cet acte que la
copie des titres soit donnée. Cette obligation n'est qu'une formalité
accessoire de la requête : or, un accessoire ne peut, sous aucun

rapport, tenir à la substance d'un acte ; il n'y a que ce qui est inhérent et *intrinsèque* qui puisse être considéré comme *substantiel.*

L'article 349 porte : *L'intervention sera formée par requête qui contiendra les moyens et conclusions.*

Voilà tout ce qui tient à la substance, puisque c'est tout ce qui la compose.

L'article ajoute, dont *il sera donné copie ainsi que des pièces justificatives ;* et cela prouve, de plus en plus, que cette copie des pièces ne fait pas partie de la requête.

Ainsi, lorsqu'elle n'a point été donnée, il n'y a pas lieu à annuler la requête, mais seulement à interdire à l'intervenant de plaider jusqu'à ce qu'il ne la fournisse ; on se retrouve ici dans l'espèce de l'article 65.

Contre cette opinion l'on oppose l'article 673, qui exige copie du titre en tête du commandement, et dont la violation emporte nullité. Mais cette objection est absolument dénuée de fondement ; car si le commandement est nul faute de copie de titre, c'est parce que l'article 717 prononce la nullité pour omission de ce que prescrit l'article 673 ; mais nulle part le législateur n'applique cette peine à l'omission de la copie des pièces dans la requête d'intervention. Loin de là, il n'est pas douteux que la copie des titres puisse être donnée par acte séparé de la requête ; donc le défaut de copie ne peut l'annuler. La loi dit en effet *dont il sera donné copie ainsi que des pièces,* et non *dont il sera donné copie avec celle des pièces,* ou *dont il sera donné copie contenant celle des titres.* Or, aucun délai n'est fait pour donner cette dernière copie ; on est donc à tems de se conformer à la disposition de la loi, quand on veut, à moins que la partie adverse ne l'ait exigée de suite, auquel cas on ne peut la refuser.

1753. On ne peut former intervention que par requête, et non par de simples conclusions prises sur le barreau. ( Rennes, 29 mars 1817, 1.ʳᵉ ch. ) En effet, les motifs d'exception donnés pour les demandes incidentes, *suprà* n.° 1736, n'existaient point pour l'intervention.

1754. Lorsque des intervenans ont le même intérêt et proposent les mêmes moyens que la partie principale, on peut leur opposer les mêmes exceptions. ( Paris, 18 février 1809. Sirey, 1809, p. 247. )

1755. Le tribunal qui a admis une partie à intervenir à ses frais dans une instance, ne peut, par le jugement définitif, condamner aux frais de l'intervention celle des parties principales qui succombe. ( Rennes, 1.ʳᵉ ch., 2 juillet 1810. )

### ARTICLE 340.

L'intervention ne pourra retarder le jugement de la cause principale, quand elle sera en état.

*Conférence.*

( V. *infrà* art. 343. )

1756. L'intervenant doit prendre l'affaire en l'état où elle se trouve; mais ce principe admet exception dans le cas où l'intervention est forcée. ( V. *sup.* n.° 1099. )

Nous pensons même qu'il est juste d'accorder un délai suffisant pour proposer ses défenses à un intervenant qui se présente pour conclure contre les deux parties ; en sorte que ce principe ne devrait s'appliquer, dans toute sa rigueur, qu'à l'intervenant qui se place volontairement en cause pour plaider conjointement avec l'une des parties. — A. 1147.

### ARTICLE 341.

Dans les affaires sur lesquelles il aura été ordonné une instruction par écrit, si l'intervention est contestée par l'une des parties, l'incident sera porté à l'audience.

1757. Un jugement qui admet ou qui rejette une intervention est préparatoire de sa nature; mais il pourrait être considéré comme interlocutoire, s'il était démontré que l'admission ou le rejet de l'intervention pût influer sur le jugement à rendre au fond. — A. 1148.

### QUATRIÈME SUBDIVISION.

*De la procédure incidente, relative à l'interruption de l'instance par changement de personne ou d'état dans les parties ou leurs avoués.*

_____

L'INSTANCE introduite par l'exploit de demande subsiste devant le juge saisi de la contestation, jusqu'à ce qu'elle ait été terminée par jugement ( V. *suprà* p. 103, 3.° et p. 188 et 189 ); par péremption ( *infrà* titre 17 ); par désistement ( *infrà* titre 23 ), ou par compromis ( *infrà* livre 3, titre unique. )

Mais elle peut être interrompue dans son cours, soit par suite de la volonté des parties, lorsqu'elles-mêmes discontinuent leurs poursuites, soit malgré elles, lorsqu'il survient des événemens qui ne permettent de les continuer qu'après la cessation de l'obstacle qu'ils opèrent.

A ce sujet, le législateur, prenant en considération particulière les cas du décès d'une des parties, ou d'empêchement de son avoué; prescrit ce qu'il y a à faire pour que l'instance reprenne son cours. (1) C'est l'objet du titre 17.

_____

## TITRE XVII.

*Des reprises d'instance, et constitution de nouvel avoué.*

_____

( V. *suprà* p. 153 et suivantes, et *infrà* sur l'art. 397. )

EN matière de procédure, il est de principe élémentaire qu'aucune partie ne peut être jugée sans avoir fait ou pu faire entendre ses moyens de défense.

_____

(1) On peut ajouter une foule d'autres événemens, qui, d'après la disposition de la loi ou la nature de la cause, suspendent aussi l'instance, telles que l'incident de faux dans les tribunaux d'exception, la plainte en faux principal, les désaveux, les réglemens de juges, toutes les demandes en renvoi, les questions préjudicielles; en un mot, tout événement qui exige une décision préalable à toute autre. Il ne s'agit ici que de ceux qui donnent lieu à reprise d'instance, ou à constitution de nouvel avoué.

Or, ce principe s'oppose à ce qu'on passe outre à l'instruction d'une cause, toutes les fois que l'affaire n'étant pas en état de recevoir jugement, une partie décède, devient incapable d'ester en justice, ou cesse de pouvoir y être représentée par l'avoué qu'elle avait constitué; il faut donc que les suites de l'instance soient suspendues jusqu'à ce qu'un héritier, un administrateur, un nouvel avoué, viennent remplacer le défunt ou l'incapable.

C'est ce changement de parties ou d'avoué qui donne lieu à la *reprise d'instance* et à la *constitution de nouvel avoué.*

On peut définir la *reprise d'instance* l'acte par lequel ceux qui succèdent aux droits et obligations d'une partie, ou qui ont, à tout autre titre, droit et qualité pour la représenter, reprennent volontairement, ou sont forcés de reprendre l'instance dans laquelle cette partie était engagée.

La reprise volontaire se fait par une simple déclaration, signifiée à l'avoué adverse, d'entendre procéder d'après les *derniers erremens* de l'instance. (1)

La reprise forcée s'opère en exécution d'un jugement rendu sur assignation à celui qui doit procéder au lieu et place de la partie décédée ou devenue incapable.

La constitution de nouvel avoué est également un acte volontaire ou forcé, par lequel un avoué est institué, en cas de démission, interdiction ou destitution de celui qui avait été précédemment constitué.

Sur cette matière, les dispositions du code de procédure concernent,

1.° Le jugement des affaires en état, ( 842, 343. )

2.° Les jugemens et les poursuites postérieures au décès de la partie, ou au défaut d'avoué. ( 344. )

3.° La continuation des procédures après le changement d'état des parties. ( 345. )

4.° L'assignation en reprise d'instance ( 346 ); le mode de cette reprise ( 347 ); le jugement de l'incident, en cas de contestation ( 348 ); celui qui intervient en cas de défaut de la partie assignée ( 349 ); sa signification ( 350 ), et la forme de procéder en cas d'opposition. ( 351. )

---

(1) En termes de pratique, ce mot *errement* signifie la dernière procédure, le dernier état d'une affaire ; ainsi *procéder suivant les derniers erremens*, c'est procéder dans l'état où se trouvait l'instance au moment de son *interruption*, et à partir conséquemment du dernier acte de la procédure.

### ARTICLE 342.

Le jugement de l'affaire qui sera en état, ne sera différé, ni par le changement d'état des parties, ni par la cessation des fonctions dans lesquelles elles procédaient, ni par leur mort, ni par les décès, démissions, interdictions ou destitutions de leurs avoués.

#### *Conférence.*

Art. 1 et 2, titre XXVI, ordonn. de 1667. V. *suprà* art. 75, n.° 528.

1758. Par *changement d'état*, le législateur entend le changement qui peut survenir dans l'état civil des personnes, relativement à la capacité que la loi leur donne ou leur refuse d'administrer par elles-mêmes leurs propres affaires, et, par conséquent, d'ester en justice, soit à raison de leur âge, soit à raison de leurs facultés intellectuelles, soit enfin à raison de la dépendance dans laquelle le mariage les aurait placées.

1759. Par cessation de fonctions, on entend la cessation de celles qui donnaient à un individu qualité pour ester en justice. — A. 1149.

1760. Lorsqu'un procès est en état d'être jugé, et que la contestation roule sur un droit *personnel* à une partie, c'est-à-dire, non transmissible à ses héritiers, le décès de cette partie n'éteint point le procès, et le tribunal peut prononcer jugement conformément à l'art. 342. — A. 1150.

1761. *L'article 342 s'applique-t-il au cas de saisie immobilière ?*

Oui, parce qu'une saisie immobilière est une instance liée entre le poursuivant, les parties saisies et les créanciers inscrits, dont le jugement, lorsqu'elle est en état, ne peut être différé par la mort d'une des parties. En conséquence, l'adjudication définitive ne peut être suspendue par le seul décès du saisi. ( Paris, 11 juillet 1812. Denevers, 1813, p. 197.)

1762. Le refus d'un avoué de plaider une cause dans laquelle il aurait pris des conclusions, n'empêche pas le tribunal de la juger ; et par suite de conséquence, il n'y a pas lieu dans ce cas à donner défaut faute de plaider. — A. 1151. Pigeau, t. 1.ᵉʳ, p. 469, et *suprà* n.° 867.

1763. Lorsqu'une affaire qui, d'après la loi, doit s'instruire par écrit, est mise en état d'être jugée par les productions des deux parties, ou par le défaut dans lequel l'une d'elles a été constituée de produire, si l'une des parties vient à mourir avant que le rapport en soit fait à l'audience, il n'est pas nécessaire d'assigner ses héritiers en reprise d'instance; et si le rapport se fait sans qu'ils aient été assignés, l'arrêt qui intervient à la suite de ce rapport ne doit pas être annulé sur ce seul fondement. ( Cass., 19 ventôse an 9. Sirey, 1807, p. 1183. )

1764. *Y a-t-il lieu à assigner en reprise d'instance les héritiers d'un tiers-saisi décédé depuis le dénoncé et l'assignation lui donnés en vertu des articles 564 et 570 ?*

*Autrement, le décès du tiers-saisi suspend-il la demande en validité de la saisie pendant les délais donnés à la veuve et aux héritiers pour faire inventaire et délibérer?*

Un tribunal a résolu cette question pour l'affirmative, mais nous ne croyons pas cette décision fondée. En effet, aucune disposition de la loi ne porte que la saisie-arrêt ne peut être déclarée valable qu'autant que la déclaration du tiers-saisi aura été donnée. Au contraire, la déclaration du tiers-saisi peut être postérieure au jugement de validité, dans le cas où le titre du saisissant est authentique. ( Art. 568. )

D'un autre côté, le tiers-saisi n'est point véritablement partie au procès, il n'y figure que comme témoin; et c'est pour cela qu'aussitôt qu'il s'élève des contestations sur la déclaration, il peut demander son renvoi, parce qu'il devient alors partie.

Il suit de là qu'il n'y a pas lieu à assigner ses héritiers en reprise d'instance; s'il décède avant d'avoir fourni sa déclaration, le tribunal peut juger la saisie valable, jusqu'à concurrence de ce qui sera par la suite déclaré être dû. Cependant il serait mieux de renouveler la dénonciation et l'assignation aux héritiers en qualité d'habiles, et ceux-ci auraient à faire la déclaration, attendu qu'il ne s'agit, en ce cas, que d'une mesure conservatoire, à laquelle ils sont tenus de répondre, ainsi que nous l'avons dit sur la question 632 de l'analyse. ( V. *suprà* n.° 1070. )

Au reste, s'ils prétendaient ne pouvoir donner de déclaration positive, soit parce qu'ils seraient dans leur délai, soit parce qu'ils ne connaîtraient pas l'état des affaires de leur auteur, alors l'assignation et la dénonciation, leurs signifiées, n'en *tiendraient* pas moins, d'après les raisons que nous avons exposées sur la 631.° ( *sup.* n.° 1069 ), et le tribunal déclarerait la saisie valable et à tenir entre leurs mains; d'où résulterait qu'ils ne pourraient se dessaisir au préjudice du saisissant, sauf, à l'expiration des délais, à faire leur déclaration qui serait ou non contestée, suivant les circonstances.

## ARTICLE 343.

L'affaire sera en état, lorsque la plaidoirie sera commencée; la plaidoirie sera réputée commencée, quand les conclusions auront été contradictoirement prises à l'audience.

Dans les affaires qui s'instruisent par écrit, la cause sera en état quand l'instruction sera complète, ou quand les délais pour les productions et réponses seront expirés.

1765. Si, au mépris des articles 342 et 343, un tribunal autorisait une reprise d'instance, dans le cas de décès d'une des parties, après les conclusions, le tribunal pourrait, en exécution de cette autorisation, si toute fois son jugement avait été acquiescé, accorder un délai pour mettre les héritiers en cause. — A. 1152.

## ARTICLE 344.

Dans les affaires qui ne seront pas en état, toutes procédures faites postérieurement à la notification de la mort de l'une des parties, seront nulles : il ne sera pas besoin de signifier les décès, démissions, interdictions ni destitutions des avoués ; les poursuites faites et les jugemens obtenus depuis seront nuls, s'il n'y a constitution de nouvel avoué.

*Conférence.*

T. art. 70, ordonn. de 1667, titre XXVI, art. 2.

1766. La nullité prononcée par la loi, à l'égard des poursuites faites à la suite d'un décès, n'est que relative, et ne produit ses effets qu'à l'égard des héritiers de la partie décédée, ou de celle qui aurait perdu son avoué. — A. 1153.

1767. *Y a-t-il exception à la disposition de l'article 344, par rapport au décès d'une des parties?*

L'article 360 du code civil déroge à cet article, en ce qu'il dispose que si l'adoptant vient à mourir après que l'acte d'adoption a été porté devant les tribunaux, et avant que ceux-ci eussent définitivement prononcé, l'instruction sera continuée, et l'adoption admise s'il y a lieu.

1768. Lorsqu'un jugement a été rendu en contravention à l'art. 344, il suffit d'en opposer la nullité à la partie qui l'aura obtenu, lorsqu'elle voudra s'en prévaloir : on n'est pas obligé de se pourvoir par tierce-opposition, par appel ou par requête civile. — A. 1154.

60

### ARTICLE 345.

Ni le changement d'état des parties, ni la cessation des fonctions dans lesquelles elles procédaient, n'empêcheront la continuation des procédures.

Néanmoins le défendeur qui n'aurait pas constitué avoué avant le changement d'état ou le décès du demandeur, sera assigné de nouveau à un délai de huitaine, pour voir adjuger les conclusions, et sans qu'il soit besoin de conciliation préalable.

1769. Si l'incapacité résultant d'un changement d'état ou de la cessation des fonctions sous lesquelles une partie procédait, était survenue et connue avant que la cause fût en état, les poursuites n'en seraient pas moins valables, conformément à l'article 345. — A. 1155, et Delvincourt, t. 1, p. 394.

Un arrêt de la cour de cassation, du 10 décembre 1812 ( voy. Sirey, 1814, p. 196), justifie cette proposition en ce qu'il décide que le mariage d'une femme, contracté pendant le cours d'une instance, n'empêche pas la continuation de la procédure avec elle; que les parties adverses ne sont pas obligées d'appeler le mari en cause, si le mariage ne leur a pas été notifié, et qu'ainsi le jugement qui intervient contre une femme après son mariage ne peut être attaqué par tierce-opposition de la part du mari, sous prétexte qu'il n'aurait pas été appelé dans l'instance.

1770. Mais celui qui interjette appel d'un jugement rendu entre lui et une femme qui s'est mariée pendant le procès, doit, à peine de nullité, assigner sur l'appel le mari pour autoriser sa femme; en ce cas, il n'est pas nécessaire que le changement d'état lui ait été expressément notifié. ( Cass., 7 août 1815. Sirey, 1815, p. 346. ) La raison de cette décision est qu'il s'agit ici d'une nouvelle instance.

1771. La deuxième disposition de l'article 345 s'entend dans ce sens, que si le défendeur n'a pas constitué avoué avant le décès du demandeur, l'on considère l'instance comme n'étant point encore entièrement engagée, autrement contradictoire; d'où suit que le défendeur se trouve au même état qu'au jour de l'assignation; que, par conséquent, la procédure est arrêtée relativement à lui, et qu'il ne devient partie au procès que par l'assignation donnée en conformité de l'art. 345. — A. 1156.

1772. La solution donnée sur la question précédente s'applique également au cas de cessation des fonctions sous lesquelles le demandeur procédait. — A. 1157.

ARTICLE 346.

L'assignation en reprise ou en constitution sera donnée
aux délais fixés au titre des *ajournemens*, avec indication
des noms des avoués qui occupaient, et du rapporteur,
s'il y en a.

*Conférence.*

Jousse, tit. VI, art. 1.ᵉʳ, ordonnance de 1667.

1773. L'assignation en reprise d'instance ou en constitution de
nouvel avoué, est soumise à toutes les règles des ajournemens. —
A. 1158.

1774. Il suffit d'y relater le dernier acte qui aurait été signifié
dans la cause. — A. 1159.

1775. On y conclut à la reprise d'instance par l'ayant-cause du
défunt, ou à la constitution d'un nouvel avoué par la partie qui a
perdu le sien. — A. 1160.

ARTICLE 347.

L'instance sera reprise par acte d'avoué à avoué.

*Conférence.*

T. art. 71.

1776. L'art. 347 est applicable à la reprise d'instance faite spon-
tanément par les ayant-cause du défunt. — A. 1161.

1777. Si, après une assignation en reprise d'instance, les deux
parties procédaient volontairement, sans qu'il eût été préalablement signifié d'acte de reprise, l'instance serait tenue pour reprise
par ce consentement tacite. — A. 1162.

Voyez aux questions sur l'art. 397, si la reprise d'instance et la
constitution de nouvel avoué sont sujettes à la prescription de
trente ans, comme toute autre action. — A. 1163.

ARTICLE 348.

Si la partie assignée en reprise conteste, l'incident sera
jugé sommairement.

*Conférence.*

T. art. 75.

1778. L'action en reprise d'instance se prescrit par le même laps
de tems que l'action principale. Ainsi, par exemple, lorsque l'action principale est une action en rescision soumise à la prescription
de dix ans par les ordonnances de 1510 et 1535, l'action en reprise
d'instance est passible de la même prescription. ( Cass., 24 vendém.
an 12. Sirey, 1804, 2.ᵉ part., p. 64. )

1779. *A-t-il été nécessaire d'assigner en reprise d'instance lors des suppressions, soit de certains tribunaux par suite des organisations successives des pouvoirs judiciaires, soit des arbitres forcés créés par la loi du 24 juin 1793?*

Cette question dont la solution est d'une grande importance par rapport à celle de savoir si la péremption peut être acquise devant les tribunaux actuels, quoiqu'ils n'aient pas été saisis du procès par un acte de reprise volontaire ou forcée, sera traitée sur l'article 397.

1780. De ce que l'incident prévu par l'art. 348 doit être jugé sommairement, il n'en résulte pas que la cause doive être portée à l'audience sur un simple avenir, et sans qu'il soit besoin de signifier aucuns moyens par écrit. — A. 1164 (1), et *sup.* n.° 1032.

1781. Si des héritiers contestaient la demande en reprise d'instance, ou en constitution de nouvel avoué, sur le motif qu'ils auraient renoncé à la succession, le demandeur devrait faire créer un curateur à la succession vacante, l'assigner en reprise d'instance ou en constitution de nouvel avoué s'il y a lieu, et suivre contre lui. — A. 1165.

1782. Des héritiers assignés en reprise d'instance ou en constitution de nouvel avoué, sont recevables à opposer l'exception dilatoire résultant du délai donné par les art. 797 et 798 du code civil, et 174 du code de procédure pour faire inventaire. — A. 1166. Mais voyez l'exception indiquée *suprà* n.° 1774.

### ARTICLE 349.

Si, à l'expiration du délai, la partie assignée en reprise ou en constitution ne comparaît pas, il sera rendu jugement qui tiendra la cause pour reprise, et ordonnera qu'il sera procédé suivant les derniers erremens, et sans qu'il puisse y avoir d'autres délais que ceux qui restaient à courir.

#### Conférence.

1783. Si, de plusieurs parties assignées en reprise d'instance ou constitution de nouvel avoué, l'une laissait défaut, il n'y aurait pas lieu à appliquer l'art. 153, et conséquemment à joindre le profit du défaut et à ordonner une réassignation du défaillant. — A. 1167.

1784. La disposition de l'art. 349, relative à la défense d'accorder d'autres délais que ceux qui *restaient à courir*, doit s'entendre en ce sens que la partie condamnée à reprendre l'instance ou à consti-

---

(1) *Er.* Avant-dernière ligne de cette question, au lieu de *ainsi que nous l'avons dit,* lisez *de la manière indiquée.*

tner nouvel avoué, n'a que le restant de ce délai pour remplir telle ou telle formalité, telle ou telle obligation qui serait prescrite. — A. 1168.

### ARTICLE 350.

Le jugement rendu par défaut contre une partie, sur la demande en reprise d'instance ou en constitution de nouvel avoué, sera signifié par un huissier commis : si l'affaire est en rapport, la signification énoncera le nom du rapporteur.

*Conférence.*

T. art. 29.

### ARTICLE 351.

L'opposition à ce jugement sera portée à l'audience, même dans les affaires en rapport.

1785. L'opposition ne peut être jointe au fond. — A. 1169.

## CINQUIÈME SUBDIVISION.

# TITRE XVIII.
## *Du désaveu.*

( Voyez *suprà*, page 158 et suivantes. )

EN général, le contrat qui se forme entre la partie et son avoué a les caractères et doit produire les effets du mandat; mais les actes faits par un avoué ne sont pas nuls de plein droit, comme dans l'espèce d'un mandat ordinaire. ( C. C., 1939 et 1998.) Ils sont seulement sujets à l'annulation par suite de l'action en désaveu.

En général, cette action est celle qui appartient à toute partie qui prétend qu'un *officier ministériel* n'a point eu commission d'occuper ou d'instrumenter pour elle, ou qu'il a excédé les bornes de son pouvoir.

Le désaveu est l'acte qui renferme ce maintien, et c'est en ce sens que l'on dit que *le désaveu est fait au greffe* (353); *qu'il est signifié par acte d'avoué à avoué* (354.), etc.

Son objet est de procurer à la partie lésée la réparation du tort qui lui a été porté par le fait indiscret de l'officier ministériel.

On distingue deux sortes de désaveux, le *désaveu principal*, formé directement contre un acte, et indépendamment de toute instance, et le *désaveu incident*, formé contre un acte employé dans une instance.

En tous les cas, l'action n'est admise qu'à l'égard des actes pour lesquels la loi exige un pouvoir spécial (352), et que la partie n'a point d'ailleurs ratifiés ou exécutés. (C. C., art. 1338.)

C'est par cette raison que, dans les cas où les actes désavoués auraient donné lieu à un jugement passé en force de chose jugée, ce jugement est considéré comme s'il avait été rendu *sur défaut*, *faute de comparaître*, à la seule différence que l'action en désaveu est encore recevable dans les huit jours après l'exécution, tandis que l'opposition ne le serait plus. La loi suppose *acquiescement*, si la partie a laissé passer ce délai. (362.)

Au surplus, le code de procédure établit les formalités de cette action suivant qu'elle est principale ou incidente, et détermine, sous ces deux rapports, la compétence du tribunal qui doit en connaitre. (353 et 358.)

Il prescrit la communication au ministère public (359), et règle les différens effets qui résultent, soit de la simple notification du désaveu (357), soit du jugement qui le déclare valable (360), soit enfin de celui qui le rejette (361.)

### ARTICLE 352.

Aucunes offres, aucun aveu ou consentement, ne pourront être faits, donnés ou acceptés sans un pouvoir spécial, à peine de désaveu.

*Conférence.*

Ordonnance de 1667, tit. XXXV, art. 34. V. art. 402.

1786. Un huissier est comme un avoué sujet au désaveu, dans les cas prévus en l'article 352. — A. 1170, et Locré, t. 6, p. 16.

1787. L'action en désaveu ne peut avoir lieu contre l'avocat, dans ce qui est purement de son ministère. — A. 1171, et Serres, liv. 4, tit. 3, §. 7; nouveau Dénisart, v.° *désaveu*, §. 1, p. 295.

Contre les raisons par lesquelles nous croyions avoir prouvé cette proposition dans notre analyse, on peut opposer aujourd'hui un arrêt de la cour de cassation, du 16 mars 1814, rapporté par Sirey, 1814, p. 296. Il déclare que *l'avocat assisté de l'avoué, a représenté la partie, et que les aveux qu'il a pu faire dans la plaidoirie sont censés faits par la partie elle-même.* En conséquence, considérant, dans l'espèce, que la partie n'avait point désavoué *légalement* l'avocat qui avait plaidé pour elle devant la cour d'appel, ce même arrêt déclare que dès-lors l'aveu de celui-ci ne pouvait être critiqué.

Nous concevons bien qu'en cette circonstance on peut dire qu'il n'y a pas contravention à la loi, et par conséquent matière à cassation, lorsque les juges, sur le motif d'un tel aveu, déclarent le fait suffisamment justifié; mais nous persistons à penser qu'il n'y a pas lieu à formaliser contre l'avocat une action en désaveu, conformément aux dispositions du présent titre. La discussion au conseil d'état prouve que l'action dont ce titre établit les formes ne procède que contre les officiers ministériels ( V. *sup.* p. 477, et *infrà* le n.° suivant ); et s'il peut y avoir lieu à cette action dans le cas que nous supposons ici, elle ne peut être dirigée, comme nous l'avons dit dans notre analyse, que contre l'avoué présent à la plaidoirie de l'avocat, et à qui il appartient de démentir des faits indiscrètement avancés par ce dernier, puisqu'il est *dominus litis*, et seul représentant légal de la partie.

1788. L'action en désaveu est ouverte contre le mandataire qui aurait plaidé devant un tribunal de commerce; mais elle ne peut être jugée que par les tribunaux de première instance. — A. 1172, *infrà* sur les art. 356 et 421.

Contre cette proposition, on peut citer un arrêt de la cour de Bruxelles, du 12 décembre 1812, rapporté par les auteurs de la jurisprudence du code civil ( t. 20, p. 168.) Cet arrêt décide positivement que toute action résultant d'excès de pouvoir de la part du mandataire, que les parties emploient librement devant les tribunaux de commerce, doit être réglée d'après les principes généraux du mandat. Ainsi la question dont l'examen, dans notre analyse, a donné lieu à la proposition ci-dessus, est et demeurera sujette à controverse, jusqu'à ce que la cour de cassation l'ait expressément décidée. Il faut convenir que la discussion au conseil d'état fournit une forte raison en faveur de l'arrêt de Bruxelles, en ce qu'on y a formellement exprimé que, « si le mot *désaveu*, pris *générale-* » *ment*, peut s'appliquer à toute espèce de mandataire qui a excédé » ses pouvoirs, cependant telle n'est pas l'acception dans laquelle » ce terme est employé au titre 18 du code de procédure, où il » n'a trait qu'aux *officiers ministériels* qui ont *nui à leur partie* » *en excédant leurs pouvoirs.* ( V. Locré, t. 2, p. 16.) Mais, quoi qu'il en soit, nous persistons dans notre précédente solution; l'opinion contraire nous semblant sujette à une foule d'inconvéniens.

1789. *Quels sont les cas dans lesquels il a été décidé qu'il n'y avait pas lieu à désaveu contre un huissier ou un avoué?*
Voyez A. 1173.

1790. *Quels sont les cas particuliers dans lesquels il a été décidé qu'il y avait lieu à désaveu contre un avoué?*

Voyez A. 1174.

1791. Lorsque, devant un tribunal de première instance, il a été fait, sans autorisation, des déclarations, au nom de l'une des parties, qui lui soient préjudiciables, elle ne serait point obligée, si ces déclarations n'étaient point insérées dans les motifs du jugement, de prendre la voie du désaveu avant d'interjetter appel. En ce cas, la partie a pu croire qu'elles n'avaient influé en rien sur la décision rendue à son préjudice. ( Paris, 12 avril 1806. Sirey, 1807, p. 902.)

1792. Encore que le greffier ait mentionné sur le plumitif d'un jugement qu'un avoué a pris des conclusions au nom d'une partie, et qu'il ait écrit sur le placet que le dispositif du jugement a été passé d'accord avec lui, il n'est pas toujours nécessaire de prendre la voie de l'inscription de faux pour établir que ces énonciations du greffier ne sont point véritables. Dans ce cas, si l'avoué n'a pas signé le placet, on peut prouver par un concours de circonstances qu'il n'a point occupé, et se borner ainsi à la simple déclaration en désaveu. ( Paris, 27 mars 1806. Sirey, 1807, 2.ᵉ partie, p. 959, et *suprà* n.º 814.)

1793. Dans les cas où la loi exige que les avoués ou huissiers se munissent d'un pouvoir spécial, il n'est pas nécessaire que ce pouvoir soit signifié à la partie contre laquelle ces officiers ministériels agissent. — A. 1175.

Néanmoins, d'après un arrêt de la cour de cassation du 6 janvier 1812, rapporté sur la 1746.ᵉ question de l'analyse ( V. *infrà* sur l'art. 556 ), on est dans l'usage de signifier le pouvoir donné à l'huissier chargé de procéder à une saisie immobilière ou à un emprisonnement.

Mais, dans les cas où la loi ne prescrit pas que l'officier ministériel donnera copie du pouvoir spécial dont elle exige qu'il soit muni, la partie adverse a le droit d'en demander la représentation, afin d'assurer la stabilité de la procédure. — A. 1176.

1794. L'action en désaveu ne procède point pour toute autre cause que des offres, aveux ou consentemens. — A. 1177.

1795. Le désistement d'un chef de conclusions peut être, sans pouvoir spécial, fait par l'avocat ou l'avoué en plaidant; et il n'y a pas lieu à désaveu, si la partie présente à l'audience ne s'y est point opposée. ( Bruxelles, 29 juin 1808. Sirey, 1816, p. 9. )

1796. *Si, de plusieurs parties à requête desquelles un appel a été interjetté, l'une prétendait que cet appel ne l'a été réellement*

*que par ses consorts, sans son consentement ni sa participation,
pourrait-elle valablement former l'action en désaveu contre l'avoué
constitué par cet acte d'appel?*

Il est de principe ( **V.** *suprà* n.° 523 ) que l'avoué saisi des pièces
est suffisamment autorisé pour tous les actes autres que ceux à l'égard
desquels la loi exige un pouvoir spécial. De là résulte que c'est à
la partie qui désavoue à démontrer, d'une manière positive, que
l'acte qui constitue cet avoué a été fait à son insu ou contre son
consentement; mais la présomption doit être contre la partie qui
désavoue : il serait d'ailleurs du plus grand danger d'admettre une
semblable action sur de simples allégations.

On sent que, lors d'un appel relevé par plusieurs parties qui ont
un intérêt commun, chacune d'elles n'écrit pas à l'avoué; il n'y a
qu'un original d'exploit, et par conséquent il n'est envoyé que par
une seule partie; cependant s'il était permis, à une époque quelconque de la procédure, d'écrire qu'on n'entend pas être partie au
procès, qu'on n'a même donné aucun pouvoir, la marche de l'instance serait le plus souvent arrêtée sous un vain prétexte, et la
réputation d'un avoué compromise.

Ce n'est donc pas à l'officier ministériel à justifier de pouvoir écrit
de la partie qui le désavoue; c'est à celle-ci, au contraire, à prouver que l'appel a été relevé à son insu par son consort.

On opposerait vainement un arrêt du 9 février 1743, rapporté
au nouveau Dénisart, p. 296, puisque dans son espèce, ou un frère
sans l'autorisation de ses frères et sœurs, avait interjetté appel, *tant
pour lui que pour eux*, le désaveu du procureur fut déclaré *bon* ;
mais en même tems la partie qui l'avait institué fut condamnée à
l'indemniser.

Les motifs de cet arrêt sont faciles à saisir; le désaveu fut déclaré
bon, parce que le frère avait relevé appel tant en son nom qu'en
celui de ses cohéritiers et qu'il en convenait, prétendant seulement
qu'il y avait été autorisé par eux, aussi la peine du désaveu ne retomba
que sur lui. Ce furent donc des circonstances particulières qui déter-
minèrent la décision; circonstances qui ne se rencontrent pas dans
l'espèce de la question que nous venons d'examiner.

1797. *Mais n'est-ce pas plutôt contre l'huissier rédacteur de
l'acte d'appel, et non contre l'avoué, que la partie doit former
d'abord son action en désaveu, lorsqu'elle prétend que l'appel a
été interjetté à son insu?*

Pothier examine cette question dans son traité du mandat, chap. 5,
art. 1, §. 3, n.° 128. « Lorsqu'un procureur, dit-il, qui s'est cons-
» titué pour une partie qui a donné une demande, se trouve porteur

» de l'exploit de demande, *qui lui a été remis par l'huissier qui.*
» *l'a fait,* le procureur est censé établir son droit par cet exploit,
» dont il est porteur, à moins que la partie n'ait pareillement désa-
» voué l'huissier, et fait juger bon et valable son désaveu contre
» l'huissier. »

On a vu *suprà* n.º 1786, qu'il n'est pas douteux que l'action
en désaveu procède valablement contre un huissier. Cela posé, comme
il est également incontestable que la remise de l'original tient lieu
de pouvoir à l'avoué, on doit reconnaître que le désaveu de ce dernier, par la partie qui prétend que l'acte d'appel a été donné à
son insu, ne peut valablement procéder qu'autant qu'il a été formé
et jugé préalablement contre l'huissier auteur de l'exploit ; et peu
importe que l'avoué tienne l'original de cet huissier lui-même, comme
l'a supposé Pothier, ou de tout autre, puisque le fait d'un appel
interjetté à l'insu d'une partie employée aux qualités de l'exploit,
ne peut être imputé qu'à l'huissier qui l'a signifié. Il y a plus, d'après
Rodier, dont l'opinion en ce point est, à la vérité, contraire à plusieurs
auteurs qu'il cite, il faudrait, en ce cas, s'inscrire en faux contre
l'exploit ; mais nous pensons que le désaveu suffit. ( V. Rodier, sur
l'art. 16 du tit. 2 de l'ordonnance. ) C'est aussi ce que la cour de
Rennes a jugé par arrêt de la 3.ᵉ ch., du 14 décembre 1810.

1798. *Faut-il nécessairement former l'action en désaveu pour
contester des déclarations faites par un avoué dans les qualités d'un
jugement?*

Nous avons dit *suprà*, n.º 838, que le défaut d'opposition aux
qualités rendait une partie non recevable à contester ce qui y est
énoncé ; d'où suit nécessairement que toute déclaration de l'avoué
contenue aux qualités, et qui peut porter préjudice à la partie, a
son effet, mais seulement jusqu'à l'action en désaveu, formée en conformité de l'article 352.

1799. La partie au nom de laquelle a été fait un acte sans pouvoir est la seule qui puisse le désavouer. — A. 1178.

1800. Nul délai fatal ne court contre l'action en désaveu. (Cass.,
18 août 1807. Sirey, 1807, p. 481.)

### ARTICLE 353.

Le désaveu sera fait au greffe du tribunal qui devra en
connaître, par un acte signé de la partie, ou du porteur
de sa procuration spéciale et authentique : l'acte contiendra
les moyens, conclusions, et constitution d'avoué.

*Conférence.*

Tarff, art. 92.

1801. Si la partie ou son fondé de pouvoir ne savait signer, il ne

semble pas que le greffier suppléât à ce défaut en mentionnant la
cause de cette impossibilité. — A. 1179.

### ARTICLE 354.

Si le désaveu est formé dans le cours d'une instance
encore pendante, il sera signifié, sans autre demande, par
acte d'avoué, tant à l'avoué contre lequel le désaveu est
dirigé, qu'aux autres avoués de la cause, et ladite signification vaudra sommation de défendre au désaveu.

*Conférence.*

T. art. 29, 70, 75, 76.

1802. La demande en désaveu formée en première instance incidemment à une contestation de 1000 liv. ou au-dessous, n'empêche
pas qu'il y ait lieu au dernier ressort, encore que l'objet du désaveu
soit indéterminé. (Cass., 5 thermidor an 13. Sirey, 1807, p. 897.)

1803. L'action en désaveu peut être formée aussi long-tems que
la partie au nom de laquelle l'acte à désavouer aurait été fait sans
pouvoir, ne l'aurait pas approuvé, soit expressément, soit tacitement,
— A. 1180.

1804. La défense en désaveu peut être fournie par requête. —
A. 1181.

### ARTICLE 355.

Si l'avoué n'exerce plus ses fonctions, le désaveu sera
signifié par exploit à son domicile; s'il est mort, le désaveu
sera signifié à ses héritiers, avec assignation au tribunal
où l'instance est pendante, et notifié aux parties de l'instance, par acte d'avoué à avoué.

*Conférence.*

T. art. 70 et 29.

1805. L'action en désaveu peut être exercée tant en cas de mort
naturelle que de mort civile. — A. 1182.

1806. Lorsque le désaveu n'est pas incident à une instance encore
pendante, il est signifié par exploit à personne ou domicile. —
A. 1183.

### ARTICLE 356.

Le désaveu sera toujours porté au tribunal devant lequel
la procédure désavouée aura été instruite, encore que
l'instance dans le cours de laquelle il est formé soit
pendante dans un autre tribunal; le désaveu sera dénoncé
aux parties de l'instance principale, qui seront appelées
dans celle de désaveu.

*Conférence.*

**C. pr. , artr 358.**

1807. L'action en désaveu formée sous l'appel, relativement à un acte fait en première instance, se porte devant ce dernier tribunal. — A. 1184.

1808. Le désaveu formé contre un mandataire constitué devant un tribunal de commerce, n'est point porté devant ce tribunal. — A. 1185. ( V. *sup.* n.° 1788.)

### ARTICLE 357.

Il sera sursis à toute procédure et au jugement de l'instance principale, jusqu'à celui du désaveu, à peine de nullité ; sauf cependant à ordonner que le désavouant fera juger le désaveu dans un délai fixe, sinon qu'il sera fait droit.

1809. Le désaveu doit suspendre l'exécution des interlocutoires précédemment rendus et le jugement du fond, quand même il serait indifférent à ces jugemens, et ne pourrait y influer. — A. 1186.

1810. *Mais le tribunal ne pourrait-il pas du moins statuer par le même jugement sur le désaveu et sur le fond, si l'instruction était en état sur l'un et sur l'autre ?*

On doit substituer ce qui suit à la solution que nous avions donnée sur cette question A. 1187. « Nous ne voyons pas d'inconvénient à agir de cette manière, et c'est aussi l'opinion de M. Pigeau ( t. 1, p. 419 ) ; mais le parti le plus prudent serait peut-être de prononcer par deux jugemens séparés, car nous persistons à croire qu'il est dans le vœu de la loi que l'instance de désaveu soit vidée séparément et avant tout. »

1811. Si, au lieu de formaliser une demande en désaveu, dans les cas prévus par l'art. 352, la partie appelait l'officier ministériel en garantie devant le tribunal saisi de l'affaire dans laquelle on opposerait un acte fait sans pouvoir, cette demande ne saurait avoir l'effet de l'action en désaveu. — A. 1188.

### ARTICLE 358.

Lorsque le désaveu concernera un acte sur lequel il n'y a point instance, la demande sera portée au tribunal du défendeur.

1812. Cet article s'applique particulièrement aux cas où un huissier aurait inconsidérément fait des offres ou donné des consentemens préjudiciables à la partie qui l'aurait chargé de faire un acte extrajudiciaire, par exemple, une saisie-opposition, des offres réelles, etc. — A. 1189, et Pigeau, t. 1.er, p. 414 et 415.

### ARTICLE 359.

Toute demande en désaveu sera communiquée au ministère public.

#### Conférence.

Voyez nos questions sur le huitième §. de l'art. 480.

### ARTICLE 360.

Si le désaveu est déclaré valable, le jugement, ou les
dispositions du jugement relatives aux chefs qui ont donné
lieu au désaveu, demeureront annulées et comme non
avenues : le désavoué sera condamné, envers le demandeur et les autres parties, en tous dommages-intérêts,
même puni d'interdiction, ou poursuivi extraordinairement, suivant la gravité du cas et la nature des circonstances.

#### Conférence.

Jurisprudence du parlement de Toulouse ; Denisart, v.° désaveu, n.° 13.

1813. Il n'y a lieu à des dommages et intérêts contre le désavoué, qu'après que la partie a inutilement tenté toutes les voies
de droit pour faire réformer le jugement dont elle se plaint. ( Paris,
12 avril 1806, 2.ᵉ part. Sirey, 1807, p. 901. )

1814. *La nullité du jugement qui aurait donné lieu au désaveu
a-t-elle lieu de plein droit?*

L'affirmative résulte évidemment du texte ; par ces mots *demeureront annulées et comme non avenues*, il exprime clairement que
le jugement qui annule purement et simplement le désaveu, suffit
pour anéantir celui qui y a donné lieu, quoiqu'il ne s'explique pas
à son égard. ( Perrin, traité des nullités, p. 136. )

1815. Si, dans le cours d'une instance de nature à être jugée
en dernier ressort, un acte de cette même instance était désavoué,
le désaveu, comme accessoire, serait également soumis au jugement souverain. — A. 1190.

### ARTICLE 361.

Si le désaveu est rejeté, il sera fait mention du jugement de rejet en marge de l'acte de désaveu, et le demandeur pourra être condamné, envers le désavoué et les
autres parties, en tels dommages et réparations qu'il
appartiendra.

#### Conférence.

T, art. 91. — Denisart, eodem.

ARTICLE 362.

> Si le désaveu est formé à l'occasion d'un jugement qui
> aura acquis force de chose jugée, il ne pourra être reçu
> après la huitaine, à dater du jour où le jugement devra
> être réputé exécuté, aux termes de l'article 159 ci-
> dessus.

1816. Il s'agit, en cet article, d'un terme au-delà duquel l'action en désaveu ne peut être intentée, soit qu'elle se rapporte à une procédure sur laquelle un jugement par défaut serait intervenu, soit qu'elle ait trait à une procédure par suite de laquelle un jugement contradictoire aurait été rendu. — A. 1191.

1817. Le désaveu est recevable, même après le paiement des frais à l'avoué, en retirant les pièces : on ne peut pas dire que ce soit là une exécution du jugement dans le sens de l'art. 159 du code de procédure civile. ( Paris, 22 juillet 1815. Sirey 1816, p. 332. )

1818. *Dans le cas prévu par l'article 362, est-il nécessaire de signifier le désaveu à la partie en faveur de laquelle le jugement aurait été rendu ?*

M. Pigeau, t. 1.er, p. 415, considère ici le désaveu comme principal, parce qu'il concerne un acte sur lequel il n'existe plus d'instance; mais il n'en conclut point qu'il ne doive pas être signifié à la partie au profit de laquelle le jugement aurait été rendu, et qu'il n'y a lieu qu'à mettre l'officier ministériel en cause. Le contraire résulte formellement de l'explication donnée sur l'article 362 par le tribun Perrin, dans son rapport au corps législatif. ( V. édit. de Didot, p. 114. )

Il est évident, d'après ces explications et le texte de l'art. 362, que cet article établit trois principes, 1.ment, qu'il n'est plus permis de se pourvoir en désaveu, lorsque le jugement a l'autorité de la chose jugée, et qu'il s'est écoulé depuis un intervalle de huit jours; 2.ment, que si le désaveu fait dans la huitaine est déclaré valable, il emporte ( v. *sup.* art. 860 et n.° 1814 ) la réformation même du jugement passé en force de chose jugée; 3.ment, que le désaveu doit par conséquent être signifié aux personnes qui ont été parties à ce jugement.

De ces principes que le législateur devait consacrer avec d'autant plus de raison qu'il n'a pas fait du désaveu, comme cela se pratiquait sous l'empire de l'ordonnance, un moyen de requête civile,

il résulte que l'action est non recevable, si elle n'a pas été signifiée
à la partie en faveur de laquelle le jugement a été rendu.

Au reste, ce mode de procéder est en tout conforme aux anciens
principes. ( V. nouveau Denisart, au mot *désaveu*, §. 2. n.º 1,
p. 295. )

## CINQUIÈME SUBDIVISION.

*De la procédure incidente relative aux récusations, soit d'un
tribunal entier, soit des juges en particulier.*

Si le code de procédure, au titre 9 du livre 1.ᵉʳ ( V. *suprà* p. 73,
et au titre 21, V. *infrà*), n'emploie le mot *récusation* que pour
exprimer la demande afin d'exclure un ou plusieurs membres d'un
tribunal de la connaissance d'une affaire, néanmoins, dans son acception générale, ce même mot s'applique à toute exception par laquelle
une partie *refuse* (1) d'avoir pour juge le tribunal même devant
lequel elle est appelée.

Sous ce rapport, toute demande tendante, soit comme celle en
*réglement de juges*, à attribuer à un tribunal de préférence à un
autre, la connaissance d'une affaire dont ces deux tribunaux sont
simultanément saisis, soit comme celles *en renvoi*, pour quelque cause
que ce soit, à substituer un autre tribunal à celui devant lequel la
cause est portée, constitue une véritable récusation.

De même, toute récusation est réellement une exception *déclinatoire*, (2) quoique le code de procédure n'emploie ce dernier mot
que pour qualifier l'exception dont il s'agit au titre 9, §. 2. ( Voy.
*suprà*, p. 276.)

Il résulte de ces observations, que le mot *récusation* peut être
proprement et utilement employé comme expression générique qui
désigne tout à la fois et les demandes tendantes au réglement de

(1) *Récusation*, du verbe latin *recusare*, refuser, *recusatio*. ( Cic. ) V. au surplus la définition donnée *suprà* p. 73.
(2) *Déclinatoire* de *declinare*, *éviter*; or, *éviter* d'avoir tel tribunal pour juge, c'est bien
*refuser* de se soumettre à sa jurisdiction.

juges et au renvoi d'un tribunal à un autre pour cause de parenté
ou d'alliance, et celles par lesquelles la partie refuse d'avoir pour
juges un ou plusieurs membres du tribunal, demandes qui sont la
matière de la présente subdivision de la procédure incidente. (1)

# TITRE XIX.
## *Des réglemens de juges.*

Un même différent peut se trouver porté à la fois devant deux ou
plusieurs tribunaux.

Si l'un de ces tribunaux est incompétent, il y a lieu de proposer l'exception déclinatoire pour cause d'incompétence, dont nous
avons traité *suprà* p. 268.

S'il n'y a pas d'incompétence, on peut demander le renvoi pour
cause de *litispendance* devant le premier tribunal saisi. (V. *suprà*
pag. 282, sur l'art. 171.)

Mais si, dans ces deux cas, le renvoi n'est pas accordé, ou s'il présente trop de difficultés, il faut se pourvoir en *réglement de juges*,
afin de faire cesser le conflit de jurisdiction existant entre deux ou
plusieurs tribunaux, par une décision qui règle auquel d'entre eux
doit rester la connaissance de l'affaire.

Tout conflit de jurisdiction est positif ou négatif; *positif*, quand
deux ou plusieurs tribunaux retiennent également la connaissance
d'une affaire; *négatif*, quand ils refusent également d'en connaître.

C'est au premier seulement que s'appliquent les dispositions du
code de procédure sur les réglemens de juges; ainsi la cour de
cassation, chargée par les lois des 1.ᵉʳ décembre 1790 et 27 ventôse
an 8, de statuer en général sur ces demandes, est encore aujour-
d'hui la seule compétente pour connaître de celles qui résultent d'un
conflit négatif. (Cass., 26 mars 1813. Sirey, 1813, p. 391.)

---

(1) Au reste, pour prévenir toute confusion d'idées par suite de l'emploi que nous faisons,
comme terme générique, de ce mot *récusation*, dont le code ne se sert que *spécifiquement*,
nous appellerons *récusation partielle*, celle des juges en particulier.

Dérogeant à ces lois, en ce qui concerne l'autre espèce de conflit, l'article 363 dispose que la demande en réglement doit être portée au tribunal immédiatement supérieur, et dont la jurisdiction s'étend également sur les tribunaux entre lesquels le conflit existe, ( mais voyez *infrà* n.° 1837 ) ; c'est pourquoi nous définirons le réglement de juges, la décision d'une autorité judiciaire supérieure, qui déclare laquelle de deux ou de plusieurs autorités inférieures doit connaître d'une contestation dont elles se trouvent simultanément saisies.

Toute la procédure, en cette matière, se réduit à un jugement qui permet d'assigner ( 364 ), et qui doit être signifié avec assignation dans un délai déterminé ( 365 ), à peine de déchéance de la demande en réglement ( 366. ) Du reste, le code assujétit aux dommages-intérêts le demandeur qui succombe. ( 367. )

Il nous reste à observer que cette forme de procéder ne s'applique pas seulement dans le cas du conflit dont nous venons de parler, on doit en outre la suivre dans tous les cas où il devient nécessaire de donner des juges aux parties qui se trouvent n'en point avoir par quelque événement que ce puisse être ; par exemple, en cas de récusation ou de déport de tous les juges, etc., ( n.° 1821. ) Mais alors l'action est qualifiée demande en indication, et non pas en réglement de juges, attendu qu'il n'existe pas de conflit dans la circonstance où elle est formée. ( V. *infrà* n.° 1819. )

### ARTICLE 363.

Si un différend est porté à deux ou à plusieurs tribunaux de paix ressortissant du même tribunal, le réglement de juges sera porté à ce tribunal.

Si les tribunaux de paix relèvent de tribunaux différens, le réglement de juges sera porté à la cour royale.

Si ces tribunaux ne ressortissent pas de la même cour royale, le réglement sera porté à la cour de cassation. ( V. art. 368. )

Si un différend est porté à deux ou plusieurs tribunaux de première instance ressortissant de la même cour royale, le réglement de juges sera porté à cette cour : il sera porté à la cour de cassation, si les tribunaux ne ressortissent pas tous de la même cour royale, ou si le conflit existe entre une ou plusieurs cours.

62

*Conférence.*

Ordonnances de 1669 et de 1737. — V. *infrà* sur les art. 883 et 1028.

1819. Les tribunaux qui, d'après l'article 363, sont compétens pour statuer sur une demande en *réglement*, le sont également pour faire droit sur une demande en *indication* de juges.

Cette demande est formée par la partie la plus diligente, qui conclut à ce que la cause soit renvoyée au tribunal le plus voisin, par une requête énonçant les motifs de ce renvoi. — A. 1192. V. aussi Cass., 17 mars et 8 septem. 1807. Sirey, 1807, 2.ᵉ part., p. 146 et 508.

1820. S'il restait dans un tribunal un seul juge non déporté ou non récusé, il n'y aurait pas lieu à se pourvoir en indication. — A. 1193, et *suprà* n.° 683.

1821. Lorsqu'un tribunal n'a pas un nombre d'avoués suffisant pour représenter, dans un réglement d'ordre, les parties qui ont des intérêts différens, ce tribunal doit être considéré comme légalement empêché; mais si les parties *conviennent* d'un tribunal où elles porteront ce réglement, il n'est pas nécessaire d'ordonner qu'elles se pourvoiront en indication; il suffit de les renvoyer devant ce tribunal. Il en serait autrement s'il y avait contestation. — A. 1194. (1)

1822. Pour que la demande en réglement de juges soit accueillie, il suffit que le différend porté à deux ou à plusieurs tribunaux constitue, par son objet, une seule et même cause, ou du moins une autre cause essentiellement connexe, la cause fût-elle soutenue contre deux particuliers différens. — A. 1195.

1823. Si, à raison de la connexité de plusieurs contestations, il y a lieu d'en attribuer la connaissance à un seul tribunal, la demande en réglement sera portée à la cour d'appel d'où ressortissent les divers tribunaux qui auraient pu connaître de ces contestations, encore bien que plusieurs des parties eussent leur domicile dans le ressort d'une autre cour. — A. 1196.

1824. Il n'y a pas lieu au réglement de juges, si plusieurs actions réelles connexes sont portées entre les mêmes parties devant des tribunaux différens. — A. 1197.

1825. Lorsque deux demandes portées devant deux tribunaux différens sont, devant ces tribunaux, l'une en premier degré de juridiction et l'autre en degré d'appel, on ne peut, pour cause de connexité, en demander la réunion ou le renvoi devant l'un de ces tribunaux. (Cass., 14 juin 1815. Sirey, 1816, p. 270.)

(1) *Er.* A la deuxième ligne de cette question, au lieu de *réglement de juges*, lisez *réglement d'ordre.*

1826. Lorsque, relativement à une même créance, il existe deux procès, l'un par action réelle sur le mérite d'une inscription hypothécaire, l'autre par action personnelle sur le mérite d'une saisie arrêt, et que ces deux procès, reposant sur les mêmes titres et sur une même exception de libération, il arrive que l'arrêt intervenu sur l'action réelle soit cassé, la cour dont l'arrêt est cassé sur l'action réelle ne doit pas rester saisie de l'action personnelle. C'est alors le cas d'un réglement de juge par la cour de cassation, qui attribue à la cour de renvoi l'action personnelle, de même que l'action réelle. ( Cass., 20 août 1817. Sirey, 1817, p. 311.)

1827. De ce que le même créancier poursuit devant les juges du domicile la résiliation pour inexécution d'un contrat de constitution de rente viagère, et devant les juges de la situation, l'expropriation de l'immeuble affecté à l'exécution du même contrat, il ne s'ensuit pas que les deux actions soient connexes, et qu'il y ait lieu à attribuer aux juges la connaissance des deux affaires, alors sur-tout que le défendeur ne justifie pas que ses moyens de défense dans l'une et l'autre affaire soient identiques et connexes. ( Cass., 4 juin 1817 Sirey, 1817, p. 284.)

1828. Lorsqu'il y a connexité entre les demandes formées devant deux tribunaux, la connaissance en appartient au tribunal saisi le premier, nonobstant la connexité prétendue. ( Cass., 6 avril 1808. Sirey, 1808, p. 241, et 2 février 1809; Sirey, 1809, p. 138.)

1829. Lorsqu'après s'être pourvu devant deux tribunaux différens contre des parties différentes, un demandeur essuie, de la part de chacune de ces parties, une exception qui rend le même objet litigieux devant les deux tribunaux à la fois, ce demandeur peut, par voie de réglement de juges, obtenir que les deux affaires soient renvoyées devant un seul et même tribunal. ( Cass., 3 pluviôse an 10. Sirey, t. 2, 2.ᵉ part., p. 429.)

1830. Un réglement de juges peut également avoir lieu entre des tribunaux de commerce. — A. 1198.

1831. *En est-il de même de la demande en indication de juges de commerce?*

Dans ce cas, la cour doit renvoyer devant le tribunal civil, attendu que les parties se trouvent dans le même état que s'il n'y avait pas de juges de commerce dans l'arrondissement.

1832. Il n'y a pas lieu à se pourvoir par réglement de juges avant que les tribunaux entre lesquels le conflit peut s'élever soient saisis de la contestation; autrement, ce serait non un réglement, mais une indication de juges qui, bien qu'elle soit de la compétence des cours royales ( V. *suprà* n.° 1819), ne peut avoir lieu que pour

certaines causes absolument différentes de celles qui donnent lieu au
réglement. (Argum.ᵗ d'un arrêt de Turin, du 2 février 1812. Sirey,
1814, p. 350.)

1833. Dans tous les cas où la même affaire, ou une affaire connexe,
se trouve soumise à deux tribunaux différens, on n'est pas nécessairement obligé de former une demande en réglement de juges;
la partie qui ne veut plaider qu'en un seul tribunal peut, s'il lui
plaît, proposer son déclinatoire, et appeler en cas de rejet. —
A. 1199.

1834. Mais lorsque, sur le déclinatoire proposé par l'une des parties, les premiers juges se sont dépouillés de la connaissance du procès,
le défendeur au déclinatoire ne peut se pourvoir en réglement de juges.
En ce cas, la voie d'appel est la seule qui lui soit ouverte. (Cass.,
25 thermidor an 12. Sirey, 1807, 2.ᵉ part., p. 879.)

1835. Il ne peut exister de conflit positif entre deux tribunaux
dont l'un est français et l'autre étranger; en d'autres termes, lorsqu'une personne peut traduire son débiteur à son choix devant un
tribunal français ou devant un tribunal étranger, la circonstance
qu'il y a poursuites en pays étranger n'empêche pas que le tribunal
français, ultérieurement saisi de l'affaire, ne puisse statuer. Ici ne
s'appliquent point les règles sur la litispendance. (Paris, 23 thermidor an 12. Sirey, 1807, 2.ᵉ part., p. 855. V. *suprà* n.° 1027.)

1836. Le code de procédure ne déroge point à la disposition de
l'ordonnance de 1737, qui autorise la partie déboutée d'un déclinatoire par elle proposé, sans qu'il y ait eu conflit entre deux tribunaux, à se pourvoir en réglement de juges devant la cour de cassation.
— A. 1200.

1837. Le conflit entre deux tribunaux du ressort de la même cour
d'appel, n'est pas toujours attribué à la cour d'appel du ressort;
il faut encore que la cour d'appel soit juge d'appel des deux tribunaux en conflit. Si donc il s'agit de conflit entre un tribunal de
paix et un tribunal d'arrondissement, il y a lieu de se pourvoir,
non à la cour d'appel, mais à la cour de cassation. (Rouen, 3 février
1818. Sirey, 1818, p. 129.

1838. La demande en réglement ne serait plus recevable, si le
jugement qui aurait rejeté le déclinatoire avait statué sur le fond.
— A. 1201.

1839. *Mais cette règle doit-elle recevoir son application même
dans le cas où la partie n'aurait pas contesté sur le fond ?*

Un arrêt de la cour de cassation, du 27 mars 1812 (Sirey, 1812,
p. 304), suppose nécessairement la négative, puisqu'il déboute le

demandeur en réglement, attendu qu'il avait, en cause d'appel, contesté sur le fond, au lieu de se borner au déclinatoire, comme il l'avait fait en première instance : d'où suit évidemment que, s'il n'avait pas élevé cette contestation, la cour ne lui eût pas appliqué la règle ci-dessus posée.

D'un autre côté, la question a été formellement résolue dans ce même sens par un autre arrêt du 20 juillet 1815 ( Sirey, 1815, p. 379 ), lequel déclare que le droit de se pourvoir en réglement de juges ne peut être enlevé par un tribunal qui prononcerait sur le fond, auquel le demandeur en renvoi n'avait ni conclu ni plaidé.

Mais un arrêt intermédiaire rendu par la même cour, le 12 juillet 1814 ( Sirey, 1814, p. 172 ), déclare que « la règle qui autorise » à se pourvoir en réglement de juges, lorsque l'exception d'in- » compétence a été rejetée, ne s'applique pas au cas où la contes- » tation a été, en même tems que la compétence, jugée au fond, » tant en première instance qu'en appel, attendu qu'il ne peut » plus y avoir lieu à réglement de juges, toutes les fois qu'il n'y » a plus de contestation à juger. »

Sur cet arrêt, M. Sirey observe qu'il a été rendu dans une espèce où le demandeur en renvoi n'avait aucunement défendu au fond, et n'avait point étendu au mal *jugé* l'appel qu'il avait interjeté.

Si cette observation était entièrement exacte, il y aurait une opposition formelle entre cet arrêt et celui du 20 juillet 1815. Mais nous remarquons que le demandeur en réglement avait interjeté appel, tant du jugement qui avait prononcé sur le déclinatoire, que du jugement qui avait statué sur le fond : alors, peu importait qu'il eût ou non défendu au fond, puisqu'il avait saisi la cour de la contestation, par cet appel au fond.

Au contraire, dans l'espèce de l'arrêt de 1814, l'affaire n'était pas en appel, et le demandeur en réglement n'avait point conclu au fond.

Il n'y a donc aucune contradiction entre les différens arrêts que nous venons de citer ; ils sont conformes aux principes, et aver-tissent une partie qui a opposé un déclinatoire en première instance, qu'elle doit se borner à appeler du jugement, ou de la disposition du jugement qui prononce sur le déclinatoire, pour, en cas de rejet, obtenir réglement devant la cour de cassation. ( V. *infrà* sur 364, n.° 1853. )

1840. Lorsque la cause est pendante à deux tribunaux, on peut indifféremment avoir recours à la voie du déclinatoire ou à la demande en réglement de juges, soit que ces deux tribunaux ressortissent, soit qu'ils ne ressortissent pas de la même autorité supérieure. — A. 1202.

1841. On ne peut attaquer, par une simple demande en réglement de juges, un jugement par lequel un tribunal, sur la question de savoir s'il devait procéder comme jurisdiction civile ou jurisdiction criminelle, a déclaré ne pouvoir procéder qu'en la première de ces deux qualités. (Cass., 16 brumaire an 13, Sirey, 1807, p. 1165, 2.ᵉ partie.)

1842. Il y a lieu à réglement de juges, lorsque les tribunaux de première instance et d'appel ont dû se déclarer incompétens. (Cass., 24 vendémiaire an 10, Sirey, 1802, p. 73.)

1843. On ne peut, par voie de réglement de juges, faire réformer un arrêt qui, par l'expiration des délais fixés pour tous recours, est passé en force de chose jugée. (Cass., 16 pluviôse an 13, Sirey, 1806, p. 41.)

1844. Sont nuls et de nul effet tous jugemens et arrêts rendus sur le fond, après signification d'un arrêt de la cour de cassation, ordonnant le soit communiqué d'une demande en réglement de juges, avec cette disposition, *toutes choses demeurant en l'état.* (Cass., 6 mai 1812. Sirey, 1813, p. 31.)

1845. L'action en diminution de prix de bail pour éviction soufferte par le preneur, et l'action en nullité du bail pour incapacité du bailleur, ne sont pas des actions identiques ou connexes, dans le sens de l'article 171 du code de procédure civile. — Si donc une partie se pourvoit en diminution du prix, et l'autre en résiliation du bail, chaque action peut être portée à un tribunal différent, sans qu'il y ait lieu à ordonner le renvoi des deux contestations devant un même tribunal, le premier saisi. (Cass., 5 juillet 1810, Sirey, 1814, p. 136.) Ainsi, dans ce cas, il ne peut y avoir lieu à réglement de juges.

1846. La cour de cassation ne peut, sur la demande du syndic d'une faillite, attribuer à un seul tribunal, par voie de réglement de juges, des contestations élevées par le syndic lui-même devant des tribunaux différens : il n'y a là ni conflit ni litispendance qui exigent un réglement de juges. (Cass., 4 pluviôse an 12. Sirey, 1804, 2.ᵉ part., p. 100.)

### ARTICLE 364.

Sur le vu des demandes formées dans différens tribunaux, il sera rendu, sur requête, jugement portant permission d'assigner en règlement, et les juges pourront
ordonner qu'il sera sursis à toutes procédures dans lesdits
tribunaux.

#### Conférence.

T. art. 78. — Art. 4 et 5, titre 2, ordonn. de 1669 ; et art. 7 et 8 de celle de 1737,
*suprà* art. 83.

1847. La requête par laquelle la demande en règlement est formée,
doit être lue en audience publique. — A. 1203.

1848. Cette requête peut être remise au président qui en fait
part au tribunal. — A. 1204. Nous avons fait remarquer la différence
qui existait entre ce cas et l'espèce de notre 1145.° question,
*suprà* n.° 1751.

1849. Elle doit être communiquée au ministère public, qui met
au pied la déclaration de *n'entendre empêcher* ou de *s'opposer.*
— A. 1205.

1850. Le tribunal peut refuser la permission d'assigner en règlement, s'il est convaincu, à l'inspection des exploits, qu'il ne s'agit
pas, soit d'une même demande, soit d'une demande essentiellement
connexe à une autre. — A. 1206.

1851. La surséance à toutes les procédures est également laissée
à l'arbitrage du tribunal, qui peut la refuser, s'il y a lieu de présumer que la demande en règlement est susceptible d'être contestée
par la partie adverse. — A. 1207.

1852. Le jugement qui accorde la permission d'assigner peut
contenir l'énoncé des points de fait et de droit, ainsi que les motifs ;
mais on ne pourrait opposer la nullité du jugement qui ne serait
pas strictement conforme à l'art. 141. — A. 1208.

1853. La cour de cassation saisie, par voie de règlement de
juges, d'un conflit entre deux tribunaux également incompétens,
et qui ont déjà jugé le fond, peut prononcer sur le règlement de
juges, encore que le fond ait été jugé ; dans ce cas, elle renvoie
devant un troisième tribunal. (Cass., 25 mai 1815. Sirey, 1815,
p. 396. V. *suprà* n.° 1839.)

## ARTICLE 365.

Le demandeur signifiera le jugement, et assignera les parties au domicile de leurs avoués.

Le délai pour signifier le jugement et pour assigner sera de quinzaine, à compter du jour du jugement.

Le délai pour comparaître sera celui des ajournemens, en comptant les distances d'après le domicile respectif des avoués.

*Conférence.*

T. art. 29. -- Art. 1, 9 et 10, titre 2, ordonn. de 1737, et art. 1 et 6, titre 2, ordonn. de 1669.

1854. La signification du jugement et l'assignation doivent être données par un même acte. — A. 1209.

1855. Lorsqu'il n'y a pas d'avoués, la signification et l'assignation sont données au domicile des parties, et alors les délais se calculent d'après la distance de la cour ou du tribunal saisi de la demande en réglement de juges. — A. 1210.

## ARTICLE 366.

Si le demandeur n'a pas assigné dans les délais ci-dessus, il demeurera déchu du réglement de juges, sans qu'il soit besoin de le faire ordonner ; et les poursuites pourront être continuées dans le tribunal saisi par le défendeur en réglement.

*Conférence.*

Art. 13, titre 2, ordonn. de 1737, et art. 8, titre 2, ordonn. de 1669.

1856. Le défaut de l'assignation dans le délai opère non seulement la déchéance de la demande en réglement de juges, qui donnait lieu à cette assignation, mais encore l'exclusion d'une nouvelle demande en réglement. — A. 1211.

1857. Le défendeur peut défendre par écrit à l'assignation en réglement de juges. — A. 1212, et Locré, t. 2, p. 32.

## ARTICLE 367.

Le demandeur qui succombera, pourra être condamné aux dommages-intérêts envers les autres parties.

*Conférence.*

Ordonn. de 1737, titre 2, art. 29.

1858. De ce que l'art. 367 ne parle que d'une condamnation facultative aux dommages-intérêts, on ne doit pas conclure que le tribunal doive toujours joindre les dépens de l'instance en réglement de juges ; ils sont, indépendamment des dommages-intérêts, à la charge du demandeur qui succombe. — A. 1213.

# TITRE XX.

*Du renvoi à un autre tribunal pour parenté ou alliance.*

Si la loi a pu n'avoir aucun égard aux craintes imaginaires d'un plaideur toujours disposé à l'inquiétude, elle ne devait pas mépriser également des appréhensions qui peuvent avoir un fondement raisonnable.

Sans doute, comme le disait l'orateur du conseil d'état ( édit.ᵉⁿ de Didot, p. 40 ), la majeure partie des juges, tous peut-être, sont capables de s'élever au-dessus de toute affection du sang et de toute considération d'intérêt de famille. Mais enfin la prévention qui résulte de la parenté et de la confraternité, est, pour nous servir des expressions de notre collègue M. Poncet (1), un de ces sentimens naturels qui peuvent entraîner, même à leur insçu et contre leur gré, les hommes les plus intègres et les plus attachés à leur devoir : la loi, se prêtant à cette présomption fondée sur la seule considération de la faiblesse humaine, a mis le plaideur à l'abri de toute inquiétude, en autorisant *la demande en renvoi pour parenté et alliance.*

Elle peut être définie, *une exception déclinatoire* par laquelle le tribunal, saisi d'une contestation, est *récusé* en entier, à raison de la parenté ou alliance d'un ou de plusieurs de ses membres, jusqu'au degré de cousin issu de germain, avec la partie contre laquelle on oppose cette demande.

C'est, disons-nous, *une exception déclinatoire*, car elle tend à soustraire l'affaire à la jurisdiction du tribunal qui en a été saisi ; c'est aussi une récusation, puisque c'est un refus d'être jugé par ce tribunal. ( V. *suprà* p. 487. ) Mais cette récusation diffère de la récusation proprement dite, en ce qu'elle est *générale*, tandis

(1) Traité des actions, p. 256.

63

que l'autre est *partielle*, et personnellement dirigée contre tel ou tel juge.

Quel est le degré de parenté ou d'alliance qui autorise la demande en renvoi ? ( 368. ) En quel tems et comment est-elle formée ? ( 369-370. ) Quel est l'objet du jugement préparatoire qui doit intervenir à son sujet ? ( 371. ) A qui et comment doit-il être signifié ? ( 372. ) Dans quel cas doit-on faire droit à la demande, et quel est le tribunal auquel on doit renvoyer la cause principale ? ( 373. ) Quelles sont les peines qu'encourre le demandeur qui succombe ? ( 374. ) Dans quelles circonstances et comment l'affaire est-elle portée devant le nouveau tribunal ? ( 375. ) Quels sont les effets de l'appel du jugement qui a prononcé le renvoi(376.), et celles des règles relatives aux récusations qui sont applicables à cet appel ? ( 377. )

Tel est le sommaire de toutes les dispositions du présent titre.

Mais il est à remarquer qu'il n'en contient aucune concernant une demande de même nature qui, d'après la loi non abrogée du 27 ventôse an 8, peut encore être formée pour cause de suspicion légitime et de sûreté publique, ainsi que nous l'avons prouvé sur les 1214.ᵉ et 1215.ᵉ questions de notre analyse.

Cette demande a lieu toutes les fois qu'il existe des circonstances de matière à faire justement présumer que tous les membres d'un tribunal, ou la plus grande partie d'entre eux, ne fussent défavorablement prévenus, soit contre une partie personnellement, soit contre l'affaire même, à raison de sa nature ou de son objet. ( V. *infr.* sur l'art. 368. )

La demande pour cause de sûreté publique ne peut avoir lieu que dans les cas extrêmement rares où l'on aurait de justes raisons de craindre que la tranquillité publique ne fût troublée par suite de l'instruction de l'affaire dans le lieu où siégerait le tribunal compétent. ( V. les exemples cités sur la 1214.ᵉ question de l'analyse. )

On remarque entre la demande en renvoi pour cause de parenté ou alliance, et celle pour cause de suspicion légitime et de sûreté publique, ces différences essentielles que nous avons déjà indiquées sur la 1215.ᵉ question de notre analyse :

1.° *Quant à la compétence*, que la première est formée et jugée par le tribunal saisi du différend, tandis que les deux autres ne peuvent être portées que devant l'autorité judiciaire supérieure, suivant les distinctions faites en l'art. 363 du code de procédure civile;

2.° *Quant à la forme de procéder*, que l'on doit suivre celle que nous avons tracée pour les indications de juges, en traitant la 1192.ᵉ question de notre analyse. ( V. *sup*. n.° 1819. )

Ainsi, sous ces deux rapports, ces deux demandes ont une analogie parfaite avec celle en réglement de juges ; mais, d'un autre côté, elles en diffèrent quant à leur nature, puisqu'il n'existe point de conflit entre deux tribunaux dont la compétence soit incertaine, et qu'elles supposent, au contraire, une reconnaissance de celle du tribunal devant lequel l'affaire est portée. C'est par cette considération que nous avons réuni les questions qu'elles présentent à celles concernant les demandes en renvoi pour cause de parenté ou d'alliance, avec lesquelles elles s'identifient, à cette seule différence près que les causes du déclinatoire ne sont pas les mêmes.

## ARTICLE 368.

Lorsqu'une partie aura deux parens ou alliés jusqu'au degré de cousin issu de germain inclusivement, parmi les juges d'un tribunal de première instance, ou trois parens ou alliés au même degré dans une cour royale ; ou lorsqu'elle aura un parent audit degré parmi les juges du tribunal de première instance, ou deux parens dans la cour royale, et qu'elle-même sera membre du tribunal ou de cette cour, l'autre partie pourra demander le renvoi.

### Conférence.

Voyez les sept premiers articles, titre 1, ordonnance du mois d'août 1737; — les cinq premiers du titre 1 , ( *des évocations*), ordonnance de 1669 ; — l'article 117 de l'ordonnance de Blois, mai 1579; et enfin l'avis du conseil d'état des 17 mars et 23 avril 1807.

1859. Outre les demandes en réglement ou indication de juges et en renvoi pour parenté ou alliance, le renvoi peut encore avoir lieu pour cause de suspicion légitime et de sureté publique. — A.

1214, le traité des actions de M. Poncet, pag. 259, et *infrà* sur
l'art. 378.

1860. Le renvoi pour cause de suspicion ou de sûreté publique
est admis au civil comme au criminel.

1861. En matière civile, la demande en est portée devant la cour
de cassation, section des requêtes, lorsqu'elle tend à faire renvoyer
une affaire, soit d'une cour royale à une autre, soit d'un tribunal
inférieur à un autre tribunal du même rang, mais placé dans le
ressort de cour royale; hors ces deux cas, c'est aux cours royales
qu'en appartient la connaissance. — A. 1215.

1862. Les demandes en renvoi pour cause de suspicion légitime
peuvent être formées par les parties intéressées ; celles pour cause de
sûreté publique ne peuvent l'être que par le procureur-général.
—A. 1216.

1863. On ne peut, hors les cas ci-dessus énoncés, de sûreté publique, de suspicion légitime, etc., évoquer une affaire et en dépouiller le tribunal qui en est légalement saisi, sur le fondement
que des événemens postérieurs ont rendu un autre tribunal compétent pour en connaître. — A. 1217.

1864. Lorsqu'après cassation d'un arrêt de cour d'appel, il y a
eu renvoi à une autre cour d'appel, cette dernière cour ne peut
elle-même renvoyer à des juges établis dans le ressort de la cour
dont l'arrêt a été cassé ; elle ne peut renvoyer que devant des juges
de son ressort. ( Cass., 28 novemb. 1811. Sirey, 1812, p. 240. )

1865. *Peut-on demander le renvoi à un autre tribunal, lorsque*
*des juges* (1) *sont récusables pour autre cause que pour parenté*
*ou alliance?*

Nous avons résolu cette question pour la négative. — A. 1218. (2)
Mais aux raisons sur lesquelles nous établissons cette solution, nous
ajouterons celles qu'en donne notre estimable collègue M. Poncet,
professeur de la faculté de Dijon, dans son traité des actions,
p. 260. La principale est qu'un tribunal, dont la compétence n'est
pas douteuse, ne peut être privé de sa jurisdiction qu'en vertu
d'un texte formel ou par suite d'une nécessité bien démontrée.

Or, d'une part, il n'existe aucune disposition de la loi qui étende
les cas de demandes en renvoi à d'autres causes que celles qui sont
exprimées par l'article 368 ; de l'autre, il n'y a aucune nécessité
de fournir un pareil moyen aux parties, dont tous les intérêts sont

( 1 ) *Er.* Au lieu de *les juges*, lisez, dans l'analyse, *des juges.*

( 2 ) *Er.* Second alinea de cette question, 3.ᵉ ligne, au lieu de *première*, lisez *celle-là.*

suffisamment mis à couvert par celui de la récusation partielle , ainsi
que par les voies de réformation qui leur sont ouvertes contre le
jugement , suivant les règles du droit commun , etc. ( V. *infrà*
sur 378. )

On trouve cependant, au recueil de M. Sirey, supp. 1807, p.
1181 , un arrêt de la cour de cassation, qui admet la demande en
renvoi sur *l'intérêt* qu'un des juges du tribunal, saisi de l'affaire,
avait dans l'affaire même, quoiqu'il ne fût pas partie. Mais il est à
remarquer que cette décision , quoiqu'insérée au code annoté de
M. Sirey, sous l'article 368 du code de procédure, a été rendue
en matière criminelle. Aujourd'hui la même décision pourrait bien
être donnée d'après ce dernier code , qui, comme les lois précédentes ( V. Bourguignon, p. 439 ) , a par son silence abandonné
à la conscience de la cour de cassation les causes de renvoi ; mais
le code de procédure civile s'est expliqué à ce sujet , et , d'un autre
côté, il a mis au nombre des causes de récusation partielle l'intérêt
du juge dans l'affaire ; il est donc incontestable que l'arrêt que nous
venons de rapporter ne peut recevoir d'application dans les procès
civils.

1866. *Mais si d'autres causes que celles de la parenté ou.
de l'alliance contre un ou plusieurs juges ne donnent pas lieu à.
la demande en renvoi, ne peut-on pas du moins récuser en masse
tous les membres d'un tribunal, et par conséquent obtenir le renvoi.
devant un autre ?*

Cette question était controversée sous l'empire de l'ancienne.
jurisprudence ; mais l'opinion que l'on pouvait récuser en masse,
*en matière civile*, paraissait avoir prévalu. Aujourd'hui, comme
l'observe M. Legraverend, t. 2, p. 36, il est reconnu que rien ne
s'oppose à ce qu'un tribunal entier soit récusé en masse , tant en
matière civile qu'en matière criminelle : seulement, ajoute-t-il, la
récusation en masse est considérée comme une demande en *renvoi
d'un tribunal à un autre, pour cause de suspicion légitime* ; et,
en ce cas , elle doit en suivre les règles, relativement à la compétence et à la forme. ( Cass., 6 décembre 1808. Sirey, 1809,
p. 143. )

Néanmoins, d'après ce que nous avons dit au n.° précédent, nous
devons remarquer que cette récusation en masse ne peut avoir lieu
que dans les cas de suspicion légitime que nous avons indiqués
page 498 , et non pour les causes mentionnées en l'article 378,
qui ne s'appliquent qu'à la récusation partielle , ainsi que l'a décidé
la cour de Paris, par arrêt du 18 mars 1813. ( Sirey, 1813, page
325. )

Ainsi nous croirions mal rendu celui de la cour d'Angers, du 12 janvier 1815 ( Sirey, 1817, p. 129 ), en ce qu'il déclare qu'un tribunal entier peut être récusé en masse ; que cette récusation peut durer tant que le tribunal est composé des mêmes juges, et enfin que les membres de ce tribunal sont recevables à former opposition à l'arrêt qui a admis leur récusation. Sans doute, si des causes de récusation mentionnées dans l'article 378 existaient contre tous les juges d'un tribunal, une partie ne pourrait être contrainte de plaider devant eux ; mais alors, la voie de la demande en renvoi, pour cause de suspicion légitime, lui est ouverte devant l'autorité supérieure, et elle ne peut, par une récusation en masse, paralyser le cours de la justice.

1867. Lorsque, pour cause de suspicion légitime, une affaire est renvoyée à d'autres juges que ceux qui doivent en connaître, s'il arrive que ceux-ci aient jugé avant d'avoir eu connaissance de l'arrêt qui soustrait l'affaire à leur jurisdiction, l'arrêt de renvoi n'en doit pas moins recevoir son exécution, et ce qui a été jugé par la cour ou tribunal dessaisi est déclaré non avenu. ( Cour de cass., 18 décembre 1812. Sirey, 1817, p. 346. )

1868. Lorsque le gouvernement dénonce à la cour de cassation que le maintien de la sureté publique exige le renvoi d'une cause d'un tribunal à un autre, la cour doit l'ordonner, sans juger elle-même si la sureté publique le commande réellement. ( Cour de cass., 9 fructidor an 12. Sirey, 1804, 2.° part., p. 184. )

1869. La parenté et l'alliance sont aussi une cause de renvoi dans un tribunal de commerce. — A. 1219.

1870. Il ne s'agit, dans l'art. 368, que de la parenté et de l'alliance naturelles et civiles tout-à-la-fois ; cependant il faut excepter la parenté naturelle, en ligne directe, c'est-à-dire, du père au fils légalement reconnu, et entre des frères naturels aussi légalement reconnus. — A. 1220.

1871. L'alliance qui peut servir de fondement au renvoi s'efface par la dissolution du mariage qui l'a formée, s'il n'en reste point d'enfans. — A. 1221.

1872. Les suppléans de première instance sont à compter au nombre des juges, pour donner lieu à la demande en renvoi. — A. 1222.

Nous ajouterons que notre estimable collègue M. Mettivier, professeur de la faculté de Poitiers, a énoncé la même opinion dans ses cahiers de dictée.

1873 Le renvoi ne peut être demandé du chef du ministère public. — A. 1223.

Entre autres raisons sur lesquelles nous avons tâché d'établir la vérité de cette proposition, nous disions, d'après M. Berriat-Saint-Prix, qu'il y avait lieu de croire que l'on s'était expliqué dans ce sens lors de la discussion du projet au conseil d'état. M. Locré, t. 2, p. 37, nous apprend qu'en effet il fut entendu que le ministère public n'était pas compris dans la disposition.

1874. L'art. 368 n'est pas applicable à un avoué appelé pour compléter un tribunal où se trouve un juge son parent. ( Cass., 18 janvier 1808. Sirey, 1808, p. 263. )

1875. L'art. 368 est applicable, dans le cas même où le juge, parent ou allié, se trouverait appartenir à une autre chambre que celle qui serait saisie du différend. — A. 1224.

1876. La partie qui a des parens ou alliés dans le tribunal, ne peut demander le renvoi. Il en serait de même d'une partie qui aurait avec elle des intérêts communs ; elle ne pourrait le demander du chef de celle-ci. — A. 1225.

1877. Un garant ne peut former, et l'on ne peut aussi former contre lui la demande en renvoi pour cause de parenté ou d'alliance, qu'autant que la demande en garantie est *jointe* à l'instance principale, et il en est de même de l'intervenant. Il n'y a lieu à la demande en renvoi de sa part ou contre lui, soit en première instance, soit en appel, qu'autant que l'intervention n'a pas été contestée, ou a été reçue après contestation. — A. 1226.

1878. Mais lorsque deux parties en contestation ont, dans le même tribunal, soit des parens ou alliés qui leur sont communs, soit des parens ou alliés qui n'appartiennent qu'à chacune d'elles, elles peuvent demander le renvoi devant d'autres juges. — A. 1227.

### ARTICLE 369.

Le renvoi sera demandé avant le commencement de la plaidoirie ; et, si l'affaire est en rapport, avant que l'instruction soit achevée, ou que les délais soient expirés : sinon il ne sera plus reçu.

#### Conférence.

Ordonnance de 1737, tit. 1.er, art. 28. — Ordonn. de 1667, tit. 5, art 5. — Ordonn. de 1669, tit. 1.er, art. 19. — C. pr. art. 96, 97, 98, 99, 110, 102, 103 et 343.

1879. La demande en renvoi serait recevable après l'époque fixée par l'article 369, si les causes sur lesquelles elle serait fondée étaient postérieures à cette époque. — A. 1228.

A la vérité l'on oppose, contre cette proposition, que des causes qui existaient antérieurement à l'époque dont il s'agit, mais qui ne

peuvent avoir été connues que depuis par la partie qui veut les
faire valoir, sont de nature à servir de base à une demande en
renvoi. Telle est l'opinion qu'émet M. Legraverend, relativement
aux matières criminelles, p. 437. Il se fonde sur ce qu'une circonstance inconnue est réputée, en pareil cas, n'avoir pas existé. Nous
n'en persistons pas moins dans notre précédent avis, parce qu'il
nous semble que la loi ayant étendu jusqu'au commencement des
plaidoiries le délai utile pour proposer cette exception, a jugé que
ce laps de tems devait suffire à la partie pour se procurer les renseignemens nécessaires. On sent, d'ailleurs, dans quels embarras entraînerait l'admission et le jugement des preuves de l'ignorance dont
argumenterait la partie.

1880. *Une partie condamnée par défaut peut-elle, sur son opposition, former sa demande en renvoi?*

On ne saurait en douter si l'on considère qu'il n'y a, en cas de
défaut, aucune plaidoirie de la partie, et que son opposition, si
elle n'est pas valable dans la forme, remet les choses dans l'état
où elles étaient à partir de l'assignation. Il en est ici comme de tout
autre déclinatoire, que la partie défaillante est toujours recevable
à proposer par suite de son opposition.

### ARTICLE 370.

Le renvoi sera proposé par acte au greffe, lequel contiendra les moyens, et sera signé de la partie ou de son
fondé de procuration spéciale et authentique.

#### Conférence.

T. art. 92; — ordonn. de 1637, tit, 1, art. 37; — ordonn. de 1669, tit. 1, art. 22;
— art, 45, 353, 384 et 392 cod. de procéd.

1881. La demande en renvoi est formée au greffe par la partie
assistée de son avoué, ce qui ne suppose point que l'on doive y
déposer requête. — A. 1229.

1882. Le greffier ne peut suppléer au défaut de signature de la
partie ou de son procurateur, en mentionnant les causes de ce
défaut. — A. 1230,

1883. La procuration doit être annexée à l'acte. — A. 1231.

### ARTICLE 371.

Sur l'expédition dudit acte, présentée avec les pièces
justificatives, il sera rendu jugement qui ordonnera,

1.° La communication aux juges à raison desquels le
renvoi est demandé, pour faire, dans un délai fixe, leur
déclaration au bas de l'expédition du jugement; 2.° la
communication au ministère public; 3.° le rapport, à jour
indiqué, par l'un des juges nommé par ledit jugement.

Dispositions différentes de celles des articles 26; ordonn. de 1669, et 45, ordonn. de 1737.

1884. Quelles sont les formalités qui précèdent l'obtention du jugement préparatoire à rendre sur le renvoi? — A. 1232.

1885. Les juges, dont la parenté ou l'alliance donne lieu à la demande en renvoi, ne peuvent concourir au jugement préparatoire dont il s'agit en l'art. 371. — A. 1233.

### ARTICLE 372.

L'expédition de l'acte à fin de renvoi, les pièces y annexées, et le jugement mentionné en l'article précédent, seront signifiés aux autres parties.

*Conférence.*

T. art. 70, 91; — ordonn. de 1669, art. 22, et ordonn. de 1737, art. 37.

2886. Les significations prescrites par l'art. 372 se font par acte d'avoué à avoué, avant la communication aux juges parens ou alliés. — A. 1234.

1887. Les significations prescrites par le jugement préparatoire se font aux juges par la voie du greffe, c'est-à-dire sans signification, et au moyen du dépôt que l'on y fait des pièces à communiquer. — A. 1235.

1888. Les parties adverses de celles qui demandent le renvoi peuvent contester cette demande par une requête à laquelle le demandeur peut répondre par une autre. — A. 1236.

### ARTICLE 373.

Si les causes de la demande en renvoi sont avouées ou justifiées dans un tribunal de première instance, le renvoi sera fait à l'un des autres tribunaux ressortissant en la même cour royale; et si c'est dans une cour royale, le renvoi sera fait à l'une des trois cours les plus voisines.

*Conférence.*

T. art. 75.

1889. La preuve testimoniale ne peut être admise pour justifier la demande en renvoi, qu'autant qu'il existe un commencement de preuves par écrit. Cependant, ainsi que nous l'avons fait observer dans une note sur les articles 388 et 389, A page 726, à défaut de texte précis, il semble qu'on peut appliquer par analogie la disposition de l'article 389 du code, relatif aux récusations; et, en conséquence, le tribunal serait libre de rejeter la demande en

64

renvoi sur la simple déclaration des juges, ou d'ordonner la preuve testimoniale. — A. 1237.

1890. Les juges du chef desquels la demande en renvoi est formée, ne peuvent concourir à ordonner ce renvoi, lorsqu'ils avouent leur parenté ou alliance. — A. 1238. (1)

### ARTICLE 374.

Celui qui succombera sur sa demande en renvoi, sera condamné à une amende qui ne pourra être moindre de cinquante francs, sans préjudice des dommages-intérêts de la partie, s'il y a lieu.

#### Conférence.

Ordonn. de 1669, art. 35, et ordonn. de 1737, art. 79.

1891. L'application de l'article 374 est *forcée* relativement à l'amende; elle est *facultative* quant aux dommages-intérêts. — A. 1239.

### ARTICLE 375.

Si le renvoi est prononcé, qu'il n'y ait pas d'appel, ou que l'appelant ait succombé, la contestation sera portée devant le tribunal qui devra en connaître, sur simple assignation, et la procédure y sera continuée suivant ses derniers erremens.

#### Conférence.

Ordonn. de 1669, art. 46, et ordonn. de 1737, art. 92. — V. c. pr., art. 373.

1892. L'assignation prescrite par l'art. 375 doit être donnée au domicile réel des parties. — A. 1240.

### ARTICLE 376.

Dans tous les cas, l'appel du jugement de renvoi sera suspensif.

#### Conférence.

Art. 392, 393, 394 et 395.

1893. *Où se porte l'appel du jugement de renvoi prononcé par un tribunal de première instance à un autre tribunal du ressort de la même cour royale?*

Il se porte à cette cour; c'est une conséquence des articles 375 et 376.

1894. *Quand le renvoi est prononcé par une cour royale, y*

(1) *Er.* A la première ligne de cette question, au lieu de *1225.*, lisez *1233.*

*a-t-il lieu au pourvoi en cassation? Et le pourvoi, en ce cas,
est-il suspensif?*

Le code de procédure laisse ces questions indécises. Néanmoins nous pensons, avec M. Jourdain ( code de compét., t. 2, p. 253 ), qu'il n'y a pas lieu en ce cas, plus qu'en tout autre ; de douter de la faculté du pourvoi, lorsqu'il y a d'ailleurs ouverture.

Quant à l'effet suspensif, la règle générale est que les demandes en cassation ne suspendent pas l'exécution des arrêts. Pour faire exception à cette règle, il faudrait qu'une loi l'eût consacrée. L'art. 376 attribue, à la vérité, l'effet suspensif à l'appel du jugement de renvoi ; mais on ne trouve pas une semblable disposition sur le pourvoi.

### ARTICLE 377.

Sont applicables audit appel, les dispositions des articles
392, 393, 394, 395, titre de la récusation, ci-après.

---

# TITRE XXI.

## De la récusation ( *PARTIELLE.* (1) )

( V. *suprà*, livre 1.<sup>er</sup> des justices de paix, titre 9, p. 73, et le titre
précédent, n.<sup>os</sup> 1865, 1866 et 1889.

---

*LA récusation* est une exception par laquelle une partie *refuse* d'avoir pour juge un ou plusieurs des membres du tribunal saisi du procès.

Cette exception se range naturellement dans la classe des exceptions déclinatoires, puisqu'en récusant un magistrat, on *évite* de se soumettre à son autorité.

Comme le remarque M. Poncet ( traité des actions, p. 262 ), la récusation est introduite en premier ordre dans l'intérêt personnel de la partie récusante ; mais elle influe nécessairement sur d'autres intérêts, et tend à compromettre celui de la partie adverse, en la privant d'un ou plusieurs juges dans lesquels elle avait peut-être

---

(1) V. l'observation faite *suprà*, p. 487 et 497.

une confiance particulière : l'intérêt public s'y trouve indirecte‑
ment engagé, puisqu'elle a pour fondement nécessaire un motif plus
ou moins injurieux à la magistrature ; enfin, le juge récusé peut
être aussi particulièrement intéressé à obtenir la réparation de l'in‑
juste agression dont il aurait été l'objet.

De là résultent les principales règles que le code de procédure
renferme en matière de récusation, et dont l'objet est de concilier
ces intérêts divers.

Ainsi, 1.º il proscrit, comme injurieuses à la magistrature, les
récusations *péremptoires*, c'est-à-dire *non motivées*, qu'une loi du
23 vendémiaire an 4 avait autorisées en matière civile, et qui ne
tendaient le plus souvent qu'à écarter le juge dont une partie re‑
doutait le plus l'impartialité et les lumières ; il désigne en consé‑
quence, d'une manière précise, les causes hors desquelles la récu‑
sation est inadmissible. ( 378, 379, 381, et Locré, t. 2, p. 53. )

2.º Il autorise la partie adverse du récusant à contester la récu‑
sation, puisqu'il lui ouvre la voie d'appel. ( V. *infrà*, sur l'article
391, la 1284.ᵉ question de l'analyse. )

3.º Il impose au juge, qui connaît quelque cause de récusation
en sa personne, l'obligation de s'abstenir. ( 380. )

4.º Il fixe un terme après lequel la récusation n'est plus admis‑
sible. ( 382‑‑383. )

5.º Il déclare cette exception *préjudicielle* et *suspensive* (387),
et détermine les effets de l'aveu ou des preuves des causes sur les‑
quelles elle est fondée (388), et accorde au tribunal, lorsque la
preuve par écrit n'est pas fournie, la faculté de rejeter la récusa‑
tion, ou d'ordonner la preuve par témoins. (389.)

6.º Il veut que l'exception soit jugée sur les conclusions du minis‑
tère public (385), et que le récusant qui succombe soit condamné à
l'amende, sans préjudice de l'action en dommages‑intérêts de la
part du juge. ( 390. )

Quant à la forme de procéder, il règle celle de l'acte de récu‑
sation (369), du jugement qui intervient sur cet acte (385), de la
déclaration du juge récusé (386), de l'appel des jugemens et des
actes qui en sont la suite (391—395 ) ; il indique enfin les circons‑
tances dans lesquelles le jugement qui admet la récusation est pro‑
visoirement exécutoire. (396.)

## ARTICLE 378.

Tout juge peut être récusé pour les causes ci-après :

1.° S'il est parent ou allié des parties, ou de l'une d'elles, jusqu'au degré de cousin issu de germain inclusivement ;

2.° Si la femme du juge est parente ou alliée de l'une des parties, ou si le juge est parent ou allié de la femme d'une des parties, au degré ci-dessus, lorsque la femme est vivante, ou qu'étant décédée, il en existe des enfans : si elle est décédée et qu'il n'y ait point d'enfans, le beau-père, le gendre ni les beaux-frères ne pourront être juges ;

La disposition relative à la femme décédée s'appliquera à la femme divorcée, s'il existe des enfans du mariage dissous ;

3.° Si le juge, sa femme, leurs ascendans et descendans, ou alliés dans la même ligne, ont un différend sur pareille question que celle dont il s'agit entre les parties ;

4.° S'ils ont un procès en leur nom dans un tribunal où l'une des parties sera juge ; s'ils sont créanciers ou débiteurs d'une des parties ;

5.° Si, dans les cinq ans qui ont précédé la récusation, il y a eu procès criminel entre eux et l'une des parties, ou son conjoint, ou ses parens ou alliés en ligne directe ;

6.° S'il y a procès civil entre le juge, sa femme, leurs ascendans et descendans, ou alliés dans la même ligne, et l'une des parties, et que ce procès, s'il a été intenté par la partie, l'ait été avant l'instance dans laquelle la récusation est proposée ; si ce procès étant terminé, il ne l'a été que dans les six mois précédant la récusation ;

7.° Si le juge est tuteur, subrogé-tuteur ou curateur, héritier présomptif, ou donataire, maître ou commensal de l'une des parties ; s'il est administrateur de quelque établissement, société ou direction, partie dans la cause ; si l'une des parties est sa présomptive héritière ;

8.° Si le juge a donné conseil, plaidé ou écrit sur le différend ; s'il en a précédemment connu comme juge ou comme arbitre ; s'il a sollicité, recommandé ou fourni aux frais du procès ; s'il a déposé comme témoin ; si depuis le

commencement du procès il a bu ou mangé avec l'une ou
l'autre des parties dans leur maison, ou reçu d'elle des
présens ;

9.° S'il y a inimitié capitale entre lui et l'une des parties ; s'il y a eu, de sa part, agressions, injures ou menaces,
verbalement ou par écrit, depuis l'instance ou dans les six
mois précédant la récusation proposée.

### Conférence.

Art. 197 et 237; les 12 premiers articles, titre 24, ordonn. de 1667.

### §. I.er ET II DE L'ARTICLE.

1895. Les causes de récusation de juges ne sont pas admises de
plein droit comme les causes de reproches contre les témoins ; le tribunal y a tel égard que de raison. — A. 1241.

1896. Les causes de récusation indiquées dans l'article 378 sont
les seules qui puissent être proposées. — A. 1242.

1897. La récusation peut être proposée dans les tribunaux de
commerce. — A. 1243.

1898. Le demandeur peut récuser un juge, quand le défendeur
n'a pas constitué avoué ; mais il n'en est pas ainsi du défendeur,
si le demandeur laissait défaut. — A. 1244. (1)

1899. Le juge parent ou allié des deux parties peut être récusé.
— A. 1245.

1900. Il en est ainsi du juge parent ou allié d'une seule des parties,
et la récusation peut, en ce cas, être formée par cette partie elle-même.
— A. 1246. (2)

1901. L'enfant naturel, incestueux ou adultérin de la femme est
allié du mari de cette femme. ( Cass., 6 avril 1809. Sirey, 1809,
p. 136, et *suprà* n.° 1468. )

1902. L'affinité entre un juge et le défenseur de l'une des parties,
ne peut être pour l'autre un motif de récusation. ( Cass., 12 juin
1809. Sirey 1814, p. 89.)

1903. Si le mariage a été dissous par le divorce, le beau-père,
le gendre et les beaux-frères ne sont pas récusables, lorsqu'il n'existe
pas d'enfans. — A. 1247.

---

(1) Cette proposition et celles qui la précèdent se rapportent d'une manière générale à
l'article 178, et celles qui la suivent se rattachent à chacune des dispositions de cet article.

(2) *Er.* 15.ᵉ ligne de cette question, au lieu de *personne ne doute que l'on n'admettrait
pas*, lisez *il est certain qu'on admettrait*.

## §. III.

1904. Par le mot *différend*, employé dans le troisième paragraphe de l'article 378, on doit entendre un procès soumis à des arbitres ou à des tribunaux. — A. 1248. (1)

1905. Par ces mots *pareille question*, on n'entend pas que le différend qu'aurait le juge soit pareil, dans toutes les circonstances, à celui pour lequel la récusation serait proposée; il suffit que le premier présente, en droit ou en fait, une question susceptible de recevoir la même décision. — A. 1249.

1906. On peut inférer du silence du code, sur la question de savoir si l'on peut prouver par témoins l'existence d'un différend auquel le juge ou sa partie seraient intéressés, que la loi laisse au tribunal la faculté d'ordonner ou de refuser cette preuve, suivant les circonstances. — A. 1250.

## §. IV.

1907. *En quel cas le juge est-il récusable, si lui-même, sa femme, ses ascendans, etc., sont créanciers ou débiteurs d'une des parties?*

V. A. 1251.

1908. Il n'y aurait pas lieu à récuser le juge sur lequel une partie aurait accepté un transfert de créance depuis l'introduction de l'instance. — A. 1252.

## §. V.

1909. Ces mots *procès criminel*, dont se sert le §. 5 de l'art. 378, sont employés par opposition à *procès civil*, et comprennent tout procès, soit en police simple ou correctionnelle, soit en justice criminelle, et non pas seulement les derniers. — A. 1253.

Nous n'avions pas établi, dans notre premier ouvrage, cette proposition d'une manière aussi formelle; mais tous les doutes nous paraissent devoir cesser aujourd'hui d'après l'explication donnée par M. Locré, t. 2, p. 49.

## §. VI.

1910. Un juge peut être récusé relativement à un procès intenté par lui, ses parens ou alliés en ligne directe, depuis celui sous le cours duquel cette récusation serait opposée. — A. 1254.

---

(1) *Er.* 2.ᵉ alinea, 5.ᵉ ligne, au lieu de *15 thermidor an 11*, lisez *15 messidor an 11*. *Sirey*, 1804, 2.ᵉ part., p. 40.

1911. La loi n'admet pas, comme cause de récusation dans un procès intéressant une commune, la circonstance que les juges appelés à en connaître sont habitans de la commune, s'ils ne figurent pas dans l'affaire comme administrateurs ou en leur nom personnel. ( Cass. , 4 juillet 1816. Sirey , 1816 , p. 386. )

### §. VII.

1912. Le mot *maître* paraît employé par opposition à *commensal* , et pour désigner le maître de maison, qui aurait des serviteurs, des commis, ou toutes autres personnes vivant avec lui. — A. 1255.

### §. VIII.

1913. *En quel cas peut-on dire qu'un juge a donné conseil ou connu du différend ?*
V. A. 1256.

1914. Nous ajouterons que les juges qui ont rendu un jugement attaqué par tierce-opposition, ne sont pas réputés avoir manifesté leur opinion dans le sens du §. 8 de l'article 378 ; et conséquemment ils ne peuvent être récusés pour cette cause, lorsque la tierce-opposition leur est soumise. ( Cass. , 4 juillet 1816. Sirey , 1816 , p. 386. )

1915. Le juge qui, dans un tribunal de première instance, a concouru au jugement d'une affaire, peut, devenu membre du tribunal supérieur, être récusé dans l'instance d'appel. — A. 1257.

1916. Un juge n'est pas récusable, lorsqu'il n'a précédemment connu de l'affaire que pour se déclarer incompétent, soit à raison de l'état où elle se trouvait alors, soit à raison de la qualité en laquelle on prétendait qu'il devait en connaître. — A. 1258.

1917. Le juge ne peut être récusé s'il a ouvert son avis extra-judiciairement. — A. 1259.

M. Legraverend, dans son traité de la législation criminelle en France , t. 2 , p. 34, appliquant aux affaires criminelles les dispositions de l'article 378 , estime néanmoins que cette cause de récusation , admise par l'ordonnance de 1667 , doit encore subsister : il répugne, dit-il, à la raison et à la justice , qu'un homme qui a manifesté à l'avance son opinion sur une affaire , puisse néanmoins rester juge dans cette affaire. Quoi qu'il en soit , nous persistons dans notre précédente opinion , que nous pouvons appuyer du rejet au conseil d'état d'une proposition tendante à maintenir sur ce point la disposition de l'ordonnance. ( Locré , t. 2 , p. 52. )

1918. Le juge ne serait pas récusable pour avoir bu ou mangé avec la partie, soit chez lui, soit en maison tierce. — A. 1260.

1919. Il peut être récusé, si sa femme ou ses enfans ont reçu des présens de la partie. — A. 1261.

### §. IX.

1920. L'inimitié capitale est celle qui est décidée, connue, manifestée, occasionnée par l'homicide de quelqu'un de nos proches, par des querelles, par des affaires d'honneur ou d'un gros intérêt, etc., dont les faits seraient précis et articulés.

Mais la réconciliation rend non recevable la récusation fondée sur cette cause. — A. 1262.

Au surplus, la disposition de l'article relative à l'inimitié capitale, est purement *discrétionnaire*, c'est-à-dire, que le tribunal est libre d'apprécier les raisons sur lesquelles l'allégation d'inimitié serait fondée, et en conséquence d'admettre ou de rejeter la récusation suivant qu'il les jugera vraisemblables ou non. ( V. Locré, t. 2, page 51. )

1921. De ce qu'une partie peut récuser le juge qui l'aurait injuriée, attaquée ou menacée, il ne s'ensuit pas qu'elle puisse récuser celui contre lequel elle aurait elle-même proféré ou écrit des injures, etc. — A. 1263.

#### ARTICLE 379.

Il n'y aura pas lieu à récusation, dans les cas où le juge serait parent du tuteur ou du curateur de l'une des deux parties, ou des membres ou administrateurs d'un établissement, société, direction ou union, partie dans la cause, à moins que lesdits tuteurs, administrateurs ou intéressés, n'aient un intérêt distinct ou personnel.

1922. Par ces mots, *intérêt distinct et personnel*, le législateur a entendu exprimer les cas où, par exemple, un tuteur ou curateur agirait, tant dans son intérêt, en ce qui le concerne, que comme tuteur ou curateur, en ce qui concerne le mineur ou l'interdit, ou lorsque l'administrateur a une part, soit comme émolument ou à tout autre titre, à l'objet qui fait la matière de la contestation. — A. 1264, ou enfin lorsqu'il s'agit dans la contestation d'un fait qui donne lieu à la responsabilité civile prononcée par l'article 1384 du code civil.

## ARTICLE 380.

Tout juge qui saura cause de récusation en sa personne, sera tenu de la déclarer à la chambre, qui décidera s'il doit s'abstenir.

### *Conférence.*

Ordonnance de 1667, titré 24, art. 17 et 18 ; — art. 118, ordonnance de Blois, du mois de mai 1579.

1923. Il n'est pas nécessaire qu'il intervienne une décision de la chambre du conseil pour que le juge s'abstienne. — A. 1265.

1924. Si la déclaration faite par le juge à la chambre, à l'effet d'être dispensé, n'était pas fondée sur un motif qui établirait une cause de récusation, la chambre pourrait néanmoins ordonner qu'il s'abstint. — A. 1266.

1925. Il n'est pas nécessaire que la décision de la chambre, portant que le juge doit s'abstenir, soit notifiée ou communiquée aux parties, puisque la loi ne l'ordonne point, et qu'elles ne peuvent d'ailleurs en interjeter appel. — A. 1267.

1926. Le juge peut, en tout état de cause, faire la déclaration prescrite par l'art. 380. — A. 1268.

1927. Le concours d'un juge récusable ne rendrait pas le jugement nul, s'il n'avait pas déclaré les causes de récusation qu'il savait exister dans sa personne, ou s'il n'avait pas été récusé. — A. 1269.

1928. Un jugement n'est pas nul pour avoir été rendu en présence du procureur du Roi, parent de l'une des parties, mais dans une affaire non communicable. (Cour de Rennes, 2.ᵉ ch., 26 décembre 1811. J. de R., p. 333. )

1929. *Le greffier est-il récusable?*

Non, d'après l'arrêt de Rennes cité *suprà*, n.º 812.

## ARTICLE 381.

Les causes de récusation relatives aux juges sont applicables au ministère public lorsqu'il est partie jointe ; mais il n'est pas récusable lorsqu'il est partie principale.

### *Conférence.*

V. les questions 1030 et 1223, n.ᵒˢ 1389 et 1873.

1930. La récusation dirigée contre le ministère public agissant d'office, est nulle de plein droit. — A. 1270. (1)

---

[1] *Er.* Au lieu de *Denevers*, 1811, p. 102, lisez *Sirey*, 1811, p. 356.

### ARTICLE 382.

Celui qui voudra récuser, devra le faire avant le commencement de la plaidoirie ; et, si l'affaire est en rapport, avant que l'instruction soit achevée, ou que les délais soient expirés, à moins que les causes de la récusation ne soient survenues postérieurement.

*Conférence.,*

Art. 96, 97, 98 et 343. -- Ordonn. de 1667, tit. 24, art. 20.

1931. On ne peut, après les époques déterminées par l'art. 382, admettre une récusation, si les causes existantes avant n'avaient été connues que depuis ces mêmes époques. — A. 1271.

1932. Lorsqu'une récusation a été formée tardivement, elle peut être considérée comme non avenue, sans qu'il soit besoin d'un jugement qui la déclare non recevable. — A. 1272, et *infrà* art. 385.

### ARTICLE 383.

La récusation contre les juges commis aux descentes, enquêtes et autres opérations, ne pourra être proposée que dans les trois jours, qui courront, 1.° si le jugement est contradictoire, du jour du jugement; 2.° si le jugement est par défaut et qu'il n'y ait pas d'opposition, du jour de l'expiration de la huitaine de l'opposition; 3.° si le jugement a été rendu par défaut, et qu'il y ait en opposition, du jour du débouté d'opposition, même par défaut,

*Conférence.*

Ordonnance, même titre 24, art. 22.

1933. Il n'y a point de distinction à faire pour l'application de l'art. 383, entre les jugemens par défaut rendus faute de constitution d'avoué, et les jugemens rendus faute de plaider. — A. 1273.

1934. L'exception portée en l'art. 382, relativement à la survenance des causes après les délais fixés par cet article, n'est point applicable au cas de l'art. 383. — A. 1274. (1)

1935. La récusation d'un juge-commissaire doit être jugée par le tribunal auquel il appartient, et si c'est un juge de paix, par le tribunal qui connaîtrait de la récusation en tout autre cas, conformément à l'art. 47. — A. 1275.

[1] *Er.* Dernier mot de cette question, au lieu de 283, lisez 383.

## ARTICLE 384.

La récusation sera proposée par un acte au greffe, qui en contiendra les moyens, et sera signé de la partie, ou du fondé de sa procuration authentique et spéciale, laquelle sera annexée à l'acte.

### Conférence.

T. art. 92. A. 1179 et 1249. Art. 23, même titre 24 de l'ordonnance.

1936. Un tribunal n'est pas obligé de s'arrêter à une récusation irrégulière dans la forme. ( Cass., 15 brumaire an 12. Sirey, an 12, p. 64, et *sup.* n.° 1932.

## ARTICLE 385.

Sur l'expédition de l'acte de récusation, remise dans les vingt-quatre heures par le greffier au président du tribunal, il sera, sur le rapport du président et les conclusions du ministère public, rendu jugement qui, si la récusation est inadmissible, la rejetera; et si elle est admissible, ordonnera, 1.° la communication au juge récusé, pour s'expliquer en termes précis sur les faits, dans le délai qui sera fixé par le jugement; 2.° la communication au ministère public, et indiquera le jour où le rapport sera fait par l'un des juges nommé par ledit jugement.

### Conférence.

Art. 24, même titre de l'ordonnance.

1937. Le juge récusé ne peut concourir au jugement dont il s'agit en l'art. 385. — A. 1276, et cass., 30 novembre 1809. Sirey, 1810, p. 309, *suprà* n.° 1885.

1938. *Mais le tribunal peut-il prononcer sur l'abstention ou la récusation au nombre de juges auquel il est réduit par l'éloignement du juge récusé ou qui s'abstient?*

Dans ces deux cas, le tribunal doit être composé du nombre de juges nécessaire pour rendre un jugement sur le fond : il faut en conséquence compléter le tribunal comme dans les cas ordinaires.

## ARTICLE 386.

Le juge récusé fera sa déclaration au greffe, à la suite de la minute de l'acte de récusation.

1939. La déclaration ordonnée par l'article 386, tend à ce que le juge s'explique sur les causes de récusation, soit en les avouant, soit en les contestant, soit enfin en donnant à leur sujet tous les renseignemens qui pourraient mettre le tribunal à portée de statuer avec connaissance de cause. — A. 1277.

1940. La déclaration faite par le juge, et dans laquelle il contesterait les causes de récusation, ne l'établit point partie dans l'incident; et il en est de même, à plus forte raison, du juge qui ne se déporte pas, et laisse juger la récusation; d'où suit que, dans les deux cas, il ne peut être condamné aux dépens. — A. 1278. (1)

### ARTICLE 387.

A compter du jour du jugement qui ordonnera la communication, tous jugemens et opérations seront suspendus : si cependant l'une des parties prétend que l'opération est urgente et qu'il y a péril dans le retard, l'incident sera porté à l'audience sur un simple acte, et le tribunal pourra ordonner qu'il sera procédé par un autre juge.

*Conférence.*

Art. 7, titre 21 ; et 2.ᵉ part., art. 22, tit. 24, ordonn. de 1667.

1941. En cas de récusation d'un juge étranger, commis à une opération, le tribunal auquel appartient ce juge peut pourvoir à son remplacement, s'il a reçu du tribunal saisi de la contestation pouvoir de commettre lui-même un de ses membres; mais dans le cas où la commission est directement adressée à tel juge, le tribunal qui l'a décernée peut seul remplacer le juge qu'il avait délégué d'abord. — A. 1279.

1942. On ne peut, quand même il serait urgent de faire prononcer un jugement interlocutoire ou provisoire, demander au tribunal, afin qu'il puisse rendre ce jugement, qu'il fasse remplacer le juge récusé. — A. 1280.

1943. On doit annuler les jugemens rendus ou les opérations faites au mépris de la prohibition de l'article 387. — A. 1281.

### ARTICLE 388.

Si le juge récusé convient des faits qui ont motivé sa récusation, ou si ces faits sont prouvés, il sera ordonné qu'il s'abstiendra.

*Conférence.*

Même titre de l'ordonnance, art. 15. V. *suprà* n.o 1923.

_____

(1) *Er.* Deuxième ligne, au lieu de *page 180*, lisez *page 80*.

## ARTICLE 389.

Si le récusant n'apporte preuve par écrit ou commencement de preuve des causes de la récusation, il est laissé à la prudence du tribunal de rejeter la récusation sur la simple déclaration du juge, ou d'ordonner la preuve testimoniale.

*Conférence,*

C. C. art. 1347 et 1348, et *suprà* sur l'art. 373, n.o 1889.

## ARTICLE 390.

Celui dont la récusation aura été déclarée non admissible ou non recevable, sera condamné à telle amende qu'il plaira au tribunal, laquelle ne pourra être moindre de cent francs, et sans préjudice, s'il y a lieu, de l'action du juge en réparation et dommages et intérêts, auquel cas il ne pourra demeurer juge.

*Conférence.*

Même titre de l'ordonnance, art. 29 et 30.

1944. Le demandeur est sujet à l'amende, soit dans le cas où la récusation est jugée inadmissible par jugement rendu d'après l'article 385, soit dans celui où elle est jugée mal fondée. — A. 1282.

1945. Lorsque plusieurs membres d'un tribunal ont été récusés, et que les autres se sont déportés, les causes de récusation doivent être jugées par un premier tribunal, avant d'être présentées à la cour, puisque l'article 391 déclare que tout jugement sur récusation est sujet à l'appel; mais puisque plusieurs juges sont récusés, et que les autres se sont déportés, les causes de récusation ne peuvent être jugées par le même tribunal.

Il y a conséquemment lieu de permettre à la partie qui a récusé de signifier et d'appeler sa partie adverse pardevant la cour d'appel, conformément à l'article 364, en indication de juges, pour prononcer sur les récusations. (Rennes, 1.re ch., 27 novembre 1807.)

On remarquera que cet arrêt de la cour de Rennes n'a rien de contraire à ce que nous avons établi sur l'article 368, n.° 1866, attendu qu'il ne s'agissait, dans l'espèce, que de récusations partielles. Or, il ne pouvait y avoir lieu ni à la demande en renvoi pour cause de suspicion légitime, puisque tous les membres du tribunal n'étaient pas récusés, ni à la demande *en indication de juges*, pour prononcer sur le fond de l'affaire, puisque ceux qui avaient été récusés n'ayant pas acquiescé à la récusation, il pouvait arriver, si elle était rejetée, que le tribunal pût être complété.

## ARTICLE 391.

Tout jugement sur récusation, même dans les matières
où le tribunal de première instance juge en dernier ressort,
sera susceptible d'appel : si néanmoins la partie soutient
qu'attendu l'urgence, il est nécessaire de procéder à une
opération sans attendre que l'appel soit jugé, l'incident
sera porté à l'audience sur un simple acte ; et le tribunal
qui aura rejeté la récusation, pourra ordonner qu'il sera
procédé à l'opération par un autre juge.

### Conférence.

Même titre de l'ordonnance, art. 26.

1946. Le jugement rendu en conformité de l'article 385 est susceptible d'appel, comme le jugement rendu en exécution de l'article 389. — A. 1283.

1947. L'adversaire du récusant peut appeler des jugemens rendus
sur la récusation. — A. 1284.

Nous avons adopté cette opinion contre le sentiment de plusieurs
auteurs ; nous ajouterons ici que c'est celle de M. Poncet, p. 265,
qui conclut, avec raison, de ce que la voie d'appel est ouverte à l'adversaire du récusant, qu'il a le droit de contester la récusation en première instance ; et, en effet, si la récusation est une faveur introduite dans l'intérêt d'une partie, l'adversaire doit jouir de tous les
moyens légitimes d'empêcher que cette faveur ne tourne à son préjudice ; c'est en ce sens que nous avons envisagé la contestation de ce
dernier, comme tenant aux dispositions du code, qui tendent à concilier
les intérêts des parties, du public et des magistrats. ( V. *sup.* p. 508. )

1948. Le juge récusé peut aussi se rendre appelant du jugement
qui déclare que la récusation est admise, ou qu'il s'abstiendra, dans
les cas où ce jugement blesserait son intérêt ou son honneur. —
A. 1285.

1949. Ni l'adversaire du récusant, ni le juge récusé, ne peuvent
former opposition au jugement rendu sur récusation. — A. 1286.

## ARTICLE 392.

Celui qui voudra appeler, sera tenu de le faire dans
les cinq jours du jugement, par un acte au greffe, lequel
sera motivé et contiendra énonciation du dépôt au greffe
des pièces au soutien.

### Conférence.

Voyez art. 377.

1950. Le délai déterminé par l'article 392 est fatal, et l'appelant
doit être déclaré non recevable, s'il a fait, après les cinq jours, sa
déclaration d'appel. — A. 1287.

1951. Il n'est pas absolument nécessaire que l'acte d'appel soit signé par la partie elle-même, ou par son fondé de pouvoir spécial. L'avoué est suffisamment autorisé à signer cet acte, sauf sa responsabilité. — A. 1288.

## ARTICLE 393.

L'expédition de l'acte de récusation, de la déclaration du juge, de l'appel, et les pièces jointes, seront envoyées sous trois jours par le greffier, à la requête et aux frais de l'appelant, au greffier de la cour royale.

*Conférence.*

V. art. 377, et A. 109, p. 59.

## ARTICLE 394.

Dans les trois jours de la remise au greffier de la cour royale, celui-ci présentera lesdites pièces à la cour, laquelle indiquera le jour du jugement, et commettra l'un des juges; sur son rapport, et sur les conclusions du ministère public, il sera rendu à l'audience jugement, sans qu'il soit nécessaire d'appeler les parties.

*Conférence.*

Même art. 377; même titre 24, art. 27 de l'ordonnance.

## ARTICLE 395.

Dans les vingt-quatre heures de l'expédition du jugement, le greffier de la cour royale renverra les pièces à lui adressées au greffier du tribunal de première instance.

*Conférence.*

V. art. 377, conséquence de l'art. 393.

## ARTICLE 396.

L'appelant sera tenu, dans le mois du jour du jugement de première instance qui aura rejeté sa récusation, de signifier aux parties le jugement sur l'appel, ou certificat du greffier de la cour royale, contenant que l'appel n'est pas jugé, et indication du jour déterminé par la cour : sinon le jugement qui aura rejeté la récusation, sera exécuté par provision; et ce qui sera fait en conséquence sera valable, encore que la récusation fût admise sur l'appel.

*Conférence.*

Tarif, art. 70.

1952. Un tribunal ne peut ordonner l'exécution provisoire du jugement sur la récusation, avant l'arrêt d'appel ou l'envoi du certificat constatant que l'appel n'est pas jugé. — A. 1289.

QUATRIÈME DIVISION. (1)

# De la procédure relative à l'anéantissement de l'instance par péremption et désistement.

Après avoir établi les règles suivant lesquelles la demande doit être formée et la cause instruite et jugée, ainsi que tous les incidens qui peuvent retarder ou interrompre le cours de l'instance, sans cependant l'éteindre, le code de procédure traite des moyens de terminer le procès sans discussion ni débats relatifs au fond.

Ces moyens sont la péremption et le désistement de l'instance, tous deux fondés sur cette maxime de droit, qu'il est permis à chacun de renoncer à ce qui ne concerne que son propre intérêt (2); mais dont l'un ne dérive que d'une présomption légale de cette renonciation, tandis que l'autre en est une déclaration formelle.

Cette présomption acquise, cette déclaration donnée et acceptée, l'instance est réputée n'avoir jamais existé, et conséquemment le tribunal n'a plus à prononcer sur la demande dont il se trouve dessaisi. C'est ainsi, comme nous venons de le dire d'après le tribun Faure (3), que le procès se termine sans discussion ni débats concernant le fond, le tribunal ne pouvant plus avoir à s'occuper que des seules contestations qui s'éleveraient sur la question de savoir si la péremption est véritablement acquise, ou si le désistement est valablement donné ou accepté.

Mais comme cet abandon présumé ou formel ne se rapporte qu'à l'instance, c'est-à-dire, à l'exercice de l'action et à tous les

(1) Er. A la page 267 ci-dessus, au lieu de 2.ᵉ DIVISION, lisez 3.ᵉ DIVISION.

(2) Unicuique licet juri in favorem suum introducto renuntiare. [ Loi 41, ff. de minor. ]

(3) Rapport du tribun Faure, édit. de Didot, p. 118.

actes qui en ont été la suite, il n'éteint en aucun cas l'action elle-même, qu'on peut conséquemment exercer de nouveau, et aussi long-tems que la prescription du droit n'est pas acquise. ( Art. *infrà* 401 , 403 , *suprà* n.° 67 ); mais voy. l'exception portée A. 469.

# TITRE XXII.

## De la péremption.

( V. *suprà* sur l'art. 15, n.°⁵ 58 et suivans, et *infrà* sur l'art. 469. )

La péremption (1) d'instance est l'anéantissement de l'instance par la discontinuation des poursuites pendant le tems réglé par la loi. ( 15, 397. )

Par le mot instance (2), on entend la procédure qui *s'instruit*, ou *l'instruction* qui se fait pour parvenir au jugement. *L'instance* comprend donc les divers actes de la procédure respective des parties. (3) Et par conséquent, depuis et compris l'exploit introductif, jusqu'au dernier acte de procédure qui en est la suite, tout est réputé non avenu dès qu'une demande en péremption a été formée à l'expiration du laps de tems déterminé par la loi.

Il suit de là que la péremption court à partir de l'ajournement, et non plus comme autrefois, en plusieurs ressorts, à partir de la contestation en cause formée suivant l'article 13, titre 14 de l'ordonnance de 1667. Il s'ensuit encore que l'on ne connaît plus la surannation des actes isolés de la procédure par un an, ainsi qu'on l'admettait en Bretagne. ( V. princip. de Duparc, t. 6, p. 285. )

La présomption que le demandeur, particulièrement intéressé à obtenir jugement, a abandonné la demande qu'il a si long-tems négligé de poursuivre, et, d'un autre côté, la nécessité de mettre

(1) De *perimere, peremptum*, éteindre, anéantir.
(2) De *stare in judicio*, agir en justice.
(3) Traité des actions, p. 275.

un terme aux procès, sont les motifs qui ont fait introduire la péremption.

Il y aurait peu d'utilité-pratique à rechercher s'il est vrai qu'elle prend sa source dans la loi *properandum*, au code de *judiciis*, et à quelle époque elle a été admise dans le droit français ; on peut voir à ce sujet les remarques d'Hevin, à la fin du 1.er volume des arrêts de Frain, p. 111, et le §. 1.er du traité *ex professo* de Menelet. Il suffira de savoir qu'il en était question dans les ordonnances de Villers-Cotterets, de 1539 ; de Roussillon, de 1563 ; et sur-tout de Louis XIII, de 1629 ; c'étaient les seules lois générales que nous eussions avant la publication du code de procédure sur cette matière, qui, d'ailleurs, était régie par des principes de jurisprudence locale.

Suivant le code, la demande en péremption est une demande principale absolument distincte de l'instance qu'elle tend à faire déclarer anéantie, en sorte « qu'on ne peut agiter sur cette demande » aucune question relative à la contestation qui était l'objet de » cette instance, et que la seule chose à juger est, d'une part, le » fait unique de la discontinuation des poursuites pendant le tems » déterminé par la loi ; de l'autre, si, en conséquence de ce fait, la » péremption demandée doit être déclarée acquise. » (1) ( V. art. 397 et sur l'art. 469. )

Elle court contre toute espèce de personnes indistinctement, même contre l'état. (398.)

Introduite en faveur du défendeur seulement, elle n'est acquise qu'autant qu'il en a formé la demande expresse ; aussi tout acte valable suffit pour la couvrir. (399.)

Cette demande est formée par acte d'avoué à avoué, à moins que l'avoué ne soit décédé, interdit ou suspendu. (400.)

Elle n'a pour objet que d'anéantir l'*instance* ; et, par conséquent, si elle est admise, on est libre d'intenter de nouveau l'action ; mais alors on ne peut opposer aucun des actes de la procédure éteinte, ni s'en prévaloir.

_____

(1) Arrêt de Rennes, 2.e ch., 16 juin 1818.

Enfin, la péremption résultant de la présomption que le demandeur originaire, qui a négligé de poursuivre, s'est désisté, les frais
de l'instance périe restent à sa charge. (401.)

Telles sont les règles simples au moyen desquelles notre nouveau
code a dissipé toutes les incertitudes qui existaient autrefois en
matière de péremption, fixé la jurisprudence et favorisé ce moyen
légal de terminer les procès.

### ARTICLE 397.

Toute instance, encore qu'il n'y ait pas eu constitution
d'avoué, sera éteinte par discontinuation de poursuites pendant trois ans.

Ce délai sera augmenté de six mois, dans tous les cas où
il y aura lieu à demande en reprise d'instance, ou constitution de nouvel avoué.

#### Conférence.

Arrêt de réglement du parlement de Paris, 28 mars 1692.

1953. La péremption court à partir de l'exploit introductif. —
A. 1290.

1954. *Lorsque la demande en péremption est formée avant l'expiration des trois années, et que, dans l'intervalle de cette demande
aux plaidoiries, aucun acte valable n'a été signifié, peut-on déclarer
la péremption acquise, en ajoutant au tems écoulé, jusqu'à l'époque
de la demande, celui qui a couru depuis jusqu'aux plaidoiries?*

Nous ne le pensons pas, par la raison que le droit de demander
la péremption n'est ouvert qu'à l'expiration du laps de tems déterminé par le code; or, une demande prématurée doit être rejetée,
et les choses sont rétablies dans l'état où elles étaient avant qu'elle
eût été formée. Il importe peu que le laps de tems qui se serait
écoulé jusqu'aux plaidoiries eût complété celui que la loi prescrit;
la demande en péremption doit être jugée suivant l'état où était
l'instance lorsqu'elle a été notifiée; car, en ce moment, elle ne présente pas à décider s'il y aura trois ans d'écoulés au moment des
plaidoiries, mais s'ils l'étaient au jour de sa notification: le défendeur
à la péremption peut donc l'écarter par exception.

S'il en était autrement, il s'ensuivrait que le tribunal ferait droit
à un acte qui devait être considéré comme non avenu lorsqu'il a
été fait, et qu'il prononcerait une péremption qui n'aurait pas été
demandée dans la forme prescrite par la loi. En effet, la péremption
n'étant acquise qu'à l'expiration de trois ans, conclure en plaidant à

ce qu'elle soit prononcée, quoique non acquise à l'époque où elle a été demandée, c'est la même chose que si une nouvelle demande en était formée à l'audience, sans que l'on eût préalablement notifié la requête exigée par l'article 400.

Il faut donc absolument, dans l'espèce de la question posée, que la partie qui a *prématurément* présenté sa requête, la renouvelle dès que le tems requis par la loi a été complété.

1955. *La péremption a-t-elle lieu devant les tribunaux de commerce?*

La négative a été jugée par arrêt de la cour de Rouen du 16 juillet 1817 (Sirey, 1817, p. 416), attendu que l'article 452 du code de commerce veut que la procédure devant ces tribunaux soit suivie telle qu'elle a été réglée par le titre 25 du code de procédure, qui ne contient aucune disposition suivant laquelle la péremption dût être admise; d'où suit que l'article 397 ne s'applique que dans les tribunaux de première instance.

On peut ajouter que si le législateur avait entendu admettre la péremption d'instance dans les juridictions commerciales, il s'en fût expliqué, comme il l'a fait pour les justices de paix, dans l'art. 15 du code de procédure, ou qu'il eût déclaré l'article 397 applicable dans ces juridictions, comme il l'a fait à l'égard des articles 156, 158 et 159, par l'article 643 du code de commerce.

1956. La prescription de l'action n'emporte point la péremption de l'instance — A. 1291 (1), et Cass., 22 janvier 1816. Sirey, 1816, p. 118.

1957. *Quels sont les cas où la péremption peut être acquise à l'expiration d'un terme moindre que celui qu'a fixé l'article 397?*

Voyez A. 1292.

1958. La péremption étant une espèce de prescription, se compte par jour, et non *de momento ad momentum*. — A. 1293.

1959. Elle peut être opposée, s'il s'est écoulé trois ans, même depuis que l'affaire est en état. — A. 1294. (2)

1960. Ceci s'applique au cas de négligence d'un commissaire à procéder à une opération, ou d'un rapporteur à faire son rapport. — A. 1295.

Mais le contraire a été jugé, relativement au rapporteur, par un arrêt de la cour de Rennes, du mois de mai 1813.

(1) Er. p. 733, entre deux parenthèses, au lieu de *Dufait*, lisez *Dufail*; et à la dernière ligne, effacez *mais*.

(2) Er. 7.ᵉ ligne, au lieu de p. 252, lisez p. 262.

Nous n'en persistons pas moins à croire que la péremption doit être opposée en cette circonstance, puisque le demandeur doit s'imputer la faute de n'avoir pas constitué le rapporteur en demeure de mettre l'affaire en état.

1961. Le décès d'un commissaire ou d'un rapporteur n'interrompt point le cours de la péremption. — A. 1296, et Menelet, traité des péremptions, p. 94, remarque 1.re

1962. Une transaction éteint l'instance, et, si elle n'est pas exécutée, elle devient le principe d'une instance nouvelle ; par conséquent, elle ne peut être d'aucune considération pour la péremption : quant au compromis, comme il remet les parties au même état où elles étaient avant le procès, il n'a également aucune influence sur la péremption, puisqu'il faut renouveler l'instance, s'il n'est pas exécuté. — A. 1297.

Telle est l'opinion particulière que nous avons énoncée sur la question de savoir si la transaction et le compromis interrompent la péremption. Nous la croyons bien fondée relativement à la transaction ; mais elle présente quelques doutes concernant le compromis. Si l'on n'admet pas, comme nous, que le compromis dessaisisse le juge, et que conséquemment il faille, à moins que les parties ne s'en soient autrement expliquées, revenir devant lui par action nouvelle, du moins devrait-on penser, comme Menelet, page 91, qu'il conserve l'instance ; mais que, du jour de son expiration, l'affaire retombant en la jurisdiction où elle était pendante quand les parties compromirent, elle s'y périme par une cessation de poursuites de trois années.

Nous ajouterons, avec le même auteur, qu'il n'est pas nécessaire, pour que le compromis fasse obstacle à la péremption, qu'il soit suivi de procédures ; mais si l'instance compromissoire, ce qui ne peut guères arriver, durait plus de trois ans, sans que les parties eussent procédé devant les arbitres, la péremption nous semblerait acquise devant le tribunal de première instance.

1963. De simples tentatives, afin de terminer le procès à l'amiable, faites dans l'intervalle par la partie qui veut ensuite opposer la péremption, en ont interrompu le cours. (Florence, 28 juin 1812. Journ. des avoués, t. 7, p. 110. Argum.t de l'article 2248 du code civil, et *suprà* n.º 65.)

1964. Il en est de même des cas fortuits qui ont mis le demandeur dans l'impossibilité d'agir. — A. 1298.

1965. Cependant la suspension momentanée du cours de la justice n'opérerait interruption qu'autant qu'il serait prouvé d'ailleurs qu'il y a eu impossibilité absolue de faire aucun acte de procédure. (Paris, 25 avril 1815. Sirey, 1816, p. 368.)

1966. *La péremption peut-elle courir contre une instance dont la poursuite est suspendue, soit par une demande incidente, soit par tout autre incident qui devrait être vidé préalablement au jugement du fond, soit enfin par des jugemens interlocutoires ou préparatoires ?*

Nous substituons la réponse suivante à celle que nous avons donnée sur la 1299.ᵉ question de notre analyse, où nous ne parlions que des incidens.

M. Demiau-Crouzilhac estime que l'incident doit être considéré comme une instance particulière qui suspend l'instance principale, en sorte que le délai pour la péremption de celle-ci ne reprendrait son cours qu'autant que l'incident serait lui-même périmé.

Telle était aussi l'opinion de Lange, p. 499 ; mais M. Pigeau (p. 447), remarque avec raison que les demandes incidentes ne forment point des instances séparées qui soient susceptibles d'une péremption particulière, une instance se composant tout à la fois et de la demande principale et des demandes incidentes qui y sont jointes.

Il suit de là que les incidens tombent sous le coup de la péremption de l'instance durant laquelle ils ont été formés.

Par arrêt du 6 mai 1813 ( V. Sirey, 1814, p. 89 ), la cour de Rouen a prononcé de la même manière relativement aux jugemens préparatoires et interlocutoires ; elle a déclaré que ces jugemens ne constituent point des instances spéciales, mais qu'ils font partie de l'instruction ou des erremens de la cause dans laquelle ils sont intervenus ; et qu'enfin cette doctrine est celle qui a été adoptée par l'article 397 du code de procédure civile, puisque, dans son premier paragraphe, il est conçu en termes généraux qui excluent toute exception qu'on voudrait introduire hors des deux cas exprimés au second paragraphe du même article.

Ainsi nous conclurons que toute procédure par incident, comme tout jugement préparatoire ou interlocutoire, tombe dans la péremption acquise par trois ans de discontinuation de procédures.

Cette doctrine a d'ailleurs été consacrée par un arrêt de la cour de cassation du 14 décembre 1813 ( V. Sirey, 1814, p. 137 ), en ce qu'il décide que les jugemens préparatoires ne sont point un obstacle à ce que l'instance soit éteinte par discontinuation de poursuites, et qu'ils sont eux-mêmes annulés ou éteints, comme les autres actes de la procédure périmée.

1967. On ne peut même déclarer périmée l'instance particulière sur l'opposition, sans étendre la péremption à l'instance principale. — A. 1300.

1968. *Pour qu'il y ait lieu à l'addition du délai de six mois, conformément à la seconde disposition de l'article 397, faut-il que les événemens qui ameneraient une reprise d'instance ou une constitution de nouvel avoué fussent survenus pendant le premier délai de trois ans?*

En examinant cette question, A. 1301, nous avons cité un arrêt de la cour de cassation du 5 janvier 1808, lequel a décidé que toutes les fois que la péremption d'instance n'a pas été demandée, elle doit être censée couverte par tout événement donnant lieu à reprise d'instance, de manière que l'on doit toujours accorder aux héritiers ou ayant-cause le délai de six mois, à compter du jour du décès. Ainsi se trouverait résolue, pour la négative, la question que nous venons de poser.

Mais nous n'avons pas dissimulé que M. Merlin, en citant lui-même cet arrêt, émet une opinion absolument opposée, opinion que la cour de Trèves a rejetée par arrêt du 17 juin 1812. ( Sirey, 1813, p. 194. )

Nous croyons que cette dernière doctrine est celle qu'il convient d'adopter, attendu, entre autres motifs, qu'en n'accordant l'augmentation du délai qu'autant que l'événement serait arrivé dans les trois années, ce serait implicitement admettre que la péremption s'opère de plein droit, tandis que le contraire résulte clairement de l'article 399.

Cette décision se rapproche d'ailleurs des principes de l'ancienne jurisprudence, suivant laquelle le décès de l'une des parties, arrivé avant l'expiration des trois années, suspendait la péremption à laquelle l'instance n'était plus sujette avant d'avoir été reprise. ( Cass., 27 germinal an 13. Sirey, 1805, p. 363, et Menelet, p. 169. )

Ainsi donc le décès d'une partie ou de l'avoué, arrivé après les trois ans d'interruption, forme un obstacle à la demande, jusqu'à ce qu'il se soit écoulé un délai de six mois.

1969. Mais il ne résulte pas de là que l'on ne puisse, après le délai de trois ans et six mois donné par l'article, former une demande en reprise d'instance ou en constitution de nouvel avoué : car ces demandes ne se prescrivent en général que par trente ans, et par conséquent elles sont recevables, tant que la péremption n'a pas été demandée. — A. 1302.

Nous disons se prescrivent *en général*, parce que la prescription de trente ans est la plus ordinaire ; mais lorsque la loi a limité le délai de la prescription à un moindre laps de tems, par exemple, dans le cas de l'art. 1304 du code civil, relatif aux demandes en nullité et rescision, comme le délai pour reprendre l'instance ne doit pas être plus long que le délai pour introduire l'action, on ne pourrait reprendre l'instance après dix ans. ( Arg.ᵗ, cass., 24 v.ʳᵉ an 12. Siréy, an 12, 2.ᵉ part., p. 64. )

1970. La prorogation de délai accordée par l'art. 397 n'est établie que dans l'intérêt de la partie qui a droit à la reprise d'instance, ou qui se trouve obligée de constituer nouvel avoué. Ainsi le demandeur au principal ne peut invoquer le délai supplémentaire, lorsque c'était au défendeur auquel incombait ce droit ou cette obligation. — A. 1303. (1)

Cependant, par son arrêt du 17 juin 1813, déjà cité *suprà* n.ᵒ 1966, la cour de Trèves a jugé d'une manière absolument contraire. Elle en a donné pour motif que l'article 397, en disposant que le délai général doit être augmenté de six mois dans tous les cas où il y a lieu à reprise d'instance ou à constitution de nouvel avoué, n'a fait aucune distinction entre le demandeur ou le défendeur en péremption.

D'un autre côté, la cour de Paris, par arrêt du 1.ᵉʳ juillet 1812 ( V. Sirey, 1814, p. 347 ), a prononcé conformément à l'arrêt de la cour de cassation du 12 juillet 1810, sur lequel nous avions établi, dans notre analyse, la question ci-dessus posée.

Il faut convenir que la décision de Trèves a pour elle une raison d'analogie tirée de l'ancienne jurisprudence, qui admettait l'interruption de la péremption par le décès de l'une ou de l'autre des parties ; mais aussi l'on peut dire avec la cour de cassation, que la prorogation du délai n'a été établie par l'article 397, que dans l'intérêt de la partie ayant droit à cette reprise ; d'où suit que le demandeur principal, défendeur à la péremption, ne peut *excepter* de ce supplément de délai qu'autant qu'il se serait trouvé lui-même dans le cas de la reprise ou de la constitution de nouvel avoué : si, au contraire, c'était le demandeur en péremption qui se serait trouvé dans ce même cas, le défendeur aurait à s'imputer la faute de n'avoir pas assigné en reprise ou en constitution, et d'avoir ainsi entièrement *discontinué* ses poursuites. La demande en péremption procède donc contre lui, conformément au 1.ᵉʳ §. de l'art. 397. Tel est le motif pour lequel nous persistons dans l'opinion que présente la 1303.ᵉ question de notre analyse.

1971. C'est toujours par suite des mêmes principes qu'il a été décidé,

1.º Par la cour de Riom ( 17 mai 1810; Sirey, 1811, p. 314 ), que le décès de l'une des parties, arrivé sous l'empire du code de procédure, n'interrompt la péremption que pour six mois, encore que l'instance ait été introduite avant la publication du code ;

_____

[1] *Er.* 9.ᵉ ligne, au lieu de *parce que*, lisez *et que*.

2.º Par la cour de Bruxelles ( 14 avril 1810 ; Sirey, 1814, p. 349 ), que si le décès est arrivé avant cette époque, on ne doit point comprendre dans le délai fixé par le code, le tems qui s'est écoulé depuis le décès jusqu'à la publication.

1972. Le concours de deux événemens qui donneraient lieu isolément à une augmentation de six mois, aux termes de l'art. 397, n'autorise pas une double prorogation du même délai.

Ainsi, lorsque dans une instance il se rencontre tout à la fois décès de la partie ou de l'avoué, il ne peut y avoir lieu qu'à une seule prorogation de délai. ( Cass., 19 août 1816. Sirey, 1817, p. 47. )

1973. On peut prononcer la péremption d'une instance qui a pour objet une question d'état. — A. 1304.

1974. Elle s'acquiert contre une sentence arbitrale, non en vertu de l'art. 397, mais en conformité de l'art. 1007, et par conséquent de dispositions particulières. — A. 1305.

1975. La péremption est de sa nature indivisible, lors même que l'objet du procès est susceptible de division.

Ainsi, quand plusieurs parties ayant le même intérêt figurent dans une instance, il suffit que la péremption n'eût pu courir contre l'une d'elles, pour qu'elle n'ait pu s'acquérir contre les autres. ( V. Menelet, p. 157. ) Et par suite de conséquences, les fins de non recevoir contre une demande en péremption, acquises à l'un des défendeurs, profitent à tous les autres. ( Cass., 8 juin 1813. Sirey, 1813, p. 458. )

1976. Par une autre conséquence des mêmes principes, la cour de Riom a jugé, par arrêt du 30 janvier 1815 ( Sirey, 1817, 2.º part., p. 352 ), que la demande en péremption d'une instance d'appel, introduite sous l'ancienne législation, en événement qu'une opposition simultanément formée contre le même jugement ne fût pas recevable, n'était pas admissible elle-même. En effet, la péremption dans cette espèce n'eût pas éteint l'instance qui eût continué de subsister devant les premiers juges, au moyen de l'opposition.

Mais il est à remarquer que cette décision n'a rien d'important sous l'empire du code, qui n'accorde la faculté d'appeler qu'après l'expiration des délais pour l'opposition. ( V. *infrà* art. 443. )

QUESTION TRANSITOIRE *sur l'article 397.*

1977. *La demande en péremption d'une instance introduite avant la publication du code de procédure civile, doit-elle être instruite et jugée suivant les dispositions de ce code ou les règles de l'ancienne jurisprudence ?*

C'est un principe désormais certain par l'application fréquente qu'en ont fait les cours souveraines ( v. entre autres, cass., 5 janvier 1808 et 12 juillet 1810. Sirey, 1808, p. 119, et 1810, p. 368), que la demande en péremption d'instance *est une nouvelle procédure introduite à la suite d'une précédente, et tout à fait indépendante de la cause principale.*

La conséquence immédiate de ce principe, que la demande en péremption est nécessairement *nouvelle* et *principale*, c'est qu'elle doit être régie par la législation sous l'empire de laquelle elle est formée, et aujourd'hui, par conséquent, d'après les dispositions du code de procédure, comme cela résulte de l'article 1041 de ce code. ( Rennes, 16 janvier 1818, 2.ᵉ ch. )

Ainsi la péremption doit être déclarée acquise dans l'espèce de notre question, nonobstant la jurisprudence des provinces, où, comme en Bretagne, la péremption n'était admise que lorsqu'elle concourait avec la prescription, et où la distribution des causes prorogeait de trente ans le délai de l'une et de l'autre.

Vainement le défendeur à la péremption essayerait-il de tirer avantage de cette jurisprudence, pour soutenir que l'on ne peut appliquer les dispositions du code, puisqu'il établit sur ce point un droit nouveau.

La réponse à cette objection, qui se reproduit souvent, se trouve établie sans réplique dans le principe ci-dessus énoncé, que la demande en péremption est *principale*, et qu'étant formée sous l'empire du code, elle ne peut être jugée que d'après ses dispositions, sans avoir égard aux usages formellement abrogés, nous le répétons, par l'article 1041.

Ajoutons qu'en décidant ainsi, on ne porte pas plus atteinte à un droit acquis sous l'ancienne législation, que n'en ont porté, soit l'article 2281 du code civil, aux termes duquel le laps de trente ans fait acquérir les prescriptions pour lesquelles les lois antérieures exigeaient un laps de tems plus considérable, soit trois arrêts de la cour de Rennes, qui ont décidé que les billets à ordre, quoique souscrits sous l'empire de la loi ancienne, qui portait à trente ans le terme de leur prescription, sont aujourd'hui prescriptibles par cinq ans, en vertu des dispositions du code de commerce. ( V *infrà* sur l'article 399. )

1978. *Résulte-t-il de ce que la péremption est ainsi régie par le code de procédure, quoique l'instance ait été introduite avant sa publication, que les anciennes saisies-réelles y soient sujettes dans les lieux où elles ne tombaient point en péremption ?*

Suivant l'article 91 de l'ordonnance de 1629, qui rappelle la disposition de l'article 15 de celle de Roussillon, toutes instances

créées se périmaient par la discontinuation de poursuites pendant
trois ans, nonobstant l'établissement de commissaires.

Il en était autrement dans le ressort de Paris, suivant un arrêté
du 28 mars 1782; les saisies ne tombaient point en péremption,
lorsqu'il y avait eu établissement de commissaires et baux faits en
conséquence. ( V. Menelet, p. 61. )

Il en eût été de même en Bretagne, si l'on s'arrêtait à ce qu'établit
Duparc dans ses principes, t. 6, p. 294, n.° 118. Mais cet auteur,
dans son précis des actes de notoriété, p. 168, confesse que la cer-
tification des bannies ne durait que trois ans s'il n'y avait pas eu
de baux judiciaires, et convenait que *la péremption avait lieu en
saisie-réelle lorsqu'elle concourait avec la prescription.*

C'était aussi la seule modification que le parlement eût apportée
à l'enregistrement de l'ordonnance de 1629; ce qui résultait d'un
acte de notoriété du 25 mars 1693, rapporté par Devolant ( p. 192),
avec la remarque de l'annotateur, qu'il fallait le concours de la prescription.

Ainsi nous serions portés à croire qu'il n'est pas exact de soutenir
qu'en Bretagne les saisies-réelles ne tombaient point en péremption
lorsqu'il y avait établissement de commissaires et baux faits en conséquence, quoique le contraire ait été jugé par arrêt de la cour de
Rennes, du 10 mars 1818, 1.re chambre.

Si notre opinion est fondée, il en résulte que s'il s'est écoulé,
depuis le code procédure, trois ans sans poursuites sur une ancienne
instance de saisie-réelle, la péremption, d'après les principes exposés
au précédent numéro, peut s'acquérir en Bretagne, puisque la
prescription n'est plus à considérer depuis la publication de ce
code. De même aussi elle peut s'acquérir dans les ressorts où elle
n'était pas admise, puisque la loi nouvelle a changé la jurisprudence, et que le laps de tems qu'elle a fixé, s'est écoulé sous son
empire; ce qui écarte le reproche de rétroactivité.

Il est vrai que, d'après le décret du 11 janvier 1811, relatif aux
saisies faites avant la loi du 11 brumaire an 7, on pourrait regarder
comme surabondante la discussion dans laquelle nous venons d'entrer,
attendu que ce décret porte,

*Art.* 1.er, que, dans les six mois qui suivront sa publication,
les poursuivans seront tenus de les mettre à fin, et de faire procéder à l'adjudication des biens saisis devant les tribunaux de la
situation desdits biens.

*Art.* 7. Qu'à défaut par les poursuivans d'avoir fait procéder
dans ce délai à l'adjudication définitive, l'administration des domaines
y fera procéder dans les six mois suivans.

Mais il ne suit pas de ses dispositions que, si les poursuivans ou l'administration des domaines ne s'y sont pas conformés, l'instance de saisie doive être périmée de droit.

D'ailleurs, comme l'a jugé la cour de Rennes, par l'arrêt du 10 mars précité, ce décret de 1811 *n'a eu pour objet que de donner aux saisissans les moyens de reprendre et de terminer leurs poursuites en mettant fin à cette partie de la gestion des domaines, sans préjudicier aux droits respectifs des parties intéressées.*

Il peut donc arriver encore que la question que nous venons d'examiner se présente à l'examen des tribunaux.

## ARTICLE 398.

La péremption court contre l'Etat, les établissemens publics, et toutes personnes, même mineures, sauf leur recours contre les administrateurs et tuteurs.

*Conférence.*

Ordonnance, tit. 27, art. 5.

1979. La péremption ne peut courir contre les militaires en activité de service. — A. 1306.

1980. Ni contre le mineur qui ne serait pas pourvu de tuteur. — A. 1307.

1981. Elle peut être opposée à une commune qui aurait esté en jugement sans être munie de l'autorisation de l'administration supérieure. — A. 1308.

Elle peut l'être même dans le cas où la commune eût été obligée de rester dans l'inaction pour obtenir l'autorisation. ( Nîmes, 31 août 1812. Journ. des avoués, t. 7, p. 176. )

## ARTICLE 399.

La péremption n'aura pas lieu de droit ; elle se couvrira par des actes valables, faits par l'une ou l'autre des parties avant la demande en péremption.

1982. Ces expressions, *la péremption n'a pas lieu de plein droit,* signifient qu'elle doit être demandée, et que le juge ne peut la suppléer d'office. — A. 1309.

1983. *Dans le cas où la péremption a été acquise de plein droit sous l'empire des anciennes lois, peut-elle, sous le code actuel, être opposée par exception?*

L'article 15 de l'ordonnance de 1553 établissait le principe posé par l'article 399, que la péremption n'avait pas lieu de plein droit, et, en conséquence, la cour de cassation a plusieurs fois décidé, comme nous venons de le faire au numéro précédent, que la péremption devait être demandée. ( V. un autre arrêt du 26 octobre 1812. Sirey, 1813, p. 132. )

Mais dans plusieurs ressorts la jurisprudence était contraire, et, d'un autre côté, la cour de cassation a plusieurs fois décidé que, dans ceux où la prescription de l'action était la suite de la péremption de l'instance, celle-ci s'acquérait de plein droit. ( V. cass., 11 et 12 thermidor an 13. Sirey, 1813, p. 132. )

Supposons donc que dans ces ressorts le demandeur au principal fasse aujourd'hui un acte utile de procédure, le défendeur pourra-t-il, nonobstant l'article 399, opposer par exception la péremption acquise avant la publication du code ?

Cette question a été jugée pour l'affirmative par un arrêt de la cour de cassation du 25 novembre 1813 ( Sirey, 1814, pag. 88 ), attendu que la partie qui opposerait la péremption acquise long-tems avant la publication du code, n'avait pas renoncé au droit qui lui était acquis antérieurement à la législation nouvelle, et dans un tems où le sens de l'article 15 de l'ordonnance de Roussillon était fixé dans chaque parlement par sa jurisprudence.

Il en serait de même en Bretagne, d'après l'acte de notoriété rapporté par Duparc-Poullain, t. 3 de son journal, p. 764, et par lequel il est déclaré constant que *tout est anéanti* par le concours de la péremption et de la prescription, qu'on n'a jamais connu les actions à fin de faire *déclarer l'instance périmée*, et qu'on se contente d'*opposer la péremption*, lorsqu'on est appelé en reprise d'instance.

Donc on peut aujourd'hui, nonobstant la disposition contraire de l'art. 399, opposer par exception une péremption acquise sous l'empire d'une jurisprudence qui autorisait à en former la demande par cette voie ; et, par conséquent, ainsi que la cour de cassation l'a décidé par l'arrêt précité, les actes que ferait la partie contre laquelle la péremption pourrait être opposée ne sauraient faire un obstacle à l'exception de l'autre ; en d'autres termes, cette exception ne pourrait être couverte que par la partie intéressée à l'opposer.

1984. *Dans les cas ci-dessus, les juges pourraient-ils suppléer l'exception, si le défendeur au principal négligeait de s'en prévaloir ?*

Sous l'empire de la jurisprudence ancienne, jamais la péremption n'a pu se suppléer par le juge, comme elle ne peut jamais l'être sous le code ; il fallait qu'elle eût été proposée par la partie, et les

procédures revivaient dès qu'elle procédait volontairement sans alléguer la péremption. ( Duparc-Poullain, pp. de droit , t. 6, p. 288. )
D'où suit évidemment qu'en aucun cas les juges ne peuvent la suppléer d'office. ( V. *infrà* le dernier n.° sur 399. )

1985. Au contraire, si la partie contre laquelle la péremption est
mal à propos opposée par exception, néglige de la repousser par la fin
de non recevoir résultant de ce qu'elle ne peut être demandée que
par action, le juge pourrait d'office rejeter l'exception, parce que
l'acte en reprise d'instance qui a précédé, et dont la régularité n'est
pas contestée, s'oppose suffisamment à l'admission de la péremption.
( Cass., 26 octobre 1812, déjà cité *suprà* n. 1982. )

1986. *Peut-on considérer comme ACTES VALABLES dont l'effet,
aux termes de l'article 399, serait de couvrir la péremption, un
acte quelconque qui pourrait à la vérité se rattacher à l'instance,
mais qui ne serait pas fait dans cette instance?*

Il faut convenir que ces termes *actes valables,* employés dans
l'art. 399, sont extrêmement vagues ; aussi leur signification a-t-elle
été l'objet d'une foule de controverses, et en est-on venu jusqu'à
décider que des actes frustratoires couvraient la péremption. ( V. la
quest. 1310 de l'analyse. ) Mais aucun auteur n'a supposé que des
actes étrangers à l'instance puissent opérer cet effet : loin de là, M.
Berriat-Saint-Prix, p. 318, dit qu'on ne peut entendre par *acte
valable* qu'un acte qui n'est pas susceptible d'être annulé, et qu'ainsi
tous ceux dont la loi ne prononce pas la nullité, ou qui ne sont
point *ÉTRANGERS à la nature de la procédure,* doivent couvrir
la péremption.

Lange et Rodier disent la même chose sur le titre 27 de l'ordonnance, en parlant des *actes étrangers à la cause.*

Mais des actes *étrangers à la nature de la procédure,* suivant
M. Berriat, ou *à la cause,* suivant ces deux anciens commentateurs, sont évidemment des actes étrangers à l'instance qui pourrait devenir l'objet d'une demande en péremption.

En effet, la péremption est l'extinction de l'instance par discontinuation de poursuites, mais elle doit être demandée. Les actes
qui peuvent couvrir, c'est-à-dire, empêcher cette demande, doivent
donc être de même nature que ceux qui auraient empêché la
péremption de s'acquérir, et par conséquent ils doivent avoir le
caractère d'actes de poursuites, ou, en d'autres termes, d'actes
tendant à l'instruction et au jugement de la cause. Tous actes faits
hors l'instance à d'autres fins que le jugement à intervenir, et,
pour tout autre objet, ne sont donc d'aucune considération dans
cette instance.

Peu importe que ces actes étrangers aient quelque trait plus ou moins direct à la chose en litige ; dès qu'ils n'ont aucun rapport à l'instruction qu'elle comporte, ils ne sauraient couvrir la péremption, puisqu'ils n'opèrent pas une continuation de poursuites, et laissent au contraire l'instance dans l'état de discontinuation qui donne lieu à la péremption.

Il résulte de ces observations que les actes dont parle l'art. 399, ne peuvent être que des actes de procédure faits dans l'instance sujette à péremption, et devant le tribunal qui en est saisi.

C'est par suite de ces principes que la cour de Turin, par arrêt du 5 avril 1811 (Sirey, 1814, p. 347), a jugé que la péremption d'une instance d'appel n'est pas interrompue par des actes qui lui sont étrangers, et notamment par un commandement à fin d'exécution d'un jugement attaqué, quoique ce commandement eût été suivi d'opposition.

La cour de Rennes, par l'arrêt déjà cité du 16 juin 1818, 2.ᵉ ch., a jugé, par le même motif, que l'on ne pouvait opposer, comme actes valables ayant l'effet d'interrompre la péremption, une pétition présentée à l'administration, et une citation donnée en justice de paix, en exécution du jugement attaqué.

1987. On entend par ces mots *actes valables*, ceux qui sont ordonnés ou permis par la loi, *que l'une des parties a signifiés à l'autre*, et qui ne sont pas nuls par défaut de forme. — A. 1310.

Mais d'après les observations qui seront bientôt faites sur l'*enrôlement* de la cause, nous ne voudrions admettre la condition de la signification, qu'autant que l'acte par lequel on prétendrait avoir couvert la péremption serait de nature à être signifié, ou que la loi en prescrivît la signification.

1988. Ce n'est qu'au moyen de cette restriction que l'on peut suivre la décision d'un arrêt de Paris du 22 juin 1813 (Sirey, 1814, p. 346), portant qu'un jugement par défaut non signifié n'interrompt pas la péremption. En effet, un jugement par défaut ne pouvant produire aucun effet, s'il n'est signifié, doit être, par rapport au défaillant, considéré comme non avenu, s'il ne l'est pas. Mais en adoptant cette décision, nous croyons qu'il ne faut pas en conclure, comme les considérans semblent le supposer, qu'il faille *en tous les cas*, pour qu'un acte ait l'effet de couvrir la péremption, qu'il ait été connu de la partie adverse par la voie de la notification.

1989. Des actes de procédure qui ne seraient pas frappés de nullité, mais qui ne seraient pas permis par la loi, comme les dupliques en matière ordinaire, les écritures en matière sommaire n'en couvriraient pas moins la péremption. — A. 1311.

1990. Elle le serait aussi même par des actes de procédure faits devant un juge incompétent. — A. 1312. (1)

On remarquera que cette proposition n'est exacte qu'en ce sens, que si l'instance était pendante devant un juge incompétent, l'incompétence ne serait pas une raison pour que l'on déclarât l'instance périmée, sans considération des actes qui seraient de nature à la couvrir. Ainsi le tribunal la jugerait couverte par ces actes faits devant lui, sauf ensuite à prononcer sur l'exception d'incompétence. ( V. nos questions sur l'art. 469. )

On remarquera en outre que nous avons appuyé cette opinion sur un arrêt de la cour de cassation du 20 brumaire an 13 ( Sirey, t. 5 , p. 365), rendu dans un cas où le demandeur en péremption avait poursuivi la même demande devant deux tribunaux différens ; ce qui s'opposerait à la solution donnée *sup.* n.° 1986.

Nous avons vainement cherché quelle était l'espèce dans laquelle cet arrêt a été rendu : tous les arrêtistes qui le rapportent se sont bornés à énoncer que la demande avait été portée en deux tribunaux différens par le demandeur en péremption. Mais, quoi qu'il en soit, nous ne pensons pas que cet arrêt puisse détruire ce que nous avons dit ci-dessus, n.° 1985, non seulement parce qu'il est difficile de concevoir qu'un demandeur en péremption, qui est nécessairement défendeur au principal, ait pu porter des demandes en deux tribunaux, mais sur-tout parce que la décision a été rendue avant la publication du code de procédure, qui, d'après les termes de l'art. 399, ne permet pas de douter que cet article ne concerne que des actes faits dans *l'instance* et devant le tribunal qui en est saisi.

1991. *L'inscription de la cause au rôle couvrirait-elle la péremption ?*

Nous avions résolu cette question pour la négative, A. 1313 ; mais un examen plus approfondi nous a conduit à adopter une autre opinion, et la première chambre de la cour royale de Rennes l'a consacrée par un arrêt du 2 mars 1818.

L'importance de ce point de procédure, sur lequel la cour de Toulouse a prononcé d'une manière tout à fait opposée au sentiment conforme de M. Pigeau, nous engage à exposer ici toutes les

---

(1) Première ligne, au lieu de *29 brumaire*, lisez *20 brumaire.*

68

raisons sur lesquelles nous fondons la nouvelle solution que nous venons d'annoncer.

Et d'abord, c'est par erreur que nous avons dit dans notre précédent ouvrage, que Menelet cite plusieurs auteurs dont l'opinion était conforme à celle que nous énoncions.

Menelet, au contraire ( V. p. 135 et 136 ), dit que *tous les auteurs de Paris tiennent qu'une cause mise au rôle ne se périme plus*. Il les cite ensuite, et n'admet la péremption que dans le seul cas où la cause au rôle n'étant pas appelée, et le rôle venant à changer, on ne l'y ferait pas remettre. « C'est, ajoute-t-il, une » diligence du fait du procureur; mais s'il néglige cette ressource » trois ans de suite, comment le dispensera-t-on de la péremp- » tion? »

L'art. 91 de l'ordonnance de 1629, en admettant la suspension du cours de la péremption à l'égard des causes mises au rôle, la limitait à la durée du rôle, et ne la faisait commencer que dans le cas où la partie ne portait pas les qualités au président pour faire rétablir la cause.

Menelet rapporte un arrêt de 1629, qui décide de la sorte; et tel était aussi l'usage du parlement de Bretagne, comme l'atteste Hevin dans ses remarques sur la péremption, à la fin du premier volume des arrêts de Frain, p. 30.

A la vérité ces autorités et plusieurs autres que cite Menelet, ne suffisent point pour décider notre question sous l'empire du code de procédure; mais elles peuvent du moins concourir à déterminer son interprétation dans le sens qu'elles indiquent : *Priores leges ad posteriores trahuntur.*

Revenant aux dispositions du code, il n'est pas douteux que la question ne peut se rattacher qu'à l'art. 399, ainsi conçu :

« La péremption n'aura pas lieu de droit; elle se couvrira *par des* » *actes valables* faits par l'une ou l'autre des parties avant la » péremption. » Or, qu'est-ce que la loi entend ici par *actes valables*? *L'enrôlement* doit-il être réputé acte de cette nature? C'est la double question qu'il faut examiner pour en venir à la solution de celle que nous discutons.

Nous avons dit sur la 1310.ᵉ question de l'analyse ( v. *suprà* n.° 1986 ), et d'après un arrêt du 5 janvier 1808, que les actes valables sont tous ceux que la loi ordonne ou permet, et que l'une des parties a *signifiés* à l'autre. Tel est aussi le sentiment de M. Pigeau, t. 1.ᵉʳ, p. 448. Mais, comme cet auteur et tous les autres qui ont été d'avis que l'acte eût été signifié, nous n'avons appuyé cette condition d'aucune décision judiciaire.

On peut donc, dans le silence de la loi à laquelle il est constant en matière de procédure qu'on ne peut rien suppléer, détacher de ce qui constitue un acte valable cette condition de signification qui évidemment ne concourt à la validité d'un acte qu'autant que la loi exige, pour sa régularité, qu'il soit signifié, ou que, par sa nature, il soit nécessairement sujet à signification.

« Exiger cette signification, ce serait ajouter à la loi; lui substi-
» tuer une autorité doctrinale, mettre la volonté de l'homme à
» la place de celle du législateur, ce serait enfin admettre une
» extension vraiment intolérable, sur-tout en matière de péremp-
» tion, qui, pour la défaveur, peut être assimilée aux dispositions
» pénales qui doivent être restreintes plutôt qu'étendues. » (1)

Ainsi l'on pourra considérer, comme acte *valable*, tout acte qui a un effet utile à l'une ou à l'autre partie, indépendamment de la signification qui n'est pas prescrite ou qu'il ne comporte pas.

En d'autres termes, on peut concevoir des actes *valables*, quoi- que non signifiés, et ces actes sont tous ceux qui sont prescrits ou autorisés, mais qui ne sont pas susceptibles de signification, ou pour la validité desquels la loi ne l'exige pas.

Parmi ces actes se place évidemment la mise au rôle, formalité impérieusement exigée, rigoureusement nécessaire, *diligence du procureur*, dit Rodier; *acte*, en un mot, qui, plus que tout autre, annonce l'intention de faire juger, puisque, sans lui, le jugement ne pourrait être rendu.

C'est un *acte*, car l'article 399 ne fait aucune distinction, et, par conséquent, emploie le terme dans sa signification la plus géné- rale, qui exprime tout fait quelconque, toute manière d'agir qui a ou qui peut avoir lieu par écrit ou sans écrit. ( V. répertoire, au mot *acte*. ) Aussi ne pourrait-on définir l'enrôlement de la cause autrement que l'*ACTE tendant à POURSUIVRE l'audience dans l'ordre établi par le rôle.*

« L'enrôlement est donc sans contredit une poursuite dans le
» sens de l'article 397, et il constitue un acte *valable* dans le sens
» de l'article 399, puisqu'il est le seul moyen légalement établi
» pour obtenir audience et jugement.

» Il n'est pas de sa nature d'être *signifié;* ni la loi ni le tarif
» n'autorisent sa signification; et il n'en est pas moins un acte
» *valable*, puisqu'il est indispensablement nécessaire.

[1] La discussion dans laquelle nous entrons se composant d'une consultation par nous rédigée sur la question, et des motifs de l'arrêt de la cour de Rennes, du 2 mars 1818, nous avons indiqué par des guillemets tout ce qui est extrait de cet arrêt.

» On ne peut pas dire aussi que l'enrôlement de la cause, tel
» qu'il se pratique, n'est point un acte de procédure ; car qu'est-ce
» qu'un *acte de procédure* dans sa véritable acception ? C'est un
» acte attributif d'un droit à l'avoué ou d'un droit au greffier,
» ou de droits à l'un ou l'autre. Or, tel est l'acte d'enrôlement ;
» ce n'est pas une. simple quittance du greffier, puisque la quit-
» tance est précédée de l'enrôlement, certifiée par lui, avec
» émargement du numéro du rôle général et du numéro du rôle
» particulier de la chambre à laquelle la cause a été distribuée ;
» cet acte atteste une double opération, *enrôlement* et *distribution*.

» Au reste, il est de la dernière évidence qu'une cause ne peut.
» être *enrôlée* et distribuée que sur les qualités fournies par l'avoué
» poursuivant ; l'acte d'enrôlement est donc tout-à-la-fois une *pour-*
» *suite* de l'avoué et un acte du greffe, dont la signature du
» greffier est la garantie légale. »

A ces moyens de droit, une foule de considérations de la plus
haute importance viennent se réunir pour démontrer de plus en
plus qu'il n'a pu entrer dans la pensée du législateur d'exclure la
mise au rôle du nombre des actes valables, par lesquels se couvre
la péremption.

Supposons, en effet, que le défendeur principal n'ait pas constitué d'avoué ( 1 ), en cette circonstance l'avoué du demandeur
ne peut *qu'attendre* que le tour de rôle arrive ; s'il pressait et
sollicitait pour faire appeler la cause, ce ne pourrait être que par
un acte à partie, et d'ailleurs il n'est pas à supposer qu'il doive
provoquer une faveur qui serait une violation manifeste de la loi,
puisqu'elle veut que toutes les causes viennent à leur tour de
numéro, à moins de motifs d'urgence qui font exception à la règle
générale. ( V. la loi du 26 août 1790, art. 28. )

Il y a plus ; on ne voit pas qu'il soit légalement possible de faire,
depuis la mise au rôle, un acte qui puisse couvrir la péremption,
à moins qu'on ne suppose, ce qui serait évidemment déraisonnable,
que la loi ait entendu obliger un avoué à créer des sortes d'actes
insignifians et frustratoires pour se mettre à l'abri de la péremption.

Admettrait-on ce que Rodier ( sur l'art. 25 , tit. 14 de l'ordonnance)
condamne expressément, la possibilité de faire des significations
d'actes déjà signifiés, ou de nouvelles demandes en communication ? Ce qui peut-être serait plus tolérable ; du moins est-il difficile
de croire que la loi ait entendu obliger un avoué à ces procédures

---

[ 1 ] C'était précisément l'espèce dans laquelle la question se présentait à la cour de
Rennes.

surabondantes qui, loin d'avoir réellement le but qu'ils supposent, en ont évidemment un tout opposé, puisqu'ils ne sont faits que par la crainte de la péremption.

Si, au contraire, il est enfin reconnu, comme l'a décidé la cour de Rennes, qu'avant l'expiration du tour de rôle la péremption n'est point à redouter, par la raison que c'est une prescription qui ne peut courir contre celui qui ne peut agir valablement, il n'y aurait plus d'excuses pour ces actes illusoires qui ne servent qu'à grossir les frais de procédure.

Mais l'abus et l'injustice sont plus grands encore quand il n'y a pas d'avoué en cause, puisqu'en supposant que l'enrôlement ne dût pas couvrir la péremption, il faudrait faire signifier dispendieusement, à personne ou à domicile, ces actes qui n'auraient aucune utilité réelle pour l'instruction, et que le juge ne pourrait passer en taxe.

On oppose qu'il en doit être de la mise au rôle, par rapport à la péremption, comme de l'inscription hypothécaire qui n'interrompt pas la prescription.

Mais nous ne voyons entre ces deux actes aucun rapport, duquel puisse résulter une objection solide contre la doctrine que nous soutenons :

1.° Le créancier qui s'inscrit fait un acte conservatoire qui ne suppose pas nécessairement l'intention d'exiger le remboursement ; 2.° elle ne place pas le créancier dans la nécessité d'attendre une époque à laquelle il pourra agir ; rien ne l'empêche de le faire quand il lui plaît. — L'acte d'enrôlement, au contraire, prouve le désir et l'intention formelle de faire juger ; et la cause une fois enrôlée, la partie n'est obligée à rien pour hâter le jugement, elle doit attendre son tour.

Nous remarquerons enfin que la péremption n'est qu'un désistement présumé, comme nous l'avons dit dans nos préliminaires, p. 521, et c'est sous ce rapport qu'on en explique dans la doctrine la nature et les effets. Or, peut-on dire qu'il y ait présomption de désistement contre celui qui n'est tenu de requérir l'inscription d'une cause au rôle, qu'autant qu'il veut être jugé ?

Concluons avec la cour de Rennes que « si des auteurs graves, » si des arrêts des cours souveraines (v. celui de Toulouse, cité » dans l'analyse) établissent un principe contraire à cette doctrine, » s'ils ont pensé et jugé qu'une signification d'acte soit nécessaire » pour interrompre la péremption d'instance, la négative étant une » conséquence directe du silence de la loi, cette conséquence est » sans contredit, pour le magistrat qui ne voit que la loi, préférable

» au risque évident d'ajouter à son texte et d'exiger au-delà de ce
» qu'elle a prescrit; qu'au reste, à la règle de droit *lex non omisit*
» *incautè, sed quià dictum noluit*, vient se joindre l'ancienne juris-
» prudence du parlement de Bretagne, attestée par tous les auteurs
» Bretons, suivant laquelle l'enrôlement de la cause était un obstacle
» légal à la péremption d'instance; qu'il ne faut point recourir au
» code civil qui ne l'a point traitée, et qui n'a réglé que les pres-
» criptions, et que la confusion des divers ordres de lois conduit
» nécessairement à l'erreur, et devient la source la plus féconde
» des mauvais jugemens, ainsi que l'a si savamment établi l'auteur
» de l'esprit des lois. »

1992. L'assignation en reprise d'instance couvre la péremption,
et par conséquent la partie à laquelle elle a été donnée ne peut faire
résulter la péremption de la discontinuation des poursuites pendant
plus de trois ans, avant cette assignation. (Paris, 6 mai 1813,
journal des avoués, t. 7, p. 356.) C'est une conséquence directe de
ce que la péremption ne peut être opposée par exception.

1993. Des actes faits au nom du défendeur, et qui seraient de
nature à couvrir la péremption, ne peuvent être désavoués par
lui. — A. 1314.

1994. *Les changemens survenus dans l'organisation judiciaire,
et notamment l'institution des arbitres forcés, ont-ils empêché
la péremption de courir tant qu'il n'y a pas eu reprise d'instance
devant le tribunal actuellement existant?*

L'autorité judiciaire est toujours subsistante, comme la puissance
souveraine dont elle émane, et si l'organisation des tribunaux qui
en sont dépositaires éprouve quelques changemens, le pouvoir n'en
reste pas moins toujours saisi de la contestation qui lui a été une
fois déférée, et qui conséquemment est dévolue de plein droit à tel
tribunal qui succède à tel autre dans le degré de juridiction qui
appartenait à celui-ci.

Il serait évidemment contraire à ces principes qu'il fût nécessaire,
pour attribuer au nouveau tribunal compétence à fin de juger,
que l'on eût formé devant lui demande en reprise d'instance; il
suffit donc que la partie la plus diligente donne *avenir* à l'autre
pour procéder de suite devant le tribunal actuel, suivant les derniers
erremens de la procédure dvans le premier tribunal, sans qu'il
soit besoin de jugement préalable; d'ailleurs la reprise d'instance
n'a lieu dans notre pratique qu'au cas de changement d'état ou
de décès des parties.

Deux fois la législation intermédiaire a rendu un solennel hom-
mage à ces principes (v. décret du 12 octobre 1790, sanctionné le 19,

et loi du 27 ventôse an 8, art. 31), et la cour de cassation les a consacrés par arrêts du 23 nivôse an 8 et 21 messidor an 13. ( Sirey, t. 5, p. 364. )

Quoi qu'il en soit, tout en reconnaissant que les changemens successifs opérés dans l'organisation judiciaire n'ont point empêché le cours de la péremption, on a prétendu, devant la cour de Rennes, que l'institution de l'arbitrage forcé, par la loi du 24 juin 1793, y avait mis un obstacle, attendu que la loi du 9 ventôse an 4 porte que les causes pendantes devant les tribunaux supprimés seront *portées* devant les tribunaux auxquels elles appartiennent ; mais la cour de Rennes, par l'arrêt déjà cité, du 16 juin 1818, a rejeté ce moyen dans une affaire que l'on prétendait avoir un bien communal pour objet, et qui comme telle devait aussi, aux termes des lois des 10 juin et 2 octobre 1793, être jugée par arbitrage. La cour s'est bornée à considérer « que les changemens de tri-» bunaux n'ont point empêché la péremption des instances dont » ils étaient saisis, attendu qu'elles ont été *portées* de droit devant » les nouveaux tribunaux qui leur ont succédé. »

Il eût été difficile en effet de trouver de bonnes raisons pour ne pas appliquer à l'instruction temporaire et tyrannique de l'arbitrage forcé de 1793, ce que la cour suprême avait formellement décidé à l'égard des tribunaux supprimés dans le cours de la révolution.

1995. Le pourvoi en cassation n'établit pas une instance proprement dite, tant que la section civile n'a pas été saisie, et, par conséquent, il n'est pas interruptif du délai pour la péremption. ( Cass., 13 novembre 1815. Sirey, 1816, p. 192. )

1996. La péremption étant couverte par un acte valable, fait avant la demande, cette demande doit être écartée d'office, encore bien que les parties ne proposent pas l'exception tirée de cette circonstance. ( Cass., 26 octobre 1812. Sirey, 1813, p. 132. V. *sup.* n.° 1984. )

### ARTICLE 400.

Elle sera demandée par requête d'avoué à avoué, à moins que l'avoué ne soit décédé, ou interdit, ou suspendu, depuis le moment qu'elle a été acquise.

*Conférence.*

T. art. 75, *suprà* n. 222.

1997. L'article 400 exigeant une requête d'avoué à avoué, exclut l'assignation à partie. — A. 1315.

1998. C'est pour le cas où l'avoué *du défendeur à la péremption* est décédé, interdit ou suspendu, que cet article exige un exploit à personne ou domicile. — A. 1316.

1999. La partie qui forme la demande, et qui n'a pas d'avoué constitué dans l'instance, doit, dans sa requête même, en constituer un, à l'effet d'occuper sur cette demande. — A. 1317.

2000. L'huissier doit se conformer, dans la signification de la requête, aux dispositions de l'article 61, en ce qu'elles exigent que l'exploit contienne les noms, demeure et immatricule de l'huissier. (Rennes, 1.re ch., 10 juin 1816.)

Cette décision est fondée sur ce que la demande en péremption est une demande principale et nouvelle, et que si la loi en autorise la signification par une requête d'avoué à avoué, elle ne dispense pas l'huissier qui la fait de s'immatriculer de la même manière qu'il est tenu de le faire dans tous les exploits d'ajournement. (V. *infrà* sur l'article 763.)

2001. Si la demande est formée de toute autre manière que celle qu'indique l'article 400, le défendeur à la péremption peut encore la couvrir par des actes valables. — A. 1318, et Rennes, 3 avril 1813, 3.e chambre.

2002. La demande en péremption d'instance ne peut être formée après le décès de l'une des parties, par une requête signifiée à l'avoué qui occupait pour elle, car le mandat de cet avoué a pris fin par le décès.

Dans ce cas, les conclusions prises à l'audience par les représentans de la partie décédée, et tendantes à la reprise de l'instance, couvrent la péremption elle-même, et font revivre l'instance. (Nîmes, 26 avril 1813. Sirey, 1816, p. 122.)

On voit que cette dernière proposition s'identifie avec celle posée au précédent numéro, en ce qu'elle présuppose que la péremption est couverte toutes les fois que la demande n'aura pas été régulièrement formée.

2003. Lorsqu'il existe un acte signifié par la partie contre laquelle la péremption d'instance est demandée, le jour même où la requête est signifiée, les juges saisis de l'instance peuvent la déclarer périmée, en accordant la priorité à la requête, quoique l'acte dont excipe le défendeur indique l'heure précise de sa signification.

Ou plus généralement, la question de priorité dépend essentiellement des circonstances, et est abandonnée à la prudence et à l'équité des magistrats. — A. 1319. (1)

---

[1] *Er.* 12.e ligne, au lieu de *prescription*, lisez *péremption*.

2004. Pour prévenir, autant que possible, toute contestation, nous avons conseillé aux avoués d'avoir soin de faire constater, soit dans la requête contenant la demande en péremption, soit dans les actes par lesquels ils entendraient la couvrir, l'heure à laquelle ils auraient été signifiés.

Au moyen de cette précaution, on éviterait, par exemple, une décision semblable à celle que la cour de Rennes a prononcée par un arrêt de janvier 1814, en rejettant une demande en péremption, attendu que les actes qui auraient été faits pour la couvrir étant du même jour que cette demande, c'était au demandeur à justifier de l'antériorité; ce qu'il lui était d'ailleurs interdit de faire par témoins.

Le même arrêt du 10 juin 1816, déjà cité *suprà* n.° 2000, a prononcé de la même manière, et nous croyons ces deux décisions bien fondées, lorsque la preuve de l'antériorité de la demande ne sort pas clairement des faits contenus dans la cause; en effet, lorsqu'aucun des actes faits le même jour ne fait connaître l'heure de la signification, et que les circonstances ne peuvent suppléer à ce défaut, il est difficile d'assigner une antériorité de date à l'un plutôt qu'à l'autre: or, d'un côté, c'est toujours au demandeur à prouver ce qu'il allègue, et de l'autre, une demande qui, comme celle de la péremption, est une fin de non recevoir rigoureuse et défavorable contre la poursuite de l'action principale, ne saurait être admise dans le doute.

2005. Il n'est pas nécessaire que le défendeur à la péremption soit assigné lui-même au domicile de son avoué. ( Paris, 8 avril 1809. Sirey, 1812, p. 298.)

2006. Au reste, les demandes en péremption, quoique réputées demandes nouvelles et principales, ne sont pas assujéties au préliminaire de la conciliation. ( Poitiers, 14 août 1806. Sirey, 1806, p. 214.)

### ARTICLE 401.

La péremption n'éteint pas l'action; elle emporte seulement extinction de la procédure, sans qu'on puisse, dans aucun cas, opposer aucun des actes de la procédure éteinte, ni s'en prévaloir.

En cas de péremption, le demandeur principal est condamné à tous les frais de la procédure périmée.

*Conférence,*

Voyez art. 469.

2007. Si la prescription de l'action a été acquise pendant la durée de l'instance périmée, on ne peut plus en introduire une nouvelle.

— A. 1320, et Cass., 13 fructidor an 10. Sirey, 1807, 2.ᵉ part., p. 1102.

2008. La péremption éteint l'action même, lorsqu'elle frappe sur une instance d'appel. — A. 1321, et nos questions sur l'art. 469.

2009. La nouvelle demande qui serait formée après la péremption n'est pas assujétie à un second préliminaire de conciliation — A. 1322, *suprà* n.° 278.

2010. La péremption a l'effet de faire perdre au demandeur principal les intérêts que la demande avait fait courir. — A. 1323.

2011. L'anéantissement des actes de la procédure éteinte s'étend jusqu'aux jugemens qui auraient été rendus durant l'instance (V. *sup.* n.° 1966 ); mais il y a de fortes raisons de croire qu'on ne peut remettre en question, dans la nouvelle instance, la chose jugée par un jugement provisoire. A. 1324. (1)

2012. Les dépens de la procédure périmée ne peuvent être compensés. — A. 1325.

# TITRE XXIII.

## *Du désistement.*

Nous avons dit *suprà* p. 522, que la péremption n'était autre chose qu'un désistement présumé de la part du demandeur, mais que cette présomption se bornait à l'abandon de l'instance. Il en est de même du désistement formel dont la forme et les effets sont réglés par le présent titre. ( V. art. 402 et 403. )

Le désistement n'est donc autre chose qu'un acte par lequel le demandeur renonce à poursuivre sur la demande qu'il à formée; et c'est pourquoi M. Berriat-Saint-Prix, p. 326, le définit l'action de renoncer à une procédure *commencée*.

Quoi qu'il en soit, plusieurs auteurs ont donné du désistement une définition générale qui semble comprendre l'abandon de l'action même, c'est-à-dire, du droit d'agir en justice à raison de

(1) *Er.* 17.ᵉ ligne de cette question, au lieu de *négativement*, lisez *affirmativement*.

l'objet de l'instance dont on se désiste. (1) Quelques décisions judiciaires ont, jusqu'à un certain point, consacré cette erreur, ainsi que nous le remarquerons sur l'article 403. Mais il suffit, pour se convaincre de l'exactitude de notre définition, d'envisager que l'art. 403 porte que l'effet du désistement est de remettre les parties *en même et pareil état* qu'elles étaient avant la demande. Se désister ainsi, ce n'est donc qu'abandonner l'exercice actuel de l'action, sauf à la renouveler ensuite, si elle n'est pas prescrite. En un mot, il en est du désistement, aux termes du code de procédure, comme de la péremption d'instance.

Ainsi M. Lepage, dans son traité et style de la procédure, 4.ᵉ édition, p. 311, s'est trompé, en disant que celui qui s'est désisté purement et simplement a renoncé à son action même, et que le désistement ne porte sur la procédure seulement, qu'autant qu'il contient réserve de l'action.

C'est peut-être un acte de prudence de faire de telles réserves; mais il est évident pour nous que le désistement pur et simple doit s'entendre dans le sens de l'art. 403. Il remet les choses dans l'état où elles étaient avant la demande; or, avant la demande, l'action existait : elle peut donc être formée de nouveau, si on n'y a pas expressément renoncé.

Ce n'est qu'en ce dernier cas, comme le dit Denisart, au mot *désistement*, n°. 2, que l'acte qui le renferme peut opérer une fin de non recevoir contre une nouvelle demande.

Il peut arriver que le désistement ne soit que conditionnel, qu'il ne comprenne pas les accessoires de la procédure comme des saisies-arrêts ou oppositions, qu'enfin les parties aient besoin de s'expliquer. Celle à laquelle on la signifie doit donc avoir la faculté d'examiner si les conditions lui conviennent, si l'acte est conçu dans des termes qui lui suffisent.

C'est pourquoi le désistement n'opère ses effets que par une acceptation qui ne présente aucune disparité avec l'offre, et qui forme le contrat entre parties.

---

[1] V. la définition de l'action dans notre introduction générale.

Du reste, le désistement donné et accepté emporte de droit sou-mission de payer les frais et les dépens; les tiers ne peuvent jamais souffrir de celui qui leur serait préjudiciable.

Il ne peut être fait et accepté que par ceux qui ont la capacité de transiger ou d'acquiescer. Il ne peut avoir effet que dans le cas où la loi n'exige pas, pour la validité d'une transaction, l'intervention de la justice, comme en matière de faux incident. ( V. *suprà* sur l'art. 249. )

Enfin les principes qui le régissent s'appliquent à un incident aussi bien qu'à une demande principale. ( V. Locré, t. 2, p. 74 et 75. )

Nous remarquerons ici que l'*acquiescement* du défendeur, autrement son adhésion aux prétentions du demandeur, produit les mêmes effets que le désistement ou abandon de l'action, en ce qu'il éteint l'instance qui ne peut être renouvelée. ( V. Pigeau, t. 1.er, p. 458 et 459. )

Sous ce rapport, il est sujet à l'application des mêmes principes; mais il est à observer qu'il n'a pas besoin d'être accepté comme le désistement, attendu que le consentement du demandeur est censé donné par l'émission ou la production des actes ou jugemens auxquels l'acquiescement a rapport. ( Berriat-Saint-Prix, p. 323; questions de droit, v.° *effets publics*, et nouv. répert., v.is *contrat judiciaire* et *acquiescement.* )

Il en est de même de l'acquiescement à un acte ou à une série d'actes de procédures, ou à un jugement; acquiescement dont l'effet est d'opérer une fin de non recevoir contre toute attaque dont ces actes seraient l'objet, puisqu'il contient à leur égard une adhésion qui forme contrat judiciaire. (1)

[1] Voyez au livre de l'appel ce que nous disons du contrat judiciaire, en parlant de l'appel des *jugemens d'expédient.*

ARTICLE 402.

Le désistement peut être fait et accepté par de simples actes, signés des parties ou de leurs mandataires, et signifiés d'avoué à avoué.

*Conférence.*

T. art. 71; *suprà* n.° 222, et sur l'art. 352, et *infrà* sur l'art. 424.

2013. La faculté de donner un désistement n'appartient qu'aux parties qui ont la libre disposition de leurs droits, ou qui n'agissent pas pour autrui. — A. 1326.

2014. Ainsi, 1.° le désistement fait par un mineur donne essentiellement lieu à restitution, lorsque les adversaires du mineur ne prouvent pas qu'il n'a pas été lésé par suite de ce désistement. (Cass., 4 mars 1806. Sirey, 1806, p. 546.)

2.° Le tuteur ne peut le donner pour son mineur sans y avoir été spécialement autorisé par un conseil de famille. ( Rennes, 1.er juin 1813, 2.e ch.; Bruxelles, 23 novembre 1806; Sirey, 1807, 2.e part., p. 1242. )

2015. Il est des cas où l'une des parties, et même un tiers, peuvent s'opposer à un désistement, d'ailleurs régulier et donné purement et simplement; tel est, par exemple, celui où l'appelant principal se désisterait pour faire tomber l'appel incident de son adversaire. ( V. *infrà* sur l'art. 443, la 1448.e q.°u de l'an. ) Tel est encore le cas où un créancier prétendrait que le désistement a lieu en fraude de ses droits. — A. 1327, et arrêt de Rennes, de janvier 1814.

2016. Lorsqu'il y a plusieurs parties en cause, l'une d'elles peut se désister; mais son désistement ne peut préjudicier à ses colitigans, ou à des tiers. — A. 1328.

2017. On peut se désister d'un acte de procédure isolé, sans se désister de l'instance. — A. 1329.

2018. En ce cas, l'avoué ne nous semble avoir besoin de pouvoir spécial qu'autant que l'acte serait de nature à établir, en faveur de la partie, la reconnaissance expresse d'un droit.

2019. Il en serait de même d'un chef de conclusions dont l'avoué se désisterait dans le cours de l'instance, ainsi qu'il arrive tous les jours; nous estimons néanmoins qu'il y aurait lieu à désaveu suivant les circonstances, si ce chef de conclusions était essentiel et compris dans l'exploit d'ajournement; c'est ce qui semble résulter d'ailleurs d'un arrêt de la cour de Bruxelles, du 29 juin 1808 ( Sirey, 1816, p. 9 ), en ce qu'il décide que le désaveu ne serait pas recevable si le désistement ayant été donné à l'audience en présence de la partie, celle-ci ne s'y fût pas opposée ; d'où suit qu'il le serait en toute autre circonstance.

2020. On ne peut, après avoir assigné devant un tribunal civil où il est intervenu un jugement interlocutoire, se désister de la demande, et assigner devant un tribunal de commerce, encore même qu'il s'agisse d'une affaire commerciale, la juridiction des juges civils ayant été prorogée par la contestation en cause. ( Trèves, 3 août 1809. Sirey, 1807, 2.ᵉ part., p. 921. )

2021. Le désistement doit, à peine de nullité, être signé des parties ou de leurs mandataires spéciaux. — A. 1330, *infrà* n.° 2029.

2022. Il doit l'être sur l'original et sur la copie, et principalement sur celle-ci que le défaut de signature rendrait évidemment nulle. — A. 1331.

2023. Mais l'omission pourrait être réparée par un acte subséquent. — A. 1332.

2024. Le désistement et l'acceptation peuvent être faits de toute autre manière que celle que l'article 402 prescrit, et par exemple par déclaration faite à l'audience, et dont le juge décerne acte. — A. 1333.

Aux raisons exposées dans notre analyse, on peut ajouter, à l'appui de cette proposition, un arrêt de la cour de cassation, du 12 mai 1813 (Sirey, 1814, p. 277), lequel décide formellement la question en prononçant que le désistement d'une saisie immobilière est valable, quoiqu'il n'ait été fait qu'à la barre, et en l'absence du saisi, si toutefois celui-ci a été légalement appelé. ( V. sur l'article 725.)

2025. Dans le cas même où le désistement a été fait par acte d'avoué à avoué, et non à l'audience, le défendeur qui l'accepte peut, au lieu de signifier son acceptation de la même manière, demander qu'il lui en soit décerné acte à l'audience. — A. 1334.

Nous n'établissions cette proposition dans notre analyse qu'en nous fondant sur quatre arrêts de cours souveraines ; mais nous disions que si ces imposantes autorités n'avaient pas existé, nous eussions été d'un avis opposé. Aujourd'hui nous nous rangeons sans réserve à l'opinion consacrée par ces quatre arrêts, attendu que, si la partie ne pouvait à l'audience obtenir acte de l'acceptation du désistement qui lui a été signifié, et se contentait de la donner par un simple acte d'avoué à avoué, la copie pourrait se perdre, et avec elle la preuve du désistement.

2026. En matière de commerce, le désistement peut être fait et accepté par un simple exploit extrajudiciaire, quoique non signé par la partie ou par un fondé de pouvoir. ( Paris, 25 mars 1813. Sirey, 1816, p. 86. ) Mais on sent que cette forme n'est pas la plus sûre, puisqu'elle laisse à craindre les suites d'un désaveu de l'huissier.

2027. Pour que le demandeur soit obligé d'accepter un désistement, il faut que ce désistement soit pur et simple. — A. 1335 (1), et Turin, 8 juillet 1807. Sirey, 1807, supplément, p. 683.

2028. *Si un désistement conditionnel a été accepté par l'avoué sans pouvoir spécial, y a-t-il lieu contre lui à l'action en désaveu ?*

Non, puisqu'aux termes de la loi, le désistement non signé de la partie, ou de son fondé de pouvoir spécial, est nul de plein droit.

2029. *Mais si la partie ne sait signer, suffira-t-il que l'avoué le mentionne ?*

Non, sans doute, car à la différence des autres officiers ministériels auxquels la loi donne le droit de constater ce que les parties leur déclarent, dans les actes de leur ministère, l'avoué n'est que le mandataire de la partie, et ce n'est qu'en cette qualité qu'il peut donner ou recevoir les actes de désistement ou d'acceptation : or, la loi exigeant, quant au désistement, que le mandat soit spécial, lorsque la partie ne le signe pas, il est nécessaire alors que le mandat soit donné par acte authentique.

2030. Dans le cas d'un désistement conditionnel, et lorsque les conditions proposées par la partie qui le donne ne sont point acceptées par son adversaire, il n'y a pas lieu à statuer sur des conclusions par lesquelles ce dernier demanderait acte de son désistement. — A. 1336.

2031. Encore bien que le désistement soit conçu en termes injurieux pour le défendeur, il peut être admis en justice, si les juges ont ordonné la suppression de ces termes. — A. 1337.

### ARTICLE 403.

Le désistement, lorsqu'il aura été accepté, emportera de plein droit consentement que les choses soient remises de part et d'autre au même état qu'elles étaient avant la demande.

Il emportera également soumission de payer les frais, au paiement desquels la partie qui se sera désistée sera

---

(1) *Er.* 1.re ligne du 3.e alinea de cette question, au lieu de *cour de Bruxelles*, lisez *cour de Paris.*

contrainte, sur simple ordonnance du président mise au bas de la taxe, parties présentes, ou appelées par acte d'avoué à avoué.

Cette ordonnance, si elle émane d'un tribunal de première instance, sera exécutée nonobstant opposition ou appel; elle sera exécutée nonobstant opposition, si elle émane d'une cour royale.

*Conférence.*

T. art. 70, 76.

2032. L'acceptation du désistement se fait comme le désistement lui-même. — A. 1338, et *suprà* n.° 2024.

2033. Celui qui s'est désisté de l'instance peut ensuite renouveler l'action. — A. 1339. (1)

Cependant la cour de Paris, par arrêt du 22 juillet 1813 (Sirey, 1814, p. 354), a déclaré que le désistement pur et simple, sans aucune réserve, emporte l'anéantissement de l'action de telle sorte qu'on ne peut la reproduire. Nous croyons cette décision absolument contraire au système du code, qui, comme nous l'avons déjà dit dans notre analyse, ne parle évidemment que du désistement de l'instance, et non pas du droit qui en était l'objet. (**V.** *sup.* p.546 et 547.

2034. Lorsque des poursuites ont été dirigées au nom d'un tiers en matière d'état, si le tiers désavoue les poursuites, il est lié par son désaveu; par conséquent il est censé s'être désisté de ces poursuites, et ne peut ultérieurement les reprendre. (Paris, 3 juillet 1812. Sirey, 1814, p. 42.)

2035. Le débiteur qui a obtenu l'homologation d'un concordat d'atermoiement contre ses créanciers, est censé se désister du bénéfice du jugement, si, postérieurement et pendant l'instance d'appel, il forme une demande en cession de biens. (Paris, 22 janvier 1808. Sirey, 1808, p. 57.)

2036. Ces mots de l'article 403, *le désistement emportera de plein droit consentement*, ne sont point en opposition avec la solution donnée sur la question 1334, *suprà* n.° 2025. — A. 1341. (2)

2037. Le désistement accepté opère le même effet que la péremption. — A. 1342.

2038. Lorsque l'ordonnance qui liquide les frais par suite d'un désistement émane d'une cour royale, elle est susceptible d'opposition, encore bien qu'elle soit contradictoire. — A. 1343.

---

(1) *Er.* Page 756, 2.ᵉ alinea, 3.ᵉ ligne, au lieu de *24 germinal*, lisez *21 germinal*.
(2) *Er.* 3.ᵉ ligne de cette question, au lieu de *1234*, lisez *1334*.

## CINQUIÈME DIVISION.

### *De la procédure sommaire ou abrégée.*

Certaines contestations exigent, à raison de la nature ou de la modicité de leur objet, une procédure plus rapide que celle dont le code établit, dans les titres précédens, les règles et les formalités.

Telles sont celles dont la connaissance appartient aux justices de paix. ( V. *suprà* p. 2. )

Celles que la loi répute matières sommaires. ( V. *infrà* tit. 24. )

Celles enfin qui sont de la compétence des tribunaux de commerce. ( Tit. 25. ) (1)

C'est parce que la procédure prescrite par le code pour l'instruction de ces affaires, ne présente qu'un *abrégé* de celle que l'on doit suivre dans les autres, qu'on l'appelle procédure *sommaire ou abrégée.* (2)

Elle diffère particulièrement de la procédure ordinaire, en ce que la plupart des affaires qui y sont sujettes sont dispensées du préliminaire de conciliation, et qu'il ne s'y fait aucune espèce d'instruction. ( V. les préliminaires des titres suivans. )

## TITRE XXIV.

### *Des matières sommaires.*

V. ordonnance de 1667, titre 7, et *suprà* n.ᵒˢ 560, 621, 954, 1032, 1349, 1376, 1398, 1512; *infrà* sur 463. V. aussi les articles cités aux questions 1348 et 1351 de l'analyse, n.ᵒˢ 2048 et 2054.

On appelle particulièrement *matières sommaires*, les affaires, autres que les *causes commerciales*, qui exigent une instruction simple et rapide, soit, comme à l'égard de ces dernières, parce que les

[1] V. aussi au 2.ᵉ volume le titre des référés, qui prescrit une procédure véritablement *sommaire*.

[2] Du latin *summarium*, sommaire, abrégé, succinct.

70

parties éprouveraient préjudice des délais et des lenteurs de la procédure ordinaire ; soit parce que la contestation ne présente qu'un intérêt peu considérable, dont la valeur pourrait être absorbée par les frais ; soit, enfin, parce qu'elle est d'autant plus simple et plus facile à juger, qu'il ne s'élève aucun débat sur le titre.

L'ordonnance de 1667, tit. 27, art. 3, 4 et 5, était entrée dans le plus grand détail sur la classification de ces matières. Néanmoins, après une longue nomenclature, elle se bornait à dire généralement que tout ce qui *requérait célérité, et où il pouvait y avoir du péril dans la demeure, serait aussi réputé* MATIÈRE SOMMAIRE.

L'art. 404 du code est encore plus concis. Après avoir énuméré un petit nombre d'objets seulement, il se borne à ajouter : *Les demandes provisoires ou qui requièrent célérité.* Le législateur a considéré qu'il était impossible de préciser tous les cas, et que, d'un autre côté, les juges ne peuvent se méprendre sur les cas qui requièrent célérité. (Locré, t. 2, p. 77, rapport du tribun Perrin, et *infrà* n.º 2047. ) (1)

Tel est le motif des développemens que nous avons donnés sur l'article dont il s'agit, aux 1344.º et 1351.º questions de notre analyse. ( V. *infrà* n.ºˢ 2039 et 2054, et sur l'art. 806, au titre *référés.*

Après avoir déterminé quelles sont les causes qui doivent être regardées comme matières sommaires, le code prescrit la forme suivant laquelle ces matières doivent être instruites et jugées ; et, à cet égard, ses dispositions présentent autant d'exceptions aux règles de la procédure ordinaire.

Ainsi, 1.º dans les causes ordinaires, l'instruction principale consiste dans les écrits que les deux parties ont la faculté de se signifier réciproquement. ( V. art. 77 et 80. ) Mais cette faculté est interdite dans la procédure en matière sommaire, qui n'admet aucun écrit entre la citation et les plaidoiries. ( 405. )

2.º De même, si les interventions et les demandes incidentes sont ordinairement proposées par actes ou requêtes d'avoué à avoué, auxquels le défendeur peut répondre de la même manière ( V. art. 337 et 339 ), les causes sommaires, au contraire, n'admettent

(1) V. pour les matières provisoires *sup.* n.ºˢ 784-789.

point cette instruction; et si les demandes incidentes y sont formées par requête d'avoué à avoué, cette requête ne doit contenir que des conclusions motivées avec sommation d'audience, et le défendeur n'est point autorisé à signifier une réponse. ( 406. )

3.° Enfin, en matière ordinaire, les faits dont on demande à faire preuve, doivent être signifiés trois jours avant l'audience, pour être reconnus ou contestés; et quand le tribunal admet la preuve, il nomme, pour procéder à l'enquête, un commissaire qui doit rédiger procès-verbal des dépositions. ( V. art. 252, 255, 269. ) Mais, dans les causes sommaires, les faits de preuve sont articulés à l'audience, sans avoir été préalablement signifiés; le tribunal, en rendant l'appointement à informer, ne nomme point de commissaire, et l'enquête se fait à l'audience; elle n'est même que purement verbale, lorsque l'affaire est de nature à être jugée en dernier ressort. ( 407—412. )

Au surplus, la loi indique celles des formalités prescrites pour les enquêtes ordinaires, qui doivent nécessairement être observées pour les enquêtes sommaires. ( 413. )

Nous remarquerons avec M. Thomines ( p. 177 ), que les exceptions que le législateur fait ici aux règles générales, confirment ces règles pour les cas non exceptés, et que par conséquent celles-ci doivent être strictement observées, toutes les fois du moins qu'elles ne sont pas incompatibles avec l'objet et le but de la procédure sommaire.

### ARTICLE 404.

Seront réputés matières sommaires et instruits comme tels,

Les appels des juges de paix;

Les demandes pures personnelles, à quelque somme qu'elles puissent monter, quand il y a titre, pourvu qu'il ne soit pas contesté;

Les demandes formées sans titre, lorsqu'elles n'excèdent pas mille francs;

Les demandes provisoires, ou qui requièrent célérité;

Les demandes en paiement de loyers et fermages et arrérages de rentes.

Ordonnan**e, titre 17.

2039. *Qu'entend-on par demande purement personnelle?*
V. A. 1344, et *suprà* n.° 6.

2040. *En quel cas un titre est-il réputé contesté?*
V. A. 1345.

2041. De ce qu'une demande réelle ou mixte n'excède pas 1000 fr., il ne s'ensuit pas qu'elle doive être réputée sommaire — A. 1346.

2042. Une demande en paiement de frais de garde peut être considérée par les juges comme sommaire et requérant célérité; la chambre des vacations peut y statuer sans que, pour ce motif, il y ait lieu à cassation. ( Cass., 28 mai 1816. Sirey, 1817, p. 70. )

2043. Il en est de même d'une affaire pure personnelle, quand le titre n'est pas contesté. ( Rennes, 20 novembre 1812, 2.ᵉ ch. )

2044. Les demandes en provision pour nourriture et alimens sont réputées matières sommaires; ainsi tous jugemens rendus sur pareilles demandes sont exécutoires de plein droit, nonobstant appel. (Bruxelles, 12 floréal an 12. Sirey, 1807, p. 777. )

2045. On ne doit pas taxer, comme en matière sommaire, les dépens adjugés en appel d'un jugement rendu sur les contestations élevées dans une distribution par contribution, lorsque ces contestations se rattachent, par leur nature, à une instance principale ordinaire. (Paris, 1.ᵉʳ avril 1811. Sirey, 1814, p. 352.)

2046. En matière de commerce, les appels pour incompétence sont réputés causes sommaires. ( Cass., 9 février 1813. Sirey, 1814, p. 197.)

2047. Le code laisse à la prudence des juges à décider quelles sont les demandes provisoires et qui requièrent célérité. — A. 1347.

2048. Mais la loi désigne spécialement, comme matières sommaires, certaines affaires qui ne sont pas mentionnées dans l'art. 404. ( V. celles référées — A. 1348. )

2049. Les appels pour incompétence et les demandes en validité de saisie-arrêt, ne sont point réputés matières sommaires. — A. 1349. ( Paris, 12 septembre 1810. Sirey, 1814, p. 351. )

2050. La cour de Rennes, par arrêt du 2 octobre 1813, a jugé de la même manière dans une espèce où il s'agissait de décider si un tiers saisi était créancier ou débiteur; elle a déclaré que cette contestation n'étant pas célère, était encore moins sommaire.

2051. Au reste, ces questions relatives à la nature des demandes en validité et en main-levée de saisie-arrêt, sont traitées par

M. Mauguin, dans la bibliothèque du barreau, 1.ʳᵉ part., t. 3, p. 17, avec tous les développemens que l'on peut désirer.

2052. Suivant cet auteur ( *ibidem* ), les demandes en paiement de sommes et en reddition de compte, fondées sur titre non contesté, doivent être considérées indistinctement comme matières sommaires.

2053. On ne doit point réputer matières sommaires les causes que la loi désigne seulement comme devant être *jugées sommairement*, sans exprimer qu'elles seront *instruites sommairement* ou *sans procédure.* — A. 1350.

2054. *Quelles sont les causes qui doivent être jugées sommairement, sans être instruites de la même manière ?*

V. A. 1351.

2055. La partie qui n'a pas maintenu en première instance qu'une affaire n'était point sommaire, ne peut se faire grief en cause d'appel de ce qu'elle ait jugée comme matière ordinaire. ( Rennes, 24 janvier 1812, 3.ᵉ ch.

### ARTICLE 405.

Les matières sommaires seront jugées à l'audience, après les délais de la citation échus, sur un simple acte, sans autres procédures ni formalités.

#### Conférence.

Art. 7, titre 17 de l'ordonnance.

2056. Les matières sommaires sont en général dispensées de l'essai de conciliation. — A. 1352.

2057. On ne doit point conclure de la disposition de l'article 405, que l'on ne puisse signifier en matière sommaire des conclusions motivées ; seulement elles ne passent point en taxe, et ne peuvent, sous aucun prétexte, retarder la marche de la procédure, à moins que la partie à laquelle elles seraient signifiées ne le demandât elle-même dans son propre intérêt. — A. 1353.

### ARTICLE 406.

Les demandes incidentes et les interventions seront formées par requête d'avoué, qui ne pourra contenir que des conclusions motivées.

#### Conférence.

T. art. 4 ; -- art. 14, titre XI de l'ordonnance de 1667.

2058. Par ces mots de l'article 406, « les demandes incidentes et les interventions seront formées par requête d'avoué, qui ne pourra contenir que des conclusions motivées, » la loi exprime

que la partie qui forme une demande incidente ou une intervention, doit se borner à en énoncer l'objet et les motifs, sans entrer
dans les développemens des moyens qu'elle entend proposer pour la
justifier. — A. 1354.

2059. La demande en nullité d'une saisie-immobilière est de sa
nature une opposition incidente, qui peut être formée par acte
d'avoué à avoué. (Turin, 6 décembre 1809. Sirey, 1810., p. 240.).

2060. On peut répondre, par des conclusions motivées, aux
requêtes dont il s'agit en l'article 406 ; mais cette réponse ne passe
point en taxe, et ne peut retarder la procédure, — A. 1355. (1)

### ARTICLE 407.

S'il y a lieu à enquête, le jugement qui l'ordonnera
contiendra les faits sans qu'il soit besoin de les articuler
préalablement, et fixera les jour et heure où les témoins
seront entendus à l'audience.

*Conférence.*

Art. 1.ᵉʳ, titre 22 [ *des enquêtes* ], ordonn. de 1667. -- Ordonnance de François I.ᵉʳ, de
l'an 1535, chap. 72, art. 5. -- Voy. *suprà* sur l'art. 324.

2061. Si, nonobstant la disposition de l'art. 407., une partie
articulait par acte des faits qu'elle entendrait faire admettre en preuve,
la partie adverse ne serait point obligée à les contester également
par acte, dans le délai et sous les peines portées en l'article 252.
— A. 1356. (2)

2062. On ne doit point entendre à l'audience, et sommairement,
les témoins appelés pour constater l'absence. (Colmar, 16 thermidor
an 12. J. du C. C., t. 3, p. 226.)

2063. *Si le jugement n'intervient pas de suite, et qu'un nouveau juge soit appelé, peut-on prononcer sur les notes ?*

On le peut en matière criminelle, parce que la loi a tranché la
difficulté ; mais, en matière civile, il faudrait recommencer l'audition des témoins, alors même qu'il en eût été dressé des notes exactes
signées par les juges et le greffier. En effet, la loi veut que les juges
prononcent d'après les dépositions orales.

### ARTICLE 408.

Les témoins seront assignés au moins un jour avant
celui de l'audition.

---

[1] *Er.* Avant dernière ligne de cette question, au lieu de *1251.ᵉ*, lisez *1353.ᵉ*.

[2] *Er.* 2.ᵉ ligne de cette question, au lieu de *qu'elle entendait*, lisez *qu'elle entendrait*.

Voy. A. sur l'art. 260; -- art. 8, titre 17 de l'ordonnance.

2064. La disposition de l'article 408 emporte nullité. — A. 1357.

2065. En matière sommaire, le défendeur qui a laissé écouler le délai déterminé pour la confection de l'enquête, peut encore, à l'audience fixée pour l'audition des témoins du demandeur, demander une prorogation de délai pour faire la contre-enquête. ( Bruxelles, 16 janvier 1813. Sirey, 1815, p. 240, *infrà* 2068. )

### ARTICLE 409.

Si l'une des parties demande prorogation, l'incident sera jugé sur-le-champ.

2066. **La demande** en prorogation doit être formée au jour indiqué pour l'audition des témoins. — A. 1358.

2067. Il en est de même, lorsque cette demande a pour objet une contre-enquête, ainsi que nous l'avons dit *suprà* n.° 2065.

### ARTICLE 410.

Lorsque le jugement ne sera pas susceptible d'appel, il ne sera point dressé procès-verbal de l'enquête ; il sera seulement fait mention, dans le jugement, des noms des témoins, et du résultat de leurs dépositions.

*Conférence.*

V. *suprà* art. 39, et *infrà* art. 432.

2068. Au lieu de faire mention du résultat de chaque déposition, on peut se borner à mentionner le résultat de toutes celles qui composent l'enquête. — A. 1359.

2069. Le défaut d'énonciation du nom des témoins dans le jugement n'entraîne pas la nullité de ce jugement. — A. 1360.

### ARTICLE 411.

Si le jugement est susceptible d'appel, il sera dressé procès-verbal, qui contiendra les sermens des témoins, leur déclaration s'ils sont parens, alliés, serviteurs ou domestiques des parties, les reproches qui auraient été formés contre eux, et le résultat de leurs dépositions.

2070. Lorsque le jugement est susceptible d'appel, on ne peut plus décider comme nous l'avons fait en la 96.° question de l'analyse

( v. *suprà* n.° 187 ), et il doit contenir le résultat de chaque déposition prise séparément. — A. 1361.

### ARTICLE 412.

Si les témoins sont éloignés ou empêchés, le tribunal pourra commettre le tribunal ou le juge de paix de leur résidence : dans ce cas, l'enquête sera rédigée par écrit ; il en sera dressé procès-verbal.

2071. Lorsqu'un tribunal est commis par un autre tribunal pour recevoir l'enquête, il peut, à son tour, commettre un de ses membres pour recevoir les dépositions des témoins. — A. 1362.

### ARTICLE 413.

Seront observées en la confection des enquêtes sommaires, les dispositions du titre XII, *des Enquêtes*, relatives aux formalités ci-après :

La copie aux témoins, du dispositif du jugement par lequel ils sont appelés ;

Copie à la partie, des noms des témoins ;

L'amende et les peines contre les témoins défaillans ;

La prohibition d'entendre les conjoints des parties, les parens et alliés en ligne directe ;

Les reproches par la partie présente, la manière de les juger, les interpellations aux témoins, la taxe ;

Le nombre des témoins dont les voyages passent en taxe ;

La faculté d'entendre les individus âgés de moins de quinze ans révolus.

#### Conférence.

Art. 13, titre 17, ordonnance de 1667. — C. pr., art. 260, 261, 263, 264, 265, 268, 270, 271, 275, 276, 281, 282, 283, 284, 285 et 287.

2072. L'article 257 ci-dessus, qui, pour faire courir les délais de l'enquête en matière ordinaire, exige une signification du jugement, ne s'applique point en matières sommaires : à leur égard, les délais courent à partir du jugement même indépendamment de toute signification.

On ne peut obtenir de prorogation du délai fixé pour faire une enquête, si la prorogation n'est demandée avant l'expiration du délai. ( Arrêt de la cour royale de Paris, du 10 juin 1812. Sirey, 1813, p. 18 ; et Turin, 18 novembre 1807. Sirey, 1807, suppl., p. 715. ) Or, le délai expire au jour fixé pour l'audition. ( V. *suprà* n.ᵒˢ 2065—2068. )

2073. Des dispositions combinées des articles 413 et 432 , il résulte que la signification à la partie des noms des témoins doit être faite , sous peine de nullité , dans les matières sommaires aussi bien que dans les matières ordinaires , d'après les formes et dans les délais prescrits par l'article 261.

Mais si la signification n'a pas été faite trois jours avant l'audition , le juge ne peut plus admettre à l'audience fixée la demande en prorogation du délai pour paralyser le droit acquis à la partie par cette signification tardive. (Trèves, 6 juin 1812 ; jur. C. C., t. 20 , p. 311.)

# TITRE XXV.

## *De la procédure devant les tribunaux de commerce.*

( V. édit de 1553 ; ordonn. de 1667 , titre 16 , et de 1673 pour le commerce de terre ; de 1681 , pour le commerce de mer , et code de commerce , liv. 4.
V. en outre , pour les questions qui ne se rapportent directement à aucun article du présent titre , *suprà* n.ᵒˢ 1897 et 1955 ; *infrà* au 2.ᵉ volume , les n.ᵒˢ où se trouvent citées les questions de l'analyse 1552, 1559 , 1575 sur la tierce-opposition ; 1581 , sur la requête civile ; 1688 , sur la reddition de compte ; 2426 et 2465 , sur l'emprisonnement ; 2537 , sur les référés ; 2689 , sur l'autorisation de la femme mariée ; 2719 et 2720 , sur la séparation de biens , 2804 et 2812 , sur la cession de biens ; et enfin 3060 et 3074 , sur l'arbitrage. V. aussi le titre de la contrainte par corps. )

« Les affaires de commerce, dit Montesquieu (1), *sont très-peu*
» *susceptibles de formalités ;* ce sont des actions de chaque jour,
» que d'autres de même nature doivent suivre chaque jour ; il faut
» donc qu'elles puissent être décidées chaque jour..... »

C'est dans cette pensée que le législateur a tracé, pour les tribunaux de commerce, une procédure essentiellement sommaire, dont le but est d'accélérer l'instruction par des formalités aussi simples que l'objet des contestations auxquelles elles s'appliquent , et aussi rapides que l'exigent des actions qui se renouvellent et se succèdent d'un instant à l'autre , et dont souvent l'effet serait nul si la marche en était retardée.

(1) Esprit des lois , liv. 20 , chap. 19.

71

Concilier une prompte décision avec les délais suffisans pour la comparution des parties et l'instruction de la cause; voilà donc tout ce qu'exigeait l'intérêt du commerce, et c'est aussi le principe fondamental de toutes les dispositions du titre 25. Il est heureux, disait à ce sujet le tribun Perrin (1), que les conventions du commerce, presque toutes circonscrites dans des règles simples, faciles à connaître, et qui toutes supposent la bonne foi qui doit en être la base, offrent pour leur examen une facilité qui vienne concorder avec le besoin, presque toujours vivement senti, d'une prompte décision.

La procédure devant les tribunaux de commerce se compose en partie des règles prescrites pour les matières sommaires ( art. 432 ), en partie de règles qui lui sont propres.

C'est une procédure spéciale, et, par conséquent, on doit lui appliquer ce que nous avons dit relativement à la procédure également spéciale des justices de paix, *suprà* pages 4 et 5, et à celle des matières sommaires page 555.

Mais il est à remarquer que les dispositions du présent titre ne sont pas les seules que l'on ait à suivre concernant les formes de procéder dans les affaires commerciales; ces dispositions n'établissent que la procédure ordinaire, qui a pour objet l'introduction de la demande, l'instruction et le jugement; tandis que le code de commerce contient, *pour certains cas*, des régles particulières qui constituent autant de procédures extraordinaires.

Ces procédures particulières concernent,

1.º La tenue des livres; (C. de com., art. 11 à 17 inclusiv.)

2.º La manière de constater et de rendre publiques les sociétés de commerce ( art. 39 et suivans) et la séparation de biens ( art. 65 à 70. V. *infrà* 2.º volume, le titre 8 du 1.ᵉʳ livre, 2.ᵉ part. du code.)

3.º La réception des objets transportés par un voiturier ( art. 106 à 108.)

4.º Les protêts de lettres de change et billets à ordre; ( art. 168, 173 à 176, et art. 187. )

5.º La saisie et la vente des navires; ( 197 à 215 inclus., et au 2.ᵉ vol. nos questions sur les art. 442 et 620.)

_____

(1) V. son rapport, édit. de F. Didot, p. 122 et 123.

6.° Certaines obligations à remplir par les capitaines de navires, soit, lorsqu'ils abandonnent le vaisseau pendant le voyage, ( 242 et suivans ) soit, lorsqu'il y a lieu à jet ou à contribution; ( 411 et suivans.)

7.° Enfin, le mode de constater, d'instruire et de juger les faillites et banqueroutes; ( V. le livre 3 du code de commerce en entier, et nos questions sur le titre 12, livre 1.<sup>er</sup> de la seconde partie du code de procédure, *du bénéfice de cession.*)

Nous n'avons à considérer ici que les dispositions de ce dernier code sur la procédure ordinaire. (1)

Elles ont particulièrement pour objet,

1.° *La demande ;* elle a lieu dans la forme ordinaire, sans constitution d'avoué, puisque le ministère de ces officiers est interdit dans les tribunaux de commerce ( 414, 415); le délai est d'un jour franc, sauf les exceptions pour les affaires maritimes et la faculté donnée au président d'abréger ce délai, et d'autoriser la saisie des effets mobiliers ( 416 à 418. ) Toute assignation donnée à bord est valable ( 419 ), et suivant l'objet de la demande, celui qui la forme peut la porter à son choix devant l'un des trois tribunaux que la loi désigne. ( 420.)

2.° *La comparution ;* elle peut avoir lieu par fondé de pouvoir, et rend nécessaire une élection de domicile par les parties qui se présentent. ( 421 et 422.)

3.°. *Les exceptions ;* l'exception *judicatum solvi* n'est point admise ( 423 et *suprà* p. 268 et 273. ) Le déclinatoire, à raison de la matière, doit être prononcé d'office, et tout autre être proposé préalablement à toute défense ( 424 ); en rejettant l'un ou l'autre, le tribunal peut prononcer au fond, mais par deux dispositions distinctes, dont celle qui statue sur le déclinatoire est toujours susceptible d'appel. ( 425.) Les veuves et héritiers des justiciables des tribunaux de commerce ne peuvent en décliner la jurisdiction. ( 426, première disposition. )

4.° *Les incidens ;* les contestations sur la qualité de veuve ou d'héritiers sont renvoyées aux tribunaux ordinaires, ( 426, seconde

_____
(1) V. sur les objets ci-dessus indiqués le cours de droit commercial de M. Pardessus, et le traité de la procédure et des formalités des tribunaux de commerce par M. Boucher.

disposit. ) comme les incidens en vérification d'écritures, et inscription de faux. ( 427. )

5.° *Les voies d'instruction ;* le tribunal peut ordonner la comparution des parties en personne ( 428 ), renvoyer, suivant les cas , devant des arbitres ou des experts ( 429 ), que l'on peut récuser ( 430 ), et qui doivent déposer leur rapport au greffe. ( 431.) Les enquêtes se font en général comme en matière sommaire. ( 432. )

6.° *Le jugement en général ;* il admet pour sa rédaction et son expédition les formes prescrites pour les tribunaux de première instance. ( 433. )

7.° *Le défaut ;* il emporte renvoi de la demande en faveur du défendeur ; mais l'adjudication des conclusions du demandeur n'est accordée qu'après vérification. ( 434.) La signification du jugement doit contenir élection de domicile dans la commune où elle se fait, ( 435 ) ; il est exécutoire un jour après ( 436 ), et l'opposition est recevable jusqu'à l'exécution. ( 437, 438. V. en outre 156. )

8.° *L'exécution provisoire ;* elle peut être ordonnée avec ou sans caution ( 439 ), dont la réception est soumise à des formes particulières ( 440 et 441.)

Au surplus, l'article 442 applique aux tribunaux de commerce le principe d'après lequel les tribunaux d'exception ne connaissent point de l'exécution de leurs jugemens. ( V. *suprà* p. 4. )

### ARTICLE 414.

La procédure devant les tribunaux de commerce se fait sans le ministère d'avoués.

#### Conférence.

Ordonnance de 1667, titre 12, art. 2 ; de 1673 , même titre , art. 11 ; code de commerce, art. 627, 642 et suiv.

2074. On ne doit point constituer avoué dans un tribunal de première instance remplissant les fonctions de tribunal de commerce. — A. 1363.

2075. De ce que le ministère des avoués n'est pas admis dans les affaires commerciales, et qu'elles sont d'ailleurs sommaires de leur nature ( v. *suprà* p. 561 ), il s'ensuit que l'on ne peut ordonner l'instruction par écrit dans ces affaires ; mais il n'en est pas de même du délibéré autorisé par les articles 93 et 94. ( Locré, tome 2, n. 101 et 102. )

Cependant nous avons dit *suprà* n.° 621, que les affaires sommaires ne pouvaient être mises en délibéré sur rapport, d'après l'article 405, qui veut qu'elles soient *jugées à l'audience* après les délais de la citation échus, sans autres procédures ni formalités. Mais on remarquera que les matières *sommaires* sont tellement simples par leur objet, qu'il serait difficile de prévoir des cas où un rapport serait nécessaire, tandis que les affaires commerciales peuvent souvent présenter une complication de faits qui rende cette instruction indispensable. Au reste, le titre 25 ne renferme aucune disposition dont on puisse induire, comme nous l'avons fait de celle de l'article 405, que le délibéré sur le bureau soit interdit.

### ARTICLE 415.

Toute demande doit y être formée par exploit d'ajournement, suivant les formalités ci-dessus prescrites au titre des *Ajournemens.*

#### *Conférence.*

T. art. 29; cod. de procéd., art. 61, *suprà* n.<sup>os</sup> 232, 298, 311, 312, 502 et 504, relatifs aux matières de commerce.

2076. *Quelles sont les règles à suivre dans le cas où le défendeur demeure hors du continent français?*

Ces règles sont celles que prescrivent les articles 73 et 74, car on ne peut douter, dit M. Locré, t. 2, p. 115, que ces articles ne s'appliquent aussi aux affaires de commerce. Il ne faut pas d'ailleurs perdre de vue cette règle générale que nous avons rappelée pages 555 et 562, que, dans une procédure d'exception, comme celle des tribunaux de commerce, la loi est réputée avoir renvoyé au droit commun toutes les fois qu'elle n'y a pas dérogé d'une manière formelle, et que les règles générales sont d'ailleurs *compatibles avec la nature et l'objet de la procédure spéciale.*

2077. *Mais résultera-t-il de cette solution que l'exploit d'ajournement ou d'appel ne puisse être valablement signifié à un étranger, dans la personne ou au domicile, en France, de son mandataire spécial?*

Par argument de l'article 69, §. 9, et suivant le texte des articles 73 et 74, l'exploit doit être remis au domicile du procureur-général, et emporte l'augmentation de délai déterminée par ces articles; mais la cour royale de Rennes, par arrêt du 13 mars 1818, 2.<sup>e</sup> chambre, a considéré qu'en matière de commerce particulièrement, un négociant est, en vertu d'une simple lettre, représenté par son correspondant pour tout ce qui est relatif à l'objet des réclamations qu'il peut être fondé à exercer; que, dans l'intérêt même des étrangers, des formes établies pour les citoyens d'un même état ne doivent pas être étendues à ceux d'une autre nation, dont le domicile peut être incertain et fixé à de grandes distances qui exigeraient, pour la consommation d'affaires toujours célères, des délais incompatibles avec la nature de ces affaires : ainsi cette cour a décidé qu'un acte d'appel avait été valablement notifié à un étranger, au domicile du mandataire qui l'avait représenté en première instance, et aux délais que comportait ce domicile. Nous croyons qu'en effet la célérité qu'exige l'expédition des affaires de commerce, justifie cette décision, qui cependant nous semblerait sujette à des difficultés sérieuses, s'il s'agissait d'affaires ordinaires. ( V. *suprà* n.° 510.)

## ARTICLE 416.

Le délai sera au moins d'un jour.

2078. Le délai d'un jour doit être franc. — A. 1364. Locré, t. 2, p. 114; Delvincourt, t. 2, p. 511.

## ARTICLE 417.

Dans les cas qui requerront célérité, le président du tribunal pourra permettre d'assigner, même de jour à jour et d'heure à heure, et de saisir les effets mobiliers : il pourra, suivant l'exigence des cas, assujétir le demandeur à donner caution, ou à justifier de solvabilité suffisante. Ses ordonnances seront exécutoires nonobstant opposition ou appel,

Ordonn. de 1667, titre 14, art 14. V. *infrà* la question 1372 de l'analyse, n.º 2087.

2079. On ne pourrait, sans la permission du président, valablement assigner de jour à jour ou d'heure à heure, même dans le cas où l'on fût certain de prouver en plaidant qu'il y avait urgence. — A. 1365.

2080. Lorsque l'assignation est donnée à bref délai, dans les cas prévus par l'article 417, l'augmentation à raison des distances ne doit être accordée que dans le cas où l'assignation serait donnée au domicile de la partie. — A. 1366. Tel est aussi l'avis de M. Pardessus ( cours de droit commercial, t. 4, p. 51 ); il n'admet l'augmentation qu'autant que l'assignation n'aurait pas été donnée à la personne du défendeur, ou qu'il eût été trouvé dans un autre lieu que celui où siège le tribunal.

2081. Le président peut autoriser une saisie-arrêt. — A. 1367.

2082. Quand le président du tribunal de commerce, ou le tribunal lui-même, a autorisé une saisie-arrêt, la demande en validité ou en main-levée peut être jugée par ce tribunal. — A. 1368, et Paris, 31 décembre 1811. Sirey, 1812, p. 65.

2083. Ces expressions de l'article 417, *justifier de solvabilité suffisante*, ne signifient pas que la partie autorisée à saisir doive *toujours* administrer des preuves de sa solvabilité; il suffit que son crédit soit notoire. — A. 1369.

2084. On doit considérer, comme étant de règle générale, que le plus ancien juge, suivant l'ordre du tableau, remplace le président empêché, et cette règle doit être observée dans les tribunaux de commerce, comme elle l'est dans tous les autres. — A. 1370.

2085. Les ordonnances dont parle l'article 417, ne peuvent être attaquées par appel lorsqu'elles sont par défaut : en ce cas, la voie d'opposition est la seule ouverte. ( Bruxelles, 17 mars 1812. Sirey, 1814, p. 369. Mais voyez *suprà* n.º 1500. )

ARTICLE 418.

> Dans les affaires maritimes où il existe des parties non
> domiciliées, et dans celles où il s'agit d'agrès, victuailles,
> équipages et radoubs de vaisseaux prêts à mettre à la voile,
> et autres matières urgentes et provisoires, l'assignation de
> jour à jour ou d'heure à heure, pourra être donnée sans
> ordonnance, et le défaut pourra être jugé sur-le-champ.

*Conférence.*

T. art. 29.

2086. *Qu'entend-on par ces mots* agrès, victuailles, équipages et radoubs, *employés par l'art. 418* ?

Voyez A. 1371.

2087. Ces mots du même article, *et autres matières urgentes et provisoires*, ne s'appliquent qu'aux affaires maritimes. — A. 1372, et la question 1365, citée *suprà* n.º 2080.

2088. Lorsque le tribunal ne reconnaît pas l'urgence, il peut, si la partie se présente, renvoyer, sur sa demande, à statuer à l'expiration des délais légaux; si, au contraire, cette partie ne se présente pas, il ne peut donner défaut, et devrait même ordonner une nouvelle assignation. — A. 1373, et Delvincourt, inst. du d.¹ C.ᵃˡ, t. 2, p. 511.

ARTICLE 419.

> Toutes assignations données à bord à la personne assi-
> gnée, seront valables.

*Conférence.*

2089. L'art. 419 ne peut recevoir son application que lorsque l'assignation a pour objet une affaire de la nature de celles qui sont indiquées par l'art. 418. — A. 1374.

2090. Pour que l'assignation donnée à bord soit valable, il n'est pas nécessaire qu'elle soit remise à la personne, s'il s'agit d'*affaires maritimes.* — A. 1375. (1)

2091. *Faut-il, pour que l'assignation soit valable à bord, que la personne soit sur le point de partir?*

On pourrait le croire d'après les expressions de M. Pardessus, t. 4, p. 50. « Si, dit-il, la personne qu'il s'agit d'assigner est sur » le point de partir dans un navire prêt à faire voile, ce qui est » facile à prouver par le rôle d'équipage, l'assignation donnée à » bord est aussi valable que si elle était donnée à domicile. La » nécessité d'une prompte assignation dans les matières de com- » merce maritime, a introduit cette règle. »

Nous croyons que la généralité des termes de l'article s'oppose à cette distinction que l'on doit d'autant moins admettre, que la disposition a aussi pour objet, comme nous l'avons remarqué sur la 1314.º question de l'analyse, d'éviter les difficultés résultant de l'ignorance où l'on peut se trouver souvent sur le domicile d'un marin.

2092. *L'article 419 s'applique-t-il aux voituriers par terre et par eau?*

« Les motifs de cet article, dit encore M. Pardessus (*ubi sup.*), » pourraient s'étendre aux voituriers par terre et par eau »; et ainsi une assignation serait valablement donnée, suivant cet auteur, au bateau ou à l'auberge dans laquelle loge le voiturier. Il ne serait pas prudent, selon nous, de s'en rapporter absolument à cette opinion, attendu qu'il s'agit ici d'une exception aux règles générales, et que l'identité des motifs n'est pas une raison suffisante pour étendre une exception d'un cas à un autre que la loi n'a pas excepté.

#### ARTICLE 420,

Le demandeur pourra assigner, à son choix,

Devant le tribunal du domicile du défendeur;

Devant celui dans l'arrondissement duquel la promesse a été faite et la marchandise livrée;

Devant celui dans l'arrondissement duquel le paiement devait être effectué.

---

[1] 3.ᵉ ligne, p. 777, après 386, ajoutez, *ainsi que M. Delvincourt, ubi suprà.*

*Conférence.*

Ordonn. de 1673, tit, 12, art. 17, et *suprà* n.°ˢ 11, 286, 314, 318, 329 et 1088. [1]

2093. Pour que le défendeur puisse être assigné devant un autre juge que celui de son domicile, il faut nécessairement le concours des deux circonstances mentionnées dans la seconde disposition de l'art. 420. — A. 1376.

2094. La faculté d'assigner au lieu où le paiement a été fait ne peut être étendue aux matières civiles. — A. 1377, et *suprà* n.° 329.

Au surplus, l'article 420 doit être strictement limité aux contestations relatives à des marchandises; par exemple, dit M. Pardessus, t. 4, p. 33, on ne doit pas conclure de ces dispositions que le commerçant qui serait en compte courant avec un autre, fût fondé à l'assigner devant son propre tribunal, sous prétexte que c'est là qu'il a fourni les valeurs qui l'établissent créancier. Quand les commerçans sont en compte courant, le paiement du solde, à moins de contestations ou de circonstances particulières, doit être fait, comme celui de toute autre espèce de créance, au domicile du débiteur : c'est donc devant le juge de ce domicile que l'action doit être portée.

2095. Le commissionnaire qui est resté étranger à la vente des marchandises, et qui s'est chargé seulement de les expédier à l'acheteur, ne peut être assigné devant le tribunal du lieu de la livraison de ces marchandises. (Montpellier, 22 janvier 1811. Sirey, 1814, p. 364.)

2096. Lorsque le propriétaire change le lieu de la destination primitive de ses marchandises, le voiturier peut réclamer le paiement du transport devant le tribunal du lieu où il a été obligé de les décharger. — A. 1378.

2097. Lorsqu'une maison de commerce a donné à un commis-voyageur commission de lui faire adresser des marchandises par la maison pour laquelle il voyage, la vente est réputée faite au lieu où la commission est donnée, et par conséquent on peut assigner devant le tribunal de ce lieu. (Cass., 14 juin 1813. Sirey, 1813, p. 353.)

---

(1) Nous pourrions noter ici une foule de questions sur la compétence des tribunaux de commerce ; mais nous voulons nous en tenir exclusivement à celles qui dérivent du texte même du code de procédure civile. Toutes ces questions se trouveront dans le traité que nous préparons sur la compétence en matière civile. V. au surplus les codes annotés de M. Sirey.

2098. L'article 1651 du code de commerce, portant que l'acheteur doit payer au lieu et dans le tems où doit se faire la délivrance, s'entend des ventes faites au comptant : ainsi le prix des ventes à terme est payable au domicile du débiteur, suivant l'art. 1247, et, par suite, la demande doit être portée devant les juges de ce domicile. ( Même arrêt. )

2099. Lorsqu'un négociant est convenu qu'il recevra des traites en paiement de la marchandise qu'il a vendue, le tribunal du lieu où la remise de ces traites a été effectuée peut connaître des difficultés qui s'élèvent à raison du contrat, lorsque les effets sont payables dans le ressort d'un autre tribunal. — A. 1379.

2100. Lorsque le porteur d'une lettre de change non échue demande au tireur un cautionnement provisoire, et l'assigne à cette fin devant le tribunal de son domicile, si le tireur conteste la propriété du porteur, et qu'ainsi l'instruction soit engagée sur ce point devant le tribunal du domicile du tireur, ce tribunal est le seul compétent pour statuer ultérieurement sur l'action en paiement de la lettre après qu'elle est échue ; en ce cas, la litispendance fait perdre au porteur le droit d'assigner le tireur en paiement au lieu où la lettre de change est stipulée payable. ( Cass., 19 mars 1812. Sirey, 1812, p. 247. )

2101. Lorsque celui sur qui une lettre de change est tirée refuse de l'accepter, il ne peut être traduit, fût-il débiteur du tireur, devant un autre tribunal que celui de son domicile, à moins toutefois que la nature de sa dette ne le rendît justiciable. S'il prétend ne devoir qu'en partie le montant de la lettre, et qu'il fasse des offres réelles, il peut faire juger la validité de ces offres par le tribunal du lieu indiqué pour le paiement. — A. 1380.

2102. En matière commerciale, l'assignation peut être donnée au domicile de la personne chez qui le paiement doit être effectué. — A. 1381.

2103. L'assignation étant donnée au domicile élu, ou indiqué dans un effet de commerce, le délai de la comparution doit être calculé d'après la distance de ce domicile. — A. 1382. V. *suprà* n.º 419.

2104. Le demandeur peut, s'il y a plusieurs défendeurs demeurant dans des arrondissemens différens, assigner, comme en matière ordinaire, devant le tribunal du domicile de l'un d'eux, sans qu'il soit obligé de préférer soit le tribunal du lieu où la promesse a été faite et la marchandise livrée, soit celui du lieu où le paiement devait être effectué. — A. 1383.

ARTICLE 421.

Les parties seront tenues de comparaître en personne,
ou par le ministère d'un fondé de procuration spéciale.

*Conférence,*

Art. 1 et 2, du titre 16; ordonnance de 1667; art. 4 de l'ordonn. de Charles IX, de l'an
1563; art. 5 de celle rendue à Saint-Maur, en 1566; art. 12, titre 12, ordonn. de 1673.

2105. *Peut-on se faire représenter dans les tribunaux de commerce par les personnes désignées en l'article 86?*

Si l'on peut se faire représenter dans un tribunal par toute personne capable de recevoir un mandat, on doit excepter néanmoins celles à qui l'art. 86 refuse le droit de défendre les parties; car devant les tribunaux de commerce, le pouvoir de représenter la partie contient celui de la défendre. ( Locré, esprit du code de commerce, t. 7, p. 125 et 138, et du code procéd., t. 2, p. 107. )

2106. *En quelle forme le pouvoir doit-il être donné, et PARTICULIÈREMENT peut-il l'être par lettre missive?*

L'article 627 du code de commerce porte que nul ne pourra plaider pour une partie devant les tribunaux de commerce, si la partie présente à l'audience ne l'autorise, ou s'il n'est muni d'un pouvoir spécial; ce pouvoir qui peut, ajoute l'article, être donné au bas de l'original ou de la copie de l'assignation, sera exhibé au greffier avant l'appel de la cause, et par lui visé sans frais. On peut conclure de là que le pouvoir peut être donné sous seing privé, puisque l'article ne distingue point. Mais M. Locré (esprit du code de comm., t. 7, p. 126, et du code de procéd., t. 2, p. 132.) remarque qu'on avait proposé d'ajouter : *même par une lettre missive,* addition qui n'a pas été faite. Il ne faut pas, à notre avis, en conclure que ce pouvoir ne puisse être donné de la sorte; dès qu'il peut l'être sous seing privé, peu importe la forme.

2107. Les personnes connues sous le nom d'*agréés*, ne sont pas exceptées de l'obligation d'être munies d'un pouvoir spécial des parties qu'elles représentent. — A. 1384. (1)

Nous avions dit, sur cette question de notre analyse, que nous ne pensions pas que les tribunaux de commerce eussent aujourd'hui la faculté de s'attacher des agréés; mais le contraire résulte de la discussion au conseil d'état, tant sur le code de commerce ( espr. du C. de C. t. 9, pag. 118 et suiv. ); que sur le code de procédure. ( espr. du C. de procéd., t. 2, pag. 102 et 107. ) Il est à remarquer seulement que ces agréés n'ont aucun caractère public qui, comme

[1] Première ligne, lisez *Pardessus, cours de droit commercial,* t. 4 ; p. 52.

nous l'avons dit, les dispense d'être munis de pouvoir, ou oblige les parties à se faire représenter par eux, à l'exclusion d'autres personnes. ( V. *infrà* sur l'art. 438, n.° 2173. )

2108. Un tribunal de commerce peut admettre à plaider un individu qui se présente devant lui, quoique n'ayant pas été assigné, et il peut prononcer des condamnations contre lui, s'il a défendu au fond sans excepter du défaut d'assignation légale. ( Rennes, 11 juillet 1810, 3.° ch. )

### ARTICLE 422.

Si les parties comparaissent, et qu'à la première audience il n'intervienne pas jugement définitif, les parties non domiciliées dans le lieu où siège le tribunal, seront tenues d'y faire l'élection d'un domicile.

L'élection de domicile doit être mentionnée sur le plumitif de l'audience ; à défaut de cette élection, toute signification, même celle du jugement définitif, sera faite valablement au greffe du tribunal.

*Conférence.*

**V.** *suprà* n.° 588.

2109. L'élection de domicile, faite conformément à l'art. 422, n'est pas exigée pour d'autres cas que ceux mentionnés en cet article, et ne peut avoir effet relativement à des tiers. — A. 1385. (1)

2110. L'élection de domicile cesse du moment où la contestation est terminée par un jugement définitif; elle ne peut, en conséquence, autoriser l'autre partie à faire signifier son acte d'appel au domicile élu. ( Cass., 2 mars 1814. Sirey, 1814, p. 119. )

### ARTICLE 423.

Les étrangers demandeurs ne peuvent être obligés, en matière de commerce, à fournir une caution de payer les frais et dommages et intérêts auxquels ils pourront être condamnés, même lorsque la demande est portée devant un tribunal civil dans les lieux où il n'y a pas de tribunal de commerce.

*Conférence.*

**C. C.**, art. 16, et *suprà* n.° 991.

_____

(1) Troisième alinea, lisez *Pardessus*, t. 4, p. 52.

### ARTICLE 424. (1)

Si le tribunal est incompétent à raison de la matière, il renverra les parties, encore que le déclinatoire n'ait pas été proposé.

Le déclinatoire pour toute autre cause ne pourra être proposé que préalablement à toute autre défense.

#### Conférence.

Ordonnance de 1667, titre 5, art. 5, et *suprà* n.os 1022, 1087, 1088, 1089 et 1090.

2111. *De quel déclinatoire s'agit-il en l'article 424?*

Il s'agit uniquement, d'après le texte de cet article, des déclinatoires fondés sur l'incompétence du tribunal, soit à raison de la matière, soit à raison de la personne, et non pas des renvois pour cause de litispendance, de connexité, ou de parenté ou alliance; d'où suit que l'on doit sur ces derniers se conformer aux règles générales. (V. *suprà* p. 276 et suiv. )

2112. Si la procédure volontaire ne peut jamais couvrir l'exception d'incompétence à raison de la matière, il n'en est pas ainsi de celle qui n'est fondée que sur le domicile ou la qualité. — A. 1386. (2)

2113. *Mais suit-il de cette proposition que la partie qui, après avoir opposé une semblable exception susceptible d'être couverte, plaiderait SUBSIDIAIREMENT au fond, se rendrait non recevable à appeler de la décision qui l'aurait rejetée?*

Nous ne balancerions pas, d'après l'article 172, à résoudre négativement cette question, s'il s'agissait d'une matière ordinaire. (V. *suprà* n.os 1032 et suivans.) En effet, rien dans ces matières n'oblige le défendeur de plaider au fond, puisque le tribunal n'ayant pas la faculté d'en connaître avant d'avoir, par un premier jugement, prononcé sur la compétence, ne pourrait le lui enjoindre.

Ainsi, dans ce cas, joindre sans nécessité la plaidoirie des moyens du fond à celle du déclinatoire, c'est compromettre le succès de l'appel qu'on interjeterait ensuite du jugement qui aurait écarté l'exception; il est naturel de conclure de la plaidoirie au principal que le défendeur a couvert l'incompétence.

Mais la faculté que l'article 425 accorde aux juges de commerce de joindre la demande de renvoi au fond, nous semble autoriser suffi-

(1) V. la note sur l'art. 420, au bas de la page
(2) A la note de cette question, au bas de la page 785, au lieu de art. 444 et 454, lisez art. 433, 444, 454 et 455.

samment le défendeur à plaider *à toutes fins*, sans préjudice de ses droits. ( V. Cass., 1.er prairial an 10. Sirey, 1802, p. 321.)

En effet, il est intéressé, à raison de cette faculté, à plaider subsidiairement au fond, car il est possible que le tribunal rejette l'exception, et reconnaisse néanmoins, en prononçant sur le fond, que la demande n'est pas fondée, et en déboute le demandeur; au lieu que si le défendeur gardait le silence sur le fond, le tribunal, sur son refus de plaider, pourrait, après avoir rejeté l'exception, le condamner par défaut, condamnation qu'il lui importe d'éviter, puisque le jugement est exécutoire par provision, nonobstant l'appel.

La défense au fond est donc toujours une précaution sage, puisque, si le déclinatoire n'est pas accueilli, on peut espérer au moins de ne pas succomber au principal, et d'éviter une condamnation qui serait la suite nécessaire du défaut de défense au fond. Au surplus, un arrêt de Rennes, du 27 septembre 1817, ch. des vacations, a formellement consacré cette opinion, que l'on pourrait en outre appuyer d'un autre arrêt du 12 août 1810, par lequel la même cour a décidé qu'en matière de commerce la plaidoirie au fond, *sous toutes protestations et réserves*, après rejet du déclinatoire, ne rend point l'appel non recevable, attendu que l'article 425 laisse toujours le droit d'attaquer les dispositions relatives à la compétence. ( V. aussi arrêt de Montpellier, du 22 janvier 1811. Sirey, 1814, p. 364, déjà cité *suprà* n.° 1096.)

2114. On n'est plus recevable à décliner la jurisdiction d'un tribunal pour cause d'incompétence, *ratione personæ*, après avoir formé une demande en inscription de faux : cette demande qui, à la vérité, ne peut être jugée par le tribunal ( 427), n'en est pas moins une défense au fond. (Paris, 28 février 1812. Sirey, 1814, p. 360.)

2115. La même exception d'incompétence peut être proposée sur l'opposition au jugement (Bruxelles, 23 décembre 1809. Sirey, 1810, p. 261) ; bien entendu si l'opposition n'est fondée que sur l'incompétence. ( V. *suprà* n.° 1004.)

2116. Mais la même cour de Bruxelles, par arrêt du 31 juillet 1809; Sirey, 1807, sup., p. 973, a décidé que l'individu non négociant, signataire ou endosseur d'un billet à ordre, qui s'est laissé condamner par défaut au tribunal de commerce, ne peut, en cour d'appel, proposer la même exception; l'arrêtiste laisse ignorer l'espèce dans laquelle a été rendue cette décision, qui se trouve opposée à ce que nous avons établi n.° 1003.

2117. *Si la ville où le défendeur est domicilié n'a point de tribunal de commerce, et qu'il y en ait un dans une autre ville du*

*même arrondissement, cette partie peut-elle demander son renvoi
au tribunal de commerce voisin?*

L'article 616 du code de commerce donne bien au tribunal de
commerce tout l'arrondissement du tribunal civil; mais l'article 640
donnant aux tribunaux civils le pouvoir de juger commercialement,
on pourrait croire qu'ayant été saisis, ils ont droit de retenir la
connaissance de l'affaire. Cependant, nous croyons avec M. Jourdain,
dans son code de compétence, t. 2, p. 406, n.° 978, que le pouvoir
de juger commercialement n'est attribué qu'aux tribunaux civils qui
n'ont pas de tribunaux de commerce dans leur arrondissement : ainsi,
dans cette circonstance, le renvoi nous paraît devoir être ordonné.

### ARTICLE 425.

Le même jugement pourra, en rejettant le déclinatoire,
statuer sur le fond, mais par deux dispositions distinctes,
l'une sur la compétence, l'autre sur le fond; les dispositions sur la compétence pourront toujours être attaquées
par la voie de l'appel.

#### Conférence

Ordonnance de 1667, titre 12, art. 10 et 16; – de 1673, titre 12, art. 13 et 14; *suprà*
n.os 1018, 1019, 1022, 1830, 1831, et les précédens sur l'art. 424; *infrà* sur l'art. 454.

2118. Cet article ne fait aucune exception pour les jugemens
rendus dans les affaires où le tribunal aurait à juger au fond en
dernier ressort; ainsi l'appel est recevable dans tous les cas. (Locré,
espr. du C. de pr., t. 2, p. 141; *infrà* art. 454.)

2119. Il est également ouvert sans distinction, soit entre le cas
où le tribunal s'est déclaré compétent, et celui où il s'est déclaré
incompétent, fût-ce en prononçant le renvoi d'office, soit entre celui
où il s'agit d'incompétence à raison de la matière, en raison du ressort,
lorsque, dans ce dernier cas, le défendeur n'a pas renoncé au déclinatoire.

2120. Enfin, il est recevable avant comme après le jugement du
fond, pourvu que le délai ne soit pas expiré. (*Ibid.* p. 143.)

2121. *Lorsqu'il y a eu prorogation de juridiction, c'est-à-dire,
consentement exprès ou tacite des parties a être jugées par le tribunal de commerce que l'une d'elles prétendrait ensuite incompétent, ce consentement opérerait-il une fin de non recevoir contre
l'appel?*

Oui, sans contredit, s'il s'agissait d'une incompétence à raison du
domicile; mais dans le cas où le consentement a été donné à l'effet
de proroger la juridiction à raison de la matière, il n'en peut résulter

une fin de non recevoir contre l'appel, fût-il interjeté par le deman-, deur qui lui-même aurait saisi le tribunal de commerce. (V. *suprà* n.ᵒˢ 1019 et 1022, et arrêt de Bruxelles, du 28 mai 1808. Sirey, 1809, p. 33 ; et Locré, *ubi suprà*, p. 141 et 142. V. en outre Sirey, 1808, p. 532, où se trouve un arrêt qui prononce de la même manière relativement à la compétence des juges de paix.

2122. *En serait-il de même si la demande avait été portée devant un tribunal civil, au lieu de l'être devant un tribunal de commerce ?*

La négative a été jugée par la même cour de Bruxelles le 28 novembre 1808, Sirey, 1809, pag. 24, attendu que les juges ordi- naires sont investis, même sous la loi de 1790, de la plénitude de la jurisdiction civile ; d'où résulte que les parties ont pu, sans s'adresser au juge d'attribution, s'il en existait, s'adresser au juge ordinaire pour faire vider leur différend. Cette décision nous paraît conforme à la saine théorie développée par M. Henryon de Pansey, dans son traité de l'autorité judiciaire dans les gouvernemens monarchiques, (pag. 178 et 183, et pag. 187 et suiv.) ; mais lui-même convient pag. 181 et 188, qu'il a de fortes raisons pour ne pas appliquer ces principes à notre organisation actuelle ; et, en effet, on peut citer contre la décision de la cour de Bruxelles l'arrêté du 5 fructidor an 9, rapporté au nouveau répertoire, v.ᵒ *incompétence*, n.ᵒ 2, par lequel il est décidé qu'une affaire administrative sur laquelle les parties avaient plaidé volontairement depuis plusieurs années devait être renvoyée au conseil de préfecture, parce que les incompétences prononcées à raison de la matière, et puisées dans l'ordre public, ne se couvrent pas. On ne saurait se dispenser de convenir que ce principe de décision admis, on doit résoudre pour l'affirmative la question que nous venons de poser, car il s'applique à tous les cas d'incompétence *en raison de la matière.*

### ARTICLE 426.

Les veuves et héritiers des justiciables du tribunal de commerce y seront assignés en reprise, ou par action nouvelle ; sauf, si les qualités sont contestées, à les ren- voyer aux tribunaux ordinaires pour y être réglés, et ensuite être jugés sur le fond au tribunal de commerce.

*Conférence.*

Ordonnance de 1673, tit. 12, art. 16.

2123. Ces expressions de l'art. 126, *action nouvelle*, doivent être entendues en ce sens que l'on peut assigner au tribunal de commerce, *par action principale*, les veuves et héritiers de ceux qui, pour raison de l'objet de la demande, eussent pu y être assignés. — A. 1387. (1)

2124. Ainsi, pour appliquer la disposition de l'art. 426, il n'est pas nécessaire qu'il ait déjà existé une instance avec le défunt. ( Paris, 16 mars 1812. Sirey, 1814, 2.ᵉ part., p. 105.)

2125. *Devant quel tribunal assignera-t-on par action nouvelle?*

Il faut se conformer dans ce cas à l'art. 420. ( Delvincourt, inst. au droit comm., t. 2, p. 504. )

2126. *Quel peut être l'objet de la contestation sur la qualité?*

C'est lorsqu'il y a, sous quelque prétexte que ce soit, contestation sur la qualité d'après laquelle le demandeur soutient que le défendeur doit être tenu de payer la dette commerciale. ( Pardessus, cours de droit com., t. 4, p. 26. Voy. Sirey, 1814, 2.ᵉ part., p. 105. )

2127. Les qualités des parties susceptibles de contestation dans l'espèce de l'art. 426, sont celles de *commune*, *d'héritier pur et simple ou par bénéfice d'inventaire*, *de légataire universel ou à titre universel et d'usufruitier*. — A. 1388.

2128. La question de savoir si un débiteur était majeur ou mineur à l'époque de ses engagemens, est essentiellement hors de la juridiction commerciale. ( Bruxelles, 10 juillet 1807. Sirey, 1808, p. 77.)

2129. Lorsque l'une des qualités ci-dessus indiquées est contestée, le renvoi aux juges ordinaires doit être prononcé, quoiqu'il ne soit pas demandé par les parties. — A. 1389.

Mais, comme le remarque M. Locré ( espr. du code de comm., t. 8, p. 180 ), les juges de commerce peuvent prononcer sur la question de savoir si un particulier traduit devant eux est ou n'est pas commerçant; et la raison en est que cette question appartient au droit commercial, et que les tribunaux de commerce sont les premiers juges de leur compétence.

2130. Les héritiers non commerçans sont justiciables du tribunal de commerce, pour les dettes *commerciales* de celui dont ils ont appréhendé la succession, lorsqu'il s'agit, non d'exécuter des condamnations précédemment obtenues contre leur auteur, mais de faire déclarer l'existence des dettes. ( Cass., 25 prairial an 10. Sirey, 1803, p. 339. ) Cass., 20 frimaire an 13. Sirey, 1805, p. 152. ) Cass., 1.ᵉʳ sept. 1806, Sirey, 1806, 2.ᵉ part., p. 743. )

(1) Sur cette question, 3.ᵉ ligne de la page 786, au lieu de *les veuves et héritiers*, lisez, *les veuve et héritiers*.

2131. Un tribunal de commerce est incompétent pour statuer sur l'exception proposée par le défendeur, tendant à établir qu'il n'est point héritier du négociant débiteur du demandeur. ( Cass., 23 mess. an 9. Sirey, 1801, *sup.* p. 672. )

2132. Un tribunal de commerce n'est pas compétent pour ordonner, contre les héritiers d'un négociant, l'exécution d'un jugement rendu contre le négociant lui-même. ( Cass., 3 brum. an 12. Sirey, 1804, 2e part., p. 28. V. *infrà* art. 442. )

ARTICLE 427.

> Si une pièce produite est méconnue, déniée ou arguée
> de faux, et que la partie persiste à s'en servir, le tribunal
> renverra devant les juges qui doivent en connaître, et il
> sera sursis au jugement de la demande principale.
>
> Néanmoins, si la pièce n'est relative qu'à un des chefs
> de la demande, il pourra être passé outre au jugement
> des autres chefs.

*Conférence.*

Déclaration du 15 mai 1703. *Suprà* n.os 57 et 1522.

2133. Outre les incidens en vérification d'écriture et inscription de faux, le tribunal de commerce, quoique légalement saisi d'une demande, ne peut en général juger les exceptions et incidens qui présenteraient à juger une question de droit non commercial, dont la solution donnée en faveur de la partie qui donne lieu à l'incident, ou oppose l'exception, rendrait ce tribunal incompétent pour statuer sur le fond. — A. 1390.

Nous citerons particulièrement parmi les exceptions que les juges de commerce doivent par ce motif renvoyer devant les tribunaux ordinaires, toutes celles qui tendent à faire décider qu'il y a eu délit ou crime. M. Locré fait aussi cette remarque que contient l'art. 427, et il ajoute qu'il en serait de même, si l'une des parties prétendait que des témoins ont été subornés, que l'autre a fait un faux serment; qu'un témoin a fait une fausse déposition, que la pièce qu'on fait valoir contre elle, quoique véritable, lui a été volée ou extorquée; dans toutes ces circonstances, en effet, l'exception présente à prononcer sur des délits et des crimes, et ce jugement n'appartenant qu'à la justice criminelle, le renvoi est nécessaire ainsi que le sursis, si l'exception présente une question indispensable à résoudre pour statuer sur le principal.

2134. La simple dénégation d'un écrit, ou l'allégation du faux, n'assujétit point les tribunaux de commerce, d'une manière absolue, à renvoyer devant les tribunaux civils. — A. 1391. (1)

Cette proposition est surabondamment prouvée par l'arrêt de la cour de cassation du 19 mars 1817, rendu dans l'affaire Reignier contre Michel, lequel décide que si les tribunaux de commerce sont tenus, par l'art. 427, de renvoyer devant les juges civils pour la vérification de l'écriture et de la signature, lorsque le sort de la contestation tient à cette vérification, ▓▓▓▓▓▓ pas de même lorsqu'indépendamment, et abstracti▓▓▓▓▓▓te vérification, l'instruction démontre le vice essen▓▓▓▓▓▓ nullité des traités. Il suffit donc, pour que leur juge▓▓▓▓▓ valablement rendu au fond, qu'il ne soit fondé sur aucun motif qui s'applique à la contestation d'écriture ou au faux, mais sur des moyens de dol et de fraude. ( Sirey, 1817, ▓ 69. )

2135. Lorsque les ▓▓▓▓ aux civils sont saisis, comme juges de commerce, d'une affaire sur laquelle intervient une dénégation de pièces ou une allégation de faux, ils doivent eux-mêmes ordonner le sursis conformément à l'art. 427. — A. 1392. (2)

### ARTICLE 428.

Le tribunal pourra, dans tous les cas, ordonner, même d'office, que les parties seront entendues en personne, à l'audience ou dans la chambre, et, s'il y a empêchement légitime, commettre un des juges, ou même un juge de paix pour les entendre, lequel dressera procès-verbal de leurs déclarations.

*Conférence.*

Ordonn. de 1667, tit. 16, art. 4. — A. sur l'art. 119, et sup. n.ᵒˢ 1683 et 1700.

2136. *Comment doit-on entendre, dans cet article, les mots* EMPÊCHEMENT LÉGITIME?

La loi n'a point entendu restreindre l'empêchement légitime au cas où la partie serait empêchée par maladie ou autrement, et exclure celui où elle serait éloignée. Ces termes de l'article, par leur généralité, constituent le juge arbitre des causes d'empêchement, et dès-lors ils le laissent le maître d'avoir égard à l'éloignement aussi bien qu'à la maladie. ( Locré, esp. du code de comm., t. 7, p. 116 et 117; et du code de proc., t. 2, p. 153. )

---

(1) Er. Page 787, dernière ligne, au lieu de *Sirey, 1811, p. 391,* lisez *Sirey, 1806,* p. 388.

(2) Er. 14.ᵉ ligne de cette question, au lieu de *contestation,* lisez *conciliation.*

2137. Le défaut de comparution en personne de l'une des parties devant un tribunal de commerce, emporte, lorsque cette comparution a été ordonnée par jugement, l'*avération* des faits allégués par l'autre partie. — A. 1393, et Pardessus, cours de droit com., t. 4, p. 75.

2138. Le jugement du tribunal de commerce, qui ordonne la comparution d'une partie à l'audience, n'est que préparatoire. — A. 1394.

### ARTICLE 429.

S'il y a lieu à renvoyer les parties devant des arbitres, pour examen de comptes, pièces et registres, il sera nommé un ou trois arbitres pour entendre les parties, et concilier, si faire se peut, sinon donner leur avis.

S'il y a lieu à visite ou estimation d'ouvrages ou marchandises, il sera nommé un ou trois experts.

Les arbitres et les experts seront nommés d'office par le tribunal, à moins que les parties n'en conviennent à l'audience.

#### *Conférence.*

T. art. 29 ; ordonn. de 1667, tit. 16, art. 3 ; et *suprà* le titre des rapports d'experts, page 430.

2139. La faculté d'ordonner un renvoi devant arbitres ou devant experts, dans les cas prévus par l'art. 429, est particulière aux tribunaux de commerce. — A 1395 et 331, *sup.* n.° 622.

2140. Il peut y avoir lieu a d'autres expertises que celles qui se trouvent mentionnées dans l'article 429. — A. 1396.

2141. Le titre 25 du code se réfère au droit commun pour toutes les dispositions qu'il ne modifie pas, et qui se concilient avec l'institution des tribunaux de commerce. (Locré, esprit du code de procéd.; t. 2, p. 170, et *suprà* page 562.)

2142. Ainsi les règles à suivre pour les arbitrages et les expertises, dont il s'agit en ce titre, sont celles que tracent les articles 302 et suivans; mais le code de commerce les modifie particulièrement, 1.° en ce que les parties sont tenues de nommer sur-le-champ, et à l'audience même, soit leurs arbitres, soit leurs experts, s'il leur plaît d'en choisir. — A. 1397.

D'où suit que ce ne sont point les articles 304, 305 et 306 qui règlent le mode de nomination dans les tribunaux de commerce, et qu'il n'y a ni signification, ni délai, ni nomination au greffe. (Locré, esprit du code de procéd., t. 2, p. 168.)

2.° En ce que les tribunaux de commerce ne sont pas obligés de prendre le consentement des parties pour ordonner que l'expertise sera faite par un expert unique. ( Locré , *ibid.* , p. 165.

2143. La nomination d'office ayant lieu toutes les fois que les parties ne *conviennent pas* , c'est-à-dire, ne s'accordent pas à l'audience même , sur le choix de tous les experts, il en résulte que le tribunal doit nommer d'office ,

1.° Lorsque ni l'une ni l'autre partie ne comparaît ; 2.° lorsque, toutes comparaissant , l'une et l'autre ou une seule refuse l'expert produit par son adversaire ( Locré, *ibidem* , p. 165 ) ; 3.° lorsque l'une des parties fait défaut.

Dans ces deux derniers cas , le tribunal ne nomme pas seulement pour la partie qui fait défaut ou qui refuse ; il nomme pour toutes les deux , attendu que , par le fait , il est impossible que les parties conviennent de leurs experts ou de leurs arbitres. (Rouen , 10 septembre 1813. Sirey , 1815, p. 118. Locré , *ibidem* , p. 169 et 170. )

2144. Au reste , la partie qui se fait représenter par un fondé de pouvoir, peut très-bien donner à son mandataire l'autorisation de convenir d'experts, s'il y a lieu. ( Locré , *ibid.* )

2145. Il est en outre à observer, d'après la règle posée *suprà* n.° 2143 , que la nomination d'office doit toujours être faite par le jugement qui ordonne l'expertise conformément à l'article 305. ( Locré *ibid.* )

2146. *Mais les arbitres doivent-ils prêter serment comme les experts ?*

M. Pardessus ( cours de droit commercial ) et M. Locré ( esp. du code de procéd., t. 2 , p. 160 et 161 ), estiment que les arbitres ne sont pas, comme les experts, assujétis au serment, et cette différence résulte, en effet, de celle qui existe entre leurs fonctions respectives. A la vérité, les arbitres ont cela de commun avec les experts, que les uns et les autres n'émettent qu'une simple opinion. Mais l'opinion des arbitres repose, ou sur des raisonnemens dont il est possible aux juges d'apprécier la force, ou sur des pièces qui sont sous les yeux du tribunal : celle des experts, au contraire, est fondée sur des faits qu'ils *attestent* , et que les juges ne sont pas à portée de vérifier ; circonstance qui , jusqu'à un certain point, donne au rapport le caractère d'un témoignage dont la fidélité doit être garantie par la religion du serment.

2147. Les arbitres ne peuvent concourir à la délibération du tribunal, et il y aurait nullité du jugement s'ils avaient été appelés, ne fût-ce que pour être présens au délibéré, et non pour donner leur avis, ( Rennes, vacation , 8 septembre 1815. )

2148. *La règle posée suprà n° 2143, et d'après laquelle le tribunal doit nommer les arbitres d'office, lorsque les parties ne s'accordent pas, reçoit-elle son application au cas d'arbitrage forcé en matière de société commerciale?*

2149. Deux arrêts de la cour de cassation, des 5 juin 1815 et 9 avril 1816 ( Sirey, 1815, p. 384, et 1817, p. 135 ), ont consacré la négative par le motif que l'article 429 ne dispose que pour des arbitres *examinateurs*, et non pour des arbitres *juges*. Ainsi, lorsque parmi des associés les uns nomment leurs arbitres, tandis que les autres déclarent ne vouloir pas en nommer, le tribunal n'a point à en nommer trois ; la nomination faite par l'une des parties doit avoir son effet. ( V. code de comm., art. 55. )

2150. Le jugement de renvoi devant arbitres n'est que préparatoire et d'instruction. ( Rennes, 12 juillet 1811, 3.ᵉ ch. )

### ARTICLE 430.

La récusation ne pourra être proposée que dans les trois jours de la nomination.

*Conférence.*

Suprà art. 308 et suiv.

2151. *Contre quels experts, pour quelle cause et dans quelle forme la récusation peut-elle être proposée et doit-elle être jugée, et quels seront les effets du jugement qui la rejète ou qui l'admet?*

Cette question dérive de ce que l'article 430 se borne à fixer le délai dans lequel la récusation sera exercée ; mais M. Locré ( esp. du code de procéd., t. 2, p. 171, et du code de comm., t. 9, p. 430 ), estime que l'article se réfère aux articles 309, 310, 311, 312, 313 et 314, dont il est nécessaire d'en rapprocher les dispositions, en indiquant celles qui conviennent aux tribunaux de commerce et celles qui ne peuvent pas être adaptées à cette institution. Mais aucune ne nous semble incompatible avec elle, si ce n'est que les actes qui, dans les tribunaux ordinaires, seraient signifiés d'avoué à avoué, doivent l'être par exploit au domicile élu, conformément à l'article 322. Ainsi ( v. *suprà* les questions résolues sur ces articles. )

Telle était aussi l'opinion que nous avions énoncée A. 1398, le renvoi fait aux articles 378 et suiv. étant une faute d'impression qu'il faut corriger en substituant *308 et suiv.*

2152. Du reste, toutes les autres dispositions du code, au titre des expertises ( articles 316, 317, 318, 319, 320, 322 et 323 ), s'appliquent également aux matières de commerce. ( Locré, esp. du code de comm., t. 9, p. 437—456, et *suprà* nos questions sur les articles 316—323.')

2153. La récusation est non recevable si elle n'est proposée dans les trois jours de la nomination, ou plus généralement le délai fixé par l'article 430 est fatal. (Rennes, 3.ᵉ ch., 4 février 1818.)

2154. Il court du jour de l'expiration de celui fixé pour l'opposition, si le jugement qui nomme les arbitres ou experts a été rendu par défaut. — A. 1399, et *suprà* n.° 1052.

2155. Les parties peuvent, par la nomination d'un arbitre ou expert, faire cesser l'effet de celle des arbitres nommés d'office, s'ils n'étaient pas encore entrés en fonctions. — A. 1400, et *suprà* n.° 1609.

### ARTICLE 431.

Le rapport des arbitres et experts sera déposé au greffe du tribunal.

#### *Conférence.*

Ordonnance de 1667, t. 16, art. 3, et *suprà* sur art. 319, p. 442.

### ARTICLE 432.

Si le tribunal ordonne la preuve par témoins, il y sera procédé dans les formes ci-dessus prescrites pour les enquêtes sommaires. Néanmoins, dans les causes sujettes à appel, les dépositions seront rédigées par écrit par le greffier, et signées par le témoin ; en cas de refus, mention en sera faite.

#### *Conférence.*

Voyez art. 407 à 413 inclusivement, et *suprà* n.ᵒˢ 1376 et 1520.

2156. Il n'est pas rigoureusement nécessaire que les enquêtes soient faites suivant les formalités prescrites pour les affaires sommaires : elles peuvent, si les parties y consentent, être remplacées par des moyens plus simples, également propres à atteindre le même but. — A. 1401.

2157. Un tribunal de commerce, qui admet une preuve, doit ordonner qu'elle sera faite à son audience ; il ne peut commettre un de ses membres pour la recevoir. Des faits articulés en preuve ne doivent pas être rejetés, par cela seul qu'ils sont personnels à celui qui les propose. Il suffit, pour qu'ils soient admis, que leur conformité avec d'autres faits puisse concourir à établir également la vraisemblance de tous. (Bordeaux, 19 août 1811. Sirey, 1812, p. 65.

2158. L'art. 279 ne s'applique pas aux matières de commerce ; les juges peuvent toujours proroger les délais : aucune loi ne leur défend de rouvrir les enquêtes. ( Bruxelles, 6 mai 1813. Sirey, 1814, p. 181. )

## ARTICLE 433.

Seront observées, dans la rédaction et l'expédition des jugemens, les formes prescrites dans les articles 141 et 146, pour les tribunaux de première instance.

### Conférence.

Voyez *suprà* sur ces articles, et les n.<sup>os</sup> 472, 673, 711, 729, 734, 826, 827.

2159. Les greffiers des tribunaux de commerce, comme ceux des tribunaux civils, doivent porter tous les jugemens sur la feuille d'audience. ( Décision du grand-juge, 31 octobre 1809. Sirey, 1810, p. 12. )

## ARTICLE 434.

Si le demandeur ne se présente pas, le tribunal donnera défaut, et renverra le défendeur de la demande.

Si le défendeur ne comparaît pas, il sera donné défaut, et les conclusions du demandeur seront adjugées si elles se trouvent justes et bien vérifiées.

### Conférence.

Titre 14, art. 4, et tit. 16, art. 5, ordonn. de 1667 ; et *suprà* art. 153, et n.<sup>os</sup> 874 et 902.

2160. Les tribunaux de commerce ne peuvent ordonner un réassigné avant de donner défaut. — A. 1402, et *suprà* 872 et 874 ; et cass., 4 février 1808. Sirey, 1808, p. 153.

2161. La disposition de l'art. 434 peut servir à expliquer celle de l'art. 150, en ce sens que, dans les tribunaux civils comme dans les tribunaux de commerce, le défendeur doit être renvoyé de la demande, si le demandeur ne se présente pas. — A. 1403.

## ARTICLE 435.

Aucun jugement par défaut ne pourra être signifié que par un huissier commis à cet effet par le tribunal ; la signification contiendra, à peine de nullité, élection de domicile dans la commune où elle se fait, si le demandeur n'y est domicilié.

Le jugement sera exécutoire un jour après la signification et jusqu'à l'opposition.

*Conférence.*

T. art. 29. — Arrêt du conseil du 24 décembre 1668, et *suprà* sur l'art. 156.

2162. L'art. 435 du code de procédure n'est pas abrogé par l'art. 643 du code de commerce. ( Bruxelles, 15 mai 1811. Sirey, 1814, p. 383.

2163. L'huissier commis par un tribunal de commerce pour signifier un jugement par défaut, peut, lorsqu'il y a lieu à contrainte par corps, exécuter le jugement sans nouvelle commission du tribunal de première instance. ( Rouen, 20 juillet 1814. Sirey, 1815, p. 14. )

2164. La signification d'un jugement par défaut d'un tribunal de commerce prononçant la contrainte par corps, doit être faite, à peine de nullité, par l'huissier commis par le même jugement. ( Nancy, 23 juillet 1813. Sirey, 1816, p. 167. )

2165. Un jugement par défaut, portant condamnation au paiement d'un effet de commerce, doit être signifié au domicile réel du débiteur, et non au domicile élu dans ce billet pour le paiement. — A. 1404.

2166. Si le défaillant habitait la ville où siège le tribunal de commerce, et que le demandeur, domicilié dans une autre ville, eût déjà fait élection de domicile dans la première, en exécution de l'art. 422, il n'en serait pas moins obligé de réitérer une élection dans la signification du jugement. — A. 1405.

2167. Le délai pour l'exécution est d'un jour franc. — A. 1406.

### ARTICLE 436.

L'opposition ne sera plus recevable après la huitaine du jour de la signification.

*Conférence.* (1)

T. art. 29; ordonn. de 1667, tit. 16, art. 5 et 6, et tit. 35, art. 3. — Ordonn. de 1673, tit. 12 et 21. — *Infrà* art. 438, et *suprà* n.° 935.

2168. Celui qui discute en première instance les moyens d'opposition de son adversaire, sans demander qu'il soit déclaré non recevable, attendu l'expiration du délai, ne peut prétendre souffrir grief, s'il ne relève pas en appel cette fin de non recevoir. ( Rennes, 1.re ch., 8 février 1813. )

[1] *Er.* 2.e ligne de cette question, au lieu de *puisqu'il faut*, lisez *puisqu'ils font*.

2169. L'appel d'incompétence contre un jugement par défaut émané d'un tribunal de commerce, n'est pas recevable lorsqu'on s'est pourvu en opposition contre ce jugement. ( Paris, 27 mars 1813 ; journal des avoués, t. 7, p. 352. )

2170. Le délai d'opposition au jugement par défaut, qui déclare un commerçant en état de faillite, ne peut courir après l'affiche, qu'autant qu'il y a eu une signification régulièrement faite. L'art. 459 du code de commerce, qui n'ouvre au failli la voie de l'opposition que pendant la huitaine qui suit l'affiche du jugement, doit être combiné avec l'art. 642, et entendu en ce sens que l'affiche a dû être précédée d'une signification. ( Riom, 4 juillet 1809. Sirey, 1814, p. 185. )

### ARTICLE 437.

L'opposition contiendra les moyens de l'opposant, et assignation dans le délai de la loi ; elle sera signifiée au domicile élu.

#### Conférence.

T. art. 29. --- A. sur les articles 20, 161 et 435.

2171. *Quel est le délai fixé pour l'assignation ?* — A. 1407, et art. 416.

### ARTICLE 438.

L'opposition faite à l'instant de l'exécution, par déclaration sur le procès-verbal de l'huissier, arrêtera l'exécution : à la charge, par l'opposant, de la réitérer dans les trois jours, par exploit contenant assignation ; passé lequel délai, elle sera censée non avenue.

#### Conférence.

V. sur les art. 156, 158, 159, et *suprà* sur l'art. 436.

2172. La difficulté que l'on trouverait à concilier les dispositions des articles 436 et 438, n'existe plus depuis que l'article 643 du code de commerce a rendu sans application l'art. 436 du code de procédure. — A. 1408.

2173. Les articles 156, 158 et 159 sont applicables à tous les jugemens par défaut rendus en matière commerciale. — A. 1409.

Cependant, outre l'arrêt de Turin cité dans notre analyse, nous avons sous les yeux une consultation dans laquelle on maintient que le jugement par défaut, rendu après constitution d'un agréé, n'est point sujet à l'application des articles précités, attendu qu'il doit être réputé jugement faute de plaider. Dans l'espèce, un agréé s'était présenté à une première audience, et n'avait pas comparu lors de la plaidoirie de la cause. Nous estimons qu'en cette circonstance même, où la partie choisit un agréé pour mandataire, les articles ci-dessus sont applicables ; et nous nous fondons sur ce qu'un agréé, ainsi que nous croyons l'avoir prouvé *sup.* n.º 2107 , n'a aucun caractère légal et public , et ne peut conséquemment être assimilé à un avoué. Il en est donc ici comme du cas où la partie aurait chargé toute autre personne de la représenter ; le jugement rendu sur défaut de cette personne serait évidemment sujet à l'application des articles 156, 158 et 159 : car il serait en effet contradictoire que la partie qui eût institué un mandataire , fût autrement traitée qu'elle ne doit l'être lorsqu'elle ne croit pas devoir se faire représenter.

Au surplus, la distinction admise par rapport aux tribunaux ordinaires, entre les jugemens faute de comparaître et les défauts faute de plaider, n'étant uniquement fondée que sur l'obligation où sont les parties de constituer avoué dans ces tribunaux, ne peut s'appliquer à ceux de commerce où la procédure se fait sans ministère d'avoué.

2174. Si, lors d'un itératif commandement pour procéder à une saisie-exécution, la partie déclare à l'huissier qu'elle s'oppose à l'exécution, et que celui-ci se retire sans avoir rien saisi, cette partie est recevable à former opposition jusqu'à l'exécution ; mais si la partie laisse passer, sans réitérer son opposition, les trois jours que l'art. 438 lui accorde, l'huissier peut, après cet intervalle, saisir-exécuter, nonobstant toute opposition nouvelle. ( Rennes, 10 janvier 1816, 3.º ch. )

### ARTICLE 439.

Les tribunaux de commerce pourront ordonner l'exécution provisoire de leurs jugemens, nonobstant l'appel, et sans caution, lorsqu'il y aura titre non attaqué ou condamnation précédente, dont il n'y aura pas d'appel : dans les autres cas, l'exécution provisoire n'aura lieu qu'à la charge de donner caution, ou de justifier de solvabilité suffisante.

#### Conférence.

T. art. 29 ; loi du 16 août 1790, tit. 12, art. 4 ; *suprá* art. 135 et n. 77 ; *infrá* sur les art. 449 et 459.

2175. Les jugemens des tribunaux de commerce ne sont point exécutoires *de plein droit*, par provision. — A. 1410. (1)

(1) *Er.* p. 798, 4.ª alinea , au lieu de *Sirey* , 1810 , *D. D.* p. 42, lisez *Sirey* , 1808, 2.ª *part.*, pag. 41.

Avant d'établir cette proposition dans notre analyse, nous avions discuté les raisons et les autorités que l'on pouvait présenter pour l'opinion contraire; mais cette opinion a prévalu devant la cour de cassation qui, par arrêt du 2 avril 1817, Sirey, 1817, pag. 280, explique comme suit l'article 439: « L'exécution provisoire nonobstant » appel, *à la charge de la caution*, est de plein droit, tant pour » les jugemens des tribunaux de commerce, que pour ceux des arbitres » forcés qui les remplacent entre associés négocians; l'article 439, » en les autorisant à ordonner, lorsqu'il y a titre non attaqué ou » contestation précédente dont il n'y ait pas d'appel, l'exécution pro- » visoire, *même sans caution*, n'ayant pas entendu que, hors ces » cas et avec caution, il fût besoin qu'ils ordonnassent l'exécution » provisoire. »

Il suit de cette décision que le silence du jugement sur l'exécution provisoire dans les cas autres que ceux où il y a titre non attaqué ou condamnation précédente, établit une présomption légale que la caution doit être fournie, et qu'il suffit pour exécuter que la partie la fournisse.

2176. Il y a, en ce sens, lieu à l'application de l'article 439 dans l'espèce d'une lettre de change dont le signataire se serait constamment reconnu débiteur. (Rennes, même arrêt.)

2177. Mais dans le cas où le tribunal peut autoriser l'exécution sans caution, si le jugement n'énonce pas expressément qu'elle sera fournie, la partie en est nécessairement dispensée. — A. 1411.

2178. Dans les mêmes cas, toutes les fois que la solvabilité d'une partie n'est pas reconnue par son adversaire, le tribunal doit ordonner qu'elle en justifiera avant l'exécution provisoire du jugement. — A. 1412.

2179. Mais cet article n'autorisant à prononcer l'exécution pro- visoire et sans caution que lorsqu'il y a titre *non contesté*, ( voy. *suprà* n.° 2040 ), n'est pas applicable quand des billets sont attaqués comme étant le résultat d'opérations usuraires. ( Rennes, 30 juin 1817, 1.ʳᵉ ch. )

On remarquera, d'après l'arrêt de cassation rapporté *sup.* n.° 2175, que cette décision de la cour de Rennes ne peut plus être invoquée qu'en ce sens que la caution doit être fournie, et non en ce sens que l'exécution provisoire ne puisse avoir lieu.

2180. Elle n'est pas autorisée pour les jugemens par défaut. (Turin, 1.ᵉʳ février et 14 septembre 1813. Sirey, 1814, p. 140.)

Ces trois arrêts sont motivés sur ce que l'article 643 du code de commerce n'a point déclaré applicable aux jugemens des tribunaux de commerce la disposition de l'article 155, et s'est borné à prescrire l'exécution des articles 156, 158 et 159; mais nous ne pensons pas que ce soit une raison suffisante pour suivre cette décision, attendu, comme nous l'avons dit *suprà*, n.° 77, relativement aux justices de paix, que l'opposition est toujours suspensive, s'il n'y a exception formelle : or, d'un côté, la loi n'a rien excepté dans l'article 439, et de l'autre, si l'article 643 du code de commerce a ordonné l'application des articles 156, 158 et 159, c'est pour lever les difficultés qui s'étaient élevées sur celle des articles 436 et 438, aux jugemens commerciaux.

2181. Les jugemens qui ne font que rejeter un déclinatoire, et ne prononcent aucune condamnation, sont exécutoires nonobstant appel, et sans caution. ( Rouen, 3 juillet 1807. Sirey, 1807, p. 1260 )

2182. Le principe d'après lequel ces jugemens sont exécutoires par provision ne s'applique pas au cas de nomination d'arbitres entre associés ; ceux-ci ne pourraient, en conséquence, procéder régulièrement à l'arbitrage, nonobstant l'appel du jugement qui les aurait nommés, et la raison en est qu'il ne leur appartient point de statuer sur la validité de leurs pouvoirs, ce qu'ils feraient au moins indirectement s'ils passaient outre au jugement. ( Paris, 25 mars 1813. Sirey, 1816, p. 86.)

### ARTICLE 440.

La caution sera présentée par acte signifié au domicile de l'appelant, s'il demeure dans le lieu où siège le tribunal, sinon au domicile par lui élu en exécution de l'article 422, avec sommation à jour et heure fixes de se présenter au greffe pour prendre communication, sans déplacement, des titres de la caution, s'il est ordonné qu'elle en fournira, et à l'audience, pour voir prononcer sur l'admission, en cas de contestation.

*Conférence.*

T. art. 29, ordonnance de 1667, titre 28, art. 2 et 3.

2183. Il n'est pas absolument nécessaire que le cautionnement soit fourni en immeubles. — A. 1413.

2184. L'emprisonnement fait en vertu d'un jugement qui ordonne l'exécution provisoire, à la charge de donner caution, est nul encore qu'il y ait eu caution fournie, si la sommation prescrite par l'article 440, pour prendre communication des titres de la caution, n'a pas eu lieu. ( Paris, 20 octobre 1813. Sirey, 1814, page 129. )

## ARTICLE 441.

Si l'appelant ne comparaît pas, ou ne conteste point la caution, elle fera sa soumission au greffe ; s'il conteste, il sera statué au jour indiqué par la sommation : dans tous les cas, le jugement sera exécutoire nonobstant opposition ou appel.

*Conférence.*

T. art. 29, ordonnance de 1667, même titre, art. 1, 3 et 4, *suprà* n.º 2175.

## ARTICLE 442.

Les tribunaux de commerce ne connaîtront point de l'exécution de leurs jugemens.

*Conférence.*

Avis du conseil d'état, du 17 mai 1809, *suprà* n. 2132, et *infrà* sur l'art. 472, la 1543e question de l'analyse.

2185. Le tribunal de commerce n'est pas obligé, par l'art. 877 du C. C., de déclarer exécutoire, contre les héritiers d'un marchand, le jugement rendu contre ce dernier. — A. 1414.

2186. Il ne peut connaître de la validité d'offres réelles, et consignation faite en vertu de son jugement. (Paris, 21 août 1810. Sirey, 1814, p. 239.) (V. *suprà* n.º 2082, ce que nous avons dit sur la validité des saisies-arrêts.)

2187. Ni des ventes de navires saisis même en exécution de son jugement. — A. 1415.

2188. Mais le tribunal de commerce, qui a déclaré la faillite, connaît du mérite des actes d'administration faits par les syndics provisoires. (Florence, 13 mars 1811. Sirey 1814, p. 363.)

2189. Lorsque la contestation qui s'élève sur l'exécution d'un jugement de ce tribunal, dérive, non de l'obscurité des termes dans lesquels il est conçu, mais de l'appréciation du fait par lequel on prétend l'avoir exécuté, c'est au tribunal civil qu'il appartient d'en connaître. (Florence, 28 janvier 1811. Sirey, 1814, p. 363.)

2190. Mais de ce que les tribunaux civils ont seuls compétence pour connaître de l'exécution des jugemens de commerce, il ne s'ensuit pas qu'ils puissent prononcer la contrainte par corps que ces jugemens n'auraient pas ordonnée sur la demande des parties. — A. 1416.

2191. Ils ne pourraient pas non plus surseoir à l'exécution de ces jugemens, l'article 1244 du C. C. ne dérogeant pas sur ce point à l'article 15 du titre 12 de l'ordonnance de 1673 ; et s'il arrivait qu'ils prononçassent le sursis, le créancier ne pourrait, sans égard à leur jugement, continuer les poursuites de droit. (Colmar, 12 frimaire an 14. Sirey, 1806, suppl., p. 523.)

Nous remarquerons que cette décision s'applique *à tous les cas*, nonobstant la distinction que nous avons faite *supra* n.° 712, attendu, relativement à ceux dans lesquels l'article 1244 peut recevoir son application même aux matières commerciales, l'article 122 veut que le sursis soit prononcé par le jugement même qui statue sur la contestation; d'où suit qu'il n'appartenait qu'au tribunal de commerce d'accorder ce sursis, en rendant son jugement.

2192. Au surplus, la disposition de l'article 142 ne s'applique pas à l'exécution des jugemens préparatoires et interlocutoires, mais seulement à celle des jugemens définitifs. (Paris, 18 décembre 1812. Sirey, 1813, p. 287.)

FIN DU PREMIER VOLUME.

# TABLE

*Des matières contenues dans ce premier volume.*

~~~~~~~~~~~~~~~~

## PREMIÈRE PARTIE.

*Procédure devant les Tribunaux.*

### LIVRE I.ᵉʳ

#### De la Justice de Paix.

| | page |
|---|---|
| Préliminaires, | 1. |
| Titre I.ᵉʳ Des citations, | 5. |
| Titre II. Des audiences du juge de paix et de la comparution des parties, | 17. |
| Titre III. Des jugemens par défaut, et des oppositions à ces jugemens, | 27. |
| Titre IV. Des jugemens sur les actions possessoires, | 32. |
| Titre V. Des jugemens qui ne sont pas définitifs, et de leur exécution, | 57. |
| Titre VI. De la mise en cause des garans, | 59. |
| Titre VII. Des enquêtes, | 61. |
| Titre VIII. Des visites des lieux et des appréciations, | 69. |
| Titre IX. De la récusation des juges de paix, | 73. |

### LIVRE II.

#### Des Tribunaux inférieurs.

| | |
|---|---|
| Préliminaires, | 79. |

##### PREMIÈRE DIVISION.

| Titre I.ᵉʳ De la procédure préparatoire, ou de l'essai en conciliation, | 80. |

##### DEUXIÈME DIVISION.

| De la procédure simple ou ordinaire, | 100. |

Titre II. De l'ajournement,                        page 102.

Titre III. Constitution d'avoué et défenses,     153.

Titre IV. De la communication au ministère public,   159.

Titre V. Des audiences, de leur publicité et de leur police,  166.

Titre VI. Des délibérés et instructions par écrit,   175.

Titre VII. Des jugemens,            188.

Titre VIII. Des jugemens par défaut et oppositions,  234.

TROISIÈME DIVISION.

De la procédure incidente,              267.

PREMIÈRE SUBDIVISION.

Titre IX. Des exceptions,              *ibidem.*

DEUXIÈME SUBDIVISION.

De la procédure incidente relative aux preuves,   306.

DISTINCTION PREMIÈRE.

De la procédure en reconnaissance de la vérité ou de la
fausseté des actes,              307.

Titre X. De la vérification des écritures,    308.

Titre XI. Du faux incident civil,         331.

DISTINCTION SECONDE.

De la procédure en reconnaissance de la vérité ou de la
fausseté des faits,            380.

Titre XII. Des enquêtes,           *ibidem.*

Titre XIII. De la descente sur les lieux,    425.

Titre XIV. Des rapports d'experts,      430.

Titre XV. De l'interrogatoire sur faits et articles,  447.

TROISIÈME SUBDIVISION.

De la procédure incidente résultant de demandes nouvelles
formées soit par le défendeur, soit par des tiers ou
contre eux, dans le cours d'une instance.

Titre XVI. DES INCIDENS, ou des demandes incidentes de la
reconvention, de l'intervention et de la déclaration du
jugement commun,           459.

QUATRIÈME SUBDIVISION.

De la procédure incidente, relative à l'interruption de l'instance par changement de personne ou d'état dans les parties ou leurs avoués,   page 469.

Titre XVII. Des reprises d'instance, et constitution de nouvel avoué,   *ibidem.*

CINQUIÈME SUBDIVISION.

Titre XVIII. Du désaveu,   477.

SIXIÈME SUBDIVISION.

De la procédure incidente relative aux récusations, soit d'un tribunal entier, soit des juges en particulier,   487.

Titre XIX. Des réglemens de juges,   488.

Titre XX. Du renvoi à un autre tribunal pour parenté ou alliance,   497.

Titre XXI. De la récusation ( partielle ),   507.

QUATRIÈME DIVISION.

De la procédure relative à l'anéantissement de l'instance par péremption et désistement,   521.

Titre XXII. De la péremption,   522.

Titre XXIII. Du désistement,   546.

CINQUIÈME DIVISION.

De la procédure sommaire ou abrégée,   553.

Titre XXIV. Des matières sommaires,   *ibidem.*

Titre XXV. De la procédure devant les tribunaux de commerce,   561.

FIN DE LA TABLE.

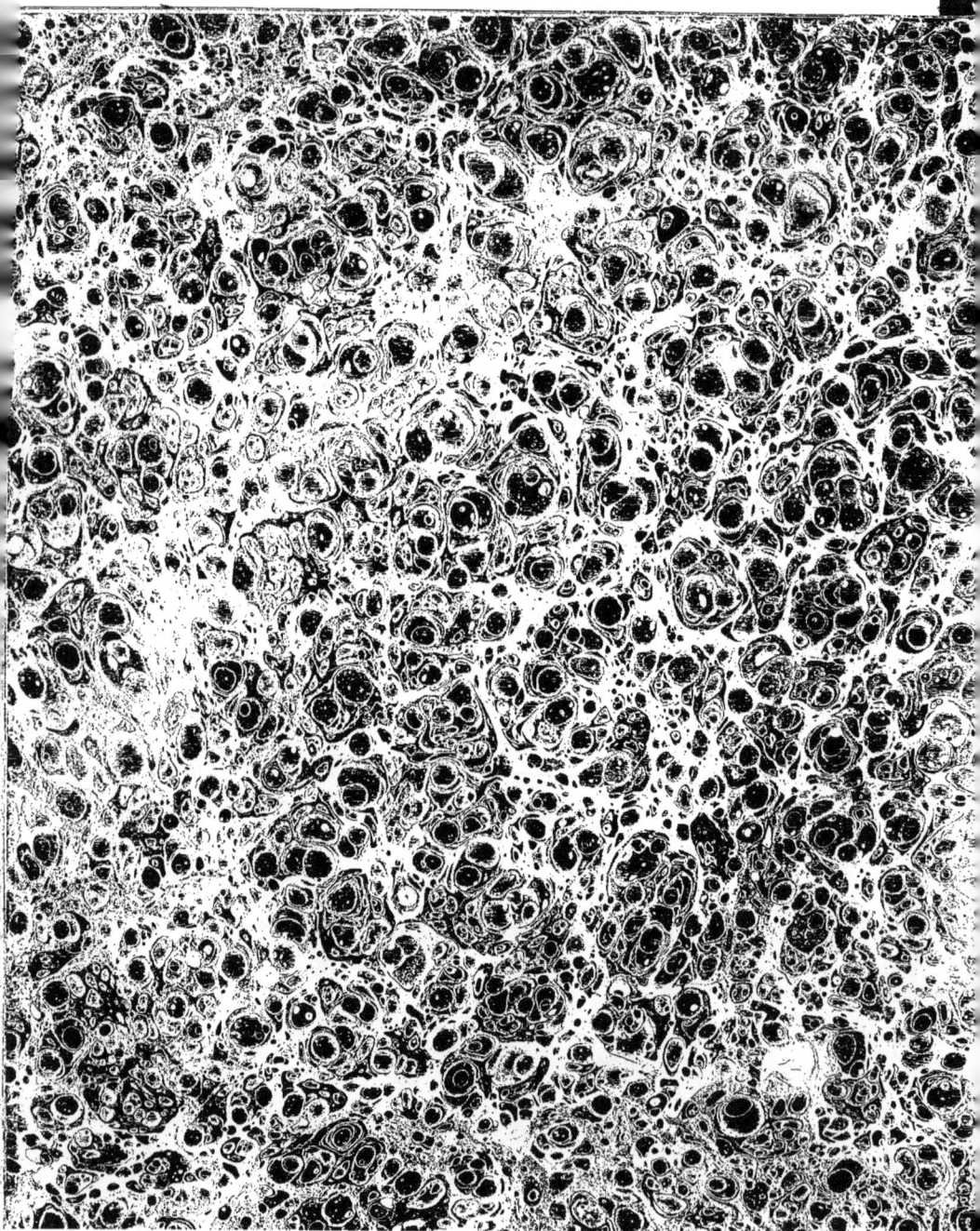

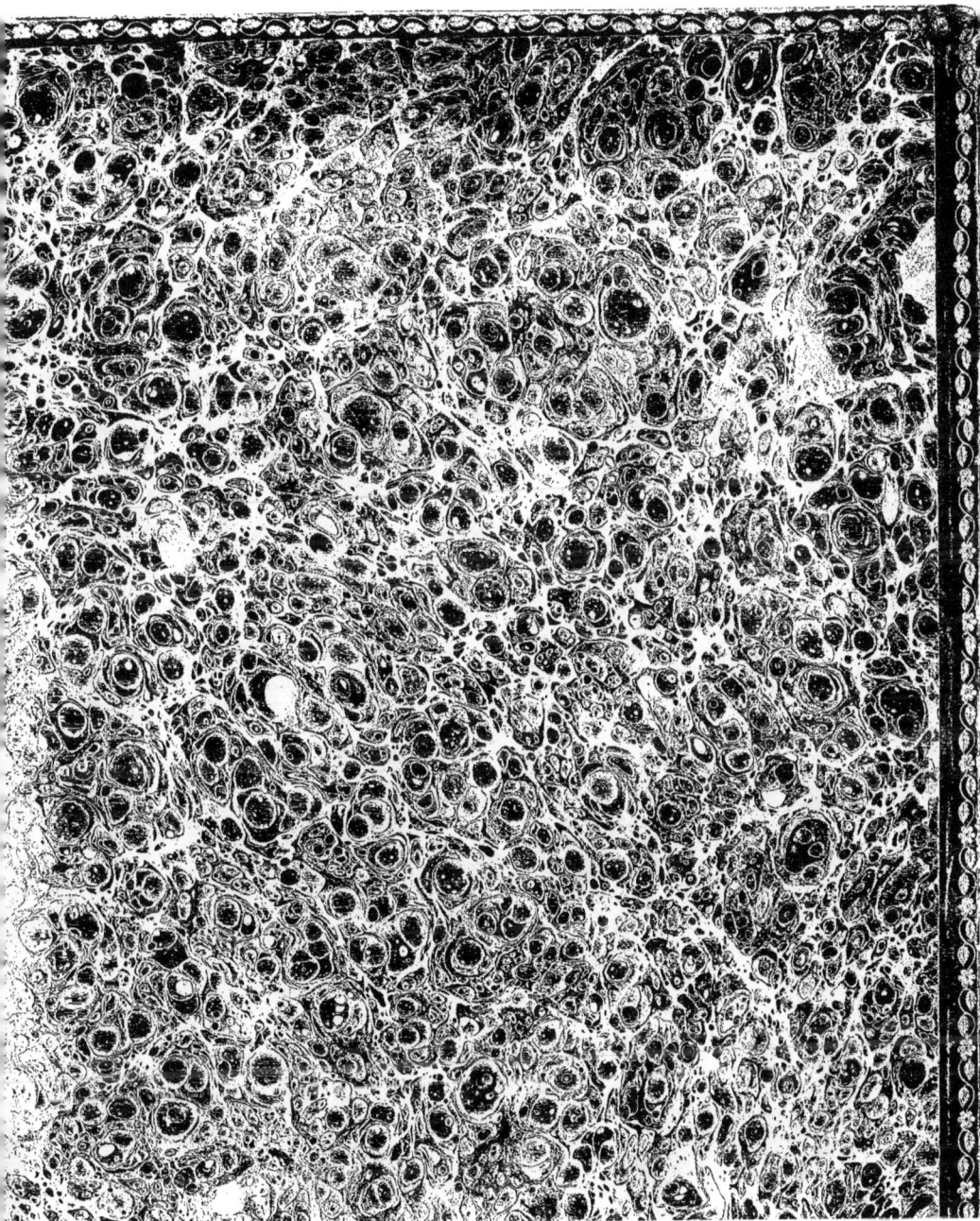

www.ingramcontent.com/pod-product-compliance
Lightning Source LLC
Chambersburg PA
CBHW031716210326
41599CB00018B/2413